# LA LIBÉRATION DES CAMPS

*Le Dernier Jour de notre mort*

Christian BERNADAC

# LA LIBÉRATION DES CAMPS

*Le Dernier Jour de notre mort*

Michel LAFON

*103, boulevard Murat – 75016 Paris*

*DU MÊME AUTEUR*

**Aux éditions Michel Lafon**
Train 7909 destination Dachau
Les Victorieux

**Aux éditions Albin-Michel**
Djebel Tour (roman)

**Aux éditions Belfond**
Dessins, aquarelles, dendrites de George Sand :
*Les Montagnes bleues*
Le Complot des lépreux (roman)

**Aux éditions J.-C. Lattès**
Le Manchot-Empereur (roman)
Les Possédés de Chaillot
(en collaboration avec S. Fourcassié)

**Aux éditions France-Empire**
Les Médecins maudits
Les Médecins de l'impossible
Les Sorciers du ciel
Les Mannequins nus
Le Camp des femmes
Kommandos de femmes
Les 186 Marches
Le Neuvième Cercle
Des jours sans fin
L'Holocauste oublié
Le Rouge-Gorge
(ces volumes ont été réédités
par les éditions France-Empire
sous le titre Déportation 1, 2, 3, 4)
Déportation 5 : Illustrations et documents
Montségur et le Graal – Le Mystère Otto Rahn
Dagore, Les Carnets secrets de la Cagoule
L'Exécution de Budapest
Le Passe-Montagne
Le Glaive et les Bourreaux (I, II, III, IV, V, VI)
Madame de... qui vivait nue parmi les ours,
au sommet des Monts Perdus

*En 1947, David Rousset publiait aux éditions du Pavois, dans la collection Le Chemin de la Vie, dirigée par Maurice Nadeau,* Les Jours de notre mort.

*« Ce livre, écrivait-il, est construit avec la technique du roman par méfiance des mots... Toutefois la fabulation n'a pas de part à ce travail... »*

Les Jours de notre mort *est encore aujourd'hui le seul « récit » global sur l'univers concentrationnaire.* L'Univers concentrationnaire, *un autre maître livre de David Rousset. En 1966, David Rousset, ami de mon père, m'encourage à entreprendre une première enquête sur la déportation. Avec la libération des camps s'achève le cycle.* Le Dernier Jour de notre mort *est un remerciement et un hommage à David Rousset, son œuvre, son engagement à « dire vrai ».*

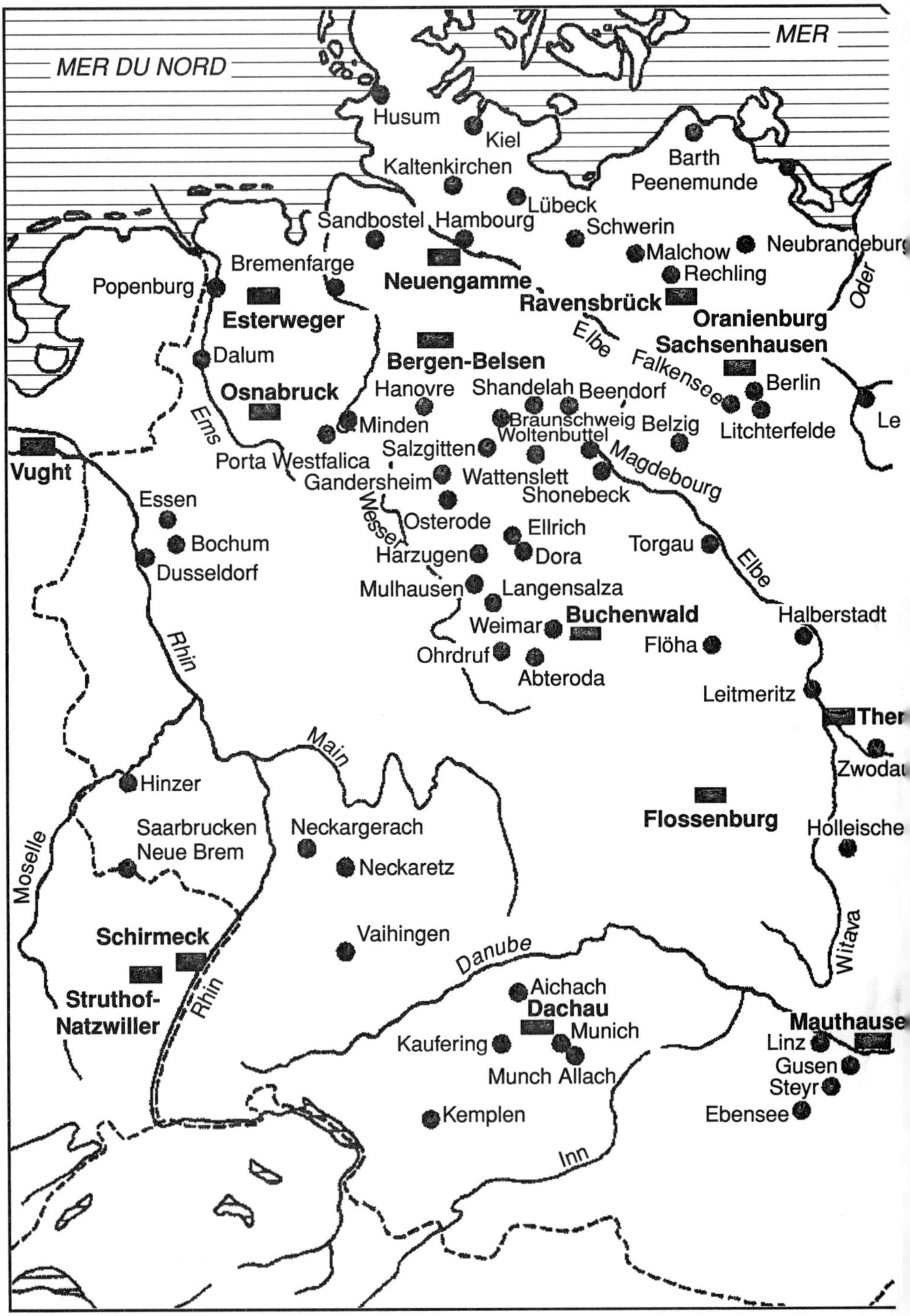
MER DU NORD
MER
Husum
Kiel
Kaltenkirchen
Barth
Peenemunde
Lübeck
Sandbostel
Hambourg
Schwerin
Malchow
Neubrandeburg
Rechling
Bremenfarge
Neuengamme
Popenburg
Ravensbrück
Oranienburg
Esterweger
Sachsenhausen
Dalum
Bergen-Belsen
Oder
Elbe
Falkensee
Berlin
Osnabruck
Hanovre
Shandelah
Beendorf
Minden
Braunschweig
Belzig
Litchterfelde
Woltenbuttel
Ems
Salzgitten
Porta Westfalica
Magdebourg
Vught
Gandersheim
Wattenslett
Shonebeck
Essen
Wesser
Osterode
Ellrich
Bochum
Torgau
Harzugen
Dora
Dusseldorf
Elbe
Mulhausen
Langensalza
Buchenwald
Halberstadt
Weimar
Flöha
Ohrdruf
Abteroda
Rhin
Leitmeritz
Main
Hinzer
Saarbrucken
Neue Brem
Neckargerach
Flossenburg
Holleische
Neckaretz
Moselle
Schirmeck
Vaihingen
Danube
Witava
Struthof-Natzwiller
Rhin
Aichach
Dachau
Munich
Kaufering
Linz
Gusen
Munch Allach
Steyr
Kemplen
Ebensee
Inn

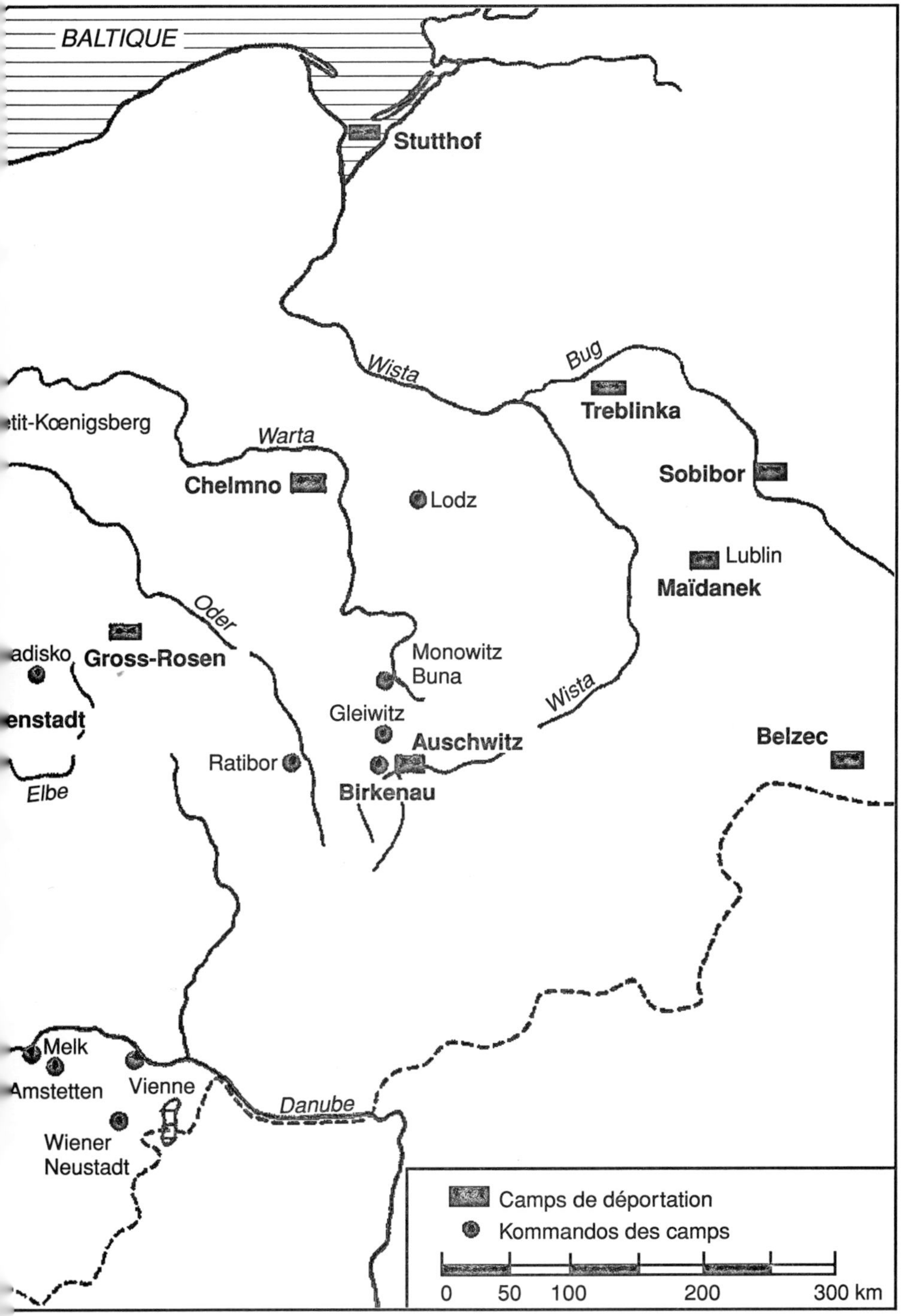
BALTIQUE
Stutthof
Wista
Bug
Treblinka
etit-Kœnigsberg
Warta
Sobibor
Chelmno
Lodz
Lublin
Maïdanek
Oder
adisko
Gross-Rosen
Monowitz
Buna
Wista
enstadt
Gleiwitz
Auschwitz
Belzec
Ratibor
Birkenau
Elbe
Melk
Amstetten
Vienne
Danube
Wiener
Neustadt
Camps de déportation
Kommandos des camps
0
50
100
200
300 km

– **Vous avez bien dormi ?** demanda le lieutenant en dépliant sa carte.

– Comme une enclume, répondit le sergent François Hebert. On a trouvé des matelas abandonnés par les réfugiés. Et vous savez ce que l'on dit chez nous à Québec : « Celui qui a inventé le matelas...

– ... n'est pas la moitié d'un imbécile. » Je n'ai pas oublié. Vous commencez à radoter. Ça fait trois fois en quatre jours que vous me servez la même phrase.

Leur détachement de quatre Jeep, deux 4 x 4 et un half-track quitta Celle-sur-Aller, à une trentaine de kilomètres de Hanovre, derrière un convoi de camions-citernes de la 2e armée britannique. Au nord, des Lancaster sous escorte de chasseurs pilonnaient.

– Ils sont à sept, huit kilomètres.

– Ça nous prépare un joli méli-mélo sur la route. J'avais pensé que nous serions à Bergen dans une heure.

Il leur en fallut six pour grignoter les vingt-neuf kilomètres qui séparaient les deux villes. La route était une muraille à peu près infranchissable de réfugiés poussant, tirant d'invraisemblables équipages surchargés allant de la voiture d'enfant au lourd chariot à betteraves, escaladant les enchevêtrements de débris blindés, de cadavres de bêtes de trait, de ballots, de caisses, de valises abandonnés. Comme chaque jour, Hebert s'indigna que le haut commandement, si méticuleux dans la préparation de la plus insignifiante opération, n'ait rien prévu pour endiguer ce flot de civils qui déferlait, pour interdire tout déplacement de population qui retarderait les offensives. Un colonel du 2e bureau lui avait expliqué trois jours auparavant, une heure ou deux après l'annonce officielle de la mort de Roosevelt, que le cours de l'Histoire allait changer, que la nouvelle politique des Alliés pouvait désormais tourner le dos à Yalta, oublier ce marché de dupes. Une fois les Soviétiques satisfaits, honorés d'avoir conquis Berlin, on les laisserait s'assoupir sur leurs lauriers, cuver leur triomphe et, quand ils commenceraient à rapatrier leurs meilleures unités à demi paralysées par leurs encombrants pillages, Eisenhower, comme au matin du 6 juin 1944, dirait simplement : *"Let's go !"* Et cette fois, c'était sur le paletot du camarade Staline que tomberaient Tommies et GI. « Voilà pourquoi, avait conclu le colonel "bien informé", il nous faut charger au maximum sur l'ouest. Ces pauvres bougres d'Allemands seront nos forces d'appoint. Ils ont tous le pressentiment de ce qui va se passer. Pas un seul d'entre eux n'a fait de sa personne une "forteresse", pas un seul d'entre eux n'a mis en application la politique de la "terre brûlée" qu'ordonnent à la radio, du matin au soir, Hitler et Goebbels. Ils n'ont pas détruit leurs usines, brûlé leurs réserves, leurs récoltes. »

À trois kilomètres de Bergen, des milliers de femmes et d'enfants campaient dans un bois. « Nous sommes là depuis trois jours », précisa une blonde, le bras gauche en écharpe, les pieds emmaillotés de lanières découpées dans une couverture Felgrau. Elle était partie début mars de Wittenberg. Elle espérait retrouver un oncle à Hambourg. Il lui restait un peu d'arrogance dans le regard et surtout le menton qu'elle poussait en avant comme les officiers prussiens. Par habitude, Hebert lui posa les vingt-quatre questions inscrites sur sa fiche d'interrogatoire. Il ne se faisait aucune illusion : les renseignements militaires qu'il pourrait obtenir sur sa ville de départ, les fortifications rencontrées, les regroupements ou les cheminements motorisés étaient aujourd'hui du passé. D'ailleurs, depuis quinze jours, seuls les prisonniers de guerre français, polonais ou russes lui avaient fourni des informations fiables.

Quand il remonta dans sa Jeep, le lieutenant lui dit qu'il n'avait jamais vu un paysage aussi lugubre : des pins rachitiques, du sable presque noir, des bruyères rabougries. Il ajouta :

– On va tomber sur un grand camp. La liaison m'a confirmé de légers accrochages. Des isolés. Tout est rentré dans l'ordre.

Hebert regarda sa montre : 15 h 10.

« Nous[1] étions à quelques centaines de mètres du camp. Je pensais qu'il s'agissait d'un camp de prisonniers de guerre. Ce serait mon septième en trois semaines. S'il y avait eu des combats, l'attitude décontractée des éléments de la 2e armée que nous croisions laissait croire qu'ils n'avaient pas été acharnés. Personne ne semblait nous remarquer. En contrebas de la route, assis sur des caisses de munitions, une douzaine de soldats allemands, gardés par un seul Britannique, portaient des brassards blancs au bras droit. Plus loin, près de deux chars Churchill III et d'un antique Bren Carrier, on montait les tentes d'un PC. "Je vous laisse là", me dit le lieutenant.

« J'ai marché vers le camp. Ce qui me surprit d'abord, ce fut le brouhaha qui semblait monter des baraquements. Une sorte de rumeur, un sourd bruit de fond. Aucune comparaison possible avec le vacarme, le chahut des stalags et des oflags libérés. Ni chants, ni hurlements ni haut-parleurs. Les barbelés à droite étaient rompus, arrachés. Devant la grande double porte ouverte, deux GMC en travers. Un brouillard de fumées, de nuages bas stagnait au-dessus des toits. Et cette infection... À chacun de mes pas l'odeur devenait de plus en plus présente, envahissante. Elle me baignait, me pénétrait. Pourriture. Décomposition. Je n'imaginais pas que "quelque chose" au monde puisse sentir aussi mauvais.

« Je me suis glissé entre les deux camions et j'ai sou-

1. Témoignage inédit François Hebert.

dain basculé, sans en être averti, sans y être préparé, dans l'enfer. J'ai basculé dans un charnier immense à ciel ouvert. Partout devant moi, autour de moi, il y avait des femmes. Des fantômes de femmes. Des femmes vêtues pour la plupart de robes, de manteaux-blouses rayés, avec des chiffons en guise de fichus. Des femmes squelettes vivants. À la peau grise, jaune. Elles me parlaient, me prenaient le bras. Je ne les entendais pas. Je ne les voyais plus. J'avais peur comme jamais je n'avais eu peur dans les combats. Une peur qui me paralysait. Le long d'une baraque en bois il y avait des cadavres de femmes empilés. Et partout dans le camp, des cadavres. Des centaines, des milliers de cadavres épars. Tous les morts que j'avais vus jusqu'à ce jour étaient des victimes de balles, d'éclats de bombe. Des morts qui portaient des blessures ouvertes, qui perdaient leur sang. Les morts de Bergen-Belsen étaient des morts sans blessures. Je me ressaisis quand une jeune fille me dit en anglais : "Ne nous laissez pas mourir." J'ai oublié son visage. Mais je sais qu'elle avait des yeux marron, immobiles, perdus au fond d'orbites saillantes.

« Les trois ou quatre Britanniques entrés les premiers dans ce champ de morts avaient été assaillis par des gardiens et des gardiennes, les mains sur le crâne, qui se mettaient sous leur protection. Ils furent obligés de tirer en l'air pour se dégager. Où ces déportées moribondes auraient-elles puisé la force de se venger ? Pourtant, un peu plus tard, j'assistai à une scène de lynchage. Sept ou huit déportées armées de bâtons, de morceaux de fer s'acharnaient sur deux autres déportées recroquevillées au sol. Une Française me dit qu'elles avaient été pires que les SS, que c'étaient des criminelles. Un peu partout dans le camp, il y eut des scènes semblables. Ce que je vis ce jour-là, à cette heure-là, je n'ai jamais pu l'oublier. Ces images sont restées en moi, présentes, obsédantes pendant près de vingt ans. Ces femmes agonisantes qui pleuraient de joie, tous ces soldats qui étaient des combattants endurcis et qui pleuraient aussi. De désespoir. De rage. Quel était le fou qui avait provoqué cette déchéance, ce crime ? On me dit que le lieutenant-colonel Taylor l'interrogeait dans un bâtiment du camp. Car ce Kramer, ce Joseph Kramer n'avait pas fui. Je ne le verrais que le lendemain, menotté, les fers aux chevilles. On lui avait fait passer la nuit dans la chambre froide des cuisines SS, en chemise, sans chaussures. Le brigadier Glyn Hugues, Deputy Director of Medical Service, prit le camp en charge. Il lui fallut "improviser" car aucune armée n'était équipée pour secourir une telle masse de malades, enterrer ces treize ou quatorze mille morts à l'abandon. Ce crime, dit-il à ses adjoints, est le plus grand de l'Histoire, nous devons donc accomplir le plus grand miracle médical de l'Histoire. Ce jour-là, je lus dans le bulletin quotidien une déclaration d'Eisenhower faite dans un autre camp, dépendant de Buchenwald, qu'il avait visité : "Vous vous demandiez pourquoi vous vous battiez. Maintenant vous le savez." Et Eisenhower n'avait pas vu Bergen-Belsen et ses fantômes rayés, Bergen-Belsen où, une commission d'enquête l'établira, furent commis plus de mille actes d'anthropophagie.

« En quittant le camp j'étais un autre homme. J'avais l'impression d'avoir vieilli de trente ou quarante ans. Eisenhower avait raison : je savais à présent le pourquoi de cette guerre. Cela va vous paraître ridicule, j'étais devenu un croisé, n'acceptant aucun autocrate. Qu'il soit grand ou petit. Je n'ai pas changé depuis.

« "Ne nous laissez pas mourir..." J'entendrai jusqu'à mon dernier souffle cette voix de la première femme de Bergen-Belsen qui s'est adressée à moi. Peut-être était-elle, cette jeune femme, dans le centre de rapatriement où je me rendis le 9 ou 10 mai 1945. J'arrivai au milieu d'une fête. Sur une estrade s'enchaînaient des numéros de music-hall. Danseuses, pianistes, chanteuses et même deux extraordinaires illusionnistes. Puis l'on porta au milieu de la scène, assise sur une chaise, une femme en robe rayée. Elle récita en français des poèmes écrits pendant sa déportation. J'étais debout au fond de la salle. En l'écoutant, j'étais revenu au milieu des agonisantes et des mortes de Bergen-Belsen. J'ai pleuré. Pleuré comme un enfant. Après, j'ai appris que toutes ces "artistes" étaient des déportées. Les chanteuses, les danseuses... Ces femmes courageuses remerciaient leurs libérateurs par ce spectacle. Elles avaient passé des jours à confectionner leurs tenues, à répéter. Femmes admirables. Jamais, en quelque lieu que ce soit, sur tous les continents, représentation ne fut plus applaudie. Peut-être trente, quarante minutes d'ovations, de rappels. Un triomphe. Le triomphe sur la barbarie, l'abjection... »

# « UN FER ROUGE QU'IL EST IMPOSSIBLE D'EFFLEURER »

Comme François Hebert, tous les combattants qui pénétrèrent aux heures de la libération dans les camps de concentration furent pétrifiés d'horreur à la vue de ces hommes, de ces femmes qui avaient franchi depuis des jours, peut-être des semaines, les limites extrêmes de la vie. Jean-Baptiste Lefebvre, le premier officier allié parcourant les « rues » de Buchenwald, poussant la porte du Revier, n'ose plus respirer, n'ose plus parler :

« Une [1] puanteur effroyable, odeur caractéristique des hommes qui pourrissent vivants, nous saisit à la gorge, parmi ces corps en décomposition. Ces hommes sont nus ou ne portent qu'une vague chemise en loques, sanglante, qui leur arrive au milieu du corps. Ils sont, pour la plupart, couverts de plaies ; nous voyons d'effroyables doigts rongés, des pieds sanguinolents. Seule la tête semble énorme, comparée au corps. Ces hommes n'ont plus rien d'humain, ils ressemblent à une espèce de serpent, n'ayant plus de torse ni fesses, mais des bras, des jambes, et c'est tout. Seuls les yeux et les mâchoires ont encore un aspect humain. Dans cette baraque, trois à quatre cents Français sont entassés, non pas sur des lits, mais absolument comme s'ils étaient allongés sur les planches d'une armoire, corps contre corps, sans aucun intervalle

1. Témoignage publié en annexe par David Rousset, déjà cité.

entre eux, sans paillasse, sans couvertures ; ils ont des allures de serpent.

« Il est impossible à un être non entraîné de rester plus de deux minutes dans une telle atmosphère. Je n'ose respirer, je n'ose parler ; nous avons l'impression, mon sergent et moi, que nous allons être contaminés séance tenante par ces êtres qui n'ont plus rien d'humain et nous apparaissent comme une espèce inconnue de longs bipèdes blancs. »

Le lieutenant Kataïev, lui, en traversant la place d'appel de Maïdanek, se bourre les narines de tabac pour être protégé de la pestilence. Avec sa compagnie, ce 24 juillet 1944, il vient de libérer le premier camp de l'empire concentrationnaire. Mais Maïdanek est à peu près désert ; ne peuplent plus cet immense territoire, où s'est accomplie, comme à Sobibor, Treblinka, Belzec, Kulmhof, Auschwitz, la « solution finale du problème juif et tsigane », que des morts et des malades qui n'ont pu être évacués. Les valides, en cinq convois, ont pris la direction d'Auschwitz. Peu importe le nombre de celles et de ceux qui n'arriveront pas à suivre la cadence des marches forcées ou qui s'effondreront pour ne plus jamais se relever dans la paille devenue fumier des wagons à bestiaux : l'Obergruppenführer Glücks, inspecteur des camps de concentration, et l'Obergruppenführer Pohl, chef du Bureau central et de l'économie, ont besoin pour l'industrie de guerre du Reich malmenée par l'aviation alliée – les nouvelles bombes Tallboy et Grand Slam du Bomber Command du maréchal sir Arthur Tedder, nommé adjoint d'Eisenhower, pèsent six et onze tonnes, et il en pleut près de quinze mille chaque mois sur les usines et les voies de communication – de travailleurs assez « solides » pour supporter les nouvelles conditions imposées par cette suprématie aérienne. Désormais, les complexes industriels traditionnels s'enterreront dans des galeries de mine, dans des grottes naturelles ou percées par les déportés. Marches et trains d'évacuation opèrent une sélection que les médecins SS des camps n'auront pas à faire.

D'autres officiers soviétiques ont rejoint Kataïev à Maïdanek. Le bunker du camp abritera l'état-major allemand de Lublin, qui s'est rendu. Le lieutenant général Hjalmar Moser est le premier interrogé :

– Vous commandiez la 372$^{e}$ Kommandantur de campagne principale de Lublin. Le camp d'extermination de Maïdanek le long de la chaussée de Chelm dépendait-il de vous ?

– Le camp dépendait du SD. Conformément à l'ordre de l'armée, il était catégoriquement interdit au commandant d'une Kommandantur de campagne principale, en tant que représentant des forces armées, de visiter ce camp ou de poser des questions sur ce qui s'y passait. Peu après mon arrivée, le général d'infanterie Heinicke, commandant la région militaire, me réitéra l'ordre que m'avait précédemment transmis le général Altrock et me confirma qu'il était rigoureusement interdit de s'intéresser à l'activité du camp de concentration. Il ajouta : « Ce qui se passe là-bas est comme un fer rouge qu'il est impossible d'effleurer. »

Un déporté du Revier, Tadeuz Budzyn, fit visiter le camp au lieutenant Kataïev. Dans d'immenses entrepôts il aperçut des montagnes de valises, de vêtements.

– C'est tout ce qui reste des juifs de Lublin.

Le hangar suivant était réservé aux chaussures.

– Mais il y en a des milliers, des dizaines de milliers !

Le déporté se dirigea vers un panneau de bois accroché au mur. Il en détacha une feuille dactylographiée :

– Sept cent quatre-vingt mille paires dont cent soixante-dix mille d'enfants...

*
**

De cette libération, de cette découverte d'une première chaîne industrielle de l'accomplissement de la solution finale, aucune citation dans les communiqués de l'Armée rouge. Rokossovsky, le libérateur de Lublin, n'est plus qu'à cinquante kilomètres de la Vistule, à cent soixante de Varsovie. Ce même 24 juillet il apprend l'attentat manqué contre Hitler du colonel von Stauffenberg – Staline a retenu l'information quatre jours – et la blessure de Rommel sur le front de Normandie. À ses officiers d'état-major il dira : « Si nous avions eu Rommel en face de nous, nos pertes auraient été deux fois plus fortes. » Le lendemain, 25 juillet, la Wehrmacht et les Waffen SS abandonnent Brest-Litovsk. Les colonnes blindées de Rokossovsky se déploient, atteignent au nord Sobibor et Treblinka, au sud Belzec. À Treblinka, sept cent cinquante mille juifs ont été gazés ; à Sobibor, deux cent mille ; à Belzec, cent cinquante mille. Mais ces camps n'existent plus, les installations de gazage ont été démantelées, des arbres plantés sur les champs des morts. Rokossovsky passe... Les Soviétiques passent. Ils ne sauront que bien plus tard...

C'est bien plus tard aussi, bien plus tard que les Français apprendront l'existence de deux camps de concentration en Alsace : Struthof-Natzwiller et Schirmeck, libérés le 23 novembre 1944. Comme à Maïdanek, les détenus avaient été évacués avant l'arrivée des Alliés.

« Au [1] mois d'août 1944 le camp a été déclaré zone de guerre. Nous avions espoir d'être libérés avant la fin de l'année. On parlait d'évacuation du camp, puis on disait que cela n'aurait pas lieu. Cependant, ce qui nous frappait, c'était de voir regrouper en hâte des convois de détenus des prisons d'Épinal, de Nancy, de Belfort, de Rennes même. Les derniers arrivants nous mettaient au courant de la situation militaire. Les SS étaient nerveux, de mauvaise humeur. Le camp se surpeuplait : où mettre ces détenus ? Tout était organisé pour quatre mille prisonniers, nous étions sept mille fin août. On couchait à trois par lit, à la cuisine il fallait faire deux services de distribution de soupe. Les non-travailleurs recevaient leur soupe vers 16 heures. La vie n'était plus possible.

1. Témoignage Aimé Spitz, publié en 1950 par le Comité national pour l'érection et la conservation d'un mémorial de la Déportation à Struthof.

On manquait de linge, d'habits. Les poux apparurent. Enfin, le 31 août, l'évacuation fut décidée. Transfert au camp de Dachau.

« Le jour et la nuit qui ont précédé notre évacuation, les camions des SS faisaient continuellement la navette entre la vallée de Schirmeck et le camp, déversant des hommes et des femmes près de la prison. À mesure que ces convois arrivaient, les gens étaient assassinés d'un coup de feu dans la nuque puis passés au four crématoire. La cheminée était rouge et cette vision avait quelque chose de lugubre dans la nuit...

« Le 31 août 1944, vers les 22 heures, le premier convoi d'évacuation se mit en route. J'étais du nombre ; nous étions deux mille détenus. Encadrés d'une bonne escorte de SS et de soldats de la Wehrmacht accompagnés de nombreux chiens policiers, nous descendîmes à pied la montagne. La majeure partie n'avait pas de chaussures. Moi-même j'étais en sabots. Lorsque nous arrivâmes presque en bas de la montagne, une auto vint vers nous et stoppa. Le commandant du camp en sortit et nous ordonna de faire demi-tour ; le train était en gare de Rothau mais il manquait une locomotive. On remonta vers le camp, qu'on atteignit à 1 heure du matin. Subitement, à 5 heures du matin, un coup de sifflet ; il fallait se remettre en route et ainsi la longue file de détenus redescendit la montagne pour gagner la gare de Rothau. Des wagons à bestiaux nous attendaient. On nous entassa à soixante-cinq hommes par wagon ; nous n'avions pas de paille ni d'eau. Vers les 10 heures, le train se mit en route et, par Strasbourg, Rastadt, Stuttgart, Augsbourg, nous arrivâmes à Dachau le lendemain dans la matinée. Notre convoi a été particulièrement favorisé à tous points de vue : d'abord la rapidité, car les convois suivants mirent deux jours, ensuite nous n'avions que deux morts à déplorer.

« De Dachau, j'ai été transféré au camp d'Allach, près de Munich, puis, quelques semaines plus tard, je suis revenu au camp de Dachau et nous avons été libérés le 29 avril 1945 par la 7e armée américaine...

« Paisiblement le camp de Struthof surplombe maintenant la vallée de la Bruche. Il est classé monument historique.

« Le chenil est vide, le four crématoire à jamais refroidi. »

# « *GREUELPROPAGANDA* »

Le 28 février 1933, le chancelier Adolf Hitler présenta à la signature du président Paul von Beneckendorff und von Hindenburg un décret d'urgence pour la « protection du peuple et de l'État ». Hindenburg signa : les garanties constitutionnelles assurant la liberté des citoyens étaient abrogées. Le 4 avril Hitler obtenait du Reichstag les pleins pouvoirs. Prévoyant, Heinrich Himmler avait ouvert quinze jours plus tôt, entre Augsbourg et Munich, le Konzentrationslager de Dachau. Ce complexe disciplinaire pour « le redressement et le travail » servira de modèle à tous les autres KL (gardiens et détenus préféreront utiliser le sigle KZ).

Très vite le secret des camps sera percé : hégémonie sans partage des « droit commun », qui occupent tous les postes de la hiérarchie à l'intérieur des barbelés, des blocks, sur les chantiers ; crimes, brutalités et humiliations permanents. Ceux qui « racontent » Dachau, Oranienburg, Buchenwald, Flossenburg sont des internés relâchés à la fin de leur condamnation temporaire ou des opposants toujours détenus qui parviennent à faire sortir des camps témoignages et rapports. À Paris, Bruxelles et même Rome, des « livres blancs » sont édités, le ministère des Affaires étrangères britannique publie en sept langues les récits les plus significatifs recueillis par son personnel diplomatique. Ainsi, avant

1939, l'horreur quotidienne des camps est connue de tous ceux qui en Europe souhaitent s'informer. Aux protestations officielles ou privées, les nationaux-socialistes répondent : *"Greuelpropaganda !"* (propagande des atrocités), l'expression indignée sans doute la plus utilisée jusqu'à la fin de la guerre par les services d'Himmler, de Ribbentrop, de Goebbels, de Bormann. À Genève, la Croix-Rouge est évidemment sollicitée par les familles, les amis des premiers internés. Max Huber, le président du Comité international, est moins surpris par le nombre des appels au secours que par le fait que les signataires ne se sont pas adressés à la Croix-Rouge allemande. Les victimes ont compris, bien avant les dirigeants de l'organisation humanitaire, que la Croix-Rouge allemande n'était plus indépendante face au nouvel ordre politique.

Créée en 1864 par le Suisse Henri Dunant, la Croix-Rouge est présente sur tous les fronts, dans tous les conflits ou catastrophes naturelles depuis cette date. Son action s'exerce sans discrimination. Sa force ne réside que dans sa tradition humanitaire et son autorité morale. Pour que cette tradition et cette autorité ne soient pas affaiblies, ses dirigeants et ses délégués s'interdisent tout jugement, toute déclaration ou condamnation publique de l'un ou l'autre des belligérants. Seule la neutralité permet les contacts, les accords avec l'ensemble des parties. Il va de soi que l'anonymat, l'obligation de réserve s'imposent à tous ceux que les événements pourraient mettre en lumière. Jamais un « délégué » n'utilisera ses succès sur le terrain pour une promotion personnelle. D'ailleurs, les rapports d'activités publiés par le CICR ne mentionnent pas les noms de leurs auteurs, c'est-à-dire de ceux et celles qui ont eu en charge un secteur ou un pays en guerre. Aujourd'hui, à la veille du troisième millénaire, alors que la plupart des autres organisations humanitaires se bousculent devant les micros et les caméras et que certains de leurs dirigeants lancent des anathèmes au nom du « devoir d'ingérence » pour mieux se rallier de futurs électeurs – car il ne fait pas de doute que ces « nouveaux justes » humanitaristes, philanthropes, se lanceront à la conquête d'une circonscription –, la Croix-Rouge, tout aussi discrète que par le passé, sans tintamarre médiatique, assure sa mission. Ici et là. C'est-à-dire partout où des êtres humains ont besoin d'elle.

La Seconde Guerre mondiale cependant devait secouer ses habitudes – certains diront la réveiller. En faveur des déportés, elle a réussi à imposer son « devoir d'ingérence » et ses succès, bien que trop modestes à ses yeux, furent les seuls remportés dans ce domaine.

« Au [1] début du XX^e siècle, le droit de guerre est fondé sur le principe que les opérations militaires restent limitées aux forces armées. La population civile jouit d'une immunité générale. Cette notion était si largement admise que la conférence de La Haye, en 1907, renonça à l'idée d'introduire dans le règlement concernant les lois et coutumes de la guerre sur terre une disposition qui aurait précisé que les ressortissants d'un pays belligérant habitant sur le territoire de la partie adverse ne seront pas internés, jugeant que ce principe était hors de discussion. »

La guerre de 1914 imposa une tout autre réalité, peu soucieuse des « principes ».

« Des [2] civils se virent assimilés d'une heure à l'autre à des criminels, conduits dans des camps de concentration ou dans des dépôts plus ou moins improvisés, absolument insuffisants. Ici, hommes, femmes, enfants, malades, gens de toutes conditions, entassés dans une promiscuité lamentable et privés de toute espèce de confort, ont vu ce provisoire se perpétuer, tandis que l'indifférence, quand ce n'étaient pas la haine et les menaces, leur était largement prodiguée. Des mesures qui, au début, semblaient devoir viser à la sécurité de l'État et se justifier de ce fait, si elles n'avaient pas été temporaires, se sont transformées bientôt en un instrument de représailles et de rétorsion, faisant du civil capturé un

1. D'après une analyse du CICR publiée à Genève en 1947 (Archives CICR).
2. Rapport X^e conférence internationale de la Croix-Rouge.

simple gage entre les mains du détenteur. À l'intérieur des États mêmes, rien ne semblait avoir été prévu pour régler le sort des internés civils. »

Après le constat, cette X$^{e}$ conférence internationale (1921) proposa un texte qui devait servir de base à un « code des prisonniers de guerre, déportés et réfugiés ». Les différents articles relatifs aux populations civiles des territoires tombés au pouvoir de l'ennemi limitaient le droit de l'occupant quant aux déportations, aux évacuations des populations et aux prises d'otages. Les propositions furent adoptées. Mais il s'agissait d'un « vœu », qui, pour être reconnu et applicable, devait devenir une convention acceptée et votée par les gouvernements. Plusieurs forces se dévoilèrent alors pour combattre le « principe d'unicité » (prisonniers de guerre, civils, déportés, réfugiés) : les militaires de l'ensemble des États – « réglons en priorité les droits des prisonniers de guerre » – et les représentants les plus influents de la Société des Nations. Dans son style diplomatique, le CICR présente ainsi ces luttes d'influence :

« Nombreux en effet étaient ceux qui, mettant tous leurs espoirs dans l'idée du désarmement général des nations, ne voulaient plus envisager la possibilité d'une guerre. Diverses personnalités officielles firent valoir auprès du Comité international que le moment paraissait inopportun pour proposer aux gouvernements l'élaboration d'un statut des civils en temps de guerre et qu'une telle initiative pourrait même être considérée comme desservant la cause de la paix, que soutenait la Société des Nations. L'introduction dans le droit international d'un nouveau chapitre fondé sur l'extension possible de la guerre à des non-belligérants ne semblait guère compatible avec les efforts du moment, qui tendaient au contraire à limiter la notion même de belligérant. C'est la raison pour laquelle la conférence diplomatique réunie à Genève en 1929 ne s'occupa que du sort des prisonniers de guerre, en faveur desquels fut conclue la convention relative à leur traitement sur la base du projet établi par le Comité international. Une commission élabora alors, dans le cadre des principes posés par les conférences antérieures, le projet qui fut soumis à la XVe conférence internationale de la Croix-Rouge, réunie à Tokyo en 1934, et qui est connue sous le nom de Projet de Tokyo. Ce projet de convention fut adopté d'emblée comme base de négociations diplomatiques (...). Comme on n'envisageait pas la possibilité d'un conflit imminent, le caractère d'urgence d'une telle conférence était loin d'apparaître à tous les yeux. Aussi les réponses à l'invitation du gouvernement suisse se firent-elles attendre. Ce n'est qu'au cours de l'année 1939 que l'adhésion des États invités permit de fixer la date de la conférence au début de 1940 à Genève. L'ouverture des hostilités, comme on le sait, mit obstacle à ce projet. »

Dix ans de controverses, d'arguties, de reculades et de polémiques sans fin privaient donc de protection juridique les civils des nations qui allaient être impliquées dans le conflit. Mais ce serait méconnaître la Croix-Rouge que de croire qu'elle resta inerte dans les années qui suivirent l'accession au pouvoir d'Adolf Hitler. Elle commença par submerger de courriers le président de la Croix-Rouge allemande, les ministères de l'Intérieur et des Affaires étrangères : chaque personne arrêtée qui lui était signalée faisait l'objet de demandes précises de renseignements. Au mois de mai 1933, Carl de Suède, président de la Croix-Rouge suédoise, adressa un « message privé et amical » à son confrère de Berlin. Il s'inquiétait des bruits et des rumeurs concernant les conditions de détention dans les camps de concentration ; il fallait bien évidemment faire la part de la malveillance... Pour rétablir la vérité, une commission d'enquête pouvait-elle se rendre dans l'un de ces camps ? Max Huber n'apprécia guère la démarche du prince. Par ses informateurs il savait que, dans chaque camp, des secteurs « modèles » avaient été aménagés pour recevoir des visites : parterres fleuris, bassin-piscine, terrain de sport, infirmerie moderne, couvre-lits à carreaux bleus ou rouges... Les premiers journalistes-observateurs choisis par Goebbels étaient revenus enthousiastes de l'une de ces tournées si parfaitement préparées. Nous sommes pris dans un piège, pensa Max Huber. Si l'on nous accorde l'entrée d'un camp, nous serons trompés, manipulés. Après il nous sera impossible d'exiger quoi que ce soit. La réponse des Allemands au message amical de Carl de Suède fut positive. S'il le désirait, il pouvait se rendre dans le camp de son choix, où, « pour la grande masse des détenus qui proviennent de milieux prolétariens, les conditions matérielles d'existence qu'on leur offre sont telles que leur niveau de vie pourrait être considéré comme plus élevé que celui qu'ils ont connu dans leur vie privée ». Max Huber ne donnera pas suite.

En Autriche, au mois de juillet 1934, le chancelier Dollfuss est assassiné dans une tentative de coup d'État national-socialiste qui échoue. Les putschistes rejoignent au camp de Woellersdorf les communistes arrêtés six mois plus tôt. Eux aussi avaient manqué leur prise de pouvoir. Parmi les comploteurs nazis de juillet, Ernst Kaltenbrunner, qui deviendra après l'Anschluss (mai 1938) secrétaire d'État à la Sûreté de Vienne et, au lendemain de l'assassinat d'Heydrich, chef de la Sûreté du Reich. Nous le retrouverons dans les derniers mois de guerre négociant avec la Croix-Rouge la libération sous condition de certaines catégories de déportés.

Adolf Hitler ne pouvait supporter l'idée que ses « compatriotes et amis » subissent le même sort dans un camp de concentration autrichien que ses « ennemis » communistes. Il convoqua le duc de Cobourg, président de la Croix-Rouge allemande, et son secrétaire général le colonel Draudt, leur demanda de prendre contact en son nom avec le CICR « afin que cessent les mauvais traitements à l'encontre des nationaux-socialistes et que la Croix-Rouge fasse son travail : qu'elle enquête à Woellersdorf... ». Max Huber avait eu raison d'attendre, de ne pas écouter Carl de Suède. Aujourd'hui, le demandeur n'était plus la Croix-Rouge mais le chancelier d'un Reich qui envoyait ses opposants dans des camps. Kurt von Schuschnigg, le successeur de Dollfuss, accepta la requête du CICR. Ses délégués purent s'entretenir avec les détenus de leur choix – sans témoins. Ils eurent accès à toutes les installations de Woellersdorf, constatèrent que chacun avait le droit de correspondre et de recevoir des colis. De fait, Woellersdorf ressemblait plus à un camp de prisonniers de guerre qu'à une colonie pénitentiaire.

– Et maintenant ?

– Et maintenant, répondit Carl Burckhardt à son président, nous n'avons qu'à demander la réciprocité, Hitler ne pourra nous refuser l'entrée de ses camps de concentration.

– Vous savez bien qu'aucun texte...

– Au diable les textes ! Le précédent autrichien plaide en notre faveur.

Carl Burckhardt laissa passer un temps raisonnable et, au nom de la commission des détenus politiques de la Croix-Rouge, formula sa demande au duc de Cobourg, qui la transmit au Reichsführer SS Heinrich Himmler. Cette fois, c'était aux nationaux-socialistes d'être pris au piège. Mais le service de Sécurité du Reich, on le sait, s'était préparé à cette éventualité. Nous sommes d'accord, fit répondre Himmler. Mais nous déciderons de la date, du camp – une visite n'est envisageable que dans un seul camp. Et les entretiens avec les détenus se dérouleront en présence du commandant du camp, de ses officiers et de votre accompagnateur SS. Burckhardt se rendit à Berlin. Au duc de Cobourg, il dit :

– Une inspection dans de telles conditions est par avance dépourvue de sens. Je souhaite pouvoir désigner, au dernier moment, un camp de mon choix où je me rendrai sans délai et m'entretiendrai sans témoins avec les détenus.

Malgré les protestations indignées du duc de Cobourg, Carl Burckhardt maintint sa position.

– Nous sommes dans l'impasse.

– Le CICR et la commission des détenus politiques n'autorisent aucune publicité. Si ma demande est rejetée, je rentre à Genève. Nous arriverons bien à un accord... un jour.

– Je vais parler à Himmler, dit le duc. Il tient beaucoup à cette visite. Les attaques contre les camps sont injustes...

Deux jours plus tard, Burckhardt rencontrait non pas Himmler mais Reinhard Heydrich.

– Vous[1] voulez visiter des camps de concentration ! Nous pouvons tout montrer, mais il ne convient pas que vous parliez aux détenus sans préparation, sans guide ni explication. Parmi ces gens se trouvent de dangereux criminels, des espions, des agents de propagande. Ils vous bourreront le crâne et se prévaudront des prétendues déclarations qu'ils vous attribueront. Et pour quel profit, s'il n'y a aucun contrôle, aucun témoin ? Des entretiens sans témoins sont toujours dangereux, et aujourd'hui surtout. Vous ne devez pas oublier que nous combattons, que le Führer combat l'ennemi universel. Il ne s'agit pas seulement de sortir de là une Allemagne saine et sauve, nous devons encore sauver le monde d'un effondrement intellectuel et moral. Voilà ce qu'on n'a pas encore compris chez vous. Ainsi donc, c'est impossible, la réponse du Reichsführer est négative. Vous visiterez le camp que nous vous indiquerons.

– M. le Reichsführer Himmler n'est pas à Berlin, répondit Burckhardt, mais j'apprends que vous devez le rencontrer demain. Voulez-vous lui dire ceci de ma part : si les bruits qui courent sur le traitement des détenus politiques en Allemagne sont fondés, il faut que la visite des camps ait lieu de la manière qui m'est proposée. Mais si, en revanche, ces bruits ne reposent sur rien, elle doit s'effectuer de la façon que je réclame.

Carl Burckhardt vit Heydrich se raidir. Il poursuivit :

– Le rapport sur les constatations que je serai en mesure de faire ne sera communiqué qu'au gouvernement du pays dont les ressortissants sont internés. Voilà. J'attendrai à Berlin jusqu'à ce que vous m'ayez communiqué votre réponse. Au cas où elle serait de nouveau négative, je repars. Au cas où votre point de vue se serait

1. Témoignage Carl Burckhardt. Cf. rapports d'activités de la Croix-Rouge, Genève. Cité par Drago Arsenijevic, *Otages volontaires des SS*, France-Empire, 1974.

modifié, je visiterai, de la façon que j'ai dite, le camp désigné par moi, puis également ceux que vous m'aurez proposés.

Heydrich se leva :

– On nous tient pour des brutes sanguinaires à l'étranger, n'est-ce pas ? Pour l'individu, c'est presque trop dur à porter, mais nous devons être durs comme le granit, sinon l'œuvre de notre Führer périra. Beaucoup plus tard on nous rendra grâce pour les responsabilités que nous avons assumées.

Au soir du second jour d'attente, Heydrich fit savoir à Burckhardt que le Reichsführer SS acceptait ses « exigences ».

– Le Sturmbannführer Tamaschle sera votre guide. Un Junker est mis à votre disposition. Vous n'aurez qu'à indiquer au pilote votre lieu de destination.

Le lendemain matin, en arrivant à Tempelhof, Burckhardt indiqua à son accompagnateur leur destination : le camp de concentration d'Esterwegen. Le Sturmbannführer Tamaschle prit le temps de téléphoner avant d'embarquer. Qu'importe, pensa Burckhardt, en si peu de temps – deux, trois heures de voyage – ils ne pourront rien modifier d'important. Tamaschle ne demanda pas pourquoi le délégué de la Croix-Rouge avait choisi Esterwegen, à l'ouest de Brême.

Le Standartenführer Loritz et son état-major auraient été moins angoissés s'ils avaient eu à recevoir Hitler en personne. Burckhardt refusa champagne et pâtisseries. Et comme Loritz insistait :

– Boire de l'alcool et savourer des sucreries me paraît déplacé en ce lieu.

Le ton de la visite était donné. Burckhardt n'échappa à aucun dithyrambe sur la cuisine, la surveillance médicale, la propreté, l'ordre, l'éducation par la gymnastique et le travail.

– Je souhaite m'entretenir avec des détenus. Au hasard de nos rencontres.

Ils allèrent de par le camp. Les « rues » entre les blocks, les blocks eux-mêmes étaient à peu près déserts.

Logique, pensa Burckhardt. Le travail... Ils sont tous en Kommando...

Un déporté balayait.

– Bonjour...

L'homme se figea au garde-à-vous.

L'envoyé de la Croix-Rouge demanda à ses accompagnateurs de s'écarter, expliqua sa mission.

– Vous êtes... ?

– Heilmann, ministre d'État prussien, social-démocrate et juif. Depuis un an et demi que je suis dans ce camp aucune accusation n'a été formulée contre moi, aucun interrogatoire n'a eu lieu, on ne m'a donné aucune occasion de me défendre.

– Comment êtes-vous traités ?

– Comme des chiens.

Carl Burckhardt écouta vingt-trois autres prisonniers. La plupart étaient terrorisés ; leurs réponses, hésitantes, brèves. L'un d'eux dit : « En me choisissant pour vos questions, vous me condamnez à mort... On ne me pardonnera pas de vous avoir parlé. Dites-leur surtout que je ne vous ai rien dit. »

Mais celui pour lequel Burckhardt avait choisi Esterwegen, qu'il aurait voulu rencontrer à l'improviste ne devait pas être dans le camp.

– Maintenant je désire voir M. Karl von Ossietzky et m'entretenir avec lui sans témoins.

L'un des suiveurs de Loritz fit répéter le nom.

– Ça s'écrit comment ?

Burckhardt maîtrisa sa colère.

– Vous ne connaissez que lui. Karl von Ossietzky, le pacifiste hambourgeois, l'écrivain, le fondateur de la revue *Weltbühne*. Les journaux du monde entier le présentent comme le futur prix Nobel de la paix.

– Prix Nobel ? fit Loritz en cherchant des yeux le secours de l'un de ses adjoints SS. Vous dites Ossietzky ? Nous n'avons aucun détenu de ce nom. N'est-ce pas ?

– Aucun, répondit un sous-officier.

– Pourtant il est ici. S'il est encore en vie. Ne perdons pas de temps.

– Pas de...

– S'il est mort, je vous tiendrai pour personnellement responsable.

– Impossible, dit Loritz. Je m'y oppose.

Alors Burckhardt, pour la première fois peut-être de sa vie, rugit, en empruntant aux geôliers leur vocabulaire :

– Qu'est-ce que c'est que cette saloperie ? On n'exécute pas les ordres, ici ! Vous connaissez vos instructions ! Je verrai les détenus que je veux voir et je leur parlerai !

Loritz fit un signe de la main. Deux SS quittèrent le groupe. Ils ne revinrent que quinze minutes plus tard, soutenant un déporté. Maigre, le visage tuméfié, dents cassées, sautillant sur une jambe.

– Je vous apporte les salutations de vos amis, je suis le représentant du Comité international de la Croix-Rouge. Je suis ici pour vous aider dans la mesure où cela nous est possible.

Karl von Ossietzky n'avait pas la force de répondre. Une larme coulait sur sa joue.

– Je voulais la paix... je veux la paix. Dites aux amis que je suis à bout... Ce sera bientôt passé, bientôt fini... C'est bien.

Le départ de Burckhardt était prévu à 16 heures... Il lui fallait gagner du temps pour assister au retour de Kommando des autres déportés d'Esterwegen.

– Et les droit commun ?

Loritz fut intarissable. Il connaissait aussi bien qu'un juge d'instruction les dossiers de ses pensionnaires au casier judiciaire chargé...

Quand les Kommandos rentrèrent au camp, Burckhardt refusa de monter dans sa voiture. Des centaines d'hommes, en rangs par cinq, passèrent devant lui. Des hommes courbés de fatigue, squelettiques. Derrière marchaient les blessés du jour. Derrière encore, d'autres miséreux. Ceux que l'on avait poussés hors du camp avant l'arrivée du délégué de la Croix-Rouge. Burckhardt ouvrit la portière, s'assit. La voiture démarra. Il n'avait pas salué Loritz ni les autres criminels d'Esterwegen. Jamais il n'oublierait ce cortège de morts-vivants.

Le précédent d'Esterwegen lui avait permis d'entre-bâiller la porte. Elle se referma brutalement en 1939.

« S'appuyant[1] sur le principe de la réciprocité, le Comité international ne manquait pas de se prévaloir du caractère universel de son activité, mise de façon identique au service de tous les belligérants : c'est ainsi qu'il pouvait faire état, auprès du gouvernement allemand, des interventions de ses délégués en faveur des ressortissants allemands internés en pays ennemi et des résultats favorables obtenus en Grande-Bretagne, en Afrique du Nord et dans les pays d'outre-mer – aux États-Unis, au Brésil, en Guyane hollandaise, au Venezuela, etc. –, où ses délégués avaient obtenu généralement l'autorisation de visiter les camps de détenus "pour raison de sécurité".

« Toutes ces démarches, écrites ou verbales, se heurtèrent à une fin de non-recevoir des autorités allemandes. Celles-ci arguaient du fait que les personnes détenues dans les camps de concentration ne l'étaient pas du seul fait de leur nationalité ennemie, mais aussi pour diverses raisons "relatives à la sécurité de l'État détenteur", et que, par conséquent, elles ne pouvaient être assimilées aux prisonniers de guerre ni aux internés civils proprement dits. On les considérait comme des "criminels", des "ennemis de l'État" relevant uniquement de la police politique. »

La Croix-Rouge se devait d'agir en dehors des interventions officielles. Ces efforts, d'une rare complexité, permirent de maintenir le contact avec la chancellerie, le parti, les Affaires étrangères et surtout les différents services d'Heinrich Himmler, qui, sans doute lassés par tant d'obstination devant tant de refus, accordèrent début 1943 une première concession.

Des colis de vivres pourraient être remis aux civils des

1. Rapport d'activités, Genève, 1947, déjà cité.

camps de concentration, à condition qu'ils soient adressés directement et nominalement à des ressortissants de nationalités étrangères à l'Allemagne. Cette autorisation était illusoire, même contradictoire, puisqu'on refusait précisément au Comité les renseignements nominatifs, indispensables selon la décision allemande. Le Comité international put cependant entreprendre une action secourable bien qu'il ne possédât à cette époque que fort peu de noms et d'adresses de détenus. Mais il mit tout en œuvre pour s'en procurer. Ses délégués, faisant en quelque sorte le siège des camps de concentration où ils n'entraient pas, ne négligèrent rien pour obtenir des renseignements : prises de contact avec les commandants de camp, avec des employés subalternes ou même parfois avec des détenus employés à la Kommandantur ; tentatives pour pénétrer dans les bureaux des camps – au cours de ces tentatives, les délégués du Comité international seront parfois éconduits sous la menace du revolver ; prises de contact avec les évadés des camps de concentration ; collationnement, lors des visites de camps de prisonniers de guerre, de tous les renseignements concernant les Schutzhäftlinge. Des milliers de noms et d'adresses de détenus parvinrent ainsi au Comité international, qui créa alors le « service des colis aux camps de concentration » (dit service CCC) ; ce service prit peu à peu une ampleur inespérée.

Le résultat du premier envoi de colis individuels dépassa largement les prévisions. Quelques semaines plus tard, le service CCC recevait déjà des accusés de réception portant la signature des destinataires eux-mêmes. Ces quittances devenaient une nouvelle source de renseignements : outre celle du bénéficiaire, elles étaient revêtues souvent de plusieurs signatures de détenus ayant eu l'idée d'écrire leur nom et leur numéro matricule sur la quittance d'un camarade afin de recevoir à leur tour un envoi. Ces signatures constituaient de plus un premier signe de vie du déporté et pouvaient atténuer quelque peu l'angoisse de sa famille. En outre le détenu était « repéré » par Genève. Même s'il appartenait à la catégorie la plus menacée, dite NN (« nuit et brouillard »), il avait une chance, si faible fût-elle, de ne pas disparaître.

Il suffit d'entendre d'anciens déportés, de lire leurs témoignages pour se rendre compte de l'importance de ces colis. Même si le plus souvent ils étaient pillés avant d'être remis à leurs destinataires.

« Les aliments [1] qu'ils contenaient ont aidé beaucoup d'entre nous à franchir un cap difficile. Sur des organismes affaiblis une poignée de sucre en poudre ou quelques figues sèches suffisaient à remettre la machine en route. Mais cela n'était rien, j'insiste, rien à côté du réconfort moral. Nous n'étions pas seuls, abandonnés. Une puissance, car la Croix-Rouge en est une, nous en avions la preuve, avait retrouvé notre trace, connaissait nos noms. On ne pouvait plus nous massacrer impunément... »

Du 12 novembre 1943 au 8 mai 1945, sept cent cinquante et un mille colis seront remis aux déportés de la plupart des camps. Certains de ces envois étaient collectifs et pesaient dix ou douze kilos. Pour suivre la piste de ces colis, les délégués de la Croix-Rouge investirent les camps, harcelèrent leurs commandants. Chacune de ces « approches » des territoires interdits donnait lieu à un rapport. Ainsi celui d'une visite au commandant du camp d'Auschwitz.

« ... Tout au long des routes, des pistes polonaises pour être plus exact, qui mènent de Teschen à Auschwitz, nous avons donc rencontré des groupes d'hommes et de femmes, encadrés de SS, portant l'habit rayé des camps de concentration et formant de petits Kommandos (détachements de travail). Ces Kommandos travaillent tantôt à l'agriculture, tantôt aux mines.

« Ces gens, malgré le travail en plein air, ont tous le teint blafard, cendré. Tous marchent au pas et en rangs de quatre ; les gardes, le fusil sous le bras, sont des SS de la division Totenkopf...

« Nous arrivons enfin à Auschwitz et, après avoir eu la patience nécessaire, nous sommes introduits à l'inté-

1. Témoignage inédit du Dr Roche.

rieur du camp de concentration. Du camp même, nous n'apercevons que six à huit très grandes casernes en brique rouge. Ces bâtisses paraissent neuves ; toutes les fenêtres sont munies de barreaux ; le camp est entouré d'un mur en plaques de béton, mur très haut, surmonté d'une garniture de barbelés.

« Entretien avec le commandant ; comme à Oranienburg et à Ravensbrück, les officiers sont ici à la fois aimables et réticents. Chaque mot est bien calculé et l'on sent la crainte de laisser échapper le moindre renseignement.

« 1) Les distributions des envois faits par le Comité semblent être admises et même réglées par un ordre général valable pour tous les camps de concentration.

« 2) Le commandant nous dit que les paquets adressés personnellement à un détenu sont toujours remis intégralement.

« 3) Il existe des hommes de confiance pour chaque nationalité (Français, Belges, pas d'autre nationalité citée, mais certainement plusieurs autres).

« 4) Il existe un Judenälteste (doyen des juifs), responsable pour l'ensemble des internés juifs.

« 5) Les hommes de confiance et le Judenälteste peuvent recevoir des envois collectifs ; ces envois sont distribués librement par eux. Les paquets personnels arrivant à un nom inconnu au camp sont remis à l'homme de confiance de la nationalité en question.

« 6) La distribution des envois faits par le Comité nous paraît certaine. Nous n'avons pas de preuve, mais notre impression est que le commandant dit vrai quand il affirme que ces distributions se font régulièrement et que tout vol est puni sévèrement...

« Nous espérons pouvoir vous faire parvenir bientôt des noms, prénoms et numéros de détenus d'Auschwitz ainsi que leur nationalité. En effet, un Kommando de prisonniers de guerre britanniques travaille dans une mine à Auschwitz en contact avec ces gens. Nous avons prié l'homme de confiance principal de Teschen de faire son possible pour obtenir de l'homme de confiance du Kommando d'Auschwitz tous les renseignements utiles.

« Spontanément, l'homme de confiance britannique de Teschen nous a demandé si nous étions au courant au sujet de la “salle de douches”. Le bruit court en effet qu'il existe au camp une salle de douches très moderne où les détenus seraient gazés en série. L'homme de confiance britannique a, par l'intermédiaire de son Kommando d'Auschwitz, essayé d'obtenir confirmation de ce fait. Il fut impossible de prouver quoi que ce soit. Les détenus eux-mêmes n'en ont pas parlé.

« Une fois de plus, en sortant d'Auschwitz, nous avons l'impression que le mystère reste bien gardé. Nous emportons pourtant la certitude que des envois sont à faire, la plus grande quantité possible et le plus vite possible. Une fois encore, disons que nous croyons que ce qui est envoyé est remis intégralement aux détenus. »

Au début de l'année 1945, nouvelle victoire pour la Croix-Rouge : des médicaments réservés aux déportés pourront être expédiés dans les camps.

« Au [1] début de janvier 1945, je fis la connaissance d'un membre du ministère des Affaires étrangères, le Dr Reichel, qui assurait la liaison entre les services intérieurs et le ministère lui-même. Grâce à ses très bons rapports avec tous les bureaux des SS et le service de Sécurité, le Dr Reichel nous a rendu par la suite des services signalés en tant qu'intermédiaire.

« Le 9 janvier, un de nos délégués eut une première entrevue avec le chef du service de la Sécurité et de la Défense pour les détenus politiques, l'Obergruppenführer Glücks, chef de l'administration de tous les camps de concentration en Allemagne. Les pourparlers avec l'Obergruppenführer Glücks eurent lieu le 11 janvier et les résultats acquis à ce moment éveillèrent en nous les plus grands espoirs. Ainsi que nous l'avons déjà dit, nos efforts tendaient à fournir les camps de concentration en vivres, en vêtements et en médicaments, dans la

1. Rapport volontairement anonyme, Archives de la Croix-Rouge.

même mesure où l'on fournissait les camps de prisonniers de guerre...

« Le 2 février, les délégués du CICR se rendirent au quartier général des camps de concentration à Oranienburg pour y discuter les diverses questions relatives à l'approvisionnement des camps de concentration en vivres et particulièrement en médicaments. Le Standartenführer Loling, médecin en chef de tous les camps de concentration d'Allemagne, montra toute la compréhension désirable envers le projet du Comité international d'envoyer des médicaments aux médecins prisonniers et dicta sur-le-champ un ordre pour en faciliter l'application à tous les camps de concentration. Dans cet ordre, il était spécifié que les quittances mentionnant la réception des médicaments devaient être signées uniquement par les médecins étrangers prisonniers.

« Le Dr Loling profita de l'occasion pour signaler aux représentants du CICR tous les efforts du service de Sécurité du Reich pour éviter les épidémies dans les camps de concentration, lesquelles mettaient en danger la santé du peuple allemand. En même temps, nous eûmes une conversation avec l'Obersturmbannführer Hoess, le représentant et adjudant de l'Obergruppenführer Glücks. Nous fîmes remarquer de nouveau la grande importance que le CICR attachait à la visite de ses délégués dans les camps de concentration. L'Obersturmbannführer Hoess nous répondit que c'était du Reichsführer Himmler que dépendait toute décision sur ce sujet ; cependant il nous promit encore une fois de soumettre la question à l'autorité dont il relevait. En ce qui concerne les listes des hommes de confiance et des effectifs des divers camps de concentration d'après les nationalités, on nous assura que ces listes n'étaient pas encore arrivées. L'Obersturmbannführer Hoess s'excusa en invoquant les mauvaises conditions de transmission du courrier et des communications. Par la suite, nous devions recevoir encore souvent cette réponse stéréotypée à nos demandes réitérées.

« Plus tard, nos pourparlers avec le quartier général des camps de concentration à Oranienburg devinrent assez fréquents. Dans les diverses séances avec l'Obersturmbannführer Hoess et le Standartenführer Loling, on régla maintes questions de détail sans arriver pourtant à un accord de principe concernant la visite des camps de concentration par les délégués du CICR. Le Reichsführer SS Himmler se confina dans le silence. »

De tous les oligarques nazis, Heinrich Himmler est celui qui a su le mieux s'adapter aux circonstances imposées par Hitler... et les Alliés. Une malléabilité politique qui fut sa force pendant les années glorieuses du Reich et le perdit dès que les armées alliées touchèrent aux frontières est et ouest de l'Allemagne. En novembre 1944, alors que, grippé, il doit présenter une réunion de hauts fonctionnaires, son frère lui dit :

– Tu [1] devrais ménager ta santé. Fais donc reporter cette réunion à une date ultérieure.

Et Himmler, superbe :

– A-t-on jamais reporté Pâques parce que le pape avait la grippe ?

L'humour n'est pas un don que possède le Reichsführer SS. S'il prononce cette phrase, c'est qu'il croit en ce qu'il est : l'homme le plus puissant d'Allemagne. Chef de la police, des services secrets, de la SS, du ministère de l'Intérieur, commissaire du Reich pour la politique raciale, il est à la tête de trente-huit divisions Waffen SS, commandant suprême de l'armée de réserve, maître des camps d'internement des prisonniers de guerre, des camps de concentration et de leur secteur économique (90 % des déportés travaillent pour l'effort de guerre). Un mot de lui et Hitler disparaît. Mais Himmler ne peut trahir son serment de fidélité. Peut-être aura-t-il la chance de succéder au Führer si des comploteurs se manifestent avec succès. Comment expliquer autrement le peu d'empressement qu'il met à surveiller, à arrêter ceux que ses informateurs découvrent ou qui viennent

1. Cité par Heinz Höhne, *L'Ordre noir*, traduction française Casterman, 1968.

l'entretenir de leurs projets ? À l'inverse, après l'attentat manqué du comte von Stauffenberg, parce qu'il ignorait l'existence de ce groupe d'opposants et qu'il était pour une fois en faute, la répression fut foudroyante, impitoyable.

Peut-on esquisser de « légères touches de paix » sans trahir ? Oui, lui répondent les trois hommes qui sont en ces jours où la défaite paraît évidente ses seuls confidents : Karl Gebhart, ami d'enfance, général SS, professeur de clinique chirurgicale à la faculté de Médecine de Berlin, directeur de la plus importante clinique d'Allemagne, Hohenlychen, où Himmler a en permanence un appartement réservé, Gebhart, par ailleurs expérimentateur à Ravensbrück sur des cobayes humains ; Walter Schellenberg, le chef du contre-espionnage ; et Félix Kersten, le masseur privé qui soulage ses crises d'estomac et une contraction dorsale. L'homme aux « mains du miracle » et Schellenberg ont lancé des ponts de lianes vers les Anglo-Américains par l'intermédiaire d'Allan Dulles, qui deviendra par la suite chef de la CIA. Entretiens secrets à Stockholm, à Genève. Himmler est terrorisé à l'idée qu'Hitler pourrait être informé. Hitler et ceux qui auprès de lui – Bormann, Goebbels, Kaltenbrunner – cherchent à l'affaiblir et – pourquoi pas ? – à l'éliminer. C'est à leur influence, à leurs intrigues qu'il doit le « grand honneur » d'avoir été choisi pour commander les contre-offensives d'Alsace et de la Vistule. Himmler, chef de guerre d'une guerre perdue. Son échec était prévisible, annoncé par ses amis. S'il veut encore sauver ce qui peut être sauvé de sa chère SS, éviter le dépeçage du Reich, il doit proposer à Eisenhower une paix séparée. Comment Schellenberg, l'homme le mieux informé d'Allemagne, a-t-il pu croire, ne serait-ce qu'une seconde, que Roosevelt et Churchill rompraient l'union avec Staline, qu'Eisenhower serait autorisé à traiter avec le plus grand criminel de l'Histoire ? À moins que Schellenberg – cinquante ans après, la question reste posée – ne soit devenu une « créature » de Dulles et d'Hewit, le conseiller spécial pour l'Europe de Roosevelt.

Trois « touches » principales de paix seront ébauchées.

Les otages déportés des camps de concentration serviront de monnaie d'échange. Himmler a déjà donné des gages en arrêtant le programme de la solution finale et en ordonnant à Eichmann de rencontrer les représentants de l'organisation sioniste Waadah, prêts à acheter, contre des devises et des camions, les juifs d'Auschwitz et de Theresienstadt[1].

« Mes[2] contacts en Suisse me mirent en rapport avec M. Musy, ex-président de la Confédération helvétique. C'était un homme totalement désintéressé, extrêmement intelligent et cultivé, qui n'avait qu'un seul but : sauver le plus possible de vies humaines parmi les centaines de milliers de déportés dans les camps de concentration. Vers la fin de 1944, après des semaines d'exhortations persuasives, je réussis à organiser une entrevue secrète entre lui et Himmler. Au début, Himmler s'en tint à des considérations générales, mais, peu à peu, la forte personnalité et les arguments sensés de Musy, joints à la pression que j'exerçais, amenèrent Himmler à prendre une décision. Il laissa bien entendre, néanmoins, qu'il n'accepterait une évacuation massive de juifs internés dans les camps de concentration qu'en échange de tracteurs, de camions, de médicaments et autres denrées dont nous avions le plus grand besoin. Musy fit alors une contre-proposition. Himmler devrait se contenter de paiements en devises étrangères, versés au compte de la Croix-Rouge internationale. Himmler ne parvenait pas à comprendre l'importance que revêtait, pour l'Allemagne, la libération de milliers de juifs. Il paraissait uniquement préoccupé de l'effet que produirait cet acte sur Hitler et sur la clique du parti. Je compris, au cours de cet entretien, qu'il désirait sincèrement s'affranchir de l'hypothèque juive, mais manquait de courage pour faire le pas décisif. En conclusion, l'idée fut émise que la Suisse pourrait être reconnue par les États-Unis comme lieu de transit pour les juifs désireux d'émigrer, et Musy

1. Voir *Les Victorieux*, même auteur, même éditeur.
2. Walter Schellenberg, *Mémoires*, traduction française Julliard, 1957.

promit d'examiner la question avec certaines organisations juives réfugiées en Suisse...

« La seconde conférence entre Himmler et Musy eut lieu à Wiesbaden, en Forêt-Noire, le 12 janvier 1945. L'accord suivant fut réalisé, grâce à mon active intervention :

« 1) Toutes les deux semaines un train de première classe amènerait environ douze cents juifs en Suisse.

« 2) Les organisations juives avec lesquelles travaillait M. Musy soutiendraient activement un règlement du problème juif conforme aux suggestions d'Himmler. Conjointement serait amorcé le début d'un changement fondamental de la propagande mondiale contre l'Allemagne.

« 3) Sur ma proposition, il fut convenu que les fonds ne seraient pas, comme prévu antérieurement, versés directement à la Croix-Rouge internationale, mais déposés entre les mains de Musy, à titre de fidéicommis.

« 4) Le premier transport s'effectua au début de février et tout se passa fort bien. Musy accusa réception des cinq millions de francs suisses qui lui furent versés en qualité de fidéicommis, fin février 1945, et fit en sorte, comme convenu, que la presse en fût avisée, tandis que le président von Steiger, de Berne, publiait un article et qu'un autre paraissait dans le *New York Times*.

« Malheureusement, un message codé, provenant d'un centre gaulliste d'Espagne et ayant trait à ces accords, fut communiqué à Hitler. Ce message, déchiffré, prétendait qu'Himmler avait, par l'entremise de son représentant Schellenberg, négocié avec Musy pour qu'un asile soit donné en Suisse à « deux cent cinquante chefs nazis ». Cette évidente stupidité, traîtreusement propagée par Kaltenbrunner, eut les conséquences les plus fâcheuses pour moi. Hitler donna immédiatement deux ordres impératifs : tout Allemand qui aiderait un prisonnier juif, anglais ou américain à s'évader serait aussitôt exécuté et toute tentative de cet ordre devait lui être personnellement signalée. »

Carl Burckhardt, président du CICR depuis décembre 1944, a été informé par Jean-Marie Musy de son « initiative privée ». Lui aussi souhaite rencontrer Himmler mais le Reichsführer SS, conscient que le « neutre » Burckhardt ne pourra ni accepter un sordide marchandage – tant de dollars pour chaque déporté libéré – ni faciliter une entrevue avec Eisenhower, préfère dans un premier temps diriger le président de la Croix-Rouge sur Kaltenbrunner. D'ailleurs Schellenberg a, suivant son habitude, une autre solution : le comte Folke Bernadotte, président de la Croix-Rouge suédoise, est un homme indépendant et (paraît-il) adepte d'une paix séparée. La première rencontre Himmler-Bernadotte se déroula dans la clinique d'Hohenlychen le 19 février.

« Lorsqu'il [1] m'apparut brusquement, avec ses lunettes de corne, portant l'uniforme vert des Waffen SS sans aucune décoration, il me fit l'impression d'un fonctionnaire insignifiant. Si je l'avais croisé dans la rue, je n'aurais jamais pris garde à lui. Il avait de petites mains, fines, sensibles et fort bien soignées.

« Au cours de nos conversations, Heinrich Himmler m'apparut comme un personnage très vif, sentimental à l'égard de son Führer et susceptible d'un grand enthousiasme. Il me semblait vraiment extraordinaire d'entendre cet homme (le même qui, utilisant les moyens les plus infâmes, avait envoyé des millions d'êtres à la mort) parler de la conduite courtoise de la guerre entre Anglais et Allemands en France durant l'été 1944 : on avait alors suspendu les hostilités pour que chaque adversaire puisse prendre soin de ses blessés, disait-il avec exaltation. Sa réaction me sembla tout aussi extraordinaire lorsque, à la fin d'une de nos entrevues, je lui remis un ouvrage sur les inscriptions runiques suédoises de 1600. Un Norvégien travaillant parmi les prisonniers de guerre en Allemagne m'avait appris que le chef de la Gestapo s'intéressait particulièrement aux écritures runiques du nord. Mon cadeau le toucha étrangement. Il me dit même que pareille gentillesse l'émouvait profondément

1. Comte F. Bernadotte, *La Fin*, éd. Jean Marguerat, Lausanne, 1945.

et qu'il me remerciait de lui avoir causé cette joie dans les circonstances actuelles. »

Cette première et longue rencontre aboutit à un accord inespéré : tous les déportés scandinaves (treize mille selon Bernadotte) seraient regroupés dans le camp de Neuengamme ; les malades et les vieillards, rapatriés en Suède par la Croix-Rouge, qui était autorisée à pénétrer dans le camp « pour s'occuper des prisonniers ». Quant aux femmes scandinaves déportées à Ravensbrück, elles seraient libérées... « à condition d'être mères de famille ».

L'éventualité d'une paix séparée ne fut abordée qu'au cours de la seconde rencontre. Himmler quitta le bureau quelques instants.

Schellenberg :

– Himmler a résolu d'organiser une entrevue avec le général Eisenhower pour lui annoncer qu'il est prêt à faire capituler les forces allemandes du front occidental. Seriez-vous disposé à transmettre pareil message au général ?

Bernadotte :

– Je trouve préférable que les désirs d'Himmler soient communiqués au gouvernement suédois, qui, s'il le juge opportun, les transmettra aux représentants des puissances occidentales. D'autre part, je ne puis absolument pas être porteur d'un tel message pour le ministre des Affaires étrangères Günther si Himmler ne donne pas la promesse préalable que les forces allemandes capituleront en Norvège et au Danemark. D'ailleurs, je doute fort que les puissances alliées acceptent la capitulation sur le front ouest seulement. Et même si ce devait être le cas, il ne serait pas nécessaire d'organiser une rencontre personnelle entre Himmler et Eisenhower. Il suffit qu'Himmler donne à l'état-major allemand l'ordre de déposer les armes. En outre, comme je l'ai souvent dit précédemment, Himmler ne peut jouer un rôle quelconque dans l'Allemagne de demain. Il est seulement possible que les Alliés aient besoin de ses services pour l'exécution de la capitulation proprement dite.

Carl Burckhardt rencontra Kaltenbrunner le 12 mars. Comme Bernadotte, il obtint des concessions inespérées.

*Lettre du général des SS Kaltenbrunner confirmant les accords passés avec le président du CICR*

*Le 29 mars 1945*

*Conformément à notre accord, j'ai entrepris dès mon retour, avec les autorités compétentes, l'examen des questions que vous avez posées. J'ai le plaisir de vous informer que j'ai constaté chez tous les intéressés une grande bonne volonté.*

***Internés civils***

*1) L'échange global de tous les internés civils français et belges contre tous les internés civils allemands, proposé par vous, favoriserait grandement les Français. Nous devrions libérer près de soixante-deux mille Français contre quinze mille internés allemands seulement. En outre, les catégories sont complètement différentes. Les Allemands qui se trouvent aux mains françaises n'ont été internés que parce qu'ils sont restés en France, tandis que la majorité des internés civils français détenus par les Allemands sont accusés d'actes graves commis contre les forces occupantes pendant l'occupation de la France.*

*Nous sommes cependant prêts à accepter l'échange global des internés civils aux conditions suivantes.*

*– Toutes garanties seront données d'abandonner les poursuites contre les Alsaciens et les Lorrains ayant collaboré avec nous et acquis la nationalité allemande, mais qui, en France, sont considérés aujourd'hui encore comme ressortissants français. Ils seront compris dans l'échange, sous condition d'en exprimer eux-mêmes le désir.*

*– Les poursuites contre les collaborationnistes français en France seront définitivement abandonnées.*

*2) Si le rapatriement global des internés civils ne peut se réaliser, il reste la possibilité de s'entendre sur un échange en nombre égal comprenant les Alsaciens et les Lorrains. On pourrait, dans ce cas, commencer par le rapatriement des vieillards, des malades, des femmes et des enfants, comme le Comité international le propose.*

*En outre, on pourrait envisager des échanges individuels, selon vos propositions.*

*3) La répartition des internés civils par nationalité et en camps séparés, telle qu'elle se fait en ce moment pour les Norvégiens et les Danois, pourrait être envisagée dans la mesure des possibilités techniques.*

*4) La fourniture par le Comité international de la Croix-Rouge de vivres, vêtements et médicaments aux internés civils a été autorisée en principe par le ministère des Affaires étrangères, d'entente avec mes services. L'application pratique de cette mesure a fait l'objet de pourparlers avec la délégation du Comité international de la Croix-Rouge à Berlin, pourparlers dont l'issue a donné pleine satisfaction à tous les intéressés.*

***Internés civils juifs***

*Pour ce qui est du transfert d'internés civils juifs en Suisse, j'ai pu également constater une attitude plutôt favorable. En traitant ce problème, on ne doit, à mon avis, envisager aucune réciprocité ni aucune compensation, mais il devrait apparaître sous quelle forme et dans quel domaine le Reich allemand pourrait s'attendre à des compensations.*

L'accord principal obtenu par Carl Burckhardt ne figure pas dans cette lettre-charte de Kaltenbrunner : des délégués de la Croix-Rouge pourraient pénétrer dans les camps de concentration, s'y installer jusqu'à la fin de la guerre. Kaltenbrunner affirma que les commandants des principaux camps seraient avertis par téléphone. Prudent, Burckhardt leur écrivit.

*Lettre du président du CICR*
*au commandant du camp de Dachau*

*Genève, le 11 avril 1945* [1]

*Au cours de mes derniers entretiens avec l'Obergruppenführer général SS Kaltenbrunner, toute assistance a été promise au Comité international de la Croix-Rouge en vue du ravitaillement en vivres et médicaments des internés étrangers en Allemagne.*

*Je me permets à cet effet de vous recommander très vivement notre délégué, qui est chargé d'organiser le ravitaillement des internés de votre camp et de ses dépendances.*

*À cette fin, quatre camions et une voiture personnelle sont mis à sa disposition avec l'essence nécessaire.*

*Veuillez donner à notre délégué toutes facilités pour l'exécution de sa tâche.*

*Lettre du président du CICR*
*au commandant du camp de Mauthausen*

*Genève, le 29 avril 1945*

*Lors de mes pourparlers avec l'Obergruppenführer Kaltenbrunner, il a été convenu que les délégués du Comité international seraient désignés pour se rendre dans les camps de concentration où se trouvent des détenus de nationalité étrangère et qu'ils y demeureraient jusqu'à la fin de la guerre. Dans une nouvelle entrevue, le 24 avril, l'Obergruppenführer Kaltenbrunner a expressément confirmé cet accord et déclaré que les ordres nécessaires avaient été donnés. Si donc un commandant de camp refuse de recevoir ses représentants (délégués du Comité international et personnel infirmier), il agit contrairement*

1. À cette date, Auschwitz, Buchenwald et Dora étaient libérés.

*à un ordre, ou bien alors les ordres donnés ne parviennent pas à destination.*

*Je vous prie, en conséquence, de mettre immédiatement le porteur de la présente lettre en mesure d'installer les délégués dont il est question dans le camp de Mauthausen ; je vous prie en outre de veiller à ce que ces délégués puissent circuler librement dans le camp et entrer en contact avec tous les détenus de nationalité étrangère. Au cas où ces instructions ne seraient pas suivies, le Comité international de la Croix-Rouge vous tiendrait pour personnellement responsable des conséquences ; en outre, il informerait l'opinion publique mondiale de votre responsabilité. Si, au contraire, vous prenez toutes mesures pour faciliter l'application des accords conclus avec l'Obergruppenführer Kaltenbrunner en ce qui concerne la désignation de nos délégués et leur séjour dans le camp selon les conditions indiquées, le Comité international de la Croix-Rouge portera témoignage de votre bonne volonté.*

# AUSCHWITZ

Maïdanek libéré le 24 juillet 1944 par l'Armée rouge, l'administration centrale des camps envisagea le « repli » des déportés d'Auschwitz et l'effacement des preuves de la solution finale dès le 15 août. Mais l'« action » hongroise prenait du temps, du retard même. Il était impossible de bloquer du jour au lendemain l'usine de mort en dynamitant les installations. Dans l'immédiat, trois mesures s'imposaient : éloignement d'Auschwitz-Birkenau-Monowitz des déportés russes et polonais, qui auraient pu tenter une sortie désespérée afin de rejoindre le front ou les groupes de partisans avec qui ils avaient établi des contacts réguliers ; destruction des registres des entrées ; mutation des quelques gardes ukrainiens encore affectés à Birkenau. L'année précédente, une compagnie de gardes ukrainiens s'était révoltée.

« Ils [1] étaient particulièrement disposés à penser que les corps de garde seraient liquidés un jour – en tous les cas eux, Ukrainiens, en tant qu'étrangers. »

Le complexe d'Auschwitz comptait soixante-sept mille détenus cet été 1944 et deux mille neuf cent cinquante

1. Mémoires du SS Pery Broad, publication Panstowe Museum Oswiecin, 1955.

gardes. Himmler et Pohl craignaient une évasion massive préparée par un comité clandestin de résistance.

La première « organisation » s'implanta à Auschwitz dès la semaine qui suivit l'arrivée des « pionniers », une association « timide » de trois ou quatre amis de Cracovie engagés dans le même Kommando de défricheurs et de bâtisseurs. Ces déportés, tous polonais, reçurent les matricules allant de 31 à 758. Tadeuz Wiejowski et Édouard Galinski dressèrent la liste des nouveaux arrivants, qu'ils firent parvenir, par l'intermédiaire de paysans des environs, à un prêtre du village d'Auschwitz. Pour éviter les contacts, le commandant Hoess ordonna le déplacement des deux mille habitants du « quartier » des tabacs puis, peu à peu, toutes les familles propriétaires d'un toit ou d'un terrain dans la zone d'influence du camp furent chassées. Les matériaux récupérés dans cent vingt-trois fermes servirent à surélever les bâtiments des casernes. La région ainsi dépeuplée occupait une superficie de quarante kilomètres carrés.

Tadeuz Wiejowski, ayant réussi à se procurer des vêtements civils, se faufila dans un groupe de paysans réquisitionnés et disparut[1]. Le premier « résistant » du camp fut aussi le premier évadé.

« Dachau[2] était un mauvais camp. Mais nous pouvions espérer y survivre. Les conditions de vie à Auschwitz ne justifiaient pas un tel espoir. Les deux types humains caractéristiques des camps d'extermination y proliféraient plus qu'ailleurs : le "musulman", qui avait renoncé à lutter et qui était mort spirituellement avant de mourir physiquement, et le "Prominent", qui ne songeait qu'à se procurer autant d'avantages que possible, à « organiser », suivant le langage du camp, et qui vivait au jour le jour, refusant de penser à l'avenir. De tels "Prominenten" cherchaient à se procurer de l'alcool, ainsi que des

1. Le 6 juillet 1940. Galinski attendra plus de trois ans avant de tenter à son tour la « belle ».

2. Témoignage Hermann Langbein, *Auschwitz Zeugnisse und Berichte*, Francfort, 1962.

stupéfiants. On pouvait obtenir tout cela au “Canada” à condition d'avoir des relations. Ces deux types existaient également dans les autres camps, mais ils y étaient beaucoup moins marqués, les contrastes y étant moins accentués. Il va de soi qu'aucun d'eux ne convenait à l'organisation d'une résistance.

« Une autre difficulté consistait dans le fait que les SS utilisaient systématiquement les antagonismes entre les détenus. Le nombre des “bons Kommandos” était limité. Les détenus allemands avaient intérêt à empêcher les étrangers de devenir Kapos ou doyens de block, et à garder ces postes privilégiés pour eux-mêmes. En même temps, les SS parvenaient de la sorte à faire considérer par les étrangers leurs codétenus allemands comme les complices de leurs bourreaux. Les Polonais, qui étaient arrivés les premiers au camp et qui avaient occupé de ce fait de nombreux postes clés et de bons Kommandos, avaient à leur tour intérêt à empêcher les Français ou les Tchèques de pénétrer dans ces positions. Et tous ensemble avaient intérêt à abandonner aux juifs de tous les pays, bien que leur pourcentage ne cessât de croître au cours des années, les Kommandos les plus durs. De cette manière, la direction du camp parvenait à rendre agissant le meurtrier antisémitisme hitlérien à l'intérieur même des barbelés.

« Pour créer à Auschwitz une organisation de résistance efficace, il fallait avoir le courage d'engager le combat contre toutes ces difficultés.

« Pourtant, une telle organisation finit par surgir. Lorsqu'on partage son pain avec un ami – un homme libre n'est pas capable de s'imaginer à quel point cela est difficile, lorsqu'on a faim soi-même – le préambule est établi pour résister à la volonté des SS. Les vieilles amitiés, les identités de convictions et les affinités nationales servirent de cellules germinales à la résistance. La première tâche consistait à assurer la survie de leurs membres, pour autant que cela était possible. Aussi ces groupes s'efforçaient-ils surtout de disposer de situations dans les infirmeries et les hôpitaux. Il est également compréhensible que les premiers de ces groupes aient été des groupes polonais : non seulement leur ancienneté dans le camp leur permettait de mieux connaître les secrets, mais ils avaient aussi la possibilité d'établir des contacts avec le monde extérieur...

« Le groupe international a pu se constituer à Auschwitz I parce que les conditions y étaient plus stables qu'à Auschwitz II-Birkenau, par exemple. C'est là que se trouvait l'administration centrale SS ; par conséquent, le nombre de détenus qui travaillaient dans les bureaux était plus élevé. Ainsi, le Kommando desservant l'infirmerie des SS acquit pour le groupe une grande importance, car le médecin SS Wirths se laissait influencer ; en 1944, il fut mis au courant de l'existence d'une organisation clandestine des détenus, et il l'aida en maints domaines. Il a été possible de mettre un terme aux sélections à l'hôpital. Ce médecin a aussi sauvé la vie à un membre de la direction du groupe de combat. L'infirmière nationale-socialiste Maria Stromberger, une pieuse catholique autrichienne, a également apporté une aide courageuse aux détenus (...).

« On pouvait s'attendre à ce que les SS ne reculent devant rien pour ne pas laisser tomber vivants entre les mains des Alliés les témoins des crimes d'Auschwitz. Il ne fallait pas que les détenus se laissent assassiner sans résistance, au dernier moment. C'est pourquoi le groupe de combat organisa un état-major militaire dont les chefs seuls se trouvaient en contact avec la direction du groupe. Des détenus sûrs furent affectés aux Kommandos qui présentaient un intérêt particulier du point de vue militaire : le train, les Kommandos qui travaillaient dans les locaux SS et qui, en cas de nécessité, auraient pu se procurer des armes par la force, et ainsi de suite. Cependant, on s'astreignait à garder relativement bas le nombre de ceux qui participaient directement à l'organisation.

« À l'approche du front, il fallait compter soit avec une liquidation complète du camp, c'est-à-dire avec l'assassinat de tous les détenus, soit avec une évacuation. Quel que soit le cas, une liaison étroite avec l'organisation de résistance militaire polonaise, l'Armia Krajowa, était une condition indispensable pour une action armée. Celle-ci envoya dans la région d'Auschwitz un officier chargé d'établir la liaison avec les partisans des environs et de coopérer étroitement avec l'organisation de combat du camp.

« À cette époque, c'est-à-dire en août 1944, l'organisation adressa au-dehors un rapport sur la situation militaire, qui a été conservé. D'après ce rapport, les camps du complexe d'Auschwitz comptaient à ce moment soixante-cinq mille neuf cents détenus et trente-neuf mille deux cents détenues. »

Friemel, Burger, Duzel, Piaty, Raynoch, Swierczyna et Vesely, « patrons » du groupe de combat d'Auschwitz, ont élaboré patiemment un plan d'action militaire. De l'extérieur, ils sont aidés par deux anciens évadés [1] et des partisans [2].

Ce « comité restreint » est élargi à l'interprète d'allemand, Mala Zimertbaum, et à Édouard Galinski ; ils s'évaderont pour transmettre les dernières instructions aux partisans. Cette action du « groupe de combat » d'Auschwitz ne sera probablement jamais connue, car tous les membres du « comité » ont été arrêtés et exécutés. Ce que l'on sait se résume aux grandes lignes du projet. Au matin du jour J, toutes les femmes refusent de se rendre à l'appel. Cette révolte doit mobiliser la plupart des réserves SS. Les Kommandos des crématoires profitent de l'agitation pour faire sauter les fours et s'évader. Troisième phase enfin, les partisans armés attaquent les postes de garde de la grande ceinture alors que le groupe de combat d'Auschwitz force les barbelés du premier cercle et facilite l'évasion de masse. Les cent hommes et les cent femmes recrutés depuis plusieurs mois par le « comité directeur » ne recevront leurs ins-

1. Konstany Jagiello et Tomasz Sobanski.
2. Franciszek Dusik et Kasimierz Ptasinski.

tructions que la veille au soir du jour choisi. Les cent femmes, pour obliger leurs compagnes à la plus grande détermination, leur diront simplement quelques minutes avant l'appel : « Le camp va être liquidé au lance-flammes après l'appel. Il ne faut en aucun cas se rendre à l'appel. Les hommes ont des armes, ils vont attaquer les SS. »

« Je[1] ne sais si dans le camp des femmes nous étions nombreuses dans la confidence. Mala, qui était devenue ma meilleure amie le jour où j'avais pu lui offrir un recueil de poèmes de Verlaine, découvert au Canada, me dit au début de l'été : "Je vais m'évader, je crois que tout est presque prêt. On prépare ça pour moi. Mais après, bientôt, ce sera ton tour et celui de tous les hommes et de toutes les femmes. La Résistance a un plan, mais c'est vous les femmes qui serez chargées du premier acte, une sorte de grève ; après, les Sonderkommandos détruiront les fours et les barbelés seront arrachés..." J'avais haussé les épaules :

« – Tu veux me remonter le moral.

« – Non, non, je t'assure. Tu verras bien.

« Je promis de n'en parler à personne et je n'y pensai plus. Deux semaines plus tard, Mala s'évadait. »

Mala Zimertbaum et Édouard Galinski disparurent du camp le 24 juin.

« Mala[2] s'est évadée. C'est absolument merveilleux. Nous sommes très agités. Pourvu qu'elle réussisse ! Il y a tout le temps des évasions. Mais surtout des hommes. Trois sont repris. Ils sont pendus et exposés à l'entrée du camp des hommes, face à l'orchestre afin que tous ceux qui sortent du camp et qui y entrent les voient. La musique joue en face de ces cadavres et le crématoire brûle sans cesse[3]. »

1. Témoignage Tatiana Maik, Budapest, octobre 1970.

2. Louise Alcan, *Sans armes et sans bagages*, Les Imprimeries d'Art, Limoges, 1947.

3. Témoignage Suzanne Birnbaum. « Un soir du mois de juin 1944, l'appel dura au moins trois heures. On se demandait pourquoi. Tard, vers 8 heures et demie, un Lagerkapo passe et crie à notre Blockowa : "Mala la Belge s'est évadée !" Nous nous regardons, étonnées et... contentes. Si Mala a fait cela, c'est qu'elle a pris toutes ses précautions. Mala n'a sûre-

« Mala [1] a été capturée très rapidement. Plusieurs versions de son évasion ont circulé à travers le camp. Toutes plus fausses les unes que les autres. On a même dit que le Polonais était son amant. Il semble qu'ils soient partis tous deux, déguisés en SS, cachés dans un transport pour l'usine Buna. Comment ont-ils été repris ? Personne ne le saura jamais. »

Mala et Galinski sont enfermés dans deux cellules du block 11. Dounia Ourisson a assisté, au Bureau politique, au premier interrogatoire de Mala par le SS Oberscharführer Boger.

« Boger [2] était le meilleur criminaliste du Bureau politique. Les fuites des détenus et les organisations secrètes existant au camp étaient de son ressort.

« – Pourquoi t'es-tu enfuie ? demanda Boger à Mala. En tant que traductrice, tu n'étais pas malheureuse au camp.

« – J'avais la possibilité de le faire. Toute autre à ma place l'aurait fait. Je ne pouvais plus regarder torturer et maltraiter mes camarades.

« – Mais les SS ne battent que ceux qui ne veulent pas travailler et qui désobéissent.

« – Comment travailler si le froid, la faim, la maladie nous torturent ? L'hiver, les pieds et les mains gelés ; l'été, terrassés par la malaria ? Être obéissante ? Quand un SS donne un ordre, il veut que cet ordre soit exécuté au moment même où il le donne. Et puis, je ne pouvais plus voir gazer des dizaines de milliers de juifs.

« – Mensonges ! interrompit violemment le SS Boger. C'est de la propagande anti-hitlérienne.

« Mala sourit ironiquement :

« – Uscha Boger, dit-elle avec calme, je sais qu'il nous est interdit de savoir jusqu'à l'existence des chambres à gaz. Et pourtant, nous savons pertinemment que vous gazez des centaines de milliers de personnes par an.

ment pas fui sans avoir tout en main pour réussir son évasion, et ça c'est épatant. Elle aura sûrement emporté des documents pour prouver au monde les atrocités commises ici et on saura ce que nous souffrons. »

1. Tatiana Maik, déjà citée.
2. *Les Secrets du Bureau politique d'Auschwitz.*

« – Oui, avoua Boger. Nous nous débarrassons de ceux qui sont inaptes au travail.

« – Et les transports qui arrivent du monde entier et que vous envoyez directement aux chambres à gaz, ceux-là, sont-ils inaptes au travail ?

« – Mais qui a vu cela ?

« – Moi-même et toutes celles dont les blocks se trouvent en face du four crématoire. Nous avons vu des femmes belles et jeunes, et des enfants, et des hommes robustes et bien portants. Ils entraient dans les chambres à gaz et un quart d'heure plus tard on jetait leurs cadavres dans des fosses enflammées, car les fours crématoires étaient surchargés. Cela ne s'est pas passé ainsi avec le transport des juifs hongrois ?

« Mala devait rester deux mois dans le "secret" du block 11. Elle subit plusieurs interrogatoires poussés, ainsi que Galinski. Et un soir :

« – Toutes les juives sur la grand-place d'appel. Les aryennes resteront au block.

« Des centaines, des milliers de femmes se bousculent.

« Je[1] me rappelle être partie terrorisée parce que je pensais à une sélection toujours réservée aux juives seules, et terrorisée parce que j'avais volé des pommes de terre aux Allemands et que je n'avais pas eu le temps de m'en débarrasser. »

« On[2] nous range par numéros. Est-ce un départ ? Est-ce pour une sélection ? Nous sommes très angoissées. Après nous avoir fait attendre un bon moment, on nous amène *nach vorne*, c'est-à-dire là où les deux routes principales du camp se joignent ; c'est pour nous montrer quelque chose, mais quoi... ? Mala a été reprise et on va la tuer. Nous sommes consternées... »

« Mala[3] ! Je serre les dents. Je sens le sang couler à l'intérieur de ma bouche. Je pleure. Une chaleur atroce m'envahit. Mala. Je vais crier. Je vais hurler. Je pleure. On va pendre Mala.

1. Témoignage Lise Delbes, *Le Monde*, avril 1970.
2. Louise Alcan.
3. Tatiana Maik.

« Alors, dans le plus profond silence, le commandant du camp s'avance au milieu de la place vide et, papier en main, nous dit : "*Juden* (juifs), nous allons ce soir vous donner un exemple. La prisonnière Mala a voulu s'évader et nous l'avons reprise ; vous assisterez à sa mort car elle sera pendue. *Juden*, si vous voulez que le sort de Mala ne devienne pas le vôtre, n'essayez pas de vous enfuir. Travaillez, restez calmes et aucun mal ne vous sera fait."

« Nous ne pouvons, à ces mots, nous empêcher de regarder le crématoire qui brûle nuit et jour. Et un frisson nous secoue, une peine infinie, une grande détresse de ne pouvoir rien faire pour Mala, pour la sauver, elle qui a tout fait pour nous. »

« Un [1] SS veut lui passer au cou, avant de la pendre, un écriteau qui, traditionnellement, porte ces mots : "Hourra ! Je suis revenue." »

« Devant [2] la foule réunie, la jeune fille refusa énergiquement de porter l'écriteau. Les Allemands eux-mêmes en furent d'abord saisis. »

« Je [3] reconnais là Mala. Son énergie, son courage. Ils nous ont réunies pour voir sa fin. Eh bien, elle va leur jouer un tour à sa manière. Je ne pleure plus. Je tremble. Mon cœur n'a jamais battu si fort, si vite. Je crois même que je souris. Mala... »

« Alors [4] une chose incroyable se produisit. Rassemblant toutes ses forces, la jeune fille frappa son tortionnaire d'un coup de poing au visage. »

« Mala [5] a frappé ; le SS s'essuie, se précipite sur elle. »

« Un [6] murmure de stupéfaction parcourut la foule des déportées. Déjà les Allemands écumants de rage s'étaient jetés sur la jeune juive. »

« À [7] ce moment, Mala sortit une lame Gillette qu'elle

1. Tatiana Maik.
2. Olga Lengyel.
3. Tatiana Maik.
4. Olga Lengyel.
5. Tatiana Maik.
6. Olga Lengyel.
7. Dounia Ourisson.

avait cachée dans sa manche et commença à se couper les veines. »

« Mala[1] dresse la tête, regarde le SS, nous regarde et se taillade les veines à l'aide d'une lame de rasoir. Un SS se précipite sur elle ; la ceinture... »

« Un[2] SS la frappa sauvagement. Mala le frappa de sa main ensanglantée. »

« Triomphant[3], le chef SS lui attacha alors l'écriteau qu'elle avait refusé de porter. Sur un ordre, un camion vint chercher la malheureuse. On l'y jeta comme un sac de farine. Ô miracle ! Cette jeune fille à demi morte, qui montrait un œil crevé, un visage et un corps ensanglantés, réussit cependant à se redresser et elle s'écria : "Courage, mes amies ! Ils paieront ! La libération est proche !" Deux gardes allemands grimpèrent dans la voiture et frappèrent encore la jeune juive pour la faire taire. Ils la battaient encore quand le camion démarra. »

« Mala[4] attachée fut traînée au four crématoire et en punition elle fut brûlée vive. »

« À[5] côté de moi, ma voisine mangeait des pommes de terre pourries. Nous sommes rentrées au block et la vie a continué. Mais à l'intérieur de nous quelque chose avait changé. Avant, nous avions Mala pour nous défendre du dégoût que nous nous inspirions. »

« Mala[6], ce fut notre résistance. Notre espoir. Notre vie. Nous avons subitement compris que nous pourrions toutes être des Mala. C'est son exemple qui m'a permis de survivre. Je me suis accrochée au souvenir, au visage de Mala. Mais aucune d'entre nous n'était digne de Mala. Aucune. »

Édouard Galinski fut assassiné une semaine plus tard, dans sa cellule du block 11.

1. Tatiana Maik.
2. Dounia Ourisson.
3. Olga Lengyel.
4. Dounia Ourisson.
5. Lise Delbes.
6. Tatiana Maik.

L'arrestation de Mala et de Galinski provoqua probablement de profondes modifications dans la préparation militaire du groupe de combat. Il est certain que les dirigeants autrichiens et polonais qui ne perdirent jamais le contact avec les réseaux de résistance extérieurs et les sections de partisans n'abandonnèrent pas le projet d'évasion massive ; mais comme cet état-major d'une quinzaine de personnes a été dans sa totalité capturé et exécuté, il est pratiquement impossible de connaître le ou les plans établis.

Cependant, les réalisations clandestines de l'été 1944 et la révolte du Sonderkommando du mois d'octobre nous permettent de formuler une hypothèse : dans un premier temps, l'organisation clandestine de résistance procure aux responsables du Sonderkommando armes et explosifs. Les déportés qui servent les chambres à gaz et les crématoires déclenchent l'action. La garnison SS dans sa quasi-totalité intervient dans le périmètre des fours ; c'est alors que les groupes de combat d'Auschwitz et de Birkenau ouvrent des brèches dans les barbelés.

*
**

Le groupe juif de l'organisation clandestine de résistance procurera armes et explosifs aux huit cent soixante-quatorze déportés du Sonderkommando. Une chaîne de complicités se tresse jour après jour entre les trois camps principaux d'Auschwitz et le Sonder. Des dizaines, peut-être même plus de cent kilos d'or et de pièces précieuses quittent le block de récupération, situé dans le périmètre même des fours. L'or, coulé dans un moule en graphite, se présente en rouleaux de cent quarante grammes facilement dissimulables dans le fond des bouteillons de soupe. Parfois même la « sortie » s'effectue de la main à la main, à la porte de l'enceinte interdite, grâce à la complicité de gardiens achetés. Les échanges entre privilégiés riches du Sonder et déportés ordinaires sont une tradition. Les SS de faction prélèvent une dîme et ferment les yeux : nourriture, vêtements, médicaments passent ainsi la barrière « infranchissable ». Le Dr Nyiszli, par exemple, reçoit de l'extérieur, chaque jour, son journal... un abonnement payé évidemment en rouleaux d'or. Pour le Sonder, qui dort dans des draps de soie, marche sur des tapis précieux, s'arrose de parfums français et dispose des meilleures cigarettes et des alcools les plus rares, rien n'a de valeur. Le Sonderkommando est en sursis. Le Sonder – « porteur du secret » – est voué à l'extermination. Ce sont les déportés de l'Effektenlager qui réceptionnent l'or destiné au mouvement de résistance. Leur block est le plus proche du crématoire IV. Roza Robota, antenne de l'organisation clandestine à l'Effektenlager, ignore le contenu des paquets qu'elle reçoit ou expédie. Les cinq ou six agents de liaison qui se présentent à elle, affectés aux Kommandos d'entretien des bâtiments, affichent un signe de reconnaissance et récitent le mot de passe, qui change chaque semaine.

Burger, Friemel et Vesely, les « Autrichiens », ont réussi à incorporer dans leur groupe un jeune SS autrichien. On sait peu de chose sur lui ; vingt-huit ans, caporal, catholique, né à Linz, son nom : Frank.

S'est-il laissé acheter par les rouleaux que récupèrent les « Autrichiens » ? A-t-il voulu, prévoyant la défaite du Reich, se blanchir ou tout simplement était-il sincèrement antinazi ? Nous ne le saurons jamais. Frank sera exécuté avec ses amis après leur tentative ratée d'évasion.

Pour le moment, en cet été 1944, Frank dote le mouvement de résistance de cinq mitraillettes et de vingt et une grenades à main.

Le groupe juif de résistance n'a pas réussi à récupérer d'armes traditionnelles mais, depuis le 1er août, il emmagasine essence et explosifs. Les responsables de cette opération, Jehuda Laufer, Israël Gutmann et Isaïe Eiger, se sont adressés à trois déportées de l'usine Union-Werke. Ella, Toszka et Regina ont tout de suite accepté de dérober dans les réserves de leur atelier (qui fabrique des grenades) de l'écrasite, poudre à grand pouvoir explosif. Les trois jeunes Polonaises « sortiront » en moins de deux mois près de cent kilos d'explosifs. Et à chaque fin de poste, à chaque entrée au camp, les Kommandos sont fouillés. Isaïe Eiger centralise la poudre et un technicien russe, Borodine, confectionne de savants cocktails explosifs – écrasite, essence, allumeur chimique – dans de vieilles boîtes de conserve ou des bouteilles. L'essence provient des garages SS.

Les dirigeants autrichiens et polonais du mouvement de résistance désirent déclencher l'opération décisive – révolte du Sonder et évasion massive – dans la semaine qui précédera Noël. À cette époque, pensent-ils, une partie de la garnison SS sera en permission et surtout les partisans et les maquis polonais en liaison avec l'armée soviétique pourront assurer l'accueil des évadés.

Le 1er septembre, Roza Robota commença à recevoir et à transmettre au Sonder les mitraillettes, les grenades, les cocktails explosifs et les bouteilles d'essence.

« Après [1] s'être rendu à Birkenau, Noé nous fit savoir que le Sonderkommando préparait une révolte sans attendre l'insurrection générale du camp. La grande action d'extermination des juifs hongrois venait d'être terminée et, en conséquence, le Sonderkommando s'attendait à être liquidé. Les membres de ce Kommando n'avaient pas d'illusions. Ils savaient que leur destin était scellé. Ils étaient organisés et décidés à agir.

« Nous en informâmes aussitôt les dirigeants du groupe de combat à Auschwitz I. Celui-ci fut d'avis qu'une action prématurée ne ferait que compromettre l'insurrection générale et menacerait gravement notre organisation clandestine. Nous fûmes chargés de convaincre les gens du Sonderkommando de remettre leur action à plus tard.

« Après la fin de l'"action Hoess", ainsi qu'on désignait l'extermination des juifs hongrois, on apprit que cent soixante membres du Sonderkommando allaient être transférés ailleurs. C'était la première fois que des mem-

1. Israël Gutmann, *Hommes et cendres*, Tel-Aviv, 1957, cité par Léon Poliakov, *Auschwitz*, Julliard, 1964.

bres de ce Kommando, au lieu d'être exécutés sur place, étaient désignés pour être emmenés dans un autre camp, tout comme les détenus ordinaires. C'était aussi une lueur d'espoir pour le Sonderkommando tout entier, qui, à cette époque, comptait près de mille hommes. Mais il apparut rapidement qu'il ne s'agissait que d'une nouvelle duperie de la part des SS. Les hommes choisis pour le transfert furent séparés de leurs codétenus, pour être assassinés par la suite. L'organisation ne manqua pas de faire connaître aux hommes du Sonderkommando le sort de leurs camarades. Cela les renforça dans leur décision de ne plus attendre et de se soulever sur-le-champ. »

« Au[1] Sonderkommando de chaque crématoire, il y avait un groupe qui tâchait de se préparer à une résistance. Ces groupes restaient en contact entre eux ainsi qu'avec des groupes de résistants à Birkenau et même au camp principal d'Auschwitz. J'appartenais à ce mouvement. Nous passions de l'or et des devises en fraude à nos camarades dans le camp ; ils employaient ces objets de valeur afin de pouvoir mieux organiser la résistance. Je me souviens de trois frères de Bialystok, qui déployaient une activité toute spéciale dans ce sens. Même les Russes de notre Kommando – il s'agissait d'officiers supérieurs – étaient très actifs. De tous les détenus de notre convoi en provenance de Hongrie, seuls mon père et moi étions au courant de cette organisation de résistance. Quelque temps après, mon père se vit assigner la tâche de concierge du crématoire II.

« Notre convoi était le troisième de la longue série de convois de juifs en provenance de Hongrie. (L'Ukraine subcarpathique, d'où je suis originaire, avait été à l'époque attribuée à la Hongrie.)

« Une fois achevée ce qu'on nommait l'action de Hongrie, les juifs hongrois qui avaient été affectés à l'époque au Sonderkommando furent liquidés. Mon père et moi-même n'avions échappé à cette action d'extermination

1. Déposition de Dow Paisikovic au procès d'Auschwitz, octobre 1963.

que parce que nous avions été affectés au Sonderkommando du crématoire II ; les autres détenus de notre convoi étaient au bunker V et aux crématoires III et IV. Ces détenus furent conduits au camp principal d'Auschwitz et gazés. Les cadavres furent amenés de nuit au crématoire II et brûlés par les SS eux-mêmes, cependant que tout notre Kommando était consigné dans la chambre. Nous l'avons su parce qu'on nous a fait emporter les vêtements des détenus. Après l'action d'extermination de Lodz, d'autres détenus du Sonderkommando furent encore liquidés ; la plupart d'entre eux étaient affectés au bunker V, un petit groupe faisait partie du Sonderkommando des crématoires III et IV. La procédure de liquidation était identique. Il s'agissait d'environ deux cents détenus au total. Pendant tout le temps que je passai au Sonderkommando (de mai 1944 jusqu'à l'évacuation en janvier 1945), aucun détenu nouveau n'y fut affecté...

« Depuis un certain temps déjà, nous projetions une révolte. Le noyau de cette organisation se trouvait dans notre crématoire II. Les Russes étaient les meneurs, de même que les Kapos Kaminski et Lemke (...). Voici quel était le plan : un jour où il n'y aurait pas de convoi et par conséquent pas de renforts SS près des crématoires, notre groupe viendrait avec des bidons d'essence là où chaque crématoire se ravitaillait en nourriture. Au crématoire I, on n'apporterait pas d'essence ; ce n'était pas utile. Au bunker V, il n'y avait à cette époque plus de Sonderkommando, l'extermination y ayant déjà été arrêtée. L'essence avait été préparée par l'organisation de résistance à la section D du camp. Un dimanche au début d'octobre – je crois que ce devait être le 6 ou 7 – on devait déclencher la révolte. Les détenus désignés pour apporter la nourriture furent choisis ce jour-là de telle sorte que seuls y allèrent les "initiés" au plan. Tous venaient du crématoire II. J'étais du nombre. Nous apportâmes les bidons d'essence camouflée en soupe aux crématoires IV et III... »

« Mes[1] compagnons m'exposent notre situation. Suivant les indices et les informations reçues, la liquidation du Sonderkommando ne doit avoir lieu que le lendemain ou peut-être même le surlendemain. Mais toutes les dispositions ont été prises pour que les huit cent soixante hommes du Sonderkommando tentent cette nuit une sortie par assaut. Direction à prendre : la boucle de la Vistule, distante de deux kilomètres, qui, maintenant en automne, est très basse et peut être facilement traversée à gué. À huit kilomètres de la Vistule s'étendent de vastes forêts. Là, nous pouvons vivre pendant des semaines, voire des mois, en sécurité. D'ailleurs, nous y rencontrerons probablement des partisans.

« Les armes sont en nombre suffisant. Il est arrivé ces derniers jours, en provenance des usines Union d'Auschwitz – usines de munitions qui emploient les prisonnières juives de Pologne –, une centaine de boîtes d'écrasite à grand pouvoir explosif. Les Allemands les utilisent pour faire sauter les voies ferrées. En outre, nous disposons de cinq mitraillettes et de vingt grenades à main. Ceci devrait être suffisant pour la réalisation de nos projets, car, agissant par surprise, les SS dans leur dortoir, nous pensons les obliger à venir avec nous aussi longtemps que nous le jugerons utile.

« Le signal de l'attaque serait donné au crématoire I par des signaux lumineux faits avec une lampe baladeuse. Le crématoire II les transmettrait aussitôt au III, qui, à son tour, les communiquerait au IV. Le projet me paraît d'autant plus réalisable qu'aujourd'hui, en dehors du crématoire I, le travail sera fini à 6 heures du soir et le Sonderkommando n'aura pas de travail de nuit. En de semblables circonstances, la surveillance des SS se relâche aussi. Dans chaque crématoire, la garde se compose de trois hommes. »

1. Témoignage Miklos Nyiszli, *Médecin à Auschwitz*, Julliard, 1961.

Midi trente. Dans les quatre crématoires, les responsables [1] de la révolte déterrent les armes, distribuent grenades et cocktails d'écrasite. Le signal d'attaque ne sera pas lancé avant 21 heures.

14 heures. Un camion pénètre dans la cour du crématoire III. Soixante-dix SS en armes investissent l'ensemble du quartier. Un jeune officier ordonne au Sonderkommando de s'aligner pour l'appel. Les déportés refusent. Certains quittent la cour. L'officier grimpe sur le marchepied du camion :

– Hommes, par ordre supérieur, puisque vous avez assez travaillé ici, vous allez être dirigés en convoi dans un camp de travail. Là, vous aurez assez à bouffer et votre vie sera plus facile. Que ceux dont je vais lire le numéro viennent s'aligner.

L'officier égrène les matricules. Il commence par le groupe hongrois, composé de très jeunes détenus. Les déportés se placent le long du mur de la cour et, pendant que l'officier poursuit l'appel, une dizaine de SS encadrent les Hongrois, qui sont conduits à l'extérieur du crématoire.

L'officier répète un numéro. Pas de réponse. Une fois encore...

Une bouteille explose à ses pieds. Plusieurs soldats s'écroulent. D'autres tirent dans tous les sens. Deux armes automatiques apparaissent à une fenêtre et arrosent la cour.

Au crématoire II, des bouteilles d'essence sont renversées et enflammées devant la porte d'accès.

Le toit du crématoire III se soulève, la cheminée se brise, les murs se gonflent. Quatre fûts d'essence viennent d'exploser. Plusieurs dizaines de déportés sont ensevelis sous les débris.

« Dans [2] le crématoire I, le travail s'est poursuivi normalement jusqu'à ce que le III ait sauté. Le bruit de l'explosion a porté au paroxysme l'excitation déjà exa-

1. D'après les enquêteurs du musée d'État d'Auschwitz, ces organisateurs étaient : Zelman Gradowski, Josy Warszawski, Josef Deresinski, Ajzyk Kalniak, Lajb Langfusa, Lajb Panusz et Jankiel Handelsman.

2. Témoignage Miklos Nyiszli, déjà cité.

cerbée par l'attente. Dans les premiers instants, personne ne sait ce qui se passe. Les chauffeurs abandonnent leurs fours, se rassemblent en groupe à l'extrémité de la salle pour essayer d'évaluer la situation et de prendre une décision. Ils n'ont pas le loisir de prolonger cet instant, car le SS de garde s'approche d'eux et, d'une voix rauque, s'adressant au chauffeur en chef, lui demande de quel droit ses hommes ont quitté les fours et cessé le travail. La réponse n'a pas dû lui paraître satisfaisante. Avec le bout recourbé de son épaisse canne – chaque garde SS en a une pour encourager les hommes du Sonder – il assène un coup formidable dans le visage du chauffeur. Un autre se serait probablement écroulé, le crâne fendu sous un coup pareil. Le chauffeur, l'homme le plus dur du Kommando, est à peine ébranlé. Le sang a inondé son visage. Sans plus de réflexion, il tire des jambières de ses bottes un long couteau effilé et l'enfonce dans la poitrine du sous-officier SS. Celui-ci s'écroule et deux chauffeurs aux aguets s'en saisissent. Ouvrant la porte du premier four, ils le poussent dans le feu. Tout cela s'est passé l'espace d'un éclair, mais un autre garde SS, attiré par l'attroupement, a dû apercevoir les pieds bottés qui ont disparu dans le four. En courant, il s'approche pour se rendre compte de ce qui a été jeté au feu habillé et chaussé. Ce ne peut être qu'un SS ou bien un homme du Sonder. Il n'a jamais su lequel des deux. Un homme du Sonder le reçoit d'un coup de poignard et, avec l'aide de deux compagnons, il le jette dans le four à côté de son camarade.

« En quelques instants, les mitraillettes, les grenades et les boîtes d'écrasite passent de main en main. On entend un tir nourri et de nombreuses explosions à chaque extrémité de la salle d'incinération. D'un côté, c'est la garde SS et de l'autre le Sonderkommando. Une grenade à main tombe parmi les SS. Elle en tue plusieurs ou les neutralise. Du côté Sonder, il y a également des blessés et des morts. Cela rend leur lutte encore plus désespérée. Quelques SS tombent encore ; les autres, une vingtaine, jugent opportun de se retirer du bâtiment et ils courent sans s'arrêter jusqu'aux portes du crématoire. Là, ils se joignent aux groupes SS venus de l'extérieur qui entrent déjà en action. »

« Le crématoire II[1] était en feu et les détenus du Sonderkommando des crématoires III et IV coupèrent les fils et s'évadèrent ; certains furent abattus sur-le-champ. Au crématoire I, les détenus coupèrent la clôture électrique avec des ciseaux isolés et s'enfuirent. Il était prévu que les barbelés du camp des femmes seraient également coupés afin de permettre une fuite en masse. Cependant, en raison du déclenchement prématuré de la révolte, ce ne fut pas possible... »

« Pris[2] au dépourvu, les Allemands perdaient la tête. Ils couraient à droite et à gauche, hurlaient des ordres et des contrordres. Visiblement, ils craignaient une révolte. Ils nous firent rentrer dans les blocks sous la menace des armes.

« Je n'arrivais cependant pas à dominer ma curiosité : que se passait-il en vérité ? Profitant de l'impunité relative que m'assurait ma blouse d'infirmière, je quittai l'hôpital et me glissai jusqu'aux cuisines, situées à environ dix mètres de l'entrée du camp, qui donnait sur la route des fours crématoires. C'était là un excellent poste d'observation.

« L'administration du camp avait dû lancer un appel téléphonique urgent à Auschwitz, car déjà plusieurs détachements de soldats se dirigeaient vers notre camp, les uns en camion, les autres à moto. Peu après, l'infanterie de la Wehrmacht arriva à son tour, suivie de camions chargés de munitions, klaxonnant sans arrêt. Bientôt le four crématoire fut cerné par la force armée, qui ouvrit un feu nourri de mitrailleuses. La riposte fut faible : quelques balles de revolver, puis le silence tomba. Wehrmacht, SS et SD montèrent à l'assaut. »

La révolte, l'évasion massive avaient échoué. Les derniers membres du Sonderkommando encore en liberté

1. Témoignage Dow Paisikovic, déjà cité.
2. Témoignage Olga Lengyel, déjà citée.

dans les bois proches d'Auschwitz furent repris dans la nuit même. Les SS ne « conservèrent » dans l'enceinte des fours qu'un groupe de deux cents déportés dont le premier travail consista à brûler les corps des autres révoltés, exécutés d'une balle dans la nuque.

« Un[1] grand coup avait été porté à l'assurance et à la confiance en soi des SS. Le soulèvement eut une signification symbolique. Les mains vengeresses des détenus avaient abattu les premiers assassins à l'endroit même où avaient péri des millions de victimes innocentes. C'étaient des juifs qui l'avaient accompli ; la révolte montra à leurs compagnons de malheur ce que les juifs pouvaient faire. »

Deux membres du Bureau politique, Draser et Brock, menèrent l'enquête. Ils avaient tout pouvoir.

Draser fit arrêter, le 9 octobre, Ella Gartner, Toszka et Regina (le nom de famille de ces deux dernières déportées est inconnu) dans leur atelier de l'usine Union. Le lendemain, c'était le tour de Roza Robota à l'Effektenlager. Quant à Brock, il enferma lui-même dans les cellules du block 11 quatorze survivants du Sonderkommando.

« Les quatre ouvrières de l'usine Union étaient des Polonaises de Bedzin. Toutes jeunes, de dix-huit à vingt-deux ans. L'interrogatoire dura quatre semaines. Les détenues furent souvent appelées chez le SS Draser. Il voulait leur arracher des renseignements. Hâves, l'ombre d'elles-mêmes, elles étaient traînées hors du bunker pour être battues. »

Les quatorze déportés arrêtés au Sonder moururent sous les tortures.

Quant aux principaux dirigeants du mouvement clandestin de résistance (qui ne furent jamais dénoncés), persuadés qu'ils allaient être arrêtés, ils tentèrent le tout pour le tout le 27 octobre. Jamais un plan d'évasion n'avait été aussi parfaitement préparé.

Le SS Frank serait du voyage, ainsi qu'un chauffeur, le SS Rottenführer Johann Roth, acheté fort cher par les

1. Israël Gutmann, déjà cité.

« Autrichiens ». Roth et son camion disposaient d'un laissez-passer permanent. À sept kilomètres du camp, le groupe de partisans de Leki accueillerait les fugitifs.

Roth et Frank s'installent dans la cabine du camion ; derrière, disparaissent sous les ballots de linge sale cinq déportés [1]. Roth démarre...

Ils vont passer devant la Kommandantur ; Roth freine. En quelques secondes le camion est entouré de SS dirigés par le Untersturmführer Schurz, chef du Bureau politique. Au même moment, Rudolf Friemel et Ludwig Vesely, qui avaient accepté d'assurer la continuité du mouvement de résistance, sont arrêtés dans leur block. Plusieurs centaines de SS cernent le village de Leki. Jagiello (évadé en juin 1944), les deux frères Dusik, leur sœur Wanda, Ptasinski sont capturés. La trahison du chauffeur Roth lui rapportera, un mois plus tard, la photo dédicacée du chef de la SSWVHA Oswald Pohl.

Tous les membres du mouvement de résistance et les partisans seront pendus le 30 décembre 1944.

Le 6 janvier, au camp de femmes :

« Ce jour-là [2], l'équipe de nuit du Kommando de l'Union fut réveillée très tôt. Les Stubowas distribuent avec précipitation la ration quotidienne. À celle-ci s'ajoutent les pommes de terre en robe des champs, une demi-boule de pain supplémentaire, du saucisson. Pourquoi ces fastes, pourquoi ces figures inquiètes, pourquoi nous presse-t-on ? Que se passe-t-il ?

« Déjà la nouvelle se propage de bouche en bouche. Quatre filles, quatre de nos camarades de l'Union vont être pendues. Elles sont accusées d'avoir dérobé de la poudre explosive, la poudre qui servait à remplir les grenades fabriquées à l'Union.

« On nous fait descendre dans la cour. Il fait froid. Froid dehors. Froid dans nos cœurs. À la révolte, à la

1. Ernst Burger, Czeslaw Duzel, Piotr Piaty, Zbigniew Raynoch et Bernard Swierczyna.

2. Thérèse Chaussing, *Témoignages sur Auschwitz*.

douleur se mêle un sentiment confus d'orgueil. Elles voulaient faire sauter les "créma". Elles ont osé faire cela malgré une terreur sans nom, malgré la trique toujours suspendue au-dessus de nos têtes.

« On nous range par cinq. Toujours par cinq. Tous les Kommandos de la nuit, tous ceux présents au camp sont tenus d'assister au spectacle. Deux condamnées seront pendues à 5 heures, deux autres au retour des Kommandos du jour. L'exemple devra servir – le Kommando de couture veut se mettre devant nous – mais les SS exigent que le Kommando de l'Union soit aux premiers rangs. Les détenus hommes dressent l'échafaud. Les coups de marteau retentissent lugubres au milieu d'une foule silencieuse.

« L'heure approche. Deux femmes encadrées par des SS passent. Elles avancent tête haute. Elles montent. D'abord l'une, ensuite l'autre. La deuxième crie d'une voix sourde : "Vive la Pologne libre ! À bas le fascisme !" Le bourreau SS pousse la tête de chacune des victimes dans le nœud coulant. Il fait tournoyer le corps sur lui-même et c'est fini. Hessler paraît quelques minutes plus tard. Il va prononcer un discours. Il crie, il gesticule. On le comprend à peine. Des menaces pour le sabotage. La vie sauve à celles qui resteront disciplinées.

« Le soir, le même spectacle recommence pour les Kommandos du jour... »

Ella, Roza, Toszka, Regina : les dernières pendues d'Auschwitz.

*Birkenau* *Janvier 1945*

# « MOURIR SANS EUX SERA DOUX »

« Le[1] froid... voilà le pire, le pire de tout, le plus cruel ennemi, et c'est à lui maintenant que nous allons nous mesurer. L'hiver est là. Les mois précédents, notre leitmotiv était : "Si la guerre finit avant l'hiver" ou : "Jusqu'à l'hiver nous tiendrons", ou bien encore : "Tant que l'hiver n'est pas là..."

« À cette époque, nous n'absorbons rien le matin. Bien sûr, à la cuisine, il y a des tonneaux entiers de l'espèce de breuvage noirâtre mais chaud qui nous ferait tant de bien, mais notre Blockowa ne se donne pas la peine de le faire chercher. Une soif inextinguible me dévore, je me précipite pour boire l'eau glacée et amère qui laisse une soif plus grande encore.

« La ration de pain est terminée depuis la veille : comment tenons-nous debout sur la route et après ?

« À partir de cette date, j'ai du mal à recueillir mes souvenirs, ils sont confus, incohérents. La seule certitude, c'est que les mois qui ont précédé n'étaient rien à côté de ceux qui vont suivre.

« Nous commençons à souffrir trop, nous n'en pouvons plus, cela nous dépasse ; une à une, je vois mes amies faiblir, entrer au Revier pour ne plus en sortir. Line et moi, nous tenons encore non sans peine, la diar-

1. Manuscrit inédit Françoise Maous.

rhée s'aggrave et notre amaigrissement s'accentue, devient effrayant à voir. Nous avons droit à une douche par semaine et chaque fois nous constatons avec horreur la progression de notre état squelettique.

« Cette époque marque aussi la fin de mon courage. Il m'est assez pénible d'avouer qu'à partir de cette date je suis devenue une loque physiquement et moralement. Je suis d'une saleté repoussante, sans avoir la force de me laver. Je lis dans les yeux de mes gardiennes le dégoût et le mépris ; dans ceux de mes amies qui luttent encore, la pitié. Elles tentent de ranimer mon courage : "Allons, Françoise, pas toi, c'est honteux de te laisser aller ainsi, tu sais bien qu'ici cela signifie la mort, tu ne vas pas faiblir maintenant, après avoir été si courageuse ; ton mari est sûrement vivant, ta famille est en France, courage."

« Mais pour moi il est trop tard. Je me suis aperçue avec terreur depuis quelques jours que mes pieds étaient gelés... Cela a commencé par une enflure ; j'ai voulu croire d'abord à cet œdème de carence qui nous frappait souvent, me refusant à accepter l'évidence. Je souffre peu, une simple lourdeur pénible, une difficulté plus grande à atteindre la coya du haut. Chaque jour l'enflure augmente ; mes pieds prennent une teinte violacée ; déjà le dessus du pied est si énorme que les orteils sont presque invisibles. Et il faut marcher dans l'eau ; pas de neige encore, mais une boue dense, collante, qui vous oblige à arracher le pied du sol à chaque pas.

« À la dernière douche, on a remplacé nos chaussures trouées par des sabots si grands que toutes les femmes tombent en marchant. Mes pieds ne s'introduisent qu'avec difficulté dans cet étau. Le bois pénètre dans la chair ; chaque mouvement de la jambe me fait hurler. Le matin, quand mes pieds se balancent dans le vide pour descendre, le sang afflue aux extrémités et c'est tellement affreux que je hurle de nouveau.

« Le gel, le verglas, nous glissons, nous tombons. Les nouvelles et les bobards envahissent le camp avec plus de force que jamais. L'offensive russe – mon seul espoir –, dont personne ne parlait plus, reprend, paraît-il, avec violence. Nous n'osons y croire. Pourtant, en confirmation de ces bruits, les Allemands envisagent pour la première fois l'évacuation partielle du camp et le cauchemar des transports commence. Ce mot signifie exactement : départ pour une destination inconnue, entassées dans un wagon plombé.

« Tous les soirs en rentrant du travail, nous avons la vision de ces femmes désignées pour les transports et qui, rasées de frais, souvent pieds nus, attendent près du quai parfois des nuits entières, par une température ambiante de moins 20 °, le moment du grand départ pour X. C'est ce X redoutable qui rend cette menace épouvantable.

« Les rumeurs les plus diverses courent : les unes prétendent que ce sont des transports “noirs”, que les crématoires étant littéralement surchargés, il en existe un autre à une vingtaine de kilomètres et que c'est tout simplement le but du voyage.

« La terreur que les Polonaises, en général bien informées, ont de ces transports n'est pas pour nous rassurer. D'autres, au contraire, sont persuadées qu'il s'agit d'un repli du camp vers l'Allemagne, que le travail sera moins dur, que nous serons mieux traitées et, surtout, que rien ne peut être pire que Birkenau.

« Nous sortons de la Weberei, ce soir, plus sales, plus harassées que jamais. Il est plus tôt que d'habitude, ce qui est anormal. Notre colonne s'ébranle ; tiens, nous ne nous dirigeons pas vers le camp. C'est la première fois ; que se passe-t-il ? Je marche avec peine, soutenue par mes compagnes.

« Les mille cinq cents femmes s'étonnent comme moi et leur stupeur se traduit par une espèce de remous, d'ondulation ; une rumeur s'élève. La gardienne daigne nous expliquer que nous allons à la douche dans une autre partie du camp.

« Nous marchons toujours. Soudain j'aperçois des arbres touffus, des allées, et je crois comprendre. Je souffle à ma compagne :

« – Regarde, n'est-ce pas le village des crématoires ?

« Elle me répond :

« – Mais non, tu es folle, qu'irions-nous faire là-bas ?

« Mais bientôt cela se confirme. Il paraît que ce soir c'est ici que nous prenons la douche. Elle sera meilleure, paraît-il, plus chaude, plus prolongée... Hum... Tout à fait entre nous, j'aurais préféré, ce soir, notre familière salle aux courants d'air, notre douche presque froide... On ne nous demande pas notre avis. Nous voilà devant la salle de douches (tout au moins, nous l'espérons).

« La peur s'empare des femmes, surtout des Hongroises, qui sont particulièrement lâches. En attendant, je bavarde avec un Français qui s'est glissé parmi nous et nous interroge sur Birkenau ; sa femme y est morte il n'y a pas longtemps.

« Il a l'air encore très lucide et je ne peux m'empêcher de lui poser l'éternelle question :

« – Croyez-vous que nous en sortirons ?

« Il sourit :

« – Comment pouvez-vous demander cela ? Vous savez bien que c'est impossible.

« Je le quitte en vitesse ; d'ailleurs, nous entrons.

« Allons, pour aujourd'hui, c'est vraiment la douche. Nous voici de nouveau en rangs, un peu plus propres, heureuses à l'idée de retrouver nos coyas après cette émotion. La souffrance m'envahit une fois de plus. L'eau a mis mes pieds à vif. Recommencer à marcher est difficile. En arrivant au camp, nous avons l'agréable surprise d'être mises à genoux dans l'eau jusqu'à la nuit, sans manger ; nous devons cela, paraît-il, à quelques Hongroises qui, prises de peur devant la salle de douches, ont fui et sont rentrées directement au block. Nous en subissons les conséquences. Nous voilà donc à genoux, les bras levés, sous la pluie qui commence à tomber. Deux heures après, la punition s'achève. Comme des folles, nous rentrons dans le block, nous écrasant contre la porte...

« Enfin, la coya ! Mes compagnes y sont déjà : Line et quatre jeunes Françaises encore "presque" bien portantes et très courageuses, mais elles sont dures et cruelles, elles ne m'aiment pas, redoutent ma souffrance et ma saleté, et ne peuvent comprendre mon obstination à ne pas entrer au Revier. Elles m'obligent à faire le lit. La paillasse est trop étroite pour toutes. Je dors sur les planches presque toujours sans couverture, mais ma fièvre est telle que je ne sens plus le froid. Impossible de retirer mes sabots. Désespérément je tire, mais mes pieds ne sortent pas, des bourrelets de chair se sont formés qui recouvrent le bois, je tire encore... Comment peut-on avoir si mal ? Je demande à Line de m'aider. Elle tremble de me faire souffrir, mais elle sait qu'il le faut et elle tire de toutes ses forces. Les sabots viennent et je comprends, en ôtant les chiffons sales qui me servent de bas, que mes pieds ont littéralement éclaté. Le pus a jailli de tous côtés, sur le dessus, sur les orteils, exhalant une odeur ignoble. Effarée, je contemple cette pourriture qu'est devenue mon corps. Mes compagnes détournent les yeux, me conseillent une fois de plus d'entrer au Revier. Line est atterrée. Céder, c'est la quitter pour ne plus la revoir ; mais s'obstiner, à quoi bon ? D'ailleurs ma souffrance l'affaiblit.

« Je me traîne jusqu'à l'"ambulance". La doctoresse polonaise hausse les épaules en voyant mes pieds et me délivre, sans même prendre ma température (il faut au moins 39° pour être admis), un bon pour entrer au Revier le lendemain matin.

« Dernière nuit au block. Line sanglote, les autres se réjouissent d'être débarrassées de ma présence. Un grand calme m'envahit.

« Le matin est venu, je suis presque seule dans le block désert avec trois ou quatre femmes désignées aussi pour le Revier. Le Kommando est parti sans moi pour la première fois. J'ai brusqué les adieux avec Line. C'était trop. J'ai regardé encore une fois son petit visage que je ne reverrai plus jamais. On va venir nous chercher tout à l'heure pour nous conduire au Revier. C'est à deux kilomètres ! Comment vais-je les parcourir ?

« Ce matin, le froid est particulièrement cruel, je grelotte car j'ai donné à Line ma chemise et ma culotte, puisque au Revier on nous dépouille de tout. J'ai sur le corps ma seule robe, en loques. J'essaie de parler aux femmes qui attendent comme moi : peine perdue, il n'y a pas une Française. Tout à coup, j'aperçois la porte ouverte du *Blockafelst*, petite pièce servant de chambre à la Blockowa, je m'approche... et je vois... un petit lit confortable, recouvert d'une peau de mouton blanc, une table devant un feu, un bon feu de bois ; comme une folle, je m'approche, la vue de ce feu me fascine. La Blockowa, assise devant la table, chaudement habillée, dévore des tartines de beurre avec du café fumant. Comment décrire la sensation éprouvée devant ce spectacle, cette chaleur, ce lit ? Je désirais trop tout cela et j'ai crié de désespoir. La Blockowa m'aperçoit, se lève comme une furie : *"Weg !"*... me frappe au visage. Elle voit les plaies de mes pieds nus, car je n'ai pu entrer dans les sabots ce matin, je les tiens à la main ; elle m'en arrache un et me le lance sur le pied avec rage. "Chausse-toi." Sous la douleur, je perds à moitié connaissance.

« Enfin on vient nous chercher. C'est le même refrain. "Chausse-toi", me dit l'infirmière polonaise qui va nous conduire au Revier. Et elle ajoute en mauvais français :

« – Il le faut, tu ne peux marcher pieds nus avec tes plaies dans la boue, il y a deux kilomètres à faire.

« Je suis hagarde, la douleur me rend presque folle.

« D'un seul coup, j'introduis les moignons que sont devenus mes pieds dans les sabots.

« La boue est glacée et recouverte de verglas ; quel cortège ! Les femmes râlent presque, s'arrêtent à chaque pas. Je ne crie plus, je me hâte, je ne veux plus penser qu'à la paillasse qui va me recueillir, où je vais peut-être pouvoir dormir, moins souffrir, mourir couchée...

« Nous arrivons. Nues pendant une heure. Ce Revier est sinistre, glacé. Pas une Française. On me désigne un lit. Une seule petite couverture, je tremble de froid. J'essaie de parler à mes voisines, sans succès ; je supplie pour avoir une autre couverture, on me rit au nez. Mes pieds sont devenus complètement noirs et ma diarrhée s'est aggravée. La doctoresse de ce Revier est une Hongroise qui parle couramment le français ; je l'interpelle au passage, la suppliant de venir soigner mes blessures...

« – Oui, tout à l'heure.

« Pendant quatre jours, elle m'a répondu : "Tout à

l'heure." Cette misérable, dont le devoir était de nous soulager, "organisait" le pain et la margarine des grands malades qui ne pouvaient se défendre. Je lui demande un simple bout de papier pour isoler mes pieds, elle ne répond même pas et rit avec ses compagnes en dévorant de succulentes pommes de terre. C'est pendant ces quatre jours que j'ai été le plus près de la mort... Je n'avais même plus toute ma connaissance ; je me souviens pourtant d'un curieux détail qui prouve que je n'avais pas tout à fait perdu conscience. Une nuit, en me traînant pour regagner mon grabat, d'où j'étais sortie pour atteindre (au moins vingt fois par nuit) le misérable seau posé non loin de mon lit, je me souviens d'avoir été suffoquée par l'horrible odeur du pus et des déjections. Alors j'ai songé : "Cette odeur est encore presque une odeur vivante ; c'est bon. Tant que je la respire, c'est que je vis..."

« Il y a quatre jours que je suis dans ce Revier sans avoir reçu le moindre soin. Les infirmières ne me donnent même plus à manger. Le matin, l'une d'elles vient simplement s'assurer que je ne suis pas encore morte.

« Une charrette arrive, tirée par des hommes, des bagnards en pyjamas rayés, aussi faméliques que nous. Nous sommes entassées sur la charrette les unes sur les autres, nues. L'air glacé me surprend et le camp sous la neige est lugubre. Pendant ces quatre jours la neige est venue, épaisse, recouvrant les blocks. Les bagnards tirent et poussent notre charrette en nous regardant avec pitié. L'un d'eux ramène sur mes épaules le débris de couverture qui a glissé. Je lui donne un vieux bout de pain que je ne peux avaler, il s'en saisit avec joie. C'est un jeune Italien, il parle un mauvais français ; il ne sait pas lui non plus où il nous emmène.

« Il m'explique que les nouvelles sont excellentes, que les Alliés ont délivré la France, que la guerre est presque finie. Aujourd'hui, j'ai envie de le croire, ma résistance physique me stupéfie tellement qu'elle autorise tous les espoirs.

« Pourvu que ces hommes ne nous conduisent pas à

la chambre à gaz ! La femme qui est sur moi se raidit ; elle ne souffre plus. Enfin le terme du voyage ; environ la moitié d'entre nous sont mortes.

« Ô joie ! C'est un autre Revier, spécialisé en chirurgie. On a jugé sans doute que mes pieds avaient besoin du bistouri. Quel bonheur d'être soignée, peut-être, et qui sait s'il n'y aura pas d'autres Françaises...

« Avant tout, c'est le supplice de la douche, à cent mètres de là. Après, malgré ma bonne volonté, je m'effondre, puis, toujours nues, nous sommes ramenées au Revier.

« Enfin le pansement... Une à une... Nous défilons... Comment décrire l'heure du pansement dans un Revier à Birkenau ? Ces squelettes affligés de maux monstrueux, ces hanches rongées d'escarres, ces seins béants et ces pieds, surtout... La doctoresse tchèque est brutale ; elle examine mes pieds avec une grimace qui n'a rien de rassurant, les nettoie, les enduit d'une pommade noire, les recouvre de pansements en papier. L'infirmière est française. C'est un miracle ; son origine polonaise lui a permis de tenir au camp et d'occuper cette place privilégiée. Elle me désigne un lit du bas à partager avec une horrible mégère qui me lance des coups de pied. Soudain j'aperçois, sur un lit du troisième, une Française que je connais bien et qui me sourit ; elle a une bonne couverture, est seule dans son lit. Je supplie l'infirmière de me laisser m'installer avec elle. Un refus d'abord. Le lendemain, en me traitant de folle, elle me permet de monter ; en effet, avec mes blessures, accéder au lit du haut semble presque impossible. Mais rien n'est impossible pour avoir le bonheur sans égal de retrouver une compatriote, de parler français, de sourire. Me voici là-haut. Je suis bien accueillie, la couverture est chaude, mes pieds soignés me font un peu moins mal... enfin une trêve...

« J'ai dormi vingt-quatre heures d'un merveilleux sommeil réparateur. Je me sens mieux, d'une faiblesse intense mais ma diarrhée diminue, il y a plusieurs Françaises à notre étage et nous formons un petit groupe sympathique. Pour l'instant, nous ne nous haïssons pas encore, profitons-en. Comme toujours, nous échangeons nos impressions et évaluons les chances infimes que nous avons de sortir de l'enfer. La sélection reste notre hantise, mais maintenant j'ai enfin compris que tout vaut mieux que de retourner au Kommando.

« Nous avons faim. Reposées, mieux portantes, nous sommes obsédées par tout ce qui nous manque depuis tant de mois. Les rations sont encore plus infimes ; nous recevons à peine un demi-litre d'eau chaude, sur laquelle flottent quelques morceaux de rutabaga. Le soir : ration de pain. Les femmes meurent un peu plus chaque jour et j'assiste au décès de beaucoup de mes amies. Il paraît que ce matin il fait moins 28°. Je songe à Line, à mes compagnes de Kommando qui sont à l'appel... Je ne désire plus que mes pieds guérissent, bien au contraire, à chaque pansement je frémis en constatant l'amélioration progressive. Aucune amputation des orteils, l'enflure a disparu, la couleur noirâtre aussi. Les plaies seules demeurent encore, Dieu merci ! et suppurent...

« Ma voisine a été désignée pour la sortie, elle est terrifiée et supplie l'infirmière, mais tout est inutile. Je la vois partir avec regret mais aussi avec un petit frisson égoïste de bien-être. Elle est remplacée par une petite Alsacienne très rusée, intime avec une infirmière qui lui apporte tous les jours une soupe de pommes de terre ; elle me donne souvent sa ration de soupe de rutabagas, quelle aubaine ! Cette douce petite existence continue ; je suis si faible qu'il faut un effort considérable pour descendre de mon perchoir, mais je ne souffre presque plus et nous sommes bien à l'abri. La température ambiante est de moins 5° environ, c'est élevé pour une salle de malades et nous apprécions notre bonheur, notre privilège.

« La journée, nous dormons, nous bavardons, nous attendons la soupe. Les nuits sont longues de 5 heures du soir à 4 heures du matin. Je rêve éveillée, je dors peu.

« Je suis effondrée. La doctoresse polonaise dit que je suis presque guérie, que la semaine prochaine je pourrai sortir. Mes plaies sont encore ouvertes et infectées, mais il faut de la place pour des femmes plus malades que moi. Cette fois, c'est la fin, encore un pansement dans trois jours, et la semaine prochaine... dehors irrévocablement.

« Les idées les plus folles me traversent l'esprit. Que faire pour rester à tout prix ? Je regarde le vide, du haut de mon lit (deux mètres ). Si j'avais un peu de courage, je me laisserais tomber tout simplement et le problème serait résolu ; au moins une jambe cassée. Lâchement, j'hésite. Le jour du pansement arrive.

« Une à une, notre infirmière appelle les malades de notre Stube. Qu'attend-elle pour m'appeler ? Tout à l'heure, sans doute. Je me pelotonne sous ma couverture.

« Quelques jours de gagnés ! Est-ce oubli ou générosité ? J'essaie de rencontrer les yeux de l'infirmière. Elle détourne le regard mais je suis certaine qu'elle l'a fait exprès. Un peu plus tard, elle passe devant moi et je dis tout bas :

« – Merci !

« Brutalement elle répond :

« – Ça va, tais-toi.

« Le surlendemain, à 3 heures du matin, en frissonnant, j'entends appeler les numéros sortants. Je ne les regarde même pas. Je tire un peu plus haut ma couverture. Qu'il fait bon !

« Les événements se précipitent, les bombardements redoublent, et ce canon, ce canon qui approche. Il paraît que dans le camp l'évacuation massive se prépare. Que va-t-on faire des malades ?...

« Les Kommandos sont partis en transport. Je songe à Line. Quel sera son destin ? Sans le geste de pitié de l'infirmière, je serais partie avec les autres. Je ne regrette rien. Mais quel sera le sursaut de nos bourreaux vaincus, que pouvons-nous espérer de ce chaos ? Même si les Russes approchent, nous serons écrasées comme des insectes.

« Je ne dors pas... Quelque chose en moi se refuse à croire et pourtant les nouvelles les plus sûres sont parvenues jusqu'à nous. Ils sont partis ! Partis, sans extermination, sans une dernière cruauté. Impossible ! Impossible !

« J'envie le calme de la petite Française qui dort contre moi. Si c'était vrai, pourtant ! Si demain et les jours qui suivront, nous étions à tout jamais délivrés des bêtes féroces ! S'il ne nous reste plus qu'à attendre les vainqueurs, dont l'avance a déjà fait déguerpir les bourreaux ! Leur percée, cette fois, ne fait pas de doute. Le bruit du canon est si effrayant cette nuit que tout tremble dans le block ; tout à l'heure, la vitre d'une lucarne est tombée sur un cadavre ; nous n'avons même pas tressailli. Ce bruit assourdissant berce voluptueusement nos rêves. Merveilleux fracas du canon russe, dont nous ne nous lasserons pas, qui ne pourra jamais nous effrayer, que nous appelons de tous nos êtres exténués. Oui, si c'était vrai, si vraiment il ne nous restait plus qu'à les attendre, en rassemblant nos dernières forces... Qu'ils ne tardent pas ! Parce que alors ce serait trop tard pour nous.

« Mes mains serrent fiévreusement la culotte déchirée, les chaussures montantes trop petites pour mes pieds informes que m'a apportées une gentille Française. Je me vois déjà revêtant tout cela pour me hâter au-devant des libérateurs. Ah ! pour cela je sens que je marcherai encore, une fois, une seule fois, même pour m'écrouler ensuite.

« Mais alors, pourquoi cette angoisse terrible, quel est ce bruit ? Des cris, des coups de feu... Être sur ce grabat, ne pouvoir que subir... et c'est alors que se produit l'effroyable *Austreten* qui nous glace de terreur.

« – *Juden Austreten !* (Juifs dehors !)

« La Blockowa nous explique que les SS sont revenus et évacuent le camp en masse. Il faut partir avec eux, partir sans tarder, sans hésiter. Que celles qui peuvent encore se traîner, qui ont encore un souffle de vie partent ; pour les autres, c'est la mort certaine. Les SS, revolver au poing, font le tour du block avec leurs lampes électriques. Ils hurlent que chaque femme qui restera sur son grabat sera abattue.

« Dehors, les files des malheureuses prêtes au départ s'allongent. Les cris s'amplifient. Une nuit totale. Une nuit dense. À la lueur des bougies, je vois les femmes se lever, mettre sur leurs épaules une couverture arrachée aux paillasses et sortir. Sortir ? Il fait moins 28 °. Nous sommes toutes mourantes. Je n'ai pas bougé. Je serre toujours dans mes mains les vêtements, sous la couverture. J'essaie désespérément de mettre de l'ordre dans l'afflux de pensées qui tourbillonnent dans ma tête... parce que cette fois c'est l'heure de mourir. Je le savais, d'ailleurs. En moi, il n'y a aucune surprise et c'est même comme cela que je me suis toujours représenté la fin. Une nuit opaque, des cris, une dernière horreur qui s'ajoute aux autres, qui les achève. C'est normal, cela devait se passer ainsi. Je suis brûlante, glacée. Je ne sais plus. Mes compagnes sont comme des statues. La Blockowa continue ses imprécations. Il faut partir, n'avons-nous pas entendu les SS ? De gré ou de force on va nous descendre des coyas. La porte du block est grande ouverte et la neige éclaire la nuit.

« Le Revier s'est vidé partiellement. Nombreuses sont les femmes, plus malades encore que moi, qui sont déjà rangées sur la route. Faut-il tenter un dernier effort pour n'être pas abattue tout de suite ? J'enfile la culotte ; je lace les souliers. Une Française est partie. Deux. Combien de mètres feront-elles dans la neige ? Que peuvent-elles espérer en suivant les bourreaux ? Vais-je les imiter ? D'une main fébrile, je me déchausse, je remonte sur ma tête mon unique couverture. J'attends... J'attends quoi ? La mort, sans doute. La mort clémente qui mettra fin aux soubresauts de cette agonie qui dure depuis un an, et quelle agonie... sans morphine... un assassinat durant lequel l'assassin, sans se lasser, pendant un an, aurait rouvert les blessures avec le couteau du meurtre. Cette fois, l'assassin, sentant venir le châtiment, va achever sa victime. Qu'il fasse vite ! Vite !

« Les cris diminuent. Serait-ce une trêve ? Tout s'éloigne. Partiraient-ils, se contentant des malheureuses qui se sont jetées dans le piège et dont j'ai failli être, à une seconde près ?

« Le froid est plus cruel que jamais. Chaque mouvement engouffre de l'air glacé sous la couverture. Des cris encore. Des Polonaises se précipitent sur les coyas et descendent les malades de force, les Françaises surtout. Je remonte un peu plus haut la couverture et je prie, je prie. “Mon Dieu, un miracle, faites qu'ils partent, faites qu'ils me laissent, si c'est encore possible, faites que je vive...”

« La nuit continue à s'écouler. Le calme. Quelqu'un a même fermé la porte du block. On ne voit plus la neige et nous avons l'impression rassurante que cette porte de bois nous protège. Chaque femme dans sa coya retient son souffle, guette les bruits extérieurs. Le silence règne, absolu, merveilleux, coupé par la canonnade qui est proche, si proche. À l'idée que, peut-être, demain le jour se lèvera sans eux, je frémis de bonheur, car alors, ils ne reviendront plus...

« Et le jour s'est levé sur le camp abandonné. Plus d'électricité, plus d'eau, plus de pain... mais, ô miracle ! plus de monstres. Mourir sans eux sera doux. »

*« Alors dans tous les bagnes... l'immense cortège des ombres qui survivaient encore se lève sur ses jambes flageolantes. Et le peuple de ceux dont la technique concentrationnaire avait tenté de faire des esclaves... le peuple dérisoire des tondus et des rayés ressentit que, même s'il ne devait jamais revoir la France, il mourrait avec une âme de vainqueur... »*

*André* MALRAUX

*Auschwitz-Birkenau* *17-18 janvier 1945*
*Camp des femmes*

# UN ŒUF FRAIS SANS COQUILLE

« Cet[1] appel du 17 janvier, nous n'étions que quelques-unes à savoir que ce serait le dernier. L'avant-veille, J., une amie polonaise du Bureau politique, m'avait prévenue :

« – Nous allons toutes partir, et les hommes aussi. Il est prévu au moins vingt colonnes. Ils font des plans d'évacuation, d'itinéraires depuis le 9 janvier. Ils n'arrivent pas à trouver le nombre de wagons suffisant.

« Elle me donna un œuf et trois tranches de pain.

« – Il va y avoir de nouvelles sélections. Mais ils ne tueront personne.

« Elle parlait sans me regarder.

« – Pourquoi ces sélections ?

« – Rien de grave. Ils veulent prévoir celles qui seront capables de marcher quelques kilomètres, celles qui pourront faire quatre-vingts à cent kilomètres en quatre jours, et les vraies malades, incapables de bouger. Celles-là, ils les laisseront sur place. Je ne sais pas ce qui leur arrivera. Je te conseille de jouer les demi-malades. Tu pourras monter dans un train...

1. Témoignage inédit Tatiana Maik, déjà citée.

« Je lui répondis que je préférais marcher. On marcherait moins vite que les chars et les camions soviétiques ; ils nous rattraperaient obligatoirement. Je cognai la coquille d'œuf sur mon index gauche replié, je sortis les deux demi-coquilles et en une seule aspiration avalai le blanc et le jaune. Alors J. tourna les yeux vers moi, de grands yeux marron :

« – Sur la route on ne sait jamais ce qui peut arriver. Tu as vu les évacuées de Maïdanek... Sur la route tu seras comme un œuf frais sans coquille... »

Pour Auschwitz et Birkenau, l'appel du 17 janvier enregistrera trente et un mille huit cent quatre-vingt-quatorze détenus. Celui de Monowitz et des divers Kommandos extérieurs, trente-cinq mille cent dix-huit ; sur les quinze mille trois cent dix-sept hommes recensés à Auschwitz et Birkenau, onze mille cent deux étaient juifs.

Le 17 janvier 1945 au matin, des SS arrivèrent à l'hôpital, emportèrent tous les instruments qui présentaient quelque valeur et les chargèrent sur des camions.

« Aucun [1] autre événement important ne marqua cette journée. À minuit, cependant, d'autres SS vinrent nous donner l'ordre de réunir immédiatement les fiches individuelles des malades, leurs feuilles de température, et de les porter au Bureau politique. En moins d'une heure, tous les documents du camp étaient rassemblés devant le bureau, formant un tas assez considérable. Un SS y mit le feu.

« La Lagerälteste convoqua alors le personnel de l'hôpital pour annoncer que l'évacuation du camp E était imminente. Chacune de nous devait se munir des effets les plus indispensables et se vêtir aussi chaudement que possible. À en croire les informations qu'elle avait

1. Témoignage Olga Lengyel, *Souvenirs de l'au-delà*, éd. du Bateau ivre, 1946.

reçues, nous partirions vers l'intérieur de l'Allemagne. Cependant, ajouta-t-elle, un peu mélancolique, une surprise n'était pas exclue et, au lieu de nous évacuer, peut-être prendrait-on à notre égard une autre décision. Quant aux malades, elles devaient en tout cas rester au camp. Il n'était pas possible de se faire beaucoup d'illusions sur leur sort. Les Allemands comptaient sans doute les exterminer. À moins qu'ils ne soient devancés par l'arrivée des Russes, qui n'étaient plus très loin. Pour nous-mêmes, la question se posait : ne valait-il pas mieux, au mépris des ordres, nous cacher dans le camp pour y attendre la libération ? Ou encore partir avec le reste du camp et s'évader en cours de route ? Chacune de ces solutions entraînait de gros risques. Mais l'évacuation vers l'intérieur de l'Allemagne n'en comportait-elle pas ?

« La nouvelle de l'évacuation fit vite le tour du camp. Bientôt une foule dense se pressa des deux côtés des fils de fer barbelés qui séparaient le camp des femmes de celui des hommes. Époux, amoureux ou amis se disaient adieu, en se demandant s'ils se reverraient encore un jour. Tout le monde était ému. Par-dessus les barbelés, on se criait des adresses qui devaient servir de lieu de ralliement après la guerre. Comme il était interdit aux internés d'avoir de quoi écrire, il ne leur restait qu'à apprendre les adresses par cœur. »

« Après[1] minuit, Mengele arrive avec sa suite, se fait donner les feuilles des malades et, avant de nous “repartir”, nous annonce que le lendemain matin il faudra nous tenir prêtes à évacuer le camp :

« – Toutes celles qui peuvent marcher doivent partir.

« Après son départ, il n'est plus question de dormir. Dans l'effervescence générale, les malades se mettent à découper les couvertures pour en confectionner des vête-

1. Macha Speter-Ravine, *Témoignages sur Auschwitz*, édité par l'Amicale des déportés d'Auschwitz et des camps de Haute-Silésie, 1946, cf. *Le Monde* n° 12 441.

ments. Les plus gravement atteintes, encore conscientes de ce qui se passe, nous poursuivent d'un regard interrogateur et suppliant.

« Dans le plus grand secret, Orli, chef administratif du Revier, ancienne résistante antinazie, proche de l'organisation clandestine du camp, nous informe que Mengele lui a donné l'instruction d'évacuer le plus grand nombre possible de malades.

« Nous avions longtemps attendu et espéré cette heure de déroute, et nous nous préparons à y participer activement. Nos camarades soviétiques sont fermement décidées à attendre d'être libérées par leur armée. Les Polonaises, se trouvant sur leur sol, considèrent que ce n'est pas le moment de le quitter. Nous sommes un groupe de Françaises à penser qu'il faut attendre d'être libérées sur place plutôt que de suivre les SS dans leur repli. »

« Je[1] change d'avis toutes les dix secondes. Grâce à l'amitié de J., je suis pour la première fois depuis mon arrestation maîtresse de mon destin. C'est une façon de parler. Elle m'a donné un brassard jaune rayé de deux larges bandes noires. Elle m'a dit :

« – Avec ça tu peux circuler d'un groupe à l'autre. Il y en a sept en tout pour les porteuses de messages du Bureau politique. Il y a des ordres et des contrordres toutes les cinq minutes...

« J'ai bien de la chance, oui, mais j'en veux à cette chance. Petit *a)*, je reste avec les malades. Mais dans ce cas je cours le risque d'être liquidée. Je connais les SS. Ils vous font des sourires et puis, quand vous croyez que tout va pour le mieux, avec leur baguette magique ils vous font disparaître. Petit *b)*, je prends le train à Auschwitz-gare : destination ? Destination inconnue. Peut-être existe-t-il un camp où les chambres à gaz fonctionnent encore. Petit *c)*, marchons. Vers l'inconnu également. À

1. Témoignage inédit Tatiana Maik, déjà citée.

5 heures du matin, j'en suis encore à me tourmenter les méninges, petit *a)*, petit..., quand J. crie mon matricule.

« – Bon, tu es du convoi qui part de la gare. Tu es sur la liste.

« Elle est déjà repartie au pas de course. Tout à l'heure j'en voulais à ma chance, maintenant c'est à J. que j'en veux. Elle n'a pas à décider pour moi. Donc, je ne cours pas le risque du petit *a)*, c'est-à-dire me cacher parmi les malades... Je choisis... je choisis... de marcher sur la route. Ce serait bien le diable si je n'arrivais pas à me cacher dans un taillis, un fourré, une forêt. »

« L'hôpital [1] était le théâtre de scènes déchirantes. La panique s'était emparée des malades. Celles qui avaient encore un peu de force sautaient de leur lit et réclamaient des vêtements. Nous leur distribuâmes tous ceux que nous avions mais nous n'arrivâmes à en habiller qu'une faible partie. Tout en effectuant nos préparatifs selon l'ordre reçu, nous continuions à soigner les malades. D'ailleurs le personnel de l'hôpital ne partait pas au complet, puisque quelques-unes d'entre nous, dont la doctoresse italienne Marinetti, avaient décidé de rester coûte que coûte. Celles-là ne se sentaient pas assez fortes pour entreprendre un long trajet.

« Les malades elles-mêmes, pour la plupart, ne se résignaient pas à rester. Celles qui n'avaient pas de vêtements s'enveloppaient de leur couverture. Aucune n'avait de chaussures ni de bas, et ce fut une véritable bataille autour des quelques dizaines de paires de sabots que les Allemands avaient distribuées à raison d'une paire par vingt malades. Elles les mettaient pour aller aux latrines.

« Plusieurs fois au cours de la matinée, les Allemands nous rassemblèrent dans la Lagerstrasse par rangs de cinq. Ils nous faisaient attendre, malgré le froid glacial (le thermomètre indiquait moins 30°), une heure ou deux, puis nous renvoyaient au block.

1. Olga Lengyel, déjà citée.

« Dans l'après-midi, le nouveau commandant du camp arriva sur les lieux, escorté d'une nombreuse suite, et l'on procéda à une sélection sévère. Toutes les malades enveloppées de leur couverture, et en général toutes celles qui semblaient en mauvaise condition physique furent renvoyées dans leurs blocks respectifs. Beaucoup pleurèrent, d'autres, n'abandonnant pas encore tout espoir, essayaient par tous les moyens de se glisser dans le groupe qui partait. Mais les SS se montraient impitoyables et les chassaient avec leurs triques ou en tirant des coups de revolver.

« Comme nous n'étions pas encore prêtes à partir, je quittai les rangs pour aller faire un dernier tour à l'hôpital. Tout y était sens dessus dessous. L'ordre et la discipline avaient disparu avec le chef de block. La plupart des malades avaient quitté leur lit et assiégeaient littéralement l'appareil de chauffage qui se trouvait au milieu de la salle. Quelques-unes avaient pris possession de la chambre de la Blockowa et, grâce aux réserves qu'elles y avaient découvertes, se confectionnaient des *plazki* sur le poêle. Avant de quitter l'hôpital pour regagner ma place dans les rangs, je fis quelques piqûres pour calmer celles qui souffraient le plus. Sans doute les malades ne restaient pas complètement sans soin ; je n'en éprouvai pas moins des remords à les laisser ainsi. J'eus encore un moment d'hésitation. Rester ? Partir ? Dehors, on m'appelait. C'étaient mes camarades de l'infirmerie qui, ayant remarqué ma disparition, étaient venues me chercher.

« Au moment où je rejoignis le groupe, je vis, au-delà des barbelés, dans le camp F, celui des hommes, un long cortège se mettre en marche. Les hommes avaient reçu avant nous le signal du départ.

« D'un regard, j'embrassai le vaste camp de Birkenau. Partout, aux camps F, D, B-2, de gros bûchers brûlaient devant les baraques. Les Allemands étaient décidés à ne pas permettre que les traces de leurs crimes pussent tomber entre les mains des Russes. Quelques minutes plus tard, une employée des bureaux vint nous dire :

« – Préparez-vous vite ! Nous partirons sans doute tout de suite après les hommes.

« Les portes s'ouvrirent alors et un détachement de SS pénétra dans l'enceinte du camp. Nous nous dispersâmes pour chercher chacune dans son block son petit baluchon. Tout à coup, une idée me traversa l'esprit. Nous n'avions pas, ou à peine, de provisions de bouche ; et si, comme c'était à craindre, il nous fallait rester plusieurs jours en route, comment tenir sans mourir de faim ?

« – Halte-là ! criai-je à mes compagnes, qui couraient avec moi vers le block. Nous ne pouvons pas partir sans pain. Enfonçons les portes du magasin !

« J'avais dit cela d'une voix ferme et autoritaire que je ne me connaissais pas. Quelques-unes s'arrêtèrent. Je répétai mon appel. Bientôt je fus entourée d'un groupe. Nous nous saisîmes des pioches abandonnées sur la route par les ouvriers déportés et nous précipitâmes vers le magasin. Deux SS à bicyclette passèrent devant nous, mais nous n'y prîmes garde. Nous nous mîmes en devoir de démolir l'entrée de la baraque et peu après nous pûmes puiser dans la réserve de pain. Nous étions en proie à une rage de destruction, enivrées par notre succès.

« – À bas le camp ! À bas le camp ! Vive la liberté ! hurlions-nous comme des démentes.

« Cette scène venait réaliser un rêve que j'avais souvent fait dans notre chambre, l'ancien urinoir du block 13. Que de fois, tenaillée par la faim, n'avais-je pas dit à mes camarades : “... et quand les Russes seront tout près, nous pillerons la réserve de pain. – C'est ton idée fixe”, me répondaient-elles en riant.

« Lorsque nous eûmes une provision suffisante, je courus au block et ramassai rapidement mes affaires. Mon paquet était déjà prêt, roulé dans ma couverture à la manière des soldats et noué aux deux extrémités.

« Au pas de course, nous nous dirigeâmes vers la sortie du camp. De loin nous parvenaient des bruits de détonations. Était-ce déjà le grondement des canons soviétiques ?

« Une trentaine de gardes allemands étaient postés à la porte du camp. Avant de nous laisser sortir, ils nous examinèrent une à une à la lueur de lampes de poche. Celles qui étaient jugées trop vieilles ou trop faibles étaient refoulées dans le camp. »

« Jeudi[1] 18 janvier : les SS arrivent vers midi et donnent le signal de quitter les lieux. Dans les camps voisins – à gauche le Revier des hommes, à droite les deux camps de Kommando de travail de femmes – règne la même fièvre de départ. Les camps de Kommando se vident dans la neige épaisse et le froid qui paralyse. La perspective de marcher, harcelées par les Allemands, vers d'autres camps est terrible.

« Notre groupe est divisé ; une partie, victime de la psychose générale, se hâte de s'éloigner, l'autre (dont je suis), entraînée hors des blocks par les adieux, l'inquiétude et la curiosité, reste en queue de la sinistre caravane et s'efforce de faire durer l'opération. La nuit tombe, les SS s'énervent et vocifèrent : *"Los ! Los ! Schneller !"* (Allez ! Allez ! Plus vite !) Ils décident tout à coup que c'en est assez pour la journée et referment le portail du camp. »

« Le doute[2] nous déchire. Il faut pourtant prendre une décision. Les derniers groupes quittent le Revier, nous discutons toujours. Et puis, toujours indécises et au fond toujours décidées à rester, nous sortons du block. Hourrah ! La porte du camp est fermée, nous sommes restées. En pleurant et en riant en même temps, nous nous jetons dans les bras les unes des autres. »

« Une[3] fois la porte franchie – il n'y a pas plus de vingt femmes derrière moi –, un SS avec un ventre de jument

1. Macha Speter-Ravine, déjà citée.
2. Mira Honel, *Témoignages sur Auschwitz*.
3. Témoignage inédit Tatiana Maik, déjà citée.

pleine se met à crier : “Plus vite ! Plus vite !” puis il trottine vers l'arrière et les portes se referment sur lui. J'entends les hurlements de joie de celles qui allaient sortir et qui se retrouvent le nez aux barbelés. À dix ou vingt secondes près, je restais dans le camp. Ainsi à Auschwitz, même aux dernières heures, c'est la loterie qui gouverne le sort des survivantes. À cette loterie j'ai jusqu'ici gagné. Loterie de la sélection d'arrivée – à droite ! à gauche !... Quelle est la bonne colonne ? Loterie des autres sélections dans les jours ordinaires du camp et des Kommandos de travail. Toujours à droite ! à gauche !... Ne jamais savoir s'il faut tenter de s'échapper du groupe pour lequel on a été désigné. *Scheise loterie !* comme disait Martha... Je jure, si j'ai encore une fois tiré le bon numéro, de ne jamais plus toucher une carte, jouer au moindre jeu de hasard ou d'argent. Cette fois, avec mes petits *a), b), c),* j'ai joué ma dernière partie. Juré. »

*Jaworzno* *17 janvier 1945*
*et jours suivants*

# À BABEL UN SOIR...

À Jaworzno, Kommando d'Auschwitz, quatre mille déportés construisent une centrale électrique, des voies de chemin de fer, piochent dans des galeries de mine.

« Cette[1] journée du 17 janvier s'était passée comme les autres : réveil à 5 heures – *"Aufstehen"* (debout). Comme un an plus tôt, comme six mois auparavant, comme la veille, nous avions été expulsés à coups de gummi par les chefs de block et les Stubendienste quelques minutes après le lever, et nous étions restés à grelotter, vêtus de nos pauvres hardes rayées, nous enfonçant dans la neige jusqu'aux chevilles, attendant la distribution d'une écuelle de tisane froide...

« Aussitôt l'appel fini, on nous informa que le *Blocksperrer*, c'est-à-dire l'interdiction de sortir des baraques, était décrété. Cet ordre, en général, était donné quand les camions arrivaient d'Auschwitz pour apporter du ravitaillement, afin d'éviter les risques de vol ; il cessait quand ces mêmes camions avaient quitté le camp, char-

1. Manuscrit inédit Robert Sussfeld (un extrait a été publié par *France-Soir* en août 1974). Arrêté à Marseille le 10 mai 1945, Robert Sussfeld ne restera que quelques jours à Auschwitz-Birkenau. Il est transféré le 28 juillet à Jaworzno. Le 10 juillet 1994, Robert Sussfeld m'écrit : « Je n'ai jamais voulu revoir la rédaction de ces impressions ressenties un an exactement après ma libération. Je viens de relire ce texte, qui date donc de près de cinquante ans, et j'avais moi-même paradoxalement oublié une partie de cette terrifiante aventure qui aujourd'hui semble incroyable. »

gés des cadavres de ceux qui étaient morts dans la quinzaine, et des vivants qui, devenus trop faibles pour travailler, étaient emmenés à la chambre à gaz. Mais nous savions que ce double transport avait eu lieu l'avant-veille, et jamais il ne se produisait plus d'une fois par semaine. Il y avait donc quelque chose d'anormal.

« La distribution de la soupe, au cours de laquelle chacun reçut sa part complète, et qui ne fut assaisonnée d'aucun coup, ancra en nous plus profondément encore cette impression. Bientôt, ce fut une certitude. L'équipe 2 de la mine qui, partant pour travailler à midi, ne rentrait qu'à 2 heures du matin en temps ordinaire, revenait déjà. Puis le gong... un coup... deux coups... trois coups... Les chefs de block étaient appelés chez le Lagerführer, le chef du camp. L'un de nous, bravant la consigne, sortit alors de la baraque. Nous l'attendîmes avec anxiété ; ces minutes de repos, qui nous semblaient d'habitude passer trop vite, n'en finissaient pas. Enfin, il revint :

« – Ça y est, les gars, cette fois c'est pour de bon. On évacue le camp ce soir, le garde-mites a distribué tout le magasin d'habillement à ses petits copains, les types de la mine sont prévenus quasi officiellement.

« Il n'avait pas terminé sa phrase que le gong retentissait de nouveau : une fois... deux fois... C'était l'ordre aux Stubendienste de se rendre aux cuisines. À ce moment, le chef de block revint et nous invita à nous réunir. Cette fois, je vous affirme que le rassemblement ne fut pas long à se faire et que le silence le plus total s'établit aussitôt.

« – Le Lagerführer, dit-il, nous a fait appeler pour nous informer que le camp serait évacué ce soir. Seuls resteront ceux qui sont physiquement incapables de marcher. Je crois inutile de vous dire qu'il vaut mieux ne pas être de ceux-là. Vous avez le droit d'emporter des couvertures. On a appelé aux cuisines pour partager entre les blocks le ravitaillement qui reste en magasin. Chacun touchera un pain entier et un bloc de margarine. Je vous conseille d'économiser cette nourriture, car on ne sait pas si deux, quatre ou huit jours s'écouleront avant qu'il soit possible de vous donner quoi que ce soit d'autre. Allez ! Préparez-vous et attendez l'ordre du départ.

« En un clin d'œil, le groupe était dispersé et chacun se précipitait vers sa paillasse pour ne pas risquer de se voir voler sa couverture, sa pauvre couverture de coton qui allait le protéger un peu du froid impitoyable pendant les jours qui allaient suivre. Tous ces êtres décharnés, qui se complaisaient d'habitude dans un morne silence, échangeaient leurs impressions en arrachant la fibre des paillasses pour en bourrer leurs godasses déchirées :

« – À ton avis, on part à pied ou en wagons à bestiaux ?

« – T'es pas fou ! En wagons à bestiaux ! Pourquoi pas en sleeping, pendant que tu y es ! Ils ont trop besoin de leur matériel ferroviaire pour transporter leurs troupes...

« Tout à coup, nous perçûmes une rumeur confuse à l'extérieur ; c'étaient les Stubendienste qui avaient pris aux cuisines du pain et de la margarine et étaient assaillis dans la cour. Nous courûmes aussitôt vers eux et nous jetâmes dans la bagarre. Depuis deux heures nous agissions d'une façon qui, la veille ou deux jours avant, nous aurait coûté dix fois la mort après les supplices les plus raffinés.

« Enfin, à 22 heures, retentit le gong ordonnant le rassemblement. Il se fit dans une pagaille indescriptible. Complètement débordés d'une part, et craignant peut-être la vengeance dont l'heure approchait d'autre part, les chefs de block et les Kapos nous laissaient en paix. Des cartons de fromages, de margarine, de cigarettes venant des magasins SS gisaient éventrés et vides dans la neige. Des échanges se faisaient entre détenus selon ce qu'ils avaient réussi à piller. On avait dix paquets de cigarettes pour un pain, alors que le cours normal était de quinze ou seize "pipes". Le bloc de cinq cents grammes de margarine valait cent grammes de miel, cinquante grammes de saucisson ou cinq cents grammes de pain : nous n'en croyions pas nos yeux. C'était l'effondrement complet devant l'abondance de denrées que nous n'avions vues depuis de longs mois que dans les casse-croûte de nos gardiens.

« Sans ordre, sans pointage, sans vérification, sans presque s'en rendre compte, notre cortège s'ébranlait, franchissait une dernière fois la porte du camp. Les bagages des SS avaient été chargés sur des traîneaux, puis recouverts de toiles de tente vertes et noires. Les premiers groupes d'entre nous devaient les pousser.

« Nous marchions à petite allure, et bientôt les quatre mille Häftlinge (internés) de notre camp s'éloignaient sans oser montrer leur joie. Le silence de la nuit n'était déchiré que par les "ho" que criaient pour s'aider ceux qui poussaient les traîneaux. Les autres ruminaient leurs pensées, ils sentaient à peine les paquets de neige qui se collaient aux semelles de bois et faisaient trébucher à chaque pas. Le bruit sourd du choc des pieds contre les racines d'arbre, pour décoller ces satanés glaçons, résonnait au milieu du crissement provoqué par les pas de huit mille pieds qui se traînaient péniblement. Nous nous demandions avec angoisse quel sort avait été réservé à ceux qui étaient restés au camp, trop mal en point pour essayer seulement d'entreprendre cette nouvelle et ultime épreuve. Des SS étaient-ils restés pour les garder ou bien, déjà, avaient-ils été massacrés ? Question sans réponse...

« À deux kilomètres du camp, arrivés à la bifurcation, nous prîmes la route de droite au lieu de celle de gauche qui menait au Kommando. Au loin, nous voyions se profiler la grande tour qui devait dominer la centrale électrique le jour où elle serait terminée. Nous avions pris, quelques compagnons et moi, l'habitude de l'appeler la tour de Babel. Les travaux étaient effectués par des internés russes, polonais, belges, italiens, hongrois, français, roumains, tchèques, grecs, yougoslaves, hollandais, par des déportés de toute l'Europe qui chaque jour se crevaient à la tâche, puis étaient remplacés périodiquement par de nouveaux convois de bétail humain plus frais. Le plan s'échelonnait sur cinq ans : trois déjà s'étaient écoulés ; nous avions toujours eu la certitude que l'avance russe empêcherait de mener le projet à bonne fin. Ce que nous ignorions, c'est combien d'entre nous – et lesquels – seraient encore là pour assister à l'interruption des travaux de la tour de Babel XX$^{e}$ siècle.

« Peu à peu, la silhouette s'estompa et disparut.

« Quelle sensation magnifique : marcher sur une route que nous ne connaissions pas ! C'était l'avant-goût de la liberté.

« Soudain, résonna un claquement sec qui nous ramena à la réalité : une sentinelle avait abattu un traînard. Alors, j'essayai de me concentrer et adressai au ciel la prière que je formulais chaque soir depuis deux ans, avant de m'endormir : “Mon Dieu, faites que la guerre soit bientôt finie, faites que bientôt ait lieu la réunion, autour de la table familiale, de mon père, de ma sœur, avec les siens et moi, tous en bonne santé moralement et physiquement, pour que nous puissions nous entourer les uns les autres d'une tendresse dont la souffrance que je vis me fait comprendre le prix...”

« Je fus rattrapé par un compatriote qui me demanda à voix basse :

« – T'as du pain ?

« – Oui, répondis-je, deux, et toi ?

« – Moi aussi. Restons ensemble, car ceux qui n'en ont pas risqueraient de nous le barboter.

« – Si on cassait la croûte ?

« – Tu crois que c'est permis ? Ils ne vont pas nous tirer dedans ? Oh, et puis tant pis, on verra bien !

« Eh oui ! Tant pis ! Peu importait ce qui allait se passer. Le principal était que nos souffrances touchent à leur fin. Serions-nous tués ? Nous en sortirions-nous ? De toute façon, nous n'avions plus pour longtemps à avoir encore le ventre creux, les membres transis et le corps moulu de coups. Cela nous donnait du courage. Nous pûmes enfin réaliser le rêve qui hantait nos nuits d'affamés depuis des mois : nous mangeâmes toutes nos provisions, n'interrompant ce repas pantagruélique que pour fumer des cigarettes que nous allumions l'une après l'autre, et pour sucer un peu de neige. Nous n'avions plus faim ! Quelle drôle de chose que de ne plus avoir faim ! Nous avions encore à manger. Nous mangerions quand même. Nous avions eu assez faim, sans rien manger, pour nous offrir le luxe de manger sans avoir faim ! Faim ! Manger ! Manger ! Faim ! Ces mots qui n'ont l'air de rien et qui transforment un être civilisé en une bête sauvage, égoïste et meurtrière.

« La nuit ne s'était pas achevée sans que quelques-uns d'entre nous, épuisés, se soient écroulés, achevés ensuite d'un coup de crosse ou d'une balle de revolver. Ceux qui devaient assouvir un besoin naturel étaient dans l'obligation de trottiner jusqu'en tête de la colonne (la faiblesse de nos jambes ne nous permettait plus de courir depuis longtemps). Puis ils se mettaient sur le bord de la route, et malheur à ceux qui n'étaient pas rhabillés quand arrivaient à eux les derniers rangs ; ils étaient abattus comme des chiens, et un mince filet de sang sur la neige leur servait d'épitaphe.

« Le 18, vers 10 heures du matin, nous avions marché sans arrêt et commencions à nous sentir fourbus quand on nous fit pénétrer dans une vaste cour d'usine. Les lourdes portes furent refermées et quelques SS armés de mitrailleuses se postèrent sur les toits des bâtiments, tandis que les autres allaient se reposer. Quant à nous, rien. On nous laissait là, serrés les uns contre les autres, sans une pierre pour nous asseoir. Toute la journée passa ainsi, le froid nous pénétrant profondément ; malgré notre fatigue, nous fûmes heureux quand, au crépuscule, un remue-ménage préluda au départ. Des civils apportèrent des bouteillons de café chaud. Ce fut la ruée, mais nous fûmes vite calmés par une rafale de mitrailleuse, et seuls ceux qui étaient aux abords immédiats purent boire un demi-litre de boisson chaude. Trois, quatre cents peut-être en tout eurent cette faveur, mais trente autres gisaient dans la neige, sanglants et inanimés.

« Nous reprîmes la route après avoir constaté avec surprise que les traîneaux SS étaient abandonnés et remplacés par une grande charrette traînée par un cheval. Comme c'était bizarre, ce contact avec le monde ! Nous traversions des villes aux rues animées par des voitures, des tramways, et des promeneurs chaudement vêtus et bien chaussés. Puis la campagne, et, à l'aube du 19, on nous fit de nouveau stopper. Mais cette fois nous n'étions même pas dans une enceinte, nous nous arrêtions là, au bord de la route, et, pour éviter tout risque d'évasion, on nous ordonna de nous asseoir.

« Harassés, n'en pouvant plus, nous ne sentions même plus la neige qui transperçait nos hardes, ni le sol dur qui meurtrissait nos corps décharnés. En quelques secondes, tous avaient sombré dans le plus profond sommeil.

« Quand on nous réveilla quelques heures plus tard par les cris de *"Los ! Weiter ! Aufstehen !"*, nous étions complètement engourdis par le froid. Quelques dizaines furent laissés là, terrassés par la congestion, dans la position même dans laquelle ils s'étaient endormis. La marche hallucinante reprit et de temps à autre retentissait le claquement familier qui nous faisait comprendre qu'un de plus n'assisterait pas à la fin de l'effroyable épopée.

« Vers minuit, nous atteignîmes une enceinte de barbelés, au centre de laquelle se dressait un vaste hangar. Ordre nous fut donné de nous y entasser. À grand-peine, un millier et demi d'hommes purent s'y caser, s'y étendre étroitement serrés les uns contre les autres. Les deux mille autres durent rester dehors et s'installer tant bien que mal, se groupant par deux ou trois, pour s'allonger sur une couverture posée à même la neige, en se protégeant avec une autre, pelotonnés pour éviter au maximum la morsure du froid. Tout à coup, un ordre arriva : il fallait que cinq minutes plus tard tous soient dans le hangar, et ceux qui resteraient à l'extérieur malgré les instructions seraient impitoyablement massacrés.

« Alors commença une série de scènes dont l'horreur ne peut que difficilement être décrite, et qui durèrent un jour et demi. Affolés, les Häftlinge voulurent se ruer dans le hangar, dont les portes avaient été barricadées par ceux qui étaient à l'intérieur. Comme des forcenés, ils s'emparèrent à vingt d'un tronc d'arbre et, s'en servant comme d'un bélier, tentèrent d'enfoncer l'énorme battant qui craquait sous la poussée. Les malheureux glissaient sur la neige ; bientôt ils s'affalèrent, épuisés, aussitôt remplacés par d'autres, qui parvinrent après des efforts surhumains à défoncer le battant. Celui-ci s'écroula dans un bruit effrayant, écrasant sous son poids ceux qui étaient couchés à proximité. Entraînés par leur élan, les hommes qui avaient réussi à pratiquer l'ouverture trébuchèrent et furent aussitôt foulés aux pieds par la horde haletante qui se précipita à l'intérieur. Des hurlements de terreur et de souffrance déchiraient l'obscurité, proférés par ceux qui recevaient subitement des coups de pied en pleine tête. Butant sur les dormeurs, les assaillants s'effondraient, étouffant les premiers sous leur poids. En quelques secondes, la mêlée fut générale, les détenus se piétinant réciproquement et culbutant les uns par-dessus les autres ; un vent de folie hystérique se propagea et, pendant des heures entières, tous ces hommes qui auraient dû être unis dans leur malheur s'entre-tuèrent dans la nuit.

« Quand on ordonna le rassemblement, à l'aurore, on put établir le bilan de cette horrible nuit : plus de deux cents cadavres jonchaient le sol du hangar, les yeux révulsés, la tête écrasée. Les mauvais instincts de certains les avaient poussés à étrangler leurs compagnons de misère pour s'emparer du peu de nourriture qu'ils pouvaient avoir sur eux, ou de leurs chaussures. Des êtres hâves étaient devenus fous, ils déambulaient comme des automates jusqu'à ce qu'on les abatte comme des chiens enragés. Nos gardiens eux-mêmes avaient retrouvé leur fureur, ils bousculaient à coups de crosse ceux qui ne se dépêchaient pas assez. Il fallut rapidement former la colonne et repartir. Les hommes, exténués, dormaient littéralement en marchant. Les sentinelles hurlaient comme des forcenés ; ce fut pire encore quand on nous fit quitter la route nationale pour emprunter des chemins de traverse. Nous nous enfoncions jusqu'aux genoux dans la neige fraîche qui recouvrait de profondes ornières où nous nous tordions les chevilles. Plus d'un laissait ses galoches, arrachées par cette boue durcie, et devait continuer pieds nus. Un épais brouillard nous entourait, amortissait le son des balles frappant les hommes qui s'écroulaient, éreintés, de plus en plus nombreux.

« Le commandement de notre détachement devait

avoir appris les nouvelles concernant l'approche de l'Armée rouge, car les sentinelles, comme des déments, activaient la cadence malgré la difficulté croissante de la marche. Animés d'une sorte de folie du massacre, ils se mirent à tirer n'importe où, dans les rangs mêmes, pour forcer le troupeau humain à se hâter. Plus l'épuisement devenait général, plus le massacre s'intensifiait.

« Hagards, tenant encore debout par un inexplicable miracle, nous, les survivants de cette boucherie, nous étions sur le point d'abandonner à notre tour quand une nouvelle nous parvint on ne savait d'où : notre supplice touchait à sa fin. Effectivement, la colonne bifurqua pour s'engager dans une large allée dont la neige avait été déblayée et qui aboutissait à un camp immense : Blechammer. Aussitôt les barbelés franchis, on autorisa le dispersement et nous nous effondrâmes sur des paillasses d'un mètre de large que nous partagions à deux ou trois. Les baraques étaient déjà occupées par d'autres, arrivés quelques heures auparavant de Gleiwitz, Monowitz et autres enfers. À l'ordre de rassemblement, rares furent ceux qui eurent la force de se lever. Malgré la menace d'anéantissement pour ceux qui resteraient et la promesse de vie sauve pour les autres qui continueraient, quelques dizaines seulement obtempérèrent aux injonctions des SS.

« Incapables de faire un pas de plus, nous entendîmes comme dans un rêve le départ de nos camarades, puis ce fut le néant d'un irrésistible sommeil. Dans la nuit toutefois, nous fûmes réveillés par des crépitements insolites : les baraques brûlaient, allumées par des grenades incendiaires. Grâce au ciel, le vent glacial de la Silésie ne soufflait plus, et le feu s'éteignit de lui-même, laissant quelques blocks intacts, où nous nous entassâmes. Nous restions quelques centaines à peine sur les quatre mille partis le soir du 17.

« Au petit jour, nous attendîmes le gong de l'appel, mais rien ne se produisit. Alors, nous nous risquâmes à l'extérieur et eûmes la surprise de voir le camp abandonné par les SS. Ce fut alors la course vers les magasins de vivres et, là encore, les Häftlinge s'entre-tuèrent pour se dévaliser mutuellement...

« Quelques sentinelles retardataires abattirent une centaine d'entre nous, et, quand le soir vint, le camp enfin abandonné entièrement à lui-même était jonché de corps dont les têtes éclatées ou les ventres ouverts laissaient échapper la cervelle ou les boyaux.

« En quelques heures, les détritus de toutes sortes et les cendres des feux allumés pour faire cuire des pommes de terre se mêlèrent aux cadavres dont le froid empêchait la décomposition. Le sol des baraques disparaissait sous une épaisse couche de boue – la neige des souliers qui, en fondant, se mélangeait à la poussière et au sable. S'échapper ? Impossible. Des détachements de la Wehrmacht en retraite passaient encore devant le camp, et tout essai de sortie aurait équivalu à un suicide. Nous étions dans le *no man's land*, mieux valait attendre patiemment l'arrivée des Russes.

« Les jours et les nuits passèrent ainsi, troublés par des bruits de bombardements plus ou moins rapprochés.

« Nous étions couchés le soir du 25 janvier et l'un de nous, un Hongrois, chantait une mélodie de son pays, quand la porte fut ouverte d'un coup de pied. Des soldats verts à croix gammée envahirent la baraque : *"Los ! Aufstehen ! Weiter gehen !"* Nous n'en crûmes pas nos oreilles. Comment ! Nous attendions les Russes et de nouveau c'étaient les Allemands... Pourtant il fallut bien se rendre à l'évidence. Une dernière patrouille avait reçu l'ordre de nous ramasser dans sa retraite.

« En quelques minutes, nous étions rassemblés et repartions vers une destination inconnue.

« Alors, sentant bien que je serais incapable de continuer, révolté à l'idée de recommencer cette vie de forçat, je résolus de risquer le tout pour le tout. Au bout de cinq kilomètres, en passant près d'une maison et ne voyant aucune sentinelle aux abords immédiats, je me réfugiai d'un bond dans l'encoignure de la porte. Le détachement passa, on ne m'avait pas aperçu. Je me dirigeai au hasard vers une grange voisine, ne sachant pas très bien ce que je ferais ensuite, quand un ordre retentit : *"Halt !*

*Hande auf!"* Je ne répondis pas ; plié en deux, je me hâtai vers mon but quand, au moment où je franchissais la porte, éclata une détonation : j'entendis un sifflement, puis ressentis une douleur à l'épaule. Je m'abattis dans le foin, immobile. Je sentais le sang couler dans mon dos et mon bras s'engourdir ; je restai sans bouger de longues minutes. Ce fut mon salut. Les pas s'éloignèrent et je me hissai tant bien que mal en haut d'une meule pour ne pas être découvert. Calant mon épaule blessée, malgré la douleur et le froid, je m'endormis et ne me réveillai qu'au jour. J'hésitai longtemps sur la conduite à tenir. Le sang coagulé collait ma chemise et j'étais incapable de me servir de mon bras droit ; le moindre mouvement me faisait un mal horrible. Alors, comme dans un rêve, je repris la route pour regagner Blechammer. Elle était déserte. Seul un homme à bicyclette me dépassa et, d'un coup de poing, je ne sais pourquoi, m'envoya rouler dans la neige.

« Je me relevai à grand-peine et parvins enfin à me traîner jusqu'à Blechammer. Là, une animation intense régnait : les Russes étaient arrivés dans la nuit. J'eus la chance de rencontrer immédiatement un prisonnier de guerre français qui fut le premier à me parler comme à un homme. Il me fit donner des vêtements civils, m'offrit du chocolat et des Gauloises, puis il me remit à l'hôpital civil, où les sœurs me soignèrent et me dorlotèrent. C'était le 26 janvier 1945. Jamais je n'oublierai cette date car ce fut celle qui marqua mon retour à la vie.

« Ensuite, ce fut Katowice, où je repris peu à peu figure et manières de civilisé, puis Odessa, et enfin Marseille, la France et Paris. La plus grande joie de mon existence m'y attendait : je retrouvai en bonne santé mon père, ma sœur, tous ceux qui m'étaient chers. Le ciel avait exaucé ma prière. Rien ne peut plus maintenant nous empêcher d'être heureux, nous qui avons vécu cela.

« Écrit à Paris en janvier 1946,
sans avoir faim, sans avoir froid,
sans être battu, la cigarette aux lèvres. »

# « UN SPECTACLE HORRIBLE QU'ON AURAIT PU NOUS ÉPARGNER »

Rudolf Franz Ferdinand Hoess, ancien commandant d'Auschwitz devenu en décembre 1943 chef du bureau DI auprès de l'office général de l'Économie et de l'Administration SS, adjoint d'Oswald Pohl et de Glücks à la Direction des camps, avait préparé avec le Sturmbannführer Baer cette évacuation d'Auschwitz dès le 8 décembre 1944. L'ordre était signé Heinrich Himmler. Dans sa confession, rédigée à la demande de ses avocats après son arrestation, Hoess évoque ces journées de « folie » en se donnant un comportement qu'il n'eut peut-être pas. Ce texte rédigé au crayon dans sa cellule de Cracovie est un document [1].

« Les spectacles auxquels j'ai assisté à la suite de l'ordre d'évacuation m'ont tellement impressionné que je ne les oublierai jamais.

« Ne recevant plus aucun rapport du Sturmbannführer Baer, chargé de l'évacuation d'Auschwitz, Pohl m'avait fait partir en toute hâte pour la Silésie afin de voir ce qui se passait.

« Je retrouvai Baer à Gross-Rosen, où il voulait organiser les arrivées. Je lui demandai où se trouvait son camp mais il n'en savait rien exactement. Le plan d'évacuation primitif avait été contrecarré par l'avance des

1. Archives du Comité international d'Auschwitz (musée d'Auschwitz).

Russes en direction du sud. Je repris aussitôt la route pour essayer de gagner Auschwitz et pour me convaincre sur place qu'on y avait détruit, conformément aux ordres, tout ce qu'il y avait d'important. Mais je fus obligé de m'arrêter sur les rives de l'Oder, à proximité de Ratibor : l'avant-garde des chars russes patrouillait déjà de l'autre côté du fleuve.

« À l'ouest de l'Oder, je m'étais heurté sur toutes les routes et sur tous les sentiers à des colonnes de détenus qui avançaient péniblement dans la neige épaisse. Il n'y avait pour eux aucun approvisionnement. Les Unterführer qui dirigeaient ces convois de cadavres vivants ignoraient, dans la plupart des cas, où il leur fallait conduire leurs pas. Tout ce qu'ils savaient, c'était que Gross-Rosen devait être leur dernière étape, mais la façon dont ils y parviendraient restait pour eux un mystère. Ils réquisitionnaient de leur propre autorité des vivres dans les villages qu'ils traversaient, s'accordaient quelques heures de repos et poursuivaient leur route. Il n'était pas question de passer la nuit dans des granges ou des écoles, car tous les locaux habitables étaient remplis de réfugiés. Il était aisé de suivre les traces de ce chemin de Croix car, tous les cent mètres, on se heurtait à un détenu mort d'épuisement ou fusillé. À tous les convois que je pouvais atteindre, j'indiquais la route en direction de l'ouest vers le pays des Sudètes, pour leur faire éviter l'énorme goulot d'étranglement qui s'était formé près de la Neisse. De la façon la plus sévère, j'interdisais aux chefs de tous les convois d'abattre les détenus incapables de poursuivre leur marche : ils avaient ordre de les remettre à la Volkssturm (milice populaire dans les villages). Dès la première nuit, j'ai pu voir sur la route, à proximité de Leobschütz, tout un peloton de détenus fusillés ; leur sang coulait encore, ils venaient donc seulement d'être abattus. Je sortais de ma voiture à la vue d'un cadavre quand j'entendis, à proximité, des coups de revolver ; je me mis à courir dans cette direction ; j'arrivai juste à temps pour voir un soldat arrêter sa moto et tirer sur un détenu appuyé à un arbre. Je l'interpellai violemment en lui demandant pourquoi il avait abattu ce malheureux dont il n'avait pas la responsabilité. Il me répondit par un rire insolent et me déclara que cela ne me regardait pas. Je saisis mon revolver et je l'abattis à son tour : c'était un Feldwebel des forces aériennes.

« De temps à autre, je rencontrais aussi des officiers qui venaient d'Auschwitz dans les véhicules les plus divers. Je les postais aux carrefours et les chargeais de rassembler les colonnes de détenus qui erraient aux alentours et de les diriger vers l'ouest, en utilisant éventuellement le chemin de fer. Je vis aussi des convois installés sur des wagons plates-formes destinés au transport du charbon et arrêtés en cours de route sur une voie de garage. Beaucoup d'hommes étaient morts de froid ; il n'y avait aucun ravitaillement. J'aperçus des groupes de détenus qui avançaient paisiblement vers l'ouest, sans aucune escorte : ils s'étaient libérés et les sentinelles avaient disparu. Je croisai des bandes de prisonniers anglais que personne n'accompagnait : ils ne voulaient pas tomber entre les mains des Russes. Des soldats SS s'étaient hissés sur des camions qui transportaient des réfugiés ; des fonctionnaires chargés de la construction ou de l'agriculture prenaient la route par convois entiers. Mais personne ne savait où cette route les conduisait : ils connaissaient seulement le nom de Gross-Rosen, qu'on leur avait assigné comme destination. La campagne était couverte de neige, le froid intense. Les routes étaient embouteillées de colonnes de la Wehrmacht et de convois de prisonniers ; les accidents d'auto étaient nombreux sur la chaussée glissante.

« Sur le bord de la route, on ne voyait pas seulement les corps des prisonniers ; beaucoup de réfugiés y étaient assis avec leur femme et leurs enfants. À la sortie d'un village, j'aperçus une femme installée sur un tronc d'arbre, qui chantait pour bercer son enfant. Mais l'enfant était mort, et la femme folle. On voyait aussi beaucoup de femmes avec leurs enfants traînant des chariots où s'entassaient les objets de première nécessité. Elles se frayaient péniblement leur chemin pour fuir l'ennemi.

« À Gross-Rosen, l'entassement était à son comble

mais Schmauser avait donné l'ordre de se tenir prêt pour l'évacuation. Je partis aussitôt pour Breslau, afin de le rattraper, de lui donner mes impressions et de l'inciter à ne pas évacuer Gross-Rosen. Il me montra alors un ordre d'Himmler envoyé par radio et le rendant personnellement responsable de l'évacuation de tous les prisonniers valides des camps de son district.

« Les convois qui arrivaient en gare de Gross-Rosen étaient aussitôt dirigés plus loin. Mais il n'y avait de ravitaillement que pour quelques-uns d'entre eux. On manquait déjà de tout.

« Dans les camions découverts, des soldats SS morts reposaient paisiblement entre les corps des détenus. Les survivants étaient assis sur les cadavres et mâchaient leur morceau de pain. C'était un spectacle horrible qu'on aurait pu nous épargner. »

*« Il n'y a plus de fabrique allemande de mort sur la terre d'Auschwitz. Bientôt pourriront les baraques maudites et les restes des fours crématoires. Mais le souvenir d'Auschwitz est dans le cœur de chacun de nous. Nous commençons seulement à nous venger ; nous obligerons les maudites brutes allemandes à répondre de chaque victime ; nous trouverons et nous punirons les assassins ; et alors seulement l'on pourra respirer librement, alors seulement l'ombre d'Auschwitz cessera d'assombrir le soleil. »*

*M. CHARROW, envoyé spécial à Auschwitz*
*de l'hebdomadaire*
Pour l'honneur de la patrie,
*Moscou, 13 février 1945.*

*Auschwitz – Birkenau – Monowitz*
*Camp des hommes et évacuation*

*17-18 janvier 1945*
*et jours suivants*

# « ALORS SEULEMENT L'OMBRE D'AUSCHWITZ CESSERA D'ASSOMBRIR LE SOLEIL »

À Monowitz, c'est par Askenazi, le barbier de Salonique, que Primo Levi apprend l'évacuation du camp.

– *Morgen, alle Kamarad weg.*

« La[1] nouvelle n'éveilla en moi aucune émotion directe. Il y avait plusieurs mois que je n'éprouvais plus ni douleur ni joie ni crainte, sinon de cette manière détachée et extérieure, caractéristique du Lager, et qu'on pourrait qualifier de conditionnelle : si ma sensibilité était restée la même, pensais-je, je vivrais un moment d'émotion intense. »

En 1982, j'ai relu ce paragraphe à Primo Levi. Il écoutait, assis du bout des fesses, les coudes aux genoux, doigts de chaque main, l'index et le majeur, plantés dans

1. Primo Levi, *Si c'est un homme*, Julliard, 1987.

les joues. Quand j'eus terminé, il resta silencieux peut-être trente secondes, peut-être une minute.

– Je n'ai pas un mot à changer...

Et après un autre long silence :

– ... L'indifférence était essentielle à la survie. Mais il se passait souvent un phénomène que j'ai été incapable de traduire dans le récit. Presque toujours le corps, lui, ce qu'il en restait, réagissait. Ainsi, après avoir dit : « Demain tous les camarades partir », Askenazi, je revois encore aujourd'hui son visage de Levantin sans carcasse osseuse, a ajouté, parce que je n'avais pas sursauté à cette nouvelle et posé la question attendue : *"Todos, todos."* Là, à cette seconde, mes jambes se sont contractées. Le corps, lui, réagissait comme s'il avait une pensée bien à lui. Indépendante de la mienne. Je ne vais pas expliquer ces choses...

M. J. était un enfant et pourtant un vieux citoyen d'Auschwitz. Seize ans, dont deux de camp.

« Ils[1] criaient tous, dans toutes les langues. Comme toujours j'étais le dernier informé. Il est vrai que plus rien ne m'intéressait, sauf ce que j'allais bien pouvoir manger dans les heures à venir. Je n'ai pas eu peur. Je n'ai ressenti aucune joie. Un départ, cela voulait dire bien des choses : un nouveau camp, de nouvelles habitudes à prendre pour surnager au-dessus de la mêlée, peut-être la mort en cours de route ou en arrivant à destination. Ni peur ni joie. Mais une sorte de colère, profonde, violente contre tous ceux qui savaient ce qui allait nous arriver et qui ne disaient toujours qu'une part de la vérité ! Ceux qui savaient... voilà mes ennemis d'Auschwitz. Ceux qui savaient... j'entends les déportés privilégiés. Ceux qui avaient de bonnes chaussures cirées, des plis aux pantalons, des poches à revers, des tricots de laine, des gants, des couvre-oreilles, du tabac, et qui mangeaient. J'ai vu à Auschwitz des hommes gras. Ces hommes, champions du compromis, se sont adaptés,

1. Témoignage inédit M. J.

coulés dans le système. Qu'on le veuille ou non, quelles que soient les raisons invoquées, ils étaient les collaborateurs des SS. Sans eux il n'y aurait pas eu de possibilité d'Auschwitz, de Dachau, de Buchenwald. Oui, j'avais de la haine pour eux... Encore une fois ils allaient nous encadrer sur la route, nous donner des ordres ou des conseils... et demain, libres, ils parleraient en notre nom... »

« Le [1] mercredi 17 janvier, après le lever habituel et la distribution du morceau de pain sec, l'ordre du rassemblement en vue du départ au travail ne vint pas. Nous restâmes toute la matinée dans les blocks. Chacun se sentait le cœur serré, comprenant que notre situation allait, d'un seul coup, changer. Nous étions pleins d'espoir : nous n'avions pas grand-chose à perdre. La glace couvrait les vitres de nos baraques.

« L'après-midi nous dûmes néanmoins nous rendre au travail, mais le soir, au camp, une surprise qui n'en était pas une nous attendait. L'ordre d'évacuation était fixé pour le lendemain. »

« Le [2] personnel de l'hôpital était divisé en quatre groupes : le premier devait marcher en tête de la colonne, les deux autres au milieu et le quatrième fermer la marche. J'étais dans ce dernier groupe. Le 17 se passa dans l'attente : l'ordre d'évacuation n'arrivait pas. Dans le camp, des masses de gens rôdaient autour des cuisines et des magasins de vivres, autour du magasin d'habillement et de la cantine. Mais partout les chefs veillaient à l'ordre et la moindre désobéissance se payait par des coups terribles de matraque en caoutchouc. J'ignore s'il y eut des hommes tués ce jour-là, mais cela me semble assez probable. »

1. Témoignage Guy Cohen, *Retour d'Auschwitz*, éd. de l'auteur, Paris, 1947, imprimerie Brodard et Taupin.
2. Georges Wellers, *De Drancy à Auschwitz*, éd. du Centre, 1946.

Miklos Nyiszli, le médecin légiste du Sonderkommando, a échappé à l'anéantissement de ce groupe d'hommes chargés de vider les chambres à gaz, de « monter » les corps aux fours crématoires, parce que le Dr Mengele avait encore besoin de lui. Le Sonderkommando, le treizième depuis la mise en application de la solution finale, a été « liquidé » au lance-flammes. Le 17 janvier il est toujours prisonnier dans l'enceinte interdite des crématoires.

« Il[1] doit être environ minuit lorsque je suis réveillé par de très fortes détonations, des crépitements de mitrailleuses et des lueurs éblouissantes. J'entends des claquements de portes et des pas qui s'éloignent à la course. Je saute de mon lit. Je veux savoir ce qui se passe autour de moi. J'ouvre la porte, je vois que les lampes de la salle des fours sont allumées. Les portes des chambres des SS grandes ouvertes témoignent de la précipitation de leur départ...

« Direction : le KZ de Birkenau. Il se trouve à deux kilomètres des crématoires. D'immenses flammes y embrasent l'horizon. C'est probablement le KZ qui brûle. Traversant la salle des chaudières, je passe avec d'autres détenus devant la porte ouverte de la pièce où l'on garde l'or. Des fortunes immenses se trouvent encore dans les caisses pillées par les SS. Nous courons pour sauver nos vies et ne pensons pas un instant à nous arrêter pour y prendre quelque chose. Nous avons appris que rien ne dure et que rien n'a de valeur absolue. Seule exception à cette règle : la liberté.

« Nous sortons par la grande porte. Personne ne nous arrête en chemin. Ce changement rapide nous paraît presque incroyable. Notre chemin nous mène à travers la petite forêt de Birkenau, entièrement couverte de neige. C'est le chemin qu'ont emprunté plusieurs centaines de milliers de personnes qui allaient mourir... Devant la porte du camp, une foule noire attend l'ordre de partir. Je l'évalue à trois mille personnes. Sans hésiter, j'entre dans le rang. Ici, dans la masse, personne ne

1. Miklos Nyiszli, déjà cité.

me connaît. J'ai cessé d'être du Sonderkommando. Je ne suis plus porteur de secrets et je ne dois pas mourir. Ici je ne suis qu'un simple prisonnier KZ qui marche avec la masse. Il me semble que c'est la meilleure solution. Mes compagnons l'acceptent également. Tout le monde fuit d'ici. Ils ne vont pas nous traîner bien longtemps. Les Russes vont nous rattraper dans un ou deux jours. »

*
**

« Le[1] jeudi 18 janvier, après une matinée et un début d'après-midi mouvementés (mise à sac des stocks du camp, qui ne représentaient pour ainsi dire rien, distribution des quelques vêtements qui se trouvaient encore au magasin d'habillement, répartition des couvertures, etc.), l'ordre de rassemblement par block nous parvint. Il était 16 heures. Seuls étaient sombres les privilégiés du camp, les chefs de block, les Kapos et tous ceux qui avaient un emploi dans le camp. Ceux-là craignaient, assez justement d'ailleurs, de perdre leurs belles sinécures et de se retrouver dans un camp où tous les bons postes seraient déjà pris par les premiers occupants et où ils n'auraient à jouer aucun rôle. Le retour à la vie ordinaire du bagnard n'était pas pour leur plaire.

« À la sortie du camp, nous fûmes subdivisés en paquets de cent. Chaque groupe ainsi formé était entouré de Posten (gardes) et sous la responsabilité d'un Unterscharführer (grade SS correspondant approximativement à celui d'adjudant).

« Ce que fut cette marche, dans la nuit, dans le froid, avec des haltes insuffisantes en durée et en fréquence, est quelque chose d'indescriptible. Ces malheureux, affaiblis au dernier degré, se traînaient sur la neige, rassemblaient leurs dernières forces avant de tomber épuisés sur le sol blanc et gelé qui devait leur servir de linceul... Après avoir essayé, par leurs moyens coutumiers, de faire relever celui qui était tombé, les SS employaient,

1. Guy Cohen, déjà cité.

après les coups de botte dans toutes les parties du corps, la solution la plus radicale pour ne pas être retardés dans la marche de la colonne : la balle dans la tête. Il en claqua plus d'une dans la nuit.

« Après plus de dix-huit heures de route, ce sinistre cortège qui comptait déjà des vides dans ses rangs (nous n'étions plus les dix mille de la veille au soir) fit halte dans une fabrique de tuiles située à trois kilomètres de la ville polonaise de Nikolaï. Nous étions déjà à quarante kilomètres de notre Monowitz.

« Ce qui se passa dans cette tuilerie est quelque chose d'affreux. Je crois qu'il faudrait remonter aux époques de Tamerlan ou d'Attila pour en trouver l'équivalence. Les bâtiments étaient peu vastes : le nombre des hangars couverts, infime ; ajoutez à cela quelques greniers où l'on ne pouvait accéder qu'à l'aide d'échelles, le tout pouvant peut-être abriter la moitié de la troupe, voilà ce qui nous était offert. Inutile de dire que les premiers occupants des greniers, craignant que le plancher vermoulu ne cède sous un poids excessif, refusèrent, dès qu'ils s'estimèrent suffisamment nombreux, tout nouvel apport de chair glacée. Les hommes, si l'on peut encore employer ce nom, se battaient à l'extérieur, se griffaient, se mordaient pour essayer d'atteindre les échelons qui menaient au septième ciel, la protection contre le froid.

« Des échelles, couvertes de véritables grappes humaines, s'abattaient dans la cour avec leur chargement, repoussées par les occupants des greniers... »

« Je compte [1] mes pas. Un, deux, trois, jusqu'à cent. Et je recommence. Cent pas, ce n'est rien. Même quand on est épuisé. Mon "truc" a du bon. Dès qu'une centaine est commencée, je sais que j'irai jusqu'au bout. Une fois, pour ne pas avoir la tentation de m'arrêter à cent, de me laisser tomber dans la neige, je saute de quatre-vingt-dix-neuf à un. Et le tour est joué. »

1. Témoignage inédit M. J., déjà cité.

« Vers 11 heures du soir [1], notre groupe commença à rattraper et ensuite à dépasser les traînards. Leur nombre augmentait rapidement. On remarquait soudainement une figure inconnue, avec les yeux hagards et la démarche titubante d'un homme ivre. Elle marchait quelques instants à nos côtés, puis se détachait et disparaissait dans la nuit. Bientôt, ces silhouettes titubantes devinrent très nombreuses. Puis nous dépassâmes les hommes qui rampaient lentement dans la neige à quatre pattes, comme d'énormes et fantastiques bêtes, et s'écroulaient maladroitement, la tête la première, puis s'immobilisaient après avoir été secoués de quelques mouvements ridicules et effroyables. Et la colonne continuait sa marche.

« Vers 3 heures du matin, un sous-officier SS de la garde s'approcha de notre petit groupe et, en apercevant mon brassard bleu ciel avec les lettres blanches HKB, me cria : *"Komm hier !"* (Viens ici !)... Je quittai le rang et le suivis. Il me ramena à une vingtaine de pas en arrière et me montra un pauvre bougre en rayé étendu au milieu de la route absolument déserte. Son pouls était faible et irrégulier, et il s'efforçait de dire quelque chose mais n'arrivait qu'à râler lentement et doucement. "Que lui arrive-t-il ? Qu'y a-t-il à faire pour lui ?" questionna le sous-officier. Avec mon très mauvais allemand, je répondis que l'homme était épuisé et gelé, et que la seule chose à faire, c'était de le mettre immédiatement au lit et de lui donner du rhum chaud.

« – Mais je ne peux pas.

« – Moi non plus ! D'ailleurs, si vous remontez la route, vous y trouverez des centaines d'autres cadavres pareils.

« – *Aber das ist schrecklich !* (Mais c'est épouvantable !) répétait mon Allemand.

« Il venait de prendre, à l'instant même, la garde de notre colonne et visiblement il était impressionné par les conditions dans lesquelles nous marchions.

« – Aurons-nous bientôt une halte ?

1. Georges Wellers, déjà cité.

« – Oui, très bientôt !

« Alors je pris mon malheureux camarade sur mon dos et je continuai la route. Pendant un quart d'heure, j'ai marché lentement ; je ne voyais devant moi que la route interminable, les champs couverts de neige, pas une lumière à l'horizon. Pendant ce quart d'heure, je passai devant une vingtaine de masses humaines étendues sur la route. Finalement je m'arrêtai et déposai le camarade sur le sol. C'était un cadavre. Je repris la route seul pour rattraper la colonne. De temps en temps, je m'approchais de ceux qui bougeaient encore et j'essayais de les relever, de les persuader de marcher. Certains faisaient quelques pas et s'effondraient de nouveau. Et toujours pas une lumière, pas une voix, rien d'autre que le vent et la neige. »

« À la tombée [1] de la nuit, après avoir été munis d'une copieuse portion de marche, nous quittâmes à notre tour le camp d'Auschwitz I. Nous formions une colonne d'environ six mille hommes. Il faisait très froid et il avait neigé depuis plusieurs jours.

« Notre Kommando qui tous les jours, depuis des mois, avait fait ses huit kilomètres de marche, était parmi les mieux préparés pour l'épreuve qui nous attendait. Nous étions par rangs de cinq, un factionnaire SS par dix hommes. Au bout de dix kilomètres, nous commencions à trébucher sur des cadavres couchés en travers de la route, surtout des femmes, qui nous avaient précédés de peu. Le premier coup de feu retentit. Nous devenions subitement conscients de ce que les prochaines heures nous réservaient. Quiconque quittait le rang, quiconque ralentissait, perdait pied et s'affaissait était impitoyablement achevé par un coup de fusil dans la nuque. Tous les SS ne se livraient pourtant pas à cette sinistre besogne ; certains essayaient même de relever des détenus

1. Marc Klein, *D'Auschwitz à Gross-Rosen et Buchenwald, in De l'Université aux camps de concentration, Témoignages strasbourgeois*, publication de la faculté des Lettres de Strasbourg, Les Belles-Lettres, Paris, 1954.

qui n'en pouvaient plus, laissant à d'autres, véritables tueurs professionnels, le soin de liquider ceux qui gisaient à terre. L'exécution de la sinistre consigne a beaucoup varié selon les colonnes d'évacuation. Je crois que la nôtre fut une des plus éprouvées : d'innombrables camarades tombèrent et furent assassinés. Mais notre Kommando se tenait en rangs serrés et il ne perdit pas un homme. Les faibles étaient, dans la mesure de nos moyens, surveillés et soutenus par ceux qui tenaient le coup.

« Nous marchâmes toute la nuit sans arrêt, suivis par les éclairs du feu de l'artillerie et constamment survolés par des avions russes. Peu avant l'aube, nous traversâmes la petite ville de Pless, paisiblement endormie, aux magnifiques façades du XVIIIe siècle : c'étaient les premières maisons que nous revoyions depuis fort longtemps. C'est là aussi que nous dépassâmes des colonnes de femmes venant de Birkenau, auxquelles on accordait quelque répit. La nuit étant très claire, j'avais remarqué d'après les constellations que nous avions plusieurs fois changé de direction. Le lever du soleil, radieux, nous redonna quelque courage. Mais les défaillants furent de plus en plus nombreux, car nous escaladions une région de collines aux pentes assez fortes. En arrivant en haut des côtes, on voyait devant et derrière soi la file interminable d'hommes habillés en rayé, marchant à une allure inégale et de plus en plus lente. Dans un hameau, des femmes nous offrirent du lait ; la pitié humaine existait donc encore. Après quelques minutes d'arrêt, la marche reprit à travers un paysage vallonné et uniformément enneigé. Ce ne fut que vers midi que, dans un petit groupement de fermes, nous pûmes enfin nous arrêter, prendre un repas sommaire et quelques heures de repos. Une fermière nous donna du thé chaud malgré les objurgations d'un factionnaire SS. Puis je m'endormis dans la neige pendant environ quatre heures. À la tombée de la nuit, nous reprîmes notre marche, toujours étroitement groupés entre amis, pour nous soutenir les uns les autres et pour nous relayer, car nous commencions à dormir tout en marchant. »

Chacune des colonnes d'hommes eut une destination différente. Celle d'Auschwitz I (Marc Klein) embarqua en gare de Loslau sur des plates-formes ouvertes. Au camp de Gross-Rosen, le Lagerälteste, un déporté de droit commun, accueillit les survivants par ces mots :

– Voici ces messieurs d'Auschwitz. Vous sortez d'un sanatorium pour aboutir à un vrai camp, et nous nous chargerons de vous faire savoir ce que c'est que Gross-Rosen.

« Je [1] ne l'appris que trop vite. Le surlendemain, le chef de block me roua de coups : j'eus cinq côtes cassées pour ne pas avoir couru assez vite à la corvée de café [2]. »

Georges Wellers, de la quatrième colonne de Monowitz, arriva dans l'une des annexes concentrationnaires de Gleiwitz le 19 janvier. La garde affolée par cet afflux de déportés – le camp prévu pour trois mille détenus en reçut près de quinze mille en quarante-huit heures – ouvrit le feu pour rendre plus discipliné ce troupeau en désordre.

« Le [3] 22, un groupe de quatre mille détenus dont je faisais partie reçut l'ordre de prendre le train pour Buchenwald. Après une longue attente, le train arriva : il était composé de plates-formes découvertes avec des rambardes jusqu'à mi-corps. Il y avait cent à cent cinquante détenus par plate-forme, de sorte que les malheureux restaient debout, pressés les uns contre les autres. Ainsi commença un voyage de quatre jours à travers le pays des Sudètes et les montagnes du Tyrol, par un froid rigoureux, sous une neige abondante. Pour tout ravitaillement, deux distributions de pain en cours de route. On jetait dix pains d'un kilo pour chaque plate-forme, où se tenaient une centaine d'hommes mourants de froid, de fatigue, de faim, de soif et de maladie, mêlés avec les cadavres restés debout parmi les vivants. Aucune répartition n'était possible. Chaque pain jeté dans un tumulte indescriptible, au milieu de hurlements

1. Marc Klein, déjà cité.
2. Gross-Rosen sera évacué le 7 février sur Buchenwald.
3. Georges Wellers, déjà cité.

inhumains, tombait dans la foule compacte des vivants, des moribonds et des cadavres. Et c'était la chance plus que la force ou la ruse qui décidait de cette répartition. »

Ils descendirent sur les quais de Buchenwald le 26 janvier à midi. De quatre mille au départ ils n'étaient plus que deux mille trois cents « matricules » vivants. M. J. était de ceux-là.

« Ce fut plus un affrontement permanent, plus une bataille rangée qu'un voyage. Les plus forts en repoussant les plus faibles pouvaient s'asseoir, certains s'allonger. Mêmes combats acharnés pour attraper au vol un morceau de pain. J'avais encore de la force et peut-être la rage de vivre. Je n'ai tué personne. Tous les survivants ne peuvent en dire autant. »

Guy Cohen quitta Gleiwitz I le dimanche 21 janvier. Les mêmes plates-formes que celles de l'évacuation de Wellers. Les SS ne comptent plus les hommes qui grimpent aux ridelles métalliques. Quand ils jugent le « tas » suffisamment haut, ils poussent le rang vers le wagon suivant. Cohen s'accroche à la rambarde. Il va basculer. Comme ça, sans raison, peut-être pour accélérer le mouvement, le SS tire sur ces corps perchés, maladroits, hésitants.

« Par malchance[1], ce fut moi qui reçus la balle. Elle ne fit heureusement que traverser les chairs sans atteindre aucun organe. Je restai ainsi trente heures debout avec mon côté qui saignait. »

Le train stoppe. D'autres gardes hurlent. Ceux-là, chaque déporté le comprend aussitôt, ont grandi à l'école du camp. Ce sont des détenus de droit commun promus par le bon vouloir de la SS et de la débâcle « assistants-gardiens ». Ils n'ont plus de gummi en main, mais un bon vieux mousqueton. Et ils s'en servent. Comme on tire aux pigeons. Ils font même mieux : ils rabattent à la manière de chiens de berger les groupes épars. La ramade formée, ils la poussent vers les bois. Là attendent des SS réservistes, leurs armes automatiques pointées.

« Dans le bois, un ordre discret fut donné à nos gardes

1. Guy Cohen, déjà cité.

qui se répartirent adroitement tout autour du paquet que nous formions. Un autre, hurlé à pleine voix, fut le signal de la boucherie. »

Cohen court. Les balles sifflent, hachent les branchages, s'écrasent dans l'écorce des troncs. Cohen court toujours. D'arbre en arbre. Quand il n'a plus de souffle, quand sa blessure du wagon embrase les chairs du ventre, des cuisses, quand ses jambes, ses pieds trébuchent, il s'affale dans la neige. Il halète, s'étouffe, crache. Il fait autant de bruit que dix, vingt, cent soufflets de forge. Combien de temps pour que se taisent, au loin, les armes ? Il marche. Le vent détache le givre des futaies. Et puis il voit enfin le ciel, des champs glacés et dans le piedmont des collines une solide bâtisse qui pourrait bien être une ferme. Il avance sans penser, légèrement plié, la main à plat sur sa blessure. Contre le mur une échelle est dressée. Il ne sait plus comment il a eu la force d'élever les pieds d'un barreau à l'autre. Il sait que la paille était glacée, que dans ce grenier s'étaient enfoncés quatre autres déportés évadés... Plus tard les paysans lui diront que le lieu de sa liberté s'appelait Kamin et l'un de ses nouveaux compagnons, Nathan Lewinsztein, qu'il fallait à tout prix, le plus rapidement possible, rejoindre la grande route de Gleiwitz, la grande route où roulent probablement, déjà, les blindés soviétiques.

Guy Cohen et Nathan ont encore marché. Ils sont allés au bout, au-delà de leur épuisement. Et en pénétrant dans le village de Golleiew ils sont tombés nez à nez avec des fantassins russes.

« C'est pendant cette période de plusieurs jours, en plein front, que nous fûmes à même d'apprécier le bon cœur du Russe. Les soldats et même les officiers trouvaient que nous ne mangions pas suffisamment et nous gavaient de tout ce dont ils disposaient, partageant même les meilleures choses avec nous. Ils nous réveillaient même en pleine nuit pour nous inviter à souper. Souvent, quand ils en avaient le temps, ils nous faisaient de grandes démonstrations politiques, sortaient finalement leur carte de membre du Parti, et, quand ils la remettaient en place, tous disaient : “Sur mon cœur, c'est sur mon cœur que je la mets." Tous m'ont paru sincères, aussi bien l'officier cultivé que le simple soldat, tous semblaient animés du même idéal. »

Miklos Nyiszli, l'un des quatre survivants du treizième et dernier Sonderkommando d'Auschwitz, après vingt jours d'étapes, de transferts sur des wagons plates-formes, vingt jours semblables dans leur horreur ordinaire aux jours des autres déportés des autres colonnes, atteignit enfin Mauthausen. S'il voulait rester en vie, il devait demeurer l'« inconnu dans la maison ». Il en était ainsi pour tous les « porteurs de secrets », ces hommes qui avaient vu l'indicible des chambres à gaz et des crématoires. Inconnu... parce qu'un jour il aurait à dire, à écrire cet indicible. Pouvait-il imaginer, en longeant les remparts de la forteresse de granit hérissés de « tours » et de miradors coiffés d'étranges chapeaux chinois, qu'il se trouvait de par le monde, et même en France, nation raisonnable, des hommes et des femmes pour douter de la « banalité du mal » ?

*Auschwitz – Birkenau* *18-19 janvier 1945*
*Évacuation du camp des femmes* *et jours suivants*

# « LES CANARDS SAUVAGES SONT DE RETOUR, ET AVEC EUX LE PRINTEMPS... »

Tatiana Maik piétine dans la neige. « Pourquoi, pense-t-elle, ne partons-nous pas ? En marchant j'aurais moins froid aux pieds. » Et si le SS rondouillard revenait ? S'il se faisait ouvrir la porte ? S'il leur ordonnait de rentrer au camp ?

« Près de moi [1], une Polonaise se met à chanter tout doucement comme si elle voulait endormir un bébé. Je ne comprends pas tout de suite... Les canards... Le printemps... Oui... La chanson dit : "Les canards sauvages sont de retour, et avec eux le printemps..." Elle s'interrompt pour grignoter un bout de pain. Elle est sans âge et sans dents de devant. Je lui souris. Elle détourne les yeux. Elle doit croire que je lui demande de partager son pain. Alors je me souviens de ces Allemands qui à Noël ont improvisé un chœur : "*Frueling in das land*" (C'est le printemps dans le monde). J'essaie de fredonner, de retrouver les paroles. Mon visage doit être joyeux. La Polonaise qui n'a plus de dents de devant, qui doit grignoter avec celles du côté, qui n'a plus envie de chanter, qui doit avoir aussi peur et aussi froid que moi, sort du rang, avance vers la tête de la colonne. C'est sans doute une folle. Chanter le printemps en janvier les pieds dans

1. Témoignage inédit Tatiana Maik, déjà citée.

la neige. Grignoter du pain dur quand on n'a plus de dents de devant. »

« Une fois [1] hors du camp, on nous fit aligner toujours par rangs de cinq et une nouvelle attente commença. Elle dura peut-être deux heures, le temps d'aligner tout le convoi, qui se composait de six mille femmes.

« Alors les SS refermèrent les portes. Puis un ordre fut lancé et notre colonne s'ébranla.

« À quelque distance de là, la route décrivait un tournant. Avant de nous y engager, nous jetâmes un dernier regard vers le camp de Birkenau, où nous avions fait l'apprentissage de la souffrance. Tout était plongé dans l'obscurité. Seuls les restes rougeoyants des bûchers où finissait de se consumer toute la comptabilité du crématoire éclairaient faiblement les blocks, les miradors et les barbelés. J'évoquai le soir où, entourée encore des miens, j'étais arrivée dans ce lieu. Je pensai à mes parents, à mes enfants, à mon mari, et le remords qui, pendant ces longs mois, ne m'avait pas quittée m'étreignit plus fortement, me causant une douleur presque physique. Mon devoir était de les venger. Pour cela, il me fallait reconquérir coûte que coûte ma liberté. Je décidai de m'évader.

« Au loin, le mystérieux grondement se précisait. On eût dit un duel d'artillerie, quelque part au-delà des forêts. La lueur des bûchers pâlissait. Le plus grand abattoir humain de l'Histoire, Birkenau, se dérobait peu à peu à notre vue... »

« En longues files [2], nous marchions dans la neige. Ceux qui n'avaient pu s'emparer de pain au moment du départ n'avaient rien : fuyant à la hâte, les SS n'avaient pris de provisions que pour eux-mêmes. »

1. Olga Lengyel, déjà citée.
2. Régine Beer, *KZ A5148*, éd. EPO, Bruxelles, 1992.

Dounia Wasserstrom et Jenny, son amie la plus chère de ces trois ans d'Auschwitz, n'auraient sans doute pu marcher un kilomètre de plus. Elles sont abruties de fatigue et de froid au terme de cette première étape de trente kilomètres. La colonne se désagrège, se bouscule pour obtenir une place dans la grange.

Dounia et Jenny se retrouvent au sommet d'une montagne de paille. Elles massent leurs pieds gelés avant de les enfoncer sous elles. Jenny dit :

– C'est un endroit parfait pour se cacher[1].

– Oui, d'autant plus que je ne peux pas marcher davantage.

Alors, avec les pieds, avec les mains, elles écartent les brins, les tiges. Elles sont bientôt au creux d'un entonnoir. À une déportée qui, les yeux écarquillés, suit leur manège, Dounia dit :

– Tais-toi, tu n'as rien vu.

Et le corps en vrille, elles s'enfoncent dans leur tunnel qu'aussitôt elles recoiffent avec la paille écartée.

Elles ont des brindilles, de la poussière dans la bouche, les narines. Elles ramènent une main sur leurs lèvres pour étouffer cette toux qui résonne, ébranle leur caverne.

Elles entendent les ordres de rassemblement, l'agitation, les cris des femmes. Et les aboiements des chiens. Dounia, dont le père est chasseur, sait que les chiens répugnent à renifler la paille. Eux aussi éternuent, se raclent la gorge quand ils ont respiré une brindille, de la poussière ! À la saison des blés coupés, les chiens suivent une piste tête haute...

Une voix, des voix allemandes couvrent le charivari du rassemblement :

– Si une femme est cachée dans la paille, qu'elle sorte. Nous ne lui ferons rien. Si nous la trouvons, elle sera abattue.

Jenny et Dounia restent serrées l'une contre l'autre. Leurs mains se sont jointes.

1. D'après le témoignage de Dounia Wasserstrom, *Ma libération*, Archives de l'UNADIF, *Le Déporté*, janvier 1985.

Et le brouhaha a roulé sur la route, comme une énorme boule de neige qui commence par cliqueter – les gamelles, les quarts accrochés à la ceinture qui se choquent –, pépie, bourdonne et se tait.

Le silence.

Encore deux, trois minutes de silence.

Et les deux femmes qui rient. Un rire nerveux, hystérique. Un rire à faire peur.

Au-dessus d'elles, elles ont ouvert une cheminée. Elles n'avaient ni le courage ni la force de remonter de leur boyau de paille. Elles ont écouté une minute encore le silence et elles se sont endormies en sursaut. On se réveille bien en sursaut. Pourquoi ne s'endormirait-on pas en sursaut ? Un sommeil digne de leur misère. Aussi lourd que toute la neige tombée en janvier sur la terre d'Auschwitz. Un sommeil, pour la première fois depuis trois ans, dont les images de mort du grand cimetière sans tombeau sont absentes.

Elles dormaient si bien, si profondément au profond de leur galerie souterraine qu'elles n'ont pas entendu le tapage d'une autre boule quittant la patinoire du chemin pour investir leur grange, se dissoudre aux quatre coins des murs de pierre nue, sur chaque tige de leur paille.

Le bout d'une botte de cuir noir heurta le crâne de Dounia Wasserstrom. Elle crut, dans l'instant, être dans son block à Auschwitz ; qu'un SS, de la pointe du pied, la mettait à bas de la paillasse. Il faisait nuit, il faisait jour. Elle ne savait plus. Et puis elle a senti les piqûres de paille contre sa joue, ses oreilles ont reconnu ces voix fortes. Des voix d'hommes.

Au-dessus de la botte de cuir noir, il y avait le ventre, le torse, la tête d'un homme. Un SS ? Un déporté ? Jamais un SS ne se serait glissé à l'aventure dans leur grotte aux parois fragiles.

– Que faites-vous ici ? a demandé le déporté.

Il était allemand.

– Vous êtes cachées depuis le passage du premier convoi de femmes ? Ce n'est pas possible !

– Si.

– Alors vous êtes ici depuis deux jours ? Notre colonne

est la dernière à avoir quitté Auschwitz. Là-bas ils n'ont laissé que les malades.

– Quel jour sommes-nous ? a demandé Dounia.

– Le 20 janvier.

– Le 20 janvier ! Alors c'est vrai, j'ai dormi quarante-huit heures.

L'intrus s'est excusé :

– Je vais me creuser un trou assez loin de vous. Vous vous sentez bien ?

– Très mal, répondit Jenny. Nous avons faim. Nous avons soif.

– Ne vous en faites pas, je m'occuperai de vous quand la colonne repartira. Surtout restez tranquilles...

Elles restèrent tranquilles deux ou trois heures. Les gardiens des hommes criaient le rassemblement. « Ils vont tirer dans la paille, pensa Dounia, fouiller la paille. » À droite de leur montagne, deux coups de feu claquèrent. Un Français suppliait :

– Ne me tuez pas ! Ne me tuez pas. Je veux vivre.

Il y eut encore d'autres coups de feu. Et à nouveau le grondement qui s'éloigne, s'estompe, devient bruissement, et soudain le seul sifflement du vent à travers les lucarnes de la grange, le long des poutres du toit. Peut-être ici en Silésie, comme dans certaines régions de France, les paysans placent-ils en bordure du toit une tuile bombée. La tuile à loup. Quand le vent du nord souffle, la tuile mugit. Et la tuile à loup mugit jusqu'à l'arrivée d'une horde de loups.

Elles se sont extraites de la paille. Et aussi le déporté allemand aux bottes de cuir noir. D'autres gouffres ont surgi un Polonais, un Russe, un autre Allemand. Dounia et Jenny parlaient à peu près toutes les langues du camp. C'est pour cela qu'elles avaient été choisies pour travailler au Bureau politique.

– Le Bureau politique ! Vous en saviez beaucoup. Il est étonnant qu'on vous ait laissées sortir d'Auschwitz.

– J'avais peur, a répondu Dounia, qu'on nous abatte avant l'évacuation.

Puis les hommes se sont présentés. On aurait pu se croire dans un salon. Longues phrases. Formules de politesse... « Pardon ! – Je vous en prie. – Si vous voulez bien... » Antek, le Polonais, parce qu'il était polonais et que le propriétaire de la grange devait être polonais, a dit qu'il partait à la recherche de ce fermier. Il le retrouverait, il reviendrait avec de la nourriture et des vêtements.

Antek a tenu parole. D'autres que lui auraient pu tenter leur chance seuls. Il ne rapportait de son expédition que de l'espérance.

– J'ai vu le fermier. Il accepte de nous aider à condition qu'on lui écrive un papier avec nos noms et matricules... un papier écrit en russe. Il veut se protéger des soldats russes. Sur le papier il faut écrire qu'il a sauvé la vie à six déportés d'Auschwitz.

– C'est un piège, a dit le déporté russe. Avec cette lettre il peut nous dénoncer.

Ils ont palabré. Le Russe a écrit la lettre, relevé et inscrit les matricules. Ils ont signé.

Antek est parti.

Antek est revenu. Avec une grande bassine de soupe épaisse, grasse. Et un ballot de vieux vêtements. Et le paysan.

Le paysan les regardait manger. Son visage n'avait aucune expression. Peut-être un peu d'inquiétude dans les yeux. Le paysan les regardait se dévêtir, essayer les pantalons sales, les chemises sales. Les pantalons déchirés, les chemises déchirées.

– Ça ira ! a dit Antek.

Alors le paysan a respiré un bon coup. Il s'est tenu bien droit :

– Maintenant, vite, partez vite, les Allemands peuvent venir n'importe quand...

– J'avais raison, a dit le déporté russe...

Ils auraient pu tuer le paysan. Ils lui ont réclamé leur lettre. Ils l'ont laissé sortir de la grange. Quelques minutes plus tard, ils ont quitté la grange. La lune était pleine. Les arbres de la forêt ressemblaient à un défilé de gigantesques fantômes blancs. Ils ont marché à la rencontre des fantômes. Se sont faufilés parmi eux. Dounia a dit à Jenny :

– Si maintenant les Allemands me tuaient, ça n'aurait pas d'importance. Pendant quelques heures j'ai été libre.

– Moi, je veux vivre pour retrouver mon fils.

Antek a repris sa mission d'éclaireur. Cette fois il est tombé sur un brave Polonais qui jouait un rôle dans la Résistance, qui connaissait une cache sûre. Une briqueterie en ruine. Il viendrait y apporter de la nourriture... Ils ont établi leur campement dans la briqueterie. Allumé du feu. Et attendu... Chaque jour le brave Polonais résistant leur a apporté à manger. Même du lard... Ils parlaient – en trois langues avec traduction simultanée – de leur vie avant le camp, du camp, de ce que serait « après ». Sacha les invitait à venir le voir à Kharkov, où il habitait, Antek à Lublin, Kurt à Hambourg, Helmut à Berlin, Jenny à Amsterdam, Dounia à Paris. « Paris ! » Ils ne voulaient plus entendre les canons tonner, les avions...

Quatre hommes étaient là revêtus de vastes combinaisons aussi blanches que la neige.

– Pas un geste !

On avait dit « pas un geste » en allemand.

– Qui êtes-vous ? Que faites-vous ici ?

Antek a répondu :

– Nous sommes des travailleurs de ce village. Les deux femmes aussi.

– Debout !

Les quatre soldats blancs enfonçaient le canon de leur arme dans le ventre des quatre déportés. Dounia et Jenny se tenaient à l'écart. Elles ont reculé de deux pas. Derrière elles, il y avait la porte que n'avaient pas refermée les soldats blancs. Jenny a pris la main de Dounia. Elle a tiré la main, le bras. Le corps de Dounia a suivi. Elles passaient la porte et personne ne prêtait attention à leur fuite.

La course à perdre haleine. Les jambes, le cœur rompu. Les veines du cou qui battent comme la masse le fer rouge. Et les maisons fermées qui refusent de s'ouvrir. Et les paysans qui crient : « Les Allemands sont là... partez... vite... » Et Jenny qui relève, qui traîne Dounia. Et Dounia qui relève Jenny.

Elles ont brisé une vitre de fenêtre. La maison était vide. Elles étaient mouillées de peur et de sueur. Plus tard, bien plus tard, la Polonaise qui connaissait quelqu'un dans la Résistance n'a pas été étonnée de les trouver chez elle.

– Vous venez d'Auschwitz... Mon mari aussi est dans un camp. J'ai six enfants.

Dounia et Jenny sont restées deux semaines cachées chez la Polonaise aux six enfants. Et un matin, par la fenêtre, elles ont vu sur la neige avancer deux longues files de silhouettes blanches. Alors elles sont sorties sur le pas de la porte pour acclamer l'avant-garde du colonel W. Winogradev. Le lendemain, seulement le lendemain, elles apprirent que leurs quatre amis des cavernes de la montagne de paille avaient été fusillés. Alors leurs larmes de joie devinrent des larmes de douleur.

*
**

Les autres déportées du camp de femmes d'Auschwitz n'ont pas eu la « chance » de Dounia et de Jenny. Dans des colonnes différentes, Louise Alcan, E. Zaharia Asseo, Régine Beer et des milliers d'autres femmes marchent.

« Nous [1] avons continué toute la nuit et toute la journée dans les champs. Le chemin était déjà tracé par d'autres colonnes passées avant nous ; il était jonché de cadavres et de couvertures. Nos pas résonnaient sur la neige durcie et cette marche nous échauffait tant que nous ne pouvions plus supporter nos couvertures. Nous les laissions tomber et en ramassions d'autres plus loin, sur les cadavres jaunes et raides. J'avais une musette avec un paquet de margarine que j'avais chipé à la cuisine et j'avais beaucoup de mal à le porter. Je ne pouvais même plus supporter le bras de Mary qui me répétait :

« – Ne gémis plus !

« – Lâche-moi et avance, moi je n'en peux plus, lui répondais-je. »

1. E. Zaharia Asseo.

« Là [1] où nous devons prendre le train, on nous dit que le train est parti et qu'il faut faire encore dix-huit kilomètres. C'est impossible, nous n'en pouvons plus. Il fait nuit depuis longtemps déjà et pourtant nous repartons. Lily a mal à la jambe, je lui récite des vers. Je vois la figure de Stéphane qui devient grise et se creuse de plus en plus. Elle pense à ses gosses et à son mari qui l'attendent. Il faut qu'elle tienne, mais c'est dur. Je ne lui parle pas, nos regards nous suffisent. Les bords de la route sont pleins de cadavres de bagnards en rayé. Ce sont des camarades qui n'ont pas pu marcher ; une balle dans la tempe et la question du voyage est réglée. Françoise est aussi très fatiguée et très triste. Nous avons des visages hallucinants et presque fous. Erica me dit : "Je commence à trouver que le crématoire est une institution humanitaire." C'est vrai. »

« Nous [2] avons marché jusqu'à en crever. La route n'en finissait pas. La neige, les cadavres jaunes et secs, les couvertures, les morceaux de pain à côté des cadavres... Nous ne faisions plus attention à rien. Mary et moi, nous étions presque les dernières, car, avec nous, il y avait des Kapos et des Polonaises venues de Varsovie. Ces dernières étaient solides, bien en chair. Et nous, squelettes aux yeux hagards, courbées... nos traits ne devaient plus être humains. »

« Nous [3] atteignons enfin le train tant attendu. Nous apercevons de loin Stéphane qui vient à notre rencontre et nous dit : "Dépêchez-vous, j'ai des places pour vous." J'active et arrive dans le wagon qui nous est assigné. Une bagarre éclate, car c'est le seul wagon bâché du train. L'Aufseherin veut nous empêcher de monter, mais

1. Louise Alcan, déjà citée.
2. E. Zaharia Asseo, déjà citée.
3. Louise Alcan, déjà citée.

elle est débordée. On se bat violemment. Ce n'est pas beau à voir. Les Allemands doivent rigoler. »

« Après [1] trois jours et trois nuits, nous sommes arrivés à un endroit où nous attendait un train de wagons ouverts. On nous y a fait grimper. Du peu de forces qui nous restaient, nous tentions d'amasser un peu de neige collée au bord du wagon, pour avoir quelque chose à boire. Une fois seulement pendant tout le trajet, les gardiens nous ont jeté un quignon de pain. Une femme, à côté de moi, que la soif a rendue folle, buvait sa propre urine dans un quart dont elle avait pu s'emparer... »

Régine Beer, E. Zaharia Asseo, Louise Alcan se retrouveront avec les survivantes des trois « colonnes » du camp de femmes d'Auschwitz sous la grande tente de Ravensbrück. Les blocks, les « rues » débordent de cette foule venant d'ailleurs, que l'administration ne sait où coucher, comment nourrir. Certaines, moins de cent, parviendront à se faire immatriculer à Ravensbrück. Les autres seront « ventilées » – à pied – vers d'autres camps, des Kommandos tels que Malchow, Leipzig, Oschatz... Elles ne seront libérées que le 3 mai. Toutes à peu près dans les mêmes circonstances : leur camp avait été à nouveau lancé sur les routes et, au troisième jour, les gardiens SS avaient disparu, abandonnant dans les fossés uniformes et bardas...

1. Régine Beer, déjà citée.

*Auschwitz-Birkenau*
*Camp des femmes*

*18-27 janvier 1945*

# « ALLIONS-NOUS, PEUT-ÊTRE, REDEVENIR DES FEMMES ? »

Le 18 janvier, un peu avant minuit, une salve d'obus s'abattit cent mètres au-delà des barbelés est de Birkenau. Le 19 au lever du jour une douzaine de chasseurs soviétiques de protection tournoyèrent au-dessus d'Auschwitz I. Ils attendaient un groupe de bombardement qui pulvérisa les aiguillages et les voies de chemin de fer de Monowitz. Cinquante-huit mille deux cents déportées et déportés avaient quitté le camp. Il restait donc dans les divers territoires d'Auschwitz près de neuf mille détenus. Les cinq mille malades et agonisants des Revier, les trois mille femmes qui avaient vu la porte du camp se refermer devant elles à la minute de leur départ et un millier d'hommes et de femmes qui avaient réussi à éviter leur incorporation dans les colonnes d'évacuation. La garnison SS réduite à quatre cent quarante hommes, renforcée par une unité d'autodéfense (Volkssturm), ne pénétrait plus dans les enceintes. Les déportés se croyaient libres... Pourtant les camions frappés de la tête de mort de la division Totenkopf roulaient entre les camps, pourtant dans la nuit du 19 au 20 les entrepôts des Canadas furent incendiés au lance-flammes. Des mines, des grenades explosèrent jusqu'à 3 heures du matin.

« Les humains[1] qui restent sont livrés à eux-mêmes.

1. Manuscrit inédit Françoise Maous, déjà citée.

Comment va-t-on s'organiser pour lutter contre la faim et contre le froid ? Mon cœur déborde d'une joie merveilleuse. Pour la première fois, je crois vraiment proche la fin de la guerre. Pour nous, aucune certitude. Notre état de faiblesse effrayant, les épreuves qui nous restent à subir nous interdisent trop d'espoir. Rien ne prouve que nous arriverons au bout. En tout cas, c'est la lutte franche maintenant. Tenir ou mourir. Le spectre du lâche assassinat est écarté.

« Libres ! Nous nous considérons les unes les autres avec stupeur, en essayant de réaliser ce que sera cette extraordinaire liberté recouvrée dans ce désert. Nous sommes environ huit cents femmes mourantes, trois ou quatre blocks de deux cents femmes. Tout le reste du camp est vide. Ils les ont toutes emmenées... Les Kommandos, les blocks de repos, les autres Revier. Bien entendu, plus de Blockowa. Redoutant le juste châtiment, elles sont parties avec eux et, maintenant qu'elles ne peuvent plus servir, ils les tueront sûrement. Tout est bien.

« Il faut évidemment un chef de block, il y a si peu de Françaises... Ce sera donc encore une Polonaise stupide et criarde, mais le régime du knout est terminé.

« Toutes les femmes valides de chaque block se précipitent aux cuisines et aux chambres de ravitaillement. Elles reviennent les bras chargés de pains, sanglantes de la lutte qu'il a fallu soutenir ; elles se ruent sur leur coya, cachent le pain et restent là, grondantes, encore prêtes à la bataille, semblables à des chiennes affamées à qui on disputerait un os...

« Il n'y a plus rien aux cuisines maintenant. Ce pain, c'est leur dernière chance. Il faudra le faire durer. Elles ont aussi des farines de toutes sortes. Si on trouve de l'eau et du bois pour les faire cuire, tout ira bien pour elles... Je dis pour elles, car pour nous, les alitées, les impotentes, il ne reste plus qu'à mourir.

« Quelques infirmières sont restées auprès de nous. Elles interviennent auprès du chef de block et les "organisatrices" se voient dépossédées en partie de leurs provisions au profit de la communauté. Ce qui était très abondant pour quelques-unes devient infime, réparti sur la totalité. Nous avons droit à une mince tranche de pain (environ trente grammes) et à quatre cuillerées de soupe de semoule. À deux cents mètres du block, une espèce de puits a été découvert dans la neige, l'eau s'y est accumulée ; tour à tour les femmes vont y puiser. Je suis considérée, au bout de quelques jours, comme une des femmes les mieux portantes du block, je vais tous les matins jusqu'au puits. Je peux un peu marcher maintenant et j'ai très vite voulu respirer l'air "libre". J'ai fait quelques pas dans la neige avec des sabots que l'on m'a prêtés. Ma première vision du camp abandonné a été ces cadavres de malheureuses abattues avant même la sortie du camp. C'était cela, les coups de feu... Elles gisent face contre terre, leurs pauvres mains crispées sur une gamelle ou une couverture qu'elles voulaient essayer d'emporter. J'ai peur, peur de reconnaître mes amies, mais elles sont déjà défigurées, souvent par le coup de feu tiré à bout portant.

« Je m'agenouille auprès de l'une d'elles et la déshabille. Elle est bien vêtue ; une culotte de golf en lainage, un pull-over usé, des chaussures. Je retire mes haillons, revêts tout cela. Les chaussures sont naturellement trop petites pour mes pieds déformés. Tant pis !... Et me voilà habillée. C'est dans ce costume que j'ai revu la France.

« Cette corvée d'eau tous les matins est vraiment très dure pour une infirme comme moi. Le seau est lourd. La neige recouverte de verglas est si glissante que je tombe dix fois pour un seul voyage. L'eau est jaune, croupie, trouble. Tous les soirs, je fais le serment, avant de m'endormir, de ne plus en boire le lendemain. Ce serait trop stupide de mourir de la typhoïde comme tant de mes amies au moment de toucher au but. D'ailleurs, cette eau accentue ma diarrhée. Beaucoup de femmes sont assez courageuses pour ne pas y toucher... Mais la soif me dévore à un tel degré que tenir ce serment est impossible. Dès que l'eau est dans le seau, je bois à longs traits.

« Une Hongroise m'a donné un peu de farine, mais quand le chef du block surprend une femme en train de se faire une soupe spéciale, elle est tout de suite prise pour les corvées supplémentaires, par exemple aller vider les seaux de déjections. Aussi, je me tapis sur mon lit où j'essaie de rester toute la journée, mais parfois la faim est plus forte, je mets ma farine dans une vieille boîte de conserve, je mélange et me voici dans une espèce de pièce où l'on fabrique la soupe commune sur un poêle à bois.

« Seul l'espoir nous soutient encore, l'espoir qu'ils arrivent. Le canon s'amplifie toujours. Mais "eux", que font-ils ? Passeront-ils même par Auschwitz, est-ce leur route ?

« Quelques hommes de Birkenau et même d'Auschwitz viennent parmi nous, ils cherchent leur femme et comprennent vite le faible espoir qu'ils ont de la trouver. Nous les interrogeons avidement. Il s'est passé la même chose qu'ici : évacuation massive, environ mille hommes oubliés, à peu près mourants. Mille hommes ! Je suis hantée par ces quatre kilomètres qui nous séparent d'Auschwitz. Je rêve tout le jour, toute la nuit à ce que serait la féerique, l'impossible réunion. Des femmes sont déjà parties, moi je ne peux songer à parcourir quatre kilomètres dans la neige. Quand pourrai-je vraiment marcher ? Chaque homme en pyjama rayé qui vient nous voir me fait trembler, aucun n'a pu me donner le moindre renseignement.

« Tant que les Russes ne sont pas là, nous tremblons que les Allemands ne reviennent ; c'est si vite reconquis au hasard de la guerre, quelques kilomètres de terrain. »

« Dimanche 21 [1], "ils" font leur réapparition dans le camp et ordonnent aux "aryennes" de les suivre "car demain ou après-demain les Russes seront là". Personne n'obéit. Ils partent accompagnés de nos rires ironiques et lancent en guise d'adieu : "Attendez les Russes, vous verrez comment on meurt de faim chez eux." Cette fois, ils laissent le portail du camp largement ouvert. Toutes

1. Macha Speter-Ravine, déjà citée.

celles qui tiennent debout s'y ruent. Comme hypnotisées, nous nous en approchons et le franchissons. Nous nous tâtons les bras, le dos, pour nous persuader que nous ne rêvons pas. Nous sommes libres. La porte du camp est ouverte mais nous n'osons pas nous aventurer dehors. Les grondements des canons se rapprochent...

« Samedi 27 au matin, un calme étrange nous enveloppe. Soudain Adolphe accourt nous annoncer qu'il a vu des Soviétiques à la porte du camp. Nous nous précipitons dehors. Deux soldats barbus et boueux sont devant nous. Nous nous jetons à leur cou et nos larmes jaillissent. Ils se sont battus six jours et six nuits sans répit avant de nous atteindre. »

« Ils[1] sont venus un jour que nous ne les attendions presque plus, un jour où, anéanties de fatigue, lasses d'errer comme des chiens dans la neige, nous allions renoncer. Je revenais d'une corvée de bois, j'allais avec peine atteindre mon block quand je vis une Hongroise extasiée, des larmes plein les yeux. Elle m'arrête et me dit : “Russes.”

« Elle part en courant. Je n'ai pas osé comprendre. Je n'ai rien dit à mes amies, gardant en moi cet espoir. Pendant toute la journée, la nouvelle s'est confirmée, des hommes venaient en hurlant, en chantant... “Ils sont là, on les a vus à quelques kilomètres...”

« Nous ne voulions pas croire encore...

« Et maintenant, vais-je pouvoir traduire ce qu'a été pour nous la nuit de la libération ? C'est une tâche impossible car elle n'a pas eu le même visage pour toutes, selon ce qui demeurait en chacune de lucidité et de vie, selon le degré de la fièvre qui habitait ces pauvres corps... La nuit est venue. Comment dormir avec cet espoir nouveau ? Soudain, grand bruit à l'extérieur. La porte du block s'entrouvre, une lampe électrique jette une lueur, se lève et s'abaisse. Silence de mort. J'entends une Française qui souffle : “C'est un SS qui revient.”

1. Manuscrit inédit Françoise Maous, déjà citée.

« Nous voyons à la lueur incertaine des chandelles un homme immense, recouvert d'un uniforme imperméable, un grand bonnet de fourrure qui couvre le front. Un Russe ! C'est un Russe ! Je ne veux plus douter, les Polonaises et les Russes détenues parmi nous hurlent de joie, la porte s'ouvre grande cette fois et plusieurs soldats semblables font leur apparition. Jamais je n'oublierai le visage de ce premier Russe. C'était un Mongol, sa lampe éclairait sa face jaune et osseuse. Il nous regardait.

« Ils nous considèrent tous avec ahurissement, ils se heurtent avec stupeur et dégoût aux seaux d'excréments. Ils prononcent des phrases incompréhensibles – nous n'avons pas d'interprètes. Les prisonnières russes qui sont là ignorent le français et même l'allemand ; elles parlent aux soldats. Les femmes qui peuvent tenir debout sont peu à peu descendues des coyas. Elles se jettent aux pieds des libérateurs, embrassent leurs mains, les entourent. Ils se reculent, un peu gênés, vaguement dégoûtés. Ces demi-cadavres qu'ils trouvent inopinément sur la route de la guerre les déconcertent.

« On avait dû leur dire qu'Auschwitz était évacué, ils voulaient se servir des baraques pour s'abriter, eux et leurs chevaux. Leur stupéfaction est intense devant notre état. Nous leur montrons par signes que nous avons faim. Ils nous font comprendre qu'ils nous donneront à manger demain. Certains d'entre eux ont les larmes aux yeux ; enfin l'un dit une phrase que notre infirmière, qui parle polonais et qui comprend quelques mots de russe, arrive à nous traduire : “Bientôt à la maison...”

« Cette fois, c'est trop, c'est tellement ce qu'il fallait dire... Nous sanglotons toutes convulsivement à l'idée que maintenant cela pourra être. De vraies larmes de bonheur.

« Près de moi, j'ai une amie que j'aime beaucoup. Elle a toujours eu un moral affreux, jamais le moindre espoir, elle est mourante, elle me dit : “Tu vois, maintenant seulement, je sens que je rentrerai.”

« Elle devait mourir à l'hôpital d'Auschwitz quelques jours avant le retour. Tout se termine ici. Nous ne devions plus souffrir que de nos maladies. Combien d'entre nous, vivantes cette nuit-là, n'ont pas revu la France... »

« Nous [1] étions libres. Des larmes accumulées sortaient maintenant comme les fontaines. On pleurait. On pleurait. Les Russes nous ont donné à manger. Ils nous violaient à tour de rôle, sans arrêt. Il me fallait résister... On ne savait où se cacher, où se sauver. Il paraît que c'étaient des habitants de la Crimée, des hommes qui n'avaient pas eu de femme depuis longtemps [2]... »

« Quelques jours [3] après nous franchissions les quatre kilomètres qui séparent Birkenau d'Auschwitz ; les Russes avaient installé à Auschwitz un centre médical et très rapidement transformé les blocks en hôpitaux rudimentaires mais où nous avons été soignées le mieux possible et avec beaucoup de dévouement.

« Ai-je besoin de dire que dès que nous sommes redevenues des êtres humains, dès que la souffrance physique a été apaisée, nous avons commencé à prendre conscience de tout ce qui allait nous manquer dans ce retour incomplet ?

« En arrivant à Auschwitz, nous nous étions précipitées dans les hôpitaux d'hommes, nous nous étions penchées sur chaque grabat en nous demandant avec terreur si nous pourrions "le" reconnaître. Je me rappelle quelle impression j'ai eue devant ces hommes sembla-

1. Manuscrit inédit Margot Rauch.

2. Ces viols ont été le plus souvent oubliés dans les témoignages des déportées d'Auschwitz. Il leur semblait incongru d'évoquer ce sujet qui pouvait ternir l'image des libérateurs. Ces viols sont pourtant une réalité du 27 janvier d'Auschwitz, et seulement du 27 janvier. Ils ont été accomplis par des combattants de la 107e division de la 60e armée du front d'Ukraine. À partir du 28 janvier, plus aucun viol ne sera signalé. Les responsables déportées des collectifs nationaux demandèrent à leurs ressortissantes de taire ces « débordements compréhensibles qui ont été sévèrement punis ». Dans les chapitres consacrés à Ravensbrück et à ses Kommandos on verra que des soldats soviétiques seront passés par les armes pour avoir violé des déportées.

3. Manuscrit inédit Françoise Maous, déjà citée.

bles à nous ; je finissais par être tellement accoutumée au malheur des femmes que cela ne me touchait plus, mais la misère et la mort incrustées sur ces visages d'hommes m'atteignaient en plein cœur et j'ai eu pitié d'eux comme jamais je n'ai eu pitié de nous.

« Ceux que nous cherchions étaient loin. Pendant que nous connaissions le bonheur de la délivrance, ils franchissaient le pire de leur calvaire, égrenés sur la route.

« Les femmes à peu près guéries furent dirigées sur Katowice, où nous avons vécu deux mois dans un camp, bien nourries, bien traitées et surtout, ce que nous avons apprécié tout particulièrement, classées par nationalité. Ces deux mois ont évidemment paru longs. L'attente et l'ignorance de la date probable du rapatriement, jointes à notre état de santé, ont rendu ce séjour plus pénible qu'il n'aurait dû être en réalité, car les Russes ont fait le maximum pour nous adoucir cette transition.

« Puis pendant cinq jours, dans un wagon, nous avons traversé les steppes russes pour arriver à Odessa... dernière étape.

« Après, ce fut la magie de l'extraordinaire confort que les Anglais nous avaient ménagé sur le bateau. La féerie des pays merveilleux et inconnus dont nous touchions les côtes et cette inoubliable baie de Naples où notre bateau a fait escale pour entendre sonner les sirènes de l'armistice le 8 mai. Mais l'angoisse de nous demander ce qu'étaient devenus les nôtres qui étaient restés, une espèce d'attente exaspérée de retrouver la France nous ont empêchées d'être en mesure d'apprécier tout cela.

« C'était la dernière nuit avant la France, avant cette chose inespérée, encore incroyable à laquelle nous aspirions depuis tant de temps : avant le retour. Et ce miracle, en devenant réalité, nous oppressait. Sans bruit, je sortis sur le pont, seule devant la mer, essayant de réaliser ce que cette nuit avait d'unique, cette nuit qui nous ramenait... Et je pensai que le premier choc serait peut-être dur, que les êtres qui nous attendaient là-bas avec toute leur incompréhensive bonne volonté nous seraient cruels, qu'après avoir lutté contre la mort il faudrait lutter pour vivre le mieux possible.

« Nous allions retrouver les instincts que nous avions contemplés à nu : la cupidité, la méchanceté, l'égoïsme, la luxure ; saurions-nous les reconnaître pour les combattre ? Revenions-nous armées et invincibles ou bien définitivement vaincues ?

« La réponse me vint de la nuit qui m'entourait et de la compagne qui s'était glissée auprès de moi. Le calme qui régnait, la merveille de ce clair de lune sur la mer agitèrent en moi une joie de vivre que rien n'avait su éveiller depuis la libération... Allions-nous, peut-être, redevenir des femmes ?... Comme un écho, j'entendis la voix de cette compagne : “Demain, demain, comprends-tu, le premier, le vrai miroir, celui qui nous reflétera avec des robes, qui montrera impitoyablement nos corps déformés, nos visages crispés, et l'autre miroir, les yeux de ceux qui nous attendent... Crois-tu que nous pourrons encore inspirer l'amour, qui sera pour nous le nouveau libérateur ?”

« Je fus d'abord choquée d'une telle franchise, et puis je pensai qu'elle devait avoir raison, que c'était sans doute la réponse à mes dilemmes et que, bien mieux que la pitié ou la compréhension, la première parole d'amour, en nous rendant à notre destin de femmes, nous redonnerait le goût de la vie, en nous prouvant que tout recommence. »

*Auschwitz-Birkenau* *18-27 janvier 1945*
*Camp des hommes*

# « CHARLES ÔTA SON CALOT... »

« Le Lager venait de mourir, et il montrait déjà les signes de la décomposition. Plus d'eau ni d'électricité...

« Loqueteux, chancelants, squelettiques, les malades encore capables de se déplacer avaient envahi comme une armée de vers le terrain durci par le gel...

« Attirés par les décombres fumants des baraques incendiées, des groupes de malades restaient collés au sol, pour en pomper un dernier reste de chaleur... »

Ces lignes sont extraites du dernier chapitre, « Histoire de dix jours », du chef-d'œuvre de Primo Levi, *Si c'est un homme*. Il faudrait les citer toutes, ces lignes. Et chacun des dix-sept chapitres du livre. Comme il est dit au dos de la jaquette : « Si la littérature n'est pas écrite pour rappeler les morts aux vivants, elle n'est que futilité. »

Levi a ses mots pour analyser les malheurs et les maigres bonheurs du camp et des hommes. En passant, disons que deux autres « récits » – mais on n'a jamais tout lu, bien lu – *Les Morts inutiles* de François Wetterwald et *L'Espèce humaine* de Robert Antelme, qui traitent d'autres camps qu'Auschwitz, atteignent la puissance de réflexion de *Si c'est un homme*. Bref, les temps de détresse donnent toujours naissance à des œuvres majeures. Nous le savons. On le répète sous les portiques, dans les amphithéâtres.

Levi a vécu Auschwitz et les dix derniers jours du

camp des hommes. Le même désordre, la même folie que dans le camp des femmes. Parce que le bonheur. Parce que l'incertitude. Aucune parole. Aucune pensée ou événement transcendant. Rien que l'attente. Rien que l'espoir. Peut-être un peu moins d'indifférence aux autres, dont on reconnaît l'existence, le droit de vivre encore, aussi. Peut-être une nouvelle perception du dérisoire, du pitoyable, de la grandeur.

« Les Russes [1] arrivèrent alors que Charles et moi étions en train de transporter Somogyi à quelque distance de là. Il était très léger. Nous renversâmes le brancard sur la neige grise.

« Charles ôta son calot. Je regrettai de ne pas en avoir un. »

1. Primo Levi, *Si c'est un homme*, déjà cité.

*Monsheim* *25 mars 1945*

# « COURAGE, MON FRÈRE, TU REVERRAS LA FRANCE... »

Monsheim, près de Darmstadt. Jean Meudec est l'un des mille huit cents déportés de ce Kommando qui rétablit les voies de chemin de fer, au gré des bombardements alliés.

« L'hiver[1] 1944-1945 fut de loin le plus pénible. Au mois de mars nous n'étions même plus quatre cents. Tous les autres (mille quatre cents) étaient morts de froid, de faim et sous les coups. J'avais moi-même, au côté droit du cou, deux grosses glandes d'adénite, devenues violettes, qui commençaient à suppurer chaque jour. Elles me faisaient atrocement souffrir et j'avais beaucoup de peine à soulever ma grosse bêche pour bourrer les cailloux sous les traverses.

« Seul le ronronnement continu des avions et des bombardiers alliés nous redonnait force et espérance.

« Le dimanche 25 mars 1945, jour de la Passion, nous comprîmes que quelque chose allait se passer, car nos gardiens étaient particulièrement surexcités. J'appris, tout à fait fortuitement, par un prisonnier de guerre français, que le pont de Remagen, bien que miné, n'avait pas sauté, et que les chars de l'armée Patton fonçaient à toute allure dans notre direction. Il était question de

1. Témoignage Jean Meudec, Archives UNADIF, *Le Déporté*, octobre-novembre 1986.

nous replier soixante-dix kilomètres en arrière, vers le grand camp de Nieder-Roden. On nous distribua une soupe de choux pourris et deux morceaux de pain, et pour la première fois, à la place de nos gros sabots, nous fûmes gratifiés de souliers à semelle de bois. Hélas, les clous dépassaient de plus d'un centimètre à l'intérieur tout le long de la semelle.

« Nous partîmes à la tombée de la nuit, fortement escortés, et en longeant les fossés et les arbres à cause des avions, pour accomplir ce long calvaire de soixante-dix kilomètres en hurlant de temps en temps, tellement les clous nous faisaient mal dans la plante des pieds.

« À notre arrivée, en pleine campagne, nous aperçûmes les baraquements de notre nouveau camp, et comme nous n'étions même plus une centaine, dont les trois quarts titubaient, on nous poussa sur des grabats, à raison d'une trentaine par baraque, et l'on cadenassa derrière nous. Nous restâmes toute la journée allongés, pieds nus, car nos souliers étaient maculés de sang, et sans la moindre nourriture. Vers le soir, nous perçûmes distinctement trois ou quatre coups de canon de semonce, puis des cris de tous côtés. Des hommes démolissaient l'entrée de nos baraquements à coups de crosse.

« C'étaient les Américains qui venaient ainsi de délivrer leur premier camp de concentration[1]. Décrire ce qui se passa est pratiquement impossible. Ce fut du délire. On s'embrassa, on pleura comme des enfants, on chanta d'une voix éraillée et vibrante *La Marseillaise*. Nos gardiens furent enfermés dans un enclos entouré de barbelés et durent marcher de long en large, les mains liées derrière le dos. Puis un major américain, suivi d'un deuxième qui parlait français, nous examinèrent et, voyant nos pieds en sang, nous firent absorber de grosses pastilles blanches. Était-ce de la pénicilline ? Je n'en sais rien. Constatant mes plaies au cou, ils me firent transporter sur une civière au Revier et l'on m'opéra le soir même.

« Je restai trois jours dans un semi-coma, et quand

1. Le premier camp en Allemagne.

j'ouvris les yeux, j'avais devant moi un petit soldat de la France Libre qui m'embrassait et ne cessait de me répéter : "Courage, mon frère, tu reverras la France, et nous allons te venger, crois-moi." Je fus soigné admirablement pendant trois semaines par ce commando d'Américains, resté sur place, puis, quand je pus marcher, ils m'habillèrent en Américain, de la tête aux pieds, avec calot et bottines. Ensuite, je fus amené dans un camion conduit par des Noirs, avec d'autres rescapés, vers l'hôpital de Seligenstadt, où des sœurs rivalisèrent de zèle pour me sauver. J'atteignais à peine les quarante-six kilos.

« Ce furent ensuite des moments pénibles, la traversée de la Sarre, détruite en grande partie, dans des wagons à bestiaux, puis l'arrivée en terre française, en gare de Longuyon, où des infirmières de la Croix-Rouge nous emmenèrent en groupes à l'hôpital. L'on finit par me débarrasser des poux qui me dévoraient.

« Impatient de revoir Paris, je m'évadai avec un copain et nous trouvâmes à la gare un vieux train en partance, sur lequel étaient inscrits ces mots à la craie : "Les rescapés de l'enfer nazi." Comme le train était bondé, le mécanicien nous fit signe de monter avec lui sur la locomotive, où il nous installa confortablement, tout en nous distribuant de délicieux sandwiches. Tout le long du chemin vers la capitale, ce fut un voyage triomphal : les mouchoirs s'agitaient et les bravos éclataient de toutes parts. Nous nous arrêtions à chaque grande gare, où l'on s'embrassait tous, et où l'on nous donnait des boissons chaudes et toutes sortes de friandises.

« À Reims, une petite fille de douze ans environ vint vers moi :

« – Dites-moi, monsieur, avez-vous vu ma maman ?

« – Non, ma chérie, mais nous ne sommes que le premier train, et il y en aura beaucoup d'autres derrière nous. Aie confiance, surtout.

« Et je l'embrassai bien fort ; mes larmes coulaient sur ses joues. J'appris par une dame que la maman de cette petite fille était juive et qu'elle ne reviendrait sans doute jamais. »

*Mulhausen* *1er au 5 avril 1945*

# FRIEDRICH ARTZ

L'usine Martha près de Mulhausen en Thuringe appartenait autrefois à une famille de soyeux lyonnais. Aujourd'hui, elle dépend de Buchenwald et ses six cents déportés « participent » à l'effort de guerre en façonnant des ailes de Junker. Ce Kommando est exceptionnel dans l'histoire de l'univers concentrationnaire. Grâce à l'amitié d'un médecin déporté français, Erling Hansen, et d'un Sanitäter-Dienstgrad[1], Friedrich Artz, venu de la garnison de Buchenwald pour diriger le Revier, Martha en onze mois n'enregistrera aucun décès[2].

Le samedi 31 mars 1945 le commandant est convoqué à Buchenwald.

*Dimanche 1er avril 1945*

« C'est[3] le jour de Pâques. Nous y pensons de toute notre âme ! Nous sommes réveillés à 6 heures. On entend au loin des bruits sourds de canons et de bombes. Nous donnons des soins aux malades et aux blessés. Le temps est assez beau mais le ciel bleu se voile et devient nua-

1. SDG : infirmier qualifié.
2. Voir du même auteur *Les Médecins de l'impossible*, France-Empire.
3. Témoignage et manuscrit Erling Hansen. (Voir également *Le Déporté*, mars 1987.)

geux. Le soleil brille par instants, entre deux nuages. Il fait plus froid. Nous avons une préalerte dès 7 heures. Nous entendons le ronronnement des avions. À partir de 10 h 45, ils sont nombreux à passer au-dessus de nous. Nous devons rentrer dans les bâtiments. Ils se dirigent probablement vers Berlin. En ce jour de Pâques, mes pensées volent vers les miens et tous les amis qui, à l'église de Saint-Brieuc, prient pour nous. Le commandant est de retour. Ce matin il a convoqué son état-major. Nous sommes consignés dans nos locaux avec défense d'en sortir. Soixante camions seraient prêts pour une évacuation rapide ! Depuis deux jours, nous sentons que quelque chose va se passer, on ne travaille plus, tous les SS sont à leur poste pour nous surveiller. Un malaise nous gagne car l'attitude de nos geôliers n'est pas habituelle. Gaillard dit avoir eu des pressentiments de mauvais augure, il ne peut préciser quoi. Que va-t-il nous arriver ? Les Américains approchent, que fera-t-on de nous ?

« Le SDG Artz est nerveux et triste. Le commandant a donné ses instructions à tous les SS avant son départ pour Buchenwald :

« – Si l'on doit se replier sans les détenus et quitter Mulhausen brusquement, il faut tous les liquider, la population civile l'exige car elle a peur d'eux.

« Chaque SS a un poste précis pour exécuter l'ordre donné. Le rôle d'Artz était de liquider tous les malades de l'infirmerie, le médecin, l'infirmier, le Lagerälteste (le responsable des déportés) et l'interprète polonais. En entendant cela, Artz vient se mettre au garde-à-vous devant le commandant et lui répond :

« – Mon commandant, ne comptez pas sur moi pour exécuter un tel ordre, je ne pourrai jamais faire quoi que ce soit contre les malades, le médecin, l'infirmier, le Lagerälteste et l'interprète.

« Le commandant n'a pas osé fusiller Artz car la plupart des soldats SS n'étaient pas d'accord ; les détenus leur avaient promis la vie sauve s'ils restaient humains envers nous. Vers 9 h 30, Hubert vient nous avertir en secret de notre évacuation imminente sur Buchenwald.

Dès que nous serons prévenus officiellement, nous aurons une heure pour nous préparer. Sans trop attirer l'attention, nous commençons, Colle et moi, à faire un petit colis de vivres pour chacun et un autre avec des objets que nous voulons sauver. Certains malades se rendent compte de notre va-et-vient insolite et s'inquiètent. Le SDG Artz vient à l'infirmerie à 10 heures avec Hubert le Vorarbeiter (l'adjoint des Kapos), il a quelque chose à nous dire, mais la présence d'Hubert le gêne, il part, Hubert le suit et lui dit :

« – Je sais ce qui a été décidé, le commandant l'a dit à Hans, le Lagerälteste, aux Kapos et au Vorarbeiter, sous le sceau du secret.

« Artz part en disant :

« – *Ah ! Alles scheise...*

« Vers 10 h 30, Hans et Artz viennent officiellement nous prévenir :

« – Il faut un carton de médicaments urgents et de pansements pour un départ imminent.

« Nous rassemblons alors avec Colle, dans deux cartons, la pharmacie ainsi que nos instruments de soins et de chirurgie. Pour midi tout est prêt. Nous n'avons pas d'appétit, nous sommes anxieux, ne sachant pas comment cela va se terminer. L'après-midi, nous sommes en alerte car la Schreibstube brûle tous les papiers et organise son départ. La cuisine prépare les rations de route.

*Lundi 2 avril 1945*

« Réveil en fanfare par Kolankowsky, l'interprète polonais, à 3 heures ; on part à 4 heures pour Buchenwald. Le commandant a reçu un coup de téléphone : sous la pression des Américains, il faut partir d'urgence. Les deux infirmiers russes, Chipanski et Andrew, restent avec Colle et moi. Nous sortons avec Artz après avoir groupé les malades dans la cour. On nous a promis une voiture pour eux. Quatre groupes sont formés. Par Artz nous apprenons que l'ordre du commandant est que le médecin et son infirmier soient au milieu de la colonne, entre le deuxième et le troisième groupe, avec la "voiture-brancard" qui nous sert à transporter remèdes, pansements, instruments et petits bagages personnels, dans des cartons de la Croix-Rouge... Au départ, nous demandons au commandant où est la voiture pour transporter les malades. Il nous répond brutalement :

« – Pas question de voiture. Tous doivent marcher. Les malades seront en fin de colonne. Je serai à cheval derrière eux avec mon chien et mon revolver. Ceux qui ne marcheront plus normalement auront une balle dans la tête ou mon chien à leurs trousses. Pas question pour vous, docteur, et pour l'infirmier, d'être auprès des malades. Comme je l'ai déjà dit, soyez avec le SDG Artz au milieu de la colonne.

« Nous traversons Mulhausen par le passage à niveau, puis continuons tout droit vers Buchenwald. Le temps est froid et sec. Les malades suivent, beaucoup péniblement, certains n'ont pas marché depuis plusieurs mois. Nous demandons à Artz d'aller les voir. Lui seul peut le faire. Ça va, nous dit-il. La marche est lente, mais bien en ordre. Les soldats SS entourent la colonne avec leurs sacs bourrés sur le dos. Ils sont corrects.

« Après sept kilomètres de marche, je demande à Artz de voir comment cela se passe pour les malades. Il revient :

« – Docteur, ils suivent avec difficulté, certains sont obligés d'être soutenus par des camarades, ils ne pourront pas tenir longtemps, il faut trouver une solution.

« – SDG, vous connaissez le commandant. Il craint une révolte des détenus contre les soldats, allez donc lui tenir le langage suivant : "Mon commandant, je vous signale que nos hommes commencent à être fatigués avec leurs sacs à dos pleins à ras bord. Nous avons entendu certains bruits dans la colonne, contre les soldats. Ne croyez-vous pas qu'il serait prudent de réquisitionner une voiture pour y mettre leurs affaires afin qu'ils soient libres de leurs mouvements ?"

Artz va donc trouver son chef. Le résultat est magnifique. Quelques centaines de mètres plus loin, nous nous arrêtons devant une grande ferme et le commandant réquisitionne une grande voiture basse et longue avec quatre petites roues et un timon. Les sacs des SS sont mis dans la charrette et le commandant dit :

« – Désormais, docteur, vous êtes chargé avec Colle d'atteler une vingtaine de détenus à tour de rôle pour tracter cette charrette.

« Avant de partir, nous nous empressons de faire asseoir les malades sur les sacs des soldats. C'est notre premier grand soulagement : sauver les malades ! En cours de route, nous rencontrons des colonnes de soldats allemands, des camions, des transports hippomobiles en retraite. Peu de civils. Quelques kilomètres plus loin, les moins forts de la colonne, éreintés, ont du mal à suivre avec, comme souliers, des claquettes de bois. Il faudrait réussir à avoir un second véhicule afin de permettre aux handicapés de s'y reposer à tour de rôle.

« Nous savons que notre commandant est orgueilleux, autoritaire, vaniteux, mais très sensible aux récompenses possibles et aux décorations. Afin d'obtenir ce que nous voulons, pourquoi ne pas essayer de lui proposer le projet suivant, toujours par l'intermédiaire d'Artz ? "Nous savons, mon commandant, que la plupart des Kommandos ont ou auront beaucoup de morts en cours de route. Jusqu'ici, nos détenus se sont bien comportés. Les malades peuvent se reposer mais d'autres commencent, par leur fatigue, à ralentir la marche de notre groupe. Ne croyez-vous pas qu'il faut avoir une seconde charrette pour aider ceux qui peinent ? Nous pensons que, si vous pouvez ramener tout le monde à Buchenwald, vous aurez droit non seulement à des félicitations, mais sans doute à une décoration, et même à un galon de plus."

« Artz est d'accord, il va pour la deuxième fois essayer de convaincre le commandant. Notre prière est à nouveau exaucée : le SDG obtient satisfaction !

« Dans ce deuxième attelage, du même modèle que le premier, réquisitionné également dans une ferme, et tracté par des détenus, nous embarquons les plus épuisés. La colonne marche beaucoup mieux car nos camarades peuvent trouver quelques instants de repos, en alternance.

« À diverses reprises nous sommes survolés par des avions américains ; nous bondissons dans les fossés. Au quinzième kilomètre nous prenons un casse-croûte. Avec Colle, nous surveillons l'état de santé de ceux qui tirent les charrettes à foin. Il faut les remplacer assez souvent car nous avons cent kilomètres à faire ! Vers midi, nous avons beau temps. La marche est de plus en plus difficile. Nous sommes doublés par des colonnes venant du Rhin. C'est un repli, comme le nôtre en 1940 ! Les civils des villages traversés restent sur place, faute de moyens de transport. Artz va se ravitailler en cours de route dans les fermes, ainsi que les autres SS. Vers 14 heures, même les soldats allemands qui nous gardent donnent des signes de fatigue. Le commandant les exhorte à patienter car nous devons aller jusqu'à Badtenschstedt, situé à trente-cinq kilomètres de Mulhausen. Finalement, nous aurons parcouru quarante kilomètres, à cause des chemins de terre que nous avons dû emprunter. Toute la journée, les avions américains nous survolent, parfois par groupes de quatre. Les quatre derniers kilomètres sont parcourus sous une pluie battante. À l'arrivée dans la grange où nous devons passer la nuit, nous sommes trempés jusqu'aux os. Heureusement, la paille est bien sèche.

*Mardi 3 avril 1945*

« À notre réveil, à 8 heures, nous sommes encore mouillés. Toute la nuit a été perturbée par le bruit des colonnes allemandes qui se replient. Après une double ration de boisson chaude, nous repartons sur la route à 10 heures, par un temps gris avec une petite pluie fine et beaucoup de vent...

« Grâce au vent, nous sommes secs après trois kilomètres de marche. Nous nous arrêtons deux fois pour manger. Les derniers kilomètres sont pénibles. Les Russes ont encore volé de la nourriture aux SS et nous craignons des représailles. Nous arrivons à destination vers 16 h 30, à Benesstedt, mais, l'alerte ayant sonné, nous traversons le village par groupes, en rasant les murs, puis nous stationnons plus d'une demi-heure à la sortie du village. Les Américains bombardent les villes environnantes avec huit avions.

« Après maintes discussions avec le propriétaire d'une énorme grange que nous devons occuper, le commandant obtient enfin satisfaction. Nous avons assez de place. Nous groupons à part malades et handicapés, il est 18 heures. Nous n'avons presque rien bu depuis le départ. Encore grâce à Artz, nous recevons du café au lait pour les plus grands malades. Un peu plus tard on nous donnera de l'eau. Nous n'avons fait que vingt-trois kilomètres, à cause des intempéries, ce deuxième jour !

*Mercredi 4 avril 1945*

« À 4 heures, réveil en fanfare ! Nous partons à 5 heures, au petit jour. Nous retraversons le village pour prendre un chemin de terre infect, très dur et mauvais pendant cinq kilomètres, avant d'atteindre une meilleure route. Les malades tiennent grâce au repos périodique sur les véhicules. À cause des vols d'hier, le commandant est très mécontent, veut nous faire marcher sans arrêt jusqu'à midi. C'est long ! Heureusement, la deuxième moitié du trajet s'effectue sur une route correcte. Mais les SS crient, et même frappent ceux qui traînent les voitures, trouvant qu'ils ne vont pas assez vite. Colle et moi mangeons en marchant, vers 10 heures. Au village où nous arrivons à midi, nous nous arrêtons trois quarts d'heure pour que les autres puissent manger et boire à leur tour.

« Grâce à l'action du SDG Artz auprès du commandant, celui-ci reconnaît que nous avons été coopératifs, à part les quelques voleurs, et en conséquence il accepte de réquisitionner quatre chevaux, deux pour chaque véhicule, ce qui soulage beaucoup ceux qui, jusque-là, servaient de “chevaux de trait”. À partir de ce moment, l'allure de la colonne est plus rapide. On peut embarquer plus d'handicapés et cela nous permet d'avancer plus facilement pendant dix-huit kilomètres. Malheureusement, le chemin devient très mauvais, nous avons alors le plus dur de tout notre voyage avec une longue côte, très boueuse. À mi-chemin de la montée, nous avons brutalement des ennuis avec les véhicules. Presque tous doivent descendre et aller à pied pour faciliter la marche des charrettes. À trois kilomètres de Buchenwald, nous sommes obligés de remplacer une voiture dont le timon s'est brisé dans un virage. Cette fois, le commandant, aidé par Artz, en trouve une autre, plus solide et spacieuse, où l'on peut "loger" une douzaine d'hommes et des bagages.

« À un kilomètre de notre destination, le commandant vient me dire :

« – Docteur, je suis contraint de laisser les charrettes ici, car il m'est interdit de faire du "transport" de détenus.

« À l'arrivée, nous croisons un canon de 155 long tracté. À 16 h 30, nous entrons au camp de Buchenwald, après avoir fait trente-cinq kilomètres ce dernier jour. Tandis que la colonne se dirige vers les douches, nous demandons à Artz d'obtenir l'autorisation de nous conduire, Colle et moi, au Revier, avec tout notre matériel et notre pharmacie. À mi-chemin entre l'entrée et le Revier, sur la place d'appel, Artz nous arrête et me dit d'un air triste et grave :

« – Docteur, vous savez tout ce que j'ai fait pour vous et pour tous vos camarades du Kommando de Mulhausen. Je ne regrette rien. Je suis heureux que vous ayez pu, avec votre ami Colle, les amener vivants ici. Vous savez que j'aime la France, mais j'aime aussi mon pays, l'Allemagne, mais pas Hitler. Vous savez, vous, docteur, que j'ai fait trois mois de prison en 1933, à cause de mes opinions antinazies. Dans quelques jours les Américains vont vous libérer. Moi, je vais être prisonnier. Vous m'avez demandé une dernière chose : vous conduire directement au Revier au lieu de la douche, afin de sauver votre "journal au jour le jour", que vous avez précieusement gardé sur vous entre vos deux chemises ! C'est le dernier plaisir que je peux vous offrir, cher docteur. Mais, désormais, je vous en supplie, ne m'oubliez pas ! Vous êtes un ami pour moi et j'aurai sûrement besoin de votre aide un jour prochain. Je connais votre adresse, vous connaissez la mienne pour plus tard. Je vous écrirai, ayez la gentillesse de répondre à mon appel. Soyez à votre tour une “grande aide” pour moi.

« Je réponds seulement :

« – Artz, je puis vous donner ma parole que je vous aiderai et que je vous ferai libérer dès que possible.

« Nos regards et nos cœurs battent à l'unisson et des larmes montent à nos yeux. Je ne peux oublier, au moment de cette séparation définitive, ce que cet homme, instituteur socialiste en Allemagne, parlant notre langue, ayant connu lui-même la prison à cause d'Hitler (j'étais le seul à le savoir au camp) a fait pour nous. Grâce à lui, il n'y eut aucun mort au Kommando Martha de Mulhausen pendant les onze mois de notre séjour. Depuis cette date, je ne l'ai jamais oublié. Il a été l'un de mes meilleurs amis.

« Mon plus grand regret, depuis mon retour de Buchenwald, est de ne pas avoir eu la possibilité de le revoir. Il m'a souvent écrit durant ses trois mois de séjour en France comme prisonnier de guerre. Nous l'avons fait rapatrier par train sanitaire. Il a retrouvé, à Dresde, sa femme et ses deux filles, dès 1945. Il est mort en 1952, et sa femme le 31 octobre 1977. Jusqu'à leur mort, je leur écrivais tous les ans pour Noël. »

# BUCHENWALD

Jean-Sébastien Bach, Franz Liszt, Lucas Cranach, Friedrich von Schiller, Gottfried Herder, Christoph Martin Wieland, Johann Wolfgang von Goethe firent la renommée de Weimar en Thuringe, que devaient ternir une république incertaine qui porte son nom – elle permettra l'émergence du national-socialisme – et un camp de concentration, Buchenwald, dont les premiers blocks accueillirent des droit commun allemands dès juillet 1937. En avril 1945, les registres matriculaires SS l'attestent, deux cent trente-huit mille neuf cent quatre-vingts déportés d'une vingtaine de nationalités avaient été enregistrés à leur arrivée et, après une quarantaine d'initiation, admis à compléter l'effectif du « camp mère » ou répartis dans l'un de ses cent trente-six Kommandos extérieurs. Officiellement, c'est-à-dire si l'on se reporte à ces mêmes registres matriculaires, trente-trois mille quatre cent soixante-deux déportés sont morts au camp. Mais cet obituaire oublie les sept mille deux cents prisonniers de guerre soviétiques exécutés au Manège, les assassinats immédiats, donc sans immatriculation, dans l'enceinte des crématoires, les milliers de morts (plus de dix mille) des évacuations des derniers jours de guerre. Le 11 avril à l'heure de la libération, vingt et un mille deux cent soixante déportés étaient « présents au camp ».

Les mystères, les approximations, les oublis volontaires, les manipulations de témoignages, d'horaires, et peut-être même quelques « menus mensonges » ont fait de la libération de Buchenwald un événement controversé dont refusent de débattre la plupart des survivants qui n'étaient pas impliqués dans les mouvements de résistance clandestine du camp. Cinquante ans après, la polémique demeure, chacun s'établissant définitivement sur ses positions. Au mois de juin 1994, le quotidien *Le Monde* publiait une lettre de félicitations d'un lecteur ; ce courrier soulignait la grande qualité des enquêtes menées, des témoignages recueillis par le journal sur l'une des victoires majeures de la Seconde Guerre mondiale : le débarquement en Normandie. Mais, concluait la lettre du lecteur, n'oubliez pas de traiter d'autres cinquantièmes anniversaires. Dans la liste proposée ne figurait qu'un « sujet » touchant la déportation : la libération du camp de Buchenwald par les déportés eux-mêmes. Cette affirmation est conforme aux versions officielles qui ont été proposées par les anciens déportés communistes depuis 1946-1947 (c'est-à-dire plus d'un an après la libération du camp), les plus objectifs de ces témoins engagés reconnaissant que cette action armée contre les SS n'avait été rendue possible que par la proximité des chars américains de Patton. D'autres, tel Robert Siewert, interné à Buchenwald de 1938 à 1945, membre de la direction allemande clandestine de résistance, oublient dans leurs publications de signaler cette présence américaine. Siewert, dans le n° 3 des *Cahiers internationaux de la Résistance* (Vienne, 1960), conclut ainsi son étude sur les « Aspects de la résistance au camp de concentration de Buchenwald » : « Lorsque, le 11 avril 1945, le comité international du camp donna l'ordre d'attaquer, les cadres armés prirent la tête des prisonniers prêts à attaquer ; le portail fut pris d'assaut, la clôture du camp, ouverte en plusieurs endroits, des SS furent désarmés et faits prisonniers. Vingt et un mille prisonniers du camp de concentration de Buchenwald étaient libres ! » Escamotés, les chars du général George Patton. Escamotée, l'action décisive pour la libération d'un autre groupe de résistance, qui rassemblait des officiers des services secrets britannique et de la France Libre (BCRA), des conservateurs, tel Eugen Kogon, auteur du livre essentiel sur Buchenwald et le système concentrationnaire : *L'Enfer organisé*[1].

Il est facile de comprendre cette tentative de « désinformation » née aux premiers temps de la guerre froide, alors que la plupart des dirigeants clandestins du mouvement communiste de résistance de Buchenwald occupent des postes clés dans les gouvernements de la République démocratique allemande, ou à Prague, ou à Paris... Marcel Paul, qui assuma au camp l'écrasante responsabilité avec le colonel Frédéric H. Manhés de diriger la résistance clandestine du collectif français, à l'exception des membres du réseau Services secrets (cependant représentés – mais, semble-t-il, pour la forme – dans les différents comités préservant les intérêts de leurs nationaux), est ministre de la Production industrielle du gouvernement de Gaulle, et le colonel Manhés, qui se défend d'être communiste, est son directeur de cabinet.

Une polémique donc qui a été, est et restera dérisoire. Car ce « moment » de la liberté retrouvée a pour l'Histoire bien moins d'importance que l'inlassable courage, l'héroïsme de centaines de résistants, les communistes étant la majorité décisionnaire et agissante, qui parvinrent à éliminer les droit commun – les triangle vert – des postes de responsabilité dévolus par la SS aux déportés. Maîtres de l'encadrement rapproché des internés, Lagerälteste[2], Blockälteste[3], Blockschreiber[4], Lagerdol-

1. La Jeune Parque, 1947.

2. Détenu (que dans certains camps on appelle le doyen) responsable de l'ensemble des déportés, nommé par le commandant du camp, qui lui transmet ses ordres. Comme tous les « proéminents » de la hiérarchie déportée, sa vie dépend de la bonne exécution des directives. L'importance de Buchenwald et de ses Kommandos internes de production d'armement imposa en 1944 la désignation de trois Lagerälteste se répartissant les responsabilités.

3. Détenu, chef d'un block.

4. Secrétaire, adjoint du Blockälteste. Certains chefs de block ont plusieurs Schreiber.

metscher[1], Stubendienst[2], Kapo[3], Vorarbeiter[4], Pfleger[5], Kalfactor[6], mais aussi personnel de la Politische Abteilung (Bureau politique), de l'Arbeitsstatistik (bureau du Travail), de l'Effektenkammer (magasins d'approvisionnement et de dépôts), des Küchen (cuisines), des garages, etc., les politiques – triangle rouge – remporteront d'innombrables victoires quotidiennes. Ce « pouvoir de fonctionnement » exercé par un petit nombre d'antifascistes se voulut à Buchenwald totalitaire car, Emil Künder le dira à David Rousset, les communistes allemands « estiment que pour abattre le totalitarisme nazi nous devons leur opposer une puissance elle aussi totalitaire ». Ainsi à Buchenwald, plus qu'à Oranienburg et Dachau, où les communistes avaient mis en place des organisations de résistance, les dirigeants allemands exercèrent une direction clandestine sans partage, absolue. Cette hégémonie fut-elle, à partir de février 1944, admise, contrôlée par des officiers soviétiques internés ? La question n'a jamais été tranchée, mais si l'on considère l'organisation internationale militaire clandestine composée de cent soixante-dix-huit groupes, les Soviétiques, politiques et prisonniers de guerre, en commandent cinquante-six (les Allemands, Autrichiens, Néerlandais trente, les Français vingt-deux) ; les effectifs des groupes soviétiques sont de six à dix hommes, pour quatre à six dans les autres groupes nationaux. Donc les Soviétiques, avec au moins quatre cent dix combattants (sur huit cent cinquante), constituent la force la plus importante de l'organisation militaire. Un constat en contradiction avec la volonté totalitaire des communistes allemands.

Ce « moment » tant espéré qu'un si grand nombre

1. Chef interprète.
2. Les blocks sont divisés en plusieurs Stuben (pièces) qui ont chacune un responsable, soumis à l'autorité du chef de block.
3. Déporté dirigeant un service (infirmeries, cuisines...) ou un groupe de travailleurs constituant un Kommando interne.
4. Adjoint d'un Kapo si le groupe de travailleurs dépasse quinze hommes.
5. Infirmier.
6. Homme à tout faire des Kapos et des Blockälteste.

d'assassinés ne connaîtra pas ne peut être pour les dirigeants communistes que l'apothéose de leur combat permanent depuis la création du camp. Une lutte inégale et pourtant victorieuse parce qu'elle a soudé les déportés, leur a donné la possibilité d'espérance, a créé des conditions de survie en imposant la solidarité, un plus juste équilibre dans les désignations pour les Kommandos extérieurs... et l'on sait que de certains Kommandos personne ne revenait. Frédéric H. Manhés et Marcel Paul ont protégé, sauvé des centaines de Français de toutes opinions, en essayant d'imposer à Buchenwald l'esprit unitaire du CNR de Jean Moulin (Manhés avant son arrestation était le délégué de Moulin pour le nord de la France) mais chacune de leurs entreprises dut, pour aboutir, être acceptée par les dirigeants communistes allemands. Beaucoup considéraient donc cette « unité » comme une illusion et critiquèrent ouvertement les méthodes imposées par les communistes allemands : le maintien au pouvoir imposait l'élimination physique des dénonciateurs, des dissidents, en un mot de ceux qui pouvaient compromettre l'existence même du mouvement de résistance et de ses cadres. Je pense que seuls les déportés ont à juger ces comportements des temps de guerre. L'univers concentrationnaire avait ses règles.

« Celui[1] qui n'a pas connu le camp, celui qui n'a pas

1. Lettre du Dr Jacques Poupault à Frédéric H. Manhés, 7 mai 1946, publiée dans le *Livre blanc sur Buchenwald*, constitué par la FNDIRP après la parution dans des journaux de droite d'articles condamnant l'action clandestine des communistes à Buchenwald. Dans ce livre, plus de cent témoignages de communistes et d'opposants au communisme soulignent le courage, l'abnégation, le dévouement, les grandes réussites de Marcel Paul et de Frédéric H. Manhés. En octobre 1983 (Marcel Paul est mort le 11 novembre 1982), la municipalité communiste de Sartrouville décide d'inaugurer une rue Marcel-Paul. Laurent Wetzel, au nom des élus de l'opposition, conteste ce choix et proteste dans *Le Courrier des Yvelines* : « Marcel Paul a approuvé le pacte germano-soviétique d'août 1939 qui a abouti au partage de la Pologne entre l'Allemagne hitlérienne et l'URSS » et, « déporté à Buchenwald, (il) entra dans la direction interne du camp. Il disposa alors du sort – c'est-à-dire de la vie ou de la mort – de nombreux camarades de déportation. Dans ces fonctions, il tint compte essentiellement de l'intérêt de son parti »... La plupart des quotidiens français reprirent l'« affaire de la rue Marcel-Paul » et donnèrent une large place à un témoignage inédit sollicité par l'amicale dont dépendait Marcel Paul. Roger Foucher-Créteau présidait la seconde amicale de Buchenwald, où s'étaient

connu ce monde fermé, spécial, où l'on était obligé quelquefois d'être cruel pour ne pas l'être davantage, n'a pas le droit d'en parler. Nous-mêmes, actuellement, nous ne sommes plus aptes à juger. Nous avons perdu l'esprit concentrationnaire, et des faits qui nous avaient semblé tout naturels peuvent aujourd'hui nous choquer. »

Si les communistes ne s'étaient pas emparés du pouvoir – et aucun autre groupement, membres d'autres partis politiques, de réseaux de résistance, agents des services secrets, n'était préparé, organisé, décidé à assumer le pouvoir clandestin –, le destin des déportés aurait dépendu des droit commun. Et le gouvernement des droit commun, tant qu'il s'exerça, à Buchenwald comme ailleurs, fut le plus criminel, le plus injuste de tous. S'il ne fallait citer qu'un argument en faveur du « pouvoir » politique des déportés – il apparaît rarement dans le débat –, les sabotages devinrent une obligation pour tous. Le préjudice imposé à l'industrie de guerre par les déportés est considérable : au moins 25 % de la production d'armement traditionnel pour l'infanterie, l'artille-

rassemblés les résistants non communistes. Et Roger Foucher-Créteau avait été sauvé à Buchenwald par Marcel Paul.

« Je ne peux pas me contenter de renouveler *post mortem* mes remerciements personnels à l'égard de Marcel Paul. J'avais été inscrit sur les listes successives de douze transports d'extermination qui ont précédé celui dont Marcel Paul – à ma demande et après un entretien d'une heure et demie – m'avait retiré. Pour quelles raisons Marcel Paul a-t-il pris finalement la décision de me sauver la vie ? Pourquoi également ai-je sollicité cette entrevue avec lui, alors que je ne le connaissais pas ? C'était à la suite d'une conversation avec un Kapo communiste allemand qui avait réussi à me retirer – car lui aussi en avait le pouvoir – des douze transports précédents. Ce Kapo, Wilhelm Schumann, m'avait confié : "Foucher-Créteau, nous ne pouvons plus rien faire pour toi car, pour des raisons que nous ignorons, les communistes français veulent ta peau et ils nous ont reproché nos interventions précédentes en ta faveur, car tu n'es pas un camarade du Parti. Il faut que tu voies Marcel Paul et que tu lui demandes toi-même de te retirer de ce transport avant demain." Dans la cour d'appel du camp, Marcel Paul m'a longuement interrogé sur mon activité dans la Résistance avant de m'annoncer qu'il me retirait du transport alors que je n'étais pas un camarade du Parti et en m'assurant que je ne serais plus dorénavant sur les listes de départ en transport et ce jusqu'à la libération du camp. Ce fait prouve implicitement, si besoin était, que Marcel Paul détenait à Buchenwald un pouvoir exorbitant, incompatible avec sa situation de simple détenu, et que ce pouvoir lui donnait droit de vie ou de mort, puisqu'il pouvait décider qui était "digne" de rester dans le camp ou "indigne", donc destiné à partir dans un transport d'extermination. »

rie ; l'aviation inutilisable ; 30 % des fusées V1, V2. Les non-communistes participèrent à cet effort de destruction avec autant de fureur que les communistes, en particulier le groupe IS du capitaine britannique Burney dont l'un des membres, le Français Pierre Julitte, réussit à faire parvenir à Londres un télégramme chiffré. Il y décrivait les gyroscopes, les appareils de radioguidage fabriqués dans les dépendances du camp qui équipaient V1 et V2 et réclamait la destruction de ces ateliers. Cette information précieuse fut exploitée par les Alliés, qui bombardèrent et détruisirent le complexe industriel. Cet exploit de Julitte est unique dans l'Histoire concentrationnaire. Le groupe IS, qui n'a pas cru devoir dévoiler son action clandestine, informa également Londres des recherches médicales (typhus, guerre biologique) menées à Buchenwald, fournit les plans de défense du camp, la composition de la garnison SS. Mais la « grande affaire » pour tous les résistants, quand ils eurent la certitude que la libération était imminente, fut de préparer l'après-libération et d'éviter que les SS, dans les dernières heures, ne massacrent l'ensemble des déportés.

« Sans attache [1] l'un avec l'autre, deux groupes préparaient un plan pour la prise du camp après la défaite de la SS et l'arrivée des Alliés : le Parti communiste et un groupe non communiste, dirigé par le capitaine anglais Burney. Comme on le vit après la libération, les deux plans différaient peu, car ils étaient tous deux établis sur la même expérience des choses du camp. La seule différence importante résidait en ce fait que le Parti communiste, fort de posséder déjà le pouvoir réel dans le camp, n'avait prévu, pour s'emparer du camp, que presque uniquement des gens du Parti, ce qui s'explique par la nécessité bien compréhensible de maintenir le secret et aussi par d'anciennes habitudes. Le second groupe, au contraire, partait du seul principe de la valeur personnelle, sans vouloir considérer l'opinion politique des gens ; aussi avait-il prévu un bon tiers de communistes parmi les futurs cadres du camp. Ces deux groupes

1. Eugen Kogon.

travaillaient avec les représentants des différentes nations. »

*
**

« Pendant[1] ma présence dans le camp, j'ai été le témoin du dévouement sans limite des communistes français, et en particulier de Marcel Paul. Dès l'arrivée à Buchenwald, leur solidarité se manifestait, et des mourants des suites des transports ont été, par eux, sauvés, et cela sans discrimination d'appartenance politique.

« J'estime devoir à la vérité de déclarer en particulier que, en ce qui nous concerne, nous les Français d'un certain niveau social avec lesquels je me trouvais au camp, le Parti communiste français nous est toujours venu en aide, sans attacher la moindre importance aux distinctions de classe, en considérant tous les déportés, résistants ou politiques français, comme des frères... »

« Il y[2] avait aussi la sélection par les autorités occultes du camp.

« Ici nous entrons dans le mystère. Que signifie cette expression, les autorités occultes ? Déjà à notre arrivée celles-ci existaient. Les SS ne dirigeaient pas eux-mêmes la discipline du camp. Ils déléguaient leurs pouvoirs aux "anciens" qui avaient toute autorité pour mettre tel ou tel détenu dans un bon ou mauvais Kommando, c'est-à-dire pour le faire transférer à la cuisine dans une ville bombardée ou une usine de tout repos. L'Arbeitsstatistik était chargé de cette fonction et le pouvoir occulte avait la haute main sur ce bureau. Alors, suivant qu'on plaisait ou non, pour des raisons politiques ou personnelles, on était envoyé dans un camp de mort ou, au contraire, on gardait une place de choix.

« Quels étaient les chefs de ce Conseil des Dix, suivant l'expression que nous utilisions par analogie avec le Con-

1. Marcel Bloch-Dassault, mai 1946, *Livre blanc sur Buchenwald*.
2. Pr Charles Richet, *Trois Bagnes*, J. Ferenczi et fils, 1945.

seil des Dix de Venise ? Nous ne pourrions avec certitude donner des noms car les grands chefs restaient dans l'ombre. Ceux auxquels nous faisons allusion exerçaient une fonction subalterne. Leur pouvoir était en fait absolu et ils savaient en user. Nous connaissons le cas de X., une grande personnalité française, qui fut ainsi envoyé dans les mines de sel ; c'était le plus inoffensif des hommes. Et cette décision fut prise malgré l'avis des autorités médicales qui, eu égard à son âge et à sa médiocre santé, l'avaient affecté à un travail peu fatigant. Il survécut juste huit jours. G., une grande personnalité industrielle, F., homme politique français de notre convoi aux opinions peu orthodoxes, d'autres encore ont subi un sort analogue. Ceux qui avaient déplu à ce comité occulte étaient signalés au chef du Kommando où ils allaient. Cette recommandation, c'était la certitude de la mort. Toutes les bonnes places, celles de gardien de porte, de policier du camp, de Stubendienst, étaient réservées aux amis politiques de ce pouvoir occulte, d'abord uniquement tchéco-allemand, puis international et comprenant des Français.

« Si ce comité occulte commit des crimes, il exerça parfois son pouvoir dans un sens tout différent et certainement il a de nombreuses bonnes actions à son actif. En voici une : vers le mois d'avril 1944, quatre Russes sont condamnés à mort. L'un d'eux arrive à se cacher. C'est un nommé Stalaroff ou Stakaroff. On réussit à le faire entrer dans la salle des tuberculeux du petit hôpital. Les anciens me demandent de le tuer. Avec mon ami, le courageux D^r^ Rent, qui tint à assumer toute la responsabilité, nous le faisons passer de vie à trépas sur une magnifique feuille de température. Son corps est brûlé “sur le papier”, et les anciens arrivent à le faire évader. A-t-il atteint les lignes russes ? Nous l'ignorons, mais sans doute était-ce un personnage important car une demi-douzaine d'entre nous risquèrent leur vie pour la sienne. »

« Sur le[1] plan matériel, l'inégalité de l'homme apparaît aussi sous un jour aveuglant. Nous n'avions rien le premier jour. Moins d'une semaine après, les "débrouillards" possédaient un couteau, une boîte pour verser leur café ou garder leur margarine, une ceinture pour tenir leur pantalon, et même des cigarettes. Comment avaient-ils fait ? Troc contre du pain, emprunts, système D de la caserne. Ils se "débrouillaient" au camp comme ils devaient le faire sans doute en liberté, tandis que les autres continuaient à manquer de tout.

« Où l'inégalité m'apparut plus flagrante encore, c'est lorsque je compris le fonctionnement du camp. Les éléments communistes, toujours très disciplinés et solidaires, comptaient des hommes à eux dans les principaux services et parvenaient souvent à sauver la mise de leurs camarades ou des sympathisants. Un numéro est vite changé sur une liste de départ. Un inconnu est sacrifié à la place de celui que l'on veut préserver.

« D'autres personnalités, grosses fortunes, situations politiques, industrielles ou commerciales de premier plan, se soutenaient également et parvenaient à faire jouer certaines influences, qualifiées au camp de "fascistes". Je suis toujours demeuré en dehors de ces deux mouvements contraires qui ne pouvaient évidemment jouer que pour les hommes travaillant dans le camp. Ceux qui partaient dans les lointains "transports" se trouvaient livrés à la seule et malfaisante fantaisie des nazis.

« Ces deux influences occultes, jouant en dehors des autorités allemandes, s'opposaient parfois en des luttes silencieuses. J'ai suivi le cas typique d'un grand industriel français au nom très connu, qui réussit durant de longs mois à vivre "planqué" sans travailler. Se fit-il remarquer par des conversations au caractère trop "patronal" ? Se montra-t-il, comme certains l'ont prétendu, trop égoïste lorsqu'il recevait de nombreux et substantiels colis ? Je ne sais pas. Un beau jour, il fut

1. Marcel Conversy, *Quinze Mois à Buchenwald*, éd. du Milieu du Monde, Genève, 1945.

soudain repéré et envoyé comme travailleur à la carrière. Là, des influences favorables jouèrent en sa faveur car je le vis peu après occupé dans ladite carrière, non pas à extraire des pierres, mais remplissant un rôle de contremaître avec un carnet pour pointer les wagonnets. Il conservait un sourire optimiste qui ne dura pas longtemps.

« En effet, j'apprenais bientôt qu'il venait de partir "en transport" hors du camp, son numéro ayant été inscrit sur une liste. C'était un mauvais transport, un de ceux dont les prisonniers revenaient rarement. L'industriel en question y est mort au cours de l'hiver.

« Je cite ce cas, sans en tirer aucune conclusion, pour que le lecteur comprenne bien la vie étrange et complexe d'un camp de concentration dont tous les services, sauf ceux de la garde extérieure, sont assurés par des prisonniers de diverses nationalités, même la police et la garde intérieure. »

« Je[1] puis affirmer, sous la foi du serment, que cette activité [du comité clandestin des intérêts français] a toujours été correcte, uniquement inspirée par le souci supérieur de défendre le collectif français tout entier. Chaque fois que j'ai demandé son intervention pour faire hospitaliser un camarade malade, pour maintenir un camarade désigné pour un mauvais Kommando, pour obtenir une faveur, quelle qu'elle soit, jamais il ne m'a été demandé sa couleur politique, mais uniquement s'il était digne comme résistant français de l'appui sollicité. Des prêtres comme l'abbé Hénocque, des radicaux, comme le Dr Crutel, des résistants comme Claude Bourdet, des officiers comme le colonel Molard, le colonel Heurteaux, le grand as aviateur de la guerre de 1914-1918, doivent leur vie à l'action impartiale du comité français. »

1. M. Jattefaux, 5 mai 1946, *Livre blanc sur Buchenwald*.

« Pendant[1] notre séjour à Buchenwald, il m'est arrivé à plusieurs reprises de signaler au président du comité des intérêts français (Frédéric H. Manhés) et à son vice-président (Marcel Paul) la situation de certains de nos camarades qui, à cause de leur âge ou de leur état physique, avaient particulièrement besoin d'être soutenus. Qu'il s'agît de leur procurer un travail moins pénible, de leur faciliter l'accès du Revier ou surtout de leur éviter l'envoi dans un Kommando de transport, j'ai trouvé auprès de vous deux beaucoup de dévouement. Soucieux en particulier, comme il était naturel, de la situation de mes collègues de l'université, j'ai été heureux de constater que vous avez réussi dans un grand nombre de cas à leur épargner ce que je redoutais pour eux. »

*Le coup[2] vache est classique entre bons camarades :*
*On te glisse en transport à la moindre incartade.*
*Ainsi furent virés ceux dont la charité*
*Pouvait mettre en échec leur "solidarité".*
*Les termes galvaudés de "copain", "camarade"*
*Et "solidarité" (ironie ou bravade ?)*
*Gardent à Buchenwald moins de sens et raison*
*Que celui de "chéri" en certaines maisons.*
*S'appeler "Michelin" ou "comte Yvon d'Yonne"*
*Sont des titres certains que l'Arbeit affectionne.*
*On dit l'Arbeit tout court, pour l'Arbeitsstatistik*
*Où les bagnards dressent ces listes en pratique.*
*Cette dévolution a permis quelquefois*
*De sauver des héros illustres de nos bois.*
*(De ce gouvernement intérieur le système*
*N'est pas jugé ex professo dans ce poème.)*
*Elle a permis après... ce que j'ai déjà dit,*
*Que je détaillerais si j'étais plus hardi,*
*Ou si tout bonnement, avec papier et plume,*
*Je préparais posthume et vengeur ce volume.*

1. Julien Cain, directeur de la Bibliothèque nationale, 16 mai 1946, *Livre blanc sur Buchenwald.*
2. Père Léon Leloir, *Je reviens de l'enfer*, éd. du Rendez-vous, Marchienne-au-Pont, 1945. Le père Leloir était l'aumônier des maquis des Ardennes.

*Sous la terreur SS, règne l'autre terreur.*
*Gouverner sans amour fut toujours une erreur.*
*Amis, pardonnez-moi, ce soir, mon amertume ;*
*D'un fils de mes maquis le crématoire fume.*
*Moi qui jamais de vos services n'abusai,*
*Pourquoi me l'avez-vous, sectaires, refusé ?*
*Il ne s'affilia point, le pauvre, à telle clique,*
*Locale république aux procédés obliques.*
*Ne vous réclamez pas, effrontés, d'un parti ;*
*Je les servis tous, prêtre, et les connais, pardi !*
*Vous accaparez seuls toutes les bonnes places ;*
*Vous vous "organisez" en petit, des palaces,*
*Vous surtout, Stubendienst, je traduis : "Préposé*
*Au vol des rations"... Vous avez tout osé !*
*Je vous rends cependant, loyal, cette justice*
*Qu'au grand camp où la discipline est moins factice*
*Vous prenez rarement plus de deux rations,*
*Sauf quelques suppléments pour vos factions.*
*Vous chercherez en vain demain qui entérine*
*Ce faux-relief sournois que la haine burine.*
*Car je sais (mais, trop bon, m'en soucierai-je ?) à qui*
*Vous dénoncer, moi qui servis tous les maquis.*

« L'envoi [1] des Häftlinge dans telle ou telle usine n'était pas déterminé seulement par le hasard. Le camp était rempli d'informateurs, de comités de block qui rendaient compte à un mystérieux comité de camp. Chaque détenu était l'objet d'une enquête quant à ses sentiments politiques et religieux. Une parole malheureuse était-elle rapportée, celui qui l'avait prononcée partait brusquement en transport. Tout le monde savait à Buchenwald que les fonctions de Stubendienst, les bons Kommandos, les bons convois étaient emplois réservés, quels que fussent les services rendus à la Résistance.

« Les membres de l'Arbeitsstatistik, qui comprenait des Français, ont obéi aux ordres d'une puissance occulte, d'un comité secret, et n'ont pas accordé à tous

1. Joseph Onfray, *L'Âme résiste*, Imprimerie alençonnaise, Alençon, 1946.

une protection impartiale qui était en leur pouvoir. Le cadre de mes souvenirs personnels ne peut comporter l'énumération de tant de cas précis qui le prouvent, mais la lumière sur cette activité devra être faite un jour et les responsabilités devront être dûment établies.

« Trop souvent on a supprimé les colis de certains prisonniers auxquels on ne remit parfois que la ficelle et l'étiquette. Trop souvent on a menacé de mort ou d'un rapatriement retardé ceux qui ne voulaient pas donner spontanément l'intégralité de leur colis à la "solidarité générale". Peu d'égoïstes bénéficiaient seuls de leur colis ; la mise en commun par popotes, par groupes, adoptant des camarades moins heureux, offrait de bons résultats. Mais, par esprit politique, on voulait faire de la solidarité générale, et alors, qui est-ce qui se gobergeait des colis ? Stubendienste, Kapos et le reste. »

« L'arrivée[1] d'un colis n'était pas seulement une victoire éphémère sur la faim homicide, c'était un rendez-vous où l'on retrouvait les siens, un dîner chez soi, une fête de famille (...).

« Bien des colis étaient volés, mais ceux qui parvenaient jusqu'à la baraque furent l'objet de trop d'attentions. Ils subissaient une première visite, celle-ci clandestine. Je l'appris plus tard d'un avocat qui avait percé un trou dans la cloison qui séparait son box de la chambre de Jacob. C'était dans cette pièce que l'on garait les envois de la poste avant la distribution. L'avocat pouvait voir et montrer à ses amis, pendant la sieste, des Stubendienste occupés à ôter des colis tout ce qui leur convenait. Ce n'était qu'un acompte. »

« Les discussions[2] continuent à porter sur le partage des colis.

« J'ai eu la surprise de recevoir le même jour cinq colis

1. C. J. Odic, *Demain Buchenwald*, Buchet-Chastel, 1972.
2. Christian Pineau, *La Simple Vérité*, Julliard, 1960.

de la Croix-Rouge française à mon nom et de n'être point parmi les bénéficiaires du partage. Je ne prétends pas n'avoir éprouvé aucun sentiment de frustration en distribuant les gamelles, mais ce hasard a renforcé ma position, devenue de plus en plus difficile en matière de solidarité.

« La Croix-Rouge a envoyé à Buchenwald des colis collectifs provenant de France sans aucune marque. Les SS ont accepté qu'ils soient distribués à l'intérieur du camp sous trois conditions :

« – que la répartition ait un caractère international ;

« – que les malades du Revier, les juifs et les invalides en soient exceptés ;

« – que des avantages soient accordés aux “meilleurs travailleurs”.

« C'est dans ces conditions que le comité français obtient que les colis soient répartis à l'intérieur du grand camp, sans tenir compte des Kommandos auxquels les uns et les autres sont affectés. D'autre part, sont écartés de la distribution ceux qui reçoivent des colis personnels qu'ils ne mettent pas en commun. C'est le cas des Tchèques et des Allemands (...).

« En tant que délégué à la solidarité, je passe une journée impossible à dresser des listes, à recevoir des explications ou des réclamations individuelles, enfin à procéder à des partages au milieu des disputes et des cris. Le chef de block hurle pour obtenir le silence ; on entend les bombes qui tombent sur Weimar. La confusion est à son comble.

« J'obtiens néanmoins que les bénéficiaires de chaque partage abandonnent leurs biscuits en faveur du Revier. »

« Je [1] suis arrivé à Buchenwald au mois de février 1945 et suis moins qualifié que beaucoup pour parler de ce qui s'est passé dans le camp avant cette date. Ce que je

1. Claude Bourdet, membre du CNR, chef de Combat, 8 mai 1946, *Livre blanc sur Buchenwald.*

puis affirmer, en revanche, c'est que pendant les mois de février et de mars 1945 de nombreux déportés venant comme moi d'Oranienburg, et signalés par moi à Marcel Paul, ont été gardés au camp ou tirés de divers transports. Il s'agissait de camarades aux opinions et aux origines sociales les plus hétérogènes ; l'un était un militant d'Action française, un autre un ancien Croix de Feu, plusieurs socialistes ou communistes. Il y en eut même un qui n'était pas résistant, un jeune homme raflé au port de Marseille, et que j'avais remarqué à Oranienburg pour sa parfaite tenue morale. Dans le même temps, deux camarades hollandais que j'avais signalés à Den Tex n'ont pu être tirés par ce dernier, peut-être parce qu'ils étaient banquiers, d'un transport où ils ont probablement disparu.

« J'ai moi-même bénéficié de l'aide de Marcel Paul dans les mêmes conditions. Mais, si des adversaires mal intentionnés peuvent prétendre que l'aide apportée au début de 1945 à un membre du CNR était une initiative politique plus qu'une œuvre de solidarité, cet argument ne saurait tenir en ce qui concerne l'aide accordée à tant de camarades moins en vue, aide qu'il était facile de refuser en arguant du nombre et de l'impossibilité matérielle.

« Venant moi-même d'un camp "vert", j'ai pu, mieux que d'autres qui avaient seulement connu Buchenwald, apprécier la différence de climat, et la situation tout autre des Français, qui étaient en général brimés dans les Kommandos "verts" d'Oranienburg, alors qu'à Buchenwald ils occupaient dans le collectif international une place relativement honorable. C'est cela qu'il ne faut pas perdre de vue quand on juge l'œuvre de Marcel Paul ou de la fraction communiste française. »

*Buchenwald* *2-7 avril 1945*

# FACE À FACE

« Être prêts à toute éventualité. » En ces premières heures d'avril 1945, les deux organisations clandestines de déportés analysent la situation d'une manière identique. Bien qu'anéantis moralement par les revers de leurs armées, les SS, incapables d'initiative, obéiront aux ordres venus de Berlin. Et jamais Himmler n'acceptera qu'une telle masse d'hommes – près de quarante mille « présents au camp » le 1er avril – se retrouve sans garde plusieurs jours avant l'arrivée des Américains. Himmler, on le sait par ses directives précédentes aux commandants des KZ, a la hantise des représailles que pourraient exercer les déportés sur la population civile. Donc, même si le dépôt divisionnaire SS est évacué ce 2 avril, une chiourme tiendra toujours sous son feu le périmètre des barbelés.

– Et s'ils nous poussaient sur les routes ?

– Et s'ils nous massacraient avant de fuir ? Ils disposent de lance-flammes. Ils peuvent envoyer des bombardiers.

« Par[1] le commandant SS le Dr Ding-Schuler, nous apprîmes que le 2 avril, à la suite d'une conversation téléphonique établie par le préfet de police de Weimar, le colonel SS Schmidt, Himmler avait donné pleins pou-

1. Eugen Kogon, déjà cité.

voirs au commandant du camp d'Ohrdruf, le capitaine SS Olderburhuis, pour éliminer les droit commun et les "politiques considérés comme particulièrement dangereux". Himmler avait cependant expressément interdit qu'on touchât aux juifs – un paradoxe qui ne peut s'expliquer que par les bizarres espoirs placés par la direction SS dans la situation internationale. Le reste du camp devait être évacué. Le transport de mort des douze mille hommes d'Ohrdruf vers Buchenwald se déroula alors, et des milliers d'hommes furent abattus le long du trajet. »

« Dans[1] la nuit du 2 au 3 avril, le comité politique international se réunit à la demande pressante de Marcel Paul. Celui-ci, d'accord avec son comité militaire, demanda que l'attaque fût déclenchée, les conditions étant favorables à une action offensive : le front n'était qu'à une quarantaine de kilomètres du camp ; les troupes SS qui gardaient le camp étaient peu nombreuses et semblaient absolument démoralisées par l'avance rapide des Américains. Il ne fallait pas attendre que le front se rapprochât davantage, sinon nous nous heurterions à des forces importantes avant d'avoir pu gagner les forêts voisines. Enfin, d'un moment à l'autre, les autorités SS pouvaient vouloir soit exterminer les détenus, soit les évacuer, ce qui pratiquement équivalait à l'extermination.

« Mais seuls les Espagnols, les Yougoslaves et les Russes soutinrent Marcel Paul. Les Allemands se déclarèrent sûrs que le camp ne serait ni détruit ni évacué et que le commandement SS était décidé à attendre l'arrivée des troupes américaines pour leur remettre le camp en mains propres.

« Après une discussion de plusieurs heures, les partisans de l'attentisme l'emportèrent. »

Si les communistes allemands ont la certitude que le camp ne sera ni détruit ni évacué, c'est qu'ils ont reçu

1. Frédéric H. Manhés (colonel Frédéric), *Buchenwald* (L'organisation et l'action clandestines des déportés français, 1944-1945, éd. FNDIRP).

des assurances du commandant Pister. Négocient-ils directement avec lui ? Par l'intermédiaire des doyens des déportés et du Bureau politique ? Quelles garanties proposent-ils à l'Oberführer, à ses officiers ? Les communistes allemands n'ont jamais révélé, même à leurs homologues étrangers, membres du comité, la réalité, la teneur de ces « contacts ». À peu près même secret dans les rangs du groupe IS/BCRA. Eugen Kogon ne mentionnera qu'une démarche le 3 avril de « quatre personnalités importantes, le ministre belge Soudain, le sous-secrétaire d'État français Marie, le capitaine Burney et l'officier de marine hollandais Cool, [qui] avaient décidé d'adresser au commandant une lettre dans laquelle, sous une forme très habile, on rendait hommage à son attitude loyale et correcte, et on exprimait l'espoir que les signataires, une fois de retour dans leurs pays respectifs, pourraient témoigner de ce fait devant l'opinion publique. Le coiffeur du commandant transmit cette lettre et elle produisit son effet : Pister la considéra comme un document garantissant sa sécurité et celle de sa famille. "Entre un ordre et son exécution, on peut laisser s'écouler un certain délai si nécessaire", dit-il, sans que, naturellement, on appelât les choses par leur nom, d'un côté ou de l'autre. Il temporisait, c'était l'essentiel ».

Le coiffeur Fritz Eichhorn devait sa position privilégiée à l'organisation clandestine communiste. Comment imaginer qu'il ait transmis le message sans l'accord du comité ? Mais Pister tiendra-t-il parole ? Aura-t-il assez de détermination, de courage pour ne pas exécuter un ordre ? Et il en reçut un, stupéfiant, le 4 avril, directement de l'état-major privé du Reichsführer : tous les juifs de Buchenwald seront séparés des autres déportés en vue de leur transfert en Suisse par la Croix-Rouge. Les déportés et le comité ne pouvaient croire un « mensonge aussi gros » et, dès que les haut-parleurs répétèrent inlassablement « rassemblement de tous les juifs », le « peuple de l'abîme » pour la première fois dans un camp de concentration devint « intouchable ».

– N'obéissez pas !

Le « mensonge » de Pister n'en était pas un. Folke Bernadotte et Carl Burckhardt poursuivaient leurs « conférences » avec Himmler, l'administration des camps, Kaltenbrunner et Schellenberg. Pister en fut-il informé ? Le dit-il à ses interlocuteurs du comité ? Le fait est qu'après l'appel au rassemblement aucun SS ne pénétra dans le camp.

L'administration devait penser que les policiers déportés feraient leur travail. Le comité leur ordonna de ne pas réagir. Kogon note : « L'hésitation de la SS accorda un précieux répit d'une nuit, au cours de laquelle des centaines de camarades juifs de la "vieille garde des camps" eurent l'occasion de se "planquer". On changea de nom, de matricule, de marque distinctive, on changea de block. »

Au matin, toujours selon Kogon, « les sous-officiers SS agirent pour la forme... Finalement, sur six mille juifs du camp, on en réunit quinze cents, nombre qui fut augmenté le lendemain par les juifs hongrois venant d'Ohrdruf ».

« Vers [1] 17 heures arrivent cinq mille détenus dans un état épouvantable. Ce sont les survivants d'Ohrdruf. »

D'autres Kommandos ont été ramenés au camp. Les déportés de la Gustlof Werke de Weimar seront les seuls répartis dans les blocks du grand camp. Une paillasse pour trois hommes. Tous les autres arrivants prennent le chemin du petit camp.

Le groupe IS/BCRA, qui a ses informateurs SS et en particulier le Dr Ding-Schuler, dont Kogon est secrétaire, apprend que les vingt Anglais et les deux Américains du camp doivent être arrêtés et « exécutés dans la nuit ».

« Quelques [2] personnes de confiance firent rapidement disparaître les quatre officiers, dont Southgate et Burney. On les cacha dans un petit réduit haut de soixante centimètres, placé sous le block 56 du petit camp. Lorsqu'ils descendirent dans la cachette, ils y trouvèrent un juif qui, la veille, avait découvert par hasard ce trou dans

1. Christian Pineau, déjà cité.
2. Eugen Kogon, déjà cité.

le plancher, sous un lit. Mais les prisonniers russes, qui surveillaient la cachette, ne laissaient plus sortir ce malheureux, parce qu'ils redoutaient que la cachette ne fût repérée par sa faute. Plié en deux, cet homme passa encore quatre jours dans cette situation, sans lumière, dans la boue, sans bouger, avec, au-dessus de lui, le claquement de quinze cents chaussures de bois. »

Deux heures plus tard, Ding-Schuler pénètre à nouveau dans le grand camp et apprend à Eugen Kogon que la Gestapo de Weimar a signé l'ordre d'exécution de quarante-six politiques. Ainsi le scénario d'Ohrdruf va s'appliquer à Buchenwald. Ding-Schuler ne connaît que quatre des noms portés sur la liste : Kogon, le Kapo du block 46, le Kapo du Revier et son adjoint, mais, précise-t-il, « la Gestapo connaît tous les membres de votre comité clandestin »... Kogon alerte les communistes allemands, qui parviendront le soir même à consulter dans le secrétariat du commandant Pister la liste des quarante-six, qui seront appelés le lendemain matin à la « Tour ». Aucun des dirigeants réels du comité international ne figure sur la liste, dont la composition parut « fantaisiste » à Kogon. Elle avait sans doute été dressée par un « espion » déporté, incapable d'infiltrer le mouvement en profondeur... Marcel Bloch (Dassault) occupait la vingtième place de la liste. Dans la nuit, le comité international se réunit. Il décida de cacher les quarante-six. Aussitôt, ses agents de liaison firent la tournée des blocks... Un seul des quarante-six fut oublié : Marcel Dassault, qui se présenta à la Kommandantur le lendemain matin... Un secrétaire lui dit de retourner dans son block et d'attendre un nouvel appel.

« Lorsque [1], dans la nuit du 6 au 7 avril, j'ai rejoint le block 40, le mien, après mon travail, j'ai trouvé une commission de SS venue passer en revue les déportés pour

1. Charles Hauter, *Témoignages strasbourgeois*. Charles Hauter, né le 9 juillet 1888 à Bischwiller (Bas-Rhin), docteur en théologie, doyen de la faculté de Théologie protestante de l'université de Strasbourg, arrêté à Clermont-Ferrand le 8 juillet 1943, détenu jusqu'au 10 février 1944 dans la prison militaire de Clermont-Ferrand, transporté à Compiègne et de là au camp de concentration de Buchenwald le 24 janvier 1944.

vérifier leurs capacités en vue d'une longue marche. Les inaptes étaient notés, nom et matricule. Le même examen avait lieu dans les autres blocks. C'était la certitude de l'évacuation imminente. Devant cette réalité brutale s'évanouissait l'espoir des plus optimistes. Il est vrai qu'un tel optimisme avait été provoqué et entretenu intentionnellement par la direction du camp. En effet, peu de jours auparavant, le deuxième commandant, Schobert, avait réuni au cinéma un certain nombre de détenus particulièrement influents pour leur annoncer officiellement l'abandon par les autorités allemandes de toute idée d'évacuation et la remise du camp entre les mains des Alliés. Schobert exprimait à ses auditeurs sa satisfaction de voir changer ainsi le sort d'hommes ayant souffert pour leurs convictions. Quant à sa propre vie insignifiante (*mein schnoedes Leben*), c'est ainsi qu'il termina son discours hypocrite, il n'y tenait pas outre mesure. »

« Le Krematorium [1] a recommencé à fumer ; ce ne sont plus des cadavres que l'on brûle, mais des papiers. De la Schreibstube, de l'Arbeitsstatistik, des casernes SS, arrivent des multitudes de dossiers qui ne doivent pas tomber aux mains des Américains. Si nos tortionnaires ont honte d'eux-mêmes au point de ne pas vouloir laisser de traces de leurs crimes, pourquoi continuent-ils à les perpétrer jusqu'à la dernière minute ?

« Dans l'après-midi, nous apprenons que les juifs vont quitter le camp, que d'autres départs sont prévus. Le Lagerführer aurait déclaré : "Il ne s'agit pas d'évacuation générale mais d'un certain nombre de départs en transport..."

« Au block 60, j'assiste à une scène grand-guignolesque. Un dysentérique qui vient de mourir est descendu de sa paillasse par un Stubendienst. Celui-ci prend le morceau de pain que le cadavre tenait encore dans la

1. Christian Pineau, déjà cité.

main, le jette dans le poêle. Le général A., voisin du mort, se précipite.

« – Ce pain était à moi, hurle-t-il, il me l'avait donné avant de mourir.

« – Tu n'as pas vu qu'il était plein de merde ?

« – Ça ne fait rien, je l'aurais essuyé ! »

Au début de l'après-midi, le groupe IS/BCRA décide qu'un de ses membres s'évadera du camp pour prendre contact avec les Américains. Eugen Kogon est choisi pour cette mission.

« Pour parer au danger d'une évacuation au dernier moment, on décida d'envoyer en cachette un messager hors du camp. Si les Américains évitaient l'importante position stratégique de l'Ettersberg, sur laquelle était situé le camp, notre messager atteindrait cependant les lignes alliées derrière Weimar, mais, en même temps, il enverrait aussitôt une lettre au commandant de Buchenwald. La police avait annoncé par radio (et le service d'information du camp avait transmis la nouvelle) que, pendant la nuit, quarante parachutistes en vêtements civils étaient descendus des deux côtés de l'autostrade, au sud de Weimar, et qu'on n'avait pu s'emparer d'eux. Notre lettre adressée au commandant du camp était censée émaner de l'un de ces parachutistes. Elle disait ceci :

*"Commandant !*

*"Des transports quittent Buchenwald. Ce sont des transports de la mort, comme celui d'Ohrdruf !*

*"L'effroyable tragédie d'Ohrdruf ne doit pas se renouveler. Nous avons vu de nos yeux les victimes des forces d'escorte et d'une population fanatisée.*

*"Malheur aux responsables, malheur à la Thuringe si cela se renouvelle ! Nous comprenons que vous vous trouvez, comme tout le pays, dans des difficultés que vous pensez ne pouvoir surmonter qu'en expédiant des milliers de détenus sur les routes. Arrêtez-vous ! Finissez-en immédiatement !*

*"Nos commandants de blindés arrivent pour établir votre compte. Vous avez encore une seule chance !*

*"James McLeod,*
*"Commandant, War Office, Londres."*

« Le 6 avril, plus de trois mille juifs avaient quitté Buchenwald à pied. À ce moment, le départ de notre message ne pouvait plus se faire que par une seule voie (à part les transports, plus personne ne quittait le camp) : par le block 50 et le Dr Schuler. J'émergeai donc de ma cachette, bien qu'il y eût des patrouilles SS dans les rues du camp, je me présentai au Dr Schuler, qui avait déjà été averti par le caporal SS Feld, et je me suis mis d'accord avec lui sur cette entreprise hasardeuse. Le lendemain 8 avril, un camion devait être envoyé par la police de Weimar pour venir chercher des instruments de valeur et des vaccins destinés au groupe de combat du colonel SS Schmidt. Je devais prendre place dans l'une des caisses et être déposé dans la maison de Schuler à Weimar. »

*Buchenwald* *7-8 avril 1945*
*Évacuations* *et jours suivants*

# « LE BAISER DE PAIX »

« Les[1] dix kilomètres qui séparent les hauteurs de Buchenwald de la gare de Weimar, nous les avions descendus à pied. Nous formions une longue colonne de quatre à cinq mille déportés. Certains détenus, à bout de forces, se laissaient choir sur le bord de la route. Les SS les tuaient sur place, comme on écrase un insecte tombé à terre. Puis, à la gare de Weimar, l'on nous a fait monter dans les wagons de marchandises. Ceux-ci étaient encore tout noirs de poussière de charbon ; les uns étaient couverts et fermés ; les autres, comme le nôtre, étaient à ciel ouvert. Chaque wagon était gardé par deux SS. Quelques-uns d'entre nous avaient pu heureusement emporter une couverture. Les nuits sont encore très froides en Allemagne à cette époque de l'année. Au-dessus de nos têtes, c'était le ciel, un ciel sans étoiles. Et nos cœurs étaient comme voilés. »

« C'est[2] à la sortie du camp que je vis les premiers cadavres de camarades étendus sur le sol, la tête fracas-

1. Ce manuscrit du frère Éloi Leclerc m'a été confié par son ami François Motte. Les cahiers de *Vie franciscaine* de 1947 à 1950 ont publié plusieurs études, essais, réflexions d'Éloi Leclerc sur la déportation et l'« expérience du mal ».
2. Manuscrit inédit Pierre Salomon. Membre des Mouvements unis de

sée. Je me demandais ce qui se passait. Mais quelque temps après, la réponse à ma question me fut donnée : un camarade épuisé s'affalait sur le bord de la route, je vis un SS s'approcher de lui et lui tirer une rafale de mitraillette dans la tête. Du premier camarade que j'ai vu massacrer jusqu'à Weimar, j'ai compté cent cinquante victimes. Du camp à Weimar, il y avait cinq kilomètres. Lorsque nous approchâmes de la gare d'embarquement, au loin j'aperçus dans la plaine une bataille qui se déroulait et je pensai : "Ils ne sont pas loin et nous, nous partons pour une destination inconnue."

« En gare de Weimar, un long convoi nous attendait. Il y avait environ cinquante wagons à bestiaux, couverts et à ciel ouvert. On nous fit monter dans l'un d'eux ; à l'intérieur un espace était délimité par deux traverses de chemin de fer. J'étais dans un wagon découvert, et nous étions quarante de chaque côté des traverses. »

« Nous [1], nous étions soixante à droite, soixante à gauche. Tous assis, jambes écartées, les genoux touchant les épaules, serrés comme des sardines en boîte. Impossible de bouger ! Imaginez soixante hommes dans un rectangle de trois mètres sur quatre.

« L'espace libre au milieu du wagon fut occupé par deux soldats armés. Toutes les nationalités étaient représentées : des juifs hongrois au profil décharné, des Russes de tous âges, des Belges, des Hollandais, des Tchèques et environ trente-cinq Français sur cent dix hommes. Pourquoi et où nous emmenait-on ? Question sans réponse. Certains supposaient que nous allions vers le front pour creuser des tranchées, d'autres disaient

la Résistance, arrêté par la milice en juin 1943, s'évade, rejoint le maquis de Juvenet, participe à de nombreux combats. Fait prisonnier le 14 juin 1944.

1. Manuscrit inédit Pierre Vourron. Pierre Vourron est l'un des plus jeunes déportés de France. À quinze ans, il combat dans les maquis du Doubs et du Territoire de Belfort. À seize ans, agent de liaison du réseau César-Buckmaster, il participe à de nombreuses missions. Les jambes brisées par une rafale de pistolet-mitrailleur, il sera torturé puis déporté en septembre 1944 à Buchenwald.

qu'ils nous conduisaient vers un camp d'extermination. À la tombée de la nuit, on nous distribua la moitié d'une boule de pain à chacun, soit cinq cents grammes environ. Les portes des wagons furent fermées de l'extérieur, puis cadenassées. Les deux SS étaient enfermés avec nous. Ils s'installèrent confortablement en pointant leurs armes dans nos directions. Un coup de sifflet strident, le convoi s'ébranla dans la nuit sombre. Malgré la faim qui me nouait l'estomac, je pris une précaution qui allait me permettre de ne pas mourir. J'émiettai les trois quarts de mon pain et le répartis dans mes poches.

« L'aube nous apparut sous la forme d'un rayon blafard filtrant par les deux orifices aménagés aux deux extrémités du wagon. Les visages amaigris, pâles, terreux émergeaient de l'amalgame de bras et de jambes. »

« Le [1] dimanche 8 avril, le train s'arrêta en gare de Lukenau. Il y stationna toute la journée, puis toute la nuit jusqu'au lendemain matin. Dans nos wagons, il nous était interdit de nous lever. Nous devions rester accroupis. C'était furtivement et rapidement, en baissant la tête, que nous nous levions pour vider par-dessus bord la gamelle de fortune qui servait à nos besoins. Ce dimanche et ce lundi, l'on reçut quelque ravitaillement : chacun de ces deux jours, une boule de pain d'environ mille cinq cents grammes pour six hommes et quelques pommes de terre. Rien de chaud, bien sûr. Et cependant il faisait un brouillard très froid quand nous quittâmes Lukenau le lundi en fin de matinée. »

« À l'aube [2] du troisième jour, face à nous, trois têtes hideuses, les yeux ouverts, les dents saillantes, fixaient sur nous leurs regards de morts. Les trois premiers morts, morts d'épuisement ou peut-être simplement étouffés pendant la nuit par des Ukrainiens, ceux-ci espérant obtenir une place plus grande pour étendre leurs jambes. Mon voisin murmura : “C'est pas fini, ça com-

1. Frère Éloi Leclerc, déjà cité.
2. Pierre Vourron, déjà cité.

mence seulement !" Les SS, nullement émus par ce spectacle, dissertaient entre eux. Bientôt, des plaintes montèrent comme une prière d'abord, puis s'amplifièrent. Une voix, puis deux, puis dix réclamant à boire : "*Wasser ! Wasser !* De l'eau ! de l'eau !..." Ces mots montaient dans l'air empoisonné comme une litanie. Les uns s'arrêtaient, trop épuisés par l'effort, d'autres reprenaient en chœur ces lamentations : "*Wasser ! Wasser !*" Trois jours sans boire ni manger ! Les SS rendus nerveux par ces cris menaçaient à chaque instant de tirer dans le tas.

« Je fus arraché à ma torpeur par des coups de feu. Un hurlement creva la nuit. Puis ce fut le silence. On n'entendait que le bruit des roues et le « tacata » caractéristique des fers de rail. La soif ! À boire ! De l'eau ! *Wasser ! Acqua ! Woda !* Toujours « à boire » dans toutes les langues. La même supplication. De la part des SS, la même indifférence. Nous étions à l'aube du cinquième jour. Du sang tapissait les parois. Les gardes avaient tiré au hasard, faisant cinq morts.

« Un hurlement de sirène nous parvint à travers l'air vicié. Un bruit de sabots sur les roues. Les boggies se tamponnaient. Quelques secousses ; nous étions immobilisés. On entendait le halètement d'autres locomotives. Nous étions sur une voie de triage. Les SS paraissaient inquiets. Si la gare était bombardée, ils étaient sacrifiés. Les soldats composant l'escorte couraient se réfugier dans les abris. On entendait distinctement le bourdonnement des avions. Nos gardes frappèrent à la porte. Personne ne répondit, ils étaient prisonniers comme nous.

« La gare de triage ne fut pas bombardée. Après la fin de l'alerte, un bruit de porte que l'on glisse nous avertit que les SS allaient enfin nous donner à boire et à manger. Un bruit de chaîne, un cadenas que l'on ouvre, et une bouffée d'air frais vint à nous comme une caresse. Les gardes sautèrent sur le ballast. Pendant que l'un de nous surveillait, l'autre allait faire ses besoins. Ils demandèrent ensuite deux volontaires pour vider la tinette que l'on avait mise à leur disposition dans le wagon. Deux Russes se présentèrent. Malgré les longues privations, ils purent descendre du wagon sans effort apparent. Ils remontèrent au bout de trois à quatre minutes et s'écroulèrent parmi les morts-vivants et les cadavres. L'air vif n'avait pas atténué leur soif. Les sentinelles furent relevées par deux SS d'un certain âge, vraisemblablement de la vieille réserve. À une question posée par l'un d'eux, on entendit le mot "Dresden".

« Quatre volontaires furent désignés pour sortir les cadavres. J'en fis partie. Nous prenions le mort par les jambes en le tirant sur les cailloux longeant la voie. Tous les six wagons, une plate-forme remplie de cadavres squelettiques, une masse uniforme de bras, de jambes décharnées, un paquet d'os dans lequel brillaient des yeux vitreux. Nous fîmes quatre voyages. Je profitai d'un instant d'inattention d'un garde pour faire semblant de rajuster mes claquettes et ramassai prestement une poignée de pissenlits que je cachai sous ma veste. De retour à ma place, je me jetai sur les fleurs jaunes et mangeai avec avidité les fleurs, les feuilles, les racines pleines de terre, tout y passa. Le Russe à mon côté en fit autant.

« La nuit nous surprit dans la même position. Les SS ne nous surveillaient plus. À quoi bon ! Que pouvaient faire ces squelettes à qui le moindre effort arrachait des cris de souffrance ? Lorsque le wagon était éclairé par des lumières extérieures, notre cerveau enregistrait la même vision d'épouvante : des têtes décharnées, les orbites creuses d'où sortaient des yeux agrandis par la souffrance, des bouches ouvertes laissant apparaître les dents noircies. Ces râles humains ! Nous étions en enfer ! La vie ne tenait qu'à un souffle. Encore un matin sans eau ! Encore des cadavres ! Deux Italiens, trois Russes jaunes comme la couleur de l'urine qu'ils avaient bue. Pour nous, encore vivants, nous avions une paire de tibias en guise d'oreiller. Le train ralentit, stoppa. Les SS ne montrèrent aucune agitation particulière. Un court arrêt, peut-être ? En cherchant quelques miettes, je sortis un mégot de ma poche, souvenir de Buchenwald ! Du tabac russe, le Maïorka. J'eus l'idée de le mettre en bouche, peut-être saliverais-je un peu ? Un Ukrainien me dit dans un souffle : "*Dawa ! Dawa ! Fran-*

*zouski.*" Je lui tendis le mégot. Je l'entendis frotter une allumette. Au même instant une ronde extérieure appelait les gardes.

« – *Wer hat hier geraucht ?* (Qui a fumé ici ?)

« Les deux SS au garde-à-vous se regardaient. L'officier huma l'air et répéta sa question en fixant notre groupe. L'Ukrainien se souleva sur un coude et tendit son doigt dans ma direction :

« – *Klein Franzouski !* (C'est le petit Français !)

« Je sentis ma dernière heure venue. Je regardai l'homme qui me fixait. Une, deux, trois secondes... D'un geste, il empoigna l'Ukrainien, le mit debout et le poussa vers la porte, il le tint en équilibre de la main gauche et de la main droite lui tira un coup de pistolet dans la nuque. L'homme s'effondra comme un pantin désarticulé et bascula sur la voie. Sans un mot, l'officier sortit. Je restai là, hébété, me demandant par quel miracle j'étais encore en vie. Pourquoi l'avoir tué, lui, et pas moi ? Un coup de sifflet, le grincement des roues, on partait... »

« Comme[1] les camarades, je possédais une boîte métallique qu'on mettait sur le rebord du wagon pour recueillir la pluie. Lorsque nos boîtes étaient pleines, nous pouvions boire une petite gorgée chacun. La boîte vidée, nous la remettions sur le rebord. Les SS avaient formellement interdit de se lever et, chaque fois que je mettais la boîte, je risquais la mort. Lorsque les SS s'aperçurent que nous mettions les boîtes sur le rebord, ils s'amusèrent à leur tirer dedans. Comme un jeu de tir dans les fêtes foraines. Un Français et un Polonais essayèrent de récupérer les boîtes, mais les SS leur tirèrent des rafales de mitraillette et les abattirent. Comme toujours, les vivants se jetaient sur les corps chauds pour sucer le sang. »

1. Pierre Salomon, déjà cité.

« Le[1] convoi était stoppé. Des hurlements. Tous ces cris laissèrent préluder un événement nouveau. Les portes du wagon s'ouvrirent avec fracas. Un sous-officier demanda si nous étions tous crevés. D'un geste de tête négatif, le garde fit comprendre que malheureusement il y avait encore des vivants. Le sous-officier "hurleur" bondit sur nous et à grands coups de pied et de cravache nous fit avancer vers la porte.

« – Regardez, nous dit-il, regardez bien ! Quinze terroristes se sont laissés glisser sur la voie. Ils voulaient s'échapper...

« Il reprit son souffle.

« – Regardez, regardez bien...

« On fit descendre tous les hommes du wagon 23.

« – Combien sont-ils ?

« Un garde compta. Recompta.

« – Trente-trois hommes.

« Il leva un bras. Cinq soldats armés de mitraillettes tirèrent sans discontinuer plusieurs rafales. Nos camarades criblés de balles baignaient dans une mare de sang. Les SS reprirent leur place. Le convoi s'ébranla. Parmi nous, aucune émotion. La mort, nous vivions avec elle. Eux, c'était aujourd'hui. Dans une heure ou demain, ce serait nous. »

« Le dixième jour[2], un "vieux dur" de la Légion n'en pouvait plus de coucher sur les monceaux de cadavres. Il pleurait en pensant à ses enfants. Un colonel et un lieutenant de la région parisienne, en commun accord avec d'autres déportés, proposent une mission. Il fallait, à tout prix, que l'un de nous s'en sorte pour raconter cet enfer de souffrances inhumaines. Nous avions un peu plus de chances de réussir car nous étions dans un wagon découvert.

« J'étais un des plus jeunes et des plus vaillants. J'ai

1. Pierre Vourron, déjà cité.

2. Manuscrit inédit P. Borgonio, membre d'un corps franc de l'armée secrète, arrêté à Lyon le 10 février 1944, évacué à pied du Kommando Langensalza sur Buchenwald. (2 et 3 avril 1945.)

toujours eu un bon moral, j'ai toujours espéré. Je me souviendrai toujours des paroles du colonel. Il disait :

« – Les gars, si l'un de nous en réchappe, il lui suffira de dire qu'il était dans ce convoi pour qu'on dise : "Vous êtes un brave !"

« Le 18 avril 1945, je saute du train en pleine nuit, après avoir essuyé de nombreux coups de feu et le tir des mitrailleuses allemandes. Nous sommes dans la région sud-ouest de la Tchécoslovaquie. Je n'ai pas été touché, je me suis aplati jusqu'à la fin du convoi dans le fossé. J'ai fait mon signe de croix et je puis jurer sur l'honneur que j'ai remercié Dieu. Ce n'était pas mon heure. Léger comme une plume, j'ai traversé un pré, bu de l'eau de source, traversé une petite rivière. Je marchais la nuit et attendais le lever du jour. À proximité d'une ferme, je vis un paysan avec son seau. Il allait à son étable. Je siffle et lui fais signe de venir vers moi. Je me présente comme prisonnier français évadé, mort de faim. Il me fait signe d'attendre une minute et me dit "*niemeski*". Je compris par la suite ce mot tchèque, qui voulait dire "allemands". Il me remplit une musette de pain et de fromages et me pria de partir rapidement. Je n'en demandais pas plus, car j'avais de quoi me rassasier. »

« À la frontière [1] de Pilsen en Tchécoslovaquie, il y eut une autre évasion. Des Tchèques s'évadèrent et aussi un Français. La mitrailleuse et les armes légères tirèrent. On roulait toujours. Au bout de cinq minutes le convoi stoppa. J'entendis crier les SS, les chiens aboyer. Je fis un grand effort pour me retourner et pour regarder entre les jointures des portes ce qui se passait. Je vis des SS courir dans tous les sens. Après un quart d'heure environ, des bruits et des crépitements de mitraillette résonnèrent à nouveau : des SS ramenant des prisonniers à proximité du wagon. Les SS les entourèrent et lâchèrent les chiens sur eux. Eux-mêmes, avec les chaînes métal-

1. Pierre Salomon, déjà cité.

liques des chiens, frappèrent ces hommes jusqu'à ce que mort s'ensuive. Ce fut un véritable carnage. Lorsque tout fut terminé, les SS abandonnèrent les cadavres et regagnèrent leur poste.

« Nous roulions depuis un moment quand nous arrivâmes dans une ville dont j'ignorais le nom. Le train ralentit. Je pus voir des maisons autour de moi et je me rendis compte que nous allions passer sous un pont où les gens circulaient. Quand ceux-ci s'aperçurent de notre présence, les femmes, dont les sacs étaient pleins de nourriture, les versèrent à l'intérieur des wagons. Les SS tirèrent en l'air, mais malgré cela elles continuèrent à vider leurs provisions. Dans mon wagon, nous n'étions plus que dix. En voyant la nourriture, nous fîmes un effort pour la saisir. Malgré ma faiblesse, j'arrivai à prendre deux carottes et je les mangeai. Le pont franchi, nous arrivâmes dans une gare dont le nom m'était inconnu. Les SS sortirent du wagon. J'aperçus des êtres humains, poussés par la curiosité, qui vinrent voir ce qui se trouvait à l'intérieur du wagon. Lorsqu'ils distinguèrent l'amoncellement de cadavres, les femmes cachèrent leurs yeux avec leurs mains, d'autres firent le signe de croix. Je ne comprenais pas leur langue, mais d'après leurs gestes et la frayeur qui se lisait dans leurs yeux, je compris qu'ils venaient de voir une scène horrible, terrifiante. Le crépitement des mitraillettes avertit les gens qu'il fallait circuler. Les SS remontèrent dans le wagon et refermèrent les portes. Le convoi se remit en marche et nous roulâmes jusqu'à la tombée de la nuit. »

« Nous[1] nous réveillâmes le mercredi matin à Pilsen, en Tchécoslovaquie. Des groupes de Tchèques ne tardèrent pas à se former aux abords de la gare où notre train s'était arrêté quelques instants ; ils se mirent à nous lancer du pain. Les SS tirèrent quelques coups de mitraillette. Le train avança lentement, puis passa sous un pont de la ville. Des gens étaient accourus et du haut du pont

1. Frère Éloi Leclerc, déjà cité.

ils laissèrent tomber quelques vivres dans nos wagons. Dans l'après-midi, nous arrivâmes dans une petite gare non loin de Pilsen. Sur le parcours, une même émotion saisissait les gens à la vue de nos habits rayés et de nos figures repoussantes de maigreur et de saleté. Dans les wagons, on se bousculait et on se disputait pour attraper les morceaux de pain qui nous étaient lancés. À un endroit, ce sont nos sentinelles qui interceptèrent pour elles des brioches qui nous étaient destinées. Plus que jamais il nous était interdit de nous lever. Mais la faim était la plus forte. Le soir, on eut une boule de pain pour dix hommes. Et la journée s'acheva par la sortie des morts. Leur nombre allait croissant. La dysenterie commençait à faire des ravages. Les cadavres n'étaient plus enterrés le long de la voie, mais entassés dans de grands wagons attelés à la fin du convoi : on les empoignait par les bras et les jambes, et, en les balançant, tête branlante, on les lançait par-dessus bord dans le wagon.

« Le lendemain jeudi, le train stationna toute la journée, dans cette même petite gare, non loin de Pilsen, en pleine campagne. Le soir on descendit les morts. Il ne se passa pas autre chose ce jour-là. Et il en fut de même le jour suivant : on attendit toute la journée sans aucun ravitaillement, et le soir on descendit les morts. La vie s'était tragiquement simplifiée pour nous. Une seule occupation nous restait : regarder mourir, en attendant de mourir soi-même. Et quand la nuit venait, c'était comme si les bouches de l'enfer s'étaient ouvertes devant nous. Ce qui faisait mal, terriblement mal, c'était de se surprendre soi-même en train de guetter la mort d'un voisin en se disant que demain l'on aurait sans doute plus de place pour s'étendre. Nous apprenions brutalement "ce qu'il y a dans l'homme", comme dit saint Jean.

« Et dans nos ténèbres si longues et si profondes, nos cœurs cherchaient Dieu, comme à tâtons. Dans la nuit, nos cœurs lourds de tristesse murmuraient tout bas : "Minuit, Seigneur ! Les humbles se réfugient auprès de Toi. Ils Te confient leurs peines, leurs tristesses, leurs angoisses. Ils Te confient leur malheur, leur misère et même leur déchéance parfois. Ils T'offrent la grande pitié de la Terre. Ils T'offrent aussi leur espoir. Car nous avons confiance en Toi, Seigneur Dieu, immolé pour les hommes. Pour que l'homme ne soit plus le bourreau de l'homme et que les misérables connaissent enfin le baiser de paix." Cette prière semblait venir jusqu'à nous du plus lointain des âges. Peut-être avait-elle été murmurée, en des termes à peu près semblables, par des générations qui avaient connu comme nous la guerre et la déportation. En elle passait quelque chose du souffle qui avait inspiré les Psaumes. N'était-ce pas le même drame qui se jouait, la même histoire qui se continuait ? Nous nous sentions à certains moments comme pris et enveloppés dans le déroulement et l'accomplissement d'un grand mystère.

« Dans la nuit du vendredi au samedi, il y eut plusieurs évasions. Cela malgré la présence nuit et jour de deux SS dans chaque wagon. Mais, au matin, un officier SS monta dans notre wagon et à bout portant tira dans le tas des prisonniers. Deux camarades furent atteints, l'un à l'épaule, l'autre à la jambe. Ce dernier était plus grièvement touché. La balle lui était entrée dans le genou et sortie par le talon. Il agonisera quelques jours et mourra faute de soins.

« Ce n'est que le lundi 16 avril que le train reprit sa marche. Nous roulions maintenant dans la plaine tchécoslovaque. La campagne était vallonnée, paisible, verdoyante. Ici et là surgissaient de petites églises. Par endroits, dans des terres fraîchement remuées, des hommes et des femmes travaillaient aux semailles des pommes de terre. Il faisait un temps splendide. Au-dessus de nos têtes, dans un grand ciel bleu, les alouettes chantaient, ivres d'espace et de liberté. Le train s'arrêta quelques instants dans une petite gare. Soudain, un des officiers qui commandaient le convoi fit irruption dans notre wagon et se mit à exploser en invectives contre un détenu et à le bourrer de coups de botte. La scène fut atroce. Ce détenu venait de faire signe à un civil de lui apporter un peu d'eau. Le SS, vociférant, écumant de rage, avait sorti son poignard. Tout semblait indiquer qu'il allait achever le prisonnier. Se sentant perdu, celui-ci à genoux suppliait. Le visage défait, il répétait, haletant, qu'il avait trois enfants à la maison. C'était affreux. Finalement, l'officier se retira, laissant au temps le soin d'achever cette sinistre besogne.

« Ces journées d'immobilité nous paraissaient interminables. Nous vivions là absolument en dehors du monde et de tout ce qui s'y passait. Où étaient les Alliés ? Que se passait-il en France en ce moment ? À vrai dire, ces questions ne se posaient même plus à nous. Nous apprenions simplement à apprécier la valeur d'une bouchée de pain, d'une gorgée d'eau, d'un rayon de soleil et, de loin en loin, comme une chose très rare et très précieuse venant d'un autre monde, le salut sympathique d'un passant.

« Parmi la centaine d'hommes qui occupaient notre wagon il y en avait de toutes les contrées d'Europe, et aussi de toutes les conditions sociales. La plupart avaient entre vingt et quarante ans. L'un ou l'autre cependant avaient dépassé la cinquantaine. Tous paraissaient vieillis. Certains savaient pourquoi ils avaient été arrêtés et internés. D'autres étaient là simplement pour avoir été pris dans une rafle à Paris, à Varsovie ou ailleurs. Nous ne parlions pas beaucoup de ces choses-là entre nous. Et à vrai dire on ne cherchait pas tellement à se connaître. Quand la détresse est extrême, il n'y a rien d'autre à savoir d'un homme que sa souffrance, avec laquelle il ne fait plus qu'un. Tout le reste comptait si peu ! Que vous ayez été fonctionnaire ou paysan, charcutier ou ministre, quelle importance cela avait-il encore ? Vous étiez comme tout le monde. Un condamné, ni plus ni moins. Tête rasée et ventre creux. Toutes les différences sociales s'effaçaient devant cette communauté de destin. Il y avait aussi un prêtre parmi nous. Sous son habit de bagnard, il disparaissait dans la masse des détenus. Le jour de son ordination, il n'avait certes pas rêvé d'un tel sacrifice à offrir. Là cependant, dans un dépouillement complet, il était vraiment « prêtre jusqu'à terre », selon la rude expression des vieilles légendes bretonnes. Enfin, nous étions quatre franciscains. C'est vers cette date que l'un de nous, le frère Louis Paraire, tomba malade.

« Dans la nuit du mardi au mercredi, le train se remit en route. Il roula toute la journée à travers les monts de Bohême. Sur tout cela, le soleil rayonnait et faisait monter de la terre la bonne odeur humide et tiède du printemps en forêt. Dans ce décor un peu sauvage, au milieu de cette fraîcheur et de cette poésie, lentement s'avançait notre train de misère avec ses quatre mille condamnés. On eût dit qu'on nous avait emmenés là pour quelque célébration barbare, peut-être pour être offerts en sacrifice au dieu Wotan ou à quelque autre divinité étrangère de la nature. Tout à coup l'épouvante s'abattit sur nous. On vit se dresser sur nos têtes, par-dessus les parois du wagon, la figure de l'officier SS qui avait déjà tiré sur nous et qu'on avait surnommé pour cela le "tueur". Et de nouveau, il tira dans le tas. Deux camarades à présent agonisaient. L'un d'eux avait reçu une balle en plein ventre, le sang lui venait par la bouche. Nous étions dans le sang.

« Au milieu de tout ça, l'idée nous vint de relire le texte de saint Paul : "Qui nous séparera de l'amour du Christ ? Sera-ce la tribulation, l'angoisse, la faim, la nudité ou l'épée ? Selon qu'il est écrit : à cause de toi, tout le jour nous sommes livrés à la mort, et on nous regarde comme des brebis destinées à la boucherie. Mais dans toutes ces épreuves, nous sommes plus que vainqueurs par Celui qui nous a aimés, car j'ai l'assurance que ni la mort ni la vie, ni les anges ni les principautés, ni le présent ni l'avenir, ni les puissances, ni hauteur ni profondeur, ni aucune créature ne peut nous arracher à l'amour que Dieu nous a témoigné dans le Christ Jésus Notre-Seigneur." Nous pensions à cela dans la foi. Une foi toute dépouillée où le sentiment avait assurément peu de place et l'imagination encore moins. Nous nous sentions simplement pris dans un grand mystère. Une main invisible nous soutenait et nous conduisait au-dessus du vide. Car un grand vide s'était creusé au-dessous de nous. Notre vision du monde et de l'homme, de l'homme surtout, s'était obscurcie complètement, nous laissant devant un gouffre sombre. Ce texte de saint Paul était pour nous un pont jeté au-dessus de l'abîme, qui nous permettait de passer jusqu'à l'autre rive et de prendre appui sur une certitude qui n'appartenait pas à ce monde croulant. Au milieu de cet ébranlement général de nos certitudes, deux choses nous restaient, fermes comme les piliers mêmes de la création, deux choses sacrées sur lesquelles la main destructrice de l'homme n'avait pas de prise, deux choses enracinées dans les profondeurs originelles : la grande nature et la parole de Dieu. L'homme à la mitraillette pouvait bien semer la mort et tenir dans l'épouvante des milliers d'hommes, le soleil, comme un paon magnifique, n'en continuait pas moins dans le ciel à promener sa roue d'or et de feu, avec une tranquille majesté. Et les forêts sur les monts ne cessaient d'étendre leur opulente verdure. Et quand l'heure serait venue, les étoiles à nouveau fleuriraient dans la nuit. Il en était ainsi depuis le commencement, depuis qu'il y eut un soir et qu'il y eut un matin. Le visage de l'homme avait changé, il était devenu méconnaissable ; mais la Terre en ce printemps gardait intacte la marque du premier amour. C'était la permanence de la nature, à l'image de la permanence de Dieu et de Sa Parole. Et cela fondait notre espérance. N'était-il pas écrit dans la Bible : “Le lever du Seigneur est certain comme celui de l'aurore” ?

« Nous avions roulé toute la journée. Ce soir-là, le train s'arrêta dans une petite gare au sortir des monts de Bohême. Le pont de Passau sur le Danube venait d'être coupé. Nous étions donc condamnés à rester là, sur une voie de garage, pendant six jours. Le beau temps avait cessé, et la pluie s'était mise à tomber, froide et persistante. Durant trois jours et trois nuits, il nous fallut subir la pluie et le vent. Nos couvertures, que nous tenions sur nos têtes en guise de cape, s'imprégnaient d'eau et finissaient par peser lourdement. Nous étions transis de froid.

« Lorsque quelqu'un était mort, les survivants s'emparaient de ses vêtements pour se protéger du froid. Les cadavres restaient parfois dans les wagons toute la journée, et on ne pouvait faire autrement que de les heurter et de les piétiner. D'ailleurs on n'en faisait plus cas. Beaucoup mouraient de dysenterie, beaucoup aussi d'épuisement. D'autres étaient atteints d'érésipèle et c'était ce qu'il y avait de plus horrible à voir. En une nuit, en une journée, ils devenaient méconnaissables, complètement défigurés, le visage boursouflé et en feu. Les malheureux hurlaient de douleur, ils criaient dans la nuit, délirants de fièvre ; ils demandaient à boire, mais en vain. Et au matin, ils gisaient raidis par la mort.

« Au milieu d'une telle détresse naissait en nous un sentiment étranger, un sentiment d'abandon et de déréliction. Nous avions l'impression d'être livrés, abandonnés à un destin aveugle, brutal, inexorable. Et cette impression se faisait de plus en plus forte et finissait par nous dominer. Nous étions là des milliers d'hommes abandonnés à la faim, au froid, à la mort. N'était-ce pas un écrasement total de l'homme ? L'homme nous apparaissait alors comme un être sans valeur, sans appui, sans espoir, pris dans un tourbillon de forces qui se jouaient de lui ou qui, plus simplement, l'ignoraient totalement. Cet abandon et cet écrasement éveillaient en nous le sentiment atroce du non-sens de l'homme et de l'inexistence de Dieu. Parmi les cadavres qui gisaient dans les flaques d'eau, les yeux ouverts et révulsés, il y avait tel compagnon, tel ami. En les regardant, nous nous répétions secrètement à nous-mêmes, avec insistance, pour ne pas tomber dans le doute : "Je crois à la résurrection de la chair et à la Vie éternelle." La foi était devenue une dure victoire sur la nuit du doute. Cette nuit du doute s'était appesantie sur nous. Là où le Père est absent, le Fils entre en agonie. L'agonie, c'est toujours l'absence du Père. Et où trouver la moindre trace du Père dans cet enfer ? Tout ce que nous avions alors sous les yeux, tout ce qu'il nous fallait subir nous faisait sentir que nous étions pris sous une loi d'airain, livrés au règne inflexible de puissances aveugles. Et cela s'imposait à nous comme étant la réalité, toute la réalité, l'unique réalité.

« Notre foi souffrait, saignait et elle cherchait elle aussi à se maintenir.

« Une chose, une seule offrait une garantie et nous apparaissait alors comme une valeur suprême. C'était cette amitié que vous témoignait un camarade et dont vous étiez personnellement l'objet : ce geste de patience et de délicate attention de la part de quelqu'un qui comme vous était submergé par la souffrance. Cela vous redonnait un visage, un nom et vous recréait, en quelque sorte. Vous réappreniez soudain que vous n'étiez pas une bête, mais un être digne d'être aimé. C'était un trait de lumière qui tombait miraculeusement. "Il faut avoir en soi du chaos, disait Nietzsche, pour enfanter une étoile dansante." Le chaos, certes, ne nous manquait pas. Mais il y avait aussi une étoile dansante. La divine charité n'était pas absente de ce milieu. Et il suffisait qu'elle se montre pour que renaisse en vous l'assurance que ce monde de ténèbres et de violence n'était pas l'unique et dernière réalité. Elle venait de très loin, cette générosité. De bien plus loin que cette poussée de haine, pourtant vieille comme la Terre, qui voulait nous anéantir. Elle traversait le cœur de l'homme et toute la Terre et s'enracinait au plus profond même du cœur de Dieu. En elle transparaissait quelque chose du visage de Dieu. L'homme fraternel est l'homme qui révèle le Père. Qui le voit voit aussi le Père.

« Durant tous ces jours, notre frère Louis Paraire atteint de dysenterie s'était bien affaibli. Son état était devenu alarmant. Il ne pouvait plus prendre aucune nourriture. »

Johann Bergmann, le pasteur d'Aicha, commune de Passau, se rendit à la gare de Nammering dès qu'il apprit l'arrivée dans la nuit du 19 au 20 avril d'un train composé de quarante wagons « pleins de morts et de mourants ». Il parlementa longuement avec le commandant du convoi et ses hommes afin de pouvoir nourrir les survivants. Il demanda que cessent les fusillades.

« À l'origine [1], le convoi de prisonniers comptait quatre

1. Témoignage publié le 19 avril 1955 dans le *Passauer Neue Paesse*, Passau, Archives Amicale de Buchenwald-Dora. Cité par Pierre Durand, *Les Armes de l'espoir*, Les Français à Buchenwald et Dora, Éditions sociales, 1977.

mille quatre cent quatre-vingts hommes. Toutefois, il n'en restait que quatre mille en vie à l'arrivée à Nammering. Le personnel de la gare me confirme que plusieurs de ces wagons étaient remplis de cadavres qui furent incinérés dans une caverne. Le spectacle dans la gare même était effrayant : les formes squelettiques étaient couchées sur le terrain pêle-mêle ; on venait de vider un wagon complet de cadavres. Les morts étaient jetés comme des troncs d'arbre sur des charrettes réquisitionnées aux alentours. Certains étaient déjà décédés ou avaient été assassinés depuis plusieurs jours (...). Les SS ont prétendu en avoir brûlé deux cent soixante-dix, ce qui pourrait être considéré comme exact. On peut admettre qu'il y eut au total sept cent quatre-vingt-quatorze morts à Nammering, car cinq cent vingt-quatre y reçurent une sépulture. Somme inouïe de souffrances et de malheurs humains, dus à une cruauté inhumaine lorsqu'on pense qu'en l'espace de deux jours sept cent quatre-vingt-quatorze personnes furent arbitrairement exécutées. »

« À l'aube [1] du 23 avril, nouveau coup de sifflet et nouveau déblocage des freins, mais le convoi s'ébranla à peine et dut stopper. Les Allemands crièrent : "Alerte ! Alerte ! Alerte !" À ce moment, je levai la tête et j'aperçus dans le ciel six avions de chasse. Les SS qui étaient dans nos wagons ouvrirent aussitôt la porte et prirent la fuite sans la refermer. Je voyais les avions tourner autour du convoi. Soudain, un appareil se détacha de la formation et piqua sur la machine, la mitrailla. L'appareil reprit de l'altitude et repiqua sur le convoi, mitraillant les wagons. Il y eut de nombreux morts. Dans mon wagon, ce fut la panique. Il y eut deux morts et un blessé à la jambe. Incapables de bouger, nous ne pouvions rien faire. Dans un ultime effort, je me traînai jusqu'au milieu du wagon et pris comme appui la tinette, qui était un tonneau coupé en deux. Je me mis à genoux et quittai

1. Pierre Salomon, déjà cité.

ma veste. Enfin je réussis à me lever. L'appareil repiqua ; c'est alors que j'agitai ma veste de toutes mes forces. L'appareil s'approcha de plus en plus, un de mes camarades me cria : "Couche-toi, couche-toi, tu vas te faire tuer..." Mais je ne l'écoutais pas, je pensais : "Mourir comme ça ou mourir de faim et de soif..." Je préférais cette mort choisie. L'appareil s'approchait toujours de plus en plus, mais ne tuait pas. Je me demande s'il m'a vu. Il tourna tout autour du convoi et reprit de l'altitude. Il s'écoula quelque temps. Puis se représenta une formation complète, trois avions de chaque côté du convoi, piquant et mitraillant les fossés et les fourrés où les SS étaient cachés. J'entendis des cris et des hurlements de la part de nos gardiens, et les appareils recommencèrent à mitrailler, mais dans le sens contraire. C'étaient des chasseurs américains. Ils reprirent de l'altitude et disparurent. Autour de nous, des cris et des hurlements. Les SS s'organisèrent pour soigner leurs blessés. Un SS, voyant la porte de notre wagon ouverte, se précipita et la referma en nous criant des injures. Pour nous, c'était un réconfort de voir que nos bourreaux souffraient. Nous restâmes toute la nuit sur la voie de garage.

« À la tombée de la nuit du 24 avril, on entendit une locomotive siffler venant d'on ne sait où, pour déblayer les restes de la machine détruite pendant le bombardement. La nouvelle machine prit la tête du convoi. Nouveau sifflement de la locomotive, déblocage des freins et le convoi s'ébranla. »

« Je[1] sombrai une fois de plus dans l'inconscience. Il faisait un froid glacial. Les portes des wagons étaient entrouvertes, les deux SS regardaient le paysage défiler. Nous roulions au pas. Il n'y avait pas besoin de cadenasser les portes, nous étions déjà considérés comme des cadavres. Des "floc-floc" me firent dresser l'oreille. Était-ce encore un mirage ? Non, il pleuvait... Des maisons blanches apparaissaient, un autre décor s'offrait à

1. Pierre Vourron, déjà cité.

la vue. Étions-nous en Tchécoslovaquie ? Le train s'immobilisa. À quelques mètres des habitations, des civils en costume bariolé nous observaient. La pluie ruisselait maintenant et les grosses gouttes tombaient près des trous, rebondissaient et nous aspergeaient. Mon vieux voisin français avait senti lui aussi la fraîcheur. Il fixait le coin du ciel et regardait l'eau, fasciné. Il oublia les consignes. Dans un effort surhumain, il réussit, en s'aidant des mains plaquées à la paroi, à se mettre debout. Il tendit sa boîte de sardines et recueillit quelques gouttes d'eau. Deux fois la boîte se remplit d'eau de vie. Trois coups de feu claquèrent. La boîte disparut. Mon camarade, la main ensanglantée, s'affaissa. Une brute s'élança dans le wagon, armée d'un rondin. De toutes ses forces, il abattit sa massue. Le sang gicla. Il frappait toujours sur les morts, sur les demi-morts. J'étais mort. Je mourais, ma tête éclatait, j'avais du sang partout...

« Je touchai du doigt le visage du vieux Français. Il était chaud. Il vivait. Sa main saignait toujours, son visage saignait. À côté de lui, deux têtes broyées, la cervelle pendait sur les côtés. Où étions-nous ? Les SS étaient sortis du wagon, donc on ne roulait pas. Un soldat jeta plusieurs fois de l'eau pour laver le sang qui inondait le plancher. Je me soulevai sur les coudes et murmurai :

« – À boire ! À boire !

« Le soldat laissa son bidon au milieu du wagon. Comment faire ? Deux mètres me séparaient de l'eau. Je soulevai une jambe, puis l'autre. J'étais couché sur le dos. J'essayai de me retourner sur le ventre. Je retombai aussitôt. J'attrapai un tibia et tirai à moi. Effort inutile !

« – De l'eau ! À boire !

« Fasciné par ce bidon, je rampai centimètre par centimètre... Encore un mètre ! Encore cinquante centimètres ! Encore vingt-cinq ! Je tendis la main. Je bus lentement. Au fur et à mesure que le liquide descendait dans mes entrailles, je sentais la vie renaître en moi. Je restai là, étendu à côté du bidon.

« – À boire ! À boire !

« Qui avait murmuré ces mots ? Je ramassai à terre une boîte de conserve que les SS avaient laissée, je la remplis. Toujours en rampant, j'essayai de regagner mon coin. Après de pénibles efforts, j'atteignis mon camarade. Je tentai de lui verser à boire, mais l'eau coula dans sa chemise. Fut-ce le contact du froid ? Il s'éveilla. Il se jeta avidement sur la boîte et la vida d'un seul trait.

« – Merci ! murmura-t-il dans un souffle.

« Sa main fiévreuse chercha la mienne :

« – Écoute, petit ! Je vais mourir ! Toi, tu t'en sortiras ! Rappelle-toi : 119, rue Franklin à Angers, Maine-et-Loire. Répète, me dit-il.

« Je répétai.

« – Tu diras à ma femme comment je suis mort, hein ? Tu lui diras...

« – Oui, je lui dirai, mais tu n'es pas encore mort !

« – Tu diras... Ma femme... Mon fils...

« Il divaguait. L'effort que j'avais fourni m'avait brisé. L'estomac me faisait terriblement souffrir, ma tête était en feu. Je perdis connaissance.

« Le soleil éclairait de ses pâles rayons les parois du wagon. Une rumeur inaccoutumée allait en s'amplifiant. J'étais allongé sur des cadavres. Quelle étrange scène ! Des femmes, des enfants, des vieillards discutaient avec nos gardes. Cette foule se dispersa mais revint quelques instants après, les mains chargées de pain, de beurre. Les enfants portaient des cruches d'eau. Les SS firent déposer ce ravitaillement improvisé devant le convoi et, sous la menace de leurs armes, chassèrent ces braves gens. Ce qui se passa ensuite est inqualifiable. Les Allemands arrosèrent le pain avec de l'essence et y mirent le feu. Lorsque tout fut consumé, les SS fermèrent les portes. Notre dernière chance de survivre disparaissait dans ce dernier acte de barbarie. Je cherchai parmi les morts un souffle de vie, une présence, partout des os glacés. Dans mon coin, mon vieux Français paraissait dormir de son dernier sommeil. Je lui touchai le front, il était chaud. Je m'appuyai contre son épaule et attendis la mort. Ma dernière pensée fut pour Dieu. »

« Le 25 avril[1], le jour se levait à peine lorsque le convoi s'arrêta. J'entendis les SS crier et les chiens aboyer. Les SS faisaient l'appel. Soudain, le crépitement des mitraillettes... Du wagon d'en face, des camarades sortaient un par un et, au fur et à mesure qu'ils descendaient, ils étaient abattus. Le wagon fut exterminé. Après, les SS vérifièrent les wagons. En ouvrant la porte du nôtre, ils s'aperçurent que les gardiens n'y étaient plus. Ils nous demandèrent en allemand où ils se trouvaient et depuis quand ils n'avaient pas repris leur poste. Je leur répondis par gestes : "Depuis le mitraillage des avions." Ils refermèrent les portes. Deux heures s'écoulèrent ; de nouveau ils ouvrirent les portes et là un vieux gardien monta et referma. Le premier geste du vieux SS fut d'armer son fusil. Il resta pendant un certain temps à nous observer et commença à nous interroger au hasard.

« Le vieux SS parlait en s'accompagnant de gestes. J'essayais de comprendre ce qu'il voulait dire. J'ai pu saisir qu'il avait fait la guerre de 14-18, que lui aussi avait été prisonnier, qu'il avait été bien traité en France, qu'il n'admettait pas ce qui se passait car il ne comprenait pas pourquoi les Allemands se livraient à tous ces massacres. Je me permis de lui demander ce qui s'était passé dans le wagon exterminé. Il me répondit que pendant la nuit un Russe avait saisi la baïonnette de son collègue et l'avait poignardé.

« Le soleil était haut dans le ciel lorsque nous stoppâmes. Le vieux SS ouvrit la porte, descendit, referma. Au bout d'une heure, une heure et demie, la porte se rouvrit. C'était notre gardien qui revenait avec deux bouteillons remplis d'eau. Il prit son quart et le trempa dans l'un des récipients ; s'approchant de moi, il me donnna à boire, me faisant absorber l'eau par petites gorgées. C'était le plus beau jour de ma vie. Enfin, je reprenais de l'espoir. Il me passa le quart et je le tendis de main en main : ce fut la distribution générale. Quand tout cela fut terminé, des SS ouvrirent la porte et, s'apercevant que le vieux gardien nous avait donné de l'eau, ils lui

1. Pierre Salomon, déjà cité.

arrachèrent les bouteillons. Notre vieux SS, au garde-à-vous, ne dit mot. Les portes se refermèrent, le vieux vint se rasseoir à sa place et me dit qu'il avait entendu qu'ils allaient nous distribuer de la soupe aux choux.

« – Ne mangez pas cette soupe, dis-je à mes camarades, vous allez crever plus vite de la dysenterie.

« Un Français me répondit :

« – Qu'est-ce que tu en sais ?

« – Avant ce convoi, j'en ai fait un de cinq jours. Ils nous ont donné de la soupe aux choux et ceux qui en ont mangé ont eu la dysentérie. Beaucoup sont morts.

« Au bout d'un long moment, les portes s'ouvrirent. Des civils se présentèrent et nous demandèrent un récipient. Je leur fis comprendre qu'on n'avait rien. Un civil monta dans le wagon, enleva la tinette et s'en alla. Ils revinrent ensuite avec la tinette remplie de soupe. Je répétai aux quelques Français de ne pas manger, mais, malgré ces paroles, ils se jetèrent dessus avec les Russes et les Polonais. Par bonheur, certains Français m'écoutèrent – parmi eux les cheminots. Puis les portes se refermèrent et le convoi démarra.

« À l'aube du 26 avril, je m'aperçus que certains camarades se tenaient le ventre. La soupe aux choux commençait à faire son effet. Ils se tordaient en tous sens, avec des plaintes atroces, déchirantes. Les camarades se vidaient complètement. Au bout d'un certain temps, il y eut la première victime. On ne lui voyait que les os. On le prit et le mit au fond du wagon avec les autres cadavres. À ce moment-là, de mon côté, nous n'étions plus que dix survivants sur quarante et, du côté des Russes, Polonais et Tchèques, plus que cinq. Quand la nuit fit son apparition, quatre autres camarades nous avaient quittés. »

« Le jeudi [1] 26 au matin, nous roulons cette fois en direction de Munich. Nous sommes à bout, les étourdis-

1. Frère Éloi Leclerc, déjà cité.

sements nous prennent. Notre frère Louis est à la dernière extrémité. Il est là étendu entre nous. Il ne parle plus. Son regard nous a déjà presque quittés. Depuis la mort du Poverello, il n'y eut peut-être pas de mort plus pauvre et plus dépouillée, plus simple et plus paisible aussi. Après avoir reçu un fragment d'hostie consacrée, il s'éteignit insensiblement, tandis que nous lui chantions le Cantique du Soleil. Quelque chose de sacré venait de s'accomplir. Il n'y eut certes pas à ce moment au-dessus du wagon un envol de joyeuses alouettes. Mais notre frère était mort dans la foi et la patience des saints. Le soleil ne s'était pas couché sur sa colère. Depuis quelques jours il disait peu de choses. Il souffrait en silence et dans un grand épuisement. La veille de sa mort, il avait dit simplement à l'un d'entre nous, qui lui présentait sa part d'un minuscule morceau de pain : “Tu peux prendre mon morceau pour toi.” Et une autre fois il avait fait cette remarque : “Après la guerre, tu verras, ce sera beau, très beau.” Il disait bien “après la guerre” et non “après la victoire”. Il avait renoncé à penser en vainqueur. Et c'est pourquoi sans doute il s'était avancé jusqu'à l'autre rive, là où c'est beau, très beau, parce qu'il n'y a plus ni vainqueurs ni vaincus, mais seulement des hommes, tous vivants dans la paix de Dieu. Et il était venu un moment où notre frère n'avait plus rien à nous dire, où il ne pouvait plus rien nous dire. Nous nous sommes aperçus que nous l'avions laissé aller tout seul vers le Bon Dieu.

« Ce soir-là, lorsque les SS ouvrirent les wagons pour que l'on en sortît les morts, nous allâmes porter le corps de notre frère. Ce n'était plus qu'un squelette. Et pourtant il nous semblait lourd. Nous étions nous-mêmes sans force. Comme l'opération n'allait pas assez vite au gré des SS, ils nous flanquèrent des coups de bâton. Il n'y eut pas d'autre liturgie.

« Notre frère Louis fut le dernier déporté qui mourut dans notre wagon. Sur les quatre-vingt-dix que nous étions au départ, il n'en restait plus que quarante-quatre. »

« À l'aube du 27 avril[1], de mon côté nous ne restions plus que six et, de l'autre côté, deux. Le convoi repartit au bout de quelques heures. Nous arrivâmes dans une grande ville. Munich. Je me souviens avoir remarqué le clocher qui représentait des hommes frappant sur une cloche. Dans mon enfance, un professeur nous avait fait voir des photos de la ville de Munich. On traversa cette ville sans s'arrêter et je prévins mes camarades que nous arrivions à Dachau. De Munich à Dachau, il y a vingt kilomètres. Au bout de quelques kilomètres, le convoi stoppa et nous restâmes jusqu'à la nuit. Trois camarades à nouveau nous avaient quittés ; de l'autre côté, ils étaient tous morts. Nous n'étions plus que trois survivants sur quatre-vingts.

« Notre vieux gardien ouvrit les portes et descendit. Il revint au bout de quelques minutes, mais habillé en civil. Il nous dit que la guerre était finie, qu'il rentrait chez lui, que les Américains n'étaient pas très loin, qu'il en avait marre de cette guerre, qu'il n'oublierait jamais les horreurs qui s'étaient passées. Puis il ferma les portes. On était le 28 avril à l'aube. Environ un quart d'heure ou vingt minutes après, on ouvrit les portes et je vis deux hommes en costume à rayures, des déportés comme nous, qui nous demandèrent combien de survivants nous étions. Ces deux déportés étaient français. Je leur répondis : trois. L'un d'eux monta dans le wagon et nous aida à descendre. Ils nous mirent sur le chemin de l'entrée du camp avec d'autres rescapés.

« On se tenait les uns aux autres pour marcher. On ne sentait plus nos jambes. Nous marchions doucement en vacillant de droite à gauche. Il ne restait que trois cents mètres à parcourir pour entrer à l'intérieur du camp. Ces trois cents mètres paraissaient interminables. Le long de cette route, des camarades de toutes nationalités nous regardaient passer, et on pouvait lire sur leurs visages l'horreur du spectacle qu'ils voyaient, encore plus terrible que celui qu'ils avaient vécu. À l'entrée, un Français nous cria :

1. Pierre Salomon, déjà cité.

« – Tenez bon jusqu'à l'intérieur du camp. Là, vous êtes sauvés... Sinon vous serez brûlés comme les autres...

« Encore un ultime effort... Mes deux camarades me recommandaient de tenir encore un peu. Tous deux étaient plus âgés que moi, je me considérais comme leur fils (j'avais vingt ans). Une fois à l'intérieur du camp, je leur demandai de me laisser à terre, mes jambes ne me portant plus. Ma tête tournait, je ne voyais plus clair. Mes camarades me laissèrent et continuèrent leur chemin. Je n'avais aucune réaction; je voyais tout tourner autour de moi, je me disais : "C'est la fin." Je restai quelque temps par terre, puis je sentis qu'on me transportait.

« Je revins un peu à moi et je compris qu'on me lavait. Des Français murmuraient entre eux :

« – Celui-là n'en a pas pour longtemps...

« Je répondis faiblement :

« – Si vous croyez que je n'en ai pas pour longtemps, voici mon nom et mon adresse...

« – Tu es français ?

« – Oui.

« L'un des hommes me prit dans ses bras et m'emmena dans un lit, tandis qu'un autre partit chercher un médecin français. Lorsque celui-ci arriva, il me donna immédiatement des soins avec les moyens dont il disposait. C'était aussi un déporté ; il ne possédait pas grand-chose. Je repris un peu conscience tout en réalisant difficilement ce qui se passait autour de moi.

« Dans la nuit, j'entendis des coups de canon de plus en plus distincts. Le médecin vint me trouver et me dit :

« – Ne t'en fais pas, mon petit, nos libérateurs ne sont pas loin.

« Je lui répondis :

« – Je ne crois pas un seul mot de ce que vous me dites, c'est encore la radio fil de fer.

« Il me laissa. »

« Le vendredi[1] 27 avril, le train arriva en gare de Munich. Là encore, on nous mit sur une voie de garage

1. Frère Éloi Leclerc, déjà cité.

et il nous fallut passer cette journée, comme la précédente, en plein soleil, sans avoir rien à boire. Vers le soir il se produisit un orage. Dans notre soif intense nous enviions les gouttes d'eau de pluie qui perlaient le long des fils téléphoniques. Dans la nuit, la machine accrocha et le convoi s'ébranla vers Dachau. Plusieurs coups de fusil retentirent encore ; ce furent les derniers. À 1 heure du matin, nous étions à Dachau. Les SS ouvrirent les wagons. On se précipita alors sur les flaques d'eau qui se trouvaient sur la route et l'on but avidement à même le goudron. En nous soutenant les uns les autres, nous arrivâmes jusqu'à la porte du camp. »

« À l'aube du 29 avril[1], j'entendis un remue-ménage, le peu de paroles que je compris était :

« – Nous sommes libérés.

« Le médecin vint me voir et me dit :

« – Je te jure sur l'honneur qu'on est libérés.

« Je lui demandai de me montrer des preuves. Il me souleva et m'assit sur le lit en disant :

« – Regarde...

« Je vis un soldat américain qui serrait des mains à d'autres déportés. Le médecin l'appela, le soldat vint me serrer la main et m'embrassa. J'eus un coup qui traversa mon corps et ma tête et je tombai évanoui. Lorsque je me réveillai, à côté de moi se trouvait une infirmière française. Elle se leva aussitôt. Je la questionnai pour savoir ce qui se passait. Elle m'expliqua :

« – Eh bien, mon petit, tu nous as fait faire du mauvais sang, depuis vingt-quatre heures tu es dans le coma et nous n'arrivions pas à te faire prononcer une parole.

« Puis elle s'en alla chercher les médecins militaires, qui me firent une prise de sang au doigt et m'emportèrent pour me peser. Je pesais trente-quatre kilos et demi au lieu de soixante-dix-huit. Après examen, ils s'aperçurent que j'avais le typhus. Immédiatement ils me trans-

1. Pierre Salomon, déjà cité.

portèrent au pavillon des typhiques. Lorsque j'entrai dans la chambre, je vis des centaines de camarades allongés sur des lits, avec une grosse bonbonne au-dessus de chaque lit. On m'installa en me recommandant de boire cinq litres d'eau par jour. J'étais au même régime que mes camarades...[1] »

Aux premiers déportés de Dachau qui se penchent sur lui, Pierre Vourron réclame de l'eau.

« J'ouvris[2] les yeux sans comprendre. Ce que je vis m'apparut surnaturel. Des squelettes décharnés, grimaçants, me fixaient de leurs orbites creuses. C'est ça ! Je vois ! Ils viennent me chercher puisque je suis mort. D'un mouvement instinctif, je détournai la tête pour échapper à cette vision. Une sensation de fraîcheur me ramena à la réalité. Les cadavres disparaissaient, poussés par des humains. Donc je vivais.

« Cette fraîcheur, de l'eau ! J'étais dans une flaque de boue. Je bus comme un chien par petites lampées et j'allongeai ma tête dans cette humidité bienfaisante. Je ne pensais à rien. J'étais vivant. Pour combien de temps ? Puis tout se passa très vite.

« – Allez ! Ramasse-le ! Tu vois qu'il a bougé !

« On me prit par les épaules et par les jambes et, quelques instants après, je me retrouvai allongé sur une paillasse, une gamelle de soupe à mon côté. Réconforté, j'examinai mon entourage. Nous étions une centaine dans cette baraque, le teint cireux, les os saillants. Si ce n'eût été le regard, on se serait cru au musée Grévin. Un autre rescapé me dit en français d'une voix faible :

« – Alors, toi aussi, tu reviens du convoi ?

« – Oui, murmurai-je, du wagon 24.

« – Moi, j'étais dans le wagon 42. Je ne vois pas mes camarades ! Je suis de Lorient. Et toi ?

« – Moi, de Franche-Comté !

1. Voir le chapitre sur la libération de Dachau. Pierre Salomon sera évacué sur le lac de Constance le 26 juillet 1945.

2. Pierre Vourron, déjà cité.

« – Alors, tu viendras chez moi ! Ma mère sera contente. Tu verras les bons petits plats qui nous attendent !

« – Oui, oui, j'irai avec toi !

« Dans le lointain, le canon tonnait. On se battait tout près. Les éclatements se rapprochaient. On entendait maintenant le claquement sec et les rafales des armes automatiques.

« Je regardai mon camarade. On se mit à pleurer comme les enfants pleurent.

« – Tu vois, mon vieux, on est libres, mais nous, on va mourir ici !

« – Mais non, on va nous soigner et nous reverrons la France et Lorient !

« Mon pauvre camarade se laissa retomber sur sa paillasse et ferma les yeux. Quelques minutes plus tard, le premier soldat américain entrait dans le camp. Le petit Français du wagon 42 rendait son dernier soupir.

« Ce qui se passa ensuite fut très rapide. Des ambulances vinrent nous chercher. Des infirmières nous interrogèrent. Les ambulances repartirent à vide. Nous étions encore dans le block, mais cette fois des centaines de colis de vivres étaient à notre disposition. Sur la porte du block, des lettres peintes en blanc, *“Typhus”* – *“Lehensgefahr”* (danger de mort). Le lendemain, nous apprîmes que nous étions quatre cent cinquante rescapés de ce terrible convoi. Cent cinquante moururent du typhus et de la dysenterie dans les huit jours qui suivirent la libération. Je fus transporté avec quelques survivants à l'extérieur de Dachau, où la Mission vaticane avait installé en hâte un hôpital de campagne. Nous étions intransportables, même par avion.

« Nous sommes restés quinze jours dans cet hôpital improvisé. On me fit des transfusions de sérum et des piqûres d'huile camphrée. Puis un beau matin, on nous donna un uniforme dépareillé de l'armée allemande.

« À notre arrivée à l'île de Mainau, nous fûmes triés par les médecins. Mon cas paraissait désespéré et je fus conduit au pavillon annexe du château. Le lendemain, nous eûmes la visite des reporters et mon corps nu fut criblé d'éclairs au magnésium des appareils photographiques. Le général de Lattre vint me serrer la main et me prodigua des paroles encourageantes. Un mois plus tard, mon état de santé s'étant amélioré, je fus transporté dans une chambre du château. Que c'était beau ! Ces pelouses vertes, ces fleurs sous le soleil printanier ! Le médecin-commandant Lamy était le dévouement personnifié. Son personnel, la bonté même. Tous les anciens de Mainau se souviendront du lieutenant Jacquelin, que nous avions surnommé Grand-Père. Il nous considérait comme ses fils. Répondant à chaque instant à nos appels, il en oubliait le sommeil. Chaque jour, je constatais avec joie la transformation de mon état de santé. De vingt-huit kilos (je mesurais un mètre soixante-douze) à mon arrivée, j'étais passé à trente-sept kilos quinze jours plus tard. Je ne pouvais pas encore me lever. Ce n'est que le 1er juillet après maints efforts qu'une main secourable (celle de Grand-Père) me fit faire mes premiers pas dans la cour du château. Quelle ne fut pas ma stupéfaction de voir apparaître à quelques mètres mon camarade Boucaud ! Mon vieux Charles, appuyé sur deux cannes, miraculeusement vivant, rescapé du terrible convoi du 7 avril. Le choc était trop violent, les nerfs ne purent résister à tant de joie, il s'évanouit... Je dus moi-même rejoindre ma chambre ; tout choc émotionnel violent pouvait avoir des conséquences fatales dans l'état de faiblesse extrême où nous étions. Je n'étais donc plus le seul rescapé du wagon 24, j'avais un autre témoin. Sa famille vint le visiter et vous imaginez avec quels transports d'allégresse j'accueillis sa femme ! Moi qui devais m'acquitter des dernières volontés de mon camarade ! Moi qui pensais chercher des mots pour apprendre le grand malheur survenu à son époux, j'assistais à la résurrection de Charles. Quelle revanche sur la mort !

« Aujourd'hui, en écrivant ces lignes, je reste peut-être le dernier survivant du wagon 24 ! Mon ami n'a pas survécu à ses souffrances. Douze ans après l'île de Mainau, il rendait l'âme.

« J'ai vécu quatre mois intensément dans le paradis organisé par les soins du général de Lattre, du commandant Perrin et de son service de Santé. Je fus rapatrié par le Wacken à Strasbourg et, grâce à la bonté de mon camarade Francis Claustrat, j'ai pu continuer chez lui ma convalescence.

« Fin 1945, je partais en Allemagne me mettre au service de la Croix-Rouge française. La délégation générale d'Offenbourg, sous les ordres du général Juhel, m'affecta au sanatorium Stalingrad (Bade) où, durant six mois, j'aidai Grand-Père, détaché de Mainau, à soigner mes compagnons déportés atteints de tuberculose. »

Quant à P. Borgonio, évadé au dixième jour du voyage, il fut recueilli, hébergé, soigné, habillé, nourri, caché dans une ferme, à Kdyné Uboc en Tchécoslovaquie, chez les Kaiser. Les Kaiser sont devenus sa seconde famille. Il ne peut prononcer leur nom sans essuyer une larme. Ils s'écrivent. Ils se rencontrent.

« Des gens de bien, comme il y en eut, heureusement, tout au long de ces chemins de l'évacuation des camps. »

*Buchenwald* — *7-8 avril 1945*
*Évacuations* — *et jours suivants*

# « AIDEZ-MOI ! »

La destination de la seconde colonne d'évacuation était Flossenburg. Les déportés l'ignoraient.

« Le matin [1] du 7 avril, alors que nous tournions dans tous les sens autour des blocks afin de retarder les rassemblements, une liaison du comité international clandestin vint me demander au nom de la "direction" si je voulais partir "volontairement" avec les groupes dont j'avais la charge pour encadrer le contingent français. La liaison demanda la même chose à deux autres chefs de groupe. Nous avons tous accepté.

« Un détail : nous partîmes au moment où on annonçait la soupe ! C'est le ventre creux que nous fîmes le trajet Buchenwald-Weimar, soit une douzaine de kilomètres. »

« Depuis [2] quinze mois, je changeais enfin de panorama. Mes yeux ne se rassasiaient pas de cette fête du printemps. Et puis, on voyait des gens libres, des enfants, des femmes. Ah, les femmes ! Si faibles que nous fussions, nous nous émerveillions d'en voir en toilette

1. Manuscrit inédit Simon Saurel.
2. Témoignage Fernand Wiszner, *De la Marne au Danube par Buchenwald la maudite*, éd. de l'auteur, Imprimerie de l'Est, Chaumont, 1946.

claire. Mais c'étaient des femmes allemandes... Le paysage qui nous enchantait, parce que changé, était allemand...

« Aucune animation dans les rues. De nombreux habitants s'étaient sans doute enfuis devant l'avance américaine. Ceux qui restaient semblaient hébétés et nous considéraient d'un œil morne ; à peine quelques regards curieux. Nous fûmes dirigés sur la gare – qui avait pas mal souffert d'un bombardement récent – et embarqués dans des wagons découverts. Comme il faisait beau et chaud, nous trouvâmes la chose à notre goût, malgré l'empilage de rigueur.

« On nous attribua du pain et de la margarine pour trois jours, et nous attendîmes patiemment le départ du convoi, qui se produisit à la tombée de la nuit. Nos gardiens étaient de vieux soldats de la Wehrmacht, pas trop méchants, mais à cheval tout de même sur la consigne sévère donnée par les SS. Ceux-ci occupaient un wagon de voyageurs en queue du train.

« La première nuit, puis la journée du lendemain se passèrent sans incident. Le train roulait lentement, s'arrêtait souvent et revenait parfois en sens inverse. Cela nous paraissait de bon augure. Ces hésitations nous indiquaient que les Américains ne restaient pas inactifs.

« La troisième nuit, nous fûmes arrêtés longtemps par un bombardement. La DCA, les projecteurs illuminaient le ciel et c'était merveilleux à contempler.

« Nous passâmes à Chemnitz, ville de Tchécoslovaquie, qui avait terriblement souffert des bombardements aériens. Un Français de notre wagon tenta de s'évader. Repris, il reçut une torgnole épouvantable ; pendant la distribution de la soupe, les SS l'obligèrent à y assister à genoux, les bras en l'air – et cela prit du temps : tout le convoi – et, après, on le renvoya à sa place avec de nouveaux coups.

« Nous repartîmes enfin. L'énervement gagna les moins endurants et les bagarres s'ensuivirent. Des Russes s'octroyèrent le double de la place qui leur était assignée. Nous protestâmes ; c'est alors qu'en pleine nuit je reçus un formidable coup de poing sur la figure. Furieux, je me levai, et, après avoir empoigné mon Russe par le collet, je le boxai de mon mieux. Comme toujours, seul, j'eus le dessous quand ils se mirent à trois ou quatre pour me cogner. Les Français intervinrent et ce fut une magnifique mêlée. Immobilisé par mes voisins, en raison de notre position inconfortable, je ne pus me défendre à mon aise et j'eus la figure martelée de coups de poing. Cela dura toute la nuit. »

« La colonne [1] essaie de se former par nationalités sans y parvenir tout à fait. Comme toutes les "marches de la mort", la méthode est la même : encadrement de SS prêts à faire feu, chiens policiers à chaque coupure de la file, tueurs chargés d'exterminer ceux qui ne peuvent suivre. Notre rôle, nous du comité international clandestin, était d'aider physiquement et de soutenir moralement nos camarades qui avaient des moments de défaillance. Je crois qu'on ne le répétera jamais assez : si des camarades sont revenus, c'est à l'organisation, à la solidarité de tous les instants qu'ils le doivent. »

« C'est à pied que nous dûmes poursuivre, après Karlsbad et Tachau. Beaucoup [2] jetèrent tout ce qui pouvait les encombrer, couvertures, musettes, gamelles, et même certains restèrent en bras de chemise.

« Nous avions débarqué l'après-midi. Jusqu'au soir, je comptai cent vingt-deux cadavres sur le bas-côté droit ; la densité de la troupe ne me permettait pas de voir le côté gauche, où il y en avait certainement autant. La nuit survenant, les coups de feu redoublaient. J'étais donc loin du compte. Les cadavres des convois qui nous avaient précédés avaient dû encombrer les bas-côtés, puisqu'ils avaient été disposés en tas dans les champs. De sinistres meules...

« Les Américains ne devaient pas être bien loin, puis-

1. Manuscrit inédit Simon Saurel, déjà cité.
2. Témoignage Fernand Wiszner, déjà cité.

que nous voyions de temps à autre des fusées s'élever dans le ciel.

« Derrière nous, les coups de feu crépitaient. Pour que je les aie entendus, il fallait qu'ils soient tirés de près. Je crois que c'étaient les SS qui s'acharnaient après les traînards.

« En pleine nuit, nous marchions toujours. Quand donc allions-nous arrêter ? Il y avait de la confusion dans nos rangs et nos gardes devaient intervenir énergiquement, car certains étaient pris de panique. Allions-nous nous faire fusiller ?

« Enfin nous quittâmes la route principale pour prendre un chemin secondaire. On apercevait des lumières en haut d'une colline, et c'était vers ces lumières que nous nous dirigions. C'était Flossenburg.

« Nous entrâmes par une grande porte en fer et nous nous trouvâmes dans un large espace entouré de vastes bâtiments qui ressemblaient à des casernes ou à une citadelle.

« Nous nous aperçûmes, le lendemain matin, que nous étions dans une usine d'aviation où travaillaient les prisonniers du camp. L'usine avait été mise à mal par l'aviation américaine.

« Le lendemain matin, on nous fit descendre dans le camp de la quarantaine et, là, nous fûmes répartis dans les blocks... à trois ou quatre par paillasse [1] ! »

1. Voir le chapitre sur l'évacuation de Flossenburg.

*Buchenwald*
*Évacuations*

*8 avril 1945*
*et jours suivants*

# DEMAIN, C'EST AUJOURD'HUI

Le soir du 7 avril, alors qu'à Buchenwald le déporté Joseph Onfray note dans son journal : « L'atmosphère est très lourde. Il y a à travers les rues du camp des groupes qui se forment pour inspecter la plaine et voir des choses que personne ne voit », de Berlin, Walter Schellenberg, le chef du contre-espionnage, transmet à Jean-Marie Musy, ancien président de la Confédération helvétique, un message d'Himmler : « Aucun des camps de concentration ne sera évacué. Voulez-vous prévenir le général Eisenhower... » Walter Schellenberg ajoute : « Cette décision de bonne volonté devrait inciter Eisenhower à accepter la paix de compromis... » Musy avertit aussitôt Carl Burckhardt, qui, un peu avant minuit, obtient au téléphone le délégué du CICR en Allemagne, Roland Marti. Mais Himmler à cette date est considéré par Hitler comme un « traître » (*Mémoires et entretiens* d'Albert Speer). La moindre de ses décisions est contrôlée par Ernst Kaltenbrunner, chef de l'administration de la Sûreté du Reich, qui coiffe toutes les polices, la Gestapo de Muller, les camps, et n'a de comptes à rendre qu'à Hitler et Bormann. Le représentant à Weimar de Kaltenbrunner est le général SS prince Waldeck-Pyrmont. Il a reçu les pleins pouvoirs pour la 9$^{e}$ région militaire et sa mission principale est de conserver au Reich le plus grand nombre possible de travailleurs et de spécialistes des usines d'armement, tout en protégeant la population civile de la vengeance des déportés « criminels et politiques » si, par malheur, ils se retrouvaient libres. Waldeck-Pyrmont a été vu dans l'enceinte de Buchenwald les 6 et 7 avril. C'est parce que le commandant du camp, Pister, entre l'ordre reçu et son exécution, donnait comme d'habitude du temps au temps, que Waldeck-Pyrmont exigea que deux cents SS pénètrent dans Buchenwald. Aidés par la hiérarchie déportée, ils rassemblent les treize mille hommes de la première colonne. Les consignes du comité clandestin international seront entendues – « Retardez les départs par tous les moyens » – et « seulement » cinq mille huit cents déportés prendront la route.

Aujourd'hui, cinquante ans après, nous sommes comme Joseph Onfray observant ces groupes qui inspectent la plaine et voient des « choses que personne ne voit ». Les dirigeants déportés allemands du comité international clandestin ont-ils des contacts, des discussions avec le commandant Pister ? Aucun d'eux n'a jamais répondu à cette question. Le groupe Kogon a toujours été aussi discret, mais on peut penser qu'à la suite du message qu'il fit parvenir à Pister le 3 avril d'autres « négociations » furent engagées. Quant à Pierre Julitte (BCRA) et aux Anglais (IS), on sait qu'ils faisaient sortir du camp des télégrammes codés, par au moins trois filières différentes. Il est probable ou même certain que leurs envois ont atteint leurs destinataires : les services de renseignements de Patton et d'Eisenhower. Ce rideau de fumée qui entoure les différentes approches de Pister, le déroulement des négociations, les promesses, les garanties ne sera jamais dissipé. Pour quelles raisons ceux qui étaient dans le secret – quatre, cinq, six personnes ? – n'ont-ils jamais cru devoir apporter la moindre révélation sur la genèse des contacts et leur aboutissement : la libération négociée du camp ? Si l'on admet le silence des communistes (Staline n'a-t-il pas déclaré à plusieurs reprises qu'un déporté ne restait vivant dans un camp de concentration qu'en collaborant avec les nazis ?), celui des agents de l'IS et du BCRA est incompréhensible.

C'est vers 9 heures, ce 8 avril, que, comme tous les déportés, Joseph Onfray apprend que l'évacuation a été décidée. Son journal montre la confusion du camp, le désarroi de tous.

« La direction [1] Häftling du camp fait passer l'ordre de ne pas se presser, de se préparer tranquillement ; je vais aux nouvelles au block 26, où je ne trouve pas François, puis au 31, où j'aperçois Thill et son groupe qui me disent : “Nous ne restons pas au block 42, car, si nous évacuons, nous voulons partir avec des Français.” L'ordre circule de rentrer dans les blocks, on raconte que le chef du camp – Lagerälteste n° 1 – s'est rendu auprès du commandant SS pour “protester” contre l'évacuation ; puis on entend dire que les chefs de block auraient souligné, eux aussi, que l'évacuation des soixante mille prisonniers était chose impossible et que, d'ailleurs, le commandant du camp avait promis antérieurement que cette évacuation n'aurait pas lieu.

« À ce moment, on confirme que les prisonniers vont faire de la résistance passive, puis, si la situation s'aggrave, de la résistance effective ; en tout cas, on vendra sa peau le plus cher possible. Il est près de midi ; toutes les dix minutes, au micro retentit la voix d'un Boche ; elle me paraît singulièrement grave ; elle appelle d'abord les Lagerschutz à la Tor (la Tour) ; puis les Feuerbrand, certains Kapos.

« On apprend que le Lagerführer expédiera seulement le convoi de trois mille hommes ; il se contentera donc de vider le petit camp. On fait bon marché de son voisin à Buchenwald, aussi est-ce avec un soupir de soulagement que nous recevons cette nouvelle. Par les fenêtres on voit les Lagerschutz et les Feuerbrand se ranger le long de la rue principale qui descend de la place d'appel au petit camp et aux tentes. Ils apportent des bancs pour interdire l'accès des rues adjacentes. Les SS, schlague ou revolver au poing, descendent de la Tor avec leurs

1. Joseph Onfray, déjà cité.

chiens vers les baraques et les tentes ; quelques instants après, des coups de “pétard”, des cris, et une horde lamentable monte le long de la voie gardée ; par petits groupes, se soutenant mutuellement, ou isolés, les bras ballants, lentement, des hommes squelettiques gagnent la place d'appel ; les uns sont à demi nus, d'autres vêtus de leur seule couverture ; celui-ci nu-pieds, celui-là en claquettes ; d'autres en sabots ou godasses de bois et toile ; ils sont voûtés, ils butent sur les pierres inégales de la route ; beaucoup s'abattent exténués et se relèvent sous la schlague des SS, sous les coups de pied et de talon. Certains, réunissant leurs dernières forces, bondissent brusquement à travers le cordon de Lagerschutz, dans l'espoir de s'évader dans le grand camp.

« L'ordre a été donné à tous les blocks de sortir et de se grouper. Ce sont maintenant des masses d'hommes par rangs de cinq qui montent à peu près en ordre. Mon block part un des premiers, bien discipliné ; en marchant en ordre on se sent plus fort. Pourtant, qu'est-ce qui nous attend ? Le mitraillage ? L'exode ?

« En passant devant les blocks connus : 31, 26, je vois les camarades rangés ; il paraît que Thill m'appelle, me fait signe de le rejoindre, je ne l'ai pas vu ni entendu.

« Attente sur la place d'appel, où tous s'assoient, se couchent ou errent ; certains s'évadent par les rues latérales et redescendent vers les blocks.

« À 16 heures – dernière fois où nous regarderons cette pendule de la Tor qui a marqué, depuis un an, les étapes de notre destin –, à 16 heures, le block s'ébranle en file par deux. Un Lagerschutz relève les numéros des partants et nous passons la porte vers l'inconnu : *“Jedem das Seine...”*

« Block par block, encadrés d'une garde SS assez faible, nous descendons vers Weimar. Nous parcourons une dernière fois la rue d'accès au camp, nous voyons l'emplacement des baraques démolies par le bombardement, le socle de l'aigle allemand, l'usine et les garages ratatinés. Lieux que nous quittons presque avec regret, car l'avenir est encore plus redoutable que notre passé. »

À cet instant du départ de la colonne Onfray, les dirigeants du comité international clandestin et Pister peuvent dresser le bilan de l'épreuve de force. Le pouvoir des internés des camps de concentration est considérable. Un tiers des déportés prévus ont quitté le camp... avec six heures de retard. Et ceux qui sont partis ont été désignés par le CIC, canalisés par les Lagerschutz, ces déportés policiers supplétifs dont la SS reconnaît toujours la nécessité. Quant à Pister, sa demi-victoire ne devait lui valoir aucune critique de la Gestapo en ces jours de démission et de déroute.

À Weimar, avant de monter dans son wagon, Onfray se confie à ses amis François et Joseph :

– Si je ne rentre pas, vous verrez ma femme, vous lui direz que mon unique pensée a été pour elle et les petits, et que j'ai accepté la captivité dans l'espoir, au retour, de vivre avec eux une belle vie d'enfance spirituelle. Vous lui direz que j'ai communié pour elle et en union constante, tout l'hiver. J'ai le Saint-Sacrement dans ma boîte à cigarettes en fer. S'il m'arrive malheur, prenez-le dans ma poche intérieure droite, prenez aussi la photo des enfants.

On le pousse dans le cinquantième des cinquante-neuf wagons du convoi. La Gestapo fait ses dernières recommandations aux SS.

Le train ne démarrera qu'à 21 heures. À minuit il s'immobilisera. Des bombardements pilonnent Halle, patrie de Haendel.

Jusqu'au vendredi 13 – tous les vendredis 13, à Caen, Onfray réunissait le personnel du Génie rural autour d'un apéritif –, le voyage se différencie peu de ceux qu'ont déjà connus ou connaîtront les évacués. Soif, impossibilité de s'allonger, incohérence apparente du parcours, nervosité des gardiens, qui ouvrent le feu le plus souvent pour affirmer leur détermination. Dans les wagons où s'entassent des « voyageurs » d'une même nationalité, on arrive à instaurer les disciplines habituelles des transports : un tiers debout, un tiers assis, un tiers allongé. Dans les autres wagons, le chacun pour soi est de règle : les plus nombreux ou les plus forts massacrent la minorité, les faibles, afin de gagner de la place, de piller leurs défroques.

Le 13, en gare de Karlsbad, que célébrèrent l'impératrice Joséphine et la reine Hortense, Onfray remarque l'une de ces inscriptions que Goebbels a fait peindre sur tous les murs de toutes les localités d'Allemagne : « *Siegen oder Siberien* » (Vaincre ou la Sibérie). À Plan-de-Marienbad, le train abandonne ses dix-sept derniers wagons sur une voie d'attente et disparaît. Onfray est parmi les oubliés.

Samedi 14 avril : le train ne roule qu'une heure. Garé en cul-de-sac. Dimanche 15 avril, deux événements : distribution d'un quart de pain, un minuscule carré de margarine, une tranche de fromage et corvée de déchargement des cadavres. Onfray découvre un Français étouffé par un bouchon de papier que l'on a enfoncé dans sa bouche, dans sa gorge...

Lundi 16 avril, Klentsch, en Tchécoslovaquie.

« La nouvelle [1] de notre arrivée doit s'être répandue, car des paysans tchèques, à pied, à bicyclette, apportent du pain, des patates, mais des Russes se précipitent et font même tomber de vélo les donateurs pour leur arracher le ravitaillement.

« Vers le soir, le trafic s'intensifie ; nous allons avoir la soupe ; de tous les villages on voit arriver des paysannes ; jupes aux couleurs voyantes : rouges, violettes, bleues ; corsages blancs ; châles multicolores sur la tête ; vrai décor d'opéra-comique ; elles apportent de la soupe, de la soupe ; toutes les femmes en ont préparé, aux nouilles, aux macaronis, aux pommes de terre, et certaines femmes des maisons les plus proches font inlassablement la navette entre leur domicile et le train, apportant la soupe dans des pots, des brocs, des seaux.

« Il y a aussi beaucoup d'autres ravitaillements et les Russes, avec la complicité des gardes ukrainiens, en bénéficieront. Ce que voyant, les SS font entreposer tout ce qui arrive dans un wagon de queue sous prétexte de nous le distribuer avec méthode. Ce seront, le lende-

1. Joseph Onfray, déjà cité.

main, des réfugiés civils allemands qui en profiteront à l'un de nos arrêts.

« Pourtant, la distribution de la soupe commence ; à la nuit tombante, c'est le tour de notre wagon ; les paysannes font le service et, derrière le dos des SS, tâchent de remplir les gamelles. La mienne est pleine à ras bord, Limelette et Bugaret en ont moins ; on équilibre un peu les parts, si bien que nous héritons chacun d'un demi-litre environ d'une soupe bonne... mais bonne !

« Les wagons français se tiennent bien ; il ne faut pas que ces étrangers charitables nous prennent pour des sauvages, comme les Russes des wagons voisins ; aussi François fait-il respecter l'ordre. Après, quand s'en vont, à la nuit presque tombée, ces femmes qui pleurent de nous voir en pareil état, les Français se découvrent et, d'un geste gentil, les remercient. François peut échanger quelques mots de remerciements avec une femme – qui n'est pas une paysanne – venue là avec sa voiture d'enfant et son bébé. Un autre camarade lance vers le groupe des paysannes une boulette de papier avec un petit mot ; malheureusement, le tir est trop court et la missive tombe près d'un SS. Cet accueil inoubliable des Tchèques restera gravé dans notre mémoire, il efface le souvenir de l'égoïsme et de la vanité de leurs compatriotes détenus avec nous à Weimar. »

17 avril. Dans une gare sans nom stationne un autre convoi parti de Buchenwald. Dix, vingt, trente de ses wagons sont remplis de cadavres.

Vingt kilomètres, un jour. Dix le lendemain. À ce régime tortillard, le train ne traverse le Danube que le 20 avril.

Samedi 21 avril. Onfray note : « Voie de garage à l'entrée de Platting. » L'évacuation par chemin de fer est terminée. Platting, ainsi l'ont accompli les bombardiers alliés, n'est plus que le bout du bout de l'Allemagne. En s'apercevant que les déportés allemands se sont formés en une colonne distincte... qui s'éloigne à pied, Onfray craint que les autres nationaux ne soient massacrés.

– En avant !

Mais jusqu'où les feront-ils aller ? Depuis quatre jours ils n'ont rien – rien – mangé.

Le long des voies, d'autres déportés, tant bien que mal, raccommodent les rails. Auraient-ils dépassé le bout du bout de l'Allemagne ? Il pleut. En gare d'Otzing, des wagons abandonnés. Les SS les laissent s'abriter. Enfin, ce dimanche 22 avril, à la tombée de la nuit, un camion de la Croix-Rouge allemande apporte soupe et pain.

– La voie est rétablie, a dit le chauffeur de la Croix-Rouge.

Il n'y aura donc jamais de bout du bout ?

Lundi 23 avril. Onfray découvre un escargot sur une traverse du ballast. Il le fera griller au feu de déportés belges qui popotent des orties et des pissenlits. « Régal. »

Bugaret dit :

– Je vais vous donner la recette des escargots à la bordelaise...

... Et il s'effondre, le thorax traversé par une balle de mitrailleuse. Les mitrailleurs sont anglais et américains, qu'importe ! On leur a dit que plus aucun train ne devait circuler.

Ils avaient entendu les avions arriver. Comme cinq, dix fois par jour. Comme cinq, dix fois par nuit. Les balles, les bombes, c'était toujours pour les autres. Les autres, les ennemis qui n'avaient toujours pas compris que la guerre était finie, que ces combats d'arrière-garde n'avaient plus de sens.

Au soir Bugaret avait dit : « Ça y est, je suis fichu. » Et dans combien d'autres wagons, d'autres Bugaret ont eu le temps avant de mourir de dire : « Ça y est, je suis fichu » ? Un SS, qui ne peut porter que le sobriquet de Tueur, donne à Bugaret le coup de grâce. Une balle dans la nuque.

– J'autorise les Français à enterrer leur camarade et à mettre une croix sur la tombe.

Mardi 24 avril. Les aviateurs ont bricolé un autre bout du bout de l'Allemagne : Landshut.

– Descendez, la voie est coupée. Que les malades, ceux qui ne peuvent marcher...

Quatre-vingt-quatre se désignent en traînant leur corps sans chair vers un talus de terre humide d'où l'Unterscharführer domine le troupeau. Il a une tête de bon berger. L'Unterscharführer a quitté Weimar avec une lorette de fête foraine fardée comme un clown blanc. Car certains de ces messieurs de la garde vigilante ont entassé, dans les deux wagons de voyageurs du premier train, femmes, maîtresses, vélos et impedimenta.

L'Unterscharführer dévale le talus. Quelques gardes, plus soucieux du transfert de leurs valises et baluchons que des rassemblements en cours, s'éclipsent. Le monticule de terre humide n'est guère élevé. À peine un mètre cinquante. Il est de forme circulaire, un rond d'une dizaine de mètres, né de l'explosion d'une bombe géante. Les gardes aident les malades à s'asseoir sur les lèvres de l'entonnoir. Et puis ils leur demandent de rouler, de se laisser glisser dans le cratère. Les malades ont admis que l'exode s'achevait au creux de la terre. Vingt et plus basculent, sans une dernière parole, sans un regard vers la colonne des vivants qui s'ébranle. Les malades se savaient déjà morts depuis longtemps. Alors les gardes ouvrent le feu des armes automatiques sur ceux du gouffre, sur ceux des sommets... quatre-vingt-quatre hommes libérés de leurs souffrances par la mort miséricordieuse.

Mardi 24 avril. La colonne croise un groupe de prisonniers de guerre britanniques... Ils lancent des cigarettes anglaises aux déportés. Le délice d'une Navy Cut. Fumées odorantes de Navy Cut.

Mercredi 25 avril. Le campement à la belle étoile s'est réveillé couvert de givre. Tous ne se lèvent pas. Il y aura donc, ce matin, corvée d'enfouissement.

9 heures : un quart de boule de pain par homme, une boîte de « singe » pour dix.

– En avant !

Elle traîne la patte, la colonne. Elle boitille, se disloque. L'Unterscharführer l'ausculte du haut de sa bicyclette jaune. Coups de pédale saccadés, du talon. Le cuir lustré de ses bottes de cuir manque de souplesse.

Et le Tueur en queue ratisse les traînards, les affalés,

les dysentériques qui refusent de souiller leur pantalon rayé.

Jeudi 26 avril. Nuit givrée. Marche tout aussi cahoteuse. Bavarois admirables qui disposent des seaux d'eau, des petites pyramides de pommes de terre sur le bord des trottoirs de leur village.

– Combien de morts depuis le départ ?

– Je ne compte plus.

– Nous n'étions guère plus de huit cents ce matin...

– Mais nous étions mille quatre cents quand ils ont coupé le train en deux...

Un prisonnier de guerre français bien inspiré lance, avant d'être écarté par un SS :

– Vous allez à Dachau. Faites tout pour ne pas y arriver. Vous savez ce qui se passe là-bas. Faites tout pour ne pas y arriver.

Après cet encouragement les Français ruminent leur angoisse. Rangs silencieux. Appliqués. Pieds en sang.

« Sur [1] les chemins aussi, beaucoup de calvaires. Nous les saluons et faisons un signe de croix. Je revois encore un monument érigé dans la plaine au bord d'une route, entouré de quelques tilleuls. C'est un grand Christ et, au pied de la croix, la Vierge et saint Jean. Un Häftling harassé, épuisé, pauvre face barbue et terreuse, yeux exorbités, s'est détaché du convoi et, entourant de ses bras les pieds du crucifié, il les a baisés longuement, éperdument. »

À Moosburg, une pancarte à l'entrée du terrain vague de la halte : « Le stationnement sur la commune est interdit à tout convoi de prisonniers. »

Au loin sur les hauteurs, roule une camionnette frappée de la croix rouge.

– La Croix-Rouge !

– Ils ne nous ont pas vus...

Pour tous, comme le note Joseph Onfray, nuit coupée de « visites à M. Jacques ». (Expression anglaise : *To pay a visit to the Jacks*, aller où le roi va à pied.)

Vendredi 27 avril. Il y a comme un peu d'espérance

1. Joseph Onfray, déjà cité.

dans le souffle frais du matin. Les malades sont regroupés et s'installent à la va que je te pousse sur deux charrettes réquisitionnées au village.

– Ils ne tuent plus les invalides !

– Incroyable ! Qu'est-ce que ça cache ?

Dans l'après-midi, une pancarte : « Munich, 40 kilomètres. » Des chemins de terre, une large route goudronnée. Une prairie. Ils se laissent tomber dans l'herbe, bouche sèche, bouche ouverte qui n'a plus la force d'inspirer. Agonie brève d'un slave qui hier encore gambadait, chargé du lourd sac à dos d'un garde. Halètement de centaines de torses aux côtes saillantes, en carène de navire. Deux points blancs entre les arbres, de l'autre côté du pré... Deux points blancs apparus, disparus.

– J'ai vu deux camions blancs...

– Tu as vu...

Ils voient tous un camion blanc, une voiturette blanche qui contournent l'herbe verte, longent le fossé, sautent le ponceau de pierre, s'arrêtent à cinquante pas d'eux... Alors les moribonds se mettent – oui – à courir, à bondir. Ils crient leur joie, ils acclament. Ils hurlent : « La Croix-Rouge ! La Croix-Rouge ! » Sur les portières blanches de la voiturette blanche et du camion blanc, en lettres noires, « Comité international de la Croix-Rouge », et sur les côtés blancs, d'immenses croix rouges. « International »... Cela veut dire les Anglais, les Américains, les Français, les Italiens et tous les autres peuples du monde, unis pour les protéger de la haine des bourreaux... Plus aucun crime ne peut être commis face à ce tribunal blanc qui est le tribunal, la conscience du reste du monde. Où trouvent-ils l'énergie, ces épouvantails qui se sont arrachés de leur champ, pour se redresser, fermer les boutons qui restent à leurs guenilles, s'aligner sans bousculade, sans impatience... par nationalité ? Les Français sont en queue...

– Vous voyez l'officier ? Celui-là à droite ! C'est un Français.

Ils pleurent. Tous les Français pleurent.

– Mon vieux, venez. Nous sommes français. Vous voyez, on va crever.

– Mais non, mais non, on va vous donner des colis.
– Vous savez, ils veulent notre peau.
– Vous allez à Dachau. Vous êtes pratiquement arrivés. Le camp sera prochainement sous le contrôle de la Croix-Rouge internationale. Vous y serez bien.
– Mais nous n'avons pas de nouvelles.
– Ça va très bien ! C'est une affaire de quelques jours.
– Nos familles, ami, nos familles, ne savent rien de nous. J'ai six gosses, tu sais...
Joseph Onfray tire de sa poche l'étiquette d'un colis qu'il a reçu à Buchenwald. L'adresse de l'expéditeur est soulignée de deux traits...
– Écris chez moi, à Alençon, que je vais bien ; tu n'oublieras pas ? Alençon.
– Oui, entendu, Alençon, je me souviendrai. Mardi on mettra une dépêche à Genève.
– N'oublie pas, vieux, les six gosses sont là-bas.
– Ne craignez rien, on va vous suivre...
Les bâches sont relevées. Une muraille de cartons, haute de la terre au ciel. De gros cartons qui en contiennent, bien rangés, côte à côte, l'un sur l'autre, de plus petits. De plus petits cartons qui font bien leurs cinq ou six kilos.
– Vous allez recevoir chacun un colis de cinq kilos.
Cinq kilos. C'est plus qu'il n'en faut pour ressusciter un mort, lui regonfler les muscles et le cœur, donner du rouge et du rose à ses joues, lisser les rides, effacer le noir des yeux, clore les plaies... cinq kilos, c'est plus qu'un déporté à peu près mort ne peut manger en quatre, cinq, six jours.
– Merci ! Merci ! Vous êtes nos sauveurs.
– Sans vous... Il y a trois semaines qu'on ne mange rien... de l'herbe... des croûtons de pain... de la soupe d'eau.
Corne d'abondance : du sucre et des pâtes de fruits multicolores à la croûte cristallisée, des raisins secs, du lait en poudre, de la margarine, du riz, des pâtes, du chocolat, du saumon, du corned-beef... cinq paquets de cigarettes américaines...

– Un paquet de cigarettes par kilo. Tu as tes cinq paquets ?

– Ne mangez pas trop ! Ne mangez pas trop, supplie François. Pas de graisse... du sucre... D'abord ce qui est sucré. Demain...

Demain, c'est aujourd'hui. Goinfres qui goinfrent pêle-mêle. Pathétique.

L'officier que Joseph Onfray croit français est suisse, comme tous les responsables de secteur. Plus tard, beaucoup plus tard, les archives du CICR engrangeront son rapport. Pour le moment il s'adosse au garde-boue du camion blanc. Il est glacé. Son indignation, sa compassion ne peuvent s'exprimer que par le silence. Jamais il n'a vu, jamais il ne verra tant de misère. Tant de dignité aussi. Il voudrait comme tout homme avoir le droit de pleurer, d'exprimer sa haine pour ces soldats perdus qui sont le déshonneur d'une nation, elle aussi perdue. Il détourne la tête quand il voit les gardiens se former en colonne à l'arrière de la camionnette. Ils ne vont tout de même pas oser... Ils osent. Ils réclament un colis. Leur colis. L'officier du CICR hésite. La diplomatie voudrait qu'il donne satisfaction aux assassins... Il dit :

– Les colis sont réservés aux déportés. Exclusivement aux déportés.

Jean Briquet est genevois, premier-lieutenant à l'état-major de la brigade de montagne n° 10. Au cours d'un exercice, il a inhalé des gaz de combat. Pendant sa convalescence il apprend que la Croix-Rouge recherche des délégués. Il se rend à l'hôtel *Métropole*. Nous sommes dans les derniers jours de mars. L'univers concentrationnaire que lui décrit le « recruteur » le laisse stupéfait...

– Je croyais devoir m'occuper de prisonniers de guerre.

– Nous avons besoin d'envoyer des courageux pour s'installer dans un camp de concentration. À l'intérieur d'un camp de concentration ; jusqu'à la fin de la guerre. Je ne vous demande pas d'accepter maintenant. Ce soir... Dans le bureau d'à côté vous trouverez des dossiers.

Ils contiennent des témoignages de déportés sur les camps... Quand vous aurez lu... Notre président a obtenu de Kaltenbrunner l'autorisation d'entrer dans les camps. D'y rester...

Pendant six heures, cloué à sa chaise, Jean Briquet lut les récits ordinaires des crimes d'Auschwitz, de Ravensbrück, de Dachau... « Jamais, dira-t-il, je n'aurais pu imaginer que pareille bestialité soit possible. »

– J'accepte votre proposition.

Le 18 avril, accompagné de deux autres délégués, Raymond Monnier et le Dr Schirmer, Jean Briquet présente ses papiers au poste de garde de Dachau. Le Sturmbannführer Weiter est injoignable au téléphone. Alerte aérienne...

– Mais les alertes aériennes sont permanentes. Envoyez quelqu'un le chercher.

Deux heures plus tard, à 16 heures, Weiter, visiblement irrité, pénètre dans le poste de garde.

– Je n'ai pas été averti...

– Je suis venu, dit Jean Briquet, m'installer dans le camp, à l'intérieur du camp pour créer un dépôt de vivres et d'essence ; distribuer des colis aux déportés et prendre contact avec les hommes de confiance des détenus et les détenus eux-mêmes. Quelles sont les possibilités de logement pour moi-même et les chauffeurs de nos véhicules ?

– Je ne dispose d'aucune possibilité dans le camp. Peut-être pourrons-nous vous loger dans les casernements du centre d'instruction de la SS.

– Mais les accords Kaltenbrunner-Burckhardt prévoient...

– Excusez-moi, je dois téléphoner.

Une heure passe. Le Hauptsturmführer qui prend en charge les délégués est tout aussi affable que son commandant :

– Vous logerez au quartier des officiers, baraque 203, chambre 3. Les chauffeurs auront la chambre 331, au quatrième étage. Vous serez tous nourris à la cantine au prix d'un Reichsmark et demi par jour et par personne.

Je vous interdis de vous entretenir avec les détenus en dehors de la présence d'un officier désigné à cet effet...

Monnier et Schirmer abandonnent Briquet à son sort.

– Les camions de colis arriveront dans une heure. Bonne chance !

À minuit les camions ne sont pas là. À 6 heures du matin non plus. Briquet décide de partir à leur recherche.

C'est à Moosburg que sont centralisés les véhicules et les envois alimentaires provenant pour la plupart des États-Unis. Les camions de Dachau ont pris du retard dans le chargement. Ils démarreront sans Briquet, qui est chargé d'une nouvelle mission : « acheter tout ce qui est en état de rouler » afin de former un convoi de ravitaillement destiné aux déportés de Mauthausen et « si possible de trouver encore des véhicules parce que sur les routes les évacués de plusieurs camps, quand ils ne sont pas tués par leurs gardes, meurent de faim ». Non seulement Briquet parviendra – à quel prix ? par quels intermédiaires ? – à constituer deux convois, mais il trouvera le temps de retourner deux fois à Dachau. Weiter reste intraitable.

– Il n'est pas question que vous vous installiez dans le camp. Tous les colis sont distribués.

De retour à Moosburg, il rencontre près des entrepôts du CICR un groupe d'officiers :

– Monsieur le délégué, qu'allons-nous devenir ? Que faut-il faire ?

– En tant qu'officiers, vous avez certainement des instructions, un devoir à accomplir.

– Et si nous n'avons pas d'ordres ?

– Vous avez un cœur, faites ce qu'il vous dira.

Le chargement d'un camion et d'une camionnette est terminé.

– Je vais à la recherche de la colonne de Buchenwald qui nous a été signalée.

Le camion blanc, la camionnette blanche par les routes, les chemins de terre, passent deux fois à moins de cent cinquante mètres de la colonne Onfray. À un contrôle de gendarmerie, un SS se précipite sur Briquet.

– Je dois monter avec vous. J'ai des évacués à nourrir.

Peut-être ce SS est-il l'Unterscharführer à la lorette et au vélo jaune, l'Unterscharführer criminel des queues de colonne, des trous de bombes...

Le SS agite le canon de son pistolet-mitrailleur sous le menton de Briquet.

– Je n'ai pas le droit...

– Le droit ! Le droit ! J'ai en charge des détenus de Buchenwald que je dois enfermer à Dachau. Je veux les conduire auprès des lignes américaines. Vous comprenez ? Dans les lignes américaines...

– Indiquez-moi où se trouvent les détenus.

Le SS s'emporte, se calme, explique les chemins, les routes, la prairie.

Et les moribonds se levèrent.

Les poitrines creuses se gonflèrent d'espoir, hurlèrent leur joie, acclamèrent la Croix-Rouge.

– Vous nous sauvez la vie !

– Ils n'oseront plus nous tuer maintenant.

– Je suis le commandant V. Prévenez ma femme à la préfecture de Nantes.

Et ils mangèrent avec fureur. Certains à en mourir.

Ils marchent d'un pas plus alerte. Vifs, gais. Même les Russes qui offrent à ceux qu'ils ont pillés la veille une cigarette de réconciliation, d'oubli, de fraternité. La colonne flâne. Les SS ont l'arme à la bretelle. Ils laissent les dysentériques, c'est-à-dire tout le monde, s'accroupir. Au portail d'une ferme – stupeur – les SS se transforment en bons Samaritains :

– Il nous faut beaucoup d'eau, beaucoup d'eau pour les prisonniers.

Les fermiers, les valets de ferme courent, chassent les récipients.

Les « prisonniers » ! Ils ne sont plus des *Stücke* (des morceaux), des cochons, de la merde... Ils sont des prisonniers.

Vers 19 heures, note Onfray, « réapparaît le camion de la Croix-Rouge... Joseph en profite pour jeter dedans une liste de noms et d'adresses : familles à prévenir que nous vivons ». (Elles le seront toutes... fin mai).

Briquet a rempli camions et camionnettes de nouveaux colis et cette fois la distribution commence par les gardiens.

– Nous tournons le dos à Dachau ! La route de Freising à Munich est par là-bas. Pourquoi ce chemin de terre ?

Que de « pourquoi » ! Que de « peut-être » ! Les déportés ignorent la démarche du SS qui avait voulu monter dans le camion de Briquet. Disait-il vrai, ce SS ? Dachau l'avait peut-être averti que le camp ne pouvait recevoir aucun nouveau contingent de déportés. Onfray, lui, pense que les gardiens veulent « dépister » la Croix-Rouge.

Après une nuit qui ressemblera aux nuits précédentes, parce que dans la grange où ils sont entassés « de temps en temps, un Russe nous tombe dessus, en vol plané, bras et jambes écartés » pour s'emparer de ce qui reste des colis, le « troupeau » est parqué dans une prairie.

Samedi 28 avril. Il pleut. Et malgré la pluie ils parviennent à allumer des feux.

« Il[1] faut faire la cuisine ; ce n'est pas tous les jours qu'on peut avaler un café au lait... Un café au lait !... À ce moment-là, il est 9 h 30, remue-ménage, hourvari dans le campement de bohème, un seul cri : "La guerre est finie." Radio-Munich vient d'annoncer que la Bavière se retire de la guerre et le Gauleiter aurait déclaré terminées les hostilités. Du coup, l'émotion nous gagne ; nous nous embrassons en pleurant et, comme nous sommes à genoux devant le feu qui a pris, nous remercions le ciel. C'est une émotion indicible ; le cher vieux Pairiert – un dur pourtant – s'approche de nous, on s'embrasse. Il me dit, la voix étranglée de sanglots : "Tu les reverras, Jo, tes gosses, tu les reverras."

« Moment extraordinaire pour ces parias condamnés,

1. Joseph Onfray, déjà cité.

que la mort suit pas à pas depuis vingt jours, de savoir que ce sera bientôt fini. On dit qu'un SS a cassé la crosse de son fusil ; les autres, presque tous, désertent ou plutôt disparaissent comme par enchantement. Nous sommes libres. Libres. »

Pas un seul n'a douté. Et s'ils avaient crié, chanté, prié, pleuré avec trop de précipitation ? Et si...

Ils sont six autour du feu Onfray. Ils sèchent leurs rayés déchirés. Deux déportés français qu'ils ne connaissent pas viennent à eux.

– Donnez-nous vos noms et adresses.

– Pourquoi ?

– Pour recenser les camarades français et belges présents.

– Dans quel but ?

Les deux « camarades » se sont autoproclamés responsables d'un « comité ».

– Vous êtes officiers ?

François et V. acquiescent.

– Vous dirigerez la colonne. Vos décisions devront être soumises au comité.

Cinq minutes plus tard, François déclare à l'Ober... et à l'Unter..., qui n'ont pas fui, qu'il prend le commandement de la colonne. Les deux petits chefs qui ne sont Führer d'à peu près plus rien s'empressent d'accepter. Il est 11 heures du matin. François rassemble les Franco-Belges, les compte : cent quatre-vingts présents.

– Nous n'avons qu'à aller vers ces bâtiments. Moins d'un kilomètre de marche.

Le comité approuve. Comme il approuvera, dès l'arrivée à la ferme, que V. réquisitionne l'agriculteur et sa vieille guimbarde.

– Les Américains ne doivent pas être bien loin. Vous n'avez qu'à vous guider au son du canon...

Ils s'installent pour la nuit dans la ferme... qui, ils ne le découvriront qu'à la nuit, a été choisie par un régiment clairsemé de la Wehrmacht comme centre de ralliement.

Autre inquiétude : « Nous (écrit Onfray) apprenons que la bonne nouvelle était fausse : la guerre n'est pas finie. Un putsch a eu lieu à Munich, au cours duquel le poste de radio a été pris et a diffusé la nouvelle de la fin de la guerre, mais le putsch a raté et cela se traduit pour nous par l'annonce de l'arrivée de la Wehrmacht... qui place ses sentinelles... »

Dimanche 29 avril. Les combattants de la Wehrmacht – tous bavarois – prennent la direction des opérations. Les déportés sont libres mais ils doivent suivre la troupe.

Marche lente, hasardeuse. L'Unterscharführer a repris du poil de la bête. Ils traversent l'Isar sur un pont truffé de charges explosives reliées par des fils électriques.

– Mais nous prenons la direction...

– De Dachau, mon vieux.

– Mais alors ?

– Alors ! Faut te faire un dessin ?

Carrefour. Leur chemin croise la route Freising-Munich. Ciel étoilé d'avions alliés. Comètes fragiles du « piper » d'observation. Devant une ferme, écroulé à terre, un autre convoi de déportés : des juifs. Leurs pantalons portent une bande de peinture jaune. Sur une pancarte fléchée, manuscrite, l'inscription : « Dachau 13 kilomètres. »

Arrivés à cinq, six kilomètres de Dachau :

– Demi-tour !

– Demi-tour ? Pourquoi ?

– Parce que les Américains sont à Dachau. C'est l'Unter qui l'a dit. Nous allons dans un autre camp, Allach...

– Rassemblement !

– En avant ! Marche !

L'espoir, le bonheur sont oubliés. Marche ou crève.

Les Feldwebel bavarois manquent d'entraînement. Ils se traînent. L'Unterscharführer et sa belle quittent définitivement la colonne. Les derniers SS attendront la nuit pour disparaître à leur tour.

Lundi 30 avril.

Ils ont peu dormi dans la grange.

Devant eux, plantée dans un champ, une étrange tour Eiffel.

– C'est l'émetteur de Radio-Munich !

– Radio-chiottes, tu veux dire...

François, ahuri de fièvre, ne peut plus assumer le commandement (théorique) des déportés. Le mieux pour tous, dit-il, est de gagner les bois par petits groupes. Aucun des Bavarois n'aura la démence d'utiliser son arme. Les camarades du comité s'indignent :

– On voit bien que vous êtes officier, vous abandonnez vos troupes.

François, Onfray, Joseph et les autres – plusieurs centaines de déportés – quitteront la colonne au cours de l'après-midi. Le petit groupe Onfray sera recueilli par des prisonniers de guerre français.

Mardi 1er mai. Il neige. Il neige au 1er mai tout autour de Munich. Onfray fait la grasse matinée...

« Vers [1] 11 heures, François entre en coup de vent et me dit : “Voilà les Américains, tu viens les voir arriver ?” J'hésite ; mais non, on ne peut manquer cela ! À ce moment précis arrive le premier char, surmonté d'une longue antenne flexible, “à toute pompe” il prend le virage... Émergeant du capot, un Américain casqué, téléphone à l'oreille. François s'approche et lui dit en anglais qu'il n'y a aucune unité ennemie dans le village, seulement peut-être quelques SS camouflés en civils. “OK.” L'autre retransmet par TSF ces renseignements ; ronflement, grincement, les chenilles arrachent la terre, le char pivote et, à toute allure, repart plus loin pendant qu'un autre fait une manœuvre semblable dans d'autres cours et venelles.

« Nous voilà donc libres. Eh bien, tout ce que vous voudrez, je croyais que cela me ferait plus d'effet que

1. Joseph Onfray, déjà cité.

cela... C'est vrai qu'il y avait eu une avant-première à notre délivrance. »

« OK », a dit le premier Américain.

Après tout, c'est OK aussi, ces dix-neuf jours d'attente avant de passer le Rhin, de se retrouver chez soi. Comme l'écrit Joseph Onfray : « Les heures heureuses n'ont pas d'histoire. »

*Buchenwald* *8, 9, 10 avril 1945*

# « S.O.S. »

Après le départ des premières colonnes d'évacués, peu de déportés du camp de Buchenwald arrivent à dormir pendant la nuit du 7 au 8 avril. Les dirigeants de la résistance connaissent les exigences du prince Waldeck-Pyrmont, général SS, chef suprême de la police et de la 9e région militaire (tous les déportés doivent quitter le camp) et les réponses dilatoires de Pister : « Je n'ai pas assez d'hommes (six cents SS), les détenus ont des armes... »

À 7 heures du matin, alerte aérienne. Eugen Kogon, qui devait s'évader du camp caché dans une caisse portant l'inscription « danger typhus », est prévenu par Feld que le camion ne quittera Weimar qu'à la fin de l'alerte. Walter Bartel, dont seulement quatre déportés communistes allemands savent qu'il est le chef de la Résistance internationale, refuse une nouvelle fois de distribuer les quelques armes dont il dispose aux groupes de combat. Les dirigeants français sont furieux.

« Subitement [1] la voix claironnante du haut-parleur ordonna à tous les déportés de plier bagage et de se réunir sur la place d'appel, prêts pour le départ. Aucun doute n'était plus permis, l'évacuation allait commencer et être menée rondement. Jetez une pierre dans une four-

1. Charles Hauter, déjà cité.

milière et vous aurez une faible idée du block 40 et certainement de tous les autres, en l'occurrence. Chacun courait vers ses affaires dispersées. Oh ! nul d'entre nous ne possédait grand-chose, mais les quelques objets que nous avions étaient venus des nôtres, ils rappelaient la famille, la patrie, nous pouvions difficilement y renoncer. »

« Aussitôt [1], avec Ronzier, nous donnons comme mot d'ordre aux membres de Libération-Nord de se réfugier dans le petit camp. Si, comme tout permet de le supposer, il n'y a pas de départ général, nous rentrerons, la nuit tombée, dans les blocks non évacués du grand camp, gagnant ainsi une journée. Je dois faire la liaison entre les deux camps pour avoir des nouvelles.

« La direction interne du camp modifie les données du problème en refusant, en accord avec les chefs de block, de faire monter les détenus sur la place, sous le double prétexte que l'évacuation sous les bombes américaines équivaudrait à un massacre et que les réserves de la cuisine ne permettent même pas de distribuer à chacun une journée de vivres. »

Walter Bartel, qui ne connaît pas le projet d'évasion Kogon, et son adjoint Harry Kuhn, s'isolent longuement au block 46. Près d'une heure pour rédiger le message qui, grâce à un poste émetteur caché au « Kino », sera adressé aux Américains : « Aux Alliés. À l'armée du général Patton. Ici le camp de concentration de Buchenwald. SOS. Nous demandons de l'aide. SOS. On veut nous évacuer. On veut nous exterminer. SOS. »

« Pendant [2] que la dépêche était "pianotée" en allemand, le courant fut coupé dans le camp, mais en moins de trois minutes notre propre groupe électrogène prit le

1. Christian Pineau, déjà cité.
2. Témoignage Teofil Witek, *Buchenwald, Mahnung und Verpflichtung, Dokumente und Berichte*, Francfort, 1960.

relais. Les dépêches en anglais et allemand furent transmises par l'ingénieur polonais Damazyn, celle en russe par Konstantin Ivanovitch Leonov, un prisonnier de guerre. Après avoir répété l'émission, on passa à la réception. Silence total. Pas de réception. Nouvelle émission. »

Un autre témoignage de ce même rapport précise :

« L'opération en plusieurs langues fut répétée quatorze fois. Damazyn capta enfin une réponse : "KZ Buchenwald. Tenez bon. Nous hâtons venir à votre aide. État-major 3e armée." À la réception de cette réponse, l'ingénieur Damazyn, épuisé par la tension nerveuse et l'émotion, s'évanouit. »

« Vers midi [1], le SS Oberführer se présente au block 14 (block français). Il veut sans doute juger par lui-même de la non-exécution de ses ordres. Là, il entend de la bouche du Blockältester que les détenus craignent l'évacuation et qu'en outre ils n'ont pas reçu leur ration de la journée.

« À midi trente on voit la voiture retraverser la place à toute vitesse, franchir la porte de la Tour. Peu après nous apprenons que l'évacuation du camp ne sera pas totale ; alors l'ordre est donné de résister passivement dans les blocks et de continuer à faire serrer au maximum les Français sur les blocks du grand camp.

« En effet le Lagerkommandant SS vient d'ordonner l'évacuation du petit camp ; la mise en application de cette décision soudaine nous a surpris, et cela d'autant plus que les SS envahissent le grand camp, barrant les allées pour que nul ne puisse s'échapper. »

« L'heure [2] avançait sans pitié. Mais le moment fatal arrivé, la voix calme de Julius Juergensen, second chef

1. Frédéric H. Manhés, déjà cité.
2. Charles Hauter, déjà cité.

de notre block, nous dit de ne pas bouger et de désobéir à l'ordre donné.

« Juergensen était un communiste allemand. Il appartenait au petit cercle des déportés qui dirigeaient le camp dans la mesure où notre sort était remis entre nos mains.

« Confidentiellement, il m'avait fait part d'un projet de résistance passive élaboré pour contrecarrer autant que possible une évacuation éventuelle. Le succès de ce projet dépendrait évidemment de la rapidité de l'avance alliée, mais le moment arrivé, il suffirait peut-être de gagner quelques heures.

« Immédiatement je m'appliquai à le soutenir. D'autres en firent autant, le block 40 ne bougea pas. Les autres blocks suivirent la même consigne, et la place d'appel resta vide. Pour la première fois depuis l'existence du camp, une rébellion sous forme de résistance passive venait de se produire. Il fallait en attendre la suite avec le maximum de sérénité possible.

« Les SS réunis sur la place d'appel ne pouvaient que contempler ce vaste espace vide. Si le commandant avait eu à sa disposition les moyens d'action nécessaires, aucun de nous n'existerait plus. Notre attitude aurait fourni le prétexte rêvé pour donner à l'extermination un caractère légitime. Mais les minutes passaient, un quart d'heure, une demi-heure, et nous étions encore vivants. C'était la preuve que les SS ne se sentaient pas en état de supériorité. Or il leur aurait fallu la certitude totale de la réussite pour engager une action contre nous. Nous savions maintenant que cette supériorité ne leur appartenait pas, c'était là un résultat important.

« Le silence fut rompu par l'arrivée au camp du premier commandant en personne, Pister. Nous le vîmes s'entretenir, en gesticulant nerveusement, avec l'"ancien" du camp. L'ancien expliquait notre refus par le fait que nous n'avions encore rien mangé et qu'il était impossible de prendre la route l'estomac vide. Et le commandant de remettre l'évacuation de quelques heures pour donner la possibilité de prendre un repas. Montrant une fois de plus sa faiblesse, il promit de renoncer à une évacuation totale des blocks, mais ordonna un triage entre ceux qui partiraient immédiatement et ceux qui attendraient encore. Aucun principe ne fut établi pour ce triage, laissé à la discrétion des chefs du camp. En fait, les premiers partants furent choisis parmi les éléments les moins intéressants, par exemple les internés de droit commun. »

Le camion qui devait « enlever le colis » Kogon arriva enfin avec quatre SS. Il était 12 h 45.

Le chargement des caisses eut lieu sans incident sous la direction de Feld. Quatre heures plus tard, la lettre rédigée par le groupe IS/BCRA, signée James McLeod, War Office, Londres, était remise au commandant à Weimar. Elle fit son effet. Pister hésita encore davantage.

« Dès [1] 13 heures, deux compagnies en armes, avec mitrailleuses et mortiers, encadraient la grande place d'appel. Pendant ce temps, des groupes de SS, mitraillette en main, entraient dans les blocks pour faire sortir les déportés qui se cachaient. Ils tiraient partout. Quelquefois en l'air, le plus souvent dans le tas. Des cadavres jalonnèrent bientôt les abords du block 43. Il fallait obéir ou se cacher ! Mais les risques étaient grands. »

« Les [2] communistes n'ont pas tenté de se servir de leurs armes. Ils ont eu sans doute raison car une révolte, tant que les Américains n'étaient pas en vue, aurait abouti à un massacre général. »

« On [3] a beaucoup critiqué la direction de Buchenwald. Tout homme qui agit commet des erreurs. Il faut cepen-

1. René G. Marnot, *Dix-Huit Mois au bagne de Buchenwald*, La Nouvelle République, Tours, 1945.
2. Christian Pineau, déjà cité.
3. Charles Hauter, déjà cité.

dant inscrire à l'actif de cette direction le résultat considérable dont nous venons de parler, résultat dû à son sang-froid, à son courage et à son sens des responsabilités. »

Eugen Kogon n'a jamais souhaité témoigner sur la journée du 9 avril, qu'il passa en compagnie des officiers de renseignements de la 3e armée près d'Erfurt. Eut-il déjà des contacts avec l'Intelligence Team de la Psychological Warfare Division, dont les rapports seront utilisés dès mai 1945 dans les poursuites engagées contre les criminels de guerre ?

Ce lundi 9 avril, à Buchenwald, Charles Hauter note : « Nous eûmes la surprise de voir l'évacuation interrompue. La raison en était l'activité aérienne considérable qui préparait la bataille d'Erfurt. Dans les conditions créées par le danger, il était impossible de lancer sur les routes de longues colonnes. »

« La matinée [1] du 10 avril est calme, à part une alerte d'environ deux heures qui nous oblige à rester dans les blocks.

« Puis, tout à coup, par la radio, on nous annonce le grand départ pour l'après-midi. Le camp entier doit être évacué. »

À 8 heures, le chirurgien déporté Horn est autorisé à rencontrer le commandant Pister dans son bureau. Horn et des résistants tchèques, sans en avoir avisé le comité international, ont rédigé un texte (perdu aujourd'hui) garantissant la sécurité des SS qui, conformément à la convention de Genève, éviteraient aux malades l'évacuation. Ces SS s'installeraient dans les salles du Revier. Au moment de la libération ils seraient protégés par les

1. Christian Pineau, déjà cité.

malades et le personnel déporté. Pister, comme toujours, temporise : « Revenez me voir ce soir... »

« Vers[1] 15 heures, j'ai un tête-à-tête avec un médecin allemand SS. Je lui parle de l'honneur allemand qu'il représente comme je représente l'honneur français. Nous avons en main d'ailleurs, tous deux, l'honneur médical. "Que les malades ou invalides ne soient pas évacués, sinon c'est la mort certaine pour eux." Il me le promet. En même temps je fais une allusion au fait que je me porterai dans ce cas, ainsi que les Français et les autres médecins, garant de sa vie. C'est probablement à cette intervention qu'est dû un projet assez confus qu'il présente deux heures après au comité médical du camp : un officier nous protégera avec quelques hommes, jusqu'à l'arrivée des Alliés. À ce moment, c'est nous qui le protégerons. Des personnalités du camp signent. Mais les événements nous débordent. Le chef du camp doit demander, dit-il, un ordre à Berlin. Il n'arrivera pas. »

« À[2] 18 heures, ordre est donné à ceux des détenus qui ne sont pas montés sur la place de rentrer chez eux, ce que nous faisons avec joie, comme si la baraque en bois qui nous a abrités si longtemps représentait une sécurité.

« Les SS se sont contentés d'un convoi de douze mille hommes. Seul parmi les Français, le block 26 a été appelé. Ronzier et moi sommes désolés : des camarades de Libération-Nord sont montés avec les autres au lieu de se replier vers nous comme ils en avaient reçu l'instruction. C'est le mot d'ordre de départ en commun qui a été mal interprété. Un camarade du 31, qui avait été chercher du tabac au 26, a été embarqué ; il n'a pas pu redescendre.

« Pendant toute la journée, les communistes ont été actifs et disciplinés, mais le bureau du comité français

1. Pr Charles Richet, déjà cité.
2. Christian Pineau, déjà cité.

n'a pas donné signe de vie. Ni Claude Bourdet, de Combat, ni moi, qui représentons les deux plus grands mouvements organisés du camp, n'avons reçu le moindre mot d'ordre. Ronzier m'affirme que, du point de vue militaire, les choses sont mieux organisées. S'il y a quelque chose à tenter, tout se passera bien. »

# « *HELLO, BOYS, YOU ARE PRISONERS ?* »

L'Histoire, parce que les « jeux ambigus de la mémoire » soumis à la discipline politique forgent une vérité différente pour chacun, est incapable, tant que témoins et acteurs sont vivants, d'ébranler le mythe, de le corriger. La libération de Buchenwald n'échappe pas à la règle. Les récits de ce « moment » unique sont nombreux, divers. Leur juxtaposition devrait permettre de le reconstituer.

Vingt et un mille cent soixante déportés sont « présents au camp » ce 11 avril 1945.

« Le beau[1] temps persiste, la canonnade aussi, qui paraît se rapprocher. On entend les coups d'une pièce antichar qui semble tirer sur le flanc de la colline. Les esprits restent moroses. Nous sommes inquiets autant sur le sort de nos amis que pour notre propre destin. Le camp va-t-il se trouver au milieu de la bataille ? Va-t-on nous évacuer à la dernière minute ? »

« Le 11 avril[2] commença par une activité aérienne intense. Les chasseurs et les bombardiers américains

1. Marcel Conversy, déjà cité.
2. Alfred Bunzol, *Erlebnisse Politischen Gefanfenen im Konzentrationslager Buchenwald*, Weimar, 1946.

tournaient au-dessus du camp. Vers 7 heures du matin, l'alerte aérienne fut donnée et elle ne cessa plus. »

« Matinée[1] anxieuse. On ne s'intéresse que médiocrement à la céphalée du malade 25 ou aux troubles nerveux du psychasthénique couché au 48. Faible canonnade, bruit de mitrailleuses plus fort. »

« Les obus[2] tombent dans la plaine. L'alerte est sonnée à 9 heures ; elle dure, dure. »

« 10 heures[3]... Les tirs d'armes automatiques... une agitation très vive règne chez les SS. À n'en pas douter, ils préparent l'évacuation... mais pas la nôtre, la leur. »

« À 10 h 30[4], le premier chef de camp déclara au premier doyen de camp que Buchenwald serait abandonné sans combat. Cette déclaration avait quelque prix, mais on savait aussi que, d'un autre côté, la SS avait demandé à l'aérodrome de Nora, situé à proche distance, des aviateurs pour détruire le camp en le survolant en rase-mottes. Aussi tous les hommes restèrent-ils en état d'alerte. »

« Le commandant Pister[5] fait appeler le Lagerälteste Hans Eiden et le fonctionnaire allemand Edelmann et leur dit en présence de son coiffeur : “J'ai connaissance que plusieurs radios étrangères ont dû admettre que la direction du camp s'est améliorée depuis le changement de commandement du camp de Buchenwald. Maintenant, je vous remets la direction du camp. Je vous demande votre parole d'honneur que ce fait ne sera pas rendu public avant l'arrivée des Américains. C'est pour éviter la panique. De mon côté rien n'arrivera.” »

Cinq minutes plus tard, Walter Bartel, président du comité international, et deux membres soviétiques de l'organisation, Boris Danilenko et Alexandre Kalschin, sont informés de la déclaration de Pister. Les autres représentants du comité sont-ils avertis ?

1. Pr Charles Richet, déjà cité.
2. Christian Pineau, déjà cité.
3. Frédéric H. Manhés, déjà cité.
4. Eugen Kogon, déjà cité.
5. Christopher Burney, *New York Times*, septembre 1946.

« 11 heures[1]. Situation de plus en plus tendue... L'alerte n° 2 est donnée à toutes les formations... Nos compagnies sont mobilisées sur place. Les forces de chaque nationalité sont prêtes au combat. Tous les Français qui ont accepté de se conformer à nos instructions sont groupés maintenant dans les baraques 31, 34, 26, ainsi que dans les blocks 37 et 42... L'état-major français est au block 31. »

« Il est[2] 11 h 45. La sirène mugit. Pour la première fois, elle annonce une alerte sur terre. Les Américains approchent. Les mitrailleuses crépitent. Les SS se rassemblent. Les haut-parleurs leur donnent l'ordre de rejoindre leurs services hors du camp.

« Hans, un des doyens du camp, s'avance, seul, sur la place d'appel, malgré les interdictions des SS. Il tient un chiffon blanc à la main. L'angoisse est à son comble. Sur la Tour, au-dessus de la porte, il y a trois mitrailleuses lourdes ; à droite et à gauche, deux miradors dont les mitrailleuses peuvent balayer la place. Vont-elles tirer ? Hans parle. Il demande aux SS d'épargner les détenus. Il regagne son block : personne n'a tiré sur lui.

« Les SS commencent à s'enfuir. Du Revier, on les voit emmenant chevaux, ânes, voitures. C'est le grand déménagement. »

« Deux sirènes[3] commandaient les mouvements du camp en cas de danger. La sirène ordinaire faisait entendre ses sons en cas de menace aérienne. La seconde, que nous ne connaissions que par l'essai qui avait suivi son installation, devait signaler l'entrée de l'ennemi dans le rayon de notre camp. Cette entrée venait donc de se produire.

« Une chose était certaine. La sirène marquait la fin de toute évacuation. Nous avions désormais devant nous la liberté ou la mort par extermination. La bataille d'Erfurt avait été gagnée et les Alliés devaient s'approcher rapidement. Une résistance allemande éventuelle

1. Frédéric H. Manhès, déjà cité.
2. Lucien Cariat, *Ici chacun son dû*, La Pensée universelle, 1973.
3. Charles Hauter, déjà cité.

n'était possible que dans la montagne au bord de laquelle se trouvait précisément le camp.

« La tension nerveuse des déportés, augmentée et intensifiée par l'inactivité forcée, devint à certains moments presque insupportable, surtout lorsque le haut-parleur, s'adressant maintenant aux SS, leur enjoignit de déguerpir immédiatement. *("Alles SS – Behoerden verlassen sofort das Lager".)* Nous ne réalisâmes que lentement le sens de cet ordre, synonyme d'abandon.

« Alors, nous pûmes contempler ce spectacle unique des différents Führer, d'ordinaire si fiers, qui fuyaient vers le portail. Voici le SS Winckler, individu efféminé et pervers, s'en allant de sa démarche affectée de demoiselle manquée. Le "Doktor Ding" jeta un dernier coup d'œil sur le block 50 où jusque-là son seul regard a fait la loi. D'autres empruntent des chemins convergents pour aller "vers le haut" *(hochkommen)*, comme ils l'ont ordonné à leurs victimes. Dans l'intervalle de quelques minutes, le camp se trouve purifié.

« Cependant, les sentinelles continuaient à occuper les miradors, les patrouilles continuaient à circuler autour du camp, accompagnées de leurs méchants chiens. »

Les Allemands du comité international appellent au téléphone les principaux numéros de Buchenwald. Aucun des postes de la Kommandantur ne répond, aucun service. Ils attendent dix minutes, renouvellent leurs appels. Personne ne décroche.

« Le fait [1] est qu'il n'y a plus de SS dans le grand camp. Mais le fait est, aussi, que les miradors sont toujours occupés et les barbelés électrifiés. »

« 11 h 30 [2]... sur le pas de la porte du block 31, Marcel Paul, le colonel Manhés et Guilbert discutent à voix basse. Ils sont calmes ! Soudain, quatre détonations claquent... Une batterie de 77 vient d'ouvrir le feu.

1. Ernst Thape, cité par Hermann Langbein, *La Résistance dans les camps de concentration nationaux-socialistes*, Fayard, 1981.

2. Témoignage Simon Lagunas, qui commandait la compagnie de choc de la Brigade française d'action libératrice. Frédéric H. Manhés a inclus ce récit dans son étude sur l'organisation et l'action clandestines des déportés français à Buchenwald (FNDIRP).

« Midi... L'ordre de mobilisation de la brigade française est donné... Presque simultanément, Marcel Paul, le colonel Manhés et Guilbert sont demandés à l'état-major international... Sur le pourtour du camp, des groupes de SS circulent, affolés.

« 13 heures. Les cadres des quatre compagnies sont appelés au PC, l'ordre leur est donné de se rendre au block 11 pour recevoir les armes... Nous bondissons vers le lieu indiqué. Conduits par un Allemand, nous repartons, nous dégringolons les rues défoncées qui mènent au petit camp. À hauteur du block 50 (institut d'hygiène), nous nous dirigeons vers un dépôt de charbon... Deux Allemands nous reçoivent. Sur un geste de celui qui nous conduit, ils se mettent en action... le charbon voltige... En quelques minutes un mur est dégagé... S'armant alors d'une masse de charpentier, l'Allemand brise une mince cloison... Un véritable arsenal apparaît : cent vingt-sept fusils, deux fusils-mitrailleurs (soigneusement graissés et enveloppés), des caisses de grenades ! Les Français reçoivent vingt-huit fusils, un fusil-mitrailleur, deux caisses de grenades.

« Nous repartons porteurs du précieux chargement.

« 14 heures. L'ordre d'alerte n° 3 est transmis. Les balles sifflent à travers le camp. Le rassemblent se fait sous les yeux surpris de beaucoup de Häftlinge qui tout d'abord ne comprennent pas. Puis, soudainement devenus furieux, en raison sans doute de leur méconnaissance de l'action qui se prépare, ils tentent de se livrer à des voies de fait contre nos hommes, qui restent stoïques à leurs postes... »

Les précisions horaires de Simon Lagunas ne correspondent pas à celles apportées par d'autres observateurs ou acteurs.

« Soudain [1], à 15 heures moins 5, quelqu'un cria : "Toutes les sentinelles en bas des miradors, immédiatement."

1. Carolus, cité par Langbein, qui note qu'Otto Horn et Rudi Jahn placent à la même heure cet ordre d'abandon des miradors.

Avec hésitation, elles se replièrent. Celles qui étaient postées entre les tours se firent plus rares, elles aussi. »

« Il y avait[1] dans le mirador au-dessus de la grande porte un LMG (*Leichtes Maschinengewehr* : fusil-mitrailleur) sur son affût comme toujours, et point de SS dans le voisinage. Je dis à mes camarades que j'allais le chercher. Après une courte hésitation, je pris une échelle, courus jusqu'à la Tour, me couchai tout contre et attendis, mais rien ne se produisit. Sur ce, je me remis sur pied d'un bond, appuyai l'échelle contre le mur, grimpai à toute allure jusqu'au toit, m'aplatis de nouveau et plongeai, par-dessus le faîte, dans le domaine réservé à la Kommandantur. Rien à voir. Tout était comme mort. Nouveau bond jusqu'au parapet du mirador, nouvel à-plat en attendant quelque chose qui ne se produisait pas... À l'intérieur du camp, que je voyais bien de mon perchoir, même silence. Pour ne pas me montrer à découvert du côté de la Kommandantur, je passai par une fenêtre ouverte donnant sur le camp, dans la pièce du haut. Puis je descendis sur la pointe des pieds l'escalier en colimaçon avec pour arme une lime triangulaire aiguisée. Dans cette pièce-là, il y avait trois longues caisses de bazookas. Comme je n'avais jamais eu ces engins en main, je réfléchissais à... leur usage, quand j'entendis des pas. Je vis deux jambes descendre l'escalier : le forgeron de notre Kommando, August Bräucker. J'étais figé de stupeur. À voix basse, il m'expliqua l'utilisation du bazooka.

« Alors que je me risquais dehors, je me trouvai nez à nez avec un homme en uniforme dans la salle de police. Je lui criai “haut les mains” et il obéit. Il n'était pas armé. Comme je lui demandais d'où il venait et où il allait, il me dit qu'il était de la Wehrmacht... Son groupe s'était débandé et chacun cherchait à sauver sa peau. Il nous apprit que les derniers blindés américains avaient déjà franchi l'Ettersberg depuis plus d'une heure, en direction de Weimar. »

1. Témoignage manuscrit de Fritz Freudenberg, confié à Hermann Langbein, déjà cité.

« Les ordres[1] de l'état-major international sont longs à arriver. Nous constatons que l'état-major français présent avec les troupes envoie agent de liaison sur agent de liaison... Enfin l'ordre tant attendu arrive de passer à l'action.

« Il est environ 15 heures. En grande hâte les armes sont remises à nos quatre unités... Les ordres sont donnés pour l'attaque : deux sections de la compagnie de choc se lancent à l'assaut de la Tour, repaire central des SS ; les deux autres sections attaqueront sur la façade ouest du camp. Des hommes, armés de pinces isolantes, couperont le barbelé électrifié. Les groupes de combat attaqueront dans le dos les groupes SS placés sur la butte en vue de freiner l'avance américaine.

« Dans les secteurs déterminés par l'état-major international, les formations de chaque nationalité se lancent dans la bataille. Le plan prévu se déroule normalement. Une demi-heure plus tard, l'ennemi est en déroute totale. Des nids de mitrailleurs surpris se sont rendus en entier, sans même essayer de se défendre. »

« Les SS[2] quittent les miradors. Ils sont en bas, sac au dos. "Allons voir !" Nous sortons du block. En effet, pour la première fois depuis que nous sommes au camp, les tours carrées de l'enceinte sont vides. Des silhouettes noires dévalent les immenses jardins et courent par groupes dans la direction des barbelés. Ce sont des prisonniers... »

« Deux mille hommes[3] recrutés prudemment et dans le plus grand secret au cours des mois antérieurs courent par groupes vers le block des Lagerschutz (policiers pri-

1. Simon Lagunas, déjà cité.
2. Jean Puisant, *La Colline sans oiseaux*, éd. du Rond-Point, 1945.
3. En réalité, 850 déportés répartis en « groupes » : déportés politiques soviétiques, 37 groupes ; allemands, autrichiens, hollandais, 30 groupes ; français, 22 groupes ; tchécoslovaques, 21 groupes ; prisonniers de guerre soviétiques, 19 groupes ; yougoslaves, 16 groupes ; polonais, 9 groupes ; espagnols, 9 groupes ; renseignements, 7 groupes ; belges, 4 groupes ; italiens, 4 groupes. Le nombre des armes en état de tir n'est pas connu avec certitude dans cette première phase d'action de l'organisation militaire.

sonniers). On passe des fusils à certains d'entre eux, fusils que des prisonniers ont petit à petit apportés au péril de leur vie par pièces détachées, volées à la Gustlhof, et qu'on a cachés sous le plancher. Les autres iront comme ils sont, avec pour armes leurs mains.

« Le mouvement est bien réglé. Chaque groupe reçoit son chef, son affectation, son objectif. Les uns montent à la Tour, en masse pressée et menaçante. Les autres s'égrènent vers les miradors.

« Pas de résistance. Les SS sont partis pour combattre au-devant de la colonne américaine. Il ne reste que trois cents malheureux, pour la plupart de vieux pépères, des recrues de ces derniers temps, quand on ramassait tout le monde en Allemagne et qu'on mettait l'uniforme sur le dos de n'importe qui. Certains ont soixante ans. Ils lèvent tout de suite les bras !

« Plusieurs se sont enfuis. Les révoltés se lancent à leur poursuite dans les bois. Mais déjà les premiers chars américains arrivent. Quelques coups de canon, quelques manœuvres dans les champs pour écraser les groupes de SS qui tentent d'arrêter les chars dans leur marche triomphante, et nos libérateurs abordent le camp par le nord-ouest, près de l'hôpital et de la ferme. »

« Vers 3 heures [1] de l'après-midi, les premiers chars américains pénétrèrent dans le périmètre du camp. La défense allemande fut très réduite, les SS s'étaient déjà repliés, le commandant avait fui... Quand on aperçut les premiers chars, nos jeunes camarades s'armèrent et se ruèrent sur les barbelés. Pas un coup de feu. Les SS s'étaient enfuis. »

« À 15 h 30 [2], tandis que l'on entend des coups de feu vers l'enceinte extérieure du camp, les Français, sortant de leurs blocks, vont s'installer dans une des rues du

1. *Die Wahrheit über das Konzentrationslager Buchenwald*, Weimar.
2. Christian Pineau, déjà cité.

camp, relativement abritée. Les Allemands ne sont pas d'accord, veulent nous faire rentrer. Le contrôleur Hauptmann nous menace même de son revolver. Quelques minutes de pagaille ! Finalement les fusils sont sortis, distribués, en particulier aux Russes et aux Français, les mieux organisés. Ronzier a bien travaillé : nous recevons largement notre part d'armes et de munitions.

« Nous n'en aurons pas besoin. À 16 heures, le drapeau blanc est hissé sur la Tour par le contrôleur Hauptmann. Nous montons alors en rangs vers la place d'appel, tandis que l'on entend des coups de feu de plus en plus rapprochés. Les SS des miradors, qui se sont rendus sans combat – sans doute ont-ils été oubliés par les autres –, rentrent dans le camp, épouvantés, attendant le pire.

« À ce moment, la scène est admirable. Contre ces hommes qui nous ont martyrisés, pas un cri ne s'élève, pas un seul geste n'est tenté ; nous avons décidé de les remettre à nos libérateurs comme simples prisonniers de guerre, voulant marquer par là notre discipline.

« À 16 h 25, les blindés américains entrent par une brèche faite en bas du petit camp, du côté de la porcherie. Les hommes, debout dans les tourelles des chars, nous dévisagent avec stupeur, comme s'ils s'attendaient à tout sauf à nous trouver là ; puis ils continuent, empruntant la route de Weimar. Nous aurons à assurer notre garde nous-mêmes jusqu'à l'arrivée de l'infanterie. »

« 15 h 15 [1]. En rase-mottes, les avions américains nous survolent. Vers 15 h 40, les soldats de Patton qui avaient réalisé ce jour-là une magnifique avance nous avaient délivrés. Les vingt mille détenus de Buchenwald peuvent leur être reconnaissants. Que je sois ici leur interprète. »

« Il est 15 h 30 [2]. Tous les SS sont partis. Alors retentit dans chaque block le signal de l'alerte n° 3. Quelques prisonniers sortent de leurs cachettes des fusils dérobés à la fabrique d'armes, défilent dans les rues du camp, franchissent les barbelés, cependant que passent les pre-

1. Pr Charles Richet, déjà cité.
2. Léon Mazeaud, *Visages dans la tourmente*, Albin Michel.

miers tanks américains. Sur le toit de chaque block flotte un grand drapeau blanc. En cet après-midi de la fête de Saint-Léon, pontife qui libéra Rome des Huns, l'armée du général Patton a libéré le camp de Buchenwald et sauvé les vingt mille prisonniers qui devaient être à la fin du jour brûlés par trois cents lance-flammes réclamés à Weimar. »

« Des masses[1] de blindés et de half-tracks roulaient sur la montagne de Buchenwald. L'enthousiasme des détenus, jusqu'alors contenu, déferla comme une avalanche. Des torrents d'hommes sortirent de leurs baraquements pour se précipiter vers les libérateurs. Les malades qui se tenaient encore sur leurs jambes sortirent du lit en courant ; eux aussi voulaient être là... Les barbelés chargés de mort, jusqu'alors si redoutés, furent arrachés avec de grands bâtons ; les sentinelles SS restées dans les miradors, désarmées et faites prisonnières... Vers 16 heures, les premiers libérateurs américains serraient la main des libérés. »

« Nous[2] avons vu deux chars américains monter vers le camp par ce même chemin que les SS venaient d'emprunter pour s'enfuir. Nous avons couru à leur rencontre en gesticulant. *"Hello, boys, you are prisoners ? – Yes, that's Buchenwald. – Oh yes ! Is everything all right now ? – Yes. – All right, we're in a hurry, we must go to Berlin. Bye, bye !"* Et puis ils repartirent par la grand-route. Ce n'était pas croyable. Nous étions libres. »

« Jeux ambigus de la mémoire »[3] qui ne doivent pas faire oublier l'extraordinaire courage des déportés orga-

1. Karl Barthel, *Die Welt ohne Erbarmen, Bilder und Skizzen aus dem KZ*, Rudolstadt, 1946.
2. Léo Eitenger.
3. Pierre Julitte, de nombreuses années après la libération, est revenu à Buchenwald (*L'Arbre de Goethe*).

« C'était bien un cimetière que je parcourais derrière le long cortège imaginaire de mes amis disparus, vêtus de leurs hardes malodorantes, et de la multitude de mes camarades inconnus, dans un flot de visages décharnés sous la crête de cheveux que la tondeuse avait épargnés ou la bande

nisateurs et membres des réseaux de résistance de Buchenwald. Aucun autre mouvement clandestin dans aucun autre camp n'atteignit une telle ampleur, ne fut aussi efficace. Là fut la victoire des déportés sur leurs bourreaux. Restait le « moment » de la libération. Certains ont cru, après tant de luttes, de sacrifices, de tortures, de morts, qu'il leur serait reproché d'avoir été les spectateurs de leur libération. Comme si cela avait de l'importance. Ils s'étaient battus, bien battus. Mieux que beaucoup qui ont voulu faire croire, qui ont été reconnus, acclamés. Ceux de Buchenwald, communistes ou non, ont écrit l'une des plus belles pages de la résistance des camps de concentration et les communistes allemands en négociant, en temporisant, en évitant de tomber dans le piège de la provocation qui aurait abouti au massacre, ont agi avec sagesse, en responsables d'une communauté menacée.

chauve qu'elle y avait tracée. Je sus gré à mes accompagnateurs – le chauffeur et l'interprète – d'être restés à la porte du camp.

« En remontant vers le portail, je croisai une importante colonne d'adolescents. Sous la conduite d'adultes – probablement leurs professeurs – ils se dirigeaient vers le crématoire. La cadence de leurs pas était rythmée par un chant martial.

« Le style du mémorial, que je visitai ensuite, me laissa pantois. C'était exactement celui qu'Hitler triomphant avait choisi pour cadre des grand-messes nazies de Nuremberg. Après avoir parcouru l'esplanade colossale, dallée de pierre blanche, qui, du haut de la falaise, domine la plaine d'Erfurt, je regagnai la route par un escalier que vingt hommes de front auraient pu emprunter ou, pour mieux dire, par une succession de paliers séparés l'un de l'autre par quelques marches. À droite de chacun d'eux, des bas-reliefs rappellent chronologiquement l'histoire du camp. Le dernier représente le combat titanesque que les déportés livrèrent aux SS pour libérer le camp. Des mitrailleuses crachent des flammes, des grenades explosent, les cadavres des adversaires jonchent le sol où gisent les blessés des deux camps, le visage tordu par la haine ou illuminé par l'espérance. La vérité oblige à dire que ce combat-là ne fit ni mort ni blessé pour la simple raison qu'il n'a pas eu lieu : lorsque, à l'approche des troupes américaines, les armes introduites clandestinement dans le camp, à la faveur du désordre engendré par le bombardement du 24 août 1944, sortirent de leurs cachettes, les SS avaient déjà abandonné les miradors, le corps de garde et leurs casernements. »

# DORA,
# D. COMME DESTIN

Si dans les derniers mois de Buchenwald la police de Sécurité du Reich, malgré ses informateurs déportés, s'est montrée incapable de détruire les organisations clandestines de résistance, il n'en a pas été de même dans les Kommandos plus spécialement affectés à l'industrie des V1 et V2. Dora, le plus secret des camps de concentration, devint après le bombardement par la Royal Air Force, le 17 août 1943, de la base de Peenemunde, le centre principal de construction des fusées de Wernher von Braun. Le creusement et l'aménagement des tunnels, de gigantesques halls souterrains d'assemblage, provoquèrent la mort de près de trente mille déportés. Des communistes allemands et tchèques envoyés par le comité de Buchenwald eurent pour mission de s'emparer de tous les postes de responsabilité que l'administration SS déléguait aux détenus. Albert Kuntz et le médecin tchèque Jan Cespiva réussirent en moins de deux mois à calquer leur réseau sur celui de Buchenwald et aucun poste important n'échappa à leur contrôle. Mais comme à Buchenwald, parallèlement, d'autres mouvements, gaullistes, libéraux, agents de l'IS et du BCRA, constituèrent des groupes importants qui eurent leurs représentants dans le comité international. Le sabotage des V1 et des V2 fut l'œuvre de tous.

« Lorsque [1] je recevais une fiche de maladie ou un dossier de maladie sur lesquels était perforée la lettre A, je savais qu'il s'agissait d'un spécialiste. Afin qu'il soit incorporé dans le groupe où sa présence était nécessaire, je faisais signer par le médecin SS du camp, le Dr Kahr, une feuille de maladie. J'étais donc un "dispatcheur" du sabotage. En raison de mon activité, j'avais la possibilité de mettre les spécialistes à la place de travail convenable. Ces camarades avaient été auparavant choisis par les dirigeants de leurs groupes nationaux. Grâce à cette coopération, nous savions aussi quels spécialistes étaient exigés dans les différents domaines. Afin d'accélérer ce processus, nous avons, en particulier vers la fin de l'année 1944, falsifié la signature du médecin SS du camp. Le spécialiste de ce travail fut le camarade Pollak, qui appartenait à notre groupe et travaillait au camp de Dora comme secrétaire de l'infirmerie. C'est ainsi que tous les ingénieurs électriciens et d'autres furent tout de suite recensés par la direction clandestine du camp et placés au montage des systèmes de guidage à l'arrière des engins et à d'autres tâches aussi importantes pour le sabotage, en particulier des V2. Ils reçurent la tâche de ralentir la production par tous les moyens, de modifier la tension dans les relais des récepteurs de guidage. D'autres groupes endommagèrent les gicleurs incombustibles et diverses pièces décisives dans le fonctionnement des missiles. Ainsi une grande partie des engins ne purent être lancés, ne démarrèrent pas ou tombèrent en cours de route.

« Mais nous devions observer des règles de prudence très rigoureuses. Les nouveaux arrivants devaient être sévèrement observés. Certains prétendaient venir d'une prison ou d'un camp bien déterminés, mais, par des questions habilement posées, les membres du service de sécurité de l'organisation clandestine pouvaient parfois constater qu'il s'agissait d'affabulations et que ces gens

1. Témoignage du Dr Jan Cespiva, publié à Prague en 1964, d'après un enregistrement. (Archives du Comité des résistants antifascistes en RDA.) Cité *in Mémorial de Dora* et *Patriote résistant*. Voir également *Les Médecins de l'impossible*, France-Empire.

étaient utilisés comme mouchards par les SS et cherchaient à s'infiltrer dans notre organisation. Notre groupe avait en outre la tâche de maintenir la liaison avec Buchenwald. J'avais un homme de confiance à Buchenwald, le camarade Emil Hrsel ; tout comme moi, il possédait un *Précis de médecine pratique* qui renfermait un code. Je plaçais les nouvelles à l'avant-bras gauche des cadavres avec l'aide d'une bande de papier (le crématoire de Dora n'ayant été terminé qu'à la fin de 1944, les transports se succédaient à destination de Buchenwald). Les détenus antifascistes travaillant au crématoire de Buchenwald étaient chargés de prévenir immédiatement Emil Hrsel dès qu'arrivait au crématoire un cadavre portant un pansement à l'avant-bras gauche. Aussitôt Hrsel s'emparait de l'information et la transmettait au comité international de Buchenwald. Un deuxième moyen de communication fut établi de la façon suivante : nous recevions quelques médicaments de Buchenwald et nous utilisions les fioles transportées d'un camp à l'autre pour cacher dans leur bouchon des messages clandestins. Des infirmiers du Revier transmettaient ces messages aux camarades responsables du comité international de Buchenwald, qui nous aidaient de leurs conseils. »

Jan Cespiva prépara également, en compagnie du capitaine soviétique Jelowoï, la révolte armée des détenus. Ils disposaient d'armes, de grenades, d'explosifs. Le médecin réussit pendant trois mois à donner double ration de nourriture aux membres du groupe qui devait, dans la nuit de Noël 1944, attaquer les SS. Mais les Allemands, prévenus par un « mouton », décimèrent l'organisation clandestine. Cespiva, enfermé au secret, réussit à sortir quelques jours avant son exécution pour pratiquer au côté du médecin SS Kurzke une intervention chirurgicale urgente. Après l'opération, Kurzke serra la main du médecin déporté :

– Maintenant, débrouillez-vous. Je pense que vous saurez vous cacher.

Et Cespiva se terra dans un block jusqu'à l'évacuation du camp.

Alfred Untereiner, frère des écoles chrétiennes (frère Birin en religion), fut l'âme du second réseau de résistance.

« J'ai[1] fait du terrassement, j'ai poussé le wagonnet, porté le rail et le sac de ciment, coulé du béton. Je souffrais terriblement des yeux, surtout de l'œil gauche, brûlé par une pelletée de ciment qu'un Kapo m'avait lancée en pleine figure. De plus, j'eus un doigt malade et le poignet enflé à l'excès par les efforts qu'il fallait fournir pour bétonner. Le ciment était, en effet, entièrement mélangé à la main. Miné ainsi par une fatigue excessive, hanté par la mort et le spectre du four crématoire, je sentais mes forces décliner journellement. C'est dans ces circonstances qu'un soir, après l'appel, la radio demanda des Schreiber (secrétaires). Ceux-ci devaient se présenter à l'Arbeitsstatistik. J'eus un moment d'hésitation, la méfiance étant de rigueur. Je risquais, de plus, d'encourir les foudres de mon Kapo s'il apprenait ma démarche.

« Arrivé à l'Arbeitsstatistik, je fus reçu par le SS entouré de plusieurs employés de bureau. On me demanda ma profession. “Instituteur”, dis-je. Le SS jeta un coup d'œil sur le numéro de ma veste, sur mon triangle, et ajouta : “Mais tu es un fumier de Français !” Puis il me demanda mon lieu de naissance. “Ah ! me dit-il, tu es encore un de ces cochons de Lorrains qui n'ont jamais voulu opter pour l'Allemagne, c'est sans doute la raison pour laquelle tu es en camp de concentration.” Cependant, le Kapo, ayant besoin d'un interprète, insista ; l'on prit mon numéro. Je rentrai à mon block. Tard dans la nuit, le chef appela mon numéro et me remit un billet

1. Arrêté en décembre 1943 à Épernay, où il avait été l'un des premiers (décembre 1940) à organiser la Résistance. Renseignement, évasions de prisonniers de guerre, protection des réfractaires. Extrait de *Seize mois de bagne*, R. Dantelle, libraire-éditeur, Épernay, 1947. Ce document a été complété par deux entretiens.

stipulant que je devais me présenter le lendemain à l'Arbeitsstatistik. Toute la nuit, j'appréhendai la réaction de mon Kapo. Je le savais très susceptible, autoritaire, méfiant et jaloux. Au réveil, je lui présentai mon billet. Il prit la chose de très haut ; ma démarche de la veille avait déjà été mouchardée. Il me dit ceci : "Ah ! Tu es allé te plaindre sur mon compte (il faut croire qu'il n'avait pas la conscience tranquille), je t'assommerai quand tu reviendras." Par la suite, je n'ai pas oublié ce mauvais sujet, j'ai profité d'une circonstance favorable pour glisser son numéro dans la liste d'un transport pour Kleinbodungen.

« En dehors de mes fonctions d'interprète, j'aidais le détenu chargé de dresser les nombreuses listes de l'affectation, de la mutation des Kommandos, du contrôle journalier des malades, des entrées et sorties du Revier et, enfin, des pauvres et innombrables morts. Contrôle sérieux car c'était de l'exactitude de ces listes que dépendaient l'appel du soir et la durée de ces stationnements que les survivants n'oublieront jamais. Deux mois après mon entrée, je remplaçai le camarade que j'aidais et qui fut renvoyé à la suite de difficultés avec le Kapo. »

À ce poste de « responsabilité » et de « confiance », frère Birin exerça un véritable apostolat :

« Il avait accès [1] à toutes les parties du camp. Ainsi, il put apporter le précieux concours spirituel de son ministère à bien des agonisants et aussi réconforter des camarades physiquement et moralement déprimés ; ainsi put-il distribuer, clandestinement aussi, ces soupes salvatrices qui réconfortaient le corps et l'esprit car la solidarité était si rare qu'elle était exaltante ; ainsi pouvait-il, par le maniement des fiches de travail dont il avait la disposition, éviter à bien des nôtres des affectations aux "Kommandos de sacrifice" ou aux "transports malades" qui valaient une condamnation sans appel, et j'en passe... »

« Un jour [2] le bureau de l'Arbeitsstatistik reçut un nou-

1. Témoignage Richard Pouzet.
2. Témoignage Alfred Untereiner, déjà cité.

vel interprète. C'était un Russe, Nicolas Preschenko, gars solide, énergique, une honnête figure, âgé d'une trentaine d'années ; il m'inspira tout de suite une entière confiance. Comme moi, ce brave garçon se demandait souvent s'il lui restait quelque chance de revoir sa patrie. Comme Geheimnisträger (porteurs du secret des V1 et V2), nous nous savions condamnés à mort et destinés à être massacrés à l'approche des Alliés. Le moment n'était-il pas venu d'essayer de mettre au point un projet destiné à nous sauver ?

« Vers la mi-octobre, je dis à mon camarade : "Tu vois, Nicolas, en nous organisant, nous pourrions, au jour propice, un peu avant l'arrivée des Alliés, tenter de nous débarrasser de nos bourreaux. – Des milliers d'entre nous peut-être périront dans l'assaut, mais des milliers échapperont ainsi au massacre inévitable. – Parle à tes compatriotes, je me charge des Français, et que tous marchent au cri convenu de 'Paris'." Chacun devait recruter trois camarades sûrs, qui se chargeraient d'en recruter trois autres, et ainsi de suite. Comme toujours, tout alla bien au début, mais notre action était prématurée. Les Russes manquèrent de prudence et Nicolas fut arrêté. Torturé, il révéla l'organisation, mais selon notre promesse mutuelle, en cas d'échec, de ne pas charger les amis, il déclara que cette tentative était exclusivement russe.

« Un jour, se rendant à un nouvel interrogatoire, ce brave Nicolas, honteux d'avoir faibli, échappa à son gardien et se lança tête baissée contre le mur au fond du couloir. Il fut relevé le crâne fendu et soigné par un médecin qui dut en répondre sur sa tête. Finalement, Nicolas fut pendu.

« Du côté français, on soupçonna une organisation analogue et, dans ce triste épisode, je dois dénoncer le rôle ignoble de Maurice Naegel, se disant ingénieur chez Citroën à Paris [1]. »

1. Voir *Les Victorieux*, éd. Michel Lafon, 1994.

Naegel ne fut pas le seul « espion » de la Gestapo à infiltrer la Résistance. Dans les tunnels et les blocks, au moins trois faux déportés enquêtèrent pour découvrir les responsables qui rendaient inefficaces plus du tiers des fusées de la dernière chance et accessoirement 25 % des moteurs d'avion traditionnels. Ces hommes – dont l'Italien Grozzo semble avoir été l'officier traitant – appartenaient aux services secrets de Vichy et de Rome qui les détachèrent à la Gestapo. Sans doute « éclairés » par le centre d'instruction d'Oranienburg sur la vie et la mort dans les KZ, ils furent incorporés dans des convois à destination de Buchenwald et, de là, envoyés à Dora. C'est à ma connaissance la seule fois où de faux déportés furent recrutés par la SIPO. Leur moisson n'épargna que deux ou trois personnalités particulièrement prudentes et protégées (Dejussieu-Pontcarral, général de l'Armée secrète française) et le 2 novembre 1944 la SS arrêta une trentaine de dirigeants déportés, dont la plupart des Kapos communistes allemands et le capitaine Jelowoï, d'Odessa, responsable de l'armement et des groupes d'action militaire. Dans les jours qui suivirent, trois cents déportés, presque tous soviétiques, les rejoignirent dans les cellules du bunker et de la prison de Nordhausen. La Résistance était décapitée, anéantie. Si tous partagèrent le même sort – interrogatoires, tortures – seuls les communistes et les Soviétiques furent exécutés. Pourquoi tant de mansuétude pour les non-communistes ? Dans son livre *Dora* [1], Jean Michel, l'un des résistants arrêtés, révèle l'existence d'un bien étrange personnage, Schreiber de l'un des tunnels. Il l'appelle D. D. comme destin.

« D. [2] est une énigme vivante. Il passa dans nos existences comme ces personnages qui, au cinéma, incarnent le destin. C'est l'homme de la tragédie, fascinant de précision et effrayant de mystère. Prestidigitateur de génie, il jouait des événements, escamotait les secrets et en fabriquait d'autres (...). Ce personnage de fiction,

1. Jean Michel, en collaboration avec Louis Nucera, J.-C. Lattès, 1975.
2. Jean Michel a recherché D. après la guerre. Il ne l'a pas retrouvé.

échappé dans la vie, était d'une intelligence supérieure. Il parlait huit langues, roulait les *r* en français. Russe d'origine, il était motivé par un anticommunisme viscéral (...). Un teint jaune, une tête ronde, des lunettes de myope, un grand front, une taille moyenne : D. paraissait avoir une quarantaine d'années. Il se disait ingénieur. »

Et c'est par les ingénieurs civils allemands soucieux de leur destin que D., qui ne devait pas être un simple déporté, « ouvrit » des négociations avec l'état-major de Wernher von Braun et le général SS Kammler, « directeur » de la production des armes spéciales. Cet épisode montre le désarroi de cette élite scientifique et technique à la veille de l'écroulement, sa terreur des Soviétiques, son désir aussi de poursuivre des recherches, pourquoi pas, au service des États-Unis. On sait que Wernher von Braun, son frère et leurs principaux collaborateurs se rendront aux Américains, avec en prime quatorze tonnes de documents relatifs aux fusées... et à leur évolution. La sauvegarde des résistants non communistes de Dora s'explique si ce qu'a dit D. à Jean Michel est vrai.

« Deuxième[1] quinzaine de mars. D. disparaît durant une semaine. Il revient dans un état d'euphorie et de surexcitation compréhensible lorsqu'on écoute l'histoire qu'il rapporte. Lui, le déporté, le pyjama rayé, vêtu en civil par la grâce de Hazel et de Sanders, a été conduit aux environs de Berlin. Là, il a eu deux entrevues avec une sommité SS (...). Les SS veulent la vie sauve. En contrepartie, ils s'engagent à livrer les secrets des armes nouvelles, à opposer la totalité de leurs forces aux troupes soviétiques afin de permettre aux Alliés d'envahir la plus grande partie du territoire allemand. »

J'ai rencontré deux fois Alfred Untereiner avant sa mort. Il reconnaît que, si la divine providence épargna à certains le poteau d'exécution, elle fut secondée par des « accords » conclus avec la direction SS du camp.

1. Jean Michel et Louis Nucera, déjà cités.

(À l'époque de ces entretiens je ne connaissais pas les informations révélées par Jean Michel.)

– Quels accords ? ai-je demandé à frère Birin.

– Un Polonais dont j'ai oublié le nom était un agent de Londres. Les SS étaient persuadés que les déportés étaient en possession d'un poste émetteur qui transmettait aux Alliés les caractéristiques de la production, les descriptions détaillées des pièces les plus secrètes des armes spéciales et surtout des plus grandes fusées. Peut-être ce Polonais a-t-il fait aux SS des propositions concernant leur avenir. Je n'en sais rien, mais ce qui est sûr, c'est que quelque chose s'est passé parce que au moment de l'évacuation du camp on nous a fait rejoindre les colonnes prêtes au départ, sans autre forme de procès.

*Kommandos de Dora* *3 avril 1945*

# LES GARAGES DE NORDHAUSEN

– Les Russes ne sont plus qu'à vingt kilomètres.

– On évacue !

On évacue Gross-Rosen. Pour le Dr Jacques Normand, un voyage, un de plus [1], dont les scènes restent à jamais gravées dans sa mémoire.

« Destination Nordhausen. On nous fit monter dans des wagons découverts ; soixante-quinze à quatre-vingts par plateau. Nous n'avions pas le droit de rester debout, nous devions nous asseoir, mais, comme la place manquait, nous devions nous maintenir accroupis dans une situation extrêmement inconfortable. Si quelqu'un se levait, une balle dans la tête l'asseyait définitivement. La nuit, évidemment, le manque de place nous empêchait de dormir. Il était même impensable de s'assoupir car un autre déporté, couteau à la main, venait nous dévaliser. Il m'a fallu à plusieurs reprises me défendre à coups de pied et à coups de poing. Pour comble de mal-

1. Jacques Normand, médecin-capitaine, résistant de juin 1940, fut arrêté pour espionnage le 17 octobre 1941 à Vesoul. Après avoir connu une dizaine de prisons et de camps, il est affecté au Revier de Gross-Rosen puis à celui de Nordhausen. Le Dr Jacques Normand, qui exerce à Vesoul, m'a confié un manuscrit inédit. Ce chapitre emprunte beaucoup à son récit, il a été complété par plusieurs témoignages de déportés, en particulier celui de Jean-Pierre Couture, de Nancy (également inédit). Jean-Pierre Couture avait été évacué de Dora.

heur, il neigeait. Nous fûmes ainsi quatre jours et quatre nuits sans recevoir le moindre ravitaillement. »

Lorsque le train pénètre en gare de Nordhausen, les deux mille cinq cents déportés ont perdu trois cents de leurs camarades. Les projecteurs illuminent la gare. Le camp est là, à moins de cent mètres.

– Restez accroupis. Vous descendrez demain matin.

Une nuit de plus sous la neige. Enfin barbelés et miradors dans le brouillard de l'aube : le camp ! Un bien grand mot pour désigner ces deux garages isolés au milieu des bâtiments de la Boelke Kaserne. Ils avaient abrité une unité blindée. Depuis longtemps, sans doute, les Panzers rouillaient sur quelque champ de bataille.

Dans ces halls abandonnés, des copeaux de bois jetés sur le ciment remplacent les châlits. Sur ce « tapis », mille hommes croupissent. Ils repoussent les morts dans les coins. Au premier étage, les « vieux » déportés, les chanceux, disposent, dans les galeries en combles, de lits à trois étages.

Sur le ciment : Jacques Normand. Toute une longue journée sans soupe. Cela fait cinq jours que les déportés n'ont rien avalé.

– Distribution !

Un demi-litre d'eau et trois pommes de terre. Le lendemain, un litre. Le Kapo lance en souriant :

– On ne vous donne que ça parce qu'on prend soin de vous. Vous avez les intestins fatigués. Plus, c'est la *Scheiserei*.

Normand doit se présenter au Kapo du Revier.

« Otto Skodas, on l'appelait communément Otto, était un commissaire de police viennois emprisonné pour homosexualité. Il me fit rester de longues heures debout à attendre qu'il veuille bien s'occuper de moi. Il m'obligeait à venir à 7 heures du matin et à attendre debout jusqu'à midi. À midi, il déclarait qu'il ne pourrait me recevoir que dans l'après-midi et ainsi de suite. Cela dura quatre jours. Le quatrième jour, il me fit passer un examen. Il exigeait que je parle couramment allemand et latin. Marquant mes phrases de *Jawohl*, j'affirmai avec le plus grand culot que je parlais la langue de Goethe.

Quant au latin, j'avais mon baccalauréat classique, cela devait lui suffire. Il n'insista pas pour le latin, mais il se mit à me parler allemand en augmentant de plus en plus la vitesse de ses phrases. Un Allemand aurait eu lui-même de la peine à comprendre. J'eus la chance exceptionnelle... de deviner. J'étais accepté. »

Le camp compte trois mille déportés ; cent meurent chaque jour au Revier et Otto réclame des listes de grands malades à envoyer en convalescence.

– Comment, hurlent les Français du Revier, vous ne nous mettez pas sur la liste !

– Pas de sana pour nous ? Pourquoi ?

Aucun des « convalescents » d'Otto ne devait revenir vivant.

Les jours passent. Les évacués de Dora arrivent. Cortège d'éclopés, de mourants.

« Le soir[1] vers 8 heures, on les fait tous déshabiller dans une salle et ils reviennent nus dans le garage aux portes ouvertes, aux fenêtres sans vitres ; pelotonnés, serrés les uns contre les autres, ils croient qu'ils vont mourir de froid. À minuit, on amène dans le garage la machine à désinfecter et, à tour de rôle, les malades reçoivent une douche glacée mélangée de pétrole. Vers 5 heures du matin seulement, ils peuvent s'habiller pour être immédiatement jetés sur la place d'appel. Beaucoup s'effondrent. »

Lorsque « ceux de Dora » entreront dans les blocks, soixante-dix cadavres resteront sur la place d'appel.

Le 3 avril, en fin d'après-midi, les bombardiers américains surgissent dans le ciel de Nordhausen et déverrouillent leurs soutes à bombes sur les casernes SS qui entourent les garages. Bombardement effroyable « en tapis », suivi de mitraillages « en éventail ». Les garages n'échappent pas aux éclaboussures : la cuisine des déportés, le block 3, la chambre des infirmiers et le block des tuberculeux s'effondrent, éventrés.

1. Livre mémorial de Dora-Ellrich.

Un déporté, Jean-Pierre Couture, dès le premier impact, se précipite vers une fosse à graissage. Il arrache les poutres qui en ferment l'entrée, se glisse dans la tranchée, suivi par d'autres détenus qui se bousculent, s'entassent sur lui, l'étouffent. Les gigantesques portes en fer du garage, soufflées par une explosion particulièrement violente, se trémoussent, vibrent, arrachent leurs gonds et d'un seul vol traversent le hall, rabotant les malades, les valides. Toute la nuit, aidé de volontaires, Jacques Normand panse les blessés avec du papier hygiénique. Couture, ce soir-là, peut partager une tranche de pain avec deux amis. Il a eu la chance de découvrir dans les gravats un mégot de cigare qu'il a réussi à échanger. Dehors, des coups de feu... Les barbelés doivent être percés. Tant bien que mal, il faut dormir. Couture s'allonge sur le ciment. Normand partage la paillasse d'un blessé. Un trou découpe dans le plafond un coin de ciel sans étoiles. Les armatures métalliques du béton s'entrecroisent en toile d'araignée. Dans ce piège, un déporté déchiqueté, pendu par les pieds.

Au petit matin, les Kapos se jettent sur les déportés, le gourdin nerveux. Les survivants se battent pour recevoir le pain.

– *Alarm ! Fliegeralarm !*

Couture se rue vers la fosse qui l'a sauvé la veille.

« Je subis alors l'assaut de deux slaves qui prétendaient m'arracher la ration que je venais de percevoir. Je roulai sur le dos et les expédiai d'un coup de pied sans lâcher mon pain. Je ne me relevai pas car, dans les instants qui suivirent, des chapelets de bombes s'abattirent dans le secteur. En rampant, je réintégrai ma tranchée ; la brutalité de l'attaque aérienne m'épargna les voisins envahissants. Recroquevillé, je tentai de manger mon pain pour tenir le coup "après"... en espérant qu'il y aurait un "après". Je disposai en oblique les poutres de la fosse à réparations afin de constituer une espèce d'angle de sécurité supplémentaire, au creux duquel je me blottis à l'abri des blocs de béton qui tombaient du plafond. »

Le bombardement surprend Jacques Normand au

milieu des malades. En moins de cinq secondes tous les valides ont disparu du Revier.

« Les malades, complètement épouvantés, hurlaient et cherchaient à se traîner hors de leur lit. La colère me prit. Je traitai les fuyards de retentissants *“Schweinhunde”*. Je rassurai les malades en leur disant qu'ils n'étaient pas abandonnés, qu'un médecin français, qu'un officier français restait avec eux. J'ordonnai alors immédiatement aux malades des lits supérieurs de se coucher avec les camarades des lits inférieurs et même, s'ils en étaient capables, de se plaquer sous les lits. »

Le Revier s'exécute. Les éclopés s'entraident. Chaque aveugle trouve son paralytique. Une grêle de briques, d'éclats, de béton, s'abat sur les couchettes supérieures. À côté, des bombes explosent, découpent les garages en tranches.

« Toutes les cloisons, tous les boxes, toutes les séparations avaient été renversés. Une file de morts, plus ou moins accroupis sur leur siège de faïence brune, indiquait de façon grotesque et lugubre l'emplacement des W-C. Un dernier mitraillage complémentaire en rase-mottes me fit plonger à nouveau dans mon abri. »

Normand, aidé du père Bonaventure, un franciscain de Lyon, et d'un vieux mathématicien polonais, le P^r^ Stebodzinski, de l'université de Poznan, entreprend avec méthode de soigner les blessés.

« Je n'avais ni antiseptiques ni pansements. La salle d'ambulance était détruite. Je découpai immédiatement les draps et les housses à couverture des Kapos. Ces pansements sans valeur apportaient un immense réconfort moral aux malades. Pendant ce temps, Bonaventure se précipitait dans les caves du cantonnement SS et rapportait une quantité impressionnante de boîtes de conserve, de la margarine, du pain. »

Toutes les demi-heures explosent des bombes à retardement. Dans ce camp où plus de mille cinq cents hommes viennent d'être fauchés, dans ce camp sans barrières, déserté par les gardiens, chacun s'organise pour vivre. Couture et ses amis découvrent, contre une bombe non explosée, des chevaux morts. Ils arrachent la viande qu'ils font griller sur des feux de bois.

« Toutefois, il fallait penser aux autres. Marcel et moi prenions en charge, un, puis deux, puis trois Français, plus ou moins blessés, complètement hébétés, sonnés, qui surgissaient d'entre les morts. Certains avaient oublié jusqu'à leur nom. Nous les avons conduits auprès de notre fosse à réparations. Pendant quelques jours, en effet, hantés par la crainte du retour, soit de nos geôliers, soit des bombardiers, par peur aussi de ces maudites bombes à retardement, nous allions graviter autour de ce gîte de fortune. Partout, le sol était jonché de mourants auxquels nous essayions de donner un peu d'assistance. D'abord en les nourrissant. Nous pouvions, grâce à nos découvertes de la cantine SS, préparer des repas chauds que nous avons distribués aux blessés. Marcel, patiemment, les faisait manger à la cuiller. »

Normand, débordé de travail, doit de plus participer à la corvée d'eau :

« L'eau était le problème le plus angoissant. Toutes les canalisations avaient été arrachées. Avec Bonaventure, nous allions à la rivière. Celle-ci roulait des cadavres. Il nous fallait pour l'atteindre parcourir un long découvert et les policiers embusqués (Schupos et Volkssturm) nous tiraient dessus à la moindre occasion. La situation devenait très périlleuse. Nous ne pouvions plus sortir des limites du camp sans risquer notre vie. »

Les policiers visaient les déportés pour les empêcher de fuir, mais aussi pour leur dérober les provisions qu'ils « organisaient ». Ils étaient aidés par les Kapos. Celui du block 4, armé d'un grand coutelas, d'un revolver et d'une mitraillette, se livrait à un pillage systématique.

« Il arrêtait les prisonniers, entrait dans les blocks, volait aux blessés, aux malades, tout ce qui était susceptible d'être mangé. Un jour que je passais dans un de ces blocks avec au bras un panier contenant du matériel à pansement, il se précipita sur moi et retourna mon panier. Les quelques malheureux bandages que je possédais encore furent souillés. Je remarquai que son coutelas était couvert de sang. Pour éviter l'irruption des soldats et de ce sauvage dans le Revier, j'encombrai, et même clôturai l'entrée secondaire avec un tas impressionnant de cadavres. Quant à l'entrée principale, qu'il fallait laisser libre pour notre usage, je me contentai d'aligner dans le hall une trentaine de cadavres bien décomposés. Connaissant le dégoût des Allemands pour cette sorte de chose et leur peur des épidémies, j'étais maintenant tranquille. J'avais eu du flair car le 8 avril le camp fut cerné par les Schupos et la Volkssturm. Ils ramassèrent les valides et les convalescents qui erraient dans les cours. Personnellement, ils me trouvèrent dans un baraquement en train de faire un pansement qui sentait assez mauvais. Ils furent probablement dégoûtés et s'éloignèrent en oubliant de m'emmener. »

Couture, comme Normand, ne s'allongea pas ce soir-là. Ils allèrent de l'un à l'autre, recouvrant celui-ci d'une défroque arrachée à un mort, calant celui-là sur sa paillasse. Couture se souvient d'un malheureux qui l'a particulièrement impressionné :

« De quart d'heure en quart d'heure, il tentait de se soulever. Sa tête en retombant faisait sonner le béton tout près de nous, car bien entendu elle retombait toujours à côté du paquet de chiffons que nous avions interposé. Il était totalement inconscient, ne voyait, n'entendait rien et, j'espère, ne ressentait rien. Pendant les deux jours qu'il mit à mourir, nous nous demandions lequel de nous aurait le courage de mettre fin à ses souffrances en lui écrasant la tête d'un coup de pierre. Nous ne l'avons pas fait. Je partis un matin avec le D^r^ Normand en tournée. Je posai des attelles, tentai des pansements de fortune, lavai des plaies. C'était un travail jamais fini. Pour mieux installer les blessés, je me souvins des dortoirs du premier étage et des couchages qui devaient s'y trouver. Par un escalier aux trois quarts éboulé, m'aidant de planches, je réussis à accéder là-haut. Il y régnait un calme effrayant, contrastant avec les gémissements du rez-de-chaussée. La voûte de béton était crevée et les extrémités de l'allée centrale débouchaient désormais sur le vide. Rien ne bougeait que des pans de linge agités par un courant d'air glacial. Quoique plus ou moins culbutés, les lits étaient à leur place avec leurs trois étages et leurs deux occupants, seulement ces occupants regardaient le ciel de leurs yeux morts, grands ouverts : tués net par le souffle des explosions, je pense.

« Je parcourus cette allée avec l'impression de me promener dans celle d'un cimetière à l'envers, côté racines des pissenlits. Un vague gémissement m'alerta cependant et je trouvai un Français épuisé, transi mais vivant. Immobilisé par une vilaine blessure à la jambe, il attendait depuis près de trois jours. Oh ! il n'était guère lourd, le pauvre, mais c'était tout de même beaucoup pour moi. Je ne pesais que quarante-neuf kilos à mon retour. Aussi, je mis bien du temps et j'éprouvai bien du mal à le descendre au rez-de-chaussée. Notre petit cercle s'élargit pour lui. La nuit suivante, des fusillades éclatèrent très près de nous, et le lendemain un assez beau soleil printanier me fit redouter que la chaleur ne rende intenable le voisinage de ces centaines de cadavres. Je franchis donc les barbelés et découvris, à quelques centaines de mètres des garages, sous les bâtiments écroulés qui avaient été construits pour loger les tankistes allemands, le compartiment blindé qui servait de *Luftschutzraum*. Il était en état. Nous y transportâmes nos pénates. »

Neuf jours après le premier bombardement, les Américains arrivèrent. Le Dr Normand accueillit les médecins militaires. Ces hommes, habitués à tous les drames de la guerre, visitèrent les ruines de Nordhausen en pleurant.

*5 avril 1945*

# ÉVACUATION DE DORA VERS RAVENSBRÜCK

« Le transport[1] de Dora à Ravensbrück a été pour nous tous un véritable chemin de croix. Nous avons été enfermés par centaines dans chaque wagon de bestiaux, sans autre nourriture qu'une seule boîte de conserve de viande, vite dévorée. Il a fallu attendre jusqu'au 14 avril, date de notre arrivée à Ravensbrück (alors que nous étions partis le 5 avril au soir de Dora), pour recevoir la première gorgée de soupe infecte. »

« L'embarquement[2] fut exécuté dans la précipitation. Les SS semblaient sentir les troupes victorieuses à leurs trousses tant ils nous bousculaient et nous matraquaient pour hâter notre départ. Dans ce train de marchandises qui comptait une soixantaine de wagons, s'entassèrent les dix mille hommes formant un convoi. Dans le wagon où nous étions empilés, nous nous sommes comptés : nous étions cent trente-six. Cent trente-six hommes dans ce wagon, un wagon français, dont l'inscription portait une formule de dérision : "Chevaux en long : 8. Hommes : 40." Cent trente-six dans ce wagon qui porte la mention : "Surface 21 m$^2$." Ainsi donc, en supposant que dans la détresse l'égalité persiste à régner, cela fait pour

1. Témoignage inédit F. Schwertz.
2. Mémorial Dora-Ellrich.

chacun de nous un espace vital de quinze centimètres carrés si mon calcul est exact. »

Ces voies de chemin de fer autour de Dora, Ellrich, Nordhausen sont depuis trois mois bombardées sans cesse par l'aviation anglo-américaine et, depuis trois mois, sans cesse des Kommandos de déportés de nuit ravaudent les rails et les traverses, remontent le ballast. Le train des déportés évacués de Dora, douze heures après son départ, n'aura avancé que de vingt kilomètres.

« On[1] se croirait au pays des tortures. Le 6 avril, la faim commence cependant à nous tenailler. Nos "anges gardiens" viennent de percevoir des boîtes de pâté et se confectionnent des tartines copieuses qu'ils mastiquent sans discrétion. Voici pour nous le supplice de Tantale ajouté à bien d'autres.

« Nous continuons ainsi à stagner sur des voies qui paraissent ne mener nulle part et, le 7 avril, nous stoppons en pleine campagne. Il semble que le train ne puisse aller plus loin. Quelques avions de reconnaissance alliés viennent se livrer à des investigations au-dessus de nous, se demandant quel peut bien être ce convoi en panne, ce convoi en détresse. Nous ne sommes pas très rassurés, mais, en définitive, ils nous laissent en paix. Nous ne devons pas les intéresser. Enfin, le 8 à l'aube, notre locomotive s'époumone, le train démarre. Nous avançons : l'obstacle serait-il levé ? Erreur, quelques dizaines de minutes plus tard, nous stoppons dans une gare. Nous sommes à Osterode. Voilà cent heures que nous n'avons rien mangé, voilà plus de quatre-vingts heures que nous sommes en wagon. »

« Les malades[2] se sont regroupés sur le bord du chemin. Un SS les compte cinq par cinq. Ils partent lentement, marchant avec peine, puis disparaissent derrière le mur du cimetière qui entoure l'église, suivis par des gardiens armés. Des rafales de mitraillettes éclatent, sèches et brutales. Quelques instants plus tard, les gardes

1. Mémorial Dora-Ellrich.
2. Jacques-Christian Bailly, *Un lycéen à Buchenwald*, Ramsay, « Images », 1979.

SS reviennent en se bousculant, brandissant leurs armes au-dessus de leur tête, fiers de leur forfait. Les premières victimes du transport sont tombées tout près de la petite église. Ils reposent pour toujours dans ce petit village du Harz, qu'ils viennent d'atteindre après des mois ou des années de souffrances inutiles. »

Des morts, il y en aura bien d'autres, le long des routes, dans des wagons qui stagnent, qui manœuvrent, qui sont bombardés (les SS abattent les « fuyards » qui tentent de sortir des wagons en flammes), le long des routes encore, dans les wagons encore pendant les dernières trente-six heures. Combien de morts ? Un millier ? Deux ? Jamais personne ne saura...

« J'ai [1] vu mordre, j'ai vu griffer, j'ai vu étrangler. J'ai vu piétiner des moribonds, j'ai vu des hommes s'asseoir sur des cadavres, j'ai vu sombrer des camarades dans cette mer humaine qui se refermait sur eux et les étouffait jusqu'à la mort.

« J'ai entendu des jurons proférés en cinq langues s'entrecroiser, avant que se déchaînât la bagarre. J'ai entendu le bruit mat des coups, j'ai entendu des os craquer, des crânes se heurter. J'ai entendu des sanglots, des hoquets, des râles. J'ai entendu aussi une *Marseillaise* susurrée par un agonisant car, dans ce bouleversement, la grandeur sublime côtoyait la laideur infâme.

« Les nuits étaient horrifiantes. La raison faisait place à l'instinct, cet instinct des premiers âges... Sans motif, dans l'ombre, des luttes silencieuses s'engageaient. Bientôt, de la mêlée s'élevaient des hurlements de douleur. Ceux qui conservaient leur sang-froid tremblaient, se sentant impuissants à se protéger contre les assauts des forcenés. Il fallait déployer une énergie farouche pour se soustraire à l'étreinte de ces énergumènes, pour ne pas être renversé, culbuté, écrasé. Parfois, les SS eux-mêmes, exaspérés par l'ambiance de frénésie qui envahissait le wagon, se mettaient de la partie et rageusement matraquaient les malheureux à leur portée.

1. Mémorial Dora-Ellrich.

« Mon séjour [1] à Ravensbrück – camp de concentration pour cent mille femmes de toutes nationalités – n'a été que de treize jours exactement. En effet, le 27 avril 1945, jour de mes vingt-cinq ans, nous avons dû évacuer le camp à l'approche des troupes russes. Ce fut le point de départ d'un nouveau calvaire qui devait durer douze jours environ. Comme il n'y avait plus de moyens de communication autres que nos propres jambes, nous sommes partis en direction de l'ouest, vers le front américain qui se trouvait à Ludwigslust, c'est-à-dire à cent vingt kilomètres de notre point de départ. »

1. Voir les chapitres consacrés à l'évacuation de Ravensbrück.

*5 avril 1945*

# ÉVACUATION DE DORA VERS BERGEN-BELSEN

« Pâques 1945 [1]. Une belle journée ensoleillée, mais on n'entend pas sonner les cloches. Elles se sont tues depuis longtemps. Soudain, des avions apparaissent dans le ciel. Ce sont des observateurs américains. Ils piquent vers le camp et mitraillent des miradors. Les SS répondent en tirant des coups de fusil et de fusil-mitrailleur. Les avions prennent ensuite la direction de Nordhausen, ville de trente mille habitants située à quatre kilomètres du camp. »

« À l'usine [2], nous avons fait une sorte d'inventaire. Actifs, nous sommes pleins de bonne volonté. Les civils s'affairent à des besognes mystérieuses. On nous fait arracher avis et pancartes. Nous devons remettre tout écrit que nous pourrions porter sur nous. Ce n'est pas le moment de compromettre sa vie par une sottise commise *in extremis* : comme les camarades, je remets, la mort dans l'âme, tout ce que je possède. Il y a là un mémoire sur le rôle social de la recherche scientifique, quatre vers d'un sonnet que je ne terminerai jamais, et des notes techniques. La valeur de ces productions est inégale.

1. Témoignage Jean Rebour, *Ma captivité*, Imprimerie centrale administrative, Beauvais, 1945.
2. Charles Sadron, *Témoignages strasbourgeois*.

« Pendant la nuit, les civils ont accompli ce travail. Tout ce qui concerne les installations de télémécanique des V2 a été rendu méconnaissable. Il n'y a guère plus – en dehors des ingénieurs – que nous qui puissions être des témoins. Cette idée nous inquiète un peu...

« L'usine est muette. Les moteurs se sont tus. On n'entend plus que le vague brouhaha du grouillement humain, dans les tunnels. Notre atelier est calme. Les femmes ne sont plus là. Nous attendons, anxieux. Notre présence inutile, dans cette usine morte, m'effraie.

« Enfin, nous remontons. Il paraît que c'est la dernière fois. Le camp s'agite comme une fourmilière. L'ordre d'évacuation serait imminent.

« Ça y est ! Le haut-parleur a annoncé : "Tous les blocks Savatsky immédiatement sur la place d'appel !" Sur l'ordre du chef de block, nous prenons couvertures et musettes. En route ! Il pleut. Nous attendons indéfiniment je ne sais quoi, rangés block par block. Des bruits courent, il paraît qu'il va y avoir un tri. Derrière nous les employés de l'Arbeitsstatistik font brûler leurs documents. Le vent tord la fumée sur nos têtes et les papiers voltigent de toutes parts. Les Kapos arrivent, affairés : ils ont l'ordre de mettre à part ceux qui, principalement parmi les Français, sont les meilleurs ouvriers. Il paraît que c'est pour une mesure de faveur.

« Nous remontons au block. Les camarades que nous quittons nous regardent longuement. Eux doivent partir ce soir.

« Le lendemain matin on essaie de nous distribuer des vivres pour le voyage. Une marée humaine bat les murs du magasin aux vivres que les SS, l'arme au poing, défendent à grand-peine. Nous nous écrasons les uns sur les autres dans une atmosphère de panique.

« Un camarade arrive : "À la Kammer !" crie-t-il. La Kammer, c'est le magasin aux habits. Une foule s'y presse déjà, mais infiniment moins dense que devant le magasin aux vivres. Des camarades, dans une discipline relative, vident méthodiquement les réserves et nous jettent à la volée des ballots de vêtements et de linge. C'est inimaginable : nous grelottions cet hiver sous des haillons, sans manteau, avec – sauf quelques privilégiés – de misérables galoches qui nous meurtrissaient les pieds. Et le magasin était plein de vêtements neufs, de chaussures de cuir, de sous-vêtements de laine. On se rue, on se vêt comme pour une croisière dans le Grand Nord. Nous sommes magnifiques. Au moins, nous aurons moins froid que les pauvres gars d'Auschwitz.

« Mais où sont donc les Kapos et les autres gradés ? Comment se fait-il qu'ils ne soient pas là, au premier rang des pillards ? La raison en est simple : ils dévalisent les magasins où l'on a entreposé ce qui reste d'effets appartenant aux prisonniers, ainsi que leurs montres et leurs bijoux. Nous voyons bientôt passer nos fripouilles, encadrées de Lagerschutz, avec sur le dos des pelisses magnifiques et des vêtements de premier choix. L'un d'eux, en rigolant, montre quelque chose à son voisin : il a les mains pleines d'anneaux d'or en vrac. Il fourre tout cela dans sa poche, satisfait. Le bagne rapporte tout de même quelques avantages...

« Ce soir, nous couchons encore au camp, dans des blocks intacts réservés pour nous. Le bombardement gronde dans le lointain. Nos camarades – paraît-il – sont déjà partis. Nous nous sommes endormis, affamés et inquiets. »

« Un peu partout [1] des feux détruisent, ou font semblant de détruire les secrets du camp. L'attente se prolonge puis on commence à entendre dire que Savatsky a obtenu trois mille détenus pour l'aider à l'usine ; ces trois mille-là resteront au camp jusqu'à nouvel ordre. Effectivement on nous trie. Déjà la "Terrasse" et beaucoup de camarades sont partis. Nous sommes mis de côté. Les Russes et les juifs sont séparés de nous... Nous ne les reverrons pas. Les "spécialistes" remontent au block. »

1. Olivier Richet, *Trois Bagnes* (ouvrage cosigné avec le Pr Charles Richet, déjà cité).

« Nous[1] étions cent à cent cinquante par wagon de marchandises découvert. Nous ne manquions pas d'oxygène, mais nous étions exposés à la pluie et au froid. Plusieurs camarades de wagons voisins me firent signe et profitèrent des rares arrêts où l'on pouvait descendre pour venir me voir. Tous me dirent combien ils avaient été inquiets sur mon sort pendant ces cinq mois de cellule.

« Certains ne me reconnaissaient pas, tant les souffrances physiques et morales m'avaient ravagé.

« Durant six jours et six nuits, nous avancions, puis reculions tantôt en direction de Hanovre, tantôt en direction de Hambourg.

« Trois fois durant ces six jours, les SS nous firent creuser des fosses en bordure de la voie. Des centaines de morts y furent enterrés et la terre étrangère recouvre ces tombes collectives sans que la moindre croix ou le moindre symbole en marque l'emplacement. »

« La nuit[2] nous surprend devant Herzberg. Le train stoppe. Un train de munitions explose. Nous assistons à un magnifique feu d'artifice. Impossible de dormir, nous ne pouvons pas nous allonger. Nous sommes trop nombreux. Le lendemain matin, nous passons en gare d'Herzberg. Un véritable champ labouré. Des débris de wagons çà et là, des rails un peu partout. Une voie a pu être rétablie la nuit. Le train prend maintenant la direction nord par Osterode, Seesen-am-Harz. La pluie continue. Rien à manger. Train fantôme, train de la mort. Il s'arrête de temps en temps pour déposer les morts. Vite une grande fosse est creusée et les corps y sont déposés. Les moribonds sont achevés à coups de revolver par les SS.

« Sur la route, des camions militaires camouflés avec des feuillages qui montent vers le front, des soldats à pied. Cela ressemble étrangement à juin 1940. Comme

1. Frère Birin, déjà cité.
2. Jean Rebour, déjà cité.

les temps sont changés ! Nous voyons également des prisonniers de guerre français qui évacuent. Nous leur faisons des signes amicaux auxquels ils répondent aussitôt. »

« Dans mon wagon [1] la moitié étaient français, les autres surtout ukrainiens ou polonais. Au cours de la nuit, ceux-ci essayaient, à coups de poing et de pied, de repousser dans un coin les Français, physiquement moins forts, pour se mettre mieux à leur aise. Un Français, isolé au milieu d'un groupe de Polonais, fut retrouvé le lendemain assassiné, l'œil arraché d'un coup de couteau. Les Français les plus affaiblis supplient leurs camarades de les protéger. Puis chacun ne songe qu'à économiser ses forces, car il sent que le moindre effort peut lui être funeste. »

« Lundi 9 avril [2]. Le temps est redevenu meilleur. Le train stoppe. Nous sommes à Bergen, dans le Hanovre, à soixante-dix kilomètres environ au nord d'Hanovre. Les SS nous font descendre des wagons. Je ne sais comment placer mes pieds sur le quai. Je suis comme ivre. Vais-je donc défaillir ? Non. Un tas de rutabagas se trouve à proximité du camp. Les hommes se précipitent. Les SS interviennent et les repoussent à coups de crosse. Des morts sont déchargés des wagons. Combien sont-ils ? Je ne sais. On nous fait rassembler par groupes de cent et par rangs de cinq. Nous prenons la route. Il fait chaud. Les hommes tombent comme des mouches. Ceux qui ne peuvent se relever sont abattus par les SS. Enfin nous arrivons au terme de notre voyage : Bergen-Belsen. »

1. P. Hagenmuller, *Témoignages strasbourgeois*.
2. Jean Rebour, déjà cité.

« Le camp[1] de Bergen-Belsen est tristement célèbre. Il faudrait créer un langage plus puissant que le nôtre pour décrire en traits de feu et de sang l'horreur d'un tel charnier.

« Le camp de Belsen était à ce moment surpeuplé par plus de cinquante et un mille détenus hommes et femmes. Le typhus y régnait et une moyenne de cinq cents personnes y mouraient chaque jour. Il y avait au moins sept mille cadavres épars dans le camp[2]. »

1. Frère Birin, déjà cité.
2. Voir le chapitre consacré à la libération de Bergen-Belsen.

# ÉVASIONS

Comme au moins quatre-vingts, peut-être cent déportés de ces deux « transports » vers Ravensbrück et Bergen-Belsen, Dominique Gaussen a profité d'un des nombreux arrêts pour s'évader. Ce jour-là, il y avait du brouillard. Un train de marchandises stationnait sur la voie parallèle. Dominique Gaussen s'est glissé sous un wagon. Il a escaladé le talus... Masse, Nique, Lambert, Jacquinot, Roussaint, Paul et deux Marseillais l'ont suivi.

Par un paysan de Munchof ils apprennent que les Américains sont à Seesen, à quinze kilomètres. Le paysan propose de les conduire dans les lignes – les champs sont minés. En cours de route ils rencontreront des soldats de la Wehrmacht, des SS trop préoccupés de leur propre fuite pour s'encombrer de prisonniers...

Le 11 avril, les évadés s'endorment dans une maison abandonnée. Les lits ont des draps.

« Je [1] ne l'avais vu ni entendu entrer. De haute stature, il se tenait debout au milieu de la pièce, comme s'il fût tombé du plafond, bien d'aplomb sur ses jambes légèrement écartées, le fusil à demi épaulé. Sa face hâlée, sous

1. Dominique Gaussen, *Le Kapo*, éd. France-Empire, 1966. Dominique Gaussen a été arrêté alors que par l'Espagne il tentait de rejoindre les Forces françaises combattantes.

son énorme casque, reflétait la stupeur. D'un geste machinal, j'essayai de remonter le drap jusqu'à mon cou pour cacher ma veste rayée. Mais je n'éprouvais pas plus de crainte que lorsque le conducteur de la camionnette des SS nous avait ordonné de venir vers lui. Mon seul désir était de rester étendu.

« Il va tirer sur moi, pensai-je, car il me semblait qu'il ne regardait que moi. Au bout d'un moment qui me parut très long :

« – *Who are you ?* dit-il.

« J'eus l'impression que mon cœur éclatait. Puis un flot de sang me monta à la tête.

« – *American ?* criai-je, tandis que les autres dressés sur leur séant, répétaient : *"American ?"*

« – *Yes, American !* dit-il en rejetant son casque en arrière.

« L'instant d'après, une grappe humaine était suspendue à lui. Le grand Marseillais pleurait tandis que nous étreignions le soldat. Lorsque celui-ci put se dégager de notre étreinte et placer une parole, je compris qu'il demandait qui nous étions. Il demeurait quelques secondes pétrifié chaque fois qu'il dévisageait l'un de nous. Jacquinot et moi lui donnions des explications incohérentes : nous étions français. Notre uniforme était celui des détenus de l'armée secrète. Nous nous étions évadés. Il nous dit, en s'excusant, qu'il parlait lentement parce qu'il était ému de notre état, qu'il n'avait jamais vu d'hommes habillés comme nous.

« – Dis-lui qu'on a crevé de faim et de froid ! Qu'ils en ont pendu ! Qu'il faut tuer tous les SS ! Tous les Kapos ! hurlait Masse, surexcité au plus haut point, en me tirant par la manche de ma veste.

« – Qu'est-ce que tu veux que ça lui foute ! Dis-lui seulement qu'on veut bouffer, dit Lambert, qui n'avait pas quitté sa place. »

*
**

Guillon, Piguet, Richard, Rousseau, Moreau, Dubois et Gerberon, parqués dans la cour d'une usine près du village de Günsterberg, sont des évacués du Kommando d'Ellrich. Au cours des deux premiers jours de marche, les SS ont abattu quatre-vingt douze « traînards ». Moreau dit : « Demain ce sera notre tour... » Alors, profitant de la nuit, le groupe de Français quitte la cour de l'usine en franchissant une section éboulée du mur d'enceinte. Quarante-huit heures plus tard, ils sont repris par une formation SS qui, au lieu de les exécuter, les condamne à creuser des tranchées et à renforcer les parois des caves.

« Toute[1] la journée du 15 avril est employée à ces travaux, puis nous sommes logés dans une petite grange à fourrage dans la cour d'une villa.

« Le lendemain, les SS nous emploient à creuser les tranchées. Les quatre femmes qui habitent la villa nous donnent des pommes de terre en sauce. Au soir les Américains prennent position à moins de deux kilomètres du village. Et l'artillerie commence à donner.

« Le jour radieux est déjà tout illuminé d'un chaud soleil. Nous avons décidé de ne pas nous montrer aux SS et nous restons paresseusement couchés dans la paille. La porte s'ouvre, un jeune soldat allemand paraît. Il interpelle notre camarade Moreau, qui parle parfaitement sa langue. Il lui dit sa décision de déserter et d'essayer de rentrer chez lui. Mais il nous prévient aussi que le lieutenant de son détachement a pour mission de nous exécuter avant de donner l'ordre à ses hommes de “décrocher”. Nous le remercions de son avertissement. Moreau va parler aux femmes de la maison voisine. Elles acceptent de nous cacher dans leur cave. À la lueur d'une bougie, nous nous installons et mes camarades jouent aux cartes. Je grave un bidon en aluminium.

« Des voix se font entendre. Les femmes répondent. Les SS nous cherchent, c'est incontestable. Sans mot dire, nous nous regardons, figés dans un silence de mort. La partie reste suspendue et les joueurs gardent immo-

1. Denis Guillon, *Matricule 51 186*, éd. de l'auteur, Imprimerie Entreprise de presse, 1946.

bile à leur main la carte qu'ils se préparaient à jeter. Dans la cour on entend des pas, la porte de notre grange bat. Puis cela s'éloigne et ne résonnent plus que les mitrailleuses et les explosions des grenades.

« Brusquement des soldats entrent dans la cave. Les femmes crient. Nous nous dressons. La porte de notre réduit s'ouvre. Un soldat américain est là, le doigt sur la détente de sa mitraillette. Aveuglé par la lumière du dehors, il ne distingue que nos formes. Aussi nous fait-il sortir les mains levées.

« Arrivés dans la cour, nous le regardons en riant, des larmes dans les yeux. Il se gratte la tête et se voit forcé de rire à son tour.

« Nous sommes libres... [1] »

*
**

Jean Bégué et Jean Bergougnou se sont évadés eux aussi du second « transport » par rail d'Ellrich. Ils ont profité d'un ralentissement du train pour bouler de leur plate-forme sur le ballast. Écorchures sans gravité. Pendant plus de vingt jours, ils vont marcher vers l'ouest, marcher et pédaler car, à mi-parcours de leur aventure de quatre cents kilomètres, ils découvriront des bicyclettes dans une remise de ferme. Comment, par quel miracle, parvinrent-ils à passer à peu près inaperçus (une seule fois la Wehrmacht les enfermera dans une grange, qu'ils quitteront en perçant le toit de chaume) aussi longtemps ? La débâcle, le chaos bien évidemment, mais aussi leur assurance, leur entêtement. Ils tuèrent un agneau, un mouton, des lapins prélevés dans des clapiers. Ils mangèrent ces viandes crues agrémentées de pommes de terre crues, de betteraves crues. Ils ne perdirent jamais leur bonne humeur.

« Aussi [2] incroyable que cela puisse paraître, malgré

1. Deux transports par wagon-tombereau quitteront Ellrich les 4 et 5 avril 1945. Le premier aboutira à Bergen-Belsen, le second à Oranienburg. Sept cents déportés périront au cours de ces évacuations.

2. Témoignage inédit de Jean Bégué, recueilli par Georges Mader, qui me l'a confié.

les chemins impossibles par où nous les avons menés, les pneus des vélos n'ont jamais crevé. Toute la nuit nous pédalons sans arrêt et au petit jour, le 28 avril 1945, nous débouchons d'un bois. Fatalité ! Ne faut-il pas que ce bois soit parfaitement contigu avec un petit village... Mais il est trop tard pour reculer, d'autant qu'il semble y avoir, ce matin-là, une grande animation et que les villageois n'ont pas manqué de nous apercevoir. Tant pis ! Il faut se lancer car un demi-tour serait certainement la meilleure façon d'attirer l'attention. Nous nous engageons donc dans l'unique rue du village, décochant de grands sourires et des bonjours matinaux. Nous sommes obligés, un moment, de ralentir en arrivant à la hauteur d'un attroupement de civils autour de deux chars. Il serait mal venu de nous arrêter mais nous ne pouvons nous empêcher de jeter un coup d'œil furtif sur les chars. “Tiens, ils ont un drôle d'air, ces chars avec cette étoile blanche peinte dessus !” me dit Jean.

« Effectivement, j'avais remarqué moi aussi cette curieuse étoile blanche mais, dans le doute, je lui réponds : “Qui sait ? Peut-être ont-ils changé depuis que nous n'en n'avons plus vu ! Ils ont dû peindre les étoiles en souvenir de la campagne de Russie.” En tout cas, il n'est pas question de s'arrêter et de demander de plus amples explications... Nous traversons le village sans encombre et nous reprenons un petit chemin de campagne. Toutefois, nullement convaincu de mon explication, je cherchais le moyen d'en avoir le cœur net. Après tout, ces chars étaient peut-être anglais ou américains. Nous roulons pendant deux kilomètres environ et nous apercevons un paysan, tout seul, sur la route. Nous nous arrêtons et lui demandons dans un allemand très approximatif quels sont ces soldats que nous venons de croiser au village. Il nous répond tout de suite : “Des Anglais ! Ils sont là depuis hier !” Nous y croyions si peu que nous avons bien failli choir de bicyclette. Des Anglais, des amis... Mais alors, nous avons traversé dans la nuit et sans nous en rendre compte la ligne du front !

De joie, nous nous sommes embrassés, avec Jean. Cette fois-ci, vraiment, nous étions sauvés.

« Le civil ne comprenait pas tous ces transports d'allégresse ; évidemment il ne pouvait pas savoir que depuis près de quatre cents kilomètres nous attendions ce moment comme le Messie. Vite il fallait revenir au village mais nous n'avions pas fait demi-tour que les chars, qui revenaient, passaient à notre hauteur. Nous faisons le geste de la main, pouce baissé, comme pour indiquer que les Allemands étaient battus. Eux, du haut des tourelles, au contraire, font le même geste mais avec le pouce levé en signe de victoire. Il n'y avait plus de doute, c'étaient bien les Anglais. Nous nous mîmes à les suivre, de loin, car ils roulaient plus vite que nous. Quelques kilomètres et nous arrivons au camp anglais, surmonté de l'Union Jack. Nous nous présentons devant l'une des sentinelles, mais à la vue de notre accoutrement elle refuse de nous laisser entrer. On se lance alors dans de grandes explications où reviennent sans cesse les mots de “français” et de “déportés”. Comme le cerbère ne semble pas comprendre, nous enlevons nos casquettes et lui montrons nos crânes rasés. Ah ! au moins maintenant, il a compris et dans sa hâte de nous introduire au PC il oublie son fusil...

« Nous fûmes reçus très aimablement par le commandant, qui parlait français. Après nous avoir demandé de raconter notre odyssée, il s'enquit des mouvements des troupes allemandes et de la situation de l'autre côté du front. La réception qui suivit devait dépasser en grandeur et en abondance tout ce que nous pouvions imaginer. On détacha exprès un cuisinier pour s'occuper de nous et l'on nous installa ensuite devant des monceaux de victuailles : omelettes, jambon, corned-beef. Rien n'était trop bon ou trop beau pour nous. Nous fîmes largement honneur au repas, véritablement pantagruélique. Néanmoins, cette cuisine graisseuse, à laquelle nous n'étions plus habitués depuis longtemps, fut à deux doigts de nous faire périr d'indigestion : nous devions passer une nuit entre la vie et la mort. Nous avions digéré sans trop de problème de la viande crue, des patates crues, et nous avons failli périr d'un excès de gras.

« Quelques jours après, totalement remis de nos excès alimentaires, nous décidons d'aller nous promener dans une ville voisine, située à cinq kilomètres. Sur place, nous avisons un garage et nous demandons à voir le propriétaire. Les tenues militaires que nous ont données les Anglais augmentent considérablement notre prestige et nous n'hésitons pas à nous en servir. Nous expliquons que nous sommes venus pour réquisitionner deux véhicules et que nous voulons voir le parc automobile du garage. On accède à notre désir et nous choisissons les deux plus rutilants véhicules : Bergougnou se décide pour une splendide Auto-Union et moi je préfère une magnifique Mercedes, six cylindres, décapotable. Nous nous faisons remettre d'autorité les clés et les papiers des deux automobiles et, tout fiers, nous revenons en ce bel équipage au cantonnement anglais.

« Mais le commandant nous déclare tout de go qu'il n'est pas question de quitter l'Allemagne d'une telle façon ! "Comment ? lui réplique-t-on, vous ne trouvez pas qu'avec tout ce que les nazis nous ont fait endurer, nous ne pouvons pas récupérer deux voitures pour rentrer en France ?" Le commandant s'explique alors aimablement : "Votre récupération ne me déplaît pas en elle-même ; seulement, vous avez peu de chances d'arriver ainsi jusqu'en France, car l'aviation alliée a reçu des ordres très stricts pour mitrailler systématiquement tout véhicule civil qui circule sur les routes. Même les piétons ou les paysans ne sont pas à l'abri car la consigne est impérative." Nous ne jugeons pas utile de demander de plus amples éclaircissements... La mort dans l'âme, nous ramenons donc au garage nos deux splendides "acquisitions" et le moins surpris n'est pas le garagiste, qui ne s'attendait pas à les revoir de sitôt.

« Au retour, le commandant nous fait appeler et nous annonce que, puisque nous sommes si pressés de rentrer en France, nous pouvons prendre place dans un avion qui part le jour même et qui doit rapatrier des prisonniers de guerre. Cette proposition ne soulève pas notre enthousiasme. Nous voulons certes revenir au pays mais en prenant le chemin des écoliers. Après tout, depuis deux ans nos familles, qui n'ont reçu aucune nouvelle de nous, nous croient morts, et quelques jours de plus ou de moins ne changeront pas grand-chose. Nous nous renseignons pour savoir par où passera le prochain train et quand nous apprenons qu'il doit traverser la Hollande et la Belgique, nous tombons d'accord. Le commandant paraît surpris par notre décision mais ne fait pas de commentaires.

« Le soir même, l'avion que nous devions prendre s'accrochait avec un autre. Les deux appareils s'écrasaient et aucun des quatre-vingt-dix passagers ne devait en réchapper. Après l'annonce de cette catastrophe, le commandant vint nous trouver : "Je n'ai pas tellement approuvé votre décision, ce matin, mais je vous félicite d'avoir fait preuve d'un tel flair. Il faut vraiment croire que la mort ne veut pas de vous." »

Jean Bégué et Jean Bergougnou retrouveront leur famille à Toulouse et à Lyon le 3 mai 1945. Jean Bégué pesait trente-cinq kilos ; Jean Bergougnou, trente-sept.

*
**

Ceux du Kommando Annen-Witten, « vent de printemps », ont été évacués à pied en direction de Lippstadt. Quatre-vingt-dix kilomètres en trois jours. À chaque étape ils se retrouvent moins nombreux. Comme pour la majorité des autres évacuations, une section de garde, en queue de colonne, soulage les plus faibles d'une balle dans la nuque.

Ils arrivent à Lippstadt un peu avant minuit. On leur ouvre les portes d'un cinéma. Ils n'auront qu'à s'installer dans la salle, sur la scène. Les SS veilleront aux balcons. Armes automatiques en position.

Ils sont épuisés. Ils dorment malgré les éternels pilleurs russes. Au matin les ampoules des plafonniers s'allument. Les balcons sont vides. Tous les SS ont fui.

Ils trépignent de joie, se congratulent, chantent, pleurent... Déjà ces civils armés s'ouvrent un chemin, investissent la scène. Ils crient : « Le nazisme est mort. » Coups de feu. Ce ne sont pas les civils du Lippstadt qui tirent, mais des Volkssturm. Débandade du « comité provisoire » de la ville. Les prisonniers libérés redeviennent des prisonniers et des évacués que les territoriaux remettent en marche. Mais ils sont vieux, peu habitués au pas cadencé, craintifs, hésitants à tirer... Albert Chambon, Hubert et Robert se faufilent derrière un mur. La colonne poursuit sa route. Quelques minutes après, l'artillerie les plaque au sol. On tire à gauche. On tire à droite. Ils sont au milieu du duel qui durera onze heures. « Nous apercevons au loin des drapeaux blancs qui montent aux clochers, aux maisons : c'est donc que tout est fini. Des cloches sonnent [1] ». À l'entrée de Lippstadt ils tombent dans les bras de leur premier Américain. Ils l'étouffent. Ils pleurent contre sa poitrine.

*
**

André Rogerie, de la colonne des évacués d'Harzungen, a connu huit camps de concentration. Parmi eux Buchenwald, Dora, Lublin, Auschwitz... Il y a huit jours qu'il marche. Autour de lui les rangs se sont éclaircis. Le 11 avril 1945, les déportés débouchent d'un chemin de terre à douze kilomètres de Magdebourg. Halte de nuit dans une grange. Le lendemain matin des explosions affolent le village qu'ils traversent. Les gardes SS se croient cernés. Ils se regroupent pour décider ce qu'ils vont faire... Quand ils reprendront leur garde le long de la colonne, André Rogerie et Daguin ont disparu.

« Soutenus [2] par le crépitement voisin des mitrailleuses américaines, nous revenons dans le village. Là, je raconte que les gardiens nous ont intimé l'ordre de partir

1. Albert Chambon, *81 490*, Flammarion, 1961.
2. André Rogerie, *Vivre c'est vaincre*, éd. de l'auteur, imprimerie Curial-Archereau, Paris, 1946.

et qu'ils s'en sont allés de leur côté. Une femme nous donne de la soupe. Puis une commère du village, qui a peur de ces bandits échappés, nous conseille d'attendre. On va nous préparer de la nourriture et nous emmener coucher. J'ai encore assez de lucidité pour ne pas croire cette ruse grossière. On veut nous mettre dans la prison du village, très probablement. Alors, je prends le bras de mon vieux camarade et nous repartons nous traîner un peu plus loin. Une femme nous offre du pain. Tout est en effervescence. Les soldats allemands sont partis. Les Américains arrivent. La population se rend compte, enfin, que l'Allemagne est battue.

« À la faveur de la nuit, un peu rassasiés, nous arrivons tous les deux sur une butte, dans un vieux moulin abandonné où je décide de passer la nuit. Le ciel est clair, c'est le printemps. À tâtons, je déblaie quelques pierres sur le sol du moulin dont le toit est à moitié effondré. Puis je regarde au loin. C'est la bataille. Je suis entre les lignes : les Américains à droite, les Allemands à gauche. Et le grondement du combat nous berce et nous endort. Je suis intensément heureux de dormir cette première nuit de liberté au son merveilleux du canon qui libère. Je ne pense pas un instant au danger.

« Le petit jour apparaît et Daguin dort encore. À une petite lucarne, j'aperçois un évadé habillé comme nous en rayé, qui vient d'être arrêté là-bas par deux officiers allemands. Anxieux, je vois l'homme s'en aller et les deux Allemands monter vers le moulin. Ils m'aperçoivent, me questionnent. J'explique qu'hier soir la colonne dont je faisais partie a été démembrée par l'avance américaine. L'un des officiers, qui parle français, me répond : “Bientôt, vous serez à la maison.”

« Je réveille alors le vieux Daguin et nous redescendons au village. Je ne suis pas tranquille : les Allemands ont fui mais les Américains ne sont pas là. J'obtiens d'une femme des pommes de terre et des allumettes. Les gens, affolés, n'osent plus rien nous refuser. J'aperçois une petite fille qui, en nous voyant, a tellement peur qu'elle s'enfuit en courant.

« Un prisonnier de guerre français que nous rencontrons et qui est logé dans un village nous emmène dans sa chambre. Nous pouvons enfin nous raser. Et, vers 3 heures de l'après-midi, le jeudi 12 avril, nous sommes dans un village traversé par un char américain et par une auto toute petite. Nous saurons par la suite que c'est la fameuse Jeep. »

***

Les six cent cinquante déportés de Neu-Stassfurt, trois cent vingt Français, deux cent quatre-vingts Polonais, une cinquantaine de Russes, ont pris la route le 11 avril. Le 7 mai ils marchent encore. Ils ne sont plus que deux ou trois poignées de survivants que l'on pousse pour la nuit dans une grange. Au matin :

« Nous [1] démarrons à notre tour, mais à un croisement un peu plus loin la tête de colonne s'arrête, indécise, ne sachant où passer. Les SS sont affolés pour la plupart et donnent des ordres contradictoires. Plus personne ne commande. Nous filons, Candolle, Mazerolles, Morraglia et moi.

« Nous quittons carrément la colonne et, sans nous retourner, nous nous éloignons rapidement. Pour ces minutes sensationnelles où nous goûtons de nouveau une liberté oubliée depuis un an, nous retrouvons l'usage de nos jambes. Traversant le centre du village, où règne aussi une grosse activité du fait de toutes ces troupes en retraite, nous gagnons la forêt. En arrivant en haut, nous nous comptons. Plusieurs nous ont rejoints par petits groupes. Nous sommes une bonne dizaine : Verny et un groupe entourant Holleville (qui en est à sa deuxième évasion), Gauché, Bouet, Jouy. »

1. François Michaut. Son frère Édouard, coauteur du témoignage (*Esclave pour une résurrection*, éd. du CEP, Bagneux, 1945), s'est évadé le 13 en creusant une cache profonde dans la paille d'une grange.

*
**

Le pasteur Aimé Bonifas et son ami Amaro Castellvi ont quitté en colonne le camp disciplinaire d'Osterhagen le 6 avril. Cette première étape les mène à Wieda, où sont rassemblés d'autres évacués des camps secondaires dépendant du Buchenwald. Par les routes escarpées de la Harz ils gagneront Wernigerode, où ils embarquent le 9 avril dans des wagons à bestiaux. Faim, agressions, bagarres... à chaque arrêt les morts sont entassés dans les wagons de queue.

Mercredi 11 avril. « Il peut[1] bien être 5 heures de l'après-midi lorsqu'une conversation entre militaires attire mon attention. Quelque chose se prépare mais je n'ose y croire. Le sous-officier et le soldat de notre wagon viennent prendre toutes leurs affaires, musettes, gamelles, couvertures, et se dirigent vers l'arrière du train, nous laissant seuls un moment.

« Comme on ne les voit pas revenir, j'ai idée de regarder de l'autre côté du convoi, en me hissant jusqu'à la lucarne. Cinq ou six SS tiennent conciliabule et l'un d'eux, sous mes yeux, arrache nerveusement de sa manche l'aigle à croix gammée. Un SS enlevant les insignes sacrés de sa mystique et de sa puissance ! Un SS se reniant lui-même ! Est-ce Dieu croyable ?

« J'en suis bouleversé, fouetté. Il n'y a pas une minute à perdre. La porte entrebâillée laisse voir la campagne et de petits bosquets. Je secoue Amaro et, avant qu'il ait pu réaliser, je l'entraîne. Nous sautons sur le ballast. Des détenus d'autres wagons ont fait de même, des Russes en particulier, qui cherchent surtout à forcer le wagon du ravitaillement. Personne ne s'occupe de nous. Je n'ose toujours pas réaliser ce qui nous arrive. Dans une cruche d'eau, des Allemands ont ajouté de l'alcool à brûler et du sucre ! J'en bois une grande gamelle et j'en

1. Aimé Bonifas, *Détenu 20 801*, Delachaux et Niestlé, Neuchâtel, 1946, et Marrimpouzy jeune, Pau, 1966. Le pasteur Bonifas a été arrêté le 13 juin 1943 sur un sommet ariégeois par une patrouille de gardes-frontières allemands. L'Espagne était à moins d'une heure de marche.

passe à Amaro. Pour nous, si assoiffés, ce breuvage est un viatique.

« Mais il faut encore la conquérir, cette liberté, et nous nous éloignons rapidement du train vers le bosquet le plus proche. C'est la minute de notre vie à ne pas manquer ! Nous n'avons pas franchi trois cents mètres que des cris gutturaux que je connais bien nous intiment l'ordre de nous arrêter ; des claquements secs nous font comprendre qu'on nous tire dessus. Il n'y a pas deux solutions. Retourner, nous ne le voulons pas, sachant ce qui nous attend. Nous courons aussi vite que nos pauvres jambes flageolantes peuvent nous porter. Heureusement, les taillis se font épais, nos gardiens n'ont pas de chiens et nous ne sommes pas les seuls à rassembler. Après vingt bonnes minutes de course haletante, n'entendant plus rien, aucun bruit de poursuite, nous nous arrêtons dans une épaisse forêt pour reprendre haleine.

« La folle audace de notre entreprise, loin de me paralyser, me monte alors à la tête. Pendant quelques instants, je suis littéralement ivre de la liberté recouvrée et j'en donne à Amaro des signes insolites, lui sautant au cou, courant d'un arbre à un autre pour me prouver que je ne rêve pas. Ce moment tant attendu, ce jour si longtemps espéré dans le désespoir, il est là, nous le vivons, nous le tenons à notre portée. D'un coup, toutes les peines basculent, toutes les souffrances, les fatigues, l'odeur de mort s'évanouit. Et je voudrais être solennel en proclamant aux arbres de la forêt fraternelle : “Ce jour, mercredi 11 avril 1945, à 5 heures du soir, nous sommes des hommes libres. On les aura !” Amaro, en plus piteux état que moi, est moins démonstratif mais son allégresse est immense. »

De ce convoi déserté par la moitié de ses gardiens, à l'exemple de Bonifas et d'Amaro, plusieurs centaines de déportés s'évadèrent. Se ressaisissant, un groupe de SS – trente hommes au plus – revint sur ses pas et massacra les évacués d'Osterhagen qui ne s'étaient pas enfuis. Les jours précédents, d'autres déportés s'étaient également évadés des dix ou douze transports qui empruntèrent ce même itinéraire. Les responsables locaux de la police criminelle, de la Gestapo, ordonnèrent la chasse aux terroristes « qui étaient pour la population civile un plus grand danger que les forces d'invasion anglo-américaines ». Dès le 9 avril, le sous-préfet de Gardelegen réunit un cabinet de crise. Tout déporté repris devait être conduit à l'école de cavalerie de Gardelegen.

# LE MASSACRE DE GARDELEGEN

Bonifas et Amaro, le 12 avril, lendemain de leur évasion, sont repris par une patrouille qui les mène dans les bâtiments d'un centre sanitaire de campagne. Le capitaine-médecin les fait nourrir, laver, raser, habiller, et décide de ne pas les livrer à la police, qui rassemble à Gardelegen ceux que l'on appelle les « terroristes » non abattus par les patrouilles. Le 11, dans la ville même, les territoriaux ont tué sans sommation vingt-cinq déportés. Le 13 avril, le capitaine-médecin cède aux pressions de son entourage et demande à ses protégés de quitter le parc du centre sanitaire. « Fait notable, il ne nous livre pas à la police... il nous dit simplement de partir. » (A. Bonifas.) Ils avancent vers Gardelegen. Des prisonniers de guerre leur crient de rebrousser chemin : « La police tire sur les rayés ! » Ils retournent dans leur bois. Par un déporté évadé, ils apprennent que d'autres dizaines d'évacués – probablement de Dora – ont sauté du train en marche. SS et Volkssturm les traquent comme du gibier. Amaro décide d'aller « jeter un œil » à l'orée du bois. Bonifas le retrouvera cinq semaines plus tard... en France.

Amaro a été arrêté par une patrouille et remis aux SS de Gardelegen. Il sera l'un des rares « terroristes repris » à survivre au brasier de Gardelegen. Sur ce massacre, une commission d'enquête américaine publiera ses conclusions en 1947.

« Vers le 5 avril[1], tous les camps (du centre de l'Allemagne) commencèrent l'évacuation et les convois de prisonniers à pied, en camion ou en train, partirent sans destination définie ; ils étaient censés aller vers Bergen-Belsen, Neuengamme, Ravensbrück ou Oranienburg, selon les circonstances. La désorganisation exista dès le début par suite des raids contre les trains, les ponts, les voies ferrées et les routes. Les troupeaux de prisonniers allaient et venaient, conduits comme du bétail par les SS.

« La ville de Wernigerode était désignée comme point de ralliement pour plusieurs des convois éparpillés des petits Kommandos et quelques éléments des camps d'Ellrich et de Rottleberode. Finalement on rassembla deux mille cinq cents à trois mille prisonniers dont un grand nombre venait de Rottleberode. Ils furent chargés en deux trains séparés qui comprenaient en tout trente wagons de marchandises, soit fermés, soit ouverts. Ces trains partirent dans la direction du nord-ouest, avançant lentement à cause des raids ; ils finirent par arriver après plusieurs jours d'épreuves dans les petites villes de Zienau et de Mieste, dans le secteur de Gardelegen. Là, les voies ferrés furent bombardées devant et derrière les trains, de sorte qu'ils ne purent plus rouler, et les prisonniers durent marcher.

« Les malheureux occupants des wagons ne furent guère nourris pendant le transport : ils eurent seulement un peu de pain et une petite boîte de viande que la plupart d'entre eux avaient reçue au départ. La fusillade ne cessa pas tout le long du transport : les gardes abattaient les prisonniers au moindre prétexte, et tous ceux qui n'étaient pas capables de marcher assez vite étaient tués sans la moindre considération.

« Une partie des prisonniers de Mieste furent emmenés à pied à Gardelegen, à seize kilomètres environ de là, et puis dans une ancienne école de cavalerie.

1. *The Dora-Nordhausen War Crimes Trial.*

« À ce moment, les troupes américaines approchaient de Gardelegen. Le sous-préfet de la ville, produit typique de l'arrogance allemande et du fanatisme nazi, prit à la lettre l'ordre d'Himmler et annonça aux membres de la Volkssturm qu'il fallait tuer tous les prisonniers dans l'école de cavalerie. Ils acceptèrent ou du moins ne firent entendre ni commentaires ni objections.

« Ceci se passait le 11 avril, le jour de l'arrivée des prisonniers à Gardelegen.

« Quelques officiers supérieurs de plusieurs unités de l'armée et de l'aviation allemande, en garnison dans la ville, entrèrent dans ces vues lorsque le sous-préfet leur fit part de ses intentions. Le chef SS qui avait la charge du convoi eut aussi plusieurs rencontres avec le sous-préfet pour discuter de la question. L'intention était au début de tuer les prisonniers dans l'école de cavalerie, mais, voyant que cela n'était pas facile à réaliser dans le centre de la ville, la bande d'assassins décida de brûler les malheureux dans une grande grange, juste à l'extérieur de la ville.

« Leurs hésitations durèrent à peu près deux jours. Un vendredi, le 13 avril, les prisonniers allemands du groupe furent appelés par les SS et priés d'agir comme gardes de leurs compagnons ; il y eut vingt-cinq volontaires parmi lesquels plusieurs Polonais ; on les habilla d'uniformes de l'armée allemande, on les arma de fusils.

« Tard dans l'après-midi, tous les prisonniers de l'école de cavalerie, mille cinquante à mille cent, furent assemblés, groupés par cent et emmenés au pas cadencé jusqu'à la grange d'Isenschnibbe, au nord de la ville de Gardelegen. Les vieillards et les malades incapables de marcher furent transportés sur des voitures ou des tracteurs.

« Mille gardes environ étaient là, comprenant des SS, des soldats de la Luftwaffe, des soldats du Labor-Front, des volontaires pris parmi les prisonniers, et quelques membres de la Volkssturm. À ces gardes se joignirent bientôt vingt jeunes parachutistes en cantonnement à Gardelegen.

« Tous les prisonniers furent donc rassemblés vers

7 heures du soir devant la grange et on leur ordonna d'y entrer. Pour les faire aller plus vite, un parachutiste tira à la mitrailleuse et en tua plusieurs. Le sol de la grange était couvert d'une abondante couche de paille arrosée d'essence. Lorsque tous les prisonniers furent entrés, on ferma les portes, on les bloqua avec des pierres, et un sergent des SS pénétra par l'une des portes, pas encore fermée, pour allumer la paille avec une allumette. Les prisonniers éteignirent le feu mais le SS recommença et le feu fut de nouveau éteint par les prisonniers, avec leurs mains nues. Alors les criminels se mirent à lancer des grenades à main, à tirer des pétards, des Panzerfaust et des balles dans la grange, tuant de nombreux prisonniers et rallumant la paille. Cette fois, les victimes ne réussirent pas à éteindre le feu, qui s'étendit rapidement. Ils furent presque tous brûlés vifs.

« Les gardes, en particulier les SS et les parachutistes, faisaient la chaîne autour de la grange avec des mitraillettes dressées dans tous les coins pour empêcher toute évasion. Quelques gardes SS avaient des chiens avec eux pour chasser ceux qui essaieraient éventuellement de s'évader.

« Les gémissements et les hurlements de ces êtres qui demandaient grâce alors qu'on les brûlait vifs n'adoucirent pas les Allemands, dont le seul but était l'extermination.

« L'incendie dura plusieurs heures et pourtant quatorze à vingt prisonniers s'arrangèrent pour en sortir vivants : quelques-uns creusèrent des trous sous les portes, d'autres gisaient sous une pile de corps et vivaient encore deux jours plus tard.

« Quand l'incendie fut éteint, le sous-préfet, présent tout ce temps, ordonna que l'on répandît de l'essence sur les cadavres pour les brûler complètement.

« De bonne heure, le lendemain, la Volkssturm se mit à creuser des tranchées pour enterrer les victimes, de manière à cacher le crime aux Américains qui avançaient.

« Un petit peu plus de la moitié étaient enterrés lorsque la ville fut occupée par les troupes de la 102$^{e}$ division d'infanterie, à 7 heures du soir, le samedi 14 avril, vingt-quatre heures exactement après le début du crime.

« Lorsque l'enquête débuta, cinq cent soixante-quatorze corps furent exhumés des tranchées et quatre cent quarante-deux sortis de la grange. On dénombra mille seize victimes parmi lesquelles on en identifia quatre par leur nom, et trois cents une par leur matricule. Les autres, sept cent onze, défiaient toute identification ; de nombreux corps portaient la marque de coups de fusil ; on en trouva plusieurs à l'extérieur de la grange, où ils avaient été atteints après leur évasion.

« Ils furent tous enterrés dans un cimetière spécial et, le 25 avril 1945, on célébra un service religieux et une cérémonie militaire.

« Les victimes de ce massacre dû à la cruauté inhumaine de l'Allemagne nazie étaient des Russes, des Polonais, des Français, des Belges, des Hollandais, des Hongrois, des Tchèques, des Grecs, des Lituaniens et quelques prisonniers politiques allemands. Il y avait parmi eux de nombreux prisonniers de guerre de différentes nationalités. »

Parmi les survivants, Amaro Castellvi. Il a raconté à son ami Bonifas comment il a pu échapper aux flammes, aux balles.

« Dans la grange, se trouvait de la paille. Des mitrailleuses furent braquées sur toutes les ouvertures. On fit sortir les détenus allemands et avec eux se présentèrent des Polonais, auxquels on distribua des armes pour empêcher leurs camarades “étrangers” de se sauver. Puis les SS essayèrent d'enflammer la paille avec des journaux ; chaque fois, les prisonniers éteignirent les flammes. Ils lancèrent alors des grenades incendiaires. La grange s'embrasa et devint une torche. Des cris affreux sortaient de ce gigantesque holocauste. Tous ceux qui se précipitèrent aux ouvertures furent abattus ; mieux valait mourir d'une balle qu'être brûlé vif ! Amaro se trouvait près de la porte ; la mitrailleuse tirait à quelques centimètres de lui sur sa gauche. Les corps de tous les malheureux retombaient sur lui et formèrent un mur qui le protégea momentanément des flammes. Les SS, ne voyant plus personne sortir, furent pressés de s'enfuir. Alors Amaro, littéralement fou, se traîna dehors. Il m'a affirmé que, sur douze cents hommes, une dizaine à peine sont sortis vivants de ce brasier. Les Américains entrèrent dans la ville au matin ; la grange fumait encore. Ils découvrirent des centaines de corps calcinés. Ce dernier crime, à peine croyable, porte bien sa signature monstrueuse : nazisme ! »

Quant au pasteur Aimé Bonifas, de longues heures après la disparition d'Amaro, désespéré, ne sachant où aller, il s'était dirigé vers le centre militaire de campagne.

« Dans ce pays hostile, seuls les soldats allemands du service de Santé m'ont manifesté des gestes d'humanité. Ils sont mon ultime refuge. Prenant ma musette et ma couverture, laissant celles d'Amaro au cas où il reviendrait, je m'en vais à travers les bois et ne tarde pas à retrouver le chemin. L'agitation règne dans le parc, on a l'air de préparer un déménagement. L'officier, m'apercevant, s'écrie : “Tiens, le revoilà.” J'explique que je ne viens pas demander l'aumône, je désire seulement qu'on m'autorise à rester dans le parc, car partout ailleurs la police nous tire dessus, plusieurs camarades ont été tués ; je ne veux pas mourir, je ne suis pas un bandit. L'officier se laisse attendrir. Comme il me demande où est mon camarade, je lui réponds “*kaputt*” et cela a l'air de le toucher. Il me dit : “Restez ici dans le parc, personne ne vous ennuiera.” Je suis saisi d'une infinie gratitude. Les soldats sont très affairés, mais je n'y prends pas garde. Un sergent m'apporte un paquet de cigarettes ; je ne sais comment le remercier. Un moment après, il revient et me tend cinq paquets spéciaux pour l'infanterie au combat, contenant chacun des cigarettes, du chocolat, des biscuits. C'est trop de la part d'un Allemand inconnu, et je suis au bord des larmes. À cause de ce geste-là, anonyme, anodin, dont les auteurs ont certainement perdu la mémoire dans la grande tourmente qui a dû les emporter, il sera beaucoup pardonné.

« Je gravis rapidement le chemin des joies retrouvées. Je suis comblé. Moi qui avais tellement faim quelques instants auparavant, on m'apporte un pain frais de deux kilos, de la margarine, deux boîtes de viande, une conserve de poisson et même une bouteille de champagne... de Reims ! Il y aurait de quoi manger pendant huit jours dans les bois. La confiance revient ; je ne pense plus au danger couru ; la vie éclate plus forte que le désespoir.

« Je mange rapidement quelques biscuits et me préoccupe de trouver des vêtements plus convenables. On m'apporte un pantalon, une veste, un pull-over. Maintenant, sauf la tonsure, je n'ai plus rien d'un bagnard. Un soldat m'annonce que cette nuit je coucherai dans un lit. Je me perds en conjectures sur les mystères de l'âme allemande. Comme je suis en train d'essayer une paire de souliers, j'entends des cris très forts, quelques claquements de mitraillette, un bruit de pas précipités : toute la maison se vide de ses soldats qui courent les bras levés. Ne me sentant pas concerné, je continue à ajuster mes chaussures. Je n'ose y croire. Mais on me met en joue, il faut aussi y aller.

« Eux, ce sont bien eux : ces casques, ces petits véhicules, cette étoile, les Américains ! Mes jambes tremblent d'émotion. Je voudrais leur faire des démonstrations de fraternité, mais ils n'ont pas l'air de comprendre. Assez rudement, au pas de course, il nous faut rejoindre la route, où je suis embarqué dans un camion avec les Allemands. J'ai dû abandonner tout mon ravitaillement sans en avoir profité ; qu'importe maintenant ! Les camions roulent à vive allure dans des nuages de poussière. Nous traversons en trombe des villages où des groupes de prisonniers étrangers viennent saluer leurs libérateurs. Enfin, après une quarantaine de kilomètres, les camions s'arrêtent à la nuit tombante et nous sommes conduits dans la cour d'une grande ferme. Fouille, interrogatoire. Je déclare que je suis français : *"Aoh ! French !"* On me conduit auprès de la Military Police et là je suis désormais un homme libre. Je loge avec eux dans leur cantonnement. Ces grands garçons sont tellement sympathiques, pas gueulards comme nos ci-devant, tellement directs dans leurs rapports humains ! Je mange du chocolat américain, je fume des Lucky. Je suis ivre de joie, je ne peux pas dormir. Je ne sais plus si je réalise une chose longtemps rêvée ou si je poursuis mon rêve. Quand on a tant attendu et tant voulu une chose, on n'ose plus y croire quand elle s'accomplit. »

# ET PUIS IL Y EUT BERGEN-BELSEN

Bergen-Belsen, le camp des camps, le fond du panier, le « laissez mourir », le dépotoir des infirmeries d'« ailleurs ». Oui, le mouroir, l'égout, le cloaque. Plus de cent mille déportés sont arrivés en quinze mois dans cette lande de Lunebourg ; cinquante mille sont morts dans les six derniers mois. Morts seuls, sans soins, à l'ombre de la folie, morts de cette mort des abandonnés, morts sur la charogne, la pourriture des autres morts... Les Britanniques, en libérant ce gigantesque charnier, découvriront treize mille cadavres ; cadavres « en surface », cadavres posés sur le sol, au niveau des vivants, entre les blocks, dans les blocks, sur les marches des blocks, devant, derrière, ici, là, partout. Ils verront des cadavres-bancs et des cadavres-chaises, des cadavres-lits (les poux ne restent pas sur les morts). À tous ceux-là viendront s'ajouter les derniers morts, les plus atroces, ceux d'après *La Marseillaise*, d'après la liberté. Des milliers d'autres. Morts de joie, de typhus, de trop manger. Morts.

Dix jours après la libération, en vingt-quatre heures : mille sept cent trente-neuf nouveaux cadavres. Rien. Jamais rien n'égalera Bergen-Belsen dans l'horreur. Dans d'autres camps on tuait, on exterminait, ici on laissait faire... Ils ne sont aujourd'hui que quelques pauvres survivants ; ceux-là, seuls, peuvent savoir ce que fut Bergen-Belsen et encore n'ont-ils vu que « leur coin », mais ce coin rassemblait, presque toujours, tous les éléments du drame.

Je pense que le « phénomène » Bergen-Belsen ne sera jamais totalement expliqué car ce camp ne ressemble à aucun autre. C'est un damier dont chaque case est isolée. Sternlager, Benadenlager des juifs espagnols, Mischlingelager des demi-juifs tchèques et polonais, etc. Les parcs ainsi constitués abritent un groupe spécial, régi par des lois particulières. Des juifs survivants des ghettos vivent richement, en famille ; ils ont conservé bijoux, argent, valises. À côté, des femmes polonaises, allemandes s'entassent sous des tentes et s'épuisent à des travaux de force. Plus loin une case de diamantaires hollandais, des juifs de Benghazi, des Françaises et leurs enfants, des Grecs de Salonique... La case des juifs polonais détenteurs de passeports américains... Des cases turques, albanaises... Enfin le « petit camp » : six blocks, puis huit, réservés aux déchets des Revier d'autres camps... Il semble bien que Bergen-Belsen, ancien « aiguillage » pour les convois de prisonniers de guerre et champ d'exécution pour certaines catégories de prisonniers (cinquante mille combattants russes reposent dans des fosses communes), soit devenu dès 1943, sous l'autorité des SS qui ont emprunté à l'armée une partie de ses terrains, le camp des « ils pourront bien servir à quelque chose ».

Ils pourront bien servir à quelque chose, ces juifs privilégiés : échanges, négociations, chantages.

Ils pourront bien servir à quelque chose, ces déportés politiques malades que, dans sa bienveillance légendaire, le Reich s'est refusé à exterminer.

En quelque sorte, Bergen-Belsen servait de « réserve d'otages ». Et ces réserves furent parfois utilisées : des juifs privilégiés échangés contre des prisonniers allemands découvrirent la Palestine ; la plupart cependant disparurent dans les chambres à gaz d'Auschwitz et de Treblinka. Bergen devint enfin le camp des dernières illusions nazies. Ils concentrèrent sur cette clairière encore « libre » les convois évacués.

« Au cours[1] des premiers mois de l'année 1945, les conditions matérielles du bagne de Belsen s'aggravèrent progressivement pour aboutir, dans les journées qui précédèrent la libération, à un état de choses infernal.

« L'encombrement atteignit un degré qu'il est difficile d'imaginer pour un cerveau normal. Les camps situés à l'ouest, ainsi que ceux de Prusse-Orientale ou de Silésie, se repliaient sur l'Allemagne centrale, et Belsen en recevait tous les jours. Cela n'empêchait pas Neuengamme, Dachau, Buchenwald et Dora d'envoyer, avec une régularité administrative, leur contingent habituel de malades. De trois cents, l'effectif des blocks monta à cinq cents, sept cents, mille ; la lutte pour les couchettes que l'on se partageait à quatre devint plus sauvage encore. On dormait sur le plancher, dans un entassement, un désordre, une pourriture de plus en plus grands. Dans les derniers mois, la fantaisie la plus déconcertante régnait pour les appels et les heures de distribution, les rassemblements duraient des matinées entières sous la neige ou la pluie, sans que l'on vît paraître le moindre gardien, il vous arrivait d'être brutalement réveillé à 2 heures du matin pour percevoir la soupe de midi. On vidait tous les habitants d'un block sur la place, pour les conduire, la trique dans les reins et sans raison plausible, dans un autre block surencombré. Le lendemain, on les ramenait, avec quelques centaines d'autres, dans le bâtiment abandonné. Ces mouvements continuels laissaient sur le sable une chaîne d'agonisants et de morts dont personne ne se souciait. »

« Un coup d'œil[2] suffit pour me prouver que je suis à l'intérieur d'un endroit d'où la vie s'est retirée. Une atmosphère puante, écœurante m'accable ; la mort me guette de tous les coins.

« D'interminables heures de stationnement douloureux dans la boue, d'interminables heures d'attente

1. Dr G.-L. Frejafon, cité plus loin.
2. Manuscrit inédit Cécile Ries (évacuée de Ravensbrück).

angoissée s'écoulent. Quel est ce lieu infernal, ce pays plus horrible que Ravensbrück ?

« La nuit passe sans que j'aie trouvé une pierre où me reposer, sans que j'aie pu dissiper la vision des scènes meurtrières au bord de la route, sans que je puisse détacher mes yeux des cadavres entassés qui m'entourent de toutes parts. »

« Nous[1] approchions de Bergen-Belsen. Plusieurs de nos gardiennes s'étaient éclipsées, troquant contre des vêtements civils leur uniforme SS. Sachant où nous allions, elles ne tenaient pas à nous y accompagner. Mais je ne puis passer sous silence l'attitude de deux camarades responsables de notre camp, à Hanovre : l'une, Trudie, allemande de naissance, mariée à un Français, qui avait été choisie comme chef de camp, Lagerälteste, à cause de sa nationalité d'origine, mais refusa toujours de nous frapper, malgré les menaces ; l'autre, Stéphanie Kuder, Steph, bibliothécaire, je crois, à la faculté de Strasbourg repliée à Clermont-Ferrand, qui, sur nos instances, avait accepté, les derniers mois, les fonctions de Blockowa, chef de block et interprète, et nous défendait courageusement devant les Aufseherinnen ; ce qui mettait en rage ces dernières, à qui, malgré elles, la dignité de nos camarades en imposait. (Sans doute sommes-nous l'un des très rares camps où les détenues responsables n'ont pas profité de leurs privilèges, mais au contraire se sont sacrifiées pour leurs camarades ; ceci parce que au début nous étions une majorité de Françaises ; la valeur morale exceptionnelle de ces deux femmes, comme de nos interprètes à l'usine, Anne-Marie Klasen et Paulette Gouber, a dû adoucir considérablement notre sort.) Donc, comme nous approchions de Bergen-Belsen, une des sentinelles, un soldat de la Wehrmacht, leur glissa : “Sauvez-vous, toutes les deux,

1. Manuscrit inédit Anne-Marie Soucelier. (Un exemplaire du témoignage d'Anne-Marie Soucelier est déposé aux Archives de la commission Rhône-Alpes, comité d'Histoire de la Seconde Guerre mondiale.)

je fermerai les yeux, elles vont à la mort. – Nous partagerons leur sort jusqu'au bout", répondirent-elles. Cela, elles ne l'ont raconté que plus tard.

« C'est au soir du dimanche 8 avril 1945 que nous franchîmes les portes du camp de Bergen-Belsen. Le soleil couchant embrasait le ciel et se reflétait dans un bassin. Harassées, torturées par la soif, nous avions un peu l'impression de pénétrer au paradis. De l'eau, de l'eau, enfin... Naïves que nous étions : c'était là le quartier des SS. Cette eau, c'était le supplice de Tantale...

« Après une longue marche à travers le camp, nous arrivons à la nuit devant une baraque où nous sommes poussées à grands coups de poing et de bâton ; dans l'obscurité totale, nous sommes entassées pêle-mêle, écrasées, étouffées : tout doit entrer, coûte que coûte... Mille femmes affolées... Et la porte se ferme. Manger, boire surtout, il n'en est pas question. Boire... boire...

« Péniblement, nous parvenons à nous tasser, accroupies, encastrées les unes dans les autres. Nous sommes si fatiguées que nous commençons à nous assoupir. Mais au milieu de la nuit des cris nous réveillent, la porte s'ouvre et, sur nos pauvres corps tassés, s'abattent, au milieu des vociférations des SS et des hurlements de terreur, des centaines de femmes complètement affolées qui, dans l'obscurité totale, nous écrasent et nous étouffent. Alors cela devient atroce : nous étions arrivées à nous caser, accroupies... maintenant, ce n'est plus possible... La nuit s'achève au milieu des cris, des gémissements, des supplications dans toutes les langues...

« Au matin, nous sortons pour l'appel. Enfin, un peu d'air. En face de nous, une longue tente. Intriguées, nous jetons un coup d'œil à l'intérieur : elle est pleine de cadavres nus, pêle-mêle... Sur la gauche, un réduit, plein de cadavres lui aussi. Avec un frisson nous découvrons le camp d'extermination de Bergen-Belsen, baptisé par les SS "camp de repos".

« Cependant nous n'avons qu'une idée : boire... Si l'on ne nous donne ni à manger ni à boire, il doit bien y avoir de l'eau quelque part ? Nous cherchons... et il faut bien nous rendre à l'évidence : dans l'enclos où nous sommes parquées, il n'y a pas d'eau... pas d'eau... Au centre, seulement une sorte d'abreuvoir à vaches, en bois, mais sec, désespérément sec. Environ deux fois par semaine, je crois, un mince filet d'eau a coulé quelques instants ; quelques instants où plus d'un millier de femmes, folles de soif, se sont ruées sur cet abreuvoir, essayant de parvenir jusqu'à ce filet d'eau autour duquel se déroulaient des batailles sauvages... Et quel désespoir, quand enfin on avait pu recueillir un peu d'eau dans son quart, de la voir renverser avant d'avoir pu y tremper les lèvres ou y faire tremper les lèvres de quelque camarade trop faible pour affronter la bagarre. Boire, boire... J'ai cru devenir folle de soif... Quand je parvenais à m'assoupir, je ne rêvais que d'eau, de bain, de douche... »

Jackye Brun, comme Cécile Ries ou Anne-Marie Soucelier, venait aussi de Ravensbrück. Elle était arrivée quelques semaines plus tôt.

« Un quai [1], une pancarte : Bergen-Belsen.

« C'est peu. Ce quai suinte la désolation, par tous les cailloux du chemin, ça sent la mort et combien plus sinistre encore est ce quai comparé à celui de Ravensbrück. Même avec le peu d'illusions qui me restent, je crois que ce sera notre dernière étape, notre dernier voyage.

« Les mères descendent avec leur bébé dans les bras, ces petits sont morts de froid, de faim et de maladie. Leurs membres raidis, leur ventre gonflé comme une baudruche font mal à voir : leur peau qui, à cet âge, devrait être si douce et si rose, est plissée, ridée comme celle des vieillards. Les pauvres femmes, hagardes, semblent privées de raison. Le regard fou, elles crient leur désespoir et couvrent leur petit cadavre de baisers : les derniers ! Elles les serrent convulsivement contre elles, voulant croire encore que la chaleur de leur corps redon-

1. Manuscrit inédit Jackye Brun, *Le Haut Mal*.

nera un peu de vie à ces petits. Cela frise la folie, l'impensable, et pourtant c'est affreusement vrai.

« Une pluie glaciale, mêlée à la neige, tombe, mais on ne la sent même plus transpercer nos minces robes rayées. Tout comme la douleur, il arrive un moment où le corps qui a tellement reçu de coups ne les sent plus ; pour le froid, c'est pareil. Nous avons si froid qu'il est impossible d'être plus glacées.

« Soudain, un officier lance un ordre bref :

« – Mettez tous les cadavres sur le côté de la voie et avancez !

« La plupart des femmes qui sont avec nous sont de nationalité tchèque, hongroise, polonaise et russe. Elles comprennent presque toutes l'allemand ; cet ordre les cloue sur place, elles sont comme statufiées, il leur paraît impossible d'obéir à cette injonction qui dépasse l'imagination.

« Elles pensaient certainement qu'elles pourraient disposer d'un moment pour enterrer leur enfant, lui donner un semblant de tombe. Non ! Rien de tout ça ne leur sera permis. Les corps pourriront en plein vent ou seront déchiquetés par les rapaces.

« Ivres de fureur de voir que leurs ordres ne sont pas exécutés, les soldats arrachent les enfants des bras de leur mère ou les frappent pour leur faire lâcher prise. Tout à coup monte dans l'air ouaté de neige grise un rire de démente qui glace le sang tellement il est strident, il va crescendo et vrille le tympan. Ce rire est atroce, on se demande d'où il vient, mais, un peu plus avant, j'aperçois une femme à genoux dans la neige devant son enfant mort. Elle lève les bras au-dessus de sa tête, semblant implorer le ciel, et rit à en perdre le souffle, un rire inhumain qui fait mal et que de mes deux mains aplaties sur mes oreilles j'essaie d'étouffer. Puis le silence, un silence brutal ; un des Allemands lui a envoyé une gifle magistrale ; il a stoppé net ce rire affreux qui se transforme en sanglots.

« Dix, vingt, trente cadavres environ sont alignés sur le quai, parmi lesquels des vieilles femmes qui n'ont pas supporté ce voyage.

« Quelques-unes ont quand même gardé leur enfant. Il y en a une, pas loin de moi, qui l'a caché sous sa veste, elle le serre convulsivement. Qu'espère-t-elle donc, cette malheureuse ? Pense-t-elle à la route qui s'étire devant nous, sans fin ?

« Aura-t-elle la force de le garder jusqu'au bout ? Peut-être, mais après ?

« Puis, en rangs par dix, après maints efforts, bien des comptes, des ordres et des contrordres, la longue colonne de bagnardes s'ébranle. De temps en temps une femme tombe d'épuisement, essaie de se relever avec tout ce qui lui reste de force, mais, vaincue, s'abandonne à la nuit. Encore une qui meurt sans s'en apercevoir : après tout, n'est-ce pas mieux ainsi ?

« On dirait que tous les éléments de la nature se sont ligués contre nous. Il neige à gros flocons, le ciel est noir et la bise souffle avec violence ; les sinistres *Raven* nous frôlent de leur vol en rase-mottes, attendant une victime.

« Cela fait des heures que nous avons quitté la gare ; aucun répit, aucune pause ne nous sont permis. Le vent glacial s'accentue sur la plaine que nous traversons.

« Courbées en deux, nous avançons péniblement tant nous avons la respiration coupée sous cette maudite neige qui tombe en flocons de plus en plus serrés.

« Maman marche à côté de moi ; elle ne dit rien mais je vois qu'elle n'en peut plus.

« Au départ de Ravensbrück, nous devions être environ deux mille cinq cents, de toutes nationalités. Combien en reste-t-il maintenant ? Les mères qui avaient gardé leur enfant, envers et contre tout, se voient affligées d'un lourd fardeau, elles qui peuvent à peine se traîner. Celle qui, il y a quelques instants, avait caché son enfant sous sa veste ne peut plus avancer, elle paraît à la limite de ses forces, elle vacille et chancelle sous cette charge supplémentaire ; alors, doucement, elle ouvre sa veste et laisse choir son enfant dans la neige, se remet vite dans les rangs pour ne pas être aperçue, elle réprime un sanglot, mais ne peut retenir ses larmes, qui ruissellent sur son visage.

« Tout à coup, un bruit nous parvient de la première ligne, il est passé de bouche en bouche, dans toutes les langues et ce bruit léger ne contient que deux mots : “On arrive !” Effectivement, au loin, en levant la tête, nous apercevons les toits des baraques ainsi que quelques sapins faméliques...

« L'œil haineux, la bouche mauvaise, cruelle, celui qui semble être le chef du camp, vu ses galons, nous regarde passer, méprisant ; à ses côtés tous ses complices forment une espèce de garde.

« En boitant, dix par dix, effondrées, nous entrons. Comble de la plaisanterie, ils nous font “pauser” pour nous compter, mais étant donné qu'ils sont incapables de dénombrer les mortes laissées sur la route, c'est seulement une nouvelle épreuve qu'ils nous imposent.

« Bah ! quelle importance après tout, je m'en fous complètement. Où est le bel optimisme que j'affichais à toute heure du jour, dans les débuts, s'entend ? Maintenant je crains d'abandonner la lutte ; heureusement que j'ai maman pour me redonner du courage.

« Traînant de plus en plus la savate, épuisées, affamées, ivres de fatigue, nous nous dirigeons vers le block qui nous a été désigné. Nous passons devant un bassin carré, une femme assise au bord tape mollement la pellicule de glace à l'aide d'un caillou et, au creux de sa main, ramène une eau verdâtre qu'elle boit. En transparence, sous la glace, un cadavre est en hibernation.

« – Au moins celui-là ne sentira pas mauvais, dis-je à ma voisine de rang.

« Placide, sans étonnement, je regarde cette femme étancher sa soif dans l'eau nauséabonde. La soif ! C'est terrible, c'est affreux, c'est mon cauchemar de chaque jour. Voilà, terminus, j'y suis, car demain, je le sais, j'irai, je me pencherai sur cette surface verdâtre et je boirai cette eau putride.

« Autour des blocks, de petites tranchées ont été creusées afin que les urines et excréments s'écoulent, c'est écœurant ; en ce moment, elles débordent en envahissant l'entrée du block dans lequel nous devons aller. Ce n'est pas vrai, je rêve ! Un sursaut de recul me fait hésiter. Une fille, originaire de la Savoie, me dit avec beaucoup de philosophie :

« – Bah ! Puisqu'on est là, autant entrer, va !

« À cet instant précis, j'en suis même à regretter Ravensbrück, c'est un comble. Je me souviens encore des dernières paroles de Marie-Claude, qui, elle, arrivait d'Auschwitz, de sinistre mémoire :

« – Petite, il y a pire que Ravensbrück !

« Hélas, elle voyait juste.

« Enfin, très tard le soir, après avoir reçu une louchée d'un liquide tiède où surnagent deux ou trois choses qui devaient être des légumes avant leur déshydratation, ma vieille boîte de conserve qui me sert de gamelle serrée comme un trésor, nous regagnons la baraque pour aller dormir.

« C'est un véritable antre cosmopolite, on ne s'entend plus, chacune discute, dans sa langue, le coin qu'elle a choisi, des horions sont échangés de part et d'autre car ici, comme partout ailleurs, la loi du plus fort est toujours la meilleure. Quelquefois, pas besoin d'être taillée en hercule pour vaincre, il suffit de gueuler plus fort que les autres pour obtenir satisfaction, ça m'est arrivé aussi, c'est vrai, mais je pense que ce n'est qu'une carapace, un vernis pour masquer la crainte que l'on a de recevoir des coups.

« Oui, je sais, c'est dégradant pour une femme, mais là où nous sommes, au milieu de cette promiscuité, à vivre à l'état de bêtes, nous y sommes obligées, nous devons faire abstraction de notre dignité, de notre pudeur et de notre sentimentalité ; c'est la perte totale du moi. Plus rien que dureté, cynisme et insensibilité.

« Voilà encore cette petite garce de voix qui se ramène dans ma tête :

« – Pas mal, ma fille, le coup de la carapace, du vernis, non mais, tu crois que je suis dupe ? Contrairement à ce que tu penses, c'est ta vraie nature qui sort et qui était bien cachée : là, maintenant, tu es à l'état pur ! Toutes en sont là, toutes ces filles ont été polies, frottées au contact de la bourgeoisie, des règles définies de la bienséance. Vous voilà toutes à présent au stade du primitif, regarde-les vivre, les autres, regarde-les évoluer et tu te reconnaîtras.

« – Oh, dis, la barbe, tu me fatigues, si tu te figures que j'ai envie de philosopher plus longtemps, c'est que tu te crois indispensable.

« – Je te suis indispensable !

« – Fous-moi la paix !

« Peu à peu la chambrée s'organise, les unes cherchent une place, les autres défendent leurs affaires et ce n'est pas sans mal que nous arrivons enfin à nous caser.

« Me suis-je rendu compte que cette baraque était vide de lits ? Étendues, serrées, tête-bêche les unes contre les autres, à même le sol, sans couvertures... Je plonge dans le néant avec délices car, pour quelques heures, je serai comme morte, sans pensées.

« Tout à coup, au milieu de la nuit, un fait étrange se produit.

« Malgré cette longue route, mon sommeil n'est pas profond, je suis recroquevillée sur moi-même tellement j'ai froid. Nos copains les rats se faufilent entre nous ; sans gêne ni peur, ils nous frôlent le visage de leurs moustaches, cherchent une maigre pitance qu'ils ne trouveront certainement pas près de moi, car il y a longtemps que ma maigre ration de pain a été engloutie. Je fais celle qui dort : sinon, affamés, ils nous attaquent. C'est très intelligent, un rat, et souvent je les ai regardés faire. D'abord c'est un vieux mâle qui vient flairer pour se rendre compte du degré du danger : en quelque sorte l'éclaireur de la troupe. Si tout va bien, il part et revient avec les autres.

« Soudain, la porte de la baraque s'ouvre sans bruit et des silhouettes se glissent furtivement à l'intérieur ; la porte n'a même pas couiné. Je me garde de bouger, je veux voir la suite. Mince alors, je voudrais bien savoir ce qu'elles viennent faire ici.

« De plus, je me demande comment elles ont pu éviter la ronde. Les soldats devaient avoir le dos tourné. Le fait est : elles sont là. Je n'ébauche pas un geste et j'attends la suite, les yeux grands ouverts, parée pour la défense.

« Elles s'approchent et regardent si nous dormons ;

tranquillisées par le charmant vacarme des ronflements, elles discutent entre elles, bien sûr je n'y comprends rien car elles parlent en polonais, et j'en reconnais quelques-uns qui sont arrivées dans notre convoi, elles étaient au Strafblock et portent le triangle vert, couleur des droit commun.

« Ah ! elles ne perdent pas de temps, elles doivent avoir une résistance du feu de Dieu pour rôder dehors à cette heure, après ce pénible voyage. Où puisent-elles cette énergie ? Et de plus, qu'espèrent-elles trouver sur nos pauvres loques ?

« Comme un pantin sortant d'une boîte, je me dresse d'un bond, écrasant des orteils au passage, ce qui provoque des hurlements de douleur.

« Je crie en allemand, d'une voix de stentor ou que je voudrais telle :

« – Saloperies vivantes, voleuses, foutez le camp ou je hurle à l'assassin !

« J'avais bonne mine de crier ça : par ici, il y en a, des assassins en liberté ! Sur le coup, elles sont tellement sidérées qu'elles restent rivées au sol. Puis elles disparaissent. Je ne suis pas du tout mécontente de mon petit effet, effet qui a surtout réussi à réveiller la moitié de la baraque, laquelle me chahute proprement en me disant d'aller rêver tout haut dehors. Ma mère, inquiète, me demande si je ne fais pas un cauchemar.

« – Non, dis-je d'un ton lugubre, le cauchemar, je le fais tout éveillée, ici même.

« J'explique aux quelques Françaises qui sont avec moi ce que j'ai vu. Jeannette et Marguerite sont sceptiques et cette dernière doit avoir le réveil mauvais car elle me lance :

« – Si t'as des visions, ma vieille, pas la peine de nous en faire profiter, les nuits sont courtes ici, très courtes.

« – Mais bon sang, puisque je vous dis que j'ai vu une bande de filles avec le triangle vert, les mêmes que dans notre convoi, elles étaient tout juste entrées lorsque j'ai crié...

« À présent, toute la baraque est réveillée, tout le monde discute, gesticule dans sa propre langue, sauf, bien entendu, celles qui sont mortes pendant leur sommeil. C'est un vrai chahut, d'ailleurs les trois quarts du block ignorent totalement la raison de ce réveil brutal, et l'autre quart doute.

« Un bon moment se passe dans un vacarme indescriptible qui va faire rappliquer les Allemands avant peu. Pour la seconde fois, la porte s'ouvre, mais cette fois sans discrétion et avec du renfort. Du coup, les camarades qui me prenaient pour une illuminée sont bien obligées de reconnaître que j'avais vu juste.

« Déployées en éventail, voilà les droit commun qui foncent sur nous, elles sont bien une vingtaine. Deux gardent la porte. Rien à dire, elles ont le sens de la stratégie. Ce qu'elles convoitent ? Tous nos sacs où sont enfermés nos trésors. Mais qu'est-ce qu'elles s'imaginent y trouver ? Un morceau de peigne cassé, un bout de savonnette, un vieux croûton de pain datant de huit jours qu'une vieille n'a pas mangé ? Et pour quoi faire ? Pour du troc ? Impensable !

« Ces dames frappent dur lorsqu'elles sentent la moindre résistance. Les coups de poing volent, les coups de pied sont distribués avec précision pendant que d'autres s'arrachent mutuellement les cheveux tout en défendant leurs précieuses affaires.

« Mais la situation devient critique car une des femmes-pirates tient un vrai couteau à la main. Zut alors, va-t-elle en égorger une ? Non, c'est tout simplement pour couper les ficelles qui retiennent les sacs.

« Soudain, j'entends une femme qui crie au secours. De mon côté, je suis aux prises avec une Polonaise genre armoire normande que mes orteils évaluent au double de mon poids. Fichtre ! je ne pèse pas lourd entre ses bras. Soudain, je reçois une beigne formidable et je sens mon œil droit qui enfle, puis une semelle de galoche s'imprime lourdement dans le bas de mes reins. En retour, je lui expédie aussi un coup de pied bien appliqué dans les tibias qui lui fait voir que je ne me laisse pas aplatir sans rien dire.

« Le cri strident tourne maintenant au râle. C'est une malheureuse grand-mère qui a eu la lumineuse idée de passer la ficelle de son sac autour de son cou. Le truand en jupons est gentiment en train de l'étrangler. C'est une épreuve de force car personne ne veut céder : pourvu que ce soit la ficelle !

« Nous parvenons enfin à la dégager en tombant à bras raccourcis sur notre voleuse et, comme l'union fait la force, nous nous mettons à six pour la ceinturer. Comme je le prévoyais, tout ce boucan réveille chiens et gardiens, qui arrivent ventre à terre, revolver au poing comme dans les meilleurs films policiers.

« Ils s'agitent pareils à des pantins et hurlent comme des forcenés. Dans le désarroi général, la bande a presque réussi à se volatiliser par les fenêtres sans carreaux. Toutes, sauf une que nous maintenons à quatre, car vu nos forces, nous ne sommes pas de trop.

« Fières d'avoir réussi à faire un otage, nous comptons bien nous en servir et, pour parer à toute éventualité, sachant que la meilleure défense c'est l'attaque, nous poussons fermement vers un Allemand notre belle de nuit qui gigote comme un ver. Au moment où elle ouvre la bouche pour plaider sa cause, une main anonyme me glisse une épingle et, instinctivement, sans malice, je l'enfonce dans la partie la plus charnue de son individu. Résultat : notre prisonnière ne parle pas, elle braille un bon coup, il ne fallait surtout pas lui laisser le temps de placer un mot car, parlant sans doute l'allemand couramment, elle aurait eu tôt fait de renverser les rôles. Nous, on parlait bien allemand, mais le temps de chercher la tournure correcte de la phrase, c'était foutu.

« Un sourire rentré est sur toutes les faces, on se comprend si bien ! Le SS, lui, ne sourit pas, mais pas du tout. D'un air plutôt mauvais, il lui clôt le bec :

« – *Halt Maul, Schweinerei !* (Ta gueule, cochonnerie, saleté !)

« Il nous dit encore, entre autres choses, qu'il veut le silence immédiatement ou qu'il lâchera les chiens et que, si ça ne suffit pas, il tirera dans le tas *(sic)*.

« Tant bien que mal, avec de grands gestes et des airs (ils aiment ça), on lui explique le topo : qu'elle fait partie d'une bande qui nous a attaquées cette nuit et, mine de rien, mon épingle aidant, on la pousse gentiment devant nous. C'est elle maintenant qui est aux premières loges, face à face avec le minuscule œil noir du revolver. C'est un véritable plaisir de la voir se faire toute petite car le SS – au côté duquel un chien, gueule ouverte, toutes dents dehors, attend sa proie – l'a attrapée par un bras, giflée, secouée comme un prunier et flanquée hors du block, plus vite qu'elle n'y était entrée, après avoir pris son numéro.

« Dans l'histoire, il ne nous a pas oubliées non plus : l'ensemble de la baraque “pausera” demain jusqu'à midi. Il n'a pas dit : “Jusqu'à ce que mort s'ensuive”, mais ça y ressemble tellement ! De plus, pour faire bonne mesure, il adressera un rapport au commandant Kramer, qui est, paraît-il, chef suprême et maître des hautes œuvres !

« À ma stupéfaction, j'ai appris que, contrairement aux autres camps, on ne travaille pas. Toute la journée se passe, à part les appels, dans l'inaction totale. Pourquoi ? Parce que, maintenant, c'est notre dernière étape : Bergen-Belsen est un camp d'extermination, soit par la maladie, le manque de nourriture, l'inertie, la saleté, la contagion, la vermine, la soif, et la quasi-immobilité qui nous gagne.

« Nos heures de loisir forcé se passent, pour celles qui le peuvent encore, en marches autour du camp. Marches lentes, pénibles et trébuchantes, nos jambes ne veulent plus nous porter, mais je m'oblige à marcher quand même et j'entraîne également maman à cette obligation ; tout vaut mieux que l'immobilité, qui risque de nous annihiler complètement. Les autres, vieilles ou à moitié mourantes, restent assises ou allongées, attendent la fin...

« Ce matin, ce fut le drame. Nos gardiens ont lâché leurs chiens sous prétexte de nous faire sortir plus vite de la baraque. J'aime les bêtes, en particulier le chien, que je n'ai jamais craint ; à cet instant, je connais la peur panique, une peur qui prend au ventre et qui paralyse.

Une des bêtes fonçait sur moi. C'était une bête puissante, solide sur pattes, au pelage fauve. Dans un éclair, j'ai aperçu la gueule ouverte. Ses babines retroussées laissaient voir des crocs luisants prêts à déchirer. Ses oreilles bien droites pointaient ; ses yeux, semblables à deux billes de jais, lançaient des éclairs de fureur ; sa langue pendait. La peur, cette maudite peur contre laquelle on ne peut vraiment rien, me clouait au sol ; c'est peut-être grâce à elle que je fus sauvée. J'avais entendu dire que, lorsqu'un chien attaque, il faut éviter de bouger et encore plus de fuir.

« Une femme affolée se sauva derrière moi en courant. Les sens toujours en alerte, la bête ne fit qu'un bond, me frôla et retomba lourdement sur sa victime, qui s'affala comme un sac de son. Les pattes puissantes aux griffes pointues lacérèrent la pauvre robe rayée, les crocs blancs cherchèrent la gorge.

« La femme à terre, se protégeant le visage de ses bras, hurlait d'épouvante et de douleur ; le chien, excité par l'odeur du sang, était comme fou ; un bruit de chairs déchiquetées, d'os brisés mit le comble à sa sauvagerie. Impuissante devant ce drame atroce, j'assistais à l'agonie de cette malheureuse. Que cela cesse ! Que ce cauchemar finisse ! Qu'il rappelle sa bête ! Le chien tenant dans sa gueule un des bras de la femme la secouait de droite à gauche. Soudain un coup de sifflet strident stoppa net les élans du chien qui, à regret, un lambeau d'étoffe accroché à une dent, abandonna la femme en sang et s'assit, en chien bien dressé, attendant les ordres de son maître. Le soldat allemand partit enfin, la bête sur ses talons. Un silence lourd d'horreur plana devant la baraque, entrecoupé seulement par les plaintes de la femme blessée que nous n'avions pas le droit de secourir.

« Ma pauvre mère est d'une effrayante maigreur, on ne lui voit plus que les yeux ; et ce regard perdu au-delà des frontières va vers ses trois petits qu'elle a laissés en France. Que font-ils ? Sont-ils en bonne santé ? Qui les garde, l'ont-ils oubliée ? Autant de questions sans réponse. Que de tristesse se lit dans son regard ! Mais elle tient pour nous, afin de nous voir tous réunis autour d'elle, un jour.

« – Tu sais, lui dis-je pour lui faire oublier un peu son chagrin, nous allons les trouver bien changés, nos trois petits.

« – Ma pauvre enfant, je ne tiendrai pas bien longtemps ; je le sens, je suis usée, vieille, très vieille, et je n'ai que quarante-huit ans.

« Chacune de nous deux trompe l'autre pour se donner du courage. Mais... jusqu'à quand ? Car, c'est affreux, j'ai le pressentiment que nous ne rentrerons jamais, je suis sûre que maman le pense aussi ; jamais, je crois, elle ne sera une gentille grand-mère, ni moi une mère, bien sûr...

« Presque chaque jour, nous avons la visite des SS, hommes ou femmes, ça varie. Ici, personne pour diriger ou régenter les blocks. Alors ces messieurs restent sur le pas de la porte, se gardant bien d'entrer. Au passage, ils attrapent l'une ou l'autre qui passe à leur portée et se font dire le nombre de mortes. Oui, ils font le recensement des mortes. Incroyable ! Évidemment, la plupart du temps, la fille, qui s'en fout éperdument, dit un chiffre bidon, et l'autre part tout satisfait. Comme si on comptait ! Comme si c'était important...

« Depuis deux jours, Germaine se plaint de la gorge. Elle dort à côté de moi, seule une paire de pieds nous sépare car nous couchons en sardines.

« – Ce que tu peux être douillette tout de même ! Te plaindre pour un malheureux mal de gorge !

« – Mais je ne peux presque plus avaler ma salive !

« Et, la fatigue l'emportant, je me laisse mollement bercer par le dieu des songes...

« J'ouvre un œil comateux sur ce qui m'entoure, au matin, et je vois Germaine qui dort, la bouche ouverte à dix centimètres de la mienne. Du pus coule au coin de ses lèvres. Je la secoue pour la faire lever mais sans résultat. Son visage a une drôle de couleur, crayeuse, son nez est pincé. Je prends sa main. J'ai l'impression de toucher du marbre tant elle est glacée. Pas besoin d'épiloguer : la mort a fait son œuvre, tout est fini. Bien fini. Anéantie, malgré tout, je reste un instant devant son pauvre cadavre.

« J'en ai vu mourir, des femmes, des centaines, mais cette mort-ci me touche car nous nous connaissions bien et, malgré nos engueulades, nous étions potes. Qu'elle était drôle, parfois, pétulante dans les premiers temps ! Plus jamais je n'entendrai son rire grinçant, qui m'exaspérait tant. Jamais plus tu ne cligneras de l'œil lorsque tu te moquais. Pardonne-moi, amie, pardonne ma dureté d'hier. Je ne savais pas...

« Partant au hasard avec une jeune des Pyrénées, nous sommes tombées en arrêt devant une sorte de chapiteau. Ça ne doit pas faire longtemps qu'il est là, car je ne l'avais jamais vu.

« – Dis donc, regarde, on dirait un cirque ! Qu'est-ce que c'est, d'après toi ?

« – Sais pas, il n'y a qu'à aller voir.

« On soulève donc un des pans, on fait un pas, on n'en fait pas deux. La tente que l'on prenait bêtement pour un chapiteau est pleine à ras bord, si j'ose dire, de cadavres entassés les uns contre les autres, dans les poses les plus grotesques, les plus indécentes. Ils ont été jetés là pêle-mêle, sans distinction de sexe, il y a là hommes et femmes. Sur le moment nous restons clouées sur place, c'en est trop. Pourtant, où que nos yeux se portent, à n'importe quel endroit du camp, ils ne rencontrent que des cadavres.

« Où que nous allions, nous croisons des employées des pompes funèbres qui enlèvent les mortes du chemin en leur attachant une ficelle autour des poignets ou des chevilles et les tirent en traînant leur corps sur les cailloux. Quelquefois, ils rebondissent avec un bruit mou sur un obstacle. Les crématoires ne désemplissent pas, ils ne peuvent brûler tous ces morts. Alors de grandes fosses ont été creusées et c'est là-dedans qu'on balance les cadavres. Ils sont recouverts de chaux... Comme ça, pas de trace, la chaux ronge tout.

« Lorsque nous rentrons au block, Germaine ne s'y trouve plus.

« Cette fois, c'est définitif : plus d'eau, même pas un filet. Alors mon tour est arrivé ; j'ai tellement soif que je suis allée boire l'eau du bassin que nous avions vu en arrivant. Après tout, tant pis ! Advienne que pourra ! Je n'ai plus rien à perdre. Le pire qui puisse m'arriver, c'est de perdre la vie, et, comme on ne meurt qu'une fois... Autant en prendre son parti, bien que ce soit affreux d'y penser. J'ai vingt et un ans.

« Et les jours passent, se traînent ; nous luttons encore un peu. Oh ! si peu ! car nos forces nous trahissent de plus en plus. C'est une hécatombe. Le camp est devenu un immense charnier. Crématoires et fosses communes ne suffisent plus. Il faut creuser d'autres tranchées. Des cadavres, des cadavres partout. Ils envahissent tout. On meurt dans n'importe quel coin, dans toutes les positions, sur le dos, sur le ventre, les fesses en l'air, en chien de fusil ; les peaux transparentes laissent voir le squelette dans ses moindres détails. À chaque pas on bute sur une morte. Alors on l'enjambe, l'air indifférent.

« Maman a de plus en plus mauvaise mine ; le teint est cireux. Elle flotte dans sa robe rayée. Elle ne tient debout que par miracle. Quant à moi, je ne me sens pas tellement florissante de santé. Quand je me regarde, je me fais peur toute seule.

« Et cette soif qui me dévore depuis des jours et des jours, sans que je puisse l'assouvir. Je connais la faim, c'est pénible ; on a l'impression que l'estomac fait des nœuds, qu'il se tord sur lui-même, n'ayant rien à broyer... Mais la soif, cette soif qui ne vous lâche pas ! J'ai l'impression que ma langue a doublé de volume. Les parois du palais sont râpeuses et me brûlent ; je ne peux plus saliver et ça me donne une sorte de délire. Je marche parmi des régiments de bouteilles. Là, de jolies canettes – bière glacée – d'où s'échappe une mousse épaisse et blanche glissant doucement le long du goulot.

« Aujourd'hui, notre attention a quand même été éveillée par le vrombissement intense des avions. Levant la tête, on les a vus, assez haut, mais il y en avait un nombre incalculable. Ou est-ce moi qui vois double ? Même ces messieurs ont commencé à bouger et à s'inquiéter. Malgré mon air idiot et ma vue basse, je m'en suis aperçue...

« Une chose affreuse m'arrive. Jusque-là, j'y avais plus ou moins coupé. J'ai chopé la dysenterie. Je sais trop ce que cela veut dire. Je suis bel et bien foutue ! Et que les cabinets sont loin ! Je dois faire des prouesses de vitesse pour y arriver avant la catastrophe. Ah ! non ! tout mais pas ça. J'aurais trop honte de faire en route. Et pourtant, c'est inévitable.

« Ici, pas de manières. Les toilettes sont en plein air. Une simple cloison avec, de chaque côté, deux petites planches percées chacune de cinq trous. L'air qui se dégage de cet endroit se sent à quinze mètres aux alentours. C'est affreux ce que ça vous prend à la gorge.

« La plaie, c'est que la plupart des femmes atteintes de dysenterie n'arrivent jamais jusque-là. Malades, elles évacuent debout. Là où elles se trouvent. Plus personne ici ne porte de pantalon. Il faut faire attention où l'on pose les pieds.

« Maria (l'amie polonaise de maman) nous a appris ce dernier tuyau :

« – Il paraît que demain le camp sera passé au lance-flammes !

« Et voilà, c'est dit, c'est là que la route s'arrête, jamais on ne reverra la France. Jamais maman ne pourra plus embrasser et serrer sur son cœur ses trois autres petits, papa ne m'appellera plus jamais son “petit chameau de fille” ; plus de chahut à faire dégringoler les lustres. Fini ! Tes cendres, ma fille, s'envoleront en fine poussière par-delà les monts sur cette terre maudite.

« Et puis non et non ! Un sursaut d'énergie me secoue, je ne peux pas croire que je vais mourir demain. Je suis jeune et je veux vivre encore.

« À quoi bon maudire Dieu, Bouddha, Allah ou Vichnou puisque rien n'existe hormis cette horreur ? Peut-on insulter une chose impalpable : l'air, le vent ?

« C'est drôle, j'éprouve des réactions diverses, contraires au bon sens, mais peut-on encore parler de bon sens ? Par moments, je veux vivre à tout prix, d'autres fois j'ai envie de mourir pour en finir, sans vouloir réagir.

« Je reste prostrée pendant des heures, sans avoir la force de parler. En revanche, l'ouïe est devenue extrêmement sensible, je perçois les moindres bruits.

« Maman est quasiment inconsciente, parfois elle ouvre les yeux et me regarde, sans me voir, j'en suis sûre ; sa main est froide mais elle vit encore, oh ! si peu ! Je t'en prie, maman, vis, vis pour nous, si tu savais à quel point nous avons besoin de toi...

« Je ne sais plus qui a dit qu'au plus profond du désespoir l'homme a besoin d'espérer et de croire à certaines promesses qui lui ont été faites, même si ce n'est qu'une promesse. »

Le typhus était arrivé à Bergen-Belsen avec les convois d'évacués des camps de l'est.

« Le long [1] du quai de débarquement, les wagons de transport, les flancs bosselés par les blocs jaunâtres d'urine congelée, avaient leurs portes béantes, laissant voir des débris de hardes et des excréments de toutes sortes. En face était accroupi le détachement. Cinq cents juifs recroquevillés et serrés les uns contre les autres pour lutter contre les morsures d'une âpre bise. À quelques mètres, une centaine de morts, en tas. Une plainte continue, monotone comme une prière, montait de cette humanité exténuée. Jorka, l'infirmier russe, se pencha sur un moribond, s'immobilisa en un examen attentif, passa à un autre et revint vers le groupe de ses camarades : "*Sie sind voll Läuse*", dit-il en arrondissant ses yeux bleus indignés, ils sont pleins de poux. Les baraques de Belsen étaient infestées de puces et de punaises depuis

1. Dr G.-L. Frejafon, *Bergen-Belsen, bagne sanatorium*, librairie Valois, 1947.

toujours, mais, en dépit de la saleté, il n'y avait pas encore eu de poux. Et voici qu'ils arrivaient des confins du Reich, des régions les plus dangereuses, portés par des malheureux délirants et grelottants de fièvre. Le typhus, par cette lumineuse journée d'hiver, faisait son entrée dans le camp de Belsen.

« Il était encore temps de l'arrêter, de l'étouffer : des douches, du savon, un étuvage, un isolement sévère, quelques mesures classiques et élémentaires de prophylaxie suffisaient pour préserver la masse grouillante des pâles zébrés qui, là-bas, traînaient une vie précaire dans les blocks verdâtres. Les SS prévenus prirent une initiative intelligente qui était d'assommer les juifs en les traitant d'immondes pouilleux, et ce fut tout... Les nouveaux pensionnaires furent conduits directement au block 3 et, deux jours après, répartis dans toutes les baraques du camp [1]. Cela n'éclata pas tout de suite, le mois de janvier s'écoula sans que la nouvelle maladie se révélât ; la dysenterie fauchait alors de tous côtés ; sans doute y eut-il d'obscurs prisonniers qui mouraient dans des recoins de block avec une fièvre et un délire qui n'étaient pas le fait de l'entérite, mais on n'y prêta pas attention. Les poux envahissaient lentement l'ensemble du camp ; on se grattait un peu plus, les désœuvrés faisaient, dans leurs chemises grisâtres, des chasses quotidiennes avec les rituelles plaisanteries, mais la menace ne se précisait pas. Les armées russes avançaient sur l'Oder ; les avions alliés ne quittaient plus le ciel ; des convois, venus des camps repliés devant les ennemis du Reich, débarquaient chaque jour, à bout de forces, mais pleins d'espoir ; l'optimisme était presque général, il s'agissait seulement de tenir contre la faim et de composer avec la dysenterie. Et soudain, un matin de février, la nouvelle parcourut les baraques, passa de

1. Voici le pourcentage d'atteintes typhiques parmi les déportés des grands camps établi par hémodiagnostic systématique dans les centres d'accueil de France. Mauthausen : 1,50 % ; Sachsenhausen : 5,50 % ; Buchenwald : 23,50 % ; Auschwitz : 35,70 % ; Dachau : 57,80 % ; Neuengamme : 59,30 % ; Bergen-Belsen : 86,60 %.

groupe en groupe, alerta la maîtrise et les Revier. Hermann, chef du block 7, venait de mourir du typhus. Le lendemain, des chefs de chambre, des Kapos ; le surlendemain, trois chefs de block, un médecin, cinq infirmiers étaient atteints. Le bâtiment des contagieux s'était rempli en quelques heures. Les infirmiers transportaient sans interruption de nouveaux malades, dans des couvertures, vers le block 5. Les médecins attendaient avec impatience la visite du médecin-chef SS. Richard, le secrétaire du Revier, dessinait avec sérénité le graphique de l'épidémie.

« Le médecin-chef vint, écouta, hocha la tête et dit : "Je vais vous faire envoyer du vaccin." De douches, de désinfection, d'isolement il ne fut jamais question. Le vaccin préventif arriva, des doses pour deux cents – et il y avait quinze mille déportés à cette époque. Les flacons portaient joyeusement une étiquette : "Vaccin périmé en 1942."

« Dès lors, le typhus envahit tous les dortoirs, toutes les Stuben ; les plus robustes de la maîtrise s'écroulaient, ceux qui avaient résisté aux cellules de la Gestapo, au tunnel de Dora, à la dysenterie, aux coups, aux piqûres, disparaissaient les uns après les autres. Il y avait des formes foudroyantes qui tuaient en quelques heures, des formes en apparence bénignes qui donnaient au malade l'illusion qu'il allait faire son typhus debout et qui, brusquement, le plongeaient dans un coma mortel. On laissait des hommes atteints dans leur block, les bâtiments des contagieux débordaient jusque dans les lavabos ; à trois par couchette, les corps gisaient, la plupart agités d'un délire bruyant, marmonnant des mots rapides, les yeux injectés, la nuque raide, l'ouïe éteinte, la bouche imprégnée d'une saveur affreuse de pourriture ; quelques-uns étaient devenus aveugles et erraient à tâtons, leurs mains tremblantes battant l'air empesté du block... »

Sans cesse de nouveaux arrivants. Sans cesse le typhus frappe. Il est ici chez lui. À l'aise. Triomphant. Le Dr Fritz Leo[1] assiste au débarquement de deux mille déportés :

« Quatre cents d'entre eux étaient morts pendant le voyage et les autres étaient si faibles qu'il fallait les aider à chaque pas. Ces mille six cents personnes furent rassemblées dans la plus petite partie du block 10. Ce block aurait dû rester isolé du fait de l'épidémie de typhus. Dans ces petites chambres en pierre, les internés gisaient sur la dalle. Ils étaient si affaiblis qu'ils n'avaient plus la force d'aller aux latrines et se libéraient sur le sol, qui fut rapidement recouvert d'un liquide visqueux, mêlé d'excréments. Il s'en dégageait une telle puanteur que je ne pus y résister personnellement plus de deux minutes. Parmi ces déportés, beaucoup étaient gravement malades, les uns avaient une forte fièvre, d'autres des plaies ouvertes, certains les mains et les pieds gelés ; ils attendaient d'être opérés ou amputés. Le ravitaillement de ces internés était encore plus mauvais que celui des autres dans le camp et la famine fut telle qu'on ne peut la décrire. C'est dans ce block que commença le cannibalisme. J'y fus appelé et l'on m'y montra un corps qui présentait une ouverture à proximité du foie ; le foie tout entier avait été extrait. On me relata cinq autres cas ; puis, conséquence de la famine générale, le cannibalisme se développa dans toute la partie n° 2 du camp des hommes... J'ai été personnellement le témoin de deux ou trois cents actes de cannibalisme[2]. »

« Enfin[3] vinrent les jours où l'on ne donnait rien, plus rien à manger. Les femmes, dont le camp était au milieu des pins, enlevaient l'écorce des arbres et la mâchaient. Dans les camps d'hommes, on vit rôder des ombres, la nuit, autour des tas de cadavres, on vit des détenus qui dévoraient des viandes que personne ne leur disputait,

1. Témoignage cité dans *The Belsen Trial*, R. Philips, Londres, 1949.
2. Les autorités britanniques estiment que des prélèvements de chair ou d'organes furent effectués sur au moins onze cents cadavres.
3. Dr G.-L. Frejafon, déjà cité.

on vit des brochettes d'oreilles humaines griller sur des feux de paille.

« Car les cadavres s'accumulaient partout, devant les portes des blocks, autour de la morgue, où ils formaient un soubassement symbolique au mirador qui la dominait, occupé par les sentinelles nazies. Il y en avait d'épars sur l'Appell Platz, il y en avait dans les Wascheraum, dans les sombres encoignures des dortoirs. Dans les gros amas, ceux qui étaient dessous se décomposaient, verdâtres et gluants, les derniers déposés offraient des mutilations, des plaies écarlates, des lambeaux de chair à demi arrachés par une main hâtive et honteuse. Une odeur d'excréments, de pourriture et de mort montait du camp, où stagnaient sous le ciel gris quinze mille corps. Le crématoire avait éteint ses feux. »

« De temps en temps [1], des groupes de Russes attaquent des entrepôts de rutabagas. Les SS lancent contre eux des grenades, mais les assaillants affamés ne reculent que lorsque les premiers rangs sont fauchés. Quand ils réussissent à voler quelques navets, d'autres les attendent à l'entrée de leur block et les dévalisent. Le troisième jour, une série de cadavres, volés eux aussi, disparaissent de l'infirmerie. Ils sont dépecés, les parties grasses coupées en fines tranches, grillées sur un poêle et mangées. La faim est devenue chez nous une obsession atroce. On en parle toute la journée, on en rêve la nuit. »

« L'on commence [2] à découvrir des cas de cannibalisme. Les premiers sont pendus par les SS. Il en est un, un jour, qui, trouvé avec un foie d'homme dans sa musette, déclare tranquillement :

« – *Es war mir Schade dass ein so gutes Fleich verbrannt wurde.*

« Pour ceux qui comprennent l'allemand, la saveur de cette réponse sera bien meilleure. La traduction française ne peut la rendre aussi puissamment : “Cela me

1. Paul Hagenmuller.
2. Michel Fiecx, cité plus loin.

faisait de la peine qu'une si bonne viande soit brûlée." C'était un docteur, juif polonais !

« Par la suite, ceux qui sont découverts sont pendus par les détenus eux-mêmes à une poutre dans le coin de quelque baraque.

« Il me faut citer ce Russe pris alors qu'il dépeçait un mort, que les SS laissèrent à genoux devant le poste de contrôle pendant plusieurs heures avec entre les dents l'oreille du cadavre qu'il était en train de découper.

« Puis on n'y fait même plus attention. Nombreux sont les morts dont le ventre a été incisé pour enlever le foie. Le foie et la fesse sont les morceaux les plus prisés par les anthropophages. J'ai vu un cadavre rester quatre jours dans la cour avec tout l'os de la cuisse, du genou au bassin, gratté au couteau.

« Mais, à ma connaissance, dans les deux à trois cents cas de cannibalisme relevés à Belsen, jamais un Français n'a été compromis. »

Parmi les évacués de Dora, Georges Hourdiaux. Ce jour-là, dans l'un des tunnels, le déporté de dix-neuf ans chancelle, sa tête tourne. S'il ne dort pas, ne serait-ce qu'une heure, il sera incapable d'accomplir la corvée fixée par le Kapo : « Les sacs de ciment... là-bas ! » Le Kapo a disparu. Hourdiaux marche vers un wagon humide qu'il faudra bien un jour pousser hors du tunnel... Dormir caché dans le wagon !

Il s'endormit.

Ce jour-là, un chien policier accompagnait le surveillant dans sa ronde. Le chien s'arrêta. Le SS ne monta pas dans le wagon.

– Toi, descends !

Le chien aboyait.

– Sage !

La punition, c'était lui, l'homme, qui allait l'appliquer. Aujourd'hui le spectateur-chien prendrait une leçon. À la rigueur, il pourrait rattraper le « saboteur » s'il tentait de s'enfuir.

Le SS ramassa un morceau de bois qui traînait sur le sol et...

Une raclée ! Mon Dieu, quelle raclée !

Georges Hourdiaux protégeait sa tête, l'autre s'acharnait sur les jambes... Les clous fichés dans le bois, les longs clous rouillés s'enfonçaient, déchiraient les chairs.

Ce jour-là, le tunnel de Dora perdit un de ses travailleurs. Les plaies s'infectèrent. Le pied gonfla, passa du rose au violet. Hourdiaux fut dirigé vers le « camp de repos » de Bergen-Belsen, où un chirurgien tchèque nouvellement arrivé décida l'amputation du pied.

– Le Dr Zdenek Wiesner m'avait fait comprendre dans un mauvais français mêlé d'allemand et d'espagnol que mes jours étaient en danger, qu'il allait essayer l'opération, mais qu'il n'était pas sûr de me sauver car il ne possédait pratiquement rien. Pendant quelques jours, il me prit avec lui et réfléchit de longs moments : comment, dans quel sens, à quel niveau allait-il amputer ?

La scie ? Impossible de trouver la moindre scie dans ce camp. Wiesner demande à un déporté espagnol, Esteban Teruel, d'« organiser » un gros couteau de cuisine et une lime. Tous deux patiemment se relaient sur la lame du couteau, attaquent le métal, façonnent une à une les dents.

Georges Hourdiaux est endormi.

La première opération de Bergen-Belsen, la première et la dernière, commence. Très vite, Wiesner s'aperçoit qu'il s'est trompé. Le couteau-scie s'enraie. Les dents découpées dans la partie fine de la lame, sur le tranchant, s'encrassent :

– La lime ?

– Faites bouillir la lime.

Au milieu de l'opération, Wiesner « refabrique » une scie. Il abandonne le tranchant et attaque le dos de la lame.

– Allons-y !

Le soir, Georges Hourdiaux se réveille sur sa paillasse, entouré de tous les Français.

« Le lendemain, un SS me contempla comme une bête curieuse. Il devait penser que pour moi tout était terminé et que les jours suivants auraient raison de ma résistance... Régulièrement j'urinais sur la plaie. Un camarade âgé me l'avait conseillé, affirmant que l'ammoniaque de l'urine est un désinfectant. Petit à petit mon moignon se cicatrisa. Maintenant il fallait marcher et le Dr Wiesner ne voulait pas en rester là. Ma jambe, immobile depuis de longues semaines, repliée à cent vingt degrés, ankylosée, ne voulait plus se déplier. Un camarade français entreprit de faire travailler ma jambe tous les jours. Lorsque j'étais allongé, je devais poser un sac de terre assez lourd sur le genou. »

Il se lève. Appuyé sur deux bâtons, la jambe gauche repliée, il sautille...

– La cigogne !

– Vise la cigogne !

Georges Hourdiaux sera désormais pour le camp de Bergen-Belsen la Cigogne et tous le respecteront pour son obstination, sa volonté de vivre ; beaucoup admireront même ce véritable miracle. La Cigogne deviendra le symbole du courage.

« Quand ma jambe fut redevenue à peu près normale, je me confectionnai une espèce de chaussure faite dans un carré de bois. Aux quatre coins, des cordelettes qu'il suffisait de nouer au-dessus de la cheville. Le moignon reposait sur un tapis de chiffons et de morceaux de couverture, mais la marche restait douloureuse. Je repliais la jambe. Alors, mon ami le chirurgien entrait dans des colères folles, m'arrachait les béquilles improvisées et hurlait : *"Franzose, bald Paris, muss marchieren"*, avec un juron propre aux camps de concentration. »

Le jour de la libération, la Cigogne avait déplié sa jambe [1]...

1. En 1951, Georges Hourdiaux a été amputé en France, au-dessous du genou : « Dans des conditions normales, j'ai mis plus d'un an à cicatriser. » J'ai pu « reconstituer » cette opération grâce au témoignage inédit de Georges Hourdiaux, grâce aussi à une lettre du Dr Wiesner, qui exerce à Prague.

« En dernière minute[1], les SS ont décidé de faire disparaître les morts. Les déportés se chargeront du nettoyage. Ils sont mille hommes, peut-être plus, astreints à cette besogne. La procession des morts commence au haut de la colline dans le camp des hommes ; elle descend l'allée centrale, tourne autour de notre block et se termine dans une fosse géante. Deux par deux, les rayés avancent, traînant un cadavre attaché par les chevilles. Les morts sont sales, couverts de poussière. Certains se trouvent dans un état de putréfaction avancée. D'autres portent la trace du cannibalisme qui règne dans le camp : les oreilles manquent, le ventre est ouvert. Souvent dans les rangs, un homme avance seul ; il traîne alors une petite chose qui a été un enfant. Bien avant le jour, la colonne des hommes nous encadre ; elle descend, épuisée et lente, avec des espaces sinistres. Elle va vers la fosse. Là, le corps est balancé dans l'air et jeté sur le tas qui grossit et monte. J'ai vu un vivant entraîné par le mort tomber dans la fosse ; il ne peut plus se redresser et on ne le relève pas. La colonne n'en a pas le temps. Les coups pleuvent : « *Schnell, los.* » Il faut se hâter, il y a tant de morts !

« Le sable de la route se creuse tous les jours davantage. On charrie toujours des cadavres et leur trace est de plus en plus profonde. Des morts restent abandonnés en cours de route : ce sont les corps de ceux qui traînent les cadavres ; tombés à leur tour, ils ont pris place dans l'ornière. Nous n'osons plus ni parler ni penser ; nous n'osons plus lever la tête. Chaque mort qui passe nous offre la vision de notre propre destin. Elle ne s'accompagne d'aucun respect. La poursuite des SS, méthodique et cruelle, va au-delà de la vie. L'homme vivant était enlaidi, comique. Le mort le restera : c'est un mannequin gris, répugnant, qui éveillerait le dégoût et la peur si l'on ne savait que ça a été un homme. »

1. Stéphanie Kuder.

« On a creusé[1] des fosses et on y amène des cadavres sur des camions chargés jusqu'au bord. Et au-dessus on a placé des SS. Les voitures traversent le camp. Fous de peur et de désespoir, les SS se débattent au-dessus des morts, leurs victimes. Un d'eux essaie de sauter dans une eau sale et stagnante qui se trouve près des cuisines. On le retient. De partout des déportés, ivres de haine, accourent, hurlent des menaces de mort, des injures.

« Nous restons devant nos tentes et nous regardons ce spectacle sans bouger ni parler. Et je voudrais leur dire : "Voyez votre œuvre. Vous vouliez être les maîtres du monde et maintenant vous êtes vaincus, assis sur des cadavres, entourés de l'horreur qu'est Bergen, foyer d'épidémie, une menace pour l'Europe. Vous avez mené une guerre indigne de tout soldat. À l'abomination de toute guerre vous avez ajouté l'extermination de centaines de milliers d'hommes et de femmes qui n'avaient aucune arme pour se défendre. Et vous l'avez fait avec une joie diabolique. Je vous hais froidement comme on hait le mal. Puissent les autres, ceux qui n'étaient pas comme vous, se racheter en vous supprimant rapidement. Vous avez voulu nous tuer moralement. Vous n'avez pas réussi. Et c'est notre plus belle victoire." »

« Mais la bataille[2] se rapproche. Une nuit elle se déroule devant nous, au-dessus de nos têtes. Car, avec quelques camarades, j'ai décidé de coucher dehors, devant la baraque. Les SS ne se montrent plus, la police du camp commence à trembler devant les représailles possibles. Nous savons les risques que nous courons, mais nous avons compris que coucher ainsi entassées dans cette baraque où gisent enchevêtrées des centaines de femmes dysentériques, dans l'impossibilité de gagner la sortie, puisqu'il faudrait dans l'obscurité piétiner tous ces corps, ce serait la mort certaine ! Nous couchons

1. Cécile Huk.
2. Anne-Marie Soucelier, déjà citée.

donc dehors, à même le sol, serrées, sous nos minces couvertures attachées ensemble pour qu'on ne nous les vole pas, dans la nuit froide de ce début d'avril. C'est ainsi que nous avons la satisfaction d'assister à la bataille et de voir pourchasser d'arbre en arbre les derniers SS, qui, pour n'être pas partis plus tôt, se trouvent cernés dans le camp.

« Un jour, notre baraque est envahie par des Aufseherinnen et des policières qui nous ordonnent de sortir pour une corvée. Une interprète nous explique ce dont il s'agit : traîner les cadavres qui jonchent le camp jusqu'à une immense fosse que les SS viennent de faire creuser pour tenter de dissimuler aux yeux des Anglais les vestiges de cette monstrueuse hécatombe. Nous refusons. L'idée de traîner ainsi par les pieds, leur tête heurtant le sol en cadence, les corps de nos camarades, nous fait horreur. Nous répondons que les Françaises n'exécutent pas ce genre de travail. Menaces, coups, rien n'y fait. Folles de rage, elles cravachent à tour de bras : cramponnées les unes aux autres, nous tenons bon.

« Mais pendant trois jours et trois nuits, nous assistons à ce spectacle effroyable, dantesque : sur des kilomètres, à travers le camp, cette infernale procession de cadavres traînés ainsi par des demi-cadavres, car ce sont de véritables spectres qui consument là leurs dernière forces ; nombreux sont ceux qui succombent en cours de route ou qui, arrivés au bord de la sinistre fosse, y basculent ou y sont basculés par le SS ou le Kapo en même temps que le cadavre qu'ils doivent y précipiter... Cette gigantesque danse macabre, plus hallucinante encore de nuit, à la lueur vacillante des feux allumés çà et là, cette vision d'enfer, est-il possible de n'en pas être hantée ?

« Et cet incident : une de nos camarades, je ne suis plus très sûre de son nom, Gina, me semble-t-il, s'entend appeler, de loin, par son prénom ; dans la sinistre ronde, là-bas, un des spectres a posé un instant son cadavre et lui fait signe... Mais comment reconnaître son mari dans cette silhouette difforme, ce visage rongé de furoncles ? La voix ? Oui, peut-être... Après la libération du camp, ils se retrouveront, mais mourront du typhus quelques jours plus tard. »

« On se mit [1] à dresser des bûchers. Les corps étaient empilés en de grands monceaux et brûlés là où ils se trouvaient ; plus tard, le bois devint si rare que l'on ne put enflammer ces hautes piles de corps. Nous avons aussi entendu dire que l'administration des Eaux et Forêts avait interdit l'utilisation de bois dans ce but et, en conséquence, les corps restaient là où ils étaient. Comme il mourait chaque jour plus de mille personnes, plusieurs milliers de corps, dans un état horrible, verts et gonflés par la chaleur, certains dégageant une odeur nauséabonde, jonchaient la surface du camp. Plus tard, on les rassembla dans un block en pierre et c'est seulement peu avant la libération par les troupes britanniques que les SS commencèrent à creuser de larges fosses pour ces morts. »

Les SS creusent car les déportés s'effondrent au deuxième coup de pioche... Il leur faut pourtant – c'est, paraît-il, moins pénible – porter, traîner les cadavres.

« Nous [2] attachions des morceaux de couverture aux poignets et aux chevilles des cadavres que nous choisissions avec beaucoup de soin. Nous prenions d'abord les corps les plus petits ; ils étaient tous amaigris et plus décharnés que tout ce que j'avais pu imaginer jusque-là. Aussi, en prenant les moins grands, on prenait les plus légers. Puis on repérait les corps qui n'étaient pas trop noirs. Le matin, la première tâche était d'enterrer les morts récents qui avaient été apportés des différentes baraques du camp où je me trouvais dans la cour mortuaire, et non pas ceux qui étaient dans la morgue. En dépit du fait que nous étions plus de deux mille assujettis

1. Témoignage anonyme d'un déporté hongrois, Wiener Library, Londres.
2. Témoignage de M. Le Druillenec, instituteur à Saint-Hélier, Jersey, arrivé à Belsen le 5 avril 1945.

à cette tâche, il fallait toute la matinée pour vider cette cour avant d'entrer dans les pièces et commencer à enterrer les morts anciens. Nous partions de la porte nord de la cour, traînant notre corps derrière nous, à environ deux mètres du groupe suivant et du groupe précédent. Si la distance augmentait, un coup reçu sur la tête nous faisait nous hâter. Nous marchions le long de l'allée centrale vers les fosses d'inhumation. Répartis le long de cette allée, les Kapos veillaient à ce que la procession des morts se fît régulièrement. Ils étaient particulièrement nombreux à proximité des cuisines et des réservoirs d'eau. Une des choses les plus cruelles dans ce travail étrange était de passer, chemin faisant, près d'une eau où nous ne pouvions nous désaltérer, bien que nous fussions torturés par la soif, et de ne pouvoir atteindre le tas d'épluchures près des cuisines. Pendant cette procession, je remarquai en maintes occasions une blessure singulière sur la cuisse de certains morts. Je pensai d'abord qu'il s'agissait d'un coup de feu tiré de très près, mais j'appris qu'un certain nombre de déportés coupaient des morceaux de cadavre pour les manger. Lorsque je retournai à la morgue, immédiatement après, je vis effectivement un prisonnier sortir un couteau, couper un morceau de la jambe d'un cadavre et le mettre précipitamment dans sa bouche, effrayé d'avoir été pris sur le fait. »

Dans un block, une jeune femme passe... Comment a-t-elle pu pénétrer dans le camp des hommes ? Elle se penche sur les paillasses pourries, écarte de la main les poux, sort de ses haillons un rasoir, rase les hommes, des dizaines, peut-être des centaines de déportés [1].

1. Cité par Hélène Salomon, Patriote résistant. On appelait cette déportée Nana. « Les hommes la voyaient s'approcher d'eux comme si elle était une fée bienfaisante. Le plus atteint, le plus malade retrouvait après son passage une lueur d'espoir. Et sur ce pâle visage, Nana a su faire naître un sourire. Ce sourire, disait-elle, c'est ma récompense. »

« À Bergen-Belsen [1], les chefs de block ont abandonné l'habit rayé et se singularisent par leur élégance. Leurs mains n'abandonnent jamais la lanière de cuir, longue d'un mètre, qui leur permet de frapper et de gagner ainsi les privilèges dont elles jouissent. Elles peuvent impunément détourner la soupe destinée aux déportées. Sur les grands bidons de soixante-quinze litres venus de la cuisine, il y en a toujours un qui n'est pas servi. Il est destiné au troc de la Blockowa, ou encore c'est le paiement de fidélité à ses amies, car, comme chaque tyran, elle a sa cour. »

« Kramer [2] était le commandant du camp ; sa silhouette brutale et pesante est familière à tous depuis qu'il bénéficie d'une tragique célébrité. Au cours des quelque six mois qu'il passa à Belsen, les déportés eurent de lui la vision fugitive et bruyante d'un individu en vert, juché sur une puissante moto qui pétaradait, non sans en faucher quelques-uns, à travers les groupes de détenus, salué avec recueillement par chacun. On savait qu'il habitait une villa dans les roses, pleine de *Gemütlichkeit*, et qu'il adorait la musique, il l'adorait au point d'en faire bénéficier les morts et c'est ainsi qu'il contraignait, dans un autre camp, à jouer au four crématoire. On savait aussi qu'il possédait un beau cheval noir ; des ordonnances le faisaient tourner pendant des heures dans une petite carrière, entre la porcherie et nous ; la noble bête ne paraissait pas trop écœurée de cette double promiscuité. »

« C'est [3] un géant d'un mètre quatre-vingt-dix, très large et doté d'une physionomie exceptionnellement bestiale et féroce. Il n'a pas une figure, mais un mufle de brute. Presque toujours, il porte cette vaste capote allemande qui descend jusqu'aux chevilles, laissant juste apparaître le bas des bottes, et qui arbore des poches

1. Stéphanie Kuder, *Témoignages strasbourgeois*, déjà citée.
2. Dr G.-L. Frejafon, déjà cité.
3. Michel Fiecx, *Pour délit d'espérance*, éd. de l'auteur, imprimerie Hérissey, Évreux, 1947.

verticales sur la poitrine. Il est coiffé de la casquette de montagne qui a remplacé le calot dans l'armée allemande et sous laquelle il emprisonne le haut de ses oreilles. On ne sent plus un homme en lui, mais un monstre froid, calculateur et sans pitié. Les expressions données par les photos de lui après la libération ne rendent plus cet air implacable qu'il avait lorsqu'il descendait dans le camp de son pas lent, cigare à la bouche, les mains dans les poches, pour aller au crématoire. »

« Dans [1] un baraquement en face de notre block 48, où des vêtements civils (de prisonniers assassinés) sont en réserve depuis des années, les SS s'habillent pour se dissimuler parmi nous. Le soir du 12 avril, ils déménagent chaussettes, bottes, linge de soldat. Les sentinelles allemandes portent un brassard blanc, le camp est donc rendu, mais en attendant, nos geôliers vaincus se vengent sur nous, et au revolver tuent ceux d'entre nous qui s'aventurent dehors. Des centaines ont péri, la nuit surtout, pendant les deux derniers jours. Une jeune femme, chez nous, est blessée grièvement...

« Le soir du 14 avril, dernière ruse : un ordre passe de block en block : "Demain matin, les autorités allemandes reprendront possession du camp, que les troupes anglaises abandonnent pour faire leur jonction avec les Russes à Berlin. Demain appel comme d'habitude et colonnes de tranchées..." Un coup de poignard ne nous eût pas fait plus mal, personne ne prononce une parole, des visages se tournent, pâles, livides, se crispent pour résister, s'effondrent. Qu'allons-nous devenir ? »

« Puis [2] des soldats hongrois arrivent pour relever les sentinelles SS évacuées. Ces nouveaux venus sont aussi féroces que leurs prédécesseurs. Le premier jour, un de leurs groupes passe devant une baraque du camp des femmes et celles-ci, voyant de nouveaux uniformes et croyant que ce sont des Alliés, poussent des cris d'en-

1. Rosane, *Terre des cendres*, Les Œuvres françaises, 1946.
2. Michel Fiecx, déjà cité.

thousiasme. Les Hongrois s'arrêtent, quelques-uns arment leurs fusils et tirent à bout portant dans les fenêtres, sur ces femmes dont beaucoup sont hongroises.

« Nous commençons à être sérieusement inquiets :

« – Que font les Anglais ? »

*Bergen-Belsen* *15 avril 1945*

# « DES MILLIERS D'ANNE FRANK »

« Soudain [1] un bruit énorme éclate, proche et violent, il secoue un instant mon apathie et ce tonnerre assourdissant mais pourtant si agréable à nos oreilles fait trembler la terre ; il est là, tout près de nous, des ronflements sonores se font entendre, ils semblent frôler la baraque. Malgré ma torpeur, tous mes sens sont en éveil et je crois apercevoir une silhouette de soldat qui va pour entrer dans le block. Je le vois mieux. Il hésite et reste sur le seuil. Tiens, me dis-je, je croyais que nous n'avions plus de gardiens, encore un bobard comme d'habitude !

« Mais en regardant mieux, je réalise qu'il porte un béret et que son uniforme n'est pas vert comme celui des Allemands. Mes pensées tourbillonnent dans ma tête : seraient-ce donc ceux que l'on attend depuis si longtemps ?

« Il se met à gesticuler et à faire de grands signes en agitant les bras. Il parle très fort et semble appeler du renfort.

« Je n'ai rien compris, mais je sais qu'il s'est exprimé en anglais. Enfin eux !

« Une agitation fébrile semble s'être emparée du camp, et quoique je ne sois pas sortie du block depuis des jours et des jours, les filles valides m'ont dit que nos bourreaux

1. Jackye Brun, déjà citée.

s'étaient échappés. Oh ! non, pas ça, il faut qu'ils paient pour tous leurs crimes !

« Dans un murmure, je dis à maman :

« – Enfin, ils sont là, nous sommes libres, tu entends, libres !

« Des paupières, elle me fait signe qu'elle a compris, elle est trop faible pour parler.

« L'odeur qui se dégage de notre corps est infecte. Un vague sursaut de honte impuissante me submerge. Nous pensons à tous ces hommes qui vont s'occuper de nous. Le dégoût ne va-t-il pas se lire sur leur visage ? Bah ! qu'importe, je n'y pense déjà plus. »

« Le matin[1] du dimanche 15 avril, quand je sors de la baraque, un calme inaccoutumé règne. Pas de SS en vue : presque personne dehors, sauf les cadavres qui traînent de toutes parts. La “chaîne des morts” n'a pas tout enlevé ; il en reste encore près de cinq mille sur la superficie totale du camp. Avec quelques camarades, je regarde ce décor horrible et familier. Un rayon de soleil vient nous annoncer une belle journée. Oh ! oui, une belle journée, la plus belle qui puisse être !

« Au loin, vers Winsen, sur la route de Celle, on entend une furieuse mitraillade ponctuée parfois de coups de canon ; ce sont eux ! Ils arrivent et se battent pour nous. Qui sont-ils ? Américains ou anglais ? Qu'importe, qu'ils soient bénis ! Tant pis s'il y a une bataille ici. Nous l'avons dit assez souvent : “Que ça ch... un bon coup s'il le faut, que ça finisse !”

« Les SS et les Hongrois réapparaissent dans le camp. Ils ont tous un brassard blanc à la manche gauche : qu'est-ce que cela veut dire ?

« Le nouveau doyen de camp, car Walter va mourir de son typhus, un Luxembourgeois, doit être au courant, lui.

« – Ils rendent le camp sans combat, m'explique-t-il, et se considèrent comme prisonniers d'honneur. Mais je

1. Michel Fiecx, déjà cité.

crois bien qu'ils ne peuvent faire autrement. Le camp est dépassé par deux colonnes qui montent vers le nord-ouest, l'autre vers le nord-est. Nous devons même être encerclés. Je pense qu'il en va mieux ainsi, sinon ils nous auraient tous exterminés.

« Déjà c'est la grande pagaille dans le camp. Les magasins de vêtements tout en bas près du crématoire sont grands ouverts. Les SS viennent se servir et nous aussi. C'est inouï ce qu'il peut y avoir là comme vêtements et comme linge ! Des dizaines de milliers de pantalons, des centaines de milliers de chaussettes, des vestes, des tenues de camouflage fourrées, des chaussures au mètre cube, des bottes en cuir pour la Luftwaffe, dont j'ai rapporté une paire (cela m'indemnisera des dix mille francs que la Gestapo m'a pris lors de mon arrestation), des capotes en peau de mouton pour la campagne de Russie et que sais-je encore.

« Le Rapportführer Emrich, complètement ivre, entre dans le magasin à chaussures où s'entassent sur deux mètres de haut des milliers de chaussures de ski, entièrement neuves.

« – Allez me chercher tous les détenus, hurle-t-il.

« Se rendant compte de son ivresse, ses sous-ordres lui en amènent trois cents environ.

« – Sortez-moi toutes ces chaussures. Prenez-les. Dans dix minutes je veux voir tout dehors. Allez-y, servez-vous. Aujourd'hui on liquide !

« Puis, au paroxysme de l'excitation, il prend sa mitraillette et crève le plafond de plusieurs rafales. Et il s'en va plus loin recommencer ses dangereuses facéties.

« Des magasins, les détenus ressortent, habillés d'une façon ahurissante. Ils se mettent séance tenante tout ce qu'ils trouvent et cela donne lieu aux plus bizarres combinaisons.

« Je suis assis moi-même sur une caisse, essayant ma paire de bottes. Un SS survient : “Qui a pris ma paire de bottes qui était sur le couvercle ?” Les jambes cachées par la caisse, je lui réponds innocemment : “C'est un autre SS qui est passé il y a cinq minutes, les a mises sur son vélo et est parti avec." Il jure et va se servir ailleurs.

« Les SS semblent maintenant se désintéresser complètement de nous. Leur propre destin doit les préoccuper plus que le nôtre : ils ont perdu. Nous allons bientôt voir s'ils sont beaux joueurs.

« Déjà entre nous, nous parlons de règlements de comptes visant certains Kapos et chefs de block. Hélas ! Certains sont déjà partis avec une compagnie de SS à laquelle on a adjoint tous les détenus de nationalité allemande qui désiraient quitter le camp. Certains des despotes du camp des femmes ont pris aussi le même chemin, pressentant la vengeance. »

« Par-delà [1] les barbelés, une route passe, toute proche, et s'enfonce dans un rideau de pins. Ces derniers jours, c'était un mouvement incessant de troupes allemandes, de voitures civiles chargées de bagages. À présent, la route blanche est déserte sous le pâle soleil de printemps. Tout ce qui, dans le camp, peut encore sentir, penser, vibrer a les yeux fixés sur elle.

« 3 heures ; un bruit s'élève de la forêt, un roulement saccadé qui s'amplifie, un halètement puissant, métallique qui fait trembler le sol. Là-bas, à la corne de bois, un, deux chars débouchent, les canons hauts, poussiéreux, énormes, une étoile blanche peinte sur leur blindage. Et d'un seul coup, c'est une nuée de véhicules de toutes sortes qui défilent, pressés, sur la route claire. À l'arrière d'une voiture, flottent les couleurs anglaises.

« Les Häftlinge veulent crier leur joie, leur joie folle, mais seul un sanglot monte de leur gorge.

« Dans la rue centrale du camp, retentit l'appel sonore d'un haut-parleur :

« – Déportés ! La 2e armée britannique vous délivre. »

« Libres. Imaginez [2] ce que ce mot contient, essayez de concevoir la joie délirante, les hurlements, la foule défer-

1. Dr G.-L. Frejafon, déjà cité.
2. Olivier Richet, déjà cité.

lant sur les voitures pour accueillir nos libérateurs. Eh bien ! non. Vous vous trompez complètement. Évidemment, il y eut quelques centaines de camarades qui se précipitèrent vers eux – les planqués – mais l'immense majorité était bien incapable de courir, de crier, de sauter. Ils ne parvenaient pas à réaliser que le cauchemar était fini, que nous étions libres ! Il m'a fallu attendre le V Day pour le concevoir pleinement.

« J'ai assisté à la visite de l'infirmerie par les premiers éléments anglais – troupes de choc au cœur bien accroché. À la deuxième salle, ils ont dû s'arrêter, ils pleuraient devant ces squelettes qui essayaient de lancer des "*cheer up*" ou des bravos, pauvres acclamations qui n'étaient que des gémissements d'enfants. La suite n'a plus grand intérêt. »

« Nous [1] accourons aux barbelés pour acclamer nos libérateurs. En hâte, nous confectionnons des drapeaux tricolores et des cocardes bleu blanc rouge. Nous nous embrassons. Nous sommes fous de joie. »

« Je crois [2] que j'ai perdu conscience pendant un court instant. Je ne peux me rappeler ma première réaction. Après quoi je vois qu'on pleure et qu'on rit. C'est une poussée indescriptible vers nos libérateurs, on les embrasse, et ces soldats pourtant rudes ont des larmes aux yeux. Je cours comme une folle vers notre block. Qu'il est loin ! "Ils sont là. Ils sont là." Et nous chantons *La Marseillaise.* »

« Sous [3] une poussée violente, la porte du camp des hommes cède et des détenus se ruent sur les silos de pommes de terre. Les Hongrois tirent. Les tanks s'approchent. Les Anglais sont là. Sur les silos de pommes de terre râlent des hommes.

« Je cours au block, j'annonce la liberté. En pleurant, nous crions *La Marseillaise.* »

« On pleure [4] de joie, on s'embrasse. Mais il reste une tâche à accomplir : l'heure de la justice a sonné pour

1. Jean Rebour, déjà cité.
2. Cécile Huk, déjà citée.
3. Stéphanie Kuder, déjà citée.
4. Paul Hagenmuller, déjà cité.

quelques dizaines de tortionnaires qui n'ont pu fuir à temps. »

« – *Es sind die Englander, alles ist fertig !* (Ce sont les Anglais, tout est fini.) »

« Une heure[1] plus tard, tandis que nous commentons notre bonheur, une immense rumeur nous fait sortir de la baraque : une voiture radio de l'armée britannique, oh, si belle avec son écusson de saint Georges, s'avance et son double haut-parleur répète dans toutes les langues les mots de bénédiction : "Vous êtes libres ! Vous êtes libres !"

« Kramer, encore arrogant, est sur le marchepied de la voiture, arborant le brassard blanc, et ayant encore son pistolet à la ceinture. »

« Il me semble[2] que la terre se soulève, que j'avance dans de l'ouate, je marche sans voir, mais je veux aller aux nouvelles. J'ai le vertige, mes genoux plient, je me sens si faible... Vers la porte du camp, je devine des uniformes beiges, trois voitures à chenille. Je m'approche doucement, il y a des chiffons et des mortes par terre, mais ces soldats, ce sont des Anglais ! Dans un rêve, je m'adresse à l'un d'eux ; ils sont là, quarante peut-être, qui stationnent et s'affairent à l'extérieur, et ils me regardent avec stupeur, je dois leur faire pitié ou horreur. Ils me rassurent, le service médical doit prendre possession du camp dans quelques minutes, et voici des motos, et d'autres troupes : l'artillerie royale de Londres. Alors des voitures-citernes nous distribuent de l'eau, enfin nous allons nous laver, quel soulagement ! Bientôt, c'est du lait que ces soldats versent pour nous, presque à volonté, et cela semble si bon ! Des biscuits, des boîtes de toutes sortes, du sucre, des bonbons même tombent dans nos mains. Un médecin vient nous voir dans le block, il trace sur les fronts un signe avec de la craie noire. Je serai parmi les premières hospitalisées, car je suis tombée à mon tour, mes membres ne s'articulent plus, j'ai la fièvre. »

1. Michel Fiecx, déjà cité.
2. Rosane, déjà citée.

« En moins[1] de temps qu'il n'en faut pour le dire, ils nous sortent du block et nous posent doucement à terre. Leurs gestes sont un peu gauches, mais ils nous manient avec une certaine douceur, de crainte de nous briser, tant nous sommes affreusement maigres, maigres à faire peur. Nos robes remplies de vermine nous sont arrachées plutôt qu'enlevées et nous nous retrouvons enroulées dans des couvertures et posées délicatement sur des civières. Pas le temps de dire ouf !

« Tout autour de moi, ce n'est que cris, appels, sanglots plaintifs, ordres donnés à une cadance accélérée, allées et venues des ambulances militaires. Lorsque j'ouvre les yeux et que je regarde ces jeunes soldats, je vois à leur tête qu'ils sont complètement déboussolés, dépassés par les événements. On le serait à moins ! Leur regard, à tous, reflète une incrédulité et une horreur sans bornes. Un jeune soldat est là, figé. Sur son visage poupin coulent de grosses larmes silencieuses. Il semble pétrifié. Sans doute doit-il penser à sa mère ou à sa sœur ?

« Il faut qu'ils fassent vite, c'est vrai, car nous sommes à bout.

« Maman est emportée sur une civière, je la suis des yeux, espérant que je vais être mise avec elle, dans la même ambulance. Mais non ! Ils ferment les portes. C'est fini, elle démarre et s'éloigne en faisant attention à ne pas rouler sur les cadavres étalés dans tous les coins.

« Je n'ai même pas eu la force de leur crier que c'était ma mère et que je voulais partir avec elle. Mon tour arrive. Bien enroulée jusqu'au menton dans une épaisse couverture, je suis posée sur une civière et portée dans l'ambulance. Je ne sais que geindre doucement, on dirait que mon ventre charrie du feu, tant ça me brûle. J'ai soif. Au passage, mes yeux accrochent la branche rabougrie d'un arbre noir et le vol d'un corbeau. Les portes se sont refermées, l'ambulance démarre.

« Je ferme les yeux, trop bien au chaud pour faire un effort, même des paupières. J'aurais tant voulu pourtant

1. Jackye Brun, déjà citée.

leur dire ma reconnaissance, la joie immense que m'a procurée leur arrivée tant attendue, depuis des mois et des mois...

« Mais rien, rien ne vient, c'est comme si j'étais muette, une boule me serre la gorge et soudain des larmes se mettent à couler toutes seules, larmes de bonheur, de délivrance, enfin, des larmes qui me ruissellent dans les oreilles et, bercée doucement par le roulement de la voiture, je me laisse emporter en pensant que demain, les jours suivants, avec maman retrouvée [1], nous prendrons le chemin de notre maison. »

« Les Tommies [2] nous comblèrent de gentillesse et de vivres, ce qui fit encore la perte de beaucoup d'entre nous. Nous étions affamés, à bout de forces : le commandant crut bon de nous donner à manger plusieurs fois par jour, et de nombreux camarades furent victimes de la dysenterie, conséquence de ce trop subit changement de régime. »

« On nous fait [3] répartir par nationalités : Français ensemble, Russes ensemble, etc. Comme cela semble bon d'être entre Français, de ne plus entendre de langues étrangères autour de soi...

« L'épuration commence également. Nous nous saisissons de quelques Allemands et étrangers : anciens chefs de block, Kapos, Lagerschutz, et les assassinons purement et simplement. Quel dommage que la plupart d'entre eux soient restés à Dora ! Nous pouvons enfin venger nos camarades. Des Français qui se sont distingués par leur platitude devant les Boches prennent une bonne correction. Les Anglais laissent faire.

« Nous avons le plaisir de voir travailler quelques SS prisonniers que les Britanniques ont pu rattraper. Ils

1. Jackye Brun ne devait jamais revoir sa mère, probablement morte du typhus dans un hôpital provisoire anglais. *Le Haut Mal*, ce manuscrit de J. Brun, se termine par cette simple phrase : « Où que tu sois, pauvre maman, dors en paix. »

2. Frère Birin, déjà cité.

3. Jean Rebour, déjà cité.

enterrent les morts, car beaucoup de camarades meurent encore à la suite des fatigues de l'évacuation. »

« Quand[1] la nuit commença de tomber, des chants, des rires, des cris, des hurlements s'élevèrent de toutes parts. Les blocks étaient aux trois quarts vidés de leurs occupants. Ceux qui hier encore y croupissaient avaient soudain besoin d'air, de l'air libre. Nous demeurions quelques Français, allongés sur une litière de poux, trop épuisés pour sortir.

« La curiosité nous traîna pourtant jusqu'à la fenêtre. Le spectacle était effrayant. Les barbelés qui séparaient les quartiers d'hommes et de femmes avaient été arrachés, les cuisines saccagées. Les déportés encore vaillants – les jeunes Russes et Polonais du dernier convoi – faisaient flamber des planches arrachées aux blocks. Sur ces foyers cuisaient toutes les nourritures pillées dans les cuisines. Assises en rond autour du feu, des formes rougeoyantes, accroupies, surveillaient le repas et surtout montaient une garde hargneuse et vigilante... »

Aimé Haquart est l'un des rares Français à se sentir en forme physique. Avec d'autres déportés, il forme un « groupe de libération », dont la première tâche consiste à réorganiser les cuisines. Les jours passent, presque une semaine... Haquart, exténué, fiévreux, rencontre le Dr Frejafon.

– Magnifique typhus à ses débuts. Les plus costauds en crèvent... Prends-toi une couverture et tente de rentrer à l'infirmerie. Courage. Au revoir, à je ne sais quand.

Haquart, en s'approchant de l'infirmerie, doit enjamber les corps :

« Corps[2] de mourants et corps de morts. Qui le sait ? Les corps attendent l'évacuation vers un hôpital... ou la fosse commune. Des déportés aident les infirmiers anglais à distinguer ceux qui peuvent encore gagner à la loterie de la survie. Je m'allonge à même le sol.

1. Louis Martin-Chauffier.
2. Témoignage Aimé Haquart.

Demain, 19 avril, ce sera mon anniversaire ; mourir le jour de son anniversaire. Et mon fils ? Mon fils que j'ai si peu connu... Un infirmier anglais masqué et ganté de blanc se penche sur moi et me soulève la paupière. Ce geste, que j'ai tant de fois vu accomplir, me glace. Mon œil mérite-t-il que je sois évacué ? »

Le néant. L'oubli. Le coma. Aimé Haquart se réveillera quatorze jours plus tard dans une caserne de Bergen, transformée en hôpital. Fantôme à barbe touffue, baignant dans ses excréments, il aura lutté pendant quatorze jours, seul, sans nourriture, sans médicaments contre le typhus. Lutté et gagné.

Des milliers d'autres n'en eurent pas la force.

« Quelques jours[1] plus tard nous quittons notre campement anarchique et sommaire pour les casernes des SS. On procède à un recensement approximatif. C'est alors sans doute que la radio diffusa la liste des survivants libérés au camp de Bergen-Belsen, suscitant chez leurs familles un espoir et une joie qui devaient être pour beaucoup cruellement déçus : si les SS avaient disparu, le typhus, la dysenterie, l'épuisement continuaient l'œuvre d'extermination savamment calculée par eux. À la sortie de chaque block une ardoise affichait le nombre des morts de la nuit. Il y en eut au minimum treize mille après la libération du camp.

« Cependant nous devions aller chercher notre ravitaillement chaque jour à la cuisine, généralement une soupe aux choux assez peu indiquée pour notre dysenterie, et un peu de lait. Il fallait faire la queue avec sa gamelle. Nous étions si faibles que bientôt nous décidâmes, dans notre petit groupe, qu'une seule irait à tour de rôle au ravitaillement et partagerait sa ration avec les autres : deux fois j'y allai, deux fois je me trouvai mal. Alors nous décidâmes de ne plus y aller du tout.

« C'est alors que nous reçûmes la visite d'officiers français d'un oflag voisin. Ils avaient appris l'existence d'un

1. Anne-Marie Soucelier, déjà citée.

camp de concentration et aussitôt, malgré la menace du typhus et le cordon sanitaire établi autour de notre camp, ils passèrent sous les barbelés pour venir nous voir. Comme ils devaient être rapatriés prochainement, ils se chargèrent de messages pour nos familles, s'engageant à les faire parvenir ou même à les porter. Cette mission, ils la remplirent fidèlement. Il faut se représenter ce que fut pour les familles l'arrivée de ce mot de la main de celui ou de celle dont on était sans nouvelles depuis des mois, voire plus d'une année... Comme les autres, je remis un message pour les miens, me gardant bien de parler du typhus pour ne pas les affoler, annonçant que j'étais libre, que notre rapatriement n'était plus qu'une question de temps, mais que l'organisation et les formalités risquaient d'être longues. Et puis, si j'ignorais encore que j'étais atteinte du typhus, je me sentais si épuisée que le retour me semblait problématique.

« Chacune de nos chambres avait son "parrain", qui s'occupait plus particulièrement d'elle. Ce qu'étaient pour nous ces visites, cette présence fraternelle, il faut pour le comprendre avoir passé par un camp de concentration, où l'on était considéré comme un numéro, un *Stuck*, un être abject. Même les soldats anglais nous regardaient avec effarement, effroi ou pitié – et c'est bien normal. Les officiers français, eux, surent nous prouver à nous-mêmes que nous étions encore des femmes. Nous étions malades, épuisées, nos cheveux rasés étaient bien courts encore, nous portions notre costume rayé... Voyant notre dénuement et l'impuissance des Anglais à nous ravitailler convenablement, ils firent la seule chose à faire : ils pillèrent le village allemand – ce n'était d'ailleurs que de la récupération – et nous apportèrent du sucre, des confitures, et, présents plus précieux encore pour notre moral, des peignes, des brosses à dents, du savon, de l'eau de Cologne (j'ai gardé le flacon en souvenir). À l'une d'entre nous, particulièrement malade, ne sachant qu'imaginer pour lui faire plaisir, ils offrirent des draps brodés ! Spectacle qui ne manquait pas de pittoresque que cette robe rayée – nous n'avions pas d'autre vêtement – entre des draps brodés...

« Un jour, un médecin français vint vers ma paillasse, me dit de soulever ma robe, regarda de loin et me déclara que j'avais le typhus, qu'il fallait partir au block des typhiques. Ce médecin, un déporté pourtant, avait tellement peur de la contagion qu'il se faisait généralement accompagner de l'aumônier et lui demandait de regarder si nous portions sur le corps les fatales taches jaunes.

« Après lui, il y eut pour soigner les typhiques un médecin allemand ! Mais à sa seule vue des femmes se jetèrent par la fenêtre et les Françaises refusèrent catégoriquement de se laisser approcher par lui. Alors vint un médecin suisse très dévoué qui faisait ce qu'il pouvait, étant donné le peu de médicaments dont il disposait. Puis ce furent des étudiants en médecine belges, futurs médecins militaires, volontaires, je crois, plus courageux et généreux que compétents : il faut dire qu'ils se trouvaient en face d'une catégorie de malades exceptionnelle.

« Ainsi j'avais le typhus... Il fallait quitter mes camarades, partir nue dans une couverture... Je ne croyais pas alors que l'on pût guérir du typhus. Je pensais avoir fait depuis longtemps le sacrifice de ma vie : d'abord en m'engageant dans la Résistance, puis lorsque, à Ravensbrück, j'avais été transférée au block des incurables et que j'avais longuement médité sur le crématoire. Mais maintenant que j'étais libre, si près du retour, alors que j'avais écrit aux miens que j'allais rentrer... J'imaginais leur terrible désillusion... Je pensais à ma sœur déportée dont je ne savais rien, dont le retour était si improbable... Oui, c'était dur...

« Ce furent mes dernières pensées conscientes dans cette salle de typhiques où j'avais été transportée, seule Française au milieu d'inconnues. Mais dès le lendemain une camarade, Hélène, qui remplissait les fonctions d'infirmière, m'y découvrit et me fit transférer dans une salle de Françaises.

« C'est là que je repris connaissance, quelques jours plus tard, étonnée de me retrouver vivante. À côté de moi, Madeleine, une camarade qui, miraculeusement, n'avait pas été achevée sur la route d'extermination et qui, miraculeusement encore, survivait au typhus. Je me rappelle que dans la journée nous étions à peu près normales, mais la nuit nous délirions et faisions toutes du dédoublement : l'une criait qu'elle ne pouvait se recoucher parce qu'il y avait quelqu'un dans son "lit", l'autre se battait avec sa propre jambe pour chasser l'intruse ; moi-même je me souviens que chaque nuit l'"autre" m'empêchait de dormir alors que j'étais si fatiguée ; l'"autre" était malade et c'était moi qui étais obligée de me lever.

« Quelques images me restent de cette période : un matin où l'aumônier entra dans notre chambre et nous annonça que l'armistice était signé, que l'Allemagne avait capitulé ; c'était le mardi 8 mai [1]. J'aurais voulu me réjouir davantage, mais je me disais que pour nous c'était trop tard, que beaucoup ne rentreraient pas, que nous-mêmes ne pourrions peut-être pas tenir jusqu'à ce retour dont nous avions tant rêvé.

« L'officier qui s'était fait notre aumônier était l'abbé Édouard Morvillez, vicaire à Louviers à la déclaration de guerre. Libéré comme nous le dimanche 15 avril, alors qu'il chantait un Te Deum d'action de grâce, m'a-t-on rapporté, un camarade vint lui dire : "Ce n'est pas tout de chanter, il y a à côté un camp de concentration où ils sont tous en train de crever." Alors, abandonnant le Te Deum, il se précipita et entra avec les troupes anglaises dans le camp de Bergen-Belsen.

« Mais la guerre n'était pas finie, les Anglais étaient débordés, dépassés par la découverte de ce camp où des mourants s'agitaient au milieu d'un monceau de cadavres. Ils étaient persuadés qu'il n'y avait plus rien à faire, que nul ne survivrait au typhus. Aussi le colonel anglais confia-t-il à l'abbé Morvillez la responsabilité du camp. Celui-ci prit la direction du camp des femmes et un autre

1. Les autorités médicales britanniques « libérèrent » les premières Françaises qui n'étaient pas typhiques le 24 avril. Témoignage Stéphanie Kuder : « À 3 heures de l'après-midi, nous montons dans des camions. La porte du camp est ouverte. Je revois les mêmes arbres que le jour de notre arrivée et ils ne sont plus les mêmes. Des bouleaux frissonnants de lumière bordent la route. »

officier, l'abbé Allix, de Rouen, plus tard évêque du Mans, la direction du camp des hommes. Ce dernier d'ailleurs contracta le typhus et faillit ne pas revenir.

« Après cinq ans de captivité, refuser de se laisser rapatrier pour s'enfermer dans un camp de typhiques, la décision était généreuse et n'allait pas sans une héroïque abnégation ; mais la tâche était écrasante. Tout était à organiser dans ce lieu conçu pour la savante extermination de ses hôtes. Rechercher dans chaque baraque les femmes qui respiraient encore, les dégager des mortes et des excréments au milieu desquels elles gisaient, les laver de la tête aux pieds, les installer ensuite sur une paillasse... Personne à peu près pour seconder l'abbé Morvillez, rares étaient celles des nôtres encore en état de remplir le rôle d'infirmière. Innombrables sont celles de toutes religions dont il reçut le dernier soupir, le dernier message, et qui moururent dans ses bras.

« Deux souvenirs me reviennent : l'abbé se relevant les larmes aux yeux, après avoir recueilli le dernier souffle d'une petite juive, et le médecin allemand stupéfait, scandalisé, lui disant : "Comment, père, vous pleurez ? Mais c'est une juive !" Un autre jour, le soldat hongrois prisonnier descendant le corps d'une morte en la traînant par les pieds, la tête heurtant chaque marche, et l'abbé Morvillez tirant son revolver : "Vous allez porter cette femme décemment !" Le soldat obéit à la menace du revolver, mais il ne comprenait pas plus que le médecin allemand.

« Plus tard, le camp reçut la visite de la Croix-Rouge anglaise, paraît-il, puis d'une mission vaticane.

« Autre problème : le rapatriement.

« Dès la libération du camp, un petit nombre de déportés avaient quitté le camp clandestinement, moins malades ou emmenés par un parent ou un ami venu les chercher. Ils furent l'exception. Plus tard, le jeune lieutenant François-Poncet fut officiellement chargé de la liquidation de Bergen-Belsen. Mais, légèreté ou incompétence, son rôle fut minime et plutôt négatif. Il entrait même dans de violentes colères en constatant que les convalescents disparaissaient peu à peu à son insu...

« En fait, nos amis prisonniers de guerre ne nous avaient pas abandonnées : de retour en France, en liaison avec l'abbé Allix et l'abbé Morvillez, et, je crois, avec l'appui d'Henri Frenay, alors ministre des Prisonniers et Déportés, ils avaient organisé un service d'avions qui reliait quotidiennement Le Bourget aux aérodromes de Celle et Lunebourg, où un camp de rapatriement avait été organisé grâce à l'abbé Bernard Lacroix, du diocèse de Verdun. Comme il nous était impossible de reprendre des forces, en l'absence du ravitaillement et des médicaments indispensables, il était urgent de nous rapatrier dès que nous serions en état de supporter le voyage. C'est ainsi que, de temps à autre, au cours de sa visite quotidienne, l'aumônier faisait discrètement signe à l'une ou l'autre, que nous ne voyions pas reparaître. Mais quel crève-cœur pour celles qui restaient ! Les Anglais avaient bien organisé un convoi vers le milieu de mai, par camions je crois, mais au bout de trente kilomètres on avait descendu sur des civières la plupart des déportés afin de les hospitaliser à Celle.

« Mais, pour partir, il fallait être habillé, et nous n'avions pour tout vêtement qu'un pyjama, voire une moitié de pyjama. Nous ne recevions de vêtements que pour le départ, aussi avions-nous hâte de recevoir le bon indispensable. Chaque fois que je réclamais, le médecin suisse me répondait que c'était trop tôt, que je ne supporterais pas le voyage, et je répliquais que cela m'était égal de mourir dans l'avion, mais que je ne voulais pas "crever" là-bas. Car toujours cette odeur lourde, obsédante, de cadavres s'infiltrait dans les blocks comme une menace.

« Le jour où ce médecin suisse nous fit ses adieux, je le suppliai de me remettre le fameux bon, lui donnant ma parole que je ne quitterais pas le camp avant d'en avoir reçu l'autorisation. Il se laissa fléchir. Une ambulance de la Croix-Rouge nous prenait à l'entrée du block et nous menait au magasin. Je me rappelle qu'au moment de monter mes jambes molles s'y refusèrent obstinément. Je dus gravir la marche ou les deux marches à quatre pattes, tirée par une infirmière.

« Enfin, mon tour est arrivé. C'était le 4 juin (nous avions été libérées le 15 avril.) Des aviateurs français sont entrés dans notre chambre, nous ont aidées à descendre, hissées dans le camion qui nous conduisait à Celle. Trajet pénible sur des routes défoncées. Puis nous sommes montées dans l'avion. Le temps était mauvais, il y avait des trous d'air. J'ai passé tout le voyage penchée sur la cuvette, à me répéter : "Tu as tenu deux ans, tu tiendras bien quatre heures..." Moi qui m'étais fait une telle joie de ce voyage, du passage de la frontière, du survol de la France...

« Le Bourget enfin. À la descente de l'avion, ce fut un soldat qui, entrouvrant nos vêtements, nous aspergea de DTT. Certes, nous en avions vu d'autres, mais en France nous nous attendions à plus d'égards. Puis l'hôtel *Lutétia*. On commençait par la douche, mais j'en fus dispensée : "Celle-là, elle est trop fatiguée, il vaut mieux la laisser tranquille." Mais je ne fus pas dispensée des autres formalités : il nous fallut passer devant une bonne douzaine de bureaux, contrôle médical, contrôle d'identité, interrogatoires variés.... On nous demandait les noms des camarades qui étaient avec nous, de celles qui étaient mortes, où et comment... alors que nous nous rappelions à peine nos nom et adresse et ne savions pas très bien si nous étions nous-mêmes mortes ou vivantes. Puis le vestiaire : bons de vêtements, de chaussures. Enfin, la nuit était déjà avancée quand on nous conduisit dans nos chambres.

« Là une nouvelle épreuve m'attendait : la déportée qui partageait la mienne venait de Leipzig, le camp où se trouvait ma sœur. Or cette femme m'apprit qu'elles avaient fait onze jours de cette marche d'extermination. Cette déportée ne pouvait me dire ce qu'elle était devenue. Nuit d'angoisse. Sachant quels miracles successifs représentait mon propre retour, je me disais qu'ils n'avaient pu se produire aussi pour elle.

« Le lendemain matin, de ma chambre, je n'entendis pas le signal du départ. Je descendis trop tard. Voyant ma déception, une infirmière de la Croix-Rouge me prit en charge et me traîna ou me porta jusqu'à la gare ; juste le temps de m'installer dans un compartiment. De temps à autre, dans les gares, des dames de la Croix-Rouge nous passaient un sandwich ou un verre de vin... que j'étais bien incapable d'absorber. Des messieurs du compartiment, des Alsaciens, m'invitèrent gentiment au buffet. J'aurais tellement préféré être seule...

« Comme ce retour était différent de ce que nous avions rêvé ! Là-bas, au camp, lorsque parfois nous l'évoquions, nous disions : "Comme ce sera merveilleux ! Il y aura des drapeaux français partout ! Nous défilerons en rayé sous l'Arc de Triomphe." Mais il y avait maintenant presque deux mois que les déportés rentraient. On commençait à être blasé. Nous étions des affamées de tendresse, de chaleur humaine, nous avions soif d'air pur, de liberté, d'une France plus belle, glorieuse, lavée de la honte – nous avions payé assez cher –, on nous offrait un sandwich et un verre de vin, assaisonnés d'un peu de pitié.

« Au fur et à mesure que nous approchions de Lyon, mon angoisse augmentait : des miens je ne savais rien depuis des mois ; j'avais appris que Lyon avait été bombardé. Ils avaient pu être arrêtés tout à fait à la fin. Mes parents n'avaient peut-être pas survécu au chagrin, à la terrible inquiétude. Depuis deux mois que le camp était libéré, je m'étonnais de n'avoir reçu aucun message. (En fait, ma famille en avait envoyé par toutes les filières possibles : radio, Croix-Rouge, que sais-je ? Sans doute ces messages étaient-ils parvenus au camp, mais ils n'avaient pas été transmis aux blocks des typhiques.) La veille, du *Lutétia*, on avait expédié un télégramme annonçant mon arrivée ; s'il y avait encore quelqu'un à la maison, on m'attendrait en gare. Mais s'il n'y avait personne ? Jamais je n'aurais le courage de rentrer seule à la maison sans savoir... Alors ?

« Lyon-Perrache ! Cette gare d'où nous sommes parties, encadrées par les SS et les gestapistes, pour une aventure plus atroce et plus monstrueuse que tout ce que nous pouvions imaginer, il y a plus de vingt mois...

« Je descends... Sur le quai, personne. Les idées les plus sombres m'envahissent. Tout à coup quelqu'un s'approche : "Qui êtes-vous ? Comment vous appelez-vous ? Votre sœur est là qui vous attend."

« Oui, elle est là... Mais les autres ? Je la presse de questions : maman ? Papa ? Elle me dit qu'ils sont à la maison, qu'ils m'attendent... Est-ce bien vrai ? Mais Marie-Louise ? J'ose à peine poser la question. Elle m'affirme qu'elle est rentrée depuis quinze jours, qu'elle m'attend en gare de Brotteaux, ignorant où et quand je débarquerai. Mais je ne la crois pas. Il n'est pas possible que nous soyons revenues toutes les deux d'un enfer qui a consommé neuf sur dix de ses victimes. Ce n'est pas possible. Je ne l'ai cru que quand je les ai vus, mes parents d'abord, ma sœur ensuite.

« Par quel miracle sommes-nous rentrées toutes les deux ?

« Par quel miracle y a-t-il eu des rescapés des camps de concentration ? Des camps d'extermination ?

« Sans aucun doute, c'est notre moral qui nous a soutenus. Les déportés résistants ont, dans l'ensemble, mieux tenu que les autres parce qu'ils savaient pourquoi ils étaient là, qu'ils étaient tenus par une foi, un idéal, parce que tenir, c'était encore résister, parce qu'il fallait tenir pour soutenir les autres, tenir jusqu'au bout et jusqu'à l'absurde. Peut-être aussi parce que l'espoir est une flamme qui ne s'éteint qu'avec la vie. »

*
**

Le 20 mai 1945, le camp de Bergen-Belsen disparut dans un gigantesque brasier allumé par les Britanniques.

*
**

1967. Une mère se recueille sur l'une des fosses communes de Bergen-Belsen. Son fils est perdu dans ce chaos d'ossements et de terre. Un général américain et une dizaine d'officiers s'approchent, Leica en batterie.

– Madame, c'est ici qu'est enterrée Anne Frank ?

– Oui.

– Dans quelle fosse ?

– Partout, général. Regardez bien, partout. Il y a ici des milliers d'Anne Frank. Ici et dans les autres camps.

# FLOSSENBURG

Quatrième en importance des camps de concentration du Reich, Flossenburg, en Bavière orientale, dont dépendaient quatre-vingt-dix-huit Kommandos extérieurs, n'a jamais atteint la « notoriété » de Dachau, Buchenwald, Auschwitz, Mauthausen ou même Dora et Oranienburg. Sans doute parce que de sa fondation en mai 1938 jusqu'au jour de la libération, ce sont des droit commun – « dangereux criminels invétérés », d'après la classification du ministère de l'Intérieur – qui ont occupé tous les postes de responsabilité abandonnés par la SS aux déportés. Les triangles verts, secondés par des roses (homosexuels) et noirs (asociaux) se sont si parfaitement maintenus au pouvoir que jamais un triangle rouge (politique, résistant) n'eut la possibilité de former un réseau ou d'établir un comité international. Les actes de résistance à Flossenburg, en particulier le sabotage des Messerschmitt dans les ateliers de montage, furent l'œuvre d'isolés ou de petits groupes nationaux. Sur les cent mille déportés de trente nationalités immatriculés à Flossenburg et dans ses Kommandos, au moins trente mille disparurent dans les fours crématoires ou les fosses communes. Les dernières semaines, près de vingt convois d'évacuation aboutirent à Flossenburg, centre de regroupement de colonnes incapables d'atteindre leur destination finale.

« Le camp[1] dans lequel nous pénétrâmes avait un aspect nettement différent de ceux que nous avions vus. Chaque camp possède son cachet et celui-ci avait quelque chose d'à la fois grandiose et rude. Auschwitz nous avait frappés au premier abord par ses vastes étendues marécageuses et ses cheminées crachant continuellement leurs flammes, dont chaque langue signifiait l'assassinat d'une vie humaine. Buchenwald en imposait surtout par le fini et la complexité de sa construction. Ici nous étions frappés d'abord par le caractère majestueux du site : à perte de vue s'étendait l'épaisse forêt montagneuse de la Bohême ; des sommets comme le mont Sainte-Odile et le Nideck dominaient l'horizon. Au bas de la colline que nous venions de gravir apparaissaient le clocher et quelques maisons du village de Flossenburg, flanqués d'une ruine grise et morne même par ce soir si clair.

« Le camp, au contraire, offrait par son impression de rudesse un contraste brutal avec le paysage environnant : la place d'appel encadrée d'un côté par la cuisine et de l'autre par les bâtiments de la désinfection, les blocks du Revier et de la quarantaine, tout se confinait sur un espace plat, resserré entre deux collines déboisées. Au-dessus du bâtiment de la cuisine, taillé dans le roc de l'une des deux collines, s'élevaient deux rangées parallèles de sept blocks, construits en gradins sur des terrasses en pierre de taille. Un large escalier de granit de cent vingt-quatre marches montait entre les deux rangées de bâtiments, permettant de les atteindre. Vers la gauche de ces blocks, une immense roche granitique dominée par un mirador pointait vers le ciel : c'était le Steinbruch, la sinistre carrière de Flossenburg. »

« Au travail[2] j'avais appris par un civil que les Américains étaient entrés en Allemagne et que la guerre serait bientôt finie. En partant il me glissa dans les mains quel-

1. Henri Margraff, *Témoignages strasbourgeois*.
2. Manuscrit inédit Henri Clément.

ques carottes et une pomme, que je cachai avec d'infinies précautions dans un tiroir. Les bombardements se firent de plus en plus intenses et les SS nous emmenaient à chaque alerte à l'abri dans les grottes naturelles de Bayreuth, situées à cinq cents mètres des ateliers. Je me souviens d'être rentré dans ces grottes en fin d'après-midi et d'en être sorti le lendemain tard dans la matinée, tant les bombardements durèrent. Bayreuth était à moitié détruit et les morts jonchaient le sol. Nous reprîmes le travail et nous étions tenus en haleine par les différentes informations sur l'avance des armées alliées.

« Une nuit, alors que nous étions tous couchés, nous entendîmes les vrombissements d'un nombre incroyable de moteurs d'avion. Pourtant, il n'y avait eu aucune alerte. Ces avions arrivaient comme l'eau de mer, par grosses vagues, très rapprochées, et nous entendîmes au loin un roulement incroyable. C'était un nouveau bombardement. Tout d'un coup, une lueur fulgurante m'aveugla et le souffle d'une détonation terrifiante fit culbuter la majeure partie de nos lits superposés, nous projeta au sol. Les vitres étaient brisées, la porte arrachée. Tout le monde criait au secours et appelait le poste de garde. Manifestement, il n'y avait plus de SS. La bombe était tombée à une cinquantaine de mètres et avait tout soufflé alentour. Le bombardement diminua d'intensité et les SS réapparurent. Notre usine était réduite en cendres. Nous pouvions dire, une fois de plus, que nous avions eu énormément de chance. Nous fûmes tous rassemblés. Les SS chargèrent sur un petit chariot à quatre roues le peu de bagages qu'ils pouvaient encore posséder et nous prîmes la route à pied, sans connaître le lieu de notre destination.

« La ville de Bayreuth était un amas de débris de toutes sortes. Le ciel était couvert de nuages de fumée provenant des incendies, des bébés étaient morts dans leur petite voiture, des hommes, des femmes gisaient sur les trottoirs. C'était la désolation, et pourtant la jeunesse hitlérienne s'armait, montait des barricades, barrait les ponts. Elle espérait arrêter l'avance des armées alliées. Notre marche dura je ne sais combien de jours, mais nous n'étions pas les seuls car les civils allemands fuyaient également, et je revoyais la débâcle française de 1940. Nous n'avions rien à manger. La marche était exténuante. À chaque instant il fallait plonger dans les fossés pour se mettre à l'abri des rafales de mitrailleuses des avions anglais qui ne nous laissaient guère de répit.

« Nous pûmes apercevoir enfin le camp de Flossenburg. La vie était loin de ressembler à celle que j'avais connue. Il régnait une intense activité et des quintaux d'orge étaient répandus à même le sol de la place d'appel. Un bon nombre de Kommandos étaient de retour. C'était une vraie fourmilière de tenues rayées. Je reçus une nouvelle fois un nouveau matricule qui se situait dans les 72 000. Nous avions une gamelle toute rouillée pour trois ou quatre déportés ; il fallait donc boire chacun son tour sans voler la part des autres. La plupart des gamelles étaient percées et sales. Pour ne pas perdre l'affreux breuvage, il fallait colmater les trous avec des bouts de chiffon ou de bois. Les malades restaient dans un coin et on les laissait à même la terre. Certains avaient de grandes plaies ouvertes aux jambes, aux bras, sur les épaules. Les mouches, la vermine régnaient en maîtres sur le camp. Il fallait coucher à quatre ou cinq dans un lit. Nous étions couverts de poux. Il n'y avait plus de douche, il n'y avait plus rien à manger. Au loin retentissait le bruit métallique des chenilles de char et la canonnade des combats. Le drapeau blanc fut hissé sur le camp, un avion de reconnaissance américain nous survola.

« Le drapeau blanc fut retiré, et nous apprîmes que les Américains subissaient des revers. Cela nous plongea dans la stupeur, et tout d'un coup une nouvelle tomba : évacuation du camp ! »

Le 19 avril, trois convois d'évacuation quittèrent Flossenburg. Les deux premiers ne rassemblaient que trois cent vingt détenus, allemands pour la plupart, les « proéminents » des blocks 1 et 2. Le troisième, fort de trois mille déportés, avait pour destination Dachau. L'administration du camp, aidée par une corvée de trente hommes, passa la journée à brûler ses archives. Le soir, pour quelques heures, les communications téléphoniques avec le reste de l'Allemagne, interrompues depuis le 13, furent rétablies. L'Obersturmbannführer Max Koegel qui, comme Pister à Buchenwald, temporisait, reçut l'ordre du colonel SS Samedan d'évacuer la totalité des prisonniers – « vider le camp » – à l'exception des malades contagieux qui « pouvaient propager une épidémie parmi la population civile ». Dans les salles du Revier s'entassaient plus de deux mille malades. Une « sélection » médicale en reconnut cinq cents « bons » pour la marche. Le lendemain, quatre colonnes quittèrent le camp. De quinze à dix-sept mille déportés. Au départ de la dernière, Ludwig Baumgartner, l'adjoint de Koegel, abattit sur la place d'appel quatre malades qui refusaient de prendre leur rang dans la colonne mise en marche. Ce 20 avril les Américains n'étaient qu'à quarante kilomètres de Nuremberg et la division SS Nibelungen, même renforcée par les garnisons de Flossenburg et par ses Kommandos, incapable de briser ou de ralentir sa progression. Les territoriaux remplacèrent les SS aux miradors. Le Revier n'abritait plus que mille six cent sept malades.

« Les SS [1] s'étaient fait remplacer par des détenus polonais à leur dévotion. Nous les croyions partis, mais ils revinrent pour faire enlever les drapeaux blancs.

« Terrible déception ! D'autant mieux que le bruit courait qu'une partie du camp allait être évacuée.

« En pleine nuit, on ramassa tous ceux qui couchaient par terre et on les forma en colonne. Je couchais près de la porte, donc dans les premiers. Encore alourdi de sommeil et ne comprenant pas très bien ce qui se passait, je me fis "remuer" d'importance. D'autres récalcitrants furent abattus sur-le-champ par quelques SS qui surveillaient les opérations, mitraillette ou revolver à la main.

1. Fernand Wiszner, déjà cité.

Brr... on ne se sentait guère en sécurité ! Il fallait marcher droit, si on tenait à sa peau !

« Nous fûmes dirigés sur un quai d'embarquement, à proximité du camp, et on nous fit monter dans des wagons... de voyageurs ! Serrés, nous l'étions, mais assis et non accroupis comme dans les wagons à bestiaux. Il y avait, dans notre wagon, une quarantaine de pauvres diables, totalement épuisés et à toute extrémité. Il s'y déroula une affreuse scène d'égoïsme, où certains Français, du block 10, se conduisirent d'une façon écœurante. Un malheureux juif hongrois, dysentérique, agonisait à mes pieds. Le garde venait de distribuer les rations de pain et de margarine (une bouchée pour deux jours). Bien entendu, le moribond avait reçu la sienne. Croiriez-vous que les Français avec lesquels j'étais m'ont menacé parce que j'avais voulu adoucir les derniers moments de ce pauvre diable en demandant au garde polonais, qui l'accorda, de l'eau, et glissé ma veste sous la tête de ce malheureux ? Adoucir ses derniers moments, c'était prolonger son étincelle d'existence, et les autres attendaient impatiemment qu'il mourût pour sauter sur sa ration, ce qu'ils firent dès que j'annonçai sa mort. »

D'autres colonnes le 20 avril partirent à pied.

« Dans[1] celle où je me trouvais, nous nous encouragions lorsque, à notre surprise et à notre grande colère, un SS qui marchait à flanc de colonne nous dit : "Ne vous faites aucune illusion, vous mourrez tous, ce sont les ordres !" Ce salaud était français. La population des villages que nous traversions nous évitait et j'ai vu un prisonnier de guerre français emmené dans notre colonne parce qu'il avait voulu nous donner à boire. Finalement nous nous sommes arrêtés pour la nuit dans un petit bois, où chacun s'est effondré à l'endroit où il se trouvait. Le matin on nous fit savoir que les habitants du village voisin allaient venir nous distribuer des pom-

1. Manuscrit inédit Alfred Holderbaum.

mes de terre, mais il n'en fut rien car de nouveau ce fut l'ordre de partir. Péniblement la colonne s'est remise en marche et nous avons traversé un village au moment où un avion de reconnaissance le survolait. Arrivés au premier carrefour suivant ce village, nous avons entendu un fort bruit de moteurs. C'était une colonne de blindés qui avançait vers nous. Mais les SS nous forçaient toujours à avancer et même, au moment où ces blindés nous rejoignaient, voulaient nous faire quitter la route en leur compagnie pour assurer leur protection. Personne n'a obéi et ce fut une ruée vers les libérateurs malgré le tir des SS et malheureusement celui de défense des Américains. Les survivants se sont dirigés vers le village que nous venions de traverser et là je fus accueilli par des prisonniers de guerre français. C'est quelques jours après, lorsque je pus réaliser, que j'ai su que tout s'était passé entre le 7 et le 23 avril 1945. Jamais je ne pourrai l'oublier. »

« J'avais [1] un bon camarade, Pierre Ringioni, “Pierrot”, un Lyonnais. Je me souviens encore de son arrivée au camp de Saint-Sulpice-la-Pointe (Tarn), où je l'accueillis dans la baraque 4, dont j'étais le responsable. Un jeune plein d'entrain et de vie. C'était un boxeur. À Buchenwald on l'avait désigné pour un Kommando. Je n'avais plus eu de ses nouvelles. Un mois avant notre évacuation il nous était revenu. Méconnaissable tant il avait souffert. Tant il avait maigri. La Solidarité le prit en charge, lui redonna un peu de forces. Au moment de notre départ, j'aurais pu intervenir pour qu'il reste au camp. Il refusa. Il ne voulait pas nous quitter une nouvelle fois. Avec nous il était rassuré. Il supporta mal la marche vers Flossenburg. Nous l'avons encouragé, nous l'avons soutenu, nous l'avons porté. Dès le départ de Flossenburg, je sentis qu'il serait incapable de suivre. Il était comme un pantin désarticulé, trébuchant, s'effondrant. Nous nous sommes relayés pour l'encadrer. Deux d'entre nous

1. Manuscrit inédit Simon Saurel, déjà cité.

le soutenaient en permanence. Chaque soir, nous étions heureux de l'allonger. Une étape de plus. Un jour de plus. Il se "retaperait" en dormant. La veille de notre libération, il ne put se lever.

« – Laissez-moi là. En paix.

« – Vous n'avez plus de forces...

« On réussit à le mettre dans le rang. Nous étions en queue de colonne. Derrière nous, c'était la mort. Les tueurs s'en donnaient à cœur joie. Si d'autres évacués empruntaient la même route ils marcheraient sur un tapis de cadavres. Depuis des heures, nous sentions que Pierrot Ringioni n'était plus qu'un corps sans vie. Yeux clos, tête affaissée, bras ballants, jambes raides, traînantes. Nous n'en pouvions plus. Si nous ne l'abandonnions pas, nous compromettions les chances de survie du groupe. Nous l'avons couché sur le bord du fossé. Et je me souviendrai jusqu'à l'heure de ma mort de ces quinze ou vingt mètres parcourus en silence, retenant notre pauvre souffle dans l'attente de la rafale des tueurs. Je crois que nous avons ressenti comme un soulagement quand les coups de feu ont retenti. Pierrot avait fini de souffrir. »

« Une nuit [1] nous traversâmes un large cours d'eau, en bac. Je demandai à un soldat allemand : "Donau ? C'est bien le Danube ?"

« Moi, qui aime les voyages, j'étais servi !

« Derrière nous, c'était la retraite. Les chars arrivaient à toute vitesse et ils nous auraient écrasés si nous n'y avions pris garde. Beaucoup de soldats et d'officiers même se sauvaient à vélo. De longs convois de charrettes et de voitures attelées transportaient des soldats couverts de poussière.

« Allons, il fallait tenir, la délivrance n'était pas loin.

« Mais notre épuisement augmentait d'heure en heure. Des soldats que nous croisions – car la retraite allait dans tous les sens ! – s'empiffraient avec leurs dernières

1. Fernand Wiszner, déjà cité.

réserves et cela ajoutait encore aux souffrances de la faim. Un cheval éventré attira notre convoitise ; nous nous serions jetés dessus si nous n'avions été mis en joue par nos gardes. »

« Certains[1] d'entre nous devaient porter les norvégiennes (bouteillons) au cas où nous obtiendrions du ravitaillement en cours de route. Pour encadrer ces convois, comme il n'y avait plus assez de SS, on demanda des volontaires de nationalité allemande pour revêtir l'uniforme SS et, chose incroyable, un certain nombre de détenus acceptèrent. Ce sont eux qui commirent le plus de crimes sur la route. Lors de notre marche forcée, les norvégiennes furent abandonnées par leurs porteurs. Un SS s'en aperçut et m'obligea à en ramasser une. Elle tapait, à chaque pas, contre mes mollets. Sur le bord de la route, des fosses avaient été creusées par les convois précédents afin qu'on puisse enterrer les morts abattus en cours de route. Nous arrivâmes au soir, et comme nous étions dans une grande plaine, nous pûmes dormir, couchés à même le sol. Avec mon camarade Pierre Sourisse, nous nous étions pris d'amitié pour un pauvre petit vieux qui devait avoir au moins soixante-dix ans et qui était aveugle. Celui-ci, perdu dans la cohue, criait : "Petit Français, ne me laisse pas." Nous le soutenions chacun par un bras, mais la marche était épuisante et nos forces déclinaient rapidement. Nous sentions que nous ne pourrions guère aller plus loin et d'un commun accord nous décidâmes d'abandonner notre pauvre aveugle. Il resta seul, bousculé, égaré dans ce monde, et il échoua dans un fossé dans lequel il tomba. Alors un détenu qui avait revêtu l'uniforme allemand s'approcha de lui, lui mit le canon de son fusil sur la tempe et tira. Le crâne du pauvre petit vieux vola en éclats, la cervelle répandue. Nous nous sentions responsables de sa mort, les larmes nous vinrent aux yeux, mais nous savions que si nous ne

1. Manuscrit inédit Henri Clément, déjà cité.

l'avions pas abandonné, il y aurait peut-être eu trois cadavres au lieu d'un seul dans ce fossé.

« La halte suivante eut lieu près d'un bois, dans un grand terrain marécageux, près d'un champ de pommes de terre nouvellement plantées et dont les tubercules furent déterrés en un clin d'œil. J'avais déplié ma couverture. Devant moi se tenait un Russe. Soudain deux coups de feu éclatèrent. Le Russe tomba sur moi et me fit tomber en arrière. Je m'aperçus avec stupéfaction qu'une des balles avait raté son objectif : ma couverture était trouée.

« Enfin le jour se leva et avec lui les épreuves d'une longue journée qui allait être fatale à nos gardiens. Dans un village, une femme pas très vieille nous jeta des morceaux de pain. Sa bonté ne fut pas récompensée : elle fut cravachée par un officier SS. Quelques instants plus tard, un déporté, officier de la marine italienne, mourait d'épuisement. Ses compagnons, également officiers, refusèrent de laisser celui-ci sur place. Ils demandèrent à un officier SS l'autorisation d'emprunter un chariot à un paysan. Le corps fut placé dessus et l'inhumation eut lieu près du cimetière communal après qu'un détachement de quatre ou cinq SS lui eut rendu les honneurs en présentant les armes. »

Fernand Wiszner, alors que sa colonne est clouée au sol par des rafales de mitrailleuse, des obus de mortier, rampe vers un fourré épais. Il y pénètre. S'y établit. Dix minutes plus tard, ses camarades reprennent leur marche. Fernand Wiszner est libre.

« Il n'y a pas de mots pour dire ce que je ressentais. Ma joie était indicible, et je me mis à pleurer comme un enfant... Je pensais avec une intensité accrue aux miens, à ma famille, à mon pays, à ma patrie que j'allais peut-être revoir, si je ne mourais pas là d'épuisement. Mais non, il ne fallait pas mourir ; je me ressaisis. Mon plan était simple : aller jusqu'au bout et m'arrêter à la première maison.

« Enfin, un clocher au loin. Je m'approchai. Un homme, un paysan, était là. Je lui fis comprendre que je voulais dormir dans un coin. Il me conduisit à l'étable et me montra la paille, où je m'étendis. Il y avait là un autre déporté, hollandais, très malade, et des soldats allemands, fatigués ou blessés.

« J'eus vite fait de fraterniser avec le Hollandais, qui était atteint de dysenterie et dans une faiblesse extrême. Il venait aussi de Buchenwald. Une femme nous apporta un peu de lait et des pommes de terre écrasées. J'ignorais où on était, me croyant en Autriche, alors que nous étions repassés en Bavière, venant de Tchécoslovaquie.

« Je dis à la femme : "Moi, Franzose, Buchenwald."

« Elle sembla s'apitoyer et me fit signe de manger. Je lui dis merci, en mauvais allemand... et, à bout de forces, je m'endormis.

« Le lendemain matin, des soldats allemands entrèrent. Un sous-officier, le regard hostile, nous fit comprendre que nous devions vider les lieux. Ils installaient une ambulance dans la maison. »

« Nous nous traînons [1]. Maigre à faire peur, j'ai l'impression de peser autant qu'une montagne. Mes os des jambes vont se briser, percer mes talons. Et puis, dans la plaine que nous dominons, en bas, de l'autre côté d'un village je vois des chars qui glissent sur leurs chenilles. Une sorte de murmure monte de la colonne. Personne n'ose crier sa joie, son espoir. Un SS nous dépasse sur son vélo. À ma hauteur il crie : "Pour vous, les Français, c'est fini !" Il y a un bois à moins de cent mètres, et un torrent en dessous de la route. Il faut courir, rouler vers le torrent. Je crie. Mes chefs de groupe crient. D'autres déportés aussi... »

Ils quittent la route en courant, basculent dans la pente, tous, toute la colonne ou à peu près. Les SS, eux, se regroupent près d'une ferme. Ils ouvrent le feu. Les chars, des chenillettes répliquent. Les balles se croisent dans le ciel, bien haut au-dessus des corps aplatis au sol. Un des SS a été entraîné par la colonne. Il est couché près de Simon Saurel. Sa main droite serre le canon du

1. Manuscrit inédit Simon Saurel, déjà cité.

mousqueton. Quand la fusillade cesse, il fait tournoyer le mousqueton, le lance au loin. Il répète : « Prisonnier ! Prisonnier ! »

« La ligne[1] du front, qu'on devinait à quelque cinq cents mètres par des incendies et des coups de feu, décrivait un quart de cercle devant nous. Tout d'un coup, par un chemin bordé d'arbres et de buissons, une colonne de motorisés allemands se défila pour aller se grouper dans un village, à trois cents mètres de là.

« Sans réfléchir, je pris le parti de couper court pour gagner les lignes américaines et prévenir nos alliés du regroupement des forces allemandes.

« Tout d'un coup, des gerbes de fumée s'élevèrent à cinquante mètres de moi. Je ronchonnai un "tas d'andouilles !" à l'adresse des lignes américaines et je rebroussai chemin.

« J'emmenai mon camarade au village où étaient les Boches. Une sentinelle nous laissa passer sans même faire attention à nous.

« Je demandai une pomme de terre à une femme, qui nous fit signe de déguerpir. Nous trouvâmes cependant un coin de grange et nous nous couchâmes dans la paille.

« L'après-midi, je sortis, et que vis-je ?

« Les drapeaux blancs à toutes les fenêtres !

« J'appelai mon Hollandais, nous pleurâmes de joie en nous embrassant. Cette fois-ci, ça y était !

« Un jeune homme me dit, en me montrant le bout de la rue : *"American ! American !"* Ayant eu mes lunettes cassées par un coup de crosse, je ne voyais pas bien. Je m'avançai. Les tanks venaient d'arriver, et les soldats américains, des hommes de couleur, l'arme au poing, cherchaient les Allemands.

« Les Américains ! Les Américains ! Je ne rêvais pas !

« J'avisai un officier et me présentai comme un prisonnier politique français évadé. Je l'informai de ma surdité. Il m'écrivit en me demandant s'il y avait eu des

1. Fernand Wiszner, déjà cité.

Allemands ici, ce matin. Je lui racontai la scène où l'on avait tiré dans ma direction.

« Le pauvre garçon sembla sincèrement navré, puis, voyant mon état de dénuement et mon pitoyable uniforme rayé en lambeaux, il grimpa sur un énorme tank, cassa le couvercle d'une caisse avec la crosse du revolver qu'il avait à la main, remplit un carton de boîtes de conserve et de cigarettes qu'il me remit, et cela en pleine chasse.

« Le plus beau, c'est que la femme qui m'avait refusé une pomme de terre le matin, me voyant causer, dans sa propre langue, avec un officier américain particulièrement généreux, fila dans sa cuisine et m'offrit ostensiblement deux œufs ! Ça, c'est tout allemand ! Pas la peine de faire des articles à longueur de colonnes pour tenter d'expliquer la mentalité germanique. »

« En fin de matinée [1], nous commencions à rencontrer beaucoup de convois militaires allant dans les deux sens. Des officiers supérieurs étaient juchés sur toutes sortes de véhicules. C'était la débâcle qui commençait, ils ne savaient plus où aller car d'un côté il y avait les armées américaines et de l'autre les Russes. Des avions de reconnaissance survolèrent notre colonne. Le bruit des chars et la canonnade se rapprochaient et devenaient de plus en plus précis. Puis ce fut la joie, et les cris de délire. Au loin nous apercevions les premiers chars américains. Nos bourreaux coururent dans tous les sens, levant les bras, abandonnant les armes. J'étais libre et sans blessure. Mais malheureusement un obus tomba sur la queue de notre colonne, et il y eut beaucoup de morts.

« Tous criaient, chantaient, nous embrassions nos libérateurs comme des frères, c'était la fin de notre calvaire.

« De notre marche forcée qui nous conduisit de Flossenburg à Posing, où eut lieu notre libération, nous n'avions presque rien eu à manger, sauf l'orge que nous avions dans nos poches. Notre libération fut l'œuvre de

1. Manuscrit inédit Henri Clément, déjà cité.

la 3e armée américaine, et ces Américains nous lançaient des boîtes de ration, des cigarettes, du savon...

« Avec deux camarades, nous occupions une petite maison dont la famille se composait des parents et de leurs deux filles. Ils avaient peur de nous et nous donnaient tout ce que nous voulions. Les parents nous avaient laissé leur chambre, mais il nous était impossible de dormir dans un vrai lit. Nous les priâmes de réintégrer leur chambre, et nous couchâmes à même le sol sur des couvertures. Là, ils comprirent que nous n'étions que de pauvres hommes et non des bandits, et ils ne surent que faire pour nous faire plaisir. Un soir un Russe entra dans cette maison. À moitié fou, il cassa une grande partie du mobilier, mangea comme une bête à pleines mains tout ce qu'il trouva. Il se saoula et partit se coucher dans le lit des parents, où il vomit. C'était un vrai porc. Et cette petite maison si coquette devint en un clin d'œil un taudis. La maîtresse de maison pleurait. Le lendemain, le Russe trouva une moto. Il ne savait pas s'en servir, mais qu'à cela ne tienne, il partit en la poussant, tout heureux d'entendre la pétarade. La famille allemande était bien heureuse de le voir partir. Dans ce petit village, tout n'était que désolation. Les slaves avaient tout cassé dans les maisons, ils avaient tout jeté dans les rues : meubles brisés, vêtements souillés et déchirés. Dans un jardin, alignés contre un mur, quatre officiers supérieurs SS faisaient de l'exercice forcé (debout, à plat ventre, debout, etc.) sous la surveillance de déportés russes, mitraillette en bandoulière, qui s'amusaient à se venger de nos bourreaux. Ce petit jeu ne dura pas, des officiers américains arrivèrent et embarquèrent ce petit monde on ne sait où.

« Enfin la Croix-Rouge française arriva et nous distribua des vivres, puis nous montâmes dans des camions qui nous emmenèrent dans une caserne ; on nous fit passer de bureau en bureau. Presque aussitôt on nous embarqua dans des wagons de voyageurs à destination de Paris. Enfin, nous pouvions revoir la France. Le train passa en gare de Reims, je ne pouvais aller plus loin. J'étais trop près de chez moi. Alors je sautai du train en marche et tombai lourdement sur la voie ferrée. Ayant perdu connaissance, je me suis retrouvé au centre de la Croix-Rouge qui fonctionnait en gare de Reims. Je fus choyé, réconforté, et on m'embarqua dans un train en partance pour Revigny. Durant ce voyage, mes forces me lâchèrent et je tombai plusieurs fois en syncope. Je me souviens qu'une femme, penchée sur moi, me frottait la figure avec de l'eau de Cologne. À ma descente du train, il restait environ deux kilomètres à parcourir. Je titubais comme un homme ivre et je ne me rappelle pas comment je suis arrivé à la maison. Je revis mes parents, ma famille, mes amis. Mais rien n'y fit, je ne parlais pas, je refusais presque la nourriture, je dormais à même le sol sur une couverture, dans une grande cour située derrière la maison. Personne ne comprenait ma conduite. Ils ne savaient pas, ne pouvaient pas savoir. Tout le village venait voir la bête curieuse que j'étais. Je restais sourd à toutes leurs paroles et je me souviens avoir chassé des gens de chez moi en leur disant de me ficher la paix.

« J'ai su plus tard le désespoir de ma pauvre mère. Le médecin venait au moins trois fois par jour et il ne donnait pas cher de ma peau. Ma mère se mit dans la tête que j'étais perdu, elle ne croyait pas que je puisse redevenir comme avant. Dans son chagrin, son grand chagrin, ma mère tomba malade et involontairement je fus la cause de sa mort. Mon triste état avait détruit son bonheur de me revoir, et moi j'avais perdu ce que j'avais de plus cher au monde. »

*Flossenburg* *23 avril 1945*

# « *PRISONERS HAPPY END : WELCOME* »

Parmi les mille six cent sept « intransportables, contagieux, convalescents » du Revier, derniers occupants du camp après le départ des quatre colonnes d'évacuation du 20 avril, le Français Pierre Beuvelet.

« Comme[1] je suis le seul gradé de réserve de l'armée française suffisamment valide, mes camarades m'élisent responsable du groupe français (quarante Français et quelques Italiens) auprès du comité de camp qui se forme et comprend des Russes, des Polonais, des Tchèques, des Belgo-Luxembourgeois et des Allemands politiques. »

Les Français s'installent dans le block 13 du grand camp. Les plus valides démontent les lits des blocks vides et les portes pour entretenir des feux. Les Volkssturm des postes de garde ont noué au bras gauche un brassard blanc. Ils n'ouvriront le feu qu'une fois, quand un groupe de Soviétiques tentera de sectionner les barbelés. Un tir très largement au-dessus des têtes. Au secrétariat du bureau du Travail, Emil Lesak peint sur une pancarte en caractères d'affiche les mots de bienvenue à l'intention des libérateurs : « *Prisoners Happy End : Welcome.* » Au nord de la place d'appel, dans une rue entre deux

1. Témoignage Pierre Beuvelet, Archives UNADIF, *Le Déporté*, novembre 1985.

blocks, des Polonais alimentent un grand feu avec des huiles de vidange. Le vent rabat la fumée noire.

Le 23 avril, à 10 h 30 précises (Emil Lesak possède une montre) des half-tracks et une Jeep mitraillent les casernes SS en bordure de la route extérieure.

« Nous [1] sommes surpris par des coups de feu rapprochés ; carabines et mitraillettes sont en action. Tout en restant dans notre block 13, nous voyons les hommes de la Volkssturm s'enfuir avec leurs armes, tandis que des soldats casqués, en tenue de combat camouflée, les tirent comme des lapins... Après quelques secondes de surprise, c'est la joie qui éclate : les Russes du block 1 se précipitent sur la porte du camp et font sauter le cadenas du verrou, alors qu'à l'extérieur la patrouille de la 3e armée américaine, commandée par le sergent Harry Lakube, nous regarde avec stupeur, car ils ne s'attendaient pas à trouver là des cadavres ambulants. Mais la meute des déportés, sans crainte des armes braquées sur eux, s'emparent du sergent et le font entrer dans le camp en le portant en triomphe, tandis que sa patrouille le regarde en s'amusant follement de l'aventure de leur chef.

« Nous arrivons enfin à nous expliquer ; certains parmi nous parlent anglais. La patrouille américaine était en reconnaissance, cherchant le contact avec les troupes allemandes. Elle ne s'attendait pas à tomber sur un camp de concentration. C'était le premier qu'elle découvrait. Nous lui expliquons qu'il nous faut d'urgence du ravitaillement. Elle communique alors par radio avec le lieutenant chef de section pour lui rendre compte. Celui-ci arrive quelques minutes après en Jeep et explique qu'il a réquisitionné la population civile de Flossenburg et que nous aurons très vite de la nourriture.

« Deux heures plus tard, des civils allemands, en costume bavarois, conduisant des charrettes, nous apportent un excellent ragoût de porc aux pommes de terre. »

1. Pierre Beuvelet, déjà cité.

Le journal de marche du 538e régiment de la 90e division d'infanterie américaine précise que les premiers soldats à entrer à Flossenburg furent James W. Campbell, James P. Falvey, William MacConnahey, et que le camp n'était occupé que par mille cinq cent vingt-six malades : « L'état sanitaire est mauvais. Cent quatre-vingt-six cas de typhus aigu, quatre-vingt-dix-huit tuberculeux, deux diphtéries, deux malarias et autres maladies. Toute la zone infectée de poux. À la morgue, au moment de l'inspection, soixante à quatre-vingts cadavres. Les corps seront incinérés dans un crématoire. »

*Flossenburg-Dachau* *4 avril-4 mai 1945*

# « INVITÉS DE CHOIX »

Les déportés de Flossenburg lancés sur les routes de la débâcle ignoraient – même les « proéminents », qui grâce à leur fonction découvraient habituellement les grands et petits événements du camp – que les « prisonniers d'honneur » avaient été évacués avant eux. Ces détenus spéciaux, dont la véritable identité était un secret d'État (tous recevaient avant leur arrivée un nom d'emprunt sous lequel le Bureau politique les enregistrait sans leur affecter un numéro matricule), hôtes des cellules du bunker, dépendant du seul service de Sécurité du Reich, se persuadèrent dans la première semaine de mars qu'ils allaient être exécutés. L'administrateur SS du bunker, Ehrard Wolf, et le gardien-chef Karl Weihe assassinaient chaque jour une centaine d'hommes, de femmes, d'enfants. Des déportés ordinaires, accusés de sabotage mais surtout des « ennemis du Reich » furent transférés à Flossenburg pour y être mis à mort : travailleurs de l'Est, prisonniers de guerre, soldats et officiers de la Wehrmacht, opposants allemands, comme la jeune résistante berlinoise Ilse Dumalsky, des officiers américains, canadiens, français, belges dont plusieurs avaient été parachutés en Normandie quelques heures avant le Débarquement, des Polonaises d'un mouvement de résistance avec leurs enfants âgés de dix à douze ans, cent quatre-vingt-treize combattants tchèques de Brno, quatre-vingt-dix membres de l'armée Vlassov. Mais l'Histoire retiendra que c'est à Flossenburg que fut exécuté l'amiral Wilhelm Canaris ; impliqué dans le complot contre Hitler du 20 juillet, il refusa, contrairement au maréchal Rommel, de se suicider. Avec lui, Wolf et Weihe, en présence du commandant Max Koegel, « liquidèrent » les généraux Hans Oster et Friedrich von Rabenau, le Dr Theodor Strünck, le juge aux armées Karl Sack, le capitaine de l'Abwehr Ludwig Gehre et le pasteur Dietrich Bonhoeffer.

Dans sa cellule le « prisonnier d'honneur » Kurt von Schuschnigg, ancien chancelier d'Autriche, nota en date du 4 avril :

« Certains jours, les portes de notre cellule sont fermées avec un soin particulier. Les gardiens ne donnent aucun renseignement : même les plus bavards ne peuvent être amenés à parler. Nous n'entendons pas grand-chose. Seulement de loin en loin un cri perçant et désespéré, des femmes aussi, et puis l'appel glacial qui retentit dans le couloir : "Au suivant..." »

« Pour les pendaisons [1], le condamné grimpait sur un escabeau. Moi et mon collègue Weihe, nous grimpions de l'autre côté et lui passions la boucle. Là-dessus, je descendais de l'échelle, qui était alors retirée brusquement par celui qui n'avait pas passé la boucle, et le condamné restait pendu jusqu'à la mort. Pour la mort par balle, nous visions la nuque d'une distance d'environ dix à vingt centimètres. Quand on en abattait plus d'un, les cadavres restaient sur place, jusqu'à ce qu'on ait abattu tout le monde. Avant l'exécution, les condamnés étaient examinés par le médecin, pour les dents en or. »

Au soir du 4 avril, un colonel SS, jeune, les cheveux très noirs, une cicatrice profonde barrant la joue droite, visita le bunker. Sa main, qui tenait une liste dactylographiée, tremblait. Il « pointa » les « prisonniers d'honneur », claquant des talons pour les saluer. Aucun des déportés n'entendit le son de sa voix. La visite de cet envoyé spécial de Berlin, muet, conforta les occupants

1. Aveux d'Ehrard Wolf en 1947, condamné à mort et exécuté.

du bunker dans la peur d'être pendus. Le chancelier Schuschnigg (Herr Auster pour les gardiens) occupait la plus vaste cellule avec sa femme, la comtesse Vera Czenin, et leur petite Maria Dolorès, que tous les prisonniers appelaient Zizi. La comtesse n'était pas internée. Elle avait suivi volontairement son mari et pouvait, quand elle le souhaitait, rendre visite aux commerçants du village de Flossenburg, à condition d'accepter la présence à son côté d'un SS en civil qui transcrivait toutes ses conversations. Après la troisième « sortie » à bicyclette, Vera Czenin renonça. Une autre épouse d'un « prisonnier d'honneur » – elle disait les « invités de choix » – était aussi détenue volontaire : Mme Léon Blum. Elle avait suivi l'ancien président du gouvernement populaire de Buchenwald à Flossenburg. Dans les autres cellules : Hjalmar Schacht, ancien ministre des Finances d'Hitler, le général de corps d'armée Franz von Halder, chef du haut état-major du Führer jusqu'en 1942 et vainqueur des batailles de Pologne et de France (son crime, ne pas partager les visions stratégiques d'Hitler) ; le général Georg Thomas, conseiller économique de Keitel ; le général von Falkenhausen ; le colonel Bogislaw von Bonin ; le prince Albert de Bavière avec douze membres de sa famille ; le prince Philippe de Hesse, président du gouvernement du district de Hesse-Nassau ; Joseph Müller (dit «Ochsensepp », Jo le Bœuf), qui fondera après la guerre la CSU (Union chrétienne sociale) en Bavière ; Gustav Calmins, sous-directeur des Finances de Lettonie ; Hans Lundig, capitaine des services de renseignements danois ; Max Johans Mikkelsen, également danois mais officier de l'IS ; Jörgen Morgensen, vice-consul danois à Danzig ; Adolf Theodor Larson, des commandos spéciaux de la RAF ; Armand Motter, du BCRA de la France Libre ; un mystérieux Soviétique qui ne parlait que le russe – Halder pensait, et il le dit à Schuschnigg, qu'il s'agissait de Joseph Kokerin, un neveu de Molotov ; enfin le célèbre capitaine Best, de l'IS, qui manipula pendant des mois les services de renseignements d'Heydrich avant d'être enlevé en Hollande.

Le 5 avril, une fourgonnette noire, vitres et lucarnes

occultées par des rideaux noirs, s'arrêta devant les trois marches du bunker. L'officier SS qui avait la veille « vérifié la présence » des prisonniers se fit ouvrir les cellules.

– Vous n'avez, dit-il, que quelques minutes pour préparer vos bagages. Vous êtes transférés avant d'être libérés. Votre nouvelle résidence provisoire sera une villa proche de Munich.

Léon Blum serra le bras de sa femme. Il pensait que tous allaient être fusillés. Schuschnigg partageait ses craintes. Dans le couloir, Schacht annonça à Halder que l'amiral Canaris avait été pendu le matin même. Il tenait l'information du commandant de Flossenburg, qui assistait le président de la cour martiale siégeant dans les bureaux de la Kommandantur. Avec Canaris furent condamnés à mort le juge aux armées Karl Sack, le général Hans Oster, le général Friedrich von Rabenau, Theodor Strünck, Ludwig Gehre et le pasteur Dietrich Bonhoeffer. Le commandant de Flossenburg, Koegel, précisa : « Il n'y aura pas d'autre condamnation à mort, ni d'exécutions "surprises" *(sic)*. Vous serez remis à la Croix-Rouge dans quelques jours. »

Les « invités de choix » s'entassèrent dans le fourgon noir de la police de Sécurité. Léon Blum se trouva assis sur la banquette de bois à la gauche de Schuschnigg.

« Nous [1] n'avions jamais fait partie des mêmes cercles politiques mais j'avais beaucoup de respect pour Léon Blum. Notre conversation fut donc très amicale et nous échangeâmes des conjectures sur notre sort. Puis Falkenhausen et Halder qui, eux aussi, s'entretenaient à voix basse commencèrent à élever la voix. Notre escorte de SS n'était plus avec nous, elle occupait probablement une autre voiture, aussi pouvions-nous parler sans nous gêner. Halder répétait en agitant les bras : *"Hitler kaputt, Hitler kaputt."* Je n'avais certes aucune sympathie pour ces généraux dont les armées dévastaient ma patrie

1. Interview de l'ancien chancelier d'Autriche par l'écrivain Nerin E. Gun. Déporté à Dachau, Nerin E. Gun a consacré de nombreux articles à cette période de sa vie. (Voir collections *Le Monde*, *Historia*, etc.)

et qui étaient les responsables de mon long emprisonnement. Sans eux, Hitler aurait été impuissant, et tout aussi impuissante sa Gestapo. Mais on n'a pas le choix de ses amis dans une voiture de police. »

Halder sortit de ses poches plusieurs cartes et improvisa pendant plus d'une heure une conférence d'état-major précisant les positions des armées soviétiques et alliées. Schuschnigg traduisait pour Léon Blum, qui répétait sans cesse :

– Mais que dit-il ? Que dit-il encore ?

Halder n'aimait pas être interrompu dans ses exposés :

– Mais quel est ce vieux qui vous parle tout le temps, Excellence ?

Schuschnigg présenta Léon Blum.

Halder pâlit.

– S'ils ont mis ce juif avec nous, nous sommes foutus.

– Vous vous trompez, monsieur le général, dit Best dans un allemand parfait. Ne me demandez pas comment je le sais mais nous sommes attendus à Dachau – car nous allons bien à Dachau – par une délégation internationale de la Croix-Rouge.

Halder haussa les épaules, replia ses cartes. Un peu avant minuit, le fourgon franchissait la porte barbelée du camp de concentration de Dachau. Ils furent conduits au bunker, qui abritait d'autres invités de choix : le général Sante Garibaldi, petit-fils du grand Giuseppe, le seul pensionnaire de l'« hôtel de Dachau » autorisé à exercer une fonction. Il s'était présenté ainsi à Mgr Gabriel Piguet, évêque de Clermont-Ferrand :

– Je suis chargé de la propreté des couloirs et des cellules. Voulez-vous le Saint-Sacrement ? Avez-vous un message à transmettre ?

Ceux de Flossenburg apprirent rapidement, grâce au balayeur Garibaldi, l'identité des autres « déportés d'honneur » : le général Delestraint, chef de l'Armée secrète française ; Schmitz, maire de Vienne ; Van Dick, ancien ministre de la Guerre des Pays-Bas ; le prince Xavier de Bourbon-Parme ; Peter Churchill, officier de l'IS, que la SS croyait être un neveu du Premier ministre britannique (ce qui était faux) ; Papagos, général en chef de l'état-major grec ; Kallay, Premier ministre hongrois ; Plettenberg ; le pasteur Niemöller et Mgr Neuhauser, doyen de la cathédrale de Munich ; le prince Léopold de Prusse, neveu du kaiser Guillaume II ; sept membres de la famille de Stauffenberg, le colonel qui le 20 juillet 1944 avait déposé une bombe au QG du Führer à Rastenburg ; l'auteur présumé de l'explosion, le 8 avril 1939, du Bürgenbrükeller à Munich, George Elser (en réalité le « faux attentat » contre Hitler avait été « monté » par la Gestapo, qui ne déclencha le mécanisme de mise à feu que seize minutes après le départ du Führer) ; le comte polonais Zamoïski, le colonel Ferrero, deux autres officiers italiens et l'ancien ministre de la Police de Mussolini ; un « grand scientifique » allemand qui disposait d'un laboratoire improvisé dans deux pièces (et dont personne ne saura probablement qui il était ni la nature de ses travaux) ; deux armateurs suédois ; un ancien clown de cirque portant le surnom de Kohlenklau (voleur de charbon), etc. Les groupes de Flossenburg et de Dachau réunis comptaient cent quarante et une personnes.

Le 16 avril, le Bureau politique sépare les « religieux » et le général Delestraint des autres « résidents de l'hôtel de Dachau ». Ils occuperont désormais les chambres de la maison de tolérance à l'autre extrémité du camp.

« J'aspergeai [1] d'eau bénite ces locaux et je célébrai une expiation sacrée. Celle du sacrifice rédempteur fut faite par l'évêque même de ce camp de souffrance et de mort, souillé à certaines heures par une odieuse lubricité dont j'ai toujours entendu dire que nos compatriotes français s'étaient soigneusement abstenus. »

Le 19 avril, le général Delestraint communie. Un sous-officier est venu lui annoncer à l'heure du réveil son départ pour le Tyrol. Ce SS dira à Mgr Piguet :

– Le commandant de Dachau a réservé au général Delestraint une place demeurée libre dans une auto qui

1. Mgr Gabriel Piguet, *Prison et déportation*. Ce témoignage de l'évêque de Clermont-Ferrand rédigé en 1945 et destiné aux Archives épiscopales a été publié en 1949, éd. Spes.

emmène des prisonniers. Vous-même et les prêtres allemands vous le rejoindrez bientôt.

L'après-midi, le général Delestraint, George Elser et cinq membres de la famille du colonel von Stauffenberg étaient exécutés dans la salle des fours crématoires. Le soir, le capitaine Best occupait le lit du général Delestraint.

Le lundi 23 avril, les occupants du Pouff (la maison de tolérance) sont prévenus que leur départ est prévu à 17 heures.

– Nous ne partirons pas, dit Best à Mgr Piguet.

– Si, les voitures sont prêtes pour nous emmener.

– Précisément, répliqua Best, une heure avant le départ elles seront bombardées par l'aviation alliée... Voyez-vous, l'Intelligence Service est souple. Elle a partout des collaborateurs. Elle n'agit pas par autorité et militairement, comme votre 2e Bureau, mais en gagnant des auxiliaires à sa cause et en les amenant à elle par la conviction.

– C'est possible, répondit Mgr Piguet, tout cela n'est pas de ma partie.

À 16 heures, dix-huit bombardiers escortés de chasseurs pulvérisèrent le parc automobile de Dachau, réparti en trois lieux de stationnement. Aucun des quatorze véhicules prévus pour l'évacuation des otages (un autobus, six fourgons, sept voitures) n'échappa à la destruction.

– Je vous l'avais bien dit.

Ce fut le seul commentaire que s'autorisa Best.

Le lendemain, l'Obersturmführer Stiller visite le bunker et le Pouff. C'est lui qui est chargé de diriger l'évacuation des « déportés d'honneur ». Ils quitteront Dachau en trois convois automobiles. Deux autobus, six camionnettes vertes réquisitionnées aux Postes et Télégraphes, trois Mercedes et une Citroën ne pénétreront dans Dachau qu'au dernier moment.

Mgr Piguet monte dans le premier véhicule.

« Dans cet autobus se trouvent avec moi plusieurs généraux allemands prisonniers, des personnalités de plusieurs pays et les prêtres allemands, mes compagnons des dernières semaines écoulées. Je m'aperçois et fais remarquer que les armes déposées par nos gardiens près de nous sont mal placées et susceptibles de provoquer un accident. Avec spontanéité, le colonel allemand von Bonning, de l'état-major personnel d'Hitler, emprisonné, paraît-il, pour avoir refusé d'obéir à des ordres du Führer qu'il jugeait mauvais, met les armes au cran d'arrêt et me dit : "Maintenant, aucun risque." »

Ils traversent Munich. S'étonnent de l'ampleur des destructions. Aucun immeuble ne semble avoir été préservé. Ils rouleront jusqu'au soir, où, sur le bord d'un ravin surplombant l'Inn, l'escorte SS leur donnera du pain noir et des boîtes de pâté au goût indéfinissable. Dix minutes et ils repartent en direction d'Innsbruck, qu'ils n'atteindront qu'à l'aube. Hésitations. Stiller, assis avec précaution sur le pare-chocs de sa voiture, consulte des cartes d'état-major. Demi-tour. L'autobus est allé trop loin. Le rendez-vous des trois convois était fixé dans un camp abandonné six ou sept kilomètres avant Innsbruck.

La soupe est claire mais chaude. Le pain presque blanc. La confiture très sucrée. Dans le baraquement le voisin de table de Mgr Piguet est l'ancien ministre des Finances du Reich. Schacht est intarissable sur Hitler, qui, « face à deux voies, prend toujours la plus mauvaise ».

Ils resteront trois jours et deux nuits dans ce camp.

Le 27 arrivent les fourgons postaux du groupe Léon Blum. Les trois convois n'en formeront plus qu'un dans les lacets du Brenner.

Un fourgon et l'autobus de Mgr Piguet tombent en panne. La nuit passe dans l'attente des mécaniciens d'une unité militaire qui campe à quarante kilomètres. Le lendemain, les « invités de choix » sont poussés dans la maison commune de Niederdof-Villabassa qui a été préparée pour eux : pommes de terre et choux, bière, ballots de paille qu'on étale en paillasses. Les SS de Stiller prennent position autour du village. Les prisonniers allemands établissent des plans. L'un d'eux saute dans la rue par une fenêtre, bientôt suivi par le général

Sante Garibaldi et le capitaine Best. Ces trois hommes parviendront, du bureau de poste – la postière dort sur place –, à téléphoner toute la nuit. Stiller, pressé par les officiers allemands, a sans doute pris du champ pour que ses prisonniers établissent des contacts avec l'état-major du quartier général de la Wehrmacht à Bolzano, les partisans de Calvi Pier Fortunato et les Alliés.

« C'était [1] l'heure du complot, avec une nuance de vaudeville ! Que se passait-il exactement ? Qui trompait-on ? Peut-être chacun trompait-il l'autre... Mais qui se trompait ? Tous ou quelques-uns ou personne ? Chacun cherchait à conserver son existence dans un moment où prisonniers et gardiens étaient également exposés et où la vie apparaissait aux uns comme aux autres ténue comme un fil menacé d'être rapidement et brutalement coupé. »

Toutes ces manœuvres, tous ces contacts acceptés par le « gardien en chef » Stiller alertèrent le seul homme qui pouvait régler le sort des otages : Karl Wolff, Obergruppenführer de l'Allgemeine SS et des Waffen SS, commandant suprême des armées et de la police en Italie. Cet ancien adjoint d'Himmler, officier de liaison d'Hitler et d'Himmler, était depuis janvier 1945 en relation avec les services spéciaux américains et en particulier leur représentant en Suisse Allan Dulles (qui deviendra par la suite chef de la CIA). Wolff, à la demande personnelle d'Eisenhower, sera le seul témoin allemand du procès de Nuremberg autorisé à conserver sur son uniforme les insignes de son grade. À la barre, il rappellera son action en faveur des « otages ».

« Si je n'avais pas eu une conscience absolument tranquille, j'aurais certainement demandé pour moi, au lieu de mon adjoint Kappler, des conditions privilégiées et un traitement honorable lors des négociations de capitulation en Suisse, en mars 1945. J'aurais aussi demandé le secours de l'ancien président du Conseil italien, et chef des partisans, Parri, qui était mon prisonnier, avant de le rendre volontairement aux Américains le 8 mars 1945, alors qu'aucun général allemand ne fut relâché en

1. Mgr Gabriel Piguet, déjà cité.

contrepartie. Je puis dire la même chose des personnalités allemandes et étrangères qui me furent confiées avant la débâcle allemande, pendant cette période si dangereuse pour elles, entre le 26 avril et le 4 mai 1945. Il y avait parmi eux, dans le Tyrol du sud, Léon Blum, Schuschnigg, le pasteur Niemöller, un neveu de Molotov, un parent de Churchill et beaucoup d'autres. Sur la foi de mon message par radio du 2 mai 1945 au maréchal Alexander, ils furent tous remis sains et saufs deux jours plus tard aux troupes américaines, sans que je leur aie demandé la moindre promesse, qu'ils m'auraient certainement accordée, d'intercession en ma faveur. »

Comment les « invités de choix » ont-ils vécu les derniers jours de leur captivité ? Que connaissaient-ils des négociations ?

« Soudain [1] un coup de théâtre se produit. Cinquante hommes de la Wehrmacht entourent la place du village, désarment nos gardiens de la SS et de la Gestapo, les emprisonnent à leur tour dans des salles d'auberge et nous retiennent prisonniers mais d'une tout autre manière, car ils protègent nos vies.

« Que s'est-il passé ? Il paraît que le dimanche soir le vin a rendu bavards certains de nos gardiens, qui ont annoncé la mise à mort imminente de huit d'entre nous sans donner leurs noms. Des propos dont le plus bénin est celui de *Schweinskopf* (tête de cochon) ont été échangés entre officiers allemands prisonniers et gardiens. Par ailleurs ces officiers captifs sont des camarades et amis du commandant en chef de l'armée allemande, qui vient de capituler sans conditions devant les Alliés. Ces officiers prisonniers se sont mis en relation téléphonique avec leur ami le général commandant en chef, qui leur a promis protection pour eux et les prisonniers de notre groupement.

« Dans le même temps le mouvement de résistance du Tyrol méridional, alerté, s'emploie à nous délivrer. Dans la journée de dimanche, Garibaldi les a rejoints avec le colonel Ferrero. Tous deux réapparaissent avec l'uni-

1. Mgr Gabriel Piguet, déjà cité.

forme garibaldien. Chez les prisonniers, l'Anglais M. Best, arrêté jadis en Hollande comme membre de l'Intelligence Service, a pris la direction des efforts communs pour adoucir le sort des détenus.

« Un incident personnel marque à quel point la situation a brusquement changé. Un officier de marine allemand, prisonnier comme moi, m'aborde : il me met au courant de ce qui vient de se passer sur la place du village occupée par la Wehrmacht et il ajoute que nous allons tous partir pour le lac de Praies, à l'hôtel du *Prager Wildersee*. Dans une épaisseur de trente centimètres de neige il y a huit kilomètres à franchir. Mais on m'a réservé une place au milieu du camion à bagages. Enfin cet officier de marine m'annonce qu'il va me présenter l'officier chargé de commander le groupe de la Wehrmacht qui nous garde et nous protège, le capitaine von Albensleben, qui appartient à l'une des plus vieilles familles de la noblesse allemande. Effectivement, cet officier s'approche, fait claquer ses talons, se met au garde-à-vous devant moi... Nous nous serrons la main avec courtoisie.

« Et pendant quatre jours nous vivons dans ce bel hôtel, le *Prager Wildersee*, isolé dans les bois, situé sur la rive du lac de Praies. Nous sommes sous la garde de cinquante à soixante-quinze hommes de la Wehrmacht et de quelques-uns de nos SS, jugés les meilleurs et non retenus à Niederdorf. Nous vivons une vie de transition. Nous ne sommes pas libérés. Mais nous ne sommes plus les détenus voués à n'importe quel sort. Évidemment, s'il y avait un retour de flamme, notre vie ne vaudrait pas cher !

« Je garde une émotion particulière à la pensée de la toute petite chapelle voisine de l'hôtel, destinée à la messe dominicale des estivants ou des hivernants dans ce site sauvage et grandiose. Le 1er mai, avec les prêtres allemands, nous avons commencé le mois de Marie dans ce petit sanctuaire.

« Le vendredi 4 mai, à la sortie de cette même chapelle, je vois une agitation inaccoutumée devant l'hôtel, à cent mètres du petit sanctuaire. Je m'approche et m'enquiers : “Mais, monseigneur, me répond l’un de mes compagnons, vous ne savez donc pas... Ce sont les Américains.” Pendant ma messe, ils étaient arrivés. En un instant tous nos gardiens allemands, Wehrmacht ou SS, sont désarmés, mis dans des camions et emmenés.

« Cette fois, c’est bien la libération.

« Le dernier pas a été franchi sans qu’une goutte de sang ait été versée. »

Du Tyrol, les otages devenus « hôtes d’honneur » du gouvernement américain s’envoleront pour Naples, d’où un contre-torpilleur les embarquera pour Capri. Leur hôtel s’appelait l’*Eden*. Ils y restèrent cinq jours.

# L'EMPIRE D'ORANIENBURG-SACHSENHAUSEN

Trente kilomètres au nord de Berlin. Du sable un peu trop gris, des pins, des lacs et un affluent de l'Elbe, la Havel, si calme qu'on la croirait immobile, figée. Goethe eut son chêne à Buchenwald, près de Weimar, l'historien Léopold von Ranke son embarcadère et deux canots dans le « désert envoûtant » d'Oranienburg-Sachsenhausen, dont avant-guerre les Berlinois, le dimanche, se disputaient plages, clairières, couverts. « Ici, écrivait Ranke, les dieux viennent comme moi rêver, oublier leur dure condition... »

Oranienburg partage avec Dachau le privilège d'être le premier camp de concentration de l'Histoire du Reich. Tous deux ont été créés en 1933. Mais Oranienburg, c'est autre chose qu'un KZ de redressement ou d'extermination par le travail. Dès 1936 il devient le camp modèle, le camp directeur des autres camps, instructeur de l'ensemble des cadres militaires, administratifs, policiers et de leurs auxiliaires chiens de berger. Le chenil compte en permanence trois mille bêtes. De chaque contingent au dressage sont prélevés les cent meilleurs éléments, que l'on entraîne à porter sur le dos une charge explosive de quinze kilos et à courir droit devant malgré le sifflement des balles... Plus tard on lancera ces meutes équipées sur les divisions ennemies...

Camp capitale de l'empire. En huit ans surgira de quatre cents hectares de néant une ville industrielle pour cinquante mille travailleurs. Ici, s'échafaudent tous les plans de victoire, toutes les illusions. Mais la masse des déportés – plus de deux cent mille seront immatriculés (Oranienburg et ses Kommandos extérieurs); la moitié périra – s'échine à la terrasse, dans les usines d'armement, les ateliers de récupération des véhicules revenant des fronts et ignore les mystères de la ville. Derrière les barbelés s'installent des planches à billets manœuvrées par les plus grands faussaires de tous les temps. Des millions de dollars, de livres inonderont les marchés officiels ou parallèles, serviront à payer les agents secrets (Cicéron), les honorables correspondants. Ici, on trie les bijoux récupérés, les œuvres d'art pillées. Ici, on réunit les chercheurs enlevés, physiciens, chimistes, mathématiciens, à qui l'on soumet des problèmes précis posés par la mise au point des armes spéciales. Ici, se traite le minerai d'uranium pour la première bombe atomique allemande. Ici, sans doute, débutent les expériences médicales sur les cobayes humains.

Parmi les premiers « habitants » d'Oranienburg – droit commun, Témoins de Jéhovah, opposants au national-socialisme –, les communistes allemands, comme à Buchenwald, étaient le mieux préparés à la constitution de réseaux clandestins. Leur combat, dirigé par Rudi Grosse, Albert Buchmann, Harry Naujocks, fut acharné, marqué par d'amères victoires sur les « verts » (droit commun) pour le contrôle des postes de responsabilité et aussi d'incontestables défaites. La SS réussit quatre fois à décapiter l'organisation communiste toujours renaissante – et décapiter est le mot juste. Contrairement à d'autres camps, où les communistes allemands, sous la pression de représentants de communautés nationales, ouvrirent leur comité à toutes les résistances et acceptèrent de faire leurs les analyses et les souhaits présentés par ceux qui n'étaient pas obligatoirement communistes, les antifascistes allemands d'Oranienburg, eux-mêmes divisés – l'aile dure préconisait de ne protéger que ceux qui pourraient après la guerre jouer un rôle politique de premier plan et assurer le gouvernement de la nouvelle Allemagne –, ne soumirent jamais leurs directives à l'appréciation des représentants des autres nationalités. Si la création d'un comité international clandestin fut acceptée, son rôle se limita à transmettre les ordres et les conseils des politiques allemands concernant la solidarité et le sabotage. À Oranienburg, qui disposait des meilleures équipes de techniciens et d'ouvriers spécialisés dans la construction aéronautique, ce sabotage atteignit des résultats jamais égalés dans les autres centres industriels de guerre (même à Dora). Pour ne prendre qu'un exemple : l'usine Heinkel, qui exploitera jusqu'à sept mille trois cent cinquante déportés. Ses huit halls-ateliers sont disséminés dans la forêt de Germendorg. En 1938 ils sont les plus modernes, les mieux équipés d'Allemagne. La chaîne doit construire le Heinkel 177, seul bombardier lourd de la Luftwaffe. L'avion deviendra pour ses équipages le « Briquet volant », le plus grand échec d'Hermann Goering : au moins 50 % de pertes. Au plus fort de la production, les déportés d'Heinkel « sortent » deux appareils par jour. Jamais le HE-177 ne sera véritablement opérationnel et sa construction sera abandonnée après les bombardements de l'usine. À l'origine de ce désastre : les bataillons de déportés d'Oranienburg, qui suivent à chaque étape de la construction de véritables cours où sont étudiés l'art et la manière de saboter sans se faire prendre. Les professeurs sont français, soviétiques, polonais, allemands. Une université qui, de la modification des plans cotés à l'introduction d'une goutte de vinaigre dans les altimètres, enseignera les huit cents points où peut s'appliquer un acte précis compromettant la fiabilité du bombardier... Les commissions d'enquête, les menaces, les vérifications, les exécutions pour l'exemple n'y feront rien, le HE-177 restera le cercueil volant de la Luftwaffe.

À l'heure des ultimes offensives alliées et des préparatifs de la ruée soviétique sur Berlin, Oranienburg devient un centre d'accueil pour les évacués des Kommandos menacés de libération, Gartenfeld, Ludwigfeld entre autres, des camps de femmes.

# DE GARTENFELD À ORANIENBURG

Gartenfeld est un camp minuscule à douze kilomètres de Berlin. Deux blocks, une infirmerie, des barbelés, un mirador à chaque coin. Les premières occupantes ont été quatre-vingts Françaises venues de Ravensbrück le 24 août 1944. Puis sont arrivées des Allemandes, des Polonaises, des Soviétiques. Les déportées sont « louées » aux usines Siemens. Un petit KZ ordinaire, comme il en existe au moins cinq cents en Allemagne près des usines d'armement. Début mars 1945, les ateliers ne sont plus alimentés en pièces mécaniques à monter.

« Nous [1] ne travaillons plus. Les *narchistes*, celles de nuit, non plus. La commandante SS ordonne le lavage de nos robes. Horreur ! Qu'allons-nous mettre pour couvrir nos corps décharnés ?

« Des convois arrivent de Ravensbrück, nous sommes plus de neuf cents femmes maintenant, et nous n'avons que deux lavabos. Eau froide. Pas de feu pour sécher. Le moral est mauvais, nous sentons venir la mort.

« Les bombardements se succèdent sur Berlin. Hélène Rosenberg et Maria, la petite Autrichienne, toutes deux juives, résidant en France, sont appelées. Hélène, trop confiante, parle trop avec le chef de la couture et les

1. Manuscrit inédit Lucie Morice.

Allemandes droit commun. Elles ont été dénoncées comme étant juives. Elles nous quittent pour ne pas revenir – chambre à gaz, crématoire, c'est certain !

« Les bombardements redoublent. Le printemps s'annonce, les arbustes du commandant bourgeonnent lentement. Beaucoup de convois de femmes arrivent à Ravensbrück, d'Auschwitz. Trois déportées sur quatre sont malades. Il y a des Françaises du nord, beaucoup meurent. Le block est surchargé. Le bruit incessant de conversations est terrible. Cette vie en commun devient une souffrance supplémentaire, ce charabia insupportable.

« 28 mars. Un matin comme tant d'autres, le temps est clair, le soleil brille, il est 10 h 20, nous sommes sur nos paillasses. Soudain, alerte ! Nous descendons à l'abri. Un quart d'heure passe avant le bruit des avions. Puis, rapidement, une explosion formidable. Je suis à l'entrée de l'abri avec Denise et Madeleine. Je recule, la bouche pleine de sable. Je pense à un avion touché, écrasé au sol. Nous sommes courbées les unes sur les autres. Beaucoup de bombes tombent, éclatent. Les étrangères hurlent de terreur. La fumée nous prend à la gorge. Quatre camarades effarées surgissent ; elles s'étaient cachées dans le block. Il est en flammes. Tout brûle dans le camp. Tout s'effondre. Les bombes n'arrêtent pas. Cette fois, c'en est fini de nous !

« Et celles du Revier ? Mon Dieu, les malades ! Il faut sortir. Nous rampons vers les barbelés, le Revier est vide. Le calme revient. Terrifiées, nous nous dirigeons vers la sortie ; le Posten nous autorise. Deux Polonaises sont tuées, l'une au bord de l'abri, l'autre à la grille. On distingue cinq morts chez les hommes, de l'autre côté des barbelés. Les blocks sont détruits. Il y a bien d'autres tués. Nous nous regroupons, tremblantes, sur une petite place garnie d'arbres.

« Deuxième alerte. Une seconde vague passe. Nous nous poussons dans un abri provisoire, très petit. Les Polonaises hurlent, elles sont impossibles. Les bombes sont pour Siemens. Siemens est détruit. C'est miraculeux, incroyable ! Nous pleurons, nous nous embrassons, nous sommes encore vivantes... À l'appel, fait très rapidement, il manque vingt-six femmes. Annie, la petite Hollandaise, s'est enfuie.

« Vers 3 heures, appel. Encore et toujours. Colonne d'hommes, de femmes, sur la route... Trois mille, paraît-il ! Trente minutes de marche, nous atteignons le camp d'Azherof. Près de nous, un camp de prisonniers français ; ils s'approchent, nous encouragent ; c'est bientôt la fin ! Nous sommes entassées, nous couchons soit assises sur le ciment, dans les bacs du lavabo, soit à terre, sur la paille.

« Après une nuit sans repos, redoutant d'autres bombardements, nous sommes hagardes, sales. Nous avons faim. Trois cent cinquante d'entre nous sont désignées pour aller au camp de Spandau. Je suis du nombre. Après cinq kilomètres de marche dans une zone pouilleuse, délabrée, nous arrivons dans un camp peu engageant. La commandante est jeune, sympathique, c'est rare ! À l'entrée d'un grand hall, une troupe de femmes, plus maigres que nous. Pas à manger ! Pas de châlits ! Pas de couvertures ! Nous nous asseyons à même le sol. Nouvelle alerte. Mais la vague passe. Spandau a été bombardé deux jours auparavant. Au matin, pas d'appel, mais cent cinquante grammes de pain. Vers 9 heures, la commandante de Gartenfeld vient nous rechercher pour retourner à Azherof, pour peu de temps, dit-elle. En effet, le 1er avril, appel à 5 heures et demie. C'est le jour de Pâques. Il pleut. Nous attendons, trempées, glacées, le départ à 9 heures, avec environ trois cents grammes de pain pour le voyage... Quelle destination ? Mystère.

« Après trois kilomètres de marche nous constatons le désastre : usines et maisons dévastées. À la gare de Gartenfeld, nous prenons le train électrique qui se dirige vers Berlin. Bien gardées, comme il se doit. On peut lire sur nos visages un certain rayonnement, c'est sûrement inhumain, mais nous souffrons trop cruellement dans nos corps, dans nos cœurs, depuis les mois, même les années que nous venons de subir, pour avoir un soupçon de tristesse en voyant les ruines s'accumuler sur notre passage. Nous débarquons à Oranienburg. La gare de triage est entièrement détruite : locomotives, trains enchevêtrés, défoncés, calcinés, rails tordus. Les rescapées sont au camp de Sachsenhausen, où nous sommes évacuées. Le camp est immense, entouré comme Ravensbrück de murs épais, de barbelés électrifiés. Ironie ! Parterres de plantes, de fleurs ! D'un mirador, des SS rient du troupeau misérable que nous sommes. Nous sommes séparées dans les blocks : Juliette, Denise, Simone ne sont plus avec nous. Nous restons trente et une Françaises. Les appels continuent de 4 h 30 à 6 h 30. Nous avons froid. Nous avons faim. Les poux se multiplient. Les paillasses sont crasseuses, nous sommes entassées. Il y a plus de treize cents détenues dans le block.

« Le mardi de Pâques, à l'appel, une dizaine de Françaises sont prises au hasard et placées dans les colonnes de déblaiement pour les usines Auer à Oranienburg. Je suis du nombre. C'est ma chance ! Durant quinze jours, après nous être levées à 4 heures (nous partons à 7 heures), pelles ou pioches sur le dos, nous faisons matin et soir trois ou quatre kilomètres pour arriver sur les lieux de travail. Pendant quatre ou cinq jours, une tartine de pain, une rondelle de saucisson ou un carré de margarine nous sont distribués, puis plus rien qu'une soupe de plus en plus claire, le soir, après une journée éreintante. Des corps sont ensevelis. Des mains, des jambes, une tête sortent par-ci, par-là, de terre. À la demi-heure de pause, assises sur un trottoir, la tête entre les mains, nous restons pour la plupart silencieuses. Dédée Cavallo, Denise Guérin, très jeunes, ont faim, très très faim. Elles se risquent dans des trous d'obus, de bombes, ramassent des épluchures de carotte à demi pourries.

« Le 10 avril pendant un bombardement, nous sommes enfermées dans les blocks. Il y a une usine de munitions à cent mètres du camp, dans une forêt de sapins. Nous voyons les bombes tomber en chapelet. Celles au phosphore tournoient, éclatent, incendient. Les avions piquent sur l'objectif. Une fumée noire obscurcit le ciel. Le block craque, remue, les carreaux se brisent. Agenouillées, collées les unes aux autres, nous prions en tremblant. À chaque éclatement puissant, nous nous jetons à terre. Les Polonaises, leur gamelle sur la tête, se cachent sous les tables, hurlant de terreur. L'usine est détruite, rasée. Des centaines de détenus – hommes et femmes – sont tués.

« Nous sommes en alerte permanente. Une usine de V1 est à proximité du camp. Elle va sauter. Même effroi, même terreur. Oranienburg est à nouveau bombardé. Nous n'allons plus au déblaiement. La soupe est de plus en plus rare.

« Le 20 avril, au soir, bombardement monstre. C'est horrible. Enfermées à clé. Les Polonaises cassent les vitres, sautent par les fenêtres. Nous sommes encore en vie. Incroyable !

« Le vendredi soir, à 11 heures, appel pour les Russes. À 2 heures, c'est le tour des Polonaises. Un grand nombre part en colonne. Nuit agitée pour nous toutes. Si nous ne sommes pas parties, c'est qu'ils veulent nous tuer. Le camp est, paraît-il, miné. Les SS vont le faire sauter.

« Le samedi matin : "Appel ! Vous partez toutes." Alerte encore. "Dans les blocks." Bombardement lointain. Ils ne nous lanceront sur les routes que vers 4 ou 5 heures de l'après-midi. Avec pour viatique une boule de pain noir et une boîte de pâté. Encadrement de SS et de chiens de berger.

« – En avant ! Marche !

« Troupeau décharné, sans force, que l'on mène à l'abattoir. »

# DE SIEMENSTADT À ORANIENBURG

« Nous[1] avons des abris au camp, creusés par les déportées. Et à l'usine un tunnel. Les bombardements deviennent de plus en plus fréquents. Nous ne sommes qu'à douze kilomètres de Berlin. Un jour, à l'usine : "Alerte !" Vite, nous gagnons notre "cave". Les Allemands courent dans leurs abris. (On ne mélange pas les torchons et les serviettes.) Un de ces feux d'artifice, mes enfants ! Tout à coup, sans savoir ni pourquoi ni comment, je plonge littéralement sur Madeleine. Je suis complètement estourbie. Madeleine, furieuse, me dit que si j'avais peur je n'avais qu'à me planquer ailleurs... Elle ne s'est pas rendu compte que j'étais soufflée par la chute d'une bombe de cinq cents kilos qui se trouve gentiment devant notre abri sans avoir explosé. En revanche, l'abri des Allemands a souffert. Pour nous une seule chose compte : notre marmite à soupe. On s'en foutait, nous, des bombes, nous avions faim. Ce jour-là nous avons bouffé le double de pommes de terre et, le soir, nous sommes reparties ravies, le bunker des Allemands avait souffert, pas le nôtre. Nous devions être tabou.

« La vie s'écoule malgré tout. De temps en temps, notre Claude, hystérique, éprouve le besoin de nous faire lever en pleine nuit pour un appel inopiné. Nous nous

1. Manuscrit inédit Bernadette Kinderstuth (« Madelon »).

sommes accoutumées à cette vie de camp et d'usine. Celle que nous appelons notre petite Marie a organisé des cours d'espagnol (elle est née au Pérou). L'industrie de guerre a besoin de tas de choses... même de perles. Ça s'enfile, les perles... même en chapelet. C'est à qui fera la croix la plus artistique. Annie fabrique des cartes à jouer. À nous la belote ! Je fais toujours le clown, pour ne pas changer. Un soir, mes acrobaties devaient être mal réglées. Je tombe du quatrième châlit, tête la première. Groggy, la fille ! Geo, notre toubib (elle est réellement médecin), se précipite. Je n'ai rien de cassé. Tout le monde respire (moi aussi !). Je remonte à mon quatrième et gémis. Ma tête de Bretonne est trop dure. Même pas bonne pour l'infirmerie, après une chute pareille.

« Les Allemands deviennent nerveux, nous nous en réjouissons, bien entendu. Blanche, accusée de sabotage, se voit condamnée à passer chez le coiffeur (les cheveux ras) et à faire le planton dans la cour pendant des heures. Lorsque enfin elle a le droit de réintégrer la baraque, nous nous exclamons toutes unanimement pour lui dire que ça lui va drôlement bien, cette coiffure. Je crois que nous ne mentons pas beaucoup, car, en effet, Blanche conserve un charme extraordinaire malgré ses cheveux ras.

« Nous ne pensons plus qu'à une chose, l'avance des Alliés. Les bombardements deviennent de plus en plus fréquents et intensifs. Jusqu'à présent nous avons traité lesdits bombarbements un peu par-dessus la jambe. Après tout, on s'en foutait, que les Boches se fassent canarder.

« Je suis étreinte d'une angoisse sourde. Un danger nous menace, mais lequel ? D'où va-t-il venir ? Mes cauchemars se précisent. Vers la mi-février, je préviens mes compagnes qu'il va sûrement se passer quelque chose, qu'elles se tiennent sur leurs gardes ; je ne sais pas du tout la nature de la tuile qui nous menace. Je les avais prévenues depuis trois semaines environ lorsque la tuile nous tomba sur le coin du nez en passant par Spandau. À Spandau il existe un autre camp de déportés comme nous. Surtout des israélites, croyons-nous. Berlin tombe en ruine. Nous écoutons d'où vient le vent. Tiens, on dirait que c'est sur Spandau. Le ciel est bizarrement rouge. Les Polonaises et les Italiennes tremblent de peur. Le lendemain les blessées du camp de Spandau sont évacuées dans notre camp. Beaucoup de plâtrées, des brûlées. Le bombardement était au phosphore. Quelques jours plus tard viendra notre tour. Nous sommes en mars. Les Alliés avancent de part et d'autre. Nous sommes presque chaque nuit aux abris. Un matin c'est encore plus sérieux. Les Polonaises nous écraseraient bien pour pouvoir s'enfuir les premières. Les bombes incendiaires tombent sur nos baraques comme des hallebardes. Le feu se répand. Nous nous interpellons pour savoir si nous sommes toutes là. Derrière nous les Italiennes ont commencé leurs interminables litanies. On leur crie de se taire. Une poutre enflammée vient de tomber devant la sortie. Du coup les Polonaises reculent pour essayer de joindre l'autre sortie. Les Italiennes se mettent à hurler. La fumée commence à nous envahir. Il faut sortir de là à tout prix, sinon c'est l'asphyxie. Nous tenons à ramener notre peau en France. La colère me prend. Je crie : "Foutez-nous la paix, il faut sortir d'ici, laissez-moi approcher."

« J'arrive à rejoindre Lucienne. Tout le groupe est prêt à agir. Je dis à Lucienne qu'il va falloir coller de force les Polonaises dehors. Pensez donc, il faut passer pardessus la poutre enflammée ! J'entends quelqu'un qui hurle :

« – L'infirmerie ! Il faut faire vite !

« Je crie qu'il faudrait une fille dehors pour attraper les bras des Polonaises pendant que Lucienne et moi les éjectons de force. De plus il faut éviter la panique.

« On gifle les Polonaises, les Italiennes. On passe. Je ne sais plus laquelle d'entre nous est sortie la première. Quelle cohue ! Enfin un paquet de Polonaises est dehors. Les Françaises regroupées courent vers l'infirmerie. Il faut évacuer les malades, les plâtrées de Spandau, toutes les éclopées. Courageuses Françaises... Oui ! Courageuses Françaises... Nous brancardons à qui mieux mieux. Ce qui fut notre baraque vient de s'écrouler avec fracas. D'autres aussi... Bilan : il faut évacuer le camp. Pas toutes... On nous rassemble. On en met moitié à gauche, moitié à droite. Je suis de la moitié qui part.

« Nous sommes conduites par la nouvelle commandante. Cette nouvelle, il nous est impossible de ne pas la trouver sympathique. Son regard ne possède pas de lueur sadique.

« Lorsque nous arrivons à Spandau, nous sommes pétrifiées. Des châlits ! Nous en avions l'habitude... Mais cette saleté qui vous colle déjà au corps avant d'y être ! Il nous faut pourtant trouver une paillasse. C'est affreux. Ces femmes vivent là comme des bêtes. Or, depuis notre départ de Romainville, je puis affirmer vigoureusement que nous avons tout fait pour rester des êtres humains. Il faut pourtant qu'on s'en accommode. La commandante nous a donné sa parole qu'elle viendrait nous chercher.

« Elle est en effet venue... Lorsque nous l'avons vue descendre pour s'avancer vers nous, rien n'a pu nous empêcher de hurler de joie. Non seulement elle venait nous sortir de ce trou horrible, mais elle avait tenu parole. Je ne puis oublier que cette femme, en uniforme, avait les larmes aux yeux devant notre accueil. Elle a droit à notre sympathie. J'ignore ce qu'elle est devenue, mais elle mérite toute l'indulgence, rien que pour son comportement à notre égard jusqu'à Oranienburg-Sachsenhausen. Parce que, hélas, là s'arrête son rôle de convoyeuse.

« Nous voici donc dans un nouveau camp. Sachso, comme disent les habitués. Nous sommes un peu perdues dans ce camp très important. Bon ! On mène le troupeau que nous sommes dans une baraque. Le système ne change pas. Nous n'avons pas encore notre chambre à coucher particulière. Ça devient compliqué, cette histoire. Les usines Auer ont été aussi ratatinées que Siemens mais ce n'est pas terminé. Nous, les filles de Siemens, on nous colle à défeuilleter le mica. Le travail n'est pas dur. Le matin, on distribue une gamelle de "café" ; à midi, rien. Le soir la soupe, quelquefois ersatz de charcuterie. Les bombardements continuent leur chanson.

« Le mica : travail peinard. Les corvées de pommes de terre : bougrement rentables, il s'agissait d'aller retirer les patates des silos. (Pensez donc, des pommes de terre !) Et il y avait aussi les décombres des Auer qu'il fallait déblayer. J'arrivais successivement à faire les pommes de terre et l'usine Auer. Nous partîmes donc, toujours cinq par cinq, une pioche et une pelle sur l'épaule. On pouvait se croire à l'époque des chercheurs d'or. Après tout... Je ne voulais qu'une chose : trouver une fourchette. Oui, je voulais manger avec une fourchette. Enfin, un jour, je la trouvai, cette fourchette, sous ma pelle rouillée, tordue. J'étais heureuse, j'avais ma fourchette. Je la nettoyai avec amour. Nous ne mangions que le soir en rentrant. À midi, nous regardions les STO manger une gamelle confortable. Ils ne pourront jamais dire qu'ils ne savaient pas ce que nous faisions par là !

« Nous avions appris je ne sais comment que les silos de pommes de terre étaient tout près de l'usine souterraine des V2 et que les gars qui étaient là-dessous n'avaient plus vu le jour depuis qu'ils y étaient descendus. Quand nous étions à travailler sur ces silos, nous marchions au sommet d'une montagne de dynamite.

« Les Alliés ne nous oubliaient pas, les alertes se multipliaient. Près de nous l'orchestre, s'il vous plaît, s'entraînait. Et ça jouait ! Oh ! oui... ça jouait. Quand il y avait une pendaison, ils devaient orchestrer aussi ! Le pauvre pendu passait l'arme à gauche au son d'un orchestre.

« Puis vint tout de même le coup dur pour nos ennemis. Les camps se repliaient les uns après les autres, un bon nombre de déportés, hommes et femmes, arrivaient vers nous. Beaucoup d'Auschwitz. Or n'y avait-il pas une grande réserve bourrée de colis de la Croix-Rouge de Genève, qui, naturellement, n'avaient jamais été distribués au troupeau anonyme des déportés sans galon ? Un soir, un groupe qui arrivait de je ne sais plus où entreprit le pillage pur et simple de cette réserve. Ah ! mes aïeux, quel tableau ! C'était l'orgie, la pagaille en plein. Les Allemands eux-mêmes se servaient sans nous empêcher d'en faire autant. Plus question de travail, bien entendu.

« On parlait d'évacuation totale. En attendant, on buvait du lait en poudre, on mangeait ce qu'on avait sous la main. Naturellement, les plus culottées étaient les mieux servies. Je crois que Catherine, Gisèle et quelques autres se débrouillèrent très bien. Et notre groupe étant un et indivisible, il n'était pas question de ne pas partager. Ce jour-là il me semble que j'ai manqué d'esprit de combativité, je ne suis pas montée à l'assaut des colis.

« À l'aube, l'évacuation s'organise. Les hommes sont les premiers. Puis alternativement, des hommes, des femmes se forment en colonnes par cinq. Notre groupe se retrouve dans une colonne. Personne ne manque. Nous nous réjouissons. D'anciens prisonniers allemands ont tout à coup revêtu l'uniforme pour la circonstance. Chacun a son fusil. Il est tard le soir lorsque nous prenons le départ, on nous a distribué une boule de pain et une boîte de pâté pour cinq (toujours cinq !)

« Nous sommes silencieuses pendant un long moment, puis quelqu'un dit que les Russes avancent à cinquante kilomètres derrière nous. Est-ce une fausse joie ? Nous chantons *Auprès de ma blonde*. Derrière et devant, d'autres chantent également mais pas dans la même langue. »

# DE LUDWIGFELD À ORANIENBURG

Ludwigfeld, rattaché suivant les mois et les fantaisies de l'administration SS à Oranienburg ou à Ravensbrück, accueille dans les premiers jours de l'automne 1944 un convoi de mille deux cent cinquante femmes venues de Ravensbrück.

« Pendant [1] les huit premiers jours, nous restâmes sans travailler. Toutefois il y avait continuellement des appels accompagnés de copieux matraquages. Nous recevions une soupe chaque jour. Les Allemands opérèrent des triages et échangèrent les numéros. Les triangles noirs furent nommés aux postes de commandement du camp.

« Au début de la deuxième semaine, il y eut un grand rassemblement général, formation en colonne et départ au pas vers l'usine. Nous suivîmes d'abord une route en pleins champs puis nous avons aperçu quelques maisons bombardées en nous approchant de l'usine. Les alentours immédiats étaient complètement rasés. Au premier abord nous ne vîmes pas l'usine, entièrement camouflée par des sapins artificiels et des filets. De plus, elle était ceinturée d'un réseau de fils de fer barbelés électrifiés. Notre colonne pénétra à l'intérieur par une porte à glissière gardée par des sentinelles armées. Immédiatement,

1. Manuscrit inédit Mme J. Guillaume.

les SS nous alignèrent et les contremaîtres vinrent réceptionner leur arrivage humain. »

« Lorsque[1] les mille femmes arrivèrent, il fallut les affecter chacune à un travail dépendant d'un des trois grands services de l'usine : Neuenmontage[2], Ruckmontage[3], Fertigmontage[4]. Dans la salle de Neuenmontage, on construisait de vrais moteurs avec des pièces neuves. Ce service, qui employait des Russes et des Polonaises, ne fonctionna qu'au ralenti et dut s'arrêter très rapidement. Le Ruckmontage, dont je faisais partie, devait démonter complètement tous les vieux moteurs avariés des avions abattus ou accidentés et les remonter. Le Fertigmontage vérifiait la correction du travail, retouchait quelques détails et se chargeait de l'expédition. Les femmes affectées à ce service, peu nombreuses, étaient en majorité allemandes ; les autres, polonaises. »

« Arrivées[5] à 6 heures du matin, nous quittions l'usine à 7 heures le soir, souvent plus tard. Nous nous traînions pour subir l'heure de marche qui nous séparait du camp. Là, nous avions encore un appel, puis distribution de la soupe de rutabagas desséchés et une portion congrue de pain. Nous étions restées sans rien manger depuis le matin. Pendant un mois et demi nous avons vécu cette vie. Nous changions vite. À ce moment-là, les dirigeants de l'usine, voyant leur bétail humain dépérir, prirent la décision de transférer les détenues dans l'usine même. En dehors des heures de travail, il nous fallut effectuer notre déménagement, démonter et remonter les châlits. Nous fûmes tout particulièrement battues pendant ce transbordement. Une partie des prisonnières fut logée dans les sous-sols, et l'autre, dont je faisais partie avec

1. Témoignage Mireille Mallet, *Sous le signe du triangle*, imprimerie de Jobard, Dijon, 1946.
2. Montage.
3. Remontage.
4. Finition.
5. Mme J. Guillaume, déjà cité.

Micheline, dans l'ancien réfectoire plus ou moins démoli, sale et surtout très froid.

« Les Allemands exigeaient de plus en plus de rendement. Mes pieds baignaient continuellement dans l'huile, mes galoches ne tenaient plus. J'avais les mains brûlées et crevassées par l'huile synthétique, qui me coulait directement du moteur sur le corps. J'en étais inondée et glacée.

« Je devenais de moins en moins résistante et chaque jour je me sentais flancher davantage. J'étais à bout de forces. Les dernières semaines, je me traînais courbée. J'avais la dysenterie. Je fis une halte de quinze jours au Revier et je repartis au travail avec 35 ° 5, soutenue par deux de mes compagnes. Les Allemands, voyant que j'étais incapable de fournir le taux de rendement exigé, me changèrent de travail. Je marchai et je travaillai comme un automate jusqu'au jour où je sentis mon côté gauche se refroidir et devenir complètement raide.

« Pendant plusieurs jours, je fus entre la vie et la mort. Je ne pouvais pas rester sur le dos ni sur le côté et je vomissais continuellement du sang, parfois des bols entiers. Un simple courant d'air suffisait pour déclencher une série de crachements. Durant plusieurs semaines, ma température stationna à 40. Toutes les malades autour de moi me considéraient comme perdue. J'étais soignée par les deux infirmières du Revier, une Russe et une Polonaise. Quand le médecin allemand passa, il me regarda à peine et me désigna pour le prochain convoi pour Ravensbrück. Mais les communications ferroviaires avaient été coupées par les bombardements.

« Peu à peu, avec le repos, la fièvre diminua et je pus commencer à me lever un peu. Nous étions un groupe de sept ou huit femmes françaises tuberculeuses ; parmi elles se trouvait une petite Ginette de dix-huit ans, qui ne parvenait plus à manger seule. Avec une compagne nous nous efforcions de la nourrir à la cuiller. Un matin, on la trouva inanimée sur sa couche. Immédiatement elle fut transportée dans la chambre des morts. Quelques heures après, j'entendis murmurer faiblement mon nom. Je prêtai attention et je m'aperçus que la voix venait de la morgue. Violant toutes les interdictions, nous décidâmes d'aller la voir. Ginette, raide comme un cadavre, nous fixait et nous appelait par nos noms. Elle murmurait : "J'ai faim, j'ai soif." Nous réussîmes à lui donner quelques gouttes d'eau qu'elle suça au bout de la cuiller. Une Allemande nous dénonça au chef du block et nous fûmes obligées de la quitter. L'infirmière, malgré l'interdiction formelle des Allemands, la veilla encore pendant vingt-quatre heures. Ginette mourut en appelant sa mère. Cette même infirmière était d'un dévouement à toute épreuve. C'était une Russe et elle risquait sa vie. Elle essayait par tous les moyens d'adoucir nos souffrances et l'agonie des mourantes.

« À voir l'attitude agitée de nos geôliers, nous nous doutions de la rapidité de l'avance russe.

« Un soir, le 15 avril, une Aufseherin passa dans le Revier en ordonnant de nous habiller toutes pour partir en transport. Nous comprîmes qu'en fait c'était le début de la débâcle et de la retraite. Au petit jour, les Allemands nous firent sortir du block à la hâte. À l'usine, les femmes faisaient un peu ce qu'elles voulaient et les Allemands couraient en gesticulant. J'avais retrouvé Micheline. Nous sommes tombées dans les bras l'une de l'autre en pleurant. J'allais de camarade en camarade, heureuse de les revoir.

« Toutes étaient stupéfaites de me retrouver vivante. On leur avait annoncé maintes fois mon décès. Ma sœur, en peu de mots, me mit au courant de ce qui s'était passé à l'usine après mon départ. La vie des derniers mois avait été des plus dures. À chaque appel, vingt-cinq à quarante femmes s'évanouissaient d'épuisement. Les Allemands les obligeaient à se relever à coups de botte et les faisaient mordre par les chiens. Ma sœur me dit aussi qu'en me voyant partir de l'usine elle avait pris la décision de refuser de travailler et que plusieurs compagnes avaient suivi son exemple. Les Allemands les avaient rouées de coups et, à partir de ce moment, elles avaient eu un traitement spécial, notamment le matin, où elles restaient aux appels dans la neige.

« Je ne pus m'entretenir que peu de temps avec Micheline car il y avait un appel général, suivi de distribution de soupe et de pain pour la route. Ma sœur dut rejoindre les valides et moi les malades. Les plus souffrantes étaient entassées sur des chariots. Je me sentis assez forte pour marcher derrière. Je n'avais plus de chaussures, j'étais toujours pieds nus. Notre longue colonne de femmes en guenilles s'ébranla, tournant le dos à l'avance russe. Tout le long de la route, nous essayâmes de cueillir quelques pissenlits.

« Après plusieurs heures de marche, vingt-cinq kilomètres environ, les Allemands donnèrent le signal d'une halte pour nous permettre de manger un peu et surtout pour pouvoir souffler eux-mêmes. Ma sœur me rejoignit et ensemble nous nous sommes affairées autour de nos compagnes malades. Aux unes nous apportions à boire, avec celles qui n'avaient pas reçu de pain nous partagions le nôtre. Tout à coup j'eus une syncope. L'infirmière russe ordonna qu'on me hisse sur un chariot. Je devais ainsi continuer le reste du trajet jusqu'à Berlin. Les Allemands nous conduisirent dans une gare et nous entassèrent tant bien que mal dans un train de voyageurs. Nous eûmes la satisfaction de contempler les civils allemands affolés, désorientés, cherchant à fuir par tous les moyens. Certains nous regardaient avec des airs complètement ahuris. D'autres avec de la haine ; beaucoup nous injuriaient. Vers la tombée de la nuit, nous sommes arrivées à Oranienburg. Les valides partirent en colonne vers le camp. Ma sœur réussit à rester avec moi. Pendant deux heures nous attendîmes que des voitures viennent chercher les malades. Enfin on nous fit monter dans une voiture tirée par un cheval. Il y eut deux charrois. Je fis partie du premier, ma sœur du second. Pas de place dans les Revier. On nous entassa dans un coin du block de nos compagnes. Après deux jours, ils nous évacuèrent dans un block-Revier créé spécialement à cause de l'affluence des arrivées. Un prisonnier homme aida à me transporter. Là nous étions isolées de tout. Nous entendions le canon tonner. Le bruit courait que les SS allaient faire sauter les Revier. »

# CHASSÉS-CROISÉS

Les évacués des Kommandos extérieurs, tant que la machine administrative SS sera capable de fonctionner, subissent à leur arrivée dans les « blocks libres » d'Oranienburg la quarantaine traditionnelle. Mais le camp, bien qu'immense, ne peut endiguer le flot des nouveaux détenus. Alors le Bureau politique dresse les listes de ceux qui pourront rester, de ceux qui devront partir. Les forces occultes des comités et réseaux entrent en lice pour contrôler ces départs, rayer des noms, les remplacer. Parfois, au dernier moment, la Gestapo ajoute vingt, cinquante, cent numéros matricules... L'une de ces colonnes du chassé-croisé de février fut dirigée sur Mauthausen.

« Il neigeait[1]. On rassembla environ deux mille cinq cents hommes. Ils venaient de différents camps évacués. Ces hommes partirent à pied, en une longue colonne de cinq hommes de front, au pas cadencé. Ils allèrent jusqu'au quai d'embarquement de la gare d'Oranienburg.

1. D'après le témoignage du lieutenant-colonel Jacques de Dionne devant la commission d'Histoire de la déportation, Archives de l'Amicale française de Mauthausen (cf. *les Sorciers du ciel*). Jacques de Dionne : officier français, arrêté le 15 novembre 1941, déporté aux prisons de Leipzig et de Berlin – Alexanderplatz, d'août 1943 à mai 1944, puis à Oranienburg-Sachsenhausen et de nouveau à Berlin de juin 1944 à février 1945. Transféré à Oranienburg, puis à Maithausen de février à avril 1945.

On les disposa le long du quai par groupes de cent dix, devant chacun des wagons à bestiaux qui formaient le train. Le groupe des Français dont faisaient partie le colonel de Dionne et l'abbé Vallée entra dans le même wagon. Il pouvait être 9 ou 10 heures du matin. Les SS dégagèrent un espace où ils s'installèrent et où ils placèrent un poêle ; ils firent de la cuisine. Ils étaient armés d'un gros gourdin. Le petit juif qui était avec de Dionne reconnut en eux les tueurs d'Auschwitz. Parmi les déportés, un certain nombre avaient été refoulés d'Auschwitz. Les déportés, serrés les uns contre les autres, ne pouvaient se tenir que debout. Ils n'avaient rien à manger ni à boire. La soif devint vite si ardente que ceux qui avaient la chance d'être contre les parois des wagons les léchaient pour se rafraîchir. Il faisait très froid, et la buée qui se dégageait de la masse humaine se condensait le long des parois. Seule la lueur d'une lampe tempête éclairait l'intérieur du wagon. Le voyage dura un peu plus de trois jours. Le train alla d'abord vers le nord, puis à Weimar, où il y eut un arrêt (le 14 au soir). Il arriva à Mauthausen le 16 février à midi. Le voyage fut effroyable : outre la faim, la soif et le froid, l'impossibilité de remuer... Une partie des déportés fut massacrée par les SS. Ceux-ci, ayant reconnu des israélites d'Auschwitz, les appelèrent l'un après l'autre, puis les tuèrent à coups de gourdin sur la tête ; ils faisaient rejeter les corps au fond du wagon. Ils voulurent tuer le petit juif de Toulouse, mais de Dionne le sauva en affirmant qu'il n'était pas juif (ce qui fut facilité par le fait qu'il n'avait pas du tout le type juif classique). D'autres moururent d'épuisement.

« À l'arrivée, les SS ordonnèrent de descendre les cadavres des wagons et de les mettre en tas devant chaque porte.

« Les SS rassemblèrent les déportés devant la gare de Mauthausen. Les Français restèrent ensemble. Comme Le Dref était très malade (il avait une fièvre violente et une maladie pulmonaire), l'abbé Vallée et de Dionne décidèrent de le placer entre eux pour le soutenir. Ils durent marcher lentement à cause de la fatigue de Le

Dref. Le sol était glissant et il neigeait. Ils arrivèrent enfin au camp. La porte d'entrée était surmontée d'un aigle. À cinquante mètres en arrière se tenaient des SS. Ils posaient à chacun la même question : "Es-tu bien portant ?" De Dionne et Vallée dirent : "Oui", mais Le Dref répondit : "Non." Cependant tous trois furent mis ensemble, à droite, avec un groupe d'environ cinq cents détenus, parmi lesquels plusieurs enfants ou adolescents d'à peine vingt ans, polonais ou ukrainiens. Vers 1 heure de l'après-midi, on leur ordonna de se déshabiller. Il faisait très froid ; la neige recouvrait le sol et la température était de plusieurs degrés au-dessous de zéro. On les fit, ensuite, mettre cinq par cinq et on les emmena à gauche de l'entrée. Pendant ces divers mouvements, arriva l'adjoint du commandant. Il poussa des jurons, brandit sa matraque, frappa un certain nombre de détenus. On laissa les prisonniers debout. Il faisait terriblement froid. Vallée dit à de Dionne : "Je crains que cela ne se termine très mal." La souffrance faisait hurler certains détenus. Les SS allèrent chercher des lances et arrosèrent les groupes avec de l'eau froide. Vallée dit encore : "C'est la dernière absolution." La nuit tomba peu à peu. On les fit se placer entre la lingerie et le mur extérieur du camp, où se trouvait un mirador. La nuit venue, le froid augmenta. De Dionne l'évalua à moins 15°. Bientôt Le Dref mourut. D'autres hommes tombèrent ; ils tournaient d'abord sur eux-mêmes, puis tombaient. Les rangs s'éclaircissaient.

« Beaucoup d'entre eux, les Russes et les Polonais qui formaient la majorité du groupe, parlaient allemand. L'un des SS dit à un Russe : "Il nous faut un certain nombre de morts." Des Russes et des Polonais pensèrent sauver leur vie en tuant plusieurs voisins et en fournissant ainsi aux SS les morts dont ils avaient besoin. Ils attaquèrent donc aussitôt, essayant de tuer les voisins en les écrasant contre le mur. C'est ainsi que de Dionne fut violemment poussé contre le mur et blessé à l'épaule, à la hanche et la fesse. Malgré sa douleur, très vive, il réagit et étrangla le Polonais. Cette réplique énergique intimida les autres, qui ne s'attaquèrent plus à lui. Quelques cadavres gisaient par terre.

« Non loin sur un tas de sable, des enfants assis pleuraient. Ils moururent tous de froid. Au fur et à mesure que passaient les heures, des hommes tombaient, morts, d'autres hurlaient. Ces hurlements furent parfaitement entendus des blocks du camp de Mauthausen. Les déportés qui étaient occupés à la lingerie virent très bien le groupe nu, tout près [1].

« Vers 11 heures du soir, ce qui restait du groupe (il y avait peut-être déjà cent cinquante morts) fut emmené aux douches. Il y eut un court moment d'espérance ; Le Durgeon crut que le martyre était fini... Il ne faisait que commencer. À l'entrée, Bachmeyer présenta un revolver à un prisonnier en lui disant de se tuer. Comme il refusait, l'Allemand l'abattit d'une balle dans la tête.

« Quand tous les détenus furent entrés dans les dou-

1. Le récit du colonel Jacques de Dionne a été confirmé par de nombreux survivants de Mauthausen et en particulier par le déporté français Maurice Lampe (arrêté le 8 novembre 1941) devant le tribunal militaire international de Nuremberg (tome VI, p. 192-193).

« Ceci se passait le 17 février 1945 ; devant l'avance des armées alliées, différents camps étaient repliés vers l'Autriche. Deux mille cinq cents détenus, partis en convoi de Sachsenhausen, arrivèrent le matin du 17 février à Mauthausen au nombre de mille sept cents environ. Huit cents étaient morts ou abattus en cours de transport. Le camp de Mauthausen était à ce moment, si l'on ose employer cette expression, engorgé aussi ; dès la réception de ces mille sept cents survivants de ce transport, le commandant Bachmeyer fit choisir quatre cents parmi les détenus, en insistant pour que les malades, les vieux, les plus faibles se désignent, avec l'espoir qu'ils pourraient être dirigés vers l'infirmerie. Ces quatre cents hommes, volontairement désignés ou pris d'office, furent déshabillés entièrement, par moins 18° ; pendant dix-huit heures, ils sont restés entre la blanchisserie et le mur d'enceinte du camp. J'ai vu cela de mes yeux... Mon block était en face. La congestion en frappa rapidement quelques-uns, mais il sembla aux SS que cela n'allait pas assez vite ; trois fois pendant la nuit, on fit descendre les détenus sous la douche, trois fois durant une demi-heure, sous l'eau glacée, et ils remontaient sans s'être essuyés. Le matin, lorsque les Kommandos sont partis au travail, les cadavres jonchaient la place. Ajoutons que les derniers furent achevés à coups de hache.

« J'apporte ici le témoignage le plus absolu d'un fait qui peut facilement être vérifié. Parmi ces quatre cents hommes se trouvait un colonel de cavalerie français, le colonel de Dionne. Il ne dut son salut qu'en se glissant parmi les cadavres et en échappant ainsi aux coups de hache. Lorsque les cadavres furent acheminés vers le crématoire, il réussit à se sauver en s'enfuyant à travers le camp, non sans avoir reçu toutefois un coup à l'épaule dont il portera la marque toute sa vie. Rattrapé par les SS, il ne dut probablement son salut qu'au fait que le SS a trouvé plaisant qu'un survivant sorte du tas de cadavres. Nous l'avons soigné, nous l'avons soutenu et nous l'avons ramené en France. »

ches, on jeta sur eux de l'eau glacée. On avait pris soin de fermer les évacuations d'eau : elle monta et atteignit bientôt cinquante centimètres. Ceux qui tombaient se noyaient. Il était impossible de grimper sur la marche surélevée qui entourait la pièce car les SS l'occupaient. La douche dura vingt minutes environ. On fit sortir les déportés ruisselants : ils furent saisis par le froid, l'eau gelait sur eux ; beaucoup tombèrent sur l'escalier, morts. Les autres furent emmenés près du mirador. Ils étaient peut-être encore deux cents à deux cent cinquante... Vers 2 heures du matin, on les ramena aux douches et la même scène recommença : eau glacée pendant vingt minutes, sortie dans le froid, morts tombant dans l'escalier... Encore une fois, ils furent ramenés près du mirador. Étaient-ils deux cents, cent quatre-vingts ? C'étaient les plus résistants, évidemment, et on en vit moins tomber, brusquement, de froid. Parmi les survivants, se trouvaient de Dionne, l'abbé Vallée et Le Durgeon.

« Le jour se leva (17 février). Alors arrivèrent trois SS, grands, forts, munis d'énormes gourdins, gros comme le bras et très longs. Ils séparèrent en deux le groupe des survivants, à dix mètres l'un de l'autre. Ils ordonnèrent aux détenus de se mettre à courir au coup de sifflet, d'un mur à l'autre, en se croisant au milieu. Ils se placèrent entre les deux groupes. Quand les détenus, en courant, passaient près d'eux, ils les frappaient à la tête à coups de gourdin. À chaque passage, plusieurs morts tombaient. De temps en temps, ils arrêtaient la course pour permettre à une charrette, poussée par un Kommando de prisonniers allemands, de transporter les morts au Krematorium.

« À l'un de ces arrêts, les trois SS partirent puis revinrent avec des haches : ils recommencèrent à donner des coups de sifflet et à faire courir les détenus. Ils attaquaient le crâne, arrachant tantôt la tête, tantôt la moitié de la tête des détenus qui faisaient encore quelques pas en hurlant et tombaient. Le nombre de morts augmentait considérablement. Il était évident que les SS étaient décidés à exterminer le groupe entier. Déjà de Dionne avait proposé de sauter sur les SS, de les tuer, de les désarmer : on n'aurait pas sauvé sa vie, on aurait eu au moins la satisfaction de combattre et de supprimer ces brutes. Mais la majorité des autres détenus avait refusé. »

De Dionne veut en finir. Une charrette, après chaque chassé-croisé, charge les cadavres destinés au crématoire. De Dionne s'allonge... Des cris, de longues minutes d'attente, on le soulève enfin. Entre le Revier et le crématoire : le tas de suppliciés.

– Déchargez !

De Dionne se lève, marche, court... Un SS le regarde en riant.

– Sauve-toi vite !

Une heure auparavant, l'abbé Vallée avait lui aussi « joué le mort » et gagné la vie. La vie... pour quelques jours de plus. Il mourut au Revier le Vendredi saint.

# DERNIÈRE CARTE

Le 4 avril 1945, le Dr Otto Lehner, chef de la délégation du Comité international de la Croix-Rouge à Berlin, peut s'entretenir une quinzaine de minutes avec les représentants des déportés d'Oranienburg. Qui sont-ils ? Le rapport que rédigera Lehner ne le précise pas.

« Au [1] quartier général d'Oranienburg, nous vîmes toutes les personnalités dirigeantes : le Standartenführer Loling, l'Obersturmbannführer Hoess avec tout l'état-major faisant partie de son administration. On discuta de diverses questions de détail et il y eut une réunion avec les hommes de confiance. Il n'était naturellement pas question d'un entretien libre, étant donné que la confrontation eut lieu en présence de tous les SS. Les hommes de confiance étaient visiblement impressionnés et apeurés ; seul l'homme de confiance hollandais osa parler un peu plus ouvertement. Nous étions très prudents dans nos questions, car nous ne voulions en aucune manière compromettre les hommes de confiance. Ainsi que me l'a dit plus tard l'homme de con-

1. Compte rendu du Dr Otto Lehner, Comité international de la Croix-Rouge, *Documents sur l'activité du CICR en faveur des civils détenus dans les camps de concentration en Allemagne*, Genève, avril 1947.

fiance yougoslave, il avait été spécifié, avant l'entrevue, exactement à quelles questions ces hommes pouvaient répondre ou non. En particulier, il leur était sévèrement défendu de communiquer l'effectif des détenus des diverses nationalités.

« Le 5 avril, je me rendis à Prague pour me mettre en relation avec les autorités du service de Sécurité de cette ville et pour visiter le ghetto de Theresienstadt.

« Le 6 avril eut lieu la visite du ghetto de Theresienstadt, où nous devions avoir d'importantes conversations avec le Dr Weineman, chef du Sicherheitsdienst du protectorat de Bohême et Moravie, et avec l'Oberführer Eichmann, spécialiste pour toutes les questions juives. Ce dernier s'était rendu de Berlin à Prague pour examiner avec les délégués du CICR diverses questions concernant les juifs. L'Oberführer Eichmann avait joué un rôle de premier plan dans les camps de concentration de Lublin et d'Auschwitz. Ainsi qu'il me l'a communiqué, il était le mandataire direct du Reichsführer SS pour toutes les questions juives.

« Au cours de la soirée, Eichmann développa ses théories au sujet du problème juif. À son avis, les juifs de Theresienstadt étaient beaucoup mieux lotis en ce qui concernait la nourriture et les soins médicaux que beaucoup d'Allemands. Il dit que Theresienstadt était une création du Reichsführer SS Himmler, qui voulait donner aux juifs la possibilité d'organiser une vie en commun dans le ghetto de ce camp sous une direction juive et en jouissant d'une autonomie presque complète ; on voulait éveiller le sens d'une communauté raciale. Les juifs de Theresienstadt devaient être ensuite transportés dans une région où ils vivraient tout à fait à part, séparés de l'ensemble de la population allemande. Pour ce qui était du problème général des juifs, Eichmann fut d'avis qu'Himmler était en train d'envisager à ce moment-là l'introduction de méthodes humaines. Eichmann, personnellement, n'approuvait pas entièrement ces méthodes mais, en tant que bon soldat, il obéissait bien sûr aveuglément aux ordres du Reichsführer... »

Lehner, de retour à Berlin le 8 avril, apprend la teneur des entretiens Bernadotte-Himmler du 2. D'après les éléments dont dispose la délégation, jamais Eisenhower n'acceptera de rencontrer le Reichsführer SS, de signer une « paix séparée ». L'apparente « bonne volonté » des dirigeants du service de Sécurité n'atténuera en rien leurs crimes. Lehner, en communication permanente avec Genève, raconte l'« ignoble mascarade » de Theresienstadt, ce trompe-l'œil qui ne l'a pas abusé. Le fils du président Musy désire lui parler : « Himmler décide d'interrompre l'évacuation du camp de Buchenwald... Je vous rappellerai si j'obtiens qu'un de nos délégués prenne la direction du camp jusqu'à sa libération. » Lehner n'a pas le temps d'analyser cette information. D'ailleurs, comment pourrait-il connaître l'action du comité international de Buchenwald, les pourparlers du commandant avec les clandestins, le retard pris dans la formation des colonnes ? Lehner pense qu'en interrompant l'évacuation de Buchenwald Himmler donne un gage supplémentaire de sa « coopération humanitaire ». L'étape suivante sera la remise de Ravensbrück et d'Oranienburg à la Croix-Rouge. Lehner doit impérativement éviter l'évacuation de ces deux camps.

« Le 12 avril [1], nous fûmes informés que, sur ordre de la Gestapo, tous les papiers d'identité et les dossiers concernant les détenus dans les camps, ainsi que ceux des prisonniers politiques se trouvant dans les prisons, avaient été détruits. Le but de cette mesure était suffisamment clair. La police de Sûreté du Reich voulait faire disparaître tous les papiers compromettants. Cette mesure comportait le danger qu'au dernier moment on ne se livrât à des exécutions en masse. Les détenus politiques étaient devenus un troupeau anonyme. Cela nous imposait une tâche nettement définie : intervenir énergiquement auprès des autorités du Reich et des chefs de la SS qui nous étaient connus.

1. *Documents*, Genève, 1947, déjà cités.

« Le 13 avril, nous eûmes un entretien avec le ministre Schmidt, à qui nous avons communiqué notre inquiétude. M. Schmidt nous fit recevoir par le Gruppenführer (lieutenant général des SS) Müller et par des fonctionnaires du ministère de la Justice du Reich. Il nous promit en outre son appui entier, et tint parole au cours des jours suivants.

« Le lendemain déjà, nous avions pu voir le Gruppenführer Müller et le Ministerialrat Dr Franke, représentant du ministère de la Justice du Reich. Ces deux fonctionnaires nous déclarèrent formellement qu'il n'y aurait ni représailles ni jugements sommaires au dernier moment...

« Les jours suivants, la situation devint critique pour les camps de concentration d'Oranienburg et de Ravensbrück. Il fallait s'attendre à ce que, malgré les promesses, des mesures extrêmes fussent prises à l'égard des détenus. Je m'efforçai, en conséquence, d'atteindre le Brigadeführer Schellenberg, afin d'obtenir par son intermédiaire le consentement du Reichsführer SS Himmler pour que soient placés les camps d'Oranienburg et de Ravensbrück sous la protection d'un délégué du Comité international de la Croix-Rouge, qui assurerait la remise de ces camps aux autorités militaires russes dès leur arrivée. Malheureusement, je ne pus voir que l'adjudant de Schellenberg, le Brigadeführer étant lui-même absent de Berlin à ce moment.

« Le 20 avril, j'ai eu à ce sujet une nouvelle entrevue avec M. Schmidt, qui m'introduisit une seconde fois auprès du Gruppenführer Müller.

« M. Müller me reçut le soir du 20 avril 1945 dans son quartier général, près du Grand Wannsee. Müller, qui d'habitude se montrait impassible, manifestait une nervosité visible. C'est au son de la canonnade lointaine de l'artillerie russe que cette dernière entrevue décisive se déroula. Je rappelai à Müller toutes les promesses qui nous avaient été faites. Je fis allusion aux accords intervenus entre M. Burckhardt et Kaltenbrunner ; je lui dis que des concessions des autorités du Reich, accordées en dernière heure, constitueraient peut-être un sérieux appoint pour une époque ultérieure. J'insistai pour que soit tenue la promesse de Kaltenbrunner, à savoir que les délégués du CICR pourraient pénétrer dans les camps de concentration. Müller me répondit sur ce point : "Les Russes sont à dix kilomètres d'Oranienburg ; comment voulez-vous que vos délégués y arrivent ?" À quoi je répondis : "Ça, c'est notre affaire." Je lui proposai de remettre les camps de concentration d'Oranienburg et de Ravensbrück à un délégué du CICR et de retirer les SS de ces camps. Sur cette proposition, Müller me répondit qu'une pareille décision outrepassait ses compétences et qu'il devait d'abord consulter Himmler. Il me promit une réponse avant 10 heures le même soir. D'autre part, il me permit de placer sous la protection du CICR le camp de rassemblement juif de la Schulstrasse 78, à Berlin, ainsi que l'hôpital juif de l'Iranische Strasse 2, également à Berlin.

« À 10 heures du soir, nous n'avions reçu aucune réponse de Müller. Nous nous décidâmes, par conséquent, à envoyer un délégué à Oranienburg en vue de pourparlers avec les autorités locales. Je lui donnai une lettre pour l'Obersturmbannführer Hoess. Le départ du délégué fut retardé de quelques heures par une attaque aérienne contre Berlin. Ce fut le matin à 3 heures qu'il quitta la délégation, afin de traverser les lignes allemandes pour gagner le camp d'Oranienburg. Le matin du 21 avril, il revenait déjà, après avoir été reçu par l'Obersturmbannführer Hoess et le Standartenführer Keindl. Notre délégué ne put malheureusement pénétrer dans le camp d'Oranienburg ; un ordre contraire du Reichsführer SS Himmler était venu, l'interdisant.

« Quelques heures plus tard, je fus appelé au téléphone par Hoess ; il me dit que, sur l'ordre d'Himmler, le camp d'Oranienburg allait être évacué vers Wittstock. Les détenus devraient faire un trajet de cent kilomètres à pied. On nous indiqua les diverses étapes, ainsi que la direction générale. Hoess insista sur l'envoi de colis de la Croix-Rouge, car le ravitaillement était très insuffisant.

« Cette communication inattendue posait de nouveaux problèmes. Heureusement, nous avions établi un dépôt de colis de la Croix-Rouge à notre dépôt secondaire de Wagenitz. D'autre part, il était urgent de prendre contact avec Lübeck et de faire partir de cette ville les colonnes de camions vers les étapes indiquées. Toute l'entreprise était fort risquée, car des avions mitraillaient les routes qui étaient, d'autre part, complètement encombrées de colonnes militaires venant du front. La route que devraient suivre les détenus traversait en partie le *no man's land*. Cette entreprise dangereuse ne fut cependant pas retardée un instant, car nous savions que c'était une question de vie ou de mort pour cinquante mille détenus. Entre-temps, je reçus encore un coup de téléphone du Gruppenführer Müller confirmant l'évacuation d'Oranienburg.

« Vers 3 heures de l'après-midi, un délégué, accompagné d'un chauffeur, quitta la délégation, afin de surveiller l'évacuation du camp et d'apporter des vivres de Wagenitz. »

Pour Himmler, Oswald Pohl et l'Inspection générale des camps (Glücks, Hoess), la remise des déportés d'Oranienburg et de Ravensbrück à la Croix-Rouge n'est envisageable que si un dialogue est amorcé avec l'état-major d'Eisenhower, mais tous les intermédiaires – Schellenberg, Bernadotte, Kersten, Burckhardt, Musy – estiment, ils le disent, le font dire, que les Alliés ne rompront pas le pacte établi avec Staline : capitulation générale sans conditions. Jusqu'à l'heure qui précédera son suicide, Himmler sera persuadé qu'il rencontrera Eisenhower – il ira jusqu'à demander à Schellenberg s'il doit le saluer, tendre la main – et les déportés des grands camps de l'Allemagne du nord deviendront ses derniers otages, sa dernière carte. Des otages qui doivent être mis en marche vers la frontière danoise où tous ses services de com–

mandement et de transmission se replieront. Des otages qui protégeront la retraite du commandement SS. Dans l'un de ses interrogatoires, Hoess évoque brièvement cette fuite.

« J'assistai à l'évacuation d'Oranienburg et de Ravensbrück. Les mêmes spectacles se renouvelèrent ; heureusement, le temps était alors plus chaud et plus sec ; les colonnes pouvaient donc camper la nuit en pleins champs. Mais, au bout de deux ou trois jours, il n'y avait pas le moindre ravitaillement. La Croix-Rouge s'efforçait de porter secours et de distribuer des vivres. Il n'y avait plus rien dans les villages, traversés depuis des semaines par des colonnes de réfugiés. À tout cela venait s'ajouter, sur toutes les routes, la menace permanente des bombardements en piqué.

« Jusqu'au dernier moment, j'ai déployé toute mon énergie pour mettre un peu d'ordre dans ce chaos, mais cela ne pouvait plus servir à rien. Le moment était venu de nous sauver nous-mêmes. Ma famille vivait depuis la fin de 1944 à proximité de Ravensbrück. Je pus donc l'emmener avec moi lorsque l'Inspection générale des camps de concentration décida de partir. Nous nous dirigeâmes vers le nord, d'abord à Darss, et deux jours plus tard vers le Schleswig-Holstein, toujours en suivant les traces d'Himmler. Aucun de nous ne parvenait à comprendre pourquoi il avait encore besoin de nous et à quel service on pouvait nous employer. En dehors des miens, je devais encore m'occuper de la femme d'Eicke, de sa fille et de ses enfants, et de quelques autres familles qui ne devaient pas tomber aux mains de l'ennemi. Notre fuite s'effectuait dans des conditions épouvantables. Tous feux éteints, nous avancions dans la nuit, le long des routes embouteillées ; responsable de toute la colonne, je devais veiller constamment à ce que des voitures ne soient pas séparées du reste du convoi. Glücks et Maurer avaient emprunté une autre route, par Warnemunde. À Rostock, deux gros camions chargés de toute notre installation de radio tombèrent en panne ; lorsqu'ils purent enfin se remettre en route, on avait déjà établi des barrages de chars et ils se trouvèrent pris dans une souricière. Pendant la journée, nous cherchions à nous glisser rapidement d'un bois à l'autre car la route était constamment bombardée. À Wismar, le Feldmarechal Keitel se tenait sur le bord de la route et appréhendait les déserteurs. En poursuivant notre chemin, nous apprîmes dans une ferme que le Führer était mort. »

*Évacuation d'Oranienburg* — *20-21 avril 1945 et jours suivants*

# « LOIN, LOIN EST MON PAYS NATAL, SI LOIN, SI LOIN... »

Les 20 et 21 avril 1945, à l'exception de trois mille neuf cents malades, les trente-deux mille deux cent quarante déportés d'Oranienburg – hommes et femmes – quittent le camp. Les Allemands marchent en tête, puis viennent les Polonais, les Tchèques, les Belges, les Italiens, les Hollandais, les Espagnols, les Français, les Russes, enfin les femmes. Deux interminables colonnes qui dès les premières heures se scinderont pour suivre des itinéraires à peu près parallèles. Ces vingt ou vingt-quatre « tronçons » de colonne que les gardiens appellent *Pulks* et *Treks* seront traités avec la même cruauté. Pour évoquer ces « marches de la mort » des évacués d'Oranienburg, je ne retiendrai que le témoignage de mon père, Robert Bernadac. Il fut l'un des premiers radios du réseau de renseignements Alliance à transmettre des messages à Londres, il fut l'un des premiers radios déportés. Son pseudo était Rouge-Gorge.

20 avril.

Réveil 6 heures. Simulacre d'appel. Le cœur n'y est plus.

– Silence !

– C'est pas nous, c'est le canon !

– Deux fois plus fort qu'hier.

– Oui, deux fois plus fort.

– On se tait ?

Noria de camions derrière le mur de ronde.

– Alors, on déménage ?

– Ils font la chaîne.

Ballots. Colis. Paquets. Sacoches. Nippes. Frusques. Trousseaux. Attirail. Fourbi. Malles. Valises. Cartons. Caisses. Sacs...

– Et un raton-laveur.

– T'as vu « Coco bel œil » sur sa drôle de bécane ?

– Gino ! Gino !

– Vas-y, Bartali !

– Bartali, Bartali, on dirait plutôt Lapize.

L'Helvète est à mon rendez-vous. Fringant, rasé, cul serré.

– Tu sais, ils sont pas bavards. Ils terminent les déménagements.

– J'ai vu.

– Ils sont furieux car la moitié des effectifs de la caserne SS a été prise au saut du lit et embarquée dans des camions avec mission d'arrêter les Russes.

– Et encore ?

– D'autres prennent position le long du canal.

À très haute altitude, des chasseurs jouent au gendarme et au voleur.

– Et l'évacuation ?

– Au train où ça va ! Tout de suite, ce soir, dans la nuit, au plus tard demain matin.

– La Gestapo ? Celle du camp ?

– Ils ont déguerpi il y a une heure.

– Le crématoire ne fume plus.

– Toutes les archives ont été brûlées et comme ils ont massacré les « porteurs de secrets »...

– Les porteurs de secrets ?

– Oui. Les « chauffeurs » du créma, le Sonderkommando. Ils n'ont donc plus personne pour charger les fours et les cadavres s'entassent dans la cour. Adieu, mon petit Robert. On s'embrasse ?

– On s'embrasse.

– Dieu te garde !

Il se retourne, lève la main :

– Dieu te garde !

Il a tourné au coin du block.

Je dors.

Je ne dors pas.

Une image me poursuit : des pendus. Un régiment de pendus. Une armée de pendus. Un peuple de pendus.

– Pouah !

Derrière les pantins accrochés du « premier plan », un rouge-gorge sur un fil de fer barbelé.

– Pouah !

La tête dans les mains, je prie :

– Mon Dieu, Dieu de tous les hommes...

21 avril.

6 heures. Réveil.

– Pas d'appel ?

– Non. Pas d'appel.

– Fait frisquet !

– Il pleut. Du crachin. Des nuages.

– Je m'en fous. Je sors.

– Avec ce temps ?

– Je préfère être trempé plutôt que de respirer cette odeur. Ça pue la merde. Ça pue la mort.

Dans son coin, notre chef de block et ses deux sous-chefs remplissent des sacs à dos de provisions. La table croule de boîtes de conserve ouvertes, de bouteilles vides. Les anges gardiens ont passé la nuit à s'empiffrer. Les cendriers débordent de gros mégots. Des yeux, le « chef » m'invite à me servir. Tu serais trop content, fumier. Tu peux te les fourrer en suppositoire, t'en faire des infusions, un cataplasme, du poil à gratter, des boules Quiès, du hachis Parmentier, des crêpes Suzette. Je pêche au fin fond de ma poche un paquet de Maïorka et le fais passer de main en main en sifflant *Le Temps des cerises*. De l'air !

Les SS d'opérette[1] ont touché leur cartouchière, leur fusil, leur poignard. Gare. Ces loustics sont à présent dangereux. Gaffe, Rouge-Gorge. Je sens qu'ils vont jouer de la gâchette.

À la porte du block voisin, un mercenaire discute avec un Kapo et un « chef ». Ils examinent des papiers. Je passe à un mètre d'eux. Bon sang ! Les listes. C'est le départ. La longue marche. Ils vont pointer les matricules et ouvrir la chasse aux absents, aux resquilleurs, à tous ceux qui se planquent.

Le blanc-bec – toc toc, « debout là-dedans » – est déjà à la porte du block suivant. Papiers, trois phrases, et il reprend son circuit. Derrière moi, les déportés se promènent, leur couverture roulée sur l'épaule. Je cours vers mon block, je rafle ma gamelle, la cuiller, la couverture et à nouveau au grand air.

Et patati et patata. Tout va très bien, madame la marquise. Pourvu que ça dure.

Je rencontre Pierre. Comme moi, il est attiré par l'aimant des cuisines.

– On pourra peut-être glaner quelque chose.

Nous sommes à cent mètres.

Coups de feu isolés, rafales d'armes automatiques. Ça court dans tous les sens. Des balles frappent les toits, le chanfrein supérieur de la fenêtre contre laquelle nous sommes appuyés.

– C'est pas le moment de se faire tuer.

– À plat ventre.

– Ils remettent ça.

Deux, trois rafales. Le silence.

– Qu'est-ce qu'on fait ?

– On va voir.

– Tu crois ?

Des SS sont postés à la sortie de l'allée qui débouche sur les cuisines et le dépôt de vivres. Les armes sont

1. Des déportés allemands, polonais droit commun.

pointées dans notre direction. À terre, devant nous, une vingtaine de déportés morts.

– Non. Ils sont pas tous morts. Le grand, à droite, il rampe.

– Pas de geste brusque. Recule de deux pas.

Je heurte un déporté.

– Maintenant, ils peuvent plus nous atteindre.

– Tu es français ?

– Ouais.

– Tu sais ce qui s'est passé ?

– Les Russes ont attaqué la cuisine. Les cons. Y se sont fait recevoir.

À midi, rebelote. Cette fois un rezzou de jeunes Polonais tente de prendre d'assaut une charrette chargée de pain qui se dirige vers le porche d'entrée. À gauche de la porte, le long du mur d'enceinte, des colonnes de déportés se forment. Pierre est au milieu du deuxième groupe.

– Robert, on s'en va. On évacue. Tu devrais prendre ton numéro dans ton block.

– Je n'y ai pas mis les pieds depuis ce matin. J'ai une sale histoire sur le dos. C'est pas le moment de rouler des épaules.

– Mais tu te rends compte ? On va sortir. On va franchir la porte de la Cité interdite. Dehors. Dehors. Dehors, c'est mieux qu'ici. Il y a pas de miradors, pas de barbelés...

– Pas de SS ?

– Si, bien sûr. Mais on pourra se tirer. Ici, ils vont tout griller au lance-flammes et faire sauter... Ils ont reçu des ordres. Tu dois trouver ta colonne. Les colonnes sont prévues par block et par nationalité.

J'y va-t'y, j'y va-t'y pas ? Tempête sous un crâne chauve.

– J'y va-t-'y ?

– Tu dis ?

– Fais-moi une petite place contre le mur.

– S'il y a un contrôle ?

– À la grâce de Dieu. Je suis tellement maigre, transparent qu'ils vont me prendre pour l'homme invisible. Donc, ils me verront pas. Correct ?

Pendant notre conversation, la première colonne s'est formée. Elle se met en marche. Cent rangées de cinq hommes qui vont défiler devant deux charrettes. Les SS distribuent une boule de pain ersatz et une boîte de pâté pour huit.

– Avec ça, ils n'iront pas loin. C'est pas les flatulences qui vont les gêner.

– Qui vont nous gêner.

Pas cadencé. Une, deux. Ils vont sortir. Ils commencent à sortir. Ils sont sortis.

– On a plus de chances de passer inaperçus en tête de colonne.

Nous ratiboisons une douzaine de rangs.

– *Los ! Schnell !*

Chanson connue. À moi le pain. À toi le pâté.

– Pierre, tu as la boîte ?

– Je la tiens.

– Te la fais pas faucher.

– Et toi le pain.

– T'as vu ?

– Quoi ?

– Comme une lettre à la poste.

– Pour le moment !

– Pour le moment on est dehors.

– Maintiens l'allure au lieu de parler.

Je ne peux m'empêcher de me retourner une dernière fois vers la cheminée du crématoire, les murs, les barbelés électriques, les tours. Monde abject. Souillure. Crime des crimes. Adieu nos frères morts. Nos amis morts. Et vous tous, de toutes les races, de toutes les nations, de toutes les confessions, de tous les partis, des sans parti. Les grands, les petits, les borgnes, les estropiés. Les vieux et les enfants. Les enfants... Adieu souffrance, adieu la peur, adieu le froid, la faim. Adieu les pleurs. Adieu fumées, adieu la trique. Adieu resquille, adieu appels. Adieu Arbeit. Oui, à Dieu, si Dieu le veut.

– Gauche ! Gauche !

Adieu mon désespoir et mon espérance. Adieu les jours et les heures. Adieu les nuits. Bonjour la vie.

– Bordel de pompe à merde, tu marches, oui ou non, au lieu de rêvasser ?

Adieu mes haines et mes pensées vers vous que j'aime, que je chéris, que j'espère. Vers vous que je vais retrouver. Au fait ! Comment vous portez-vous ? La guerre, les restrictions, ça n'a pas été trop dur ? Il a dû grandir, le petit ? Le diablotin aux cheveux de lumière, aux yeux pétillants ! Notre petit.

– Gauche ! Gauche !

Adieu, images gravées à jamais dans chaque cellule de ma peau, dans mes neurones, mes atomes. Comment me débarrasser de vous, de vos cris, de vos odeurs ? Adieu la mort de ces milliers de morts. De ces millions de morts dispersés sur cette terre maudite pour les siècles des siècles. Adieu adieux. Tu peux chanter, Rouge-Gorge. Les barreaux sont brisés, la porte béante, le toit de la cage enlevé par Asmodée. Mais ne t'envole pas encore : les chasseurs tiennent l'affût. Ils ont des guetteurs, des rabatteurs. Et les faucons restent maîtres du ciel. D'abord se remplumer, s'ébrouer, attendre le moment, l'instant. Tu es enfin anonyme. Personne ne t'apportera le « billet de retenue ». Tu ne seras pas pendu. Et pourtant, avoue, nous sommes entre nous, tu le mérites.

La porte est franchie au pas cadencé.

Et si cette marche de la fuite n'était qu'une marche vers la mort ? La marche de la mort. Où veulent-ils nous conduire ? Pensent-ils sérieusement échanger nos nordiques contre leur vie ou bien trouver un camp, un Kommando, une prison extérieure au théâtre d'opérations ? Impossible. Impensable. Les Norvégiens et les déportés sont une monnaie pitoyable. Qui pourrait s'intéresser encore à nous ? Certainement pas les gouvernements nouvellement en place dans les pays libérés, qui doivent œuvrer pour relancer l'industrie, gagner la guerre, nourrir les civils, préparer leur réélection. Nous ne sommes rien. Nous n'avons pas de valeur. Souvent, avec Radine, nous nous demandions pourquoi les Soviétiques et leurs alliés ne bombardaient pas les lignes de chemin de fer qui conduisaient au camp et, lorsque les ateliers travaillant pour l'armement furent réduits en cendres, pourquoi les bâtiments administratifs SS, les murs d'enceinte, le porche d'entrée étaient encore debout.

– Bordel de bordel ! Lorsqu'ils larguent en piqué, ils sont précis au mètre près. S'ils avaient voulu nous libérer, ils auraient pu le faire depuis longtemps.

Radine répondait invariablement :

– Une bombe coûte beaucoup d'argent. Ils gardent leurs bombes pour gagner la guerre. Les déportés ne sont pas un objectif militaire.

Si, Radine, nous sommes un objectif militaire. D'abord, libres, nous pourrions prendre les armes et aider nos libérateurs... Allons, à qui veux-tu faire croire cette plaisanterie ? Libres, vous les « peaux et les os », vous mobiliseriez toutes les cuisines et les services sanitaires de l'Armée rouge. Vous seriez le plus gigantesque frein jamais inventé à la victoire. Oui, les Alliés ont tout intérêt à ne pas s'occuper de nous... Chaque jour qui passe, nous sommes moins nombreux. Et puis, j'allais oublier le principal : nous mobilisons, pour nous surveiller, une force militaire importante qui, jetée dans la bataille, pourrait reculer l'échéance.

Je ne vois plus la cheminée éteinte du crématoire. Oui. Adieu pour la dernière fois, sinistre Oranienburg, gouffre sans fond, cercle infini, le dernier camp. Je ne t'ai jamais compris ; j'avais pourtant, en toi, mes habitudes – rond de serviette, patins à plancher, transat et manucure – mais ce n'était pas suffisant. Ton mépris des hommes me révoltait. Et que l'on ne m'explique pas que tu n'étais qu'un « abus de pouvoir » hors du temps, une organisation indépendante échappant à tout contrôle. Non ! Oranienburg, tu étais l'Allemagne. L'Allemagne et les Allemands. Le temple du culte. Les quelques voix qui ont pu s'élever, pour honorables qu'elles soient, réconfortantes, ne peuvent effacer le silence de la majorité, l'indifférence, bouleverser les statistiques. Tout un peuple pour un homme.

– Tu rêves, Robert ?

– Non. Je me fais dans ma tête une petite lessive. C'est dur d'avoir les idées claires en marchant.

Les Grecs, autour du temple d'Hygie, déesse de la Santé et fille d'Asclépios, avaient tracé un long sentier en spirale. Le pénitent tournait plus d'une heure avant de pouvoir baiser les pieds de « sa guérison ». Je suis à la recherche d'Hygie. Elle seule peut me sauver. Ma fistule vient de s'ouvrir. Je vais me vider. Tripes et boyaux entre les jambes.

Te souviens-tu, Robert, de l'inscription, immense, en lettres gothiques, à l'extérieur du camp ? Sur cent mètres de long et un mètre cinquante de haut : « *Es gibt einen Weg zur Freiheit ! Seine Meilensteine heissen : Fleiss, Gehorsam, Nüchternheit, Ordnungsliebe, Sauberkeit, Opfersinn und Liebe zum Vaterland* », il y a un chemin vers la Liberté, ses bornes s'appellent Zèle, Obéissance, Sobriété, Ordre, Propreté, Esprit de Sacrifice, Amour pour la Patrie... Ai-je rempli les conditions du « message » pour recouvrer corps et biens la liberté ? Commençons par la fin : Amour de la Patrie, oui ; Esprit de Sacrifice, certainement ; Propreté, oui – si ça ne tenait qu'à moi ; Ordre, *Ja* ; Sobriété, et comment ; Obéissance, oui mais – par la force des choses ; Zèle, non. Un non pour six oui. Pour transformer ce non en oui, une seule solution : devenir un marcheur zélé. Un zèle plein de zèle. Un zèle de paysan de montagne avant la révolution industrielle.

Te souviens-tu, Robert, des « Strasbourg-Paris » ? Tu les appelais ainsi, ces punis du « Kommando spécial », la Strafkompanie, qui du matin au soir tournaient autour de la place d'appel. Certains y passèrent plus d'un an. Avec l'entraînement, l'épreuve leur paraissait douce : bien vêtus, supplément de nourriture. Ils abattaient cinquante kilomètres en chantant ; ils rodaient les brodequins destinés à chausser les combattants du grand

Reich. Le déporté casse les empeignes, les contreforts, les quartiers, les tiges, les semelles, les talons, les talonnettes et les ailettes. La chaussure est son monde. Elle est le monde. Il ne vit que par elle. Là-bas, Frantz, Hermann, Fritz et les autres iront à la mitraille le pied dispos. Pied sans ampoule. Pied sans oignon. Pied sans cor, durillon ou œil-de-perdrix. Pied victorieux ! Pied glorieux !

Pourvu que d'anciens « Strasbourg-Paris » ne soient pas dans ma colonne ! Si c'est le cas, ils retiennent leurs jambes. Depuis une heure, nous avons oublié le pas cadencé pour glisser vers le train de sénateur. Il est vrai qu'il bruine. Et si je chantais ? Comme nos essayeurs de chaussures. Que chantaient-ils ? Toujours le même air, les mêmes paroles. Oui ! « *Weit, weit ist der Weg ins Heimatland, so weit, so weit...* » Loin, loin est mon pays natal, si loin, si loin... Oui ; je suis loin. Nous remontons vers le nord. Je n'ai jamais été aussi loin. Chaque pas me sépare un peu plus... Faux. Chaque pas me rapproche de la liberté. Zèle. Marcher avec zèle. En musique – intérieure. Peut-être l'orchestre du camp, la « Kapelle », est-il dans la colonne qui nous suit à deux cents mètres. Tous les dimanches matins, ils jouaient pour le commandant. L'aubade. Ils étaient les seigneurs du camp : costume sur mesure (logique pour un musicien), block des « Prominenten », intouchables, soupe blanche, et supplément de margarine et de confiture. Je regrette de ne pas avoir indiqué en arrivant que j'étais violoniste. Un honorable violoniste, ma foi. Peut-être, avec un peu de chance, m'auraient-ils dit : « Monsieur Toscanini, nous vous attendions... »

« *Heili ! Heilo !* » Toujours pour moi. C'est plus facile. Non. Il aurait mieux valu que j'indique que j'étais grosse caisse dans une clique. Les Allemands pleurent en écoutant les battements de cœur d'une grosse caisse.

Je ne connais (de vue) aucun des SS qui nous encadrent tous les dix mètres. À l'abri, sous leur toile de tente jetée en imperméable, ils doivent penser comme moi que cette « promenade » n'a aucun sens. Vainqueurs, mais pour combien de temps encore ? Se glisser entre les lignes avec ce boulet (nous) au pied ! Il faudrait des camions, des blindés. Foutus. Ils sont foutus. Et ils le savent.

– Pierre, si tu demandais à Pépère où nous allons ?

Dialogue poli.

– Vous verrez bien. Quelque part où il y a pas de Russes.

– Avec ça, on est renseignés ! Il doit pas le savoir lui-même.

Mes compagnons de footing, en dehors de Pierre et de Rocher, sont des inconnus. Tous se ressemblent : maigres, abattus, fatigués. Ouvrant la colonne, trois SS, arme à la bretelle, derrière une petite carriole qui servait au camp à transporter les bouteillons de soupe aux Kommandos extérieurs. Elle est chargée des bagages de nos accompagnateurs, tirée par deux déportés, poussée par trois.

Nos gardes ont reçu l'ordre de tenir leur arme en main. Tiens, on dirait des chasseurs. Je ne croyais pas si bien dire.

– Foutu crachin !

– Un kilomètre à pied...

En parlant de souliers, je dois maudire, ici, mes claquettes qui ne peuvent en aucun cas être considérées, malgré leur légèreté, comme des chaussures en marche : la semelle en bois irrite la plante et contracte les muscles pédieux ; quant au cou-de-pied, il est très vite entamé par la toile rigide.

Et pour faire pipi ?

– Pierre, je t'en prie, demande à Pépère, ma vessie va éclater.

Il demande. Le SS lui répond « à la pause » et du bout du canon il lui fait signe d'avancer. Au même moment, deux rangs en arrière, un déporté s'est arrêté, braguette ouverte. Pépère épaule et tire. À côté.

– Sont nerveux.

– Il a fait exprès de le rater.

La nuit tombe. Nous nous arrêtons. Un SS, loin devant, crie.

– Qu'est-ce qu'il dit ?

– Qu'on peut pisser dans le fossé.

– C'est pas trop tôt.

Bousculade.

– Poussez pas !

Si je vous disais que ça fait du bien... Horreur ! J'en ai le sifflet coupé. Net. Je... Je... sur le cadavre d'une femme. Vêtue comme nous d'habits rayés. Pierre, près de moi, a le même geste de recul, d'effroi.

– Le fossé est plein de cadavres. Celle-ci a la tête éclatée. Une balle dans la tête. Il lui reste un œil ouvert. Les gars, les gars, faites attention où vous pissez, il y a des cadavres.

– Et alors ? On a vu ! Elles sont mortes.

Un jeune garçon d'une vingtaine d'années pleure. C'est un Polonais. Ses larmes rachètent... N'en parlons plus. Laissons les Polonais en paix.

Pauvres femmes. Pauvres déportées qui nous ont précédés sur cette route. Qui sont-elles ? Je n'ai pas songé à regarder le triangle. Je n'ai vu que l'œil, immense, marron. Cette femme n'était qu'un œil.

– Robert, n'y pense plus. Il faut marcher. Il n'y a que ça qui compte, sinon on finira comme elles...

– Je crois que nous sommes condamnés...

– Tu dis ?

– Rien ! Je marche. Je pense à mes pieds qui saignent, à mes boyaux qui veulent prendre l'air, à mon estomac aussi vide que le cœur de ces tueurs, à la liberté qui est là et que nous ne pouvons atteindre.

Marche, Stuck. Marche, morceau. Tant que tu auras un souffle de vie tu marcheras. Marche ou crève ! Je marche.

Nous passons Nassen. À la sortie du petit village désert – « les salauds bouffent », – nous bifurquons vers un bois. Pluie froide. Impalpable.

– Ils vont profiter de la forêt et de la nuit pour nous mitrailler.

– Non, nous sommes trop près du village.

– Parce que tu crois que ça les dérangerait ! Et si on leur sautait dessus ?

Lumières d'une ferme.

– Cette ferme...

– Tais-toi. On va manger.

Ils nous ont fait placer par groupes, en cercle. Ils prennent leur sac à dos, des caisses dans la carriole. Ils allument un feu.

– Vont nous faire la soupe.

– Et un gratin dauphinois !

Pierre et Rocher ont rassemblé les cinq qui, avec eux et moi, formeront notre « popote ».

– Ils ne veulent pas qu'on allume un feu.

– T'as rien à cuire.

– Au moins pour se sécher, pour avoir chaud.

Nous partageons le pain en tranches égales. L'épaisseur est mesurée avec une brindille. On se sert d'un clou et d'une pierre pour ouvrir la boîte de pâté.

– On mange tout ou on en garde pour demain ?

– Il serait plus prudent de garder la moitié du pain.

– Et le pâté ?

– On n'a rien pour le mettre. Et puis, il peut tourner. Ces trucs synthétiques...

– On vote ?

– Non ! Chacun comme il l'entend. Moi, je garde la moitié du pain.

Prudent Rouge-Gorge. Fourmi Rouge-Gorge. Étonne-nous ! Étonne-toi ! Pour une fois deviens cigale, mange tout, et chante, et danse, et dors. Tu as vu à Neue Brem, et ailleurs, s'ils se sont gênés pour te piquer tes économies. Cette nuit un affamé – ils le sont tous – va profiter de ton sommeil pour te dépouiller. Ils ne trouveront pas. Il faudrait me tuer. Ils sont capables de te tuer. Pour une demi-tranche de pain? Pour une demi-tranche. La faim, la peur de mourir, une certitude d'impunité. Le vrai crime de la SS, c'est sans doute d'avoir révélé la nature profonde des hommes. Vérité insoutenable qui appelle le doute. Qu'ont-ils fait de nous ? Ce que nous sommes.

Partie de campagne.

Pain et pâté.

Je déguste, mâchant le plus lentement possible, enrobant, délayant chaque bouchée de salive pour que mes papilles gonflent, s'imprègnent. Goût de viande rouge et de blé mur. Une pointe de poivre. Estragon.

– C'est bon !

– Le « déjeuner sur l'herbe ». Déjeuner de nuit.

Ronronnement haut perché d'un avion. Vol de nuit. Pilote perdu.

Nous fumons l'âcre Maïorka.

– Tout le Reich pour un verre de schnaps.

– Ce qui reste du Reich ne vaut pas un verre.

– Dis-moi, si tu rencontrais Hitler, là, au détour du bois, que lui dirais-tu ?

– Je ne sais pas... Oh si ; les rouges-gorges sont des poussières détachées du soleil. Ils sont comme les hommes nés d'un même œuf. Lorsqu'ils meurent, leur corps est aspiré par le soleil. C'est pour cette raison que le soleil a la couleur de notre poitrail. Chacun de nous, ainsi, participe, favorise la vie de tous les autres, hommes, plantes, animaux. Vous, vous avez voulu brûler les rouges-gorges sur terre, dans vos sinistres fourneaux. Ainsi vous espériez détruire l'humanité. Pour cette raison, vous et vos frères serez maudits pour la suite des temps.

Je m'endors, roulé contre un tronc pour me protéger de la pluie. Je claque des dents. L'œil marron, ouvert, m'arrache un cri... Je me lève. Il pleut. Poule mouillée.

Et si je partais !

Et si je franchissais le cercle, entre deux gardes ? « Pierre, Pierre. » Je le secoue. « Pierre, ils doivent dormir, c'est le moment, je vais voir si nous pouvons passer. »

À tâtons. Dix mètres.

– *Was ist ?*

Clac, clac ; il a armé son fusil.

Dors, Rouge-Gorge, demain peut-être.

Deuxième jour.

La pluie a cessé. Je distingue les formes qui composent le cercle des gardes. Un sur deux dort à l'abri de sa toile de camouflage huilée. Les autres sont assis ou debout, l'arme au poing. Dormeurs et éveillés, placés en quinconce, forment une barrière à peu près infranchissable. Pierre suit mon regard.

– Si tu avais insisté, tu te prenais les pieds dans l'un d'eux. Nous n'avions aucune chance. Des petits malins.

Je commence à me réchauffer après le premier kilomètre. Nous avons contourné le bois. La route est large, ravinée, perlée de flaques que nous nous efforçons d'éviter. La colonne serpente.

– Pierre, on mange un morceau ?

– Attendons midi.

Je triche. Rien qu'une miette au fond de la poche. Une miette pour un rouge-gorge. Juste le goût.

L'estomac, alléché, frappe à la porte. Énergiquement. Tout à l'heure ! Pierre a raison.

Rutnnick. Village clos. Endormi. Si seulement nous étions en Angleterre, il y aurait des bouteilles de lait sur les perrons. Hop ! Ni vu ni connu.

Pancarte : Hersber.

– On évite le village.

– Les cheminées fument. Ils font le café.

– Tiens, là-bas, des chevaux dans les champs. J'ai faim.

Dix minutes de pause.

– On aurait dû garder aussi du pâté.

– Voilà, j'ai tout mangé. Et toi ?

– Plus une poussière. On est frais !

Nous traînons. Colonne à la dérive. Devant, deux hommes soutiennent un troisième. Il a perdu une claquette et enveloppé son pied dans une chaussette russe.

– *Los ! Schnell !*

Crosse dans les hanches. Cris. Le trio est doublé par trois rangs.

– Pas si vite ! Pas si vite !

– *Los ! Schnell !*

Je me retourne. Ils se sont laissé dépasser par toute la colonne. Trois mètres devant la carriole. La « chaussette russe » est seule, à genoux. Deux détonations. Un cadavre dans le fossé.

J'accélère. Comme tout le monde.

– Pierre, tu as vu ?

– J'ai entendu. Ça me suffit.

– Il faut tenir. Au milieu. Le dernier rang, c'est la mort.

Je boite. Je crache. Mon nez coule. Dieu. Dieu des Français, des Polonais, des Norvégiens, des Américains, des Russes, des Allemands... Vierge Marie...

– Qu'est-ce que tu marmonnes ?

– Je prie.

– Moi aussi. Il y a longtemps que ça ne m'est pas arrivé. Je prie pour revoir Jeanine. Être si près du but... Je ne finirai pas comme l'autre. Non ! Pas le fossé. On se soutient. Hein ! Si l'un flanche...

Ma fistule saigne. Les doigts que je viens de retirer de mon pantalon sont rouges. Même pas un chiffon pour glisser entre les cuisses. Mes pieds... Oublie tes petites misères. Marche sans penser. Compte les pas. En voyant le sang, Pierre s'inquiète.

– Fais pas le con. Tu vas tenir. On va chiquer, ça fera saliver.

– Le mort, c'était un Français ?

– Je sais pas. J'ai pas vu son triangle. En tout cas, il était pas russe. Tous les Russes sont à la charrette. Et pas les Polonais. Ceux-là, ils sont six, je les ai à l'œil. Les deux Belges sont devant... Il était français.

– Pauvre type. Mort libre.

Nous passons la nuit entre Alf Ruppin et Neuruppin, parqués en cercle dans un champ au bord de la route. Je bois de l'eau croupie et mâche de l'herbe.

Troisième jour.

Dans la première heure, quatre traînards sont abattus et roulés sur le talus par la corvée de charrette.

– À ce rythme !

– Tu crois qu'ils vont nous donner à manger ?

Du sang chaud coule le long de ma cuisse droite. Pierre prend ma couverture.

– Ça va te soulager.

L'un des deux Belges, accompagné d'un SS, explique à chaque rang comment nous pourrons désormais satisfaire « petits et gros besoins ».

– Vous devez lever le bras, rattraper la tête de colonne, vous baisser sur le bord de la route. Tout doit être terminé lorsque le dernier rang est à votre hauteur. Vous courez, le bras levé, pour reprendre votre place.

– Faut pas être constipé !

– T'as connu un constipé dans un camp de concentration, toi ?

– Oui. Des tas. Les SS.

Le soleil crève les nuages un kilomètre devant nous. Cette traînée de lumière qui fuse du ciel ressemble à une autoroute. Je crois que je vais la prendre au détour du chemin, ou alors me laisser « aspirer » comme tous les rouges-gorges morts pour redonner un peu de vie à Pierre et aux autres – sauf les Polonais qui depuis une heure bavardent guillerettement en mangeant. De gros quignons de pain.

– Tu as vu, Pierre ? D'où les sortent-ils ?

– Ils ont des provisions à en revendre. Ils touchaient des colis. Ils se sont pas embarqués sans biscuits. Hier au soir, ils mangeaient même du saucisson.

– Du saucisson ?

– Ouais. Ils pourraient se cacher, ou bien en donner aux plus faibles. Non. Ils sont polonais.

Le nord.

C'est loin, le nord ? Il y aura des petites maisons de pêcheur avec des filets pendus. Peut-être des harengs qui sèchent. Et puis Stettin et Rostock sur les bords de la Baltique. Des bateaux blancs nous attendent. Le nord, c'est la Suède, le Danemark. Œufs au bacon et morue à la crème. Pas trop de café, merci. Surtout du lait. Je peux reprendre trois sucres ? Vous me passez la confiture. Des airelles ? Je n'en ai jamais mangé. C'est aigre. Mais ce sont des myrtilles ! Ah ! les airelles et les myrtilles, c'est la même chose ?

Mourir sans avoir mangé... Voyons ! Du caviar. Je n'ai

jamais mangé du caviar, ni du serpent, ni du chien ni de l'ours. Mme Rousse, elle, a mangé de l'ours avec François. L'un des derniers ours des Pyrénées tué par Tambel dans la vallée d'Aston. Je n'ai jamais mangé de patates douces, de canne à sucre. Je n'ai jamais mangé de rouge-gorge. Si j'étais un rouge-gorge mourant sur le bord du chemin, je me mangerais...

Le nord, m'a dit Pierre, c'est Ravensbrück. Un camp réservé aux femmes. Nos mortes du fossé venaient peut-être de Ravensbrück. Mais alors, pourquoi marchaient-elles vers le sud ?

Pieds. Fistule. Ça maintient comme ça peut. Bon Dieu, forcez pas l'allure. J'ai la goutte au nez. Nez froid. Chez les chiens, c'est un signe de bonne santé. Les déportés russes dans un Kommando des bois d'Oranienburg ont attrapé le mois dernier un chien de berger. Ils l'ont fait cuire. Ils l'ont mangé. Pendant trois jours, deux SS ont cherché le cabot dans les Kommandos. Personne ne l'avait vu.

Le nord, c'est trop loin pour moi. Je n'y arriverai jamais. Dommage ! Je ne suis jamais monté à bord d'un paquebot. Peut-être auraient-ils servi du caviar. Il paraît que ça se fait dans les croisières. Peut-être qu'aujourd'hui, à cette heure, du côté des Amériques, des milliers de nababs sont en train de se dorer sur les ponts promenades. Et pour madame, ce sera ? Une noix de coco ? Un punch à l'ananas ? Une papaye ? C'est trop ! C'est trop ! Je n'ai besoin que de pain ! Quel est l'idiot qui a dit que l'homme ne vit pas seulement de pain ? Il n'avait pas faim ! Il n'avait jamais eu faim à en crever. Marche ou crève. Si rien ne se passe, je crève. Un lièvre en bordure de champ détale comme un lapin. C'est un garenne. Les lièvres ont des cuisses de femme, longues et fines. Un lièvre n'a pas de toupet blanc de danseuse étoile sur les... au bas du dos. En parlant de fesses, ça ne s'arrange pas.

Bruit de carriole, des chevaux. Derrière notre râteau SS, une charrette piétine. On nous tasse sur le bas-côté pour qu'elle puisse doubler.

– T'as vu son calot ?

– C'est un prisonnier de guerre.

Je crie, Pierre crie, nous crions tous.

– Faim !

– Nous avons faim !

– À manger !

Le PG a compris. Il fouette ses deux chevaux, qui se cabrent en arrachant la charrette chargée de betteraves. Une dizaine tombent à mes pieds. Je n'ai qu'à me baisser pour en ramasser deux.

– Pierre, j'en ai deux.

– Moi aussi.

Un SS tire en l'air plusieurs coups de feu. De la main, le prisonnier de guerre fait rouler un chapelet de betteraves. Dix, vingt, cinquante. Débandade. Coups de feu. Et deux autres pour moi. Et deux autres pour Pierre. Nous attendrons une heure pour goûter à notre imprévu.

– Pas fameux, les betteraves crues !

– Cuites, ça vaut pas mieux. Mais c'est plein de sucre. Des calories. Quand on a faim...

Profitant de son arrêt pipi, un déporté nous lance :

– Les Russes ont libéré Sachsen. Le camp avait sauté.

Les malades sont restés au Revier avec Coudert et Leboucher, les médecins français. Pourvu... Mais qu'est-ce qu'il raconte, celui-là ? Comment ici, dans la colonne, a-t-il pu apprendre la nouvelle ? Un radio-chiottes. Un bobard. Marchons. Le ventre plein.

– Tu as raison. C'est pas fameux, les betteraves. Ça remonte et ça reproche.

Pour la première fois depuis le départ, je souris.

Nous traversons un village, Ragelin, qui semble endormi. À la porte d'une maison basse, une femme âgée, un seau à la main. Un garde, en criant, l'oblige à rentrer.

Je n'en peux plus. Rang par rang, la colonne nous absorbe, nous dévore. Je m'appuie sur l'épaule de Pierre. Du bout des doigts. Du sixième rang, nous passons en une demi-heure à l'avant-dernier.

Les SS ne sont plus loin. Les SS et leurs fusils. Vont

faire un carton. Le grand ne me quitte pas de l'œil. Il caresse son fusil.

Tu t'y crois déjà, Fritz de merde ? Combien en as-tu tué dans ta chienne de vie ?

– Robert, avance.

– Je peux pas ! Je peux pas, je perds mes boyaux.

– T'as qu'à les faire rentrer. Faut qu'ils restent à leur place.

Je regarde, honteux, mes doigts rouges de sang.

Un homme tombe. Chaque rang, au passage, tente de le relever. Il s'écroule à nouveau. Pierre et moi l'accrochons par la veste. Il est terriblement maigre. Il est terriblement lourd. Ses yeux sont fermés, la bouche entrouverte. Je me demande s'il respire. Nous le traînons à peine trente ou quarante mètres.

– Pierre, je lâche.

– Moi aussi.

Silence.

Dix pas.

– Il est passé.

– Ils ont pas tiré.

– Ils ont pas tiré parce qu'il était mort. Il était déjà mort dans nos bras.

– Et si on faisait le mort ? L'un après l'autre ? On se retrouverait...

– À toi le premier ! Mais sur toi ils tireront. On s'improvise pas mort. Quand on est mort, ça se voit, ça se sent. J'aime pas la roulette. Compte pas sur moi.

Le râteau SS a rattrapé le dernier rang. Nous profitons du ralentissement pour retrouver notre place de marche. Le râteau pousse du canon le dernier rang, qui pousse des bras l'avant-dernier, qui... La colonne trottine, se talonne. Les SS rient.

– Marrez-vous. Marrez-vous. Profitez-en.

Tout d'un coup, un déporté franchit le fossé qui longe la route sur la droite et court, tête baissée, vers un silo de pommes de terre situé à une vingtaine de mètres à l'intérieur du champ. Tous les SS tirent. Des dizaines et des dizaines de balles. Mitraille. Les impacts font éclater des mottes de terre. Le coureur est fauché à mi-course. Soubresauts. Cible inerte. Ils tirent encore. Et encore.

– Ils vont le découper.

Nous approchons de Rossow. Bourg triste. Nous sommes dirigés vers un groupe de trois bâtiments plantés autour d'une cour.

– En cercle, au milieu de la cour.

Je tombe à genoux.

Le Belge crie :

– On va manger ! On va manger ! Il faut se préparer. Les deux premiers rangs, corvée de bois.

Nous sommes tous debout. Je trépigne. Sainte Mère des SS, priez pour nous. Et que votre volonté soit faite. Au nom du Père, du Saint-Esprit et du Maître des soupes. Saint Roch des chemins et des choux, saint Antoine des poireaux, sainte Valérie des rutabagas, Satan du feu, Lucifer du sel et du poivre, Belzébuth de la sauce tomate.

Les dix vont dans la grange. Quelques minutes après, ils ressortent chargés de bûches. Un grand feu est allumé au centre de la cour.

– C'est les fermiers !

Ils s'avancent. Nous regardent. L'homme est rondouillard, la femme droite et sèche. Col cassé. Blonde. La cinquantaine ridée.

Exit les fermiers, suivis des dix déportés et de trois gardes. Je ne songe plus à mes « lamentables faiblesses ». Je suis debout. Solide comme le Pog de Montségur.

– Mais qu'est-ce qu'ils foutent ? Ça va faire une heure !

– Les voilà ! Avec des seaux. Ça fume. C'est... des pommes de terre, des patates. Des patates cuites.

Sois béni, Parmentier, entre tous les défricheurs. Parmentier qui m'as porté dans ton sein (149, avenue Parmentier), qui m'as vu naître, croître. Parmentier des pauvres paysans. Parmentier des faims assouvies, des famines oubliées. Antoine-Augustin Parmentier (1737-1813), mon frère, mon sauveur. J'irai saluer ta statue à Montdidier en souvenir de cette cour, de ce feu, de ces seaux fumants.

C'est mon tour. Le SS compte. Une, petite ; deux, petite ; trois, grosse ; quatre, grosse... Huit ! Huit pommes de terre ! Vous entendez ? Vous m'écoutez ? Huit. Vous ne savez pas ce que c'est. Vous ne le saurez jamais. Si je vous disais – mais j'ai tort de le dire – qu'avec trois – les plus petites – j'aurais été le plus heureux des hommes ! Avec huit, je suis Alexandre, César, l'Arjuna du Mahabharata, Gilgamesh, la Vénus de Milo (avec ses bras).

– Pierrot, c'est Byzance, Capoue...

– On en garde la moitié.

– Oui ! Ne triche pas ; je t'ai à l'œil. Deux grosses et deux petites.

Nous nous embrassons.

– Ils éteignent le feu ?

– Pour les avions.

Ils n'ont laissé que quatre hommes pour nous surveiller. Vers minuit, deux Polonais se lèvent, parlementent et se dirigent vers la grange.

– On y va ?

– Oui.

Les gardes nous suivent des yeux, sans plus.

Étable propre. Paille en vrac.

– Nous montons sur le gros tas. On aura plus chaud.

– Non. Ne nous éloignons pas de la porte. On sait jamais. On va rassembler un beau matelas.

Nous bavardons. Pierre m'interrompt en me serrant le bras :

– T'as entendu ?

– Quoi ?

– Ça farfouille derrière la meule.

Un déporté français portant une sorte de paquet nous fait soudain face.

– Où vas-tu ?

Je pense tout de suite à un voleur. Il recule sans répondre. Je saisis l'une de ses jambes.

– On t'a demandé où tu allais ! Qu'est-ce que tu tiens ?

– Du sel. J'ai trouvé un bloc de sel pour les bêtes.

Il s'accroupit, frappe le cône contre le sol.

– Je vous en coupe un morceau. Ça ira ?

– Merci ! Et dors bien.

Du sel ! Gros comme deux poings.

– Il y a combien de temps que t'as pas vu de sel ?

– Deux générations.

Je suce ma part.

– Si on l'avait eu pour les patates !

– Tu l'auras pour celles de demain.

– Des patates salées !

Un reste de betterave, quatre pommes de terre, un kilo de sel. Or, encens et myrrhe. Gaspard, Melchior et Balthazar. Vais-je avoir le courage de me lever pour découvrir l'étoile ? La suivre ? Non ! Elle risquerait de me conduire trop loin et je suis si fatigué...

Dans la nuit, nous sommes réveillés par le passage de camions. Les murs tremblent.

– Il y a même deux ou trois blindés.

– Ils vont aussi vers le nord.

– C'est qu'ils ont Staline au cul.

– Pourvu qu'il nous rattrape, Staline, notre petit père à tous. Et si tu rencontrais Staline, qu'est-ce que tu lui dirais ?

– Oh ! Fous-moi la paix. On dort.

J'imagine un rouge-gorge à moustaches épaisses nichant dans les coupoles dorées de Sainte-Sophie, face au Kremlin, place Rouge. Mais Sainte-Sophie, c'est à Constantinople, pas à Moscou...

Une motocyclette pétarade dans la cour. C'est un attardé du convoi ou la liaison des colonnes d'Oranienburg. Gagné. Nos SS sont sur le pied de guerre. Je crois ne jamais les avoir entendus hurler avec autant de force, de conviction.

– De trouille ! On dirait des pies surprises dans un bois par des promeneurs.

– Ils s'affolent. C'est bon signe. Popov est à nos trousses.

– Oui, mais les nôtres vont avoir la gâchette facile.

– *Los ! Schnell !*

Je reçois un coup de crosse dans le ventre, Pierre une botte dans le mollet.

L'homme au sel, surgi de je ne sais où, me prend par le bras :

– Viens avec moi. On va se cacher dans la paille. J'ai aménagé hier soir un trou. Ils sont pressés. Ils nous chercheront pas.

– C'est trop risqué. Ils en ont pour vingt secondes à nous compter.

– J'y vais. Tu vas me recouvrir. Mon copain a été abattu hier sur la route. Je pourrais pas faire même un kilomètre. Je suis corse. Les Corses n'oublient pas. Je te revaudrai ça.

Brassées de paille au-dessus du « logement ».

– *Los ! Schnell !*

– Voilà ! Voilà ! Il y a pas le feu.

Nous partons. Sans appel. Sans comptage. Sans fouille des coins d'ombre de la cour, de la grange. Il a réussi. Le Corse est libre. Où a-t-on vu un Rouge-Gorge aussi bête, aussi stupide, aussi con ? Il faut savoir jouer sa vie à pile ou face. Pour une fois, tu aurais gagné. Je compte les rangs. À l'exception du Corse, il ne manque personne. Ah ! Robert, quel manque de décision, d'esprit d'entreprise, de courage.

Quatrième jour.

Une tribu de corbeaux déjeune dans les sillons d'un champ. Je m'en ferais bien un, grillé, avec les plumes, le bec, les griffes.

Pieds flanelle, fesse capilotade, yeux toile émeri.

Pierre me montre le ciel.

– Tu vois l'étoile du Berger ?

Lui aussi, comme moi, a pensé aux rois mages.

– Oui.

– C'est ma Jeanine.

– T'es tombé sur la tête ?

– Je vais t'expliquer, Robert. Au camp, pendant l'appel, je ne pouvais détacher mes yeux de l'étoile. Avant, avant la guerre, Jeanine et moi nous la regardions souvent, main dans la main, sur le pas de la porte après dîner. Et nous avions pris l'habitude de la regarder, chacun de son côté, quand nous étions séparés. Je sais qu'en France Jeanine regarde chaque matin ou chaque soir l'étoile. C'est notre liaison. Notre message. Notre étoile. Je...

Il éclate en sanglots. Je n'ai jamais vu un homme pleurer si longuement, si profondément. Avec autant de détresse. Je ne peux que me taire, les yeux sur les talons boueux du déporté qui me précède.

Coup de feu à l'arrière. Je ne me retourne pas. Traînard, moribond ou arrêt pipi s'attardant à contempler les bourgeons du printemps ?

11 heures ou midi – au soleil –, pause d'un quart d'heure. Pommes de terre à la croque-au-sel. Délices. L'un des Russes pousseurs de carriole a probablement visité, sans y avoir été invité, le paquetage SS. Le tribunal itinérant siège en assises de flagrant délit. Le verdict est connu par avance. Ils le lâchent à travers champs.

Cours, brave perdrix blanche des steppes. Cours en changeant brusquement de direction, de vitesse. Ralentis. Accélère. Cours. Douzième balle qui siffle. Écho répercuté. Cours...

Il ne court plus. Nous reprenons la longue route.

Gamins sadiques. Boches. Fils de Boches. Petits-fils de Boches.

Le vide. L'oubli. Je marche jusqu'à la nuit sans penser, sans regarder, sans voir. Chaque pas m'est une torture. Je saigne. Je saigne. La vie s'en va goutte à goutte. Nuit champêtre en terrain découvert. Je lèche du sel, croque le dernier morceau de betterave. Pierre cherche l'étoile du Berger. Au petit matin, il pleut.

Cinquième jour.

Les SS mangent. Ils mangent tout le temps. Cinq fois, six fois par jour. Ils ont même de la bière et sûrement du schnaps car la nuit dernière nous avons eu droit à un concert de garnison. Les Polonais mangent. Ils mangent tout le temps. Cinq fois, six fois par jour. Mais ils n'ont ni bière ni schnaps. Ni amis. Ni remords. J'ai un ami mais je n'ai rien à lui donner. Son œil se creuse, son nez se pince. Il est maigre à faire peur. J'ai peur. Toutes les vingt minutes, je remonte mes boyaux. Mon pied gauche est une plaie. Le droit, une seule et formidable ampoule. Cent pas. Mille pas. Dix mille pas. Un million de pas. Rhume. Nez cascade. Fièvre. J'ai mal partout. Même aux ongles des mains. Je suis lourd. Que vais-je jeter ? Le stylo à plume d'or trouvé au Kommando dans une voiture bombardée, le petit avion de chasse en aluminium fabriqué par un déporté de Heinkel et qui est le cadeau que je réserve à mon fils ? Mon seul cadeau. Demain. Je dois tenir jusqu'à demain.

Avion dans le ciel. Traînée de lumière et d'espoir. Le Corse a-t-il tué les fermiers ? A-t-il été « rattrapé » par les Russes ? Un lit dans un hôpital de campagne. Café au lait, tartines beurrées. Pain d'épice. Brioche. Kouglof. Idiot, le kouglof est alsacien. Comment s'appelle... ? Des zakouskis, à la crème, aux épinards, au poisson, aux boulettes de viande, au fromage de chèvre, aux champignons, à la confiture. Vive la Corse. Vivent les Russes. Vivent les Alliés. Et les Français ? A-t-il réussi, de Gaulle ? Y a-t-il, sur les routes de la victoire, des Français ? Il y en a. Je le sais. De Gaulle a gagné. Contre tous. Ah ! mon général, si je vous rencontrais, je vous dirais...

Je n'ai rien à dire. Ma langue épaisse est muette. Une escalope filandreuse, poumonée.

Que la journée est longue ! Une année. Je vieillis d'un an chaque jour. Et la dernière journée, celle où j'irai au fossé, une balle dans la nuque, équivaudra à toutes ces années qui devraient me rester à vivre.

Malgré leur toile de tente imperméable, les SS sont trempés. C'est pas le moment de les chatouiller. Vers midi, alors que nous approchons de Wittstock, le soleil resplendit. Merci, mes frères rouges-gorges des glaciations anciennes. Votre chair me réchauffe. Au pas. Les quatre SS de gauche marchent au pas. « *Heili ! Heilo !* » Ne coupez pas... Mon vieux, si tu les voyais ! Ils ont changé. Fripés, ratatinés, de mauvaise humeur. Ils ne rient plus. La Bérésina sans les pontonniers d'Éblé.

J'ai tenu. Je tiens. Je tiendrai. Au moins jusqu'à ce soir.

Ne me demandez pas comment j'ai pu parcourir les derniers kilomètres. Il y a des choses qui ne s'expliquent pas. Notre campement, sur de la terre battue entre deux hauts murs et des barbelés, est un carrefour de courants d'air.

– Pierre, trouve-nous un coin à l'abri. Je vais biffer quelques épluchures. S'il y en a !

Tiens ! Un curieux. En culottes courtes. Je n'ai pas besoin d'interprète pour lui faire comprendre que j'ai faim. Il est d'accord pour m'apporter quelque chose à condition qu'on échange... Qu'est-ce que je peux bien donner à ce gosse ? *Tabak ?* Mon avant-dernier paquet. Je le lui tends à travers les barbelés. Il soupèse, renifle. Se baisse et ouvre un chiffon sale. Quatre belles pommes de terre cuites. J'accepte le troc. Encore ? Il m'en faut d'autres ? Beaucoup d'autres, et du lard, bien épais, bien gras. *Ja. Ja.* Il a compris. Contre quoi ? Si je lui montrais le modèle réduit de chasseur Messerschmitt ! Ça vaut bien un jambon entier. Et Christian ? Je n'aurais plus rien pour Christian. Le stylo ! Je vante la marchandise. « Plume en or. » *Ja. Ja.* Il prend le stylo. « Je reviens de suite... »

Une heure. Deux heures. Je m'endors au pied des fils. Et aujourd'hui, j'attends encore. Un gamin de douze ans...

Sixième jour.

Rousskis, Ruskis, Russen, si vous vouliez ! Qu'est-ce que vous traînez ! Au secours ! Je vous en prie, messieurs les soldats, ne nous abandonnez pas...

Gauche *los*, droite *schnell*, « et pour varier le ton, par exemple, tenez », gauche *schnell*, droite *los*.

Le mieux, je pense, serait de mourir en dormant. Au milieu de la nuit. Au milieu d'un rêve. Dans un soupir. Fermer les yeux, le soir, et ne plus jamais les ouvrir.

– Robert, trois rangs nous ont sautés.

– J'en peux plus.

– Tu dis ça depuis le départ. Allez, on récupère notre place. Appuie-toi.

Nous venons de pénétrer dans les bois de Below. À droite, comme à gauche, d'autres colonnes.

– C'est des Sachsen ?

– Probablement. Mais ils sont trop loin pour que je puisse distinguer...

– Dis donc ? Ça m'a tout l'air d'un lieu de rassemblement. Ça serait pratique de nous passer au lance-flammes. Des fosses communes. Ni vu ni connu.

– Tu vas marcher ?

Ça tire à gauche, ça tire à droite. Ça tire au milieu de nous.

– Et de trois ! Ils s'en sont payé trois en deux heures. À combien on va finir ? On sera même pas assez nombreux pour tirer leur carriole.

– T'as remarqué ? À chaque cadavre, tu accélères.

– J'ai la trouille. Une trouille bleue, verte, jaune. Une trouille arc-en-ciel.

La moto.

Halte de trente minutes. Nous repartons à angle droit sur la droite. Halte d'un quart d'heure. Demi-tour ! Barre à gauche. Toute ! Halte. Demi-tour. En avant !

– Ils sont paumés, nos petits poucets, sans leurs cailloux !

Valse hésitation jusqu'à 16 heures, où nous reprenons la direction du nord-ouest.

– C'est encore loin, Rostock ?

Canon. Avions. Coups de feu isolés, au loin, sur la droite.

Nous dormons (!) à la sortie du bois, près de Grabow. Je passe une partie de la nuit à pleurer, tant ma douleur, assez mal placée, est vive.

Septième jour.

Nous nous sommes à peine dit bonjour, avec Pierre. Mauvais signe. Je compte mes pas.

En fin de matinée, nous longeons un vallonnement boisé. Je reconnais le cliquetis caractéristique des chenilles d'un char, l'emballement des deux moteurs. Cette fois... Un Russe. Ce ne peut être qu'un Russe.

Les SS nous ont fait asseoir. Armes braquées sur nous. Les yeux noirs d'un jeune ne me quittent pas. Il m'a choisi. Il ne me ratera pas.

– Pierre, on va...

Le jeune me fait signe de me taire. Je termine ma phrase :

– Y passer.

Un premier coup de canon. Puis aussitôt un second. Je ne vois aucun impact d'arrivée. Il tire à notre opposé. Le bruit s'éloigne...

– Alors, tu roupilles ?

Pierre me secoue.

– On repart.

– Et le char ?

– Il a filé de l'autre côté. Mais c'est tout bon. Les Russes sont là, dans la nature. C'est notre dernier jour.

– Si les chars étaient tombés sur nous, tu crois que les SS auraient tiré ?

– Comment savoir avec eux ?

Début d'après-midi, au bout de la ligne droite, une colonne motorisée est arrêtée sur le bord de la route. Plusieurs dizaines de camions. Des soldats se dégourdissent les jambes.

– En regardant bien par terre, on peut dégoter un mégot, une boîte de conserve mal curée.

– Ils courent dans tous les sens. Des abeil...

– Un avion ! À plat ventre.

Je plonge dans le fossé humide. Le nez contre les bottes d'un SS, Pierre est derrière moi. Il me tient une cheville.

Ricochets de balles sur la route. Second avion. Rafales. Impacts. Je lève la tête et souris. Plusieurs camions brûlent. Un SS tire en l'air...

Au galop ! Les abrutis nous font courir.

– Pan dans le mille et rataplan plan, plan.

– Plus vite !

Nous trottons dans le champ pour doubler le convoi militaire. Ce sont des aviateurs...

– Gonfleurs d'hélice ! Avez-vous perdu vos coucous ?

– Ça vous apprendra à saucissonner. T'as vu ces merveilles ?

Sur les capots, du pain, de la margarine, des conserves, des bidons.

– Du fromage ! Ils ont du fromage.

– Et des morts ! Il y en a deux qui flambent dans la cabine.

– Et trois par terre ! Encore un... Ça fait six. Sept avec celui-là.

Des soldats morts. Des soldats allemands morts. Ce sont les premiers que je vois. Ils ne sont plus invincibles. C'est la déroute. Leur déroute.

– Ils sont fichus. Je n'ai pas mal aux fesses, je cours comme une biche.

À la halte du soir, nous, les vainqueurs, nous mangeons de l'herbe. C'était, peu importe d'ailleurs, entre Freyenstein et Jannersdorf. Je ne sais plus où. Je ne veux pas savoir. J'étais trop « déjà mort » pour savoir où je posais ce qui me restait de fesses.

Huitième jour.

Photo effacée. Film muet. Une parenthèse de douze ou quinze heures. Amnésie presque totale. Je marche parce que Pierre l'a décidé, parce qu'il me tient par le bras, qu'il s'est chargé de toutes mes affaires. Je suis vivant parce que Pierre, quatre fois, m'a porté du dernier rang au premier. Et sa voix, j'ai sa voix dans mon oreille. Pierre qui crie, qui m'engueule. Enfer. Pierre. Mon ami.

Dans le flou, un paysage : une allée d'arbres et des nappes de brouillard, peu épaisses, en couches superposées.

– Combien sont tombés aujourd'hui ?

– Dors.

Pierre, si je ne t'avais pas. Dors. Là-haut, derrière les nuages, Jeanine veille sur toi.

Neuvième jour.

Ce ne peut être que le dernier. Pour rien au monde, je ne supporterais l'épreuve d'hier. J'ai dormi comme une souche pourrie. En m'enfonçant de plus en plus dans le sol. Au réveil, pour refroidir ma fièvre, j'ai bu un litre d'eau à même une grosse flaque.

Et Pierre recommence, en me soutenant, à m'encourager. Il me parle des avions, des chars, des canons qui tonnent et que je n'entends pas. Un coup de feu près de moi :

– C'est rien ! C'est rien. Ils s'amusent.

Tu ne sais pas mentir, Pierre. Je l'ai vu s'écrouler. Je crois même que c'était un Polonais. Si les Polonais abandonnent, malgré leur ventre plein !

Je ne peux même plus relever la tête. Elle pend, lamentable, menton contre poitrine. Je tombe. Pierre me rattrape au vol.

– C'est pas le moment ! Il y a un camion de la Croix-Rouge arrêté sur le côté de la route.

Un dernier effort.

– Ne vous arrêtez pas.

Je m'arrête. Nous nous arrêtons tous. Les SS tapent dans le tas.

– Pierre, qu'est-ce qu'ils racontent ?

– Ils s'engueulent. Ils veulent nous donner des colis. Les SS refusent. Nos colis !

Il faut marcher car les crosses frappent maintenant les crânes. Le camion démarre. Nous sommes obligés de nous rabattre sur la gauche. Deux « civils », de l'arrière du camion, nous jettent au passage des colis. Un pour chacun. Nos SS, stupéfaits, n'interviennent pas. Ceux du râteau en récupèrent trois par terre. Le camion est parti. Le chauffeur agite son bras à la portière.

Je ne vais pas mourir. Je n'ai plus envie de mourir. La colonne s'est assise.

– Marchez.

*Schnell*, mon cul ! Ils ont compris que nous n'accepterons de reprendre la route qu'après avoir mangé. Pour la première fois, c'est nous qui avons décidé de l'arrêt.

Un gros carton à chaussures. Des sardines, du « singe », du fromage, des biscuits, deux paquets de cigarettes, des allumettes, de la pâte de fruits, du beurre, de la confiture, du chocolat.

– Et même un ouvre-boîtes.

– Manque que le papier cul.

– T'as mal regardé, sous les biscuits...

– Ça alors !

Maxim's. Ces goûts perdus.

– Je crois que je vais chialer tellement c'est bon.

– T'as goûté le chocolat ?

– Pas avec mes sardines.

– Moi, je m'en fous. Tout en vrac. En même temps. C'est merveilleux !

Allure de digestion jusqu'à l'arrêt de nuit. Je saigne toujours mais j'ai l'estomac plein. Ça compense !

– Ils ont mis de l'eau dans leur vin cet après-midi. On s'est traînés.

– Dors !

Dixième jour.

Bois douillet entre Pankov et Parchim. C'est une façon de parler car il gèle et il pleut. J'allais oublier un vent de raz de marée.

– Ils ont allumé un feu près de la carriole.

– Dors, Robert. Demain tu dois marcher. Marcher.

– J'ai trop froid. Tu veux pas te chauffer ?

– Bon, allons-y. On verra bien. Mais avec prudence.

Le SS :

– *Gut ! Gut !*

Et il nous fait signe de nous installer.

– Pierre, dis-lui quelque chose.

– ...

– Qu'est-ce qu'il dit ?

– Laisse-moi.

– ...

– Qu'est-ce qu'il dit ?

– Qu'on va pas rester longtemps autour du feu. Il va l'éteindre quand on sera réchauffés, à cause des avions.

– On va où ?

– Il en sait rien. En Suède. Il a pas dit non.

– Qu'est-ce qu'il dit ?
– Que c'est moche la guerre.
Le feu éteint, nous retournons au pied de notre arbre. Je mange un biscuit.
– Il avait gardé son fusil à la bretelle. On aurait pu se le payer.
– Et les autres ? Et avec quelle force ? On tient pas debout.

Pour changer, nous marchons. Pour changer, nous traînons. Une heure après avoir passé la ville déserte de Parchim, ça y est, j'ai mes vapeurs. Pied devant l'autre. Un abcès qui crève, mes boyaux qui passent le nez à la fenêtre, l'épaule solide de Pierre. Automate mal huilé. J'ai l'impression que si je mange je tiendrai. Tout y passe.
Pan ! Nouvel abandon sur le bas-côté. Et puis un autre. Entre la pause de midi et la nuit, je ne sais pas ce qui s'est passé. Ah si ! J'ai marché. Grâce à Pierre.
– Nous sommes où ?
– Direction Zapel.
– C'est où ?
– J'ai pas de carte d'état-major.
– Il y a longtemps qu'on est dans le bois ?
– Plus de deux heures.
– J'ai rien vu. T'as ramassé des champignons ?
Nous nous approchons des bâtiments immenses d'une ferme immense.
– Une grange ! Nous allons dormir sur de la paille.
– Ils ont fermé les deux battants. Ils vont mettre le feu.
– Sois tranquille. Les avions...
Un déporté pousse la porte. Deux coups de feu claquent. Il baisse culotte à l'entrée, en s'excusant :
– À la guerre comme à la guerre !
Le canon nous réveille vers 2, 3 heures du matin. Les obus se croisent au-dessus de nos têtes.
– Pour un duel d'artillerie...
– Qui gagne ?

– À droite, ce sont les Russes. Ils rendent trois coups pour un.

Au lever du jour, les canons s'endorment.

Mais qu'est-ce qu'ils foutent ? On a droit à du rabiot. Il est plus de 7 heures. On va être en retard. On n'aura pas notre compte de pas, de kilomètres, de coups, de faim, de pus, de sang.

Un déporté, à plat ventre, prudemment, pousse un battant de la porte, du bout des doigts. Elle grince. Il rampe. La tête. Le tronc. Il est à l'extérieur. Une seconde. Dix secondes... Il prend le second battant à deux mains et tire de toutes ses forces. Il est au milieu de l'entrée, les bras au ciel, transfiguré.

– Ils sont partis ! Ils sont partis !

Il saute de joie.

– Nous sommes libres, libres !

Il court vers une forme allongée, la serre dans ses bras, l'embrasse.

– Libres ! Debout ! Ils sont partis.

Sur mon lit de mort, je reverrai cette ombre chinoise qui criait ma liberté, ma vie, mon bonheur.

Avec Pierre, nous nous précipitons. À dix mètres, éparpillés sur le sol, des uniformes, des fusils, des pistolets-mitrailleurs, des papiers militaires, des sacs à dos, la carriole.

Nous dansons, enlacés, nous embrassant. Je sens ses larmes sur mes joues. Oui, nous pleurons. Nous pleurons. Et encore. Libres. Libres, vivants.

Je prends un pistolet-mitrailleur, Pierre une grenade. Nous avons gagné. Nous avons vaincu. Pauvres vainqueurs...

– Robert, posons ces objets et allons dormir.

Je dors. Je me réveille. Je dors. Je me réveille. Jusqu'à midi.

– Il faut partir.

– Ils pourraient revenir.

– Allons aux grandes maisons.

Je n'ai jamais éprouvé de ma vie un tel bien-être. Qu'ils

reviennent ! J'ai été libre, j'ai contrôlé mes allées et venues, je n'ai salué personne du béret. Le ciel a une couleur que je ne lui connais pas, le vent frôle ma peau sans la hérisser et les nuages dessinent des personnages de carnaval. Je n'ai plus peur d'eux. Ils se sont dévêtus, ils ont abandonné leurs armes, leurs papiers. Ils errent, à leur tour, sur les routes. Ils vont connaître le froid, la faim, la fatigue, la peur. Ils ont choisi, eux qui savent leur passé, l'épouvante. Il devait en être ainsi d'un Gilles de Rais allant vers ses juges de Nantes. Oui, ils sont Gilles de Rais. Pourquoi l'Histoire veut-elle qu'au côté de Jeanne d'Arc se trouve Gilles ? Pourquoi Dieu accepte-t-il la présence du diable ? Nous avons connu les bataillons noirs de l'ange déchu. Ils s'enorgueillissaient de leur tête de mort chevauchant deux tibias croisés. Un jour prochain, j'irai me prosterner devant la Vierge noire de Sabart pour lui dire ma foi en elle, ce que je lui dois, mais rien au monde, et au-delà, ne m'empêchera de lui demander pourquoi, avec son Fils immuable et généreux, elle a accepté notre inacceptable. Pour racheter quoi ? Pour racheter qui ? Nos souffrances, nos morts ont effacé à tout jamais le crime du Chemin de Croix et de la Crucifixion. Dieu est-il plus grand pour cela ? Plus généreux ? Plus juste ? Plus Dieu ?

Derrière les « grandes maisons », le parc et le château de Fraenmarck. J'apprendrai plus tard qu'Hitler, chef de parti, prétendant chancelier, est venu plus de dix fois se reposer ici, chez son ami le « grand fermier » qui, autrefois, collabora aux entreprises d'agriculture naturelle de Daré (ministre de l'Agriculture du Reich) et d'Himmler, qui entra dans la vie active en élevant des poulets. Peut-être les milliers que je vais découvrir dans les dépendances descendent-ils d'une si célèbre lignée ? Le monde est petit pour les rouges-gorges curieux. Le château aussi, car au moins cent « libérés » de notre colonne et d'autres campent dans les vingt ou trente pièces du corps de bâtiment principal. Nous tombons sur Rocher, une vieille connaissance.

– Je fais mes valises, je me tire de ce piège à rats. Ça se bat pas loin ; imaginez que tactiquement les Ruskoffs soient obligés d'abandonner du terrain. Qui va venir s'installer dans le château ? Nos braves Fridolins. Vous venez avec moi ?

Nous allons. Piano piano. Nez au vent du sud-ouest. Vent de France. Au fond de la propriété, à sept ou huit cents mètres du château, une solide baraque baroque basse, mi-cabane de jardinier mi-remise à outils.

– On viendra pas nous dénicher ici.

– Et manger ? Vous songez à manger ? Vous connaissez des hommes libres qui ont le ventre vide ?

– Séparons-nous. Rendez-vous dans une heure. Faudra trouver aussi des montres.

Je vais traverser la ligne d'arbres pour atteindre une maison isolée près d'une mare. Dans le premier bosquet, je tombe sur un canon de campagne genre 77. J'avance ; il y en a partout. Des gros, des moyens, des petits. Des caisses. Des caissons. Des cordes d'obus, un parterre de douilles. Et là, une roulante coiffée de marmites surveillée par un écureuil. C'est bien ma chance : du veau. Alors, ma petite dame, on se décide pour ce foie magnifique ? Vous m'en direz des nouvelles. Du beurre. Vous n'avez pas de la viande rouge ? C'est pas le jour. Prenez ce foie, ces pieds, ces rognons, ces... C'est trop ! C'est trop ! Merci. Je peux... la *Taffelmargarine* ? Prenez.

Rocher est déjà en cuisine. Poulet grillé et, à côté, poulet dans une grande casserole d'eau.

– Pour le bouillon de demain. Faudrait des oignons. Passe-moi les pieds, on va les grignoter avec le poulet grillé.

– Crus ?

– Mais non, bouillis.

Noces de Cana, sans le miracle du vin.

Toute la nuit coups de feu, mitraillages.

– On va voir ?

– Dors.

– Si...

– Dors.

Café au lait bouillon de poule, croissants pieds de veau.

– Allons au château.

Deux déportés sont assis dans des fauteuils qui pourraient bien être Louis XV, au milieu de l'allée.

– Qu'est-ce qui s'est passé ?

– Ce sont les Russes. Ils nous ont fêtés en tirant en l'air et, comme il y avait des portes et des armoires bouclées, ils ont fait sauter les serrures à la mitraillette. Ils se sont servis. Deux charrettes à bras. Ils nous ont dit d'en faire autant. Les Allemands ont encore reculé. Nous ne risquons plus rien. Tu veux une cibiche ?

Concertation.

– Alors, on reste ?

– On l'a décidé.

Toutes les pièces du château ont été transformées en campements provisoires. Les cheminées n'en reviennent pas d'être chargées aux bois précieux des commodes, banquettes, encoignures, aux reliures mosaïquées du XVIIIe siècle. Ils dorment. Ils mangent. Un château garde-manger.

Au fond d'un couloir du premier étage, deux grandes pièces oubliées. Les appartements privés – chambre-bureau et salle à manger-salon – de l'intendant. Elles seront notre tanière. Aucun meuble, aucun bibelot n'a été déménagé, dérangé, brisé.

– Le château de la Belle au Bois dormant !

– Et le lit ! Un lit. Quel lit ! Avec des draps brodés et un édredon. Vivement ce soir qu'on se couche.

Tandis que Rocher « monte la garde », avec Pierre nous partons au « ravitaillement ».

– Hé ! Les gars...

Les gars, les braves gars grippeminaudent sur leur malle des Indes. Ils ont vingt-quatre heures d'avance sur nous ; ils ont tout vidé de la cave au grenier.

– Mais vous n'allez pas manger douze jambons et toutes ces conserves, à trois ?

– Faites comme nous. Débrouillez-vous. Autour du château, les bâtiments n'ont pas été pillés.

Tous nous font la même réponse.

Le bureau du rez-de-chaussée a été saccagé. Un « vieux » :

– Tu peux cracher sur ce qui reste. Hitler a travaillé ici. Assis à cette place, sur ce fauteuil cassé.

Et il me montre une photo.

– Tu vois, ça, c'est Hitler, celui-là sans doute le propriétaire, et le bureau, la bibliothèque, la table. La photo a été prise dans cette pièce. Je la garde en souvenir. Tu peux te servir. Ils vont tout brûler.

– Qui c'est, « ils » ?

– Nous. Moi. Toi.

Je ramasse sur le sol un pèse-lettres en cuivre et deux cendriers en marbre brun.

– T'as bien choisi. Ces trucs étaient sur le bureau. Ils sont sur la photo. Hitler a pesé ses lettres et écrasé ses mégots, parce qu'il fumait avant la guerre...

Dans un tiroir renversé, une centaine de photos.

– Et ça, je peux prendre ?

– Tout, je te dis. Tout est à enlever. Bravo pour les cendriers. Mais c'est lourd... Ils sont chouettes.

Pierre et Rocher me rejoignent.

– Et notre deux pièces cuisine ?

– J'ai marqué « occupé » sur la porte en français, allemand et russe.

Rocher tient un seau.

– Je vais traire une vache.

À une centaine de mètres du château, plusieurs corps de ferme. Les « campeurs » avaient raison : plusieurs milliers de poules en liberté, au moins soixante vaches, une douzaine de chevaux et le double de cochons.

– C'est La Villette !

Des soldats russes courent après les chevaux, Pierre derrière un coq.

– Moi, je vais pomper mon lait. Je prends la mignonne blanche.

*"Da da"*, me dit un Russe, qui tente de me faire comprendre que, si l'on ne trait pas les vaches, elles vont... « Ah oui, gros ventre. »

Il désigne un cheval. Je réponds « beau, jeune ». Il

prend sa mitraillette et l'abat. Je comprends que c'est un cadeau pour moi, pour manger. Et il part en riant.

– Rocher, après la vache, tu nous coupes un beef de canasson.

– Et comment !

Pierre me lance deux poulets.

– Rentre à la maison. Tu es de corvée de plumes. Je vais bien dénicher des œufs quelque part.

Vingt minutes plus tard, ils sont de retour avec « tous les produits de la ferme » que nous pouvions souhaiter. Quant au « beef » il doit bien peser douze à quinze livres.

– Que demande le peuple ?

Que nous redevenions des hommes. Simplement. Le plus rapidement possible. Pourrai-je leur pardonner de nous avoir transformés en animaux seulement préoccupés d'accumuler des victuailles ? En combien de temps s'est accomplie la mutation ? Je crois qu'une semaine de Neue Brem a suffi. Et cette peau de zèbre sale, déchirée, sanglante...

– Il nous faut des vêtements civils.

– Tu as raison, Robert. Après le déjeuner.

Repas : de l'ancien français *past*, nourriture. Goinfres carnassiers. Mâche dru. Ces mots suffisent à décrire la « chose ». Gigantesque. Extraordinaire. Affolante. Ventre.

Un quart d'heure après le début de notre somnolence digestive, celle que nous n'avions pas prévue, que nous n'attendions pas se manifeste par un incoercible épanchement. Nous n'avons que le temps, en une course éperdue, de gagner le rez-de-chaussée. Bourrasque, cataracte, cascade. Déluge. Nous ne sommes pas les premiers à être frappés. Le recoin de la cour réservé à cet effet est déjà un champ d'épandage.

– Nous allons brûler des branches, des brindilles. Une cure de charbon de bois. Matin, midi et soir : une cuiller.

Les rues du village voisin sont parcourues par des cow-boys soviétiques chevauchant de paisibles montures aux hanches de nourrice.

– C'est quelle marque, les chevaux ? On dirait des percherons.

Les soldats, avant de disparaître, vident méthodiquement les chargeurs de leurs armes automatiques dans les portes, les volets clos, les façades.

Dans la première maison, une armoire et un vestiaire nous livrent chemises, vestes, pantalons. Nous brûlons nos rayés et leurs poux dans la cheminée de la cuisine. Nous sommes les seuls occupants du village.

– Ils doivent être planqués dans les bois, ou en exode sur les routes. Vers l'ouest. Vers l'ouest. Vers les Américains.

Nous remplissons de grands sacs de toile de jambons, saucissons, confitures, anguilles en bocaux, pots de saindoux, sucre roux.

– On peut tenir plus d'une semaine.

– Avec la permission de Dame Dysenterie.

Le lendemain, nous sommes appelés par le « vieux ».

– Venez si vous pouvez faire quelque chose.

Dix déportés, couchés sur les tapis du grand salon, meurent d'avoir trop mangé, trop bu. Ils meurent de leur liberté. Nous leur parlons. Nous les lavons.

– Il faut trouver des médicaments, un médecin ou une infirmière.

Avec Pierre, nous retournons au village. Un soldat russe surgit d'un porche, mitraillette braquée. C'est un « chasseur de SS ». Nous nous expliquons tant bien que mal. Plutôt bien puisqu'il nous laissera repartir en nous offrant des cigarettes.

– T'as compris ?

– À peu près. Ils découvrent les SS grâce à leurs bottes. Ils se sont mis en civil mais ils ont gardé leurs bottes.

À chaque question concernant un médecin, le Russe répondait : « Berlin, Berlin. » Ce n'est pas possible que tous les médecins de l'Armée rouge soient déjà à Berlin.

Dans une laiterie, nous tombons sur un baquet qui doit contenir plus de cent litres de crème.

– Tu crois qu'elle est fraîche ?

– Je m'en fous. D'ailleurs la crème ne s'appelle jamais crème mais « crème fraîche ». Alors !

J'en avale bien un litre.

– C'est bon pour ce qu'on a.

– Si tu le dis.

Nous retournerons au château après trois heures de fouille sans avoir découvert le moindre médicament. Des dix, sept sont morts.

Jours d'impatience.

Nous creusons des tombes.

Nous mangeons du charbon de bois.

– Mais ils vont bien s'occuper de nous un jour ?

– Quand ils auront gagné la guerre.

Nous inspectons les voitures abandonnées. Aucune n'est réparable.

Je remonte l'équipement électrique d'une moto avec Pierre.

– Nous allons pouvoir rejoindre les lignes américaines. Tiens, vise le Russe !

Le Russe admire pendant une demi-heure notre travail puis, brandissant sa mitraillette, il nous invite à le précéder sur la route en poussant la moto.

– Merde ! On est prisonniers des Russes !

Après deux kilomètres, nous pénétrons dans une ferme. Contre un mur, trente-deux motos. Je les ai comptées. Un sous-officier a une longue explication en allemand avec Pierre, d'où il ressort, en conclusion, que nous pourrons partir lorsque toutes les motos pétaraderont.

– Y rêvent !

– C'est sérieux. Faisons comme si.

– Mais ils ont mis une sentinelle. Une tête de brute.

À la nuit tombante, nous profitons d'un « relâchement de surveillance » (le garde est entré dans le bâtiment) pour nous enfuir.

Le château est en fête.

– Hitler est mort. La radio l'a annoncé. Il s'est suicidé avec sa poule.

Sur un divan, un corps sous une couverture. C'est le « vieux ». Le « vieux » s'est vidé dans l'après-midi.

– On est le combien ?

– Le 1er mai, je crois.

– Nous sommes enfin libres « officiellement ». Jusqu'à présent, c'était de la resquille. Un avant-goût. Et si ça continue, nous allons mourir libres. Faut se tailler. Vite fait. On a trop traîné.

Le surlendemain, Pierre aboutit dans les négociations entreprises auprès du conducteur de charrette qui vient chaque matin chercher six seaux de lait. Il parle allemand.

– Nous partons demain matin à 6 heures. Il va nous conduire aux lignes américaines. Il peut prendre six personnes. Il veut du sucre et de l'alcool.

– Nous n'avons qu'à trouver des stockeurs d'alcool. Du sucre, on en a. C'est loin les lignes ?

– Quinze à vingt kilomètres.

Comment seras-tu, mon premier Américain ? Tu es là, à moins de dix minutes. Notre brave Russe vient de nous laisser sur le bord du chemin. Il avait la larme à l'œil. Nous nous sommes embrassés. C'était un paysan sympathique. Tous les Russes sont paysans. Je ne peux pas leur en vouloir pour leur manque d'assistance. Ils avaient d'autres chats à fouetter. Ils n'étaient préparés qu'à la guerre, à avancer, enlever des positions. C'était le principal. Nous leur devons la vie, nous les rescapés des marches de la mort d'Oranienburg. Sans Pierre et les Russes, je serais au paradis ensoleillé des rouges-gorges.

Toi, Yankee, tu es d'une autre race, d'une autre trempe, à ce que l'on dit. Comme les peuples qui ont lutté pour se tailler une patrie, tu chéris les hommes. Il paraît que l'un de vos généraux a dit : « Je préférerais perdre tous mes chars plutôt qu'un seul soldat. » Je crois qu'il le pensait. Un homme est irremplaçable. Et puis vous êtes l'armée la plus puissante du monde, celle qui consacre le plus de matériel, de personnel, de dévouement à ses blessés. Chez vous, nous retrouverons notre santé et notre dignité. Depuis le temps que je vous espère. America ! America !

– Derrière l'arbre... C'en est un.

Nous agitons les bras.

– *French ! French ! Friends...*

Seuls un rebord de casque, un genou et le canon de la mitraillette dépassent. Méfiant, le GI. Il a raison. Par les temps qui courent...

Il est grand, il est rigolo avec ses taches de rousseur, ses paupières en jalousie et son nez aplati. Il n'est pas commode. Vingt-deux ans. Poils roux sur les bras. Allez, les mains en l'air ! On est français. On n'a pas d'armes. On veut voir un officier. On était bien chez les Russes, mais les Russes n'ont pas débarqué en France, alors si on veut rentrer en France...

Pas un sourire, pas une émotion, pas de cigarette.

Un quart d'heure plus tard, nous nous retrouvons parqués dans un grand champ, au milieu de trois cents déportés. Gardés par une douzaine de MP.

– Y a pas de tente.

– On est là depuis ce matin, ils nous ont rien donné à becqueter.

– Quand on leur parle, répondent pas. Z'ont des ordres.

Adieu, la vie de château.

– J'aurais jamais imaginé ça.

Nous dormons sur la terre. Toutes les dix minutes, des groupes de déportés grossissent les effectifs de notre camp.

– Oui, c'est un camp. Demain, tu vas voir, ils vont nous demander de dérouler les barbelés, d'élever des miradors.

Au matin, Pierre et moi prenons la tête d'une délégation. Il y a des hommes qui vont mourir par la faute des Américains. « Vous serez responsables. » Nous avons dans ce camp des dizaines de malades graves. Un sous-officier accepte de conduire trois d'entre nous à son PC.

Le médecin qui m'examine est stupéfait devant ma maigreur et mes « tripes à l'air ».

– On va vous opérer, vous transférer dans un hôpital.

– Non ! J'ai fait quatre ou cinq cents kilomètres à pied ces derniers jours. Comme ça. Je reste comme ça. Je veux rentrer. Et je ne suis pas le seul malade, nous sommes tous malades, presque morts. Si vous ne faites rien...

Il sort, revient avec mes compagnons et deux officiers.

– Demain, les malades seront évacués par camions sur la France.

Il me serre la main. Je vois dans ses yeux les mêmes larmes que celles qui ont coulé sur le visage de notre charretier russe.

Et toi, la France, ma France, comment vas-tu nous accueillir, nous fêter ? Je ne demande qu'un peu d'amitié, qu'un peu de compréhension. De la tendresse aussi.

Ni compassion ni pitié.

Un peu d'amour peut-être.

La Hollande, la Belgique sont aux fenêtres, sur les ponts au-dessus des routes, des voies de chemin de fer, sur les quais de gare. On chante, on rit. Partout les enfants des écoles jettent des bouquets de fleurs tricolores.

Rouge-Gorge des plaines et des vallées, Rouge-Gorge des montagnes et des forêts, tu n'as pas mérité cet élan, cet amour. Oui, cet amour. Ces Hollandais, ces Belges et maintenant, depuis que nous avons passé la frontière, ces Français t'aiment, ils te le disent, ils te le crient, ils te le prouvent.

Pour combien de temps ?

Là n'est pas la question. Ils l'ont fait. Ils te l'ont dit. Ils te l'ont prouvé. Ces images doivent effacer les autres, toutes les autres.

Le pourront-elles ?

Il le faut. Pour qu'une vie nouvelle, pour qu'une vie meilleure, sans guerre... Je pleure. Tous autour de moi, ils pleurent.

– C'est la France ! Ça, c'est la France. Elle sait qui nous sommes, ce que nous avons vécu. Elle applaudit les vivants mais elle pleure aussi les morts. La France ne ressemble à nulle autre nation.

Elle oubliera, la France. Ça aussi, je le sais. Mais qu'importe ! Elle nous a tant donné en ces heures.

Je n'écoute plus les bruits, les rires, les chants. Je suis déjà rue Saint-Sabin. Je cherche à préparer mes mots. Je touche mes cadeaux : l'avion pour Christian, trois kilos de sucre roux pour Marcelle... et le pèse-lettres, les cendriers où Hitler, quand il fumait...

Rouge-Gorge, passereau, voici Paris. Paris au mois de mai. Un peu de brume que va chasser le soleil, Paris, ton village. Paris, ton foyer.

Petit Rouge-Gorge de la rue Saint-Sabin, lisse tes plumes, gonfle ton torse, assure tes pattes. Encore deux marches.

Rouge-Gorge, comme dans l'autre temps, trois coups de sonnette, trois coups longs. Tu entends les pas ? Tiens bien la rampe pour ne pas t'effondrer. Pose le baluchon, redresse les yeux, mouille tes lèvres, pince tes joues...

– Marcelle [1]...

1. Le 20 mars 1947, devant les accusations des membres du réseau Alliance, mais aussi au vu des documents secrets de l'Abwehr (en particulier ceux de Lille) retrouvés, le « colonel P. », P. comme Panthère, devenu entre-temps général, est arrêté. Les archives du contre-espionnage allemand prouvent que le « colonel » a accepté pour avoir la vie sauve de trahir, de dénoncer, de jouer double jeu auprès du général de Gaulle à la demande de Berlin, qu'il a reçu un matricule, un pseudo, « Titus », et un salaire mensuel important...

Roger Wybot, le chef de la Direction de la Sûreté du Territoire (DST), est chargé de l'enquête. Il confronte le général avec Robert Bernadac. Le général craque :

– Je savais bien, Rouge-Gorge, qu'il faudrait un jour que je paie tout cela. Je vous demande pardon.

Robert Bernadac :

– À votre avis, vous méritez quoi ?

– La mort. Monsieur Wybot, je demande un revolver. Et que l'on me laisse seul.

Roger Wybot lui refusa cet « honneur ».

Le 22 septembre 1949, le commissaire du gouvernement plaide qu'il « existe une prévention suffisamment établie contre le général... d'avoir entretenu des intelligences avec l'ennemi » et demande que soit appliqué un châtiment exemplaire.

Le général sera purement et simplement relaxé. À peine lui reprochera-t-on « quelques imprudences et un peu de légèreté, incompréhensibles chez un général français ».

Robert Bernadac n'a toujours pas compris. Ni ses amis du réseau Alliance et d'Oranienburg. Ni probablement le « général ».

*Évacuation d'Oranienburg colonnes de femmes* — *21 avril 1945 et jours suivants*

# TOUT CE QU'ON VOUDRA, MAIS EN BONNE COMPAGNIE

« Le 24 avril[1] nous pénétrons dans un bois épais. Dans une clairière une grange à étage. Nous allons rester là pendant trois jours en économisant le peu qui nous reste du colis Croix-Rouge. La première nuit, avec Juliette et Marguerite, nous couchons en bas. Mais les femmes qui ont eu le courage de grimper au premier urinent à même le plancher disjoint. Au-dessous, nous sommes inondées.

« La deuxième nuit, nous montons au premier. Les places sont rares. Jacob, le Tueur, le droit commun boche, nous frappe à coups de poing, à coups de pied, à coups de bâton ; il attrape les femmes, les jette l'une sur l'autre avec sa force d'hercule. Nous sommes couchées tête-bêche, ne pouvant remuer.

« La troisième nuit, avec Lucienne, Dédée, Denise, nous nous allongeons dehors, sous une faucheuse, mais il fait très froid et nous avons peur. Si Jacob arrivait ! Toute la nuit, des avions passent, des coups de feu éclatent. Pendant ces trois jours, nous pouvons allumer un peu de feu de bois. Avec de l'eau d'une mare, nous faisons le thé. Nous arrivons à cuire à demi nos pommes de terre dans de vieilles boîtes à conserve. Des Polonaises se faufilent dans les silos. Jacob redouble de méchanceté. Il frappe, frappe. Il assomme notre petite Marie,

1. Manuscrit inédit Lucie Morice, déjà citée.

qui crie de douleur, qui éclate en sanglots. Elle va mourir quelques jours plus tard.

« Avant de quitter ce bois pour une longue étape, nous pouvons aller nous débarbouiller dans la mare. Des petites Belges nous prêtent du savon, nous nous essuyons avec le revers de nos robes. Les pieds trempent dans l'eau verdâtre, fangeuse. Ils sont tellement endoloris, brûlants d'ampoules que c'est un bien-être.

« Le quatrième jour au matin, nous sommes reposées, nous partons. Lugubre, hallucinant, ce troupeau qui grelotte, qui se traîne. Il faut marcher, marcher encore, marcher toujours. Les bourreaux nous guettent, achèvent celles qui tombent. À cheval, un, deux, trois cavaliers font la colonne : un coup de feu ! C'en est fini de celle qui n'a pas pu tenir. Combien en a-t-on rencontré, de ces cadavres ? Je n'ai plus peur de la mort. L'étape de nuit est terrifiante. Trébuchant dans les trous, sur les pierres, enfonçant dans la terre, nous sommes épuisées, nous ne pouvons même plus parler. Nous allons sombrer dans l'inconscience. La nuit n'en finit pas. Nous sommes séparées, perdues. Au petit jour, nous tombons exténuées, au bord d'un chemin. Les SS ne cherchent même plus à nous faire relever. Renée appuie sa tête brune sur mes genoux et pleure doucement. “Crois-tu que c'est la fin ? me dit-elle. D'une manière ou d'une autre, je n'en peux plus, je vais mourir !” Je caresse sa belle chevelure, elle s'assoupit. Elle tremble encore de froid, de faim. Elle est si jeune ! Vingt-deux ans peut-être. »

« Un jour [1] dans une forêt, d'un coup de baguette magique apparurent des camions de la Croix-Rouge. Un colis pour cinq. Nous ne savions plus que de telles délices existaient. Le café en poudre, pris par pincées, fut un stimulant qui nous sauva. Le souvenir d'une autre halte – avant ou après les colis – me hante encore. C'était à la tombée du jour. Nous fûmes parquées dans une grande ferme communale. D'immenses bâtisses disposées en

1. Manuscrit inédit S. Bercloz.

carré autour d'une cour fermée. Il y avait là des milliers d'hommes, des déportés, des réfugiés. Tous criaient. Une cour des miracles. L'enfer. J'eus peur comme je n'avais jamais eu peur au camp, sur les routes. Une peur panique, incontrôlée. Je me disais : "Oh ! Pas la liberté à ce prix-là." Et, tout à coup, dans un élan irréfléchi, je me pends à la vareuse d'un gardien pour traverser cette horrible cour et, avec mes trois ou quatre camarades, il m'entraîne avec lui dans la grange qui leur était réservée. Là, dans un recoin, derrière la porte fermée, je me suis sentie en sécurité. En sécurité parmi les SS. Nous étions trop dégoûtantes pour eux. J'ai bien dormi. Les SS assassins devenus anges gardiens. On aura tout vu. »

« Nous[1] arrivons en pleine bataille. C'est Parchim. Encore quelques chemins creux et lorsque nous traversons le patelin, c'est l'horreur dans toute son acception. Des chevaux sont là à terre, gonflés à exploser. Trois fois leur volume. Des hommes qui eux, sont des soldats, idem. Ça fait mal de voir ce spectacle. Tout à coup Farfadet est prise d'une crise de colère et saute sur... un cheval mort, tout gonflé, tout noir... Une rage folle semble s'être emparée d'elle. Elle piétine le cheval et répète : "Salauds ! Salauds !" Nous la prenons enfin et elle se calme.

« Dans un bois, nos geôliers nous rassemblent. Pas le droit de bouger de la clairière. On attend quoi ? Nous n'en savons rien. Brusquement nous nous apercevons que les SS ont déguerpi. Cela ne veut pas dire que nous sommes libres pour autant. Quelques filles font une reconnaissance. Il y a des sentinelles aux quatre coins du bois. Une petite Russe récolte une balle de fusil, car elle a été trop curieuse. La pauvre fille arrive quand même à ramper jusqu'à nous, mais elle est touchée à mort.

« Nous nous organisons pour passer la nuit. Notre petite Marie va de plus en plus mal. Le lendemain matin,

1. Manuscrit inédit Bernadette Kinderstuth, déjà citée.

plus de sentinelles, plus rien. Nous découvrons des uniformes abandonnés. Les SS, autrement dit, ont mis les bouts. Maintenant il s'agit de nous orienter pour en sortir. Marie est dans une sorte de coma. Impuissant, le corps médical est là : Georgette le toubib, Gisèle la pharmacienne et moi, l'infirmière. Le toubib diagnostique une hémorragie cérébrale. Nous ne pouvons rien faire. Avec une cuiller, pendant des heures nous nous relayons, Geo, Marie-Jeanne, Gisèle et moi, pour desserrer ses dents.

« Enfin nous trouvons une ferme. Tandis que le groupe va vers le plus proche village, Gisèle, Georgette et moi installons Marie dans la grange de la ferme, j'explique aux fermiers que notre compagne est mourante. Je nous présente : Georgette, médecin, Gisèle, pharmacienne, et moi, l'infirmière. Ces gens nous donnent à manger. C'est bon. Tout à coup le fermier me demande, jetant un regard sur Geo :

« – C'est bien un médecin ?

« – Oui, tout ce qu'il y a de plus médecin.

« – Croyez-vous qu'elle acceptera de nous rendre service cette nuit si nous en avons besoin ?

« – Certainement, dis-je. Vous avez quelqu'un de malade ? Un accouchement ?

« – Oui, me répond le fermier, embarrassé. C'est la vache et elle n'est pas bien du tout.

« Malgré les circonstances tragiques qui nous ont conduites là, à cette table de fermiers, hier encore ennemis, j'ai envie d'éclater de rire. Mais c'est le plus sérieusement du monde que j'expose la requête du bonhomme. Geo fait dire qu'elle accepte. Le vieux est satisfait. Nous reprenons notre triste veillée. Marie est toujours dans le coma.

« Dans la nuit, le fermier vient nous demander si le médecin veut bien venir. Il a une lampe tempête en main. Zut, j'ai envie de rire, mes enfants, quand je songe qu'un médecin français, une déportée, portant encore sa robe rayée de bagnarde, va faire volontairement un accouchement. Et quel accouchement ! Celui d'une vache. Lorsque Geo revient plus tard, très lasse, j'imagine qu'elle a obtenu cette nuit son diplôme de vétérinaire. La pauvre a tenu la chandelle, en l'occurrence la lampe tempête, pendant toute la durée du travail. Pour un médecin c'est un peu vexant, avouons-le.

« Notre petite Marie est morte. Le village est à quinze cents mètres environ. Je m'y rends et annonce la triste nouvelle. Un Kommando de prisonniers français s'y trouve également. L'homme de confiance, un sous-officier sympathique, nous offre de s'occuper de l'inhumation. Marie, petite Marie, tu auras des obsèques dignes de toi. Un drapeau tricolore recouvre le cercueil. Un prêtre lit les dernières prières des morts dans le cimetière où PG et déportées sont là, silencieux. Puis il faut songer au départ vers la France.

« Les Russes aussi sont là. Et bien là. C'est leur secteur. Les Américains, eux, sont à cinquante kilomètres. Nous voulons les rejoindre. Je vais enfin pouvoir dormir. Dès la veille, des maisons ont été réquisitionnées pour abriter mes camarades. Les soldats russes et les PG français sont dans une grange immense. Décidément, il y a beaucoup de granges dans notre aventure. Les soldats me disent que les Russes sont très entreprenants, surtout lorsqu'ils ont bu. Ma décision est prise, je préfère me confier aux Français et je dors comme un ange dans la paille, veillée farouchement par des gars décidés. En effet, dans cette même grange, il y a aussi des Russes. Ils boivent beaucoup, ces messieurs, et ils perdent facilement le contrôle de leurs enthousiasmes. En pleine nuit, je suis réveillée par des bruits insolites. Je demande à mes compagnons ce qui se passe. Nos alliés éméchés voulaient tout simplement forcer les portes de mes compagnes, histoire de rire un brin. Mais les Français veillaient et les gars à étoile rouge durent regagner leurs pénates. Pas contents du tout, les moujiks.

« Le lendemain, l'homme de confiance des Français entame des pourparlers avec les autorités russes afin que nous puissions rejoindre les Américains. Il nous faut naturellement un sauf-conduit pour passer la "barrière". Entre-temps je me suis dépouillée de ma robe rayée (et de ses poux). Je me suis lavée avec une joie sans mélange dans un baquet. Comme bagage nous n'avons plus rien. Les PG sont plus riches que nous. Ils ont encore quelques conserves. Et ces pauvres garçons s'ingénient à transporter leur barda (quant à moi, je trouve qu'ils se cassent bien la tête). Je me trouve près des deux gars qui ont si bien veillé sur mon sommeil. Ils ont un petit chariot et veulent à tout prix emporter leurs trésors. Mais voilà, accident technique, une roue ne veut pas aller plus loin. Nous sommes minutés pour passer cette sacrée ligne de démarcation. Alors ? Laisser tomber mes deux gars avec leur petite voiture et rejoindre tout simplement le groupe ?... Je ne puis m'y résoudre.

« – Mes enfants, vite, dis-je, il faut que nous parvenions à rejoindre la colonne.

« Mes gars me répondent que je ne dois pas rester, tant pis, disent-ils, on arrivera comme on pourra, mais vous, rejoignez la colonne. Ma décision est vite prise : personne ne veut rester en zone russe. Bon ! mes pauvres PG, je vais vous abandonner... Non ! Je pense que je peux après tout leur être utile. Enfin, la roue est réparée, la colonne est loin et il y a de grandes chances que nous arrivions en retard à la barrière.

« J'avais dit à mes camarades que le premier Américain que je rencontrerais... eh bien, je lui sauterais au cou et l'embrasserais. Là, rien de conforme à mes prévisions. Ce retard n'était pas pour arranger nos affaires.

« Lorsque nous arrivons tous les trois (il faut dire comme trois cloches) à cette foutue barrière, il y a un fichu temps, en effet, que la colonne est passée. Allez, ma fille ! À toi de jouer avec les Ruskoffs.

« Ceux-ci ne semblent comprendre ni le français ni l'allemand, quant à moi je ne connais pas la langue de Staline. Finalement on arrive à se comprendre et ils veulent bien nous laisser passer. Nous nous dépêchons. Enfin, au-delà d'un tournant nos compagnons sont là. Les Américains aussi. Un grand gaillard nous photographie tous les trois avec notre satanée voiturette. Du coup j'en oublie d'embrasser le gars comme je me l'étais promis. Je me sens sale et ridicule. Quand même, quelle joie de se trouver là ! Maintenant nous sommes presque en

France. Encore quelques kilomètres et nous atteignons le camp des Américains. Ceux-ci s'occupent immédiatement de nous faire préparer à manger. Plusieurs de mes camarades connaissent très bien l'anglais et peuvent leur faire un récit succinct de nos aventures. Lorsque la soupe est prête, ils nous servent avec un enthousiasme de gamins. “Encore ? Encore ?” nous demandent-ils. Le soir on nous loge chez l'habitant. Chacun son tour, messieurs les Allemands ! Ça nous fait tout drôle d'être sous un toit. Nous allons dormir dans un lit. Gisèle éprouve une joie puérile à plonger ses mains parmi le linge rangé dans les tiroirs de la commode. »

# « MAIS FAITES QUELQUE CHOSE POUR CES GENS... »

Plus de cinq mille déportés et déportées périront sur les chemins de l'évacuation d'Oranienburg-Sachsenhausen. À quelques jours, à quelques heures de leur libération et de la capitulation de l'Allemagne. Plus de cinq mille morts. Combien de milliers d'autres déportés ont été sauvés par la présence des délégués de la Croix-Rouge, par les quatorze mille colis de la Croix-Rouge distribués ? Dès qu'il apprit les exécutions sommaires des « traînards », le délégué Albert de Coquatrix se rendit à Ravensbrück. Un standardiste de l'Inspection des camps venait de lui dire que Kaindl, le commandant d'Oranienburg, s'y trouvait.

« Je[1] lui fis remarquer qu'un délégué du CICR ainsi que deux chauffeurs avaient été témoins de ces tueries. Kaindl répondit qu'il était peut-être possible que les soldats SS eussent abrégé les souffrances de quelques détenus qui ne pouvaient plus avancer et qu'il ne s'agissait là en somme que d'un acte humain. Kaindl ne comprenait pas que l'on fasse tant de bruit pour ces quelques morts, alors qu'on ne disait absolument rien des Terrogangriffen dont était victime l'Allemagne et il parla encore du bombardement de Dresde. Il avoua que certains soldats SS allaient peut-être trop vite en besogne

1. Rapport Albert de Coquatrix, Genève, 1947.

mais qu'il fallait tenir compte, que la plupart d'entre eux étaient des Volksdeutsche (hongrois, roumains, ukrainiens, lettons, etc.), et que ces gens avaient une autre mentalité. Je lui fis remarquer que les détenus des camps de concentration n'avaient rien à voir avec les bombardements des villes et je l'adjurai de faire cesser ces tueries immédiatement, ceci non seulement dans l'intérêt de lui-même ou de ses SS, mais du peuple allemand tout entier. Il me promit de donner des ordres en conséquence et je pris congé de lui.

« Suhrens [1] m'accompagna – car il avait assisté à tout l'entretien – et en descendant les escaliers il me prit par le bras et me dit que son plan d'évacuation jouerait parfaitement, qu'il avait tout prévu et tout organisé, et il ajouta : *"Bei mir passiert nicht."* [2] J'étais autorisé à revenir quand je voulais, j'étais même invité à venir voir les colonnes en marche et à visiter les lieux d'étape.

« Je repris la route pour Wagenitz, mais en empruntant celle qui est utilisée par les évacués du camp d'Oranienburg. Sur le parcours, je dépassai ou rencontrai plusieurs dizaines de colonnes dont les effectifs variaient entre cent et cinq cents hommes. Je m'arrêtai auprès de chacune d'elles et m'informai auprès du Kolonenführer (presque toujours un Oberfeldwebel) de l'état de santé des hommes, demandant s'ils avaient à manger et s'il y avait eu des pertes à déplorer. Il y en avait, mais bien moins que les jours précédents. Je rendais les Kolonenführer attentifs à des faits qui devaient cesser et leur prodiguais des conseils qui très souvent étaient des menaces : cessation immédiate des tueries, distribution de nourriture convenable, les détenus devaient dormir à l'abri, pas de grandes étapes ; tous les noms des SS étant connus des autorités alliées, chacun aurait à répondre de ses crimes.

« Je suis persuadé que les apparitions des délégués du CICR, ainsi que des chauffeurs, dans les colonnes, ont produit un certain effet sur les SS, car il arriva souvent

1. Commandant de Ravensbrück.
2. « Avec moi, rien de pareil à craindre. »

qu'aux arrêts ils s'approchent de moi et me déclarent qu'ils n'étaient pas des SS, qu'ils avaient été enrôlés de force et qu'il leur répugnait de faire ce métier. D'autres encore affirmaient qu'ils n'étaient pas allemands. Je leur répondais invariablement que leur salut dépendait de leur conduite envers les déportés...

« En continuant la route sur Wittstock, centre de ralliement de toutes les colonnes, j'aperçus subitement à quelque vingt mètres de la route des évacués qui me faisaient signe. Ils étaient parqués dans un enclos comme du bétail, à environ cinq cents. Je m'approchai de l'enclos et m'entretins avec un groupe de détenus. Les SS qui montaient la garde autour de l'enclos ne bougèrent pas. Les détenus m'annoncèrent qu'ils n'avaient rien mangé depuis trois jours. C'est alors que j'asssistai à des scènes poignantes et dignes de la plus grande pitié. Les détenus se jetèrent à genoux et en pleurant (ils me tendaient les bras) me supplièrent de ne pas les laisser mourir. Un avocat slovaque, père de sept enfants, me montra une poignée de froment : c'était tout ce qu'on leur avait donné depuis trois jours. Un Américain ajouta qu'une distribution partielle (pour la moitié de l'effectif seulement) avait eu lieu la veille (trois petites pommes de terre par homme), mais que les Russes (le plus fort groupe) s'étaient livrés à une attaque durant la nuit sur leurs camarades et leur avaient tout pris. Je demandai à parler immédiatement au chef de la colonne, qui apparut au bout d'une demi-heure. Je ne lui cachai pas mon indignation. Il me déclara que tout cela était inexact et, lorsqu'il apprit que je m'étais entretenu avec les détenus, il entra dans une violente colère. Il hurla : "Je vous défends de parler aux détenus." Je hurlai à mon tour, aidé en cela par le fidèle chauffeur qui me fut d'ailleurs d'un grand secours tout au long de mes tournées. Des SS arrivèrent à la rescousse et adoptèrent à notre égard une attitude menaçante. Je dois avouer que je ne me sentais pas en sécurité. Calmement, je leur expliquai qu'ils avaient tout avantage à bien traiter les détenus s'ils ne voulaient pas aggraver leur cas lorsqu'ils auraient à rendre des comptes. J'exigeai qu'une distribution de nourriture eût lieu le soir même. L'Oberfeldwebel me déclara que le nécessaire serait fait. Il refusa cependant de m'indiquer le lieu de stationnement de la colonne, le lendemain soir. Je lui fis remarquer que j'avais eu une entrevue le matin même avec le commandant du camp et que j'en référerais à son chef. Cela lui fit apparemment une certaine impression.

« Je m'arrêtai encore auprès de différentes autres colonnes. Partout, c'était la même vision. Ces malheureux faisaient peine à voir ; même dans leur malheur, ces hommes étaient grands. Les plus forts aidaient et soutenaient les plus faibles. Derrière les colonnes une vingtaine d'"esclaves" tiraient péniblement les charrettes sur lesquelles étaient entassés les bagages de ces messieurs les SS.

« À la sortie de Neuruppin, à une quinzaine de kilomètres de Wittstock, les colonnes s'étaient passablement étirées. On rencontrait régulièrement de petits groupes de cinq à dix détenus qui n'en pouvaient plus. La garde de ces groupes était confiée à un SS. Souvent c'étaient des condamnés de droit commun qui surveillaient ces groupes. Lors de l'évacuation du camp, ils avaient été revêtus de l'uniforme des SS, ils avaient reçu des fusils et avaient pour mission de renforcer la garde des SS. Ces personnages étaient craints des déportés autant que les véritables SS. D'ailleurs ces criminels exerçaient dans les camps les fonctions de Blockwarte et dans certains cas avaient même droit de vie ou de mort sur les détenus.

« J'ai transporté (et ravitaillé au moyen des colis que j'avais pris dans la voiture) plusieurs de ces groupes dans ma voiture de Neuruppin à Wittstock. Rencontrant le chauffeur qui venait d'effectuer une distribution de colis dans la forêt de Below (emplacement du camp), je le chargeai d'aller recueillir avec son camion tous ces moribonds.

« À mon arrivée à Below, je fus accueilli par des vivats et des cris de joie poussés par des milliers de détenus qui agitaient la main dans ma direction. Je n'apportais pourtant pas de colis. C'était la reconnaissance de tous ces malheureux envers la Croix-Rouge, dont le nom était prononcé dans toutes les langues. Je m'entretins avec eux et leur annonçai que d'autres camions de colis allaient encore arriver et que la Croix-Rouge ne les abandonnerait pas. L'annonce de cette bonne nouvelle – immédiatement traduite en russe, polonais, hollandais, etc. – provoqua une nouvelle manifestation de joie et de reconnaissance.

« Je me rendis chez le commandant de la place. Là, l'Oberzahlmeister me déclara que les détenus resteraient dans la forêt de Below au moins cinq jours. L'installation d'une boulangerie serait prête dans deux jours et ainsi les évacués recevraient du pain et aussi de l'eau potable. À la Croix-Rouge de faire le reste. Si curieux que cela paraisse, les SS étaient convaincus que la Croix-Rouge avait le devoir de nourrir les détenus. Le commandant du camp m'annonça en outre que l'installation d'une infirmerie était également prévue.

« Au cours de cette visite, j'ai pu voir de mes propres yeux avec quelle brutalité certains SS traitaient les détenus épuisés par une si longue marche. Un officier subalterne rassemblait en colonne par quatre les détenus qui devaient recevoir le colis Croix-Rouge. Estimant que la formation de la colonne n'allait pas assez rapidement, le SS – un gros cigare à la bouche – faisait avancer les détenus à grands coups de pied dans le ventre. Pas un détenu n'eut un geste d'étonnement ou de révolte. Ils avaient certainement l'habitude de ce traitement. Plus loin, des SS assistaient, impassibles, à la scène. J'ai dévisagé cette brute, nos regards se croisèrent. Ses yeux de criminel sadique me glacèrent. »

« Le matin[1] du 22 avril, nous découvrîmes sur une longueur de sept kilomètres, entre Löwenberg et Lindow, les premiers vingt détenus fusillés au bord de la route ; tous avaient une balle dans la tête. Au fur et à mesure de notre avance, nous rencontrâmes un nombre

1. Rapport Willy Pfister, Genève, 1947.

toujours plus grand de détenus fusillés au bord de la route ou dans les fossés. Dans les forêts entre Neuruppin et Wittstock nous avons trouvé régulièrement, là où les détenus avaient passé la nuit ou à des endroits de halte, plusieurs cadavres, en partie jetés dans les feux de camp et à moitié brûlés.

« Au premier village après Neuruppin, en direction de Rägelin, un détenu resté en arrière a porté le fait suivant à notre connaissance : le 22 avril, un commandant a entassé dans ce village ses cinq cents détenus dans une grange pour faire une halte de quelques heures. À 4 heures de l'après-midi, sa colonne se remit en marche. Quatorze détenus complètement épuisés restèrent endormis dans la grange. À 5 heures, une autre colonne arriva dans la même grange et trouva les quatorze détenus endormis. Les SS les traînèrent alors derrière la grange et les fusillèrent aussitôt sous l'inculpation de désertion.

« Le troisième jour de l'évacuation, nous rencontrâmes encore plus de cadavres que la veille. Des détenus de nationalités diverses nous ont secrètement déclaré que les SS et les criminels allemands en uniforme de la Wehrmacht continuaient à tuer à coups de fusil dans la tête chaque détenu exténué. Les malades étaient également fusillés de la même manière. Les SS profitaient de chaque occasion pour fusiller les “notables”.

« Jusqu'au soir du troisième jour de l'évacuation, les corps des détenus fusillés restèrent au bord de la route et dans les forêts, non enterrés. J'ai appris de sources dignes de foi que le 21 avril déjà les Ortsgruppenleiter du parti avaient reçu l'ordre des SS d'enterrer les corps dans l'enceinte de leur territoire de commune. Cet ordre ne fut pas exécuté parce que ces Ortsgruppenleiter ont également pris la fuite à ce moment-là. Le 23 avril, des détachements furent organisés pour enterrer les victimes.

« L'examen d'un grand nombre de cadavres a révélé que toutes les victimes avaient été liquidées d'une balle dans la tête. Les détenus nous ont déclaré que souvent les SS ont obligé leurs victimes à s'agenouiller ou à s'allonger, cinquante mètres derrière la colonne en marche, pour être exécutées.

« Il nous fut impossible d'apprendre le nombre exact des tués. Sur notre parcours nous avons vu au total plusieurs centaines de morts, mais nous n'avions pas un aperçu complet sur tout le territoire d'évacuation car, venant du nord, une assez grande colonne de camions de Lübeck approvisionnait également les détenus. Je déduis des nombreux entretiens avec des détenus qu'environ 15 à 20 % de l'effectif du camp de concentration d'Oranienburg a été tué de la manière décrite plus haut. Nous n'avons pas pu connaître les noms des victimes. Nous aurions pu – non sans danger pourtant – noter les numéros matricules, mais cela n'aurait pas eu de sens, parce que les cartothèques avaient été détruites par les SS.

« Le 22 avril je me suis rendu deux fois auprès du chef de camp Höhn (chef de l'administration interne du camp principal d'Oranienburg) pour protester très énergiquement au nom du CICR contre les excès perpétrés par les SS. Celui-ci me promit de donner immédiatement l'ordre à tous les commandants de groupe de cesser les exécutions.

« Il résulte de nombreux entretiens que j'ai eus avec des Gruppenkommandanten, Unterführer et également avec le personnel de garde que les sentiments qui animent les SS sont d'une perversité effrayante. Quelques-uns des commandants voulaient même nous prouver qu'ils rendaient un service aux exténués et aux malades en les fusillant, pour qu'ils n'aient plus à souffrir ; ils étaient d'avis que la SS était en réalité très humaine ou même plus humaine que la Croix-Rouge, qui, elle, prolongeait les peines des malades et des exténués par l'apport de colis de vivres ! Le seul langage que ces SS primitifs comprenaient, au moment de l'approche de l'ennemi, c'étaient les menaces. Il ressort de tous les témoignages que tous les SS étaient d'avis qu'ils faisaient une œuvre tout à fait justifiée en fusillant les détenus. Pour la sauvegarde du IIIe Reich il était quasi naturel de tuer les juifs et les ennemis de l'État par tous les moyens. J'ai été témoin à Neuruppin de la légèreté avec laquelle ces brutes pouvaient tuer des êtres humains. Nous avions trouvé près d'un buisson au bord de la route un détenu politique qui, depuis des heures, était allongé là et souffrait, gravement blessé à la tête par une balle. Le commandant SS avec qui j'étais en train de m'entretenir interrompit la conversation, se rendit vers le détenu blessé, le fusilla, revint aussitôt et continua la conversation comme si rien ne s'était passé. Il semblait également tout à fait justifié aux yeux des SS d'utiliser la force des détenus jusqu'à l'extrême. Pendant l'évacuation même, la force de quelques-uns fut exploitée sans pitié. Les SS chargeaient leurs effets sur de grandes remorques de camion qu'ils faisaient pousser par environ quarante détenus exténués. On faisait avancer ces esclaves "pousseurs de wagons" à coups de bâton et de fouet.

« Ceux qui se traînaient en longues colonnes étaient dans un état de dénuement physique et spirituel complet. Ils se laissaient pousser en avant sans manifester un signe de volonté ou de résistance. Nous avons remarqué qu'ils ne se révoltaient que s'ils étaient placés devant une menace de mort directe. Cet état d'âme est illustré par l'exemple suivant : lorsque nous essayions de faire monter les détenus complètement épuisés dans nos camions vides, ils se défendaient en nous suppliant de ne pas les tuer. Ils croyaient qu'on avait l'intention de les mener quelque part dans un abattoir, se souvenant de la pratique des SS à Oranienburg, qui autrefois chargeaient les camions de victimes, roulaient quelques centaines de mètres dans le camp pour les diriger ensuite directement vers les chambres d'extermination. »

« Jeudi[1] 26 avril, le médecin SS le Dr Baumkotter arriva du camp de concentration d'Oranienburg à Wagenitz et me signala le danger menaçant d'épidémies parmi les détenus et le manque absolu de médicaments. Entretemps, nous avions reçu la nouvelle de l'évacuation du

1. Rapport du médecin délégué Heinrich Landolt.

camp de concentration de Ravensbrück et l'avis que l'action de secours au moyen de colis avait commencé depuis Lübeck. Soulignons ici le fait surprenant que les troupes SS admettaient, comme allant de soi, notre ravitaillement des camps dès le moment de l'évacuation et que, depuis cet instant, personne ne nous a plus empêchés de nous occuper des camps de concentration, tandis qu'auparavant nous nous heurtions aux plus grandes difficultés dès que nous tentions de nous y intéresser de quelque façon que ce fût...

« Sur la place principale de Parchim, je trouvai une colonne de deux mille hommes environ faisant une halte. Parmi eux, huit moururent pendant l'arrêt. Lorsque le commandant me vit, il se précipita vers moi, m'affirmant qu'il n'avait jamais fait fusiller quiconque. Je le prévins de bien veiller à ce qu'il en soit encore ainsi et lui ordonnai de loger les malades et les impotents dans la ville ; sur ce, il se hâta d'aller consulter le maire.

« Vers le même endroit, je rencontrai une colonne de cinq mille hommes qui se traînaient avec difficulté. Devant la colonne, sur une petite voiture chargée de malles et tirée péniblement par six à huit détenus, trônait une femme apparemment de "bonne société". J'interpellai le commandant de la colonne et lui demandai qui était cette personne. Il me répondit qu'il s'agissait de la femme d'un officier SS qui était tombée malade au cours de la fuite. À ma question, il me répondit très sérieusement qu'elle souffrait d'indigestion pour avoir trop mangé de raisins secs *(sic)*.

« Dans les environs de Putlitz, je croisai de nouveau une colonne d'à peu près cinq mille détenus gardée par des troupes SS. En allant chercher le commandant, je remarquai dans un fossé neuf hommes étendus sous leur couverture, inanimés. Un SS qui ne m'avait pas vu s'approcha d'eux et frappa de son bâton le tas qui ne réagissait plus. J'eus juste le temps d'arrêter la voiture et d'en sortir pour l'empêcher de tuer ces neuf hommes avec le revolver qu'il avait déjà tiré de son étui. Je hélai l'individu, lui demandant son état civil. Au lieu de cela, il me répondit : "Ce sont de pauvres gens, tout à fait innocents. Je ne peux pourtant pas les laisser dans le fossé." Je lui répondis qu'il était fou, qu'il devait disparaître le plus vite possible, et que je m'occuperais de ces neuf détenus et de leur hébergement dans le village le plus proche. C'est là une petite contribution au chapitre : soldats SS et leur mentalité.

« À la même époque, c'est-à-dire entre le 29 avril et le 2 mai, à peu près quinze camions du Comité international de la Croix-Rouge partaient de Lübeck chargés de colis de secours pour Wittstock et Below, près de Wittstock, où les déportés se reposaient pendant quelques jours. Comme les détenus, entre-temps, s'étaient de nouveau mis en route, le chef de la colonne du CICR dirigea les camions sur les différentes routes qu'ils suivaient ; de cette manière, la sécurité et le ravitaillement furent assurés pour le mieux et dans la mesure du possible.

« Par la suite les SS craignaient d'être vus, n'osaient plus infliger de sévices. À en juger par le comportement des simples SS à notre égard, je dois supposer qu'ils interprétaient les mots "Comité international" comme désignant une commission d'enquête sur les crimes de guerre. Je n'ai jamais, de ma vie, vu d'hommes plus serviles et plus obséquieux. La population allemande dans les villages et les petites villes était en général passive et se bornait à regarder. À Parchim seulement, lors de l'incident susmentionné sur la place du marché, un monsieur "bien" vint vers moi tout désespéré et me dit : "Mais faites donc quelque chose pour ces gens !" Lorsque je lui répondis que nous faisions tout ce qui était en notre pouvoir et que la population devait nous aider, il disparut dans la foule.

« Les derniers jours furent marqués par des attaques constantes d'avions sur les petites villes et les routes. On ne pouvait circuler qu'à grand-peine sur les routes bondées de réfugiés, de détenus et de troupes. Des centaines de voitures carbonisées, des cadavres de chevaux et des douzaines de cadavres humains, pour la plupart des réfugiés allemands, gisaient à droite et à gauche de la route. J'ai vu et pansé des détenus qui avaient été blessés par les attaques en piqué. Comme ils marchaient généralement sur de petits chemins vicinaux et devaient camper dans les forêts, les pertes dues aux attaques par avion n'étaient probablement pas considérables parmi eux.

« Le soir du 2 mai, je me présentai au gouverneur militaire américain, arrivé entre-temps, et lui donnai un aperçu de la situation et du nombre de détenus venant des camps de concentration et déjà arrivés dans la zone de Schwerin. Je lui dis que quarante mille étaient déjà là et qu'il fallait en attendre encore trente mille. Le gouverneur militaire me répondit que Schwerin était surpeuplé et qu'il ne pouvait rien tenter ; je le priai alors de faire un tour pour avoir une idée de l'état des détenus. La tournée lui fit apparemment une grosse impression. On nous informa qu'un nombre important de détenus se trouvaient à l'est de la future ligne de démarcation, encore sous la garde de troupes SS. Les SS ne semblaient pas vouloir accepter d'être capturés et continuaient à martyriser et à fusiller les détenus. J'obtins du gouverneur militaire d'envoyer encore pendant la même nuit des troupes pour désarmer les SS et libérer les détenus. De même, j'obtins aussi qu'on mît à disposition des troupes américaines pour assurer l'ordre dans le gigantesque rassemblement de détenus installés autour du stalag et pour y diriger les nouveaux arrivants. Néanmoins, nous eûmes quelques blessés, car beaucoup de détenus, qui avaient trouvé des armes, se querellaient, sous l'empire de la faim, pour une simple pomme de terre. Ni les troupes américaines ni moi-même n'étions à même de les ravitailler convenablement. Cependant, comme de nombreux camions et des chars chargés de vivres circulaient sur la route de Crivitz et Schwerin, je pus distribuer à chaque groupe de détenus des vivres pour au moins trois jours. Je fis chercher tous les médicaments disponibles dans ces camions et les portai dans le stalag. Il y avait assez de médecins parmi les détenus. Malheureusement, les pourparlers en vue d'obtenir un meilleur logement pour les détenus traînèrent encore trois jours et on ne put empêcher que beaucoup d'entre eux continuassent leur marche vers l'ouest de leur propre initiative, pour s'établir dans les villages au-delà de la ligne de démarcation. Par permission du gouverneur militaire, je reçus néanmoins l'autorisation le 5 mai de réquisitionner deux grands groupes de bâtiments, casernes, etc. Dans l'un d'eux, la caserne Adolf Hitler, il y avait un lazaret de réserve allemand. Les médecins militaires, après discussion, se mirent à notre disposition pour donner aux détenus les soins médicaux nécessaires. »

*Oranienburg-Sachsenhausen* *20-22 avril 1945*
*Libération du camp*

# SEULES ET SEULS LES MALADES...

– Les ordres du commandant Kaindl ne peuvent être transgressés. Les médecins, les infirmiers partiront avec la dernière colonne. Ne resteront au camp que les grands malades, les intransportables...

Et déjà le sous-officier sort du Revier.

Le chirurgien français Émile-Louis Coudert se précipite chez son « collègue » SS.

– Je reste avec Leboucher. Nous ne pouvons abandonner tous ces gens sans soins.

Le chirurgien SS répond :

– Naturellement.

Coudert et Leboucher font leurs adieux à leurs confrères et reprennent leur travail. Au début de l'après-midi, le chirurgien SS pénètre dans l'infirmerie.

– Docteur Leboucher, où se trouve votre ami Coudert ?

– Il fait les pansements au Revier des femmes blessées au cours du bombardement des Kommandos Auer et Siemens.

– Dites-lui qu'il doit absolument partir. Vous aussi.

Leboucher retrouve Coudert. Les autres médecins vont sur la place, prêts au départ.

– Je m'en fous... Tu t'en vas, toi ?

– Bien sûr que non.

– Alors ça va.

Un ancien opéré de Leboucher, un droit commun allemand, arrive essoufflé.

– J'ai entendu que vous vouliez rester avec les malades intransportables ?

– Bien sûr, c'est mon devoir.

– Il faut absolument que vous partiez. Vos amis et les Français sont encore dans le block 7. Rejoignez-les, vous avez le temps. C'est un bon conseil que je vous donne.

– Mais vous savez quelque chose ?

– Oui ! Quarante SS et l'Untersturmführer R. doivent faire sauter le Revier, le Revier et tous ses malades. Personne ne doit en réchapper.

Coudert et Leboucher se replongent dans les pansements.

Au milieu de la nuit, dernière tentative des SS :

– Allons, partez. Vous êtes au camp depuis assez longtemps pour savoir qu'on ne s'embarrasse pas d'un témoin gênant, comme vous pouvez l'être. On le supprime. La seule chance que vous ayez, c'est de vous en aller immédiatement.

– Et les malades ? Combien de temps vont-ils demeurer sans soins ?

– Les malades ?

Les deux SS quittent le block. Coudert et Leboucher, après quelques minutes :

– Allons retrouver les autres.

« Dehors [1] nous attendent trois médecins belges, deux médecins hollandais, un Italien, un Tchécoslovaque. Ils veulent connaître la décision que nous prenons. Je pensais nous camoufler, Coudert et moi, dans le baraquement de la Politische Abteilung, que je connaissais bien. De cette façon, nous serions revenus à nos postes quelques minutes après le dernier départ.

« Mais la sage lenteur qui animait notre petit groupe médical, auquel s'étaient joints quelques infirmiers, donna le change aux SS, qui, ayant vu sortir, nous pré-

1. Dr Marcel Leboucher, *Souvenirs de bagne d'un grand-père, de Caen à Oranienburg*, imprimerie Ozanne, Tours.

cédant de quinze minutes, un certain nombre de camarades qu'ils avaient réussi à affoler, et par conséquent pressés de fuir, durent croire le camp vide des valides et fermèrent la grande grille.

« Nous étions bouclés.

« C'est en chantant que nous regagnâmes notre gîte.

« Tous nos SS étaient loin quand nous nous réveillâmes le samedi 21 avril.

« La première impression de mieux-être savourée comme il convenait (plus un seul SS avec nous), il fallut penser à nous organiser pour assurer les soins des malades et leur nourriture. Ce ne fut pas si facile. Cependant la vie continua. Les éclatements des obus se rapprochaient, et des bruits de mitraillettes se faisaient entendre de tous côtés. La nuit arriva, nous entendions les combats continuer.

« Dimanche 22 avril... c'est mon anniversaire. Aujourd'hui nous serons libérés. On raconte que trois soldats russes sont passés sur la route. Soudain, il est un peu plus de 5 heures, la cloche du camp tinte par à-coups. Je sors du Revier où je suis venu voir un malade hollandais.

« Dans la cour, c'est une ruée vers la grande grille. Un jeune soldat russe au faciès mongol est entré, qui tient entre les bras sa mitraillette, comme une femme porte un enfant. On l'embrasse, on l'embrasse encore. Il est tout rouge et sourit en découvrant ses dents. Les malades les plus faibles, les moins ingambes se sont précipités : ils se traînent par tous les moyens. On en voit qui semblent de vrais spectres sortis de tombeaux.

« Bon nombre d'entre eux mourront les jours suivants, malgré le réconfort moral qu'ils reçoivent cet après-midi. Mais c'est à peine si on entend pousser quelques cris de joie. La plupart de nous crispent les mâchoires pour ne pas laisser éclater des sanglots. Les larmes coulent sur toutes les joues. Nous nous laissons embrasser par nos malades, par des compagnons que nous ignorions il y a un moment. Un détenu se trouve mal dans mes bras ; il faut l'étendre à terre.

« Une Française est là, qui a connu Denise[1] à Ravensbrück ; notre émotion ne peut se décrire. Mais vivre ces minutes compense immédiatement une part de nos inquiétudes passées et, disons-le, de notre lent martyre.

« Voilà maintenant un commandant russe ; presque en même temps, c'est un commissaire du peuple, avec son bonnet aux quatre pattes de fourrure. Ils haranguent leurs compatriotes en faisant de grands gestes. Évidemment les autres ne comprennent pas. Nous sommes de ceux-là. Un détenu russe, qui parle allemand, assure la traduction. Il est question de calme, de travail, de discipline, afin d'obéir aux directives de Joseph Staline, dont le nom revient à la fin de chaque phrase.

« Le commandant visite les salles des Revier. Du camp, l'émotion passe dans chacun des lits du lazaret. Les patients se montrent tous reconnaissants à notre égard... Mais à la fin de la journée, des soldats arrivent, font leur rapport. Les Allemands se disposent à contre-attaquer.

« – Que ceux qui peuvent marcher ou se traîner se hâtent de s'en aller.

« Un nouveau cortège, lamentable vraiment, celui-là, quitte le camp. Pour nous, Coudert et moi, il n'est pas question de bouger. D'ailleurs les Russes, qui n'ont pas la même façon de comprendre les choses que les SS, nous remercient en nous serrant la main et en nous assurant qu'ils ne nous oublieront pas.

« Ce fut une fausse alerte. On nous dit que quelques soldats SS s'étaient cachés dans les maisons d'Oranienburg et qu'ils furent rapidement supprimés.

« Le lendemain, les Russes étaient de nouveau aux abords de Sachsenhausen et continuaient leur avance.

« Lorsque nos bourreaux s'enfuirent à l'arrivée des Russes, ils eurent soin de ne pas se faire suivre par leurs chiens. Ces bêtes abandonnées firent un tel vacarme que leurs chenils furent ouverts. Malgré nous, en les apercevant dans le camp, nous fîmes encore une drôle de tête. Certains s'étaient munis de triques, l'un de nous brandissait même une épée, dérobée au domicile de l'ex-com-

1. L'épouse du Dr Leboucher.

mandant du camp. Mais ces chiens se montrèrent absolument inoffensifs, se laissant même caresser et acceptant volontiers ce que nous pouvions leur jeter en pâture... Pourtant, nous n'avions cessé de porter les vêtements de bagnards, à rayures bleu et blanc, contre lesquels ils avaient été excités. »

Le 24 juin 1945, le Dr Émile-Louis Coudert quittait Berlin-Tempelhof avec cinq avions dans lesquels avaient pris place les déportés les plus malades.

Le lendemain, c'était le tour du Dr Marcel Leboucher, avec quatre avions où se serraient les derniers Français d'Oranienburg.

Mme J. Guillaume trouva une place dans le second avion. Elle était l'une des évacuées de Ludwigfeld. Hospitalisée au Revier d'Oranienburg sur la couchette basse d'un châlit, le 20 avril elle attend la mort.

Inconsciente, elle n'a pas entendu ses compagnes « raconter » le grand remue-ménage de la formation des colonnes. Au matin du 22 avril les emballements de son cœur s'apaisent, sa respiration est régulière. Une cloche, peut-être celle qui est à l'entrée du camp, bourdonne. À moins que ce ne soit le canon... Une de ses voisines dit : « La cloche sonne... c'est le signal... » Le signal de quoi ? D'autres malades crient : « Les Russes arrivent ! Ils sont là ! » Elle sourit parce que son cerveau s'est réveillé, qu'il enregistre les sons, retrouve des phrases dans le brouhaha des voix qui se chevauchent, se choquent. Elle a la force de ramener les bras sur sa poitrine, de décoller sa tête de la paillasse. Là, elle voit un grand gaillard, la face rouge, luisante, avec des sourcils épais comme des brosses à cirer avancer vers elle. Il dit des mots brefs, secs et ronds. Mais la rumeur qui envahit la pièce s'en empare, les avale. Elle tremble, se mord les lèvres, pleure. Sa voisine lui lève la tête encore plus haut. Elle s'accoude. Un Russe ! C'est un Russe. Comme il est grand ! Comme ses épaules sont larges ! Ce n'est pas un Russe comme les autres. Comme ceux du camp des hommes. C'est un géant, avec un front de géant, des pommettes de géant. Une mitraillette de géant. Et ces dents blanches... Tous les Russes du camp ont des dents, quand ils en ont, grises, noires. Elle est assise. Oui, assise. On l'aide à descendre. On la porte. Elle tient à deux mains le montant du châlit. Elle se retourne. Le Russe est au fond de l'allée du block. Toutes celles qui l'entourent, le pressent, lèvent les bras vers lui sont des naines, de pitoyables naines, sales, repoussantes. Et il ne les repousse pas. Ses mots sont moins brefs. Il a mis ses grandes mains sur les épaules des naines. Il n'a pas peur de se tacher de sang, de pus, de vermine, le Russe. Il serre deux, six, dix femmes contre lui. Et il pleure, le Russe. Et le vainqueur géant se courbe, s'assied sur le tabouret de l'infirmier chef. Les Polonaises, les Russes le veulent toutes pour elles. Elles font une barrière de leur corps. Le géant assis est enfermé, barricadé. Mme J. Guillaume s'affaisse. Des mains la hissent sur la paillasse.

« Même [1] les mourantes avaient levé la tête. Nous pleurions de joie, nous nous embrassions. Déjà nous ébauchions un tas de projets. Nous pensions rentrer très vite. Hélas, nous n'étions pas encore au bout de nos peines. La bataille devait continuer pendant plusieurs jours. Notre block était continuellement ébranlé par le poste de DCA, installé à moins de dix mètres. La baraque devenait de plus en plus sordide. Les Russes nous donnaient des soupes en abondance, mais beaucoup trop grasses. Nous ne pouvions pas les supporter. Les mourantes étaient de plus en plus nombreuses chaque jour. Au réveil, je trouvais trois ou quatre de mes voisines immédiates mortes. Moi, j'attendais mon tour. Nous restâmes ainsi sans aucun soin dans une malpropreté incroyable, respirant l'air fétide des plaies non nettoyées et des cadavres pendant quinze jours et plus. Enfin un après-midi un officier russe pénètre dans notre block, l'examine, prend des photos des plus squelettiques et donne des ordres pour que des soins nous soient prodigués. En quelques jours le block fut nettoyé et chacune reçut les

1. Manuscrit inédit Mme J. Guillaume.

premiers soins sommaires. Les médecins déportés (hollandais et belges) furent autorisés à s'occuper de nous. Les tuberculeuses passèrent à la scopie. Je pris alors connaissance de toute la gravité de mon état. Les Russes rassemblèrent tous les tuberculeux (hommes et femmes) dans le même block. Tous les jours un médecin passait nous voir. Aux mourants, il faisait des piqûres de morphine pour atténuer leurs dernières souffrances. Certains étaient devenus tout à fait inconscients. D'autres étaient fous de douleur. Beaucoup s'éteignaient doucement un peu comme meurent des chandelles. Des cent quatre-vingts femmes que nous étions il n'en restait plus que dix au moment de notre rapatriement, dont trois Françaises seulement.

« Le temps me paraissait terriblement long. J'avais l'impression d'une intense lassitude morale. Je désespérais même de revenir. Les semaines passèrent sans apporter aucun changement ni espoir à notre vie de malades. Quelques déportés (hommes et femmes) plus valides que nous tentèrent de rejoindre les armées pour se faire rapatrier. Il leur fallait franchir vingt-cinq kilomètres à pied. Plusieurs me proposaient de les accompagner. J'en étais incapable. Avec un peu d'envie je les voyais partir. Il y eut deux convois. Les Russes avaient réquisitionné des femmes allemandes civiles pour les travaux des blocks. Un jour, par mesure d'hygiène, toutes les malades eurent la tête rasée. Elles furent très déprimées. Quelques-unes ne purent supporter ce choc moral, qui leur rappelait leur arrivée au camp. Pour mon compte je pus y échapper en me sauvant du block.

« Un chirurgien français harcelait continuellement les autorités russes pour demander notre rapatriement. Mais deux mois passèrent sans apporter aucun changement à notre sort. Je commençais à désespérer de revoir un jour ma Bretagne, lorsque, le 3 juin 1945, se présenta au camp une commission de rapatriement, composée de deux officiers français et d'un Américain qui servait d'interprète auprès des Russes. Le camp était dirigé par une commandante russe. Ensemble ils parlementèrent un certain temps. Enfin la commission obtint des autorités russes de Berlin l'ordre de notre rapatritement. Des ambulances arrivèrent le 23 juin. Le lendemain on nous dirigea vers l'aérodrome de Berlin. Il y avait des petites tentes dressées sur le terrain même, pour nous recevoir dans l'attente du départ.

« Un officier français nous interrogea sommairement sur nos activités clandestines pour dépister les travailleuses volontaires. Enfin, deux heures après, nous montâmes dans l'avion. Les unes furent allongées, d'autres restèrent assises. Je fis le voyage dans cette position. J'étais la seule femme parmi vingt-quatre hommes, dont beaucoup de Bretons. Après trois heures de vol nous arrivâmes à Paris. J'étais délirante... de joie. Je ne me rendais même plus compte que j'avais 40 de fièvre tellement mon bonheur était grand. Je fus immédiatement dirigée vers l'hôpital Bichat et c'est seulement le lendemain que je pus prévenir maman de mon retour. »

*Falkensee-Thelka* *26 avril 1945*

# LIBÉRATION « VOLÉE »

Falkensee est le seul des Kommandos importants d'Oranienburg à ne pas avoir été lancé sur les routes. Ses deux mille six cents déportés, qui, dans la banlieue de Spandau, ont construit et exploité une usine d'armement, assistent « ahuris » le 23 avril au départ de la garnison SS. Le commandant – ils ne l'ont « touché » que quelques semaines auparavant – rejoint avec gardiens et personnel administratif l'unité combattante la plus proche.

« Il [1] n'y avait plus de sentinelles boches, plus d'appel, mais déjà commençait à fonctionner avec les communistes du camp, et à leur tête Christian, le chef du block 1 (le seul Allemand qui soit bien), une organisation collectiviste plus juste mais aussi rigide que celle qui nous avait asservis depuis le 6 juillet 1944. Ceci afin d'éviter que le pillage des réserves ne profite qu'aux plus forts et que des étourdis se fassent descendre... Laïus volontiers amical malgré les échardes de cette langue. Il parle tout de même un peu trop souvent de *Diziplin*... J'en ai tellement marre d'entendre cette éternelle apologie de la *Diziplin* !

1. Témoignages inédits Roland Picard et Georges Septépé. Un livre mémorial de Falkensee a été publié par l'imprimerie H. Meffre (Vaison-la-Romaine, 1968.)

« Au matin du 26 avril, mon voisin me sert au lit une bonne soupe blanche, quand tout à coup grand branle-bas – hors du lit –, course éperdue de chacun : “Les Russes sont à l'entrée du camp.” Je m'habille pour aller les voir. Il n'y a plus personne, mais la grande porte est ouverte, je m'enquiers. Un Russe est venu, seul, et a dit que nous étions libérés. Puis il a poursuivi sa route... Notre potentiel émotif est court-circuité. C'est ça, la libération, la vraie libération ! C'est trop simple, comparé à la grandeur de l'événement. Je suis trop désappointé, je n'avais jamais rêvé d'une telle mesquinerie, c'est d'un fade... Ce que je considère comme le deuxième instant essentiel de mon existence ! La naissance ne m'a d'ailleurs pas laissé plus d'impression. On est toujours frustré des bonheurs de grand format.

« La mort, ce doit être la même chose.... Alors ?

« – Il a dit quoi, le Russe de la porte ?

« – Partez. Débrouillez-vous. Partez.

« – Il a dit ça, le Russe ?

« – Il a dit ça.

« – Alors il faut l'écouter et partir d'ici.

« – S'il a dit ça, c'est que ça va chauffer dans le secteur. Partons.

« Et le camp de Falkensee se vide. Même les infirmiers du Revier. Ne restent auprès des malades que Gustave, le D^r^ Breitman et ses deux assistants français. Ils n'ont que deux brancards. Ils chargent deux mourants. Étrange cortège, longue marche de ces hommes libres qui se traînent, s'arrêtent tous les cinquante mètres, se relaient, s'écroulent, s'endorment enfin le soir dans une maison abandonnée. Les deux malades transportés sur les brancards toute cette longue journée meurent le lendemain.

« Le 3 mai, n'ayant toujours pas obtenu d'être pris en charge par un service sanitaire, nous décidions d'avancer par petites étapes à la rencontre des troupes américaines. La chance devait nous servir sous la forme d'un vieux fiacre trouvé dans une cour et d'un cheval (boiteux comme nous) récupéré dans un pré. En quinze jours, nous devions parcourir ainsi cent quatre-vingts kilomètres et atteindre l'Elbe près de Stendal. À chaque étape, il nous fallait, par nos propres moyens, assurer la nourriture et l'hébergement de ce petit Revier. Si les forces de nos malades revenaient au fil des jours, l'un d'eux, Morachini, ne vivait plus que de lait.

« Le 27 mai 1945, nous étions échangés comme du bétail, au cours d'une scène qui devait beaucoup nous surprendre. Nous étions deux mille ressortissants de l'Ouest – Français, Belges, Espagnols et Italiens – à attendre le long d'un petit cours d'eau, près de Dessau. De l'autre côté, un nombre équivalent de ressortissants de l'Est, Russes, Polonais, Hongrois, etc. Entre nous, un petit pont sur lequel se trouvaient des officiers russes et américains discutant par le canal d'un interprète. À un moment donné, les ressortissants de l'Est ont passé le pont, deux par deux, puis ce fut notre tour. »

*
**

L'infirmerie du Kommando de l'usine de Thelka ne connut que deux journées exceptionnelles. Les malades russes décidèrent un jour d'honorer leurs amis français. Ils étudièrent *Le Malade imaginaire* et le jouèrent dans un coin de l'infirmerie. À leur façon, bien entendu, et en russe. Cette adaptation libre comportait une scène inattendue. Le malade, ventre béant, était couché par terre et le chirurgien retirait du champ opératoire plusieurs kilos de rutabagas....

Le 15 avril, le jour de l'évacuation du camp, les SS cernèrent l'infirmerie. Par les fenêtres ouvertes ils lancèrent des grenades. Après la dernière explosion, ils nettoyèrent les restes des deux cents malades au lance-flammes. Un médecin était resté avec les siens.

# LA CIGOGNE

« Une[1] cigogne est passée ce matin au-dessus de nos rangs misérables et les visages se sont tendus vers l'oiseau qui planait, merveilleux, dans le ciel bleu... sous des nuages tout blancs et nos joues creusées ont rougi parce que notre cœur a battu plus vite. Peut-être retournait-elle en Alsace ! Nos yeux l'ont suivie, encore, encore, longtemps... Un sillon lumineux traînait derrière elle dans lequel il nous semblait lire : "Espoir."

« Pendant l'appel, dans le matin glacial, une cigogne est passée dans le ciel de Ravensbrück. »

1. Manuscrit inédit Denise Leboucher.

# RAVENSBRÜCK :
# LE CAMP DES FEMMES

Dans la province du Mecklembourg, à quatre-vingts kilomètres au nord de Berlin, un glacis de lacs environné de terres marécageuses. Dunes et « plages » de sable blanc, bourbiers châtaigne, îlots de bouleaux cendrés, clairières ouvertes au début du siècle par des sectes naturalistes [1]. Vent. Neige. Les provinciaux revêches de Fürstenberg adorent leur petite Sibérie et Jérôme Klorst, « chansonnier » du début du siècle, immortalisa cette désolation dans un poème de sept cent cinquante vers :

– Oh, ma forêt, ma douce Sibérie...

Heinrich Himmler, très proche des naturalistes, « campa » plusieurs fois dans cette région des lacs et acheta en 1936 un vaste terrain au lieu-dit Ravensbrück. Les enquêteurs et les historiens n'ont jamais retrouvé les titres de propriété du Reichsführer SS et il est probable qu'il se contenta de « faire acquérir » par l'administration centrale des camps de concentration plusieurs hectares, parfaitement desservis (rail et route) et voisins d'un camp d'entraînement de jeunes recrues, en prévision de « ce que pourrait devenir cette terre ingrate ».

Le 17 septembre 1938, une vingtaine de droit commun

1. La « compagnie Artamane » défricha plusieurs hectares de 1925 à 1935. Rudolf Hoess, le futur commandant d'Auschwitz, travailla avec sa femme trois saisons dans le Mecklembourg.

allemands d'Oranienburg, dirigés par un lieutenant SS, Ernst Kögel, débarquent en gare de Fürstenberg. Ludwig Diederich, condamné à trente ans de travaux forcés pour avoir détourné plusieurs millions de marks de la caisse d'une entreprise de travaux publics de Berlin, sera le chef de ce nouveau chantier. Kögel, commandant en titre, n'a que trois mois pour réaliser le projet de l'administration centrale : « un camp de rééducation pouvant abriter de cinq à six mille prisonniers ». Il apprendra, seulement quinze jours avant l'arrivée du premier convoi, que Ravensbrück est destiné à regrouper toutes les femmes détenues dans les prisons allemandes.

Pour élever seize baraques autour d'une place d'appel, les miradors, la double ceinture électrifiée et les bâtiments administratifs, Diederich réclame régulièrement des renforts. Oranienburg détachera en deux mois six cents « spécialistes » à Ravensbrück. Ravensbrück, cet « enfant chéri » d'Himmler – qu'il visitera, d'après son secrétaire, « au moins quinze fois » pendant la période de travaux – doit être le pendant d'Oranienburg, camp modèle pour hommes.

Le 13 mai 1939, le commandant Kögel accueille les huit cent soixante-sept premières détenues de Ravensbrück : sept Autrichiennes, une Espagnole, une Italienne, une Grecque et huit cent cinquante-sept Allemandes. Pour la plupart, ce sont des « criminelles » qui purgent des peines de détention temporaire et qui n'ont aucun mal à étouffer les deux minuscules noyaux de détenues « politiques » qui, seules, pourront sans doute être rééduquées et sauvées : les opposantes au national-socialisme emprisonnées, comme les Témoins de Jéhovah ou les Sectateurs de la Bible, depuis 1933.

Les expériences de Dachau et d'Oranienburg ont appris aux instigateurs du système concentrationnaire que pour être efficace la hiérarchie de surveillance et de répression doit être confiée aux plus grands criminels. Ravensbrück ne manque pas à la règle et la première Kapo choisie, « cousine Angèle », ancienne serveuse dans un café-bal de Hanovre, a étranglé dans la même soirée son père, sa mère et un vieux grand-père. Elle manie le gummi avec virtuosité et ses gifles, une fois sur trois en moyenne, font « sauter » un tympan. Cette spécialité lui vaudra le surnom de « perce-oreille ».

La guerre venue, Ravensbrück, comme tous les KZ d'hommes, oubliera peu à peu sa mission rééducatrice pour se consacrer en priorité aux industries de l'armement. Le trop-plein du camp sera versé dans des Kommandos agricoles. Au moins cent quarante mille déportées de vingt-sept nationalités seront immatriculées à Ravensbrück ; parmi elles, dix mille Françaises.

« De l'abandon [1], de la souffrance, de la détresse, de la vie, de la mort des femmes de Ravensbrück tout a été dit. Ravensbrück est sans doute le camp qui a fourni à l'édition le plus grand nombre de témoignages. Et ces livres ont été lus. Aucun, et j'en ai plus de cinquante dans ma bibliothèque, ne souligne ce qui aujourd'hui, tant d'années après, me semble être l'essentiel. Les femmes d'Europe à la veille de la Seconde Guerre mondiale, même celles qui exerçaient une profession, n'occupaient pas dans la société une place équivalente, égale à celle de l'homme. Et je ne parle pas du milieu agricole. Les Soviétiques, les Polonaises, les plus nombreuses au camp et dans les Kommandos, étaient pratiquement toutes des filles et des femmes de la campagne. Les femmes à cette époque étaient dépendantes d'un père, d'un mari. Rien n'avait changé depuis la préhistoire : aux hommes le gouvernement de la cité et la chasse, aux femmes les enfants, la cueillette, le repos du guerrier. En 1939, le monde bascule. Les femmes, même si elles sont moins nombreuses que les hommes, entrent dans la guerre, sont arrêtées, torturées, déportées comme les hommes. Mais ces femmes, même les plus héroïques, précipitées dans ces bagnes, obligées sous peine de mort d'effectuer des travaux de force, confrontées à l'horreur quotidienne de la brutalité, de la faim, du sadisme, du crime, ont réagi en femmes. Comment pouvait-il en être autre-

1. Manuscrit inédit d'Hélène Rabinatt, Lausanne.

ment ? Elles étaient abandonnées. Personne n'était auprès d'elles pour les aimer, les protéger. Cette solitude, leur solitude a été une épreuve que peu d'hommes, habitués à se grouper et à trouver des ressources dans cette union, ont subie. Bien sûr, nous avons "comme tout le monde" pratiqué la solidarité, saboté à tour de bras, mais nous avons été incapables d'organiser de véritables réseaux clandestins importants – sauf peut être, et c'est une exception compréhensible, les femmes-soldats russes. Mais qui oserait nous le reprocher ! Quand nous avons senti que la fin approchait pour nos bourreaux, peu d'entre nous ont eu l'espoir de recouvrer la liberté, nous pensions qu'ils allaient nous liquider avant de s'enfuir. Un matin d'avril j'ai vu à la porte des camions de la Croix-Rouge. Alors seulement à cet instant j'ai commancé à penser que peut-être je reverrais ma petite Lucie. Quelqu'un s'occupait enfin de nous, de moi. »

Le 26 mars 1945, à Constance, le médecin-lieutenant Hans Meyer prend la tête d'un convoi de véhicules chargés de colis Croix-Rouge destinés aux prisonniers de guerre du Stalag IV D de Torgau. De là, précise son ordre de mission, il ira à Berlin remettre une lettre de la présidence du CICR à Kaltenbrunner et poursuivre avec lui les discussions ouvertes par Carl Burckhardt. Meyer sait que Bernadotte « traite » directement avec Himmler. Pourquoi essayer de rencontrer Kaltenbrunner; qui n'entreprendra rien sans en référer à Himmler ? Parce que, pense le CICR, mieux vaut avoir plusieurs fers au feu...

Himmler, contrairement à Kaltenbrunner, n'est plus en cour auprès d'Hitler et Bernadotte tient en priorité à sauver les déportés nordiques. Il a obtenu beaucoup pour eux... Hans Meyer ne souhaite pas « mettre un doigt » dans cette compétition entre les dirigeants SS, entre le CICR et le comité suédois. Il verra, s'il le peut, l'Inspection des camps de Glücks, Müller, Hoess, il leur arrachera les premières trois cents Françaises de Ravensbrück que le Reichsführer SS a promis de libérer en échange des auxiliaires féminines de la Wehrmacht capturées en France. À Berlin et Oranienburg, Meyer ne rencontre que des subalternes qui ne sont pas informés, ne peuvent décider, ne sachant pas où se trouvent leurs chefs.

Le 30 mars, de retour au siège de la Croix-Rouge, par une indiscrétion d'un secrétaire de la légation de Suède, il apprend que le comte Bernadotte et Himmler ont rendez-vous en fin d'après-midi à Hohenlychen, la clinique du Dr Gebhart.

– Nous avons le temps d'aller avant à Ravensbrück, dit Meyer à son chauffeur.

« À l'entrée [1] du camp, la barrière est levée. Cependant, nous arrêtons notre Ford peinte en blanc devant le corps de garde où nous sommes salués par un Allemand, originaire de la Volga, comme nous l'apprîmes plus tard. Ne sachant que peu d'allemand, il appelle le chef de poste, qui nous explique que la route pour Templin est à gauche le long du camp ; il refuse de croire que nous voulons pénétrer dans le camp et nous engage à faire un détour. Il ne peut comprendre notre demande de parler au commandant et affirme qu'il est absent, ayant dû partir de bonne heure. Nous parlementons pendant cinq minutes pour savoir si je puis ou non me rendre à la Kommandantur en voiture ; puis je lui déclare à la prussienne que je vais aller tout droit chez le commandant et qu'il me donne un guide, si cela lui convient. Il salue avec raideur, et mon chauffeur et moi nous nous dirigeons vers un grand bâtiment en face de la véritable entrée du camp, et amenons l'auto droit devant le portail par lequel doivent passer les détenus et au travers duquel on voit la grande rue du camp et quelques baraques.

« Le chauffeur reste dans l'auto en observateur tandis que je m'efforce de parvenir jusqu'au commandant, le Sturmbannführer Suhrens. J'offre d'emblée une cigarette au sous-officier de garde et lui dis : "Conduisez-moi immédiatement chez le commandant." Il s'apprête à obéir et me devance, mais se retourne tout à coup et

1. Rapport Dr Hans Meyer, Documents CICR, Genève, 1947.

déclare qu'il doit tout d'abord s'assurer par téléphone si je puis être admis. "Je suis annoncé, mais j'arrive en retard", lui dis-je dans l'espoir d'éviter une vérification de mes papiers, car je n'ai même pas en main le plus simple laissez-passer. Mais cet homme grisonnant et à la mine florissante, Unterscharführer des SS, portant les insignes du régiment "tête de mort", ne se laisse pas convaincre. Il téléphone au commandant ; je donne mon nom et indique comme grade : médecin-lieutenant. Tandis qu'il poursuit son entretien téléphonique, je m'apprête à gravir les premiers marches de l'escalier de marbre que l'une des détenues du camp est en train d'astiquer...

« Arrivé au premier étage, je frappe à la porte du bureau et demande le commandant. Il n'est pas là, il est au camp, répond-on sèchement. Sur quoi j'ordonne : "Conduisez-moi immédiatement vers lui, de toute urgence !" Quelques instants de discussion pour savoir qui devra m'accompagner, puis un SS m'invite à le suivre. L'UVD téléphone toujours. Nous parvenons à la grille ; on ouvre. La sentinelle s'intéresse aussitôt à ma condition de civil, réclame mes papiers d'identité, un laissez-passer, une autorisation, etc. – toutes choses qui me manquent. Il finit par demander comment j'ai pu parvenir jusque-là ; il déclare que c'est invraisemblable, qu'il doit m'arrêter... Je reprends la manière prussienne qui m'a permis de passer les lignes de fer et refuse tout renseignement ; je n'ai à rendre de comptes qu'au commandant et il s'agit de me l'"amener" au plus vite. Mais la sentinelle invoque ses ordres écrits et formels. Elle se déclare néanmoins et exceptionnellement d'accord pour me laisser partir sans autre forme de procès, à conditon de quitter immédiatement l'enceinte du camp, les espions n'ayant rien à chercher par là...

« Il refuse mes cigarettes, affirme en avoir en suffisance. Lorsque finalement je me présente comme délégué du Comité international de la Croix-Rouge, mon homme se fait un peu plus poli, mais il m'intime d'autant plus fermement l'ordre de repasser de l'autre côté de la grille. Il demande en passant si j'ai apporté des colis

Croix-Rouge et s'en déclare satisfait, car il y a là-dedans de bonnes choses ; le chocolat en particulier est délicieux. Nous poursuivons finalement un entretien sans importance au sujet du camp et des détenues et j'ai pendant ce temps l'occasion d'observer depuis la porte l'activité du camp...

« Plusieurs groupes de détenues marchent sans surveillance, en colonnes et par rangs de trois ou de cinq, sur la grande chaussée du camp. Je m'efforce de découvrir dans la direction du four crématoire des nuages de fumée, mais en vain. On voit de nombreuses femmes avec des vêtements civils, portant des croix dans le dos ; les manteaux avec des croix rouges, jaunes, sont nombreux ; mais la majorité porte l'uniforme à rayures gris et bleu. Presque toutes les femmes ont des sabots, la plupart même des bas. Il s'agit probablement de détachements d'ouvrières qui travaillent aussi en dehors du camp.

« À trente mètres de moi environ, deux femmes à cheveux blancs, au dos voûté, sont occupées à enlever les mauvaises herbes, les chiffons de papier sur la chaussée. En me rapprochant, je vois qu'elles ont les joues affaissées, le ventre gonflé et les jambes enflées près des chevilles ; la peau a un aspect terreux. Tout à coup surgit une colonne entière de ces malheureuses affamées. Dans chaque rang, une malade est soutenue ou traînée par ses camarades ; une jeune surveillante SS, un chien-loup de race à la main, mène la colonne, tandis que deux autres filles suivent, injuriant sans arrêt ces pauvres créatures. Comme ce spectacle me fait oublier la conversation, le gardien me saisit poliment, mais fermement, par le bras et me dit : “C'est là-bas que vous trouverez le commandant du camp ; annoncez-vous, s'il vous plaît, selon le règlement et ne dites à personne que vous avez été jusqu'ici. Quant à toi, camarade, dit-il à mon guide du bureau, espèce d'âne, fais bien attention, car tu pourrais avoir des ennuis. Aujourd'hui, je suis de bonne humeur, cela va, mais...” Mon guide m'invite à partir immédiatement, mais je persiste à réclamer le commandant et j'interpelle dans ce but, un peu plus loin, un Obersturmführer apparu sur le chemin. Ce dernier réclame également mes papiers, déclarant en avoir le droit comme chef SS ; même si je venais directement du Sicherheitsdienst (service de Sécurité), je devrais décliner mon identité. Il me dit alors que le commandant ne peut me recevoir, qu'il est occupé dans le camp et que, sans autorisation spéciale de la Gestapo ou du Sicherheitsdienst, je ne pourrais en aucun cas entrer dans le camp ; toutefois j'aurais quelque chance de voir le commandant si je veux attendre jusqu'à 16 heures. Impossible d'attendre aussi longtemps, car je dois me rendre aussi rapidement que possible à H., chez le Reichsführer SS. »

Meyer ne rencontrera ni Himmler ni Bernadotte mais Schellenberg, qui l'assure que les trois cents Françaises de Ravensbrück lui seront remises le 3 avril à midi. Des ordres ont été transmis par télétype.

« Dûment muni d'un laissez-passer de la direction centrale des SS, je reviens le 3 avril à Ravensbrück pour y préparer le transport des détenues. Le commandant du camp me reçoit très aimablement, se posant en bon père de famille préoccupé des détenues comme de ses enfants. Il m'offre des cigarettes américaines et suisses, me promet tout le concours possible pour ce transport et semble très heureux de cette visite du Comité international de la Croix-Rouge. Mais aux questions concernant le nombre des détenues dans le camp, la répartition des Kommandos, les mesures à prendre en cas d'arrivée des Russes et autres questions de ce genre, il refuse de donner la moindre précision. Pour lui, la situation n'est nullement aussi grave qu'on le dit ; il parle des réserves de vivres qu'il se propose de faire pour les temps difficiles, de constructions nouvelles pour parer à un surpeuplement du camp, etc.

« À 20 heures, nous faisons rapidement ensemble le tour du camp, ce qui ne m'apprend rien et doit uniquement me donner le change. Lorsque je demande à voir les femmes désignées pour le transport, le commandant se dérobe, mais néanmoins me remet une liste avec tous les noms. Dans une cantine, j'aperçois des hommes de la SS qui soupent et, dans un dortoir qui ne semblait pas surpeuplé, une surveillante SS qui fait l'appel. Comme tout n'est que tromperie, je renonce à continuer ma tournée, puisque je ne peux entrer en contact avec les détenues et qu'à toutes mes questions sur les mauvais traitements, les maladies, les punitions et les tortures on me répond qu'il s'agit de calomnies répandues par des ennemis de l'État.

« Je m'en retourne à H., où le comte Folke Bernadotte est venu discuter le sort des Danois et des Norvégiens détenus dans les camps de concentration. Je dois tout d'abord rejoindre la colonne de camions qui est censée s'y trouver.

« Le 5 avril, à 6 heures du matin, je me rends au camp et demande à voir le commandant pour assister à l'appel des trois cents femmes qui doivent m'accompagner en Suisse. Il est déjà parti ; personne ne sait que je dois faire un transport ; personne ne veut me laisser entrer ni me conduire auprès du commandant. Un sous-officier me confie qu'un ordre rigoureux est parvenu à tous les hommes de troupe, que les femmes doivent être traitées avec aménité et dirigées vers les camions sur la route principale, mais que personne ne doit pénétrer dans le camp. À 7 heures paraissent les cent premières femmes. Vision d'horreur et de misère que celle de ces pauvres créatures souffrant de famine, négligées, apeurées, méfiantes, vêtues de méchants vêtements étrangers. Elles ne peuvent croire qu'elles vont enfin s'éloigner de leurs bourreaux et être libres ; elles me prennent pour un agent à la solde des SS qui va les cuire dans la chambre à gaz. Elles peuvent à peine comprendre qu'elles vont partir pour la Suisse ; celles qui s'en laissent persuader me supplient alors d'emmener aussi leurs camarades. Beaucoup d'entre elles sont incapables de monter dans les camions sans aide. La plupart ont des œdèmes de la faim, les chevilles et les ventres enflés, l'œdème des paupières. Chacune a reçu des provisions pour trois jours ; mais à peine en voiture, elles se jettent dessus avec avidité ; en cinq minutes le saucisson, le beurre et le fromage ont disparu ainsi que la moitié de leur pain.

« Parmi les cent dernières se trouvait une femme de

soixante ans, incapable de marcher seule et soutenue par deux jeunes détenues ; seule, elle ne pouvait même plus se tenir debout. J'avais demandé, lors des pourparlers, qu'on ne me donne pour ce premier transport que des femmes robustes et résistantes ; je ne voulais donc pas emmener cette femme, dont l'état de santé ne permettait plus un tel voyage. Mais toutes ses camarades me supplièrent, promettant d'en prendre particulièrement soin. Voyant qu'elle se remettait bien après avoir absorbé un fortifiant, je commençai par administrer aux plus faibles des médicaments pour la circulation du sang et des fortifiants afin de les préparer au voyage. Heureusement, parmi les détenues, les femmes médecins avaient emporté du camp quelques médicaments indispensables.

« Tandis que les prisonniers de guerre canadiens – qui, comme conducteurs, m'ont rendu les plus précieux services et se montraient également émus et révoltés par cette détresse – m'aident à faire monter ces femmes en voiture, un SS replet me rejoint, et, me poussant de côté avec ses coudes, m'apostrophe sans aménité : "Mieux vaudrait faire crever ces maudites truies que de continuer à les laisser manger notre pain et, pour finir encore, les laisser rentrer chez elles, les sales..." crie-t-il. Je lui réponds : "Sans doute, vous n'aurez pas à souffrir ces prochains mois comme ces pauvres femmes, car les autres sont trop civilisés pour traiter même un ennemi mortel de façon aussi cruelle et indigne."

« Lors de l'embarquement, nous fûmes témoins du ton, des hurlements et des noms d'animaux dont ces Françaises, presque toutes ardentes patriotes, étaient gratifiées par leurs gardiennes. Les coups pleuvaient sur elles sans ménagement. Sur le visage, le dos, partout où l'on pouvait frapper. Évidemment la cohue n'en diminuait pas pour autant, et seules des femmes SS pouvaient estimer pratique de vouloir faire monter vingt femmes en surnombre dans une même voiture...

« Deux jeunes surveillantes SS prirent congé de certaines de leurs "protégées" avec des paroles amicales ; l'une essaya même de leur souhaiter "bon voyage" en français mais un officier SS bavarois la rappela immédiatement à l'ordre : "Une Allemande n'a pas à se permettre d'aussi sottes manières de parler..."

« La confiance, chez ces femmes, au début si craintives, augmenta peu à peu ; elles commencèrent à se dire qu'elles allaient vers la liberté. Quelque chose devait avoir changé, car elles n'auraient jamais pu imaginer une pareille transformation chez leurs bourreaux. On hurlait le moins possible, on s'efforçait de paraître civilisé et surtout on cherchait à tenir les trois Suisses et les prisonniers canadiens à l'écart de ces femmes. Six fonctionnaires de la police criminelle, dont l'un appartenait à la suite d'Himmler, furent, dans ce transport, préposés à notre surveillance et à celle de ces femmes. »

« Lundi [1] de Pâques ; après l'appel, toutes les Françaises sont priées de rester à leur place, les autres rejoignant leurs blocks respectifs. Maman et moi nous nous regardons, craignant encore quelque chose de mauvais. Pas du tout, l'Aufseherin arrive le sourire aux lèvres nous annoncer notre libération. Je ne crois pas à un tel bonheur et j'interroge plusieurs fois la gardienne pour m'assurer de la véracité du fait, sachant par expérience le peu de crédit qu'il faut accorder aux paroles de l'Allemand. Aussitôt, nous remercions Dieu de cette nouvelle que nous jugeons miraculeuse. Plus tard, nous avons su qu'un échange avait été conclu entre nos gouvernements : quatre cent cinquante Allemandes étaient échangées contre trois cent cinquante Françaises. En réalité, nous sommes parties à deux cent quatre-vingt-dix-neuf du camp, cinquante et une ont été éliminées, soit à cause de leur origine juive ou alsacienne, soit en raison de leurs cheveux rasés. Après deux jours de nettoyage complet (nous étions en effet rongées de poux), nous sommes jugées dignes de quitter le camp. Je renonce à vous dire la joie indescriptible éprouvée à franchir les grilles de cet enfer. Je me raccrochais à la vie de toute la

1. Manuscrit inédit Mme P. Redouté-Tanguy.

force de ma jeunesse, sentant la France au terme du voyage. »

« C'était [1] tellement féerique, ces nickels étincelants des voitures ! Ces hommes galonnés, au garde-à-vous sur deux rangs, l'un à droite, l'autre à gauche ! J'étais éblouie, intimidée. Je ne me rendais pas compte qu'ils nous rendaient les honneurs. Les honneurs, à nous ! Vous ne pouvez pas vous imaginer... Chacun de mes pieds pesait une tonne. Je ne pouvais pas avancer. Je n'en croyais pas mes yeux. Je me suis surprise à dire :

« – C'est pour nous, tout ça ?

« La réponse fut :

« – Oui, mes enfants. C'est pour vous. Montez.

« Alors mes pieds se sont décollés du sol. J'étais légère comme une plume (je pesais moins de trente kilos), j'ai volé jusqu'à l'autocar et j'ai versé deux bons verres de larmes. Des larmes de joie, bien sûr, mais aussi des larmes de désespoir sur mes amies mortes à Ravensbrück. Les meilleures amies de ma vie... »

Le cœur de Madeleine Perrin battait à se rompre quand les premières libérées françaises ont quitté Ravensbrück. Et puis elle a pleuré. Des larmes de joie.

« Non ! Je [2] n'étais pas jalouse. Mes pensées les accompagnaient. Elles emportaient des messages pour les miens. Je travaillais aux ateliers de l'Industriehof. Notre grand chef, Graaf, vint lui-même nous dire que les "spécialistes", celles qui travaillaient aux machines, ne partiraient pas. »

Elles passèrent la frontière suisse à Kreuzlingen. Les agents de la Gestapo les comptèrent et celui qui paraissait leur chef leur souhaita un « bon et heureux retour

1. Manuscrit inédit Émilie Fournial.
2. Manuscrit inédit Madeleine Perrin.

dans leur famille ». Il ajouta : « Seule la guerre est responsable de ce que vous avez vécu. Le peuple allemand souffrira encore. Pour vous c'est terminé. Désormais vous vivrez sans guerre. La guerre est une mauvaise chose. »

« L'enthousiasme[1], la reconnaissance et l'accueil chaleureux des Suisses et de nos compatriotes nous firent oublier nos épreuves. Notre émotion fut à son comble au passage de la frontière française à Bellegarde. Une dizaine de petits maquisards nous ont rendu les honneurs ; l'un d'eux, armé d'un clairon bien cabossé, a joué des airs patriotiques et notre hymne national que nous avons toutes repris en chœur aux portières des wagons. Paris nous a fait une ovation inoubliable. Le général de Gaulle, notre grand chef, nous accueillit à la gare de Lyon, avec le ministre et les officiers de son état-major ; il nous serra la main, à maman et à moi, et nous remercia pour les services rendus au pays. Au centre d'accueil, un bon repas nous fut servi, puis des amis vinrent nous chercher, pour nous permettre de nous reposer un peu avant de rentrer en Bretagne ; nous en avions grand besoin. Maman, ayant maigri de trente kilos, était à bout de forces, et moi j'étais réduite à quarante-cinq kilos et ne pouvais plus me traîner. »

Le général de Gaulle est ému, pâle. À une jeune femme qui pleure, il tend une branche de lilas. Elle lui dit qu'elle a un frère qui l'a rejoint à Londres. Il note le nom... « Demain, après-demain au plus tard, il sera auprès de vous. » Et les yeux de De Gaulle se mouillent de larmes. Près de lui il y a un acteur de cinéma, officier de la 2e DB de Leclerc : Claude Dauphin. Claude Dauphin soulève une femme voûtée, le visage jaune, parcheminé : c'est Rosine Deréan, sa femme. Maurice Schumann écrira dans *L'Aube* : « Pourquoi sont-elles si belles, ces femmes épuisées ? Pourquoi les plus vieilles sont-elles si jeunes ? Les plus cassées si droites ? Ce n'est pas encore le bonheur qui les renouvelle. On dirait même qu'il leur fait peur. L'impossible vient à peine de s'accomplir. Elles

1. Manuscrit inédit P. Redouté-Tanguy, déjà citée.

osent tout juste y croire, et ne commencent à le goûter qu'en tremblant. Ouvrir les yeux sur Paris, se dire qu'on a le droit de le regarder, s'attarder sur le reflet des pierres et sur la paix du ciel : c'est une épreuve quand on sort de l'enfer, où l'on a redouté de s'attendrir sur un visage ou une pensée humaine, sur le souvenir d'un vers, d'une phrase musicale ou d'un tableau, sur tout ce qui vous aurait rappelé le paradis perdu. Car même les plus affreux tourments, la pire torture est encore celle qu'on s'inflige à soi-même. »

Avant de remonter en voiture, de Gaulle dit à l'un des membres de son cabinet : « Il n'y avait pas assez de monde. Tout Paris aurait dû être là. Toute la France. Et des détachements militaires... »

⁂

À Ravensbrück.

« Les jours[1] qui suivent le départ des trois cents, l'angoisse grandit. Comment finira le camp ? Vers le 10 avril nous reçûmes toutes un colis de la Croix-Rouge. Il venait du Canada. Ces aliments dont nous avions oublié le goût – chocolat, figues, café – nous redonnèrent le moral. Les alertes se succédaient. Nous arrêtions le travail de plus en plus tôt. Le 14 avril, il cessa définitivement.

« Nous décidâmes, avec plusieurs camarades, de faire un peu de marche autour des blocks pour nous entraîner en cas d'évacuation. Nous passâmes la semaine du dimanche 15 au dimanche 22 comme dans un rêve. Pas de travail, un appel le matin, le reste du temps à flâner sur nos lits. La température moins rude. Nous manquions d'eau plusieurs heures par jour. Nous ne pouvions plus nous servir des W-C, ceux-ci étant bouchés. On avait dû faire des "feuillées" dans le sable, entre les blocks. Cette vie en plein air était accompagnée par le roulement du canon au loin, se rapprochant. Ce bruit nous charmait vraiment.

1. Manuscrit inédit Madeleine Perrin, déjà citée.

« Le dimanche 22 avril 1945 fut la journée la plus émouvante de ma vie. Nous avions eu l'appel à 14 heures et nous allions nous entraîner à la marche, quand je rencontrai une Polonaise de mon atelier qui m'interpella : *"Madam ! Schnell ! Alles Franzouses Week !"* Je lui répondis : "Non, je suis aux machines, je ne dois pas partir." Elle se fâcha, voyant que je ne comprenais pas. Elle avait cependant raison. Une camarade me cherchait : "Vite, me dit-elle, rassemblement de toutes les Françaises sans exception, dans le vieux camp..." Nous ficelons nos colis. Nous embrassons nos chères amies belges et luxembourgeoises, le cœur gros de les laisser là, puis nous partons par rangs de cinq.

« Au vieux camp, des prisonniers étaient là, avec une machine à écrire, prenant des noms, prénoms et numéros. Il était environ 15 h 30. Cela dura longtemps. Puis ordre fut donné de découdre nos triangles et numéros de nos manteaux. Mais je craignais encore des traquenards. Ces Boches n'ont jamais eu ma confiance et ne l'auront jamais. La pluie, la grêle se mirent malheureusement de la partie. Nous étions en colonne, attendant la fin de cet appel nominatif et j'eus le plaisir de rencontrer bien d'autres amies, et, entre autres, deux jeunes femmes qui avaient eu leur enfant un mois auparavant, un petit garçon et une petite fille (ces femmes avaient été emmenées par les Allemands en août-septembre 1944). Nous avions collecté du lait en poudre et du sucre dans nos colis afin que les mamans aient le bonheur de les ramener en France. J'ai l'espoir que ces petits sont hors de danger malgré leur mauvaise entrée dans la vie.

« Le canon roulait toujours, la nuit vint, notre soupe distribuée à midi était loin, mais heureusement, comme la fourmi, nous avions économisé des denrées provenant de nos colis Croix-Rouge. La pluie tombait toujours. Nos pieds étaient mouillés et glacés. Enfin, les SS décident de nous emmener coucher au camp des hommes, à l'extérieur de notre camp (les hommes étaient partis sur la route escortés de leurs gardiens). Nous nous étendons sur les paillasses, nos manteaux à tordre, nos écharpes couvrant nos têtes également. Le lendemain matin à

4 h 30, on nous appelle : “Tout le monde dehors.” Nous rentrons à nouveau dans le vieux camp. Nous marchons dans la nuit noire. Le canon s'est un peu calmé. On se demande vraiment ce qu'ils veulent faire de nous. Le SS, le fameux “piqueur”, est là, liste en main, et appelle certains noms pour les retirer du convoi. Plusieurs ne répondent pas, et réussissent à partir avec nous. Ordre nous est donné de nous ranger par quatre (tiens, ce n'est plus par cinq comme précédemment). Nous nous groupons par dix rangs, soit quarante. Le Posten allemand nous compte.

« Voilà une portée de passée. Au deuxième poste de garde, des soldats avec des brassards de la Croix-Rouge ; de grands garçons blonds, forts, robustes, l'air avenant, doux, des figures sereines, le regard plein de compassion pour nous. Ils nous comptent, eux aussi. Quelques hommes en civil faisant partie de la Gestapo sont à leurs côtés ; on nous dit d'avancer, et voici un, deux, trois grands cars blancs avec une croix rouge, et un drapeau bleu avec une croix jaune peinte sur la voiture. Mais... mais oui, ce sont eux. La Croix-Rouge de... de la Suède. Ces grands garçons nous aident à monter doucement, ils allongent les plus faibles ou les souffrantes sur les civières du haut. Ils nous distribuent à chacune un colis pour le voyage. Il fait nuit encore. Nous ne voyons rien de ce qui nous entoure, mais seulement ces hommes si doux. Il y a donc encore sur terre des êtres civilisés. Nous sommes heureuses. Nous serions très heureuses, mais hélas ! nous laissons encore quelques Françaises au Revier, très malades, puis des bonnes amies belges, luxembourgeoises, danoises, hollandaises – et toutes nos mortes. Le crématoire en a absorbé des milliers... Les portières se ferment. Trois conducteurs dans chaque voiture pour se relayer au volant... Ces hommes nous regardent avec pitié, tant pour nos mines que pour nos accoutrements. Nous aussi les regardons, admirons leur force et leur bonne santé. Une camarade me dit : “Qu'en penses-tu ? Ceux-ci n'ont pas été élevés à la margarine et au rutabaga.” »

« – Eh ! Les femmes [1]... Debout... On part.

« On croit à une blague, mais elle ajoute : "C'est un SS à la porte qui vient de me le dire..."

« Nous allons voir. C'est vrai. Sans plus de cérémonie ni de bruit, le SS nous renouvelle l'ordre. Qu'est-ce qu'il attendait, ce salaud, pour entrer nous avertir ? Comme ils sont devenus timides, tout à coup ! Déjà, au bout de l'avenue, les femmes défilent, éclairées maintenant par de très hauts et faibles lampadaires. Du coup nous courons. La colonne est arrêtée. On nous fait mettre en rang. En se donnant le bras, on se remet en route pour refaire le chemin de la veille. De nouveau, les SS et les Allemandes nous comptent. De nouveau la Lagerstrasse. Ce défilé est sinistre. Nous ne disons pas un mot. La colonne entière avance silencieusement. Seul le bruit des pas dans la boue trouble la nuit. La crainte serre nos cœurs. Vers quelle fin allons-nous ?

« Nous voici devant les bâtiments monstrueux des cuisines où nous sommes les seules à défiler sur l'immense place. Je me trouve avec mes compagnes dans le deuxième rang. Voici la porte. Elle fait, dans la nuit, une intense tache lumineuse, car elle est tout éclairée, comme personne ne l'a jamais vue. Un important groupe de SS s'y tient avec des civils de la Gestapo et des Aufseherinnen...

« La grille est ouverte, la barrière est levée. On s'arrête. Dieu !... Des soldats vêtus autrement que les Allemands, portant au bras un brassard de la Croix-Rouge... De vrais infirmiers ?... Car, de nos bourreaux, toutes les ruses sont possibles. Nous nous serrons les bras à nous en faire mal. On ne sent plus son cœur, les jambes tremblent, la tête tourne... Les hommes discutent. Qu'y a-t-il ? L'un d'eux demande en français : "Vous êtes nombreuses ?"

« Une, puis plusieurs voix répondent timidement, rendues aphones par la peur et l'émotion : "Cinq cents, à

1. Solange Blanc m'a transmis cet extrait d'un manuscrit inédit consacré à sa déportation, déposé au comité d'Histoire de la Seconde Guerre mondiale.

peu près...” Quelques mots échangés entre eux. On s’avance. On en compte quarante. On s’arrête. C’est à nous. Un signe. On franchit la porte et...

« – Oh, mon Dieu !... Mon Dieu ! Merci ! Sauvées, nous sommes sauvées !

« Car sur notre gauche, allongeant leur caravane de rêve, dix-sept cars blancs avec la croix rouge peinte sur les côtés sont là...

« Dix-sept cars nous attendent... »

« Le jour[1] se lève, nous avons déjà roulé. On retire les stores de plaqué, nous voyons l’Allemagne, le camp est déjà loin. Nous filons sur Wismar, première ville où nous constatons les dégâts des bombardements, ensuite Lübeck, très touché. Notre joie est à son comble quand nous arrivons à Kiel ; cette grande ville dont il ne reste plus que des murs pantelants. La campagne est bouleversée sur des kilomètres, avant et après la ville. Nous traversons cette dernière à toute allure. L’alerte a sonné. Tous les “Deutsch”, hommes et femmes, se précipitent aux abris avec un petit sac et un pliant. Nous rions de les voir. À leur tour de connaître la peur. Et ils prennent quand même le temps de regarder, sans comprendre, ce défilé de cars tout blancs, emportant des spectres de femmes, dont le regard n’est déjà plus si terne. Nous apercevons des Français qui courent... Ils nous saluent de la main. Nos conducteurs si habiles foncent (il y a d’énormes entonnoirs à éviter de-ci de-là). Par endroits, nous rencontrons des troupes allemandes en retraite. Nous nous sommes arrêtés deux ou trois fois en campagne au cours de la journée pour nous délasser. Une infirmière suédoise passait demander s’il y avait des malades. Dans notre voiture tout alla bien. La dernière ville allemande traversée fut Schleswig. Nous arrivons à la frontière danoise. Il fait presque nuit quand la dernière voiture passe la frontière. Nous avons quitté enfin notre terre de souffrance. Rêvons-nous ? Nous ne pouvons

1. Manuscrit inédit Madeleine Perrin, déjà citée.

encore croire à notre bonheur. La ville frontière danoise où nous arrivons est Padborg. Ce lundi 23 avril 1945. »

Le troisième convoi de la Croix-Rouge, où trouveront place les dernières Françaises, des Polonaises, vingt juives hongroises, des Hollandaises, des Belges, quatre-vingt-quatre Luxembourgeoises et près de cent malades, subira un bombardement allié.

« Nous [1] passons Schwerin, Warren ; la zone de guerre approche, des colonnes militaires circulent sur la route, des prisonniers de guerre qui creusent des tranchées nous font signe amicalement.

« Il fait chaud ; la poussière qui entre dans le camion ouvert brûle les visages et sèche les gorges. Entassées pêle-mêle, de plus en plus sales, nous sommes exténuées et assoiffées.

« Tout d'un coup, un brusque arrêt ; déjà le brave Canadien nous crie : *"Quick, get out !"* Sans savoir ce qui nous arrive, nous sautons en désordre et, sur l'indication du chauffeur, nous fuyons vers les buissons qui bordent la route. Quelqu'un nous crie de nous jeter à terre, puis des avions descendent sur nous. Bruits mats, bruits secs, chanson stridente des bombes, crépitement effréné de la mitraille ; des flammes, des jets de terre, des bouts de branche, des pierres cinglent l'air ; des cris d'angoisse, des gémissements ! Cinq, six avions viennent de passer sur nous, très bas ; ils virent, reviennent et déchargent encore une pluie de fer à l'odeur de poudre. À une nouvelle rafale, le crâne d'une jeune fille est ouvert et la masse grise, molle et sanglante s'éparpille partout.

« Le tout n'a duré qu'une minute et plusieurs de nos compagnes gisent inanimées pour toujours. Triste bilan d'une minute de guerre : neuf mortes belges, hollandaises, et de nombreuses blessées. Sur la route, c'est un enchevêtrement de camions, de tanks, de voitures de toutes sortes ; la colonne militaire dans laquelle nous

1. Témoignage anonyme, Archives de l'Amicale des concentrationnaires et prisonnières politiques luxembourgeoises.

avons été arrêtées est touchée sérieusement ; six autos brûlent sur la route dans un crépitement sinistre, des soldats allemands demeurent immobiles dans les fossés ; un avion pique le sol, la quille en l'air, non loin d'un moulin à vent d'où sort une épaisse fumée ; des motos et des ambulances passent et des militaires allemands s'occupent, avec le personnel de notre convoi, des blessés.

« Notre camion est encore en état de marche, notre chauffeur est valide aussi, heureusement, mais plusieurs autres de nos camions sont touchés et quatre ou cinq de nos conducteurs sont tués. En pensée, nous revoyons les yeux bleu clair, si graves, d'un jeune Suédois dont la sollicitude pour nous était si touchante ; le tout jeune Anglais, un tantinet gamin, prisonnier de guerre depuis 1940, touché à mort au dernier moment par ses propres frères ; le bon Noir costaud au regard humide, triste et doux... et nous songeons à ceux et à celles qui les ont attendus en vain. »

*Ravensbrück* *23 avril 1945*

# L'HORLOGE

– Pourquoi parlent-elles toujours d'horloge ?

– Je ne sais pas, mais il y a longtemps que ça dure. Probablement depuis leur arrivée à Ravensbrück.

Les triangles violets (Sectatrices de la Bible) avaient pour habitude de lancer des anathèmes, de traduire leur pensée et leur enseignement en paraboles et de faire, le plus régulièrement possible, des prédictions. Le camp, dès 1940, se raccrocha à la première « prophétie » révélée par la secte :

« Quand les heures sonneront au camp, Hitler mourra et la guerre finira. »

Mais Ravensbrück vivait au rythme des sirènes, des appels, du haut-parleur, des coups de sifflet. Un clocher ! Une horloge ! C'était ridicule !

« Comment [1] cette prédiction pourrait-elle se réaliser ? Combien d'autres, annoncées, avaient donné un espoir fugitif jamais réalisé ! L'étoile filante apparue à l'ouest le 13 du mois d'août 1944 n'annonçait-elle pas sûrement une proche libération !

« Cette prédiction, elle aussi, comme tant d'autres, ne serait peut-être qu'une désillusion, qu'un désenchantement succédant à un court espoir !

« Et ces Sectatrices au triangle violet furent tout heu-

1. Témoignage Suzanne Buisson.

reuses lorsque en 1944 une tour carrée surgit au-dessus des cuisines avec, sur une des faces, un cadran. L'horloge de Ravensbrück était née, elle apparaissait enfin dans le ciel gris du camp !

« Elle resta de longs mois sans aiguilles, sans mécanisme peut-être, ne sonnant toujours pas.

« En juillet 1944, deux jours exactement avant l'attentat contre Hitler, l'horloge commença sa marche, mais s'arrêta le jour même de l'attentat.

« Une partie de la prédiction se réalisait.

« Des mois, de longs mois passèrent ; une année recommença ; le camp se vida d'une partie de ses prisonnières. Elles partaient pour des Kommandos différents ; elles allaient renforcer la défense de Berlin, creuser des tranchées, travailler en usine ; elles partaient à Mauthausen pour l'extermination et l'horloge ne marchait toujours pas.

« Les Russes pourtant approchaient. Les bruits du canon, les bombardements engendraient la certitude d'une libération, mais aussi une peur affreuse d'une extermination totale.

« Et le 23 avril 1945, l'horloge se mit à marcher, à égrener des heures d'espoir, si légères à vivre pour celles qui, pendant de longs mois, avaient vécu dans un hallucinant cauchemar... Les SS fuyaient, les Russes arrivaient. Ravensbrück ouvrait maintenant ses portes.

« L'horloge sonnait des heures de joie.

« La prédiction était réalisée ! »

*Ravensbrück* *10-30 avril 1945*

# DEUX « ÉCLAIREURS » RUSSES MARCHENT SUR LA LAGERSTRASSE

Les trois cents premières libérées de Ravensbrück sont montées dans les autobus, les ambulances blanches de la Croix-Rouge. Margarita, la grande et mince infirmière SS, hausse les épaules en repassant le poste de garde :

– Elles n'iront pas bien loin ! Nous avons encore la situation en main.

Et, d'un pas énergique, tête haute, elle se dirige vers le Revier.

– Où est Antonina ?

Antonina Nikiforova est médecin militaire de l'Armée rouge, anatomiste pathologique. Toutes les déportées la respectent. Capturée en octobre 1941 avec son hôpital de l'île d'Essel dans la Baltique, elle a été traitée en prisonnière de guerre jusqu'à l'automne 1943. En décembre une commission de la Wehrmacht lui propose de « redevenir civile », de travailler pour l'Allemagne... Antonina Nikiforova refuse. Elle sera déportée à Maïdanek puis évacuée en avril 1944 pour Ravensbrück, avec cinquante autres prisonnières de guerre. Ces « cinquante » refuseront de coudre sur leur veste le Winkel (triangle, numéro matricule, initiale de leur nationalité) des déportées russes.

– Nous ne porterons pas le R des déportées. Nous porterons le SU des prisonniers et des prisonnières de guerre.

Insultées, frappées, elles « pausent » au garde-à-vous, sous la pluie, à la porte du bunker. Jusqu'au milieu de la nuit. Le lendemain elles seront autorisées à porter le Winkel SU. Ravensbrück a trouvé ses nouvelles héroïnes. Seule Antonina restera au camp central, les autres SU seront réparties dans les Kommandos extérieurs.

– Alors, crie Margarita, où est Antonina ?

Une secrétaire va la chercher au fond de la pièce.

– C'est vrai que vous êtes russe ?

– Oui !

– De Leningrad ?

– Oui !

– C'est vrai que les Allemands étaient près de Leningrad, qu'ils ont failli prendre Leningrad ?

– Oui.

– Le Führer a dit que les Allemands y reviendront. Je le crois.

Et Margarita tourne les talons.

« À [1] partir du 15 avril, on commence à évacuer fiévreusement. Treite fait venir les médecins dans son bureau.

« – L'Armée rouge approche, dit-il, ému, nous serons bientôt obligés de partir. Nous ne pourrons évacuer les malades, il faudra les abandonner ici. Nous devons laisser un personnel médical. Qui veut rester ?

« Il se rembrunit lorsqu'il entend la réponse unanime : "Avec grand plaisir."

« Il me désigne, ainsi que deux jeunes doctoresses russes, ensuite des Polonaises, Tchèques, Allemandes, Autrichiennes, une Française, en tout une dizaine de personnes.

« – Je vous laisse, ajoute-t-il, s'adressant aux étrangères, pour que vous défendiez les intérêts des malades de votre nationalité devant l'Armée rouge. La doctoresse Kurt sera votre chef jusqu'à l'arrivée des Russes. Lorsque l'Armée rouge sera là, elle transmettra les malades

1. Témoignage Antonina Nikiforova, *Plus jamais !* publié à Moscou en 1957, traduction Stella Ajzenberg.

à la doctoresse Antonina, qui sera la responsable. Elle est l'aînée. Vous pouvez aller. Au revoir.

« – Non, pas au revoir !

« – Nous espérons bien ne jamais te revoir, adieu, pour toujours ! murmurons-nous, heureuses, en sortant. »

« 15 avril[1]. Les rats ont à nouveau mangé la figure des mortes dans le Waschraum.

« 17 avril. Pendant la distribution des colis de la Croix-Rouge aux juives, Bintz aperçoit une femme ayant particulièrement mauvaise mine et demande à la Stubowa : "Pourquoi cette femme a-t-elle si mauvaise mine ? – Parce qu'elle revient du Judenlager et qu'elle travaille tous les jours au sable." Bintz : "Mais c'est un scandale de faire travailler une femme dans un état pareil ! À partir de demain, cette femme doit rester au block." La semaine passée, Bintz a encore assommé une femme à coups de botte parce qu'elle ne pouvait plus se traîner. C'est incroyable ce que l'avance du front peut faire changer les gens.

« 20 avril. L'Oberschwester arbore depuis ce matin un brassard de la Croix-Rouge !

« 22 avril. Au Revier, on inscrit les Françaises malades pour un transport de la Croix-Rouge et les tuberculeuses pour les gaz (seize femmes ont été prises au block 10).

« Une colonne de quinze ambulances danoises a emmené deux cents malades. À la nuit tombante, une seconde colonne de vingt autobus de la Croix-Rouge suédoise est parvenue au camp.

« 23 avril 1945. Huit cents femmes sont parties dans les autobus de la Croix-Rouge. »

Comme Antonina Nikiforova, Mary Lindell, comtesse de Milleville, est une « incontestable héroïne ». Ambulan-

1. Notes prises au camp par Marie-Claude Vaillant-Couturier, Archives de l'Amicale de Ravensbrück, *in Les Françaises à Ravensbrück*.

cière au cours de la Première Guerre mondiale, elle organisera pendant la seconde un réseau d'évasion pour les aviateurs abattus de la Royal Air Force et de l'US Air Force. Son arrivée à Ravensbrück ne passa pas inaperçue : Mary Lindell était en uniforme d'infirmière de la Croix-Rouge française. Après la « quarantaine », le Dr Treite l'affecte au Revier.

Ce 23 avril 1945, Mary Lindell s'immobilise sur le perron de la Kommandantur.

– Je veux que le Schutzlagerführer me reçoive.

La « proéminente » allemande à qui elle s'adresse n'en croit pas ses oreilles. Même en ces dernières heures de Ravensbrück, où la terre semble tourner à l'envers, la démarche est courageuse. Jamais un commandant digne de ce grade n'a accordé un entretien à une déportée.

– Allons ! Rentrez à votre block. Si vous croyez que la situation n'est pas assez compliquée comme ça !

– Je veux voir le commandant, hurle Mary Lindell.

Les deux femmes s'insultent. L'Oberaufseherin Dorothea Bintz entrebâille la porte.

– Qu'est-ce qu'elle veut ?

Mary Lindell répète :

– Le commandant doit me recevoir. Je suis prisonnière de guerre anglaise et les Anglais...

– Je sais ! Je sais, coupe Bintz. Attendez !

Cinquante minutes plus tard, Dorothea Bintz introduisait Mary Lindell dans le bureau du Schutzlagerführer Schwarzhuber.

– Je vous écoute ?

– La Croix-Rouge suédoise rapatrie des Belges, des Françaises, des Luxembourgeoises, des Polonaises... Et nous, nous, les Anglaises ? Je suis prisonnière de guerre...

Bintz traduisait.

– Vous savez que je peux encore vous faire fusiller.

– Je sais. Mais ça vous servirait à quoi ? La convention de Genève existe. Ceux qui ne l'appliquent pas...

– Je connais tous ces arguments. Vous êtes le porte-parole des Anglaises ?

– Oui !

– Vous avez la liste des Anglaises ?

Mary Lindell hésita.

– La liste... oui, j'ai la liste. Mais je vous la transmettrai quand vous m'aurez remis l'autorisation de quitter le camp avec les Anglaises.

Schwarzhuber regarda Dorothea Bintz en souriant. Il s'assit à son bureau, prit une feuille de papier.

– Donnez-moi votre liste. Je vais reporter les matricules sur ce laissez-passer. Présentez-vous demain matin à 6 heures au bureau de l'adjudant. Il sera averti.

Bintz montra la porte à Mary Lindell.

Le lendemain, trente et une déportées anglaises franchissaient l'enceinte de Ravensbrück, montaient dans des autobus blancs.

Ce 23 avril, Albert de Coquatrix, le délégué du CICR, rencontre à Ravensbrück le commandant Suhrens pour tenter de le faire renoncer à l'évacuation par marches forcées des déportées que l'Inspection des camps refuse de confier à la Croix-Rouge.

« Je[1] lui exposai la situation tragique des évacués d'Oranienburg, lui décrivant les scènes horribles auxquelles avait assisté la veille un délégué du CICR, tout en attirant son attention sur la grave responsabilité des chefs qui toléraient de pareils excès.

« Je lui expliquai mon plan : remise du camp de concentration de Ravensbrück au délégué du CICR en dressant un protocole ; possibilité d'éloignement (fuite) de tous les SS ; entretien avec les personnes de confiance du camp pour assurer la nourriture des déportées ; maintien de l'ordre dans le camp jusqu'à l'arrivée des Russes.

« Suhrens refusa ma proposition, disant qu'il avait reçu du Reichsführer SS Himmler des instructions précises à ce sujet : le camp devait être évacué. Suhrens envisageait la situation militaire avec optimisme. Le Russe serait non seulement arrêté dans son avance, mais

1. Rapport Albert de Coquatrix, déjà cité.

refoulé dans ses steppes. Une contre-offensive foudroyante allait bientôt être lancée.

« Il avait déjà établi son plan d'évacuation, qu'il me tendit. Sur une carte murale, il me désignait les différentes étapes que devaient suivre les colonnes de détenues. Évacuation de cinq cents à mille femmes, les Oestliche (Russes, Ukrainiennes, Roumaines, Serbes, etc.) en direction de Malchow. Les étapes étaient de vingt-cinq à quarante kilomètres par jour. Malheureusement, les notes que j'avais prises à ce sujet disparurent quelques jours plus tard avec une voiture. Suhrens m'assura que des cantonnements et des cuisines étaient déjà installés aux différents endroits. Chaque femme aurait avec elle un colis Croix-Rouge. Quant aux Westliche (Françaises, Belges, Hollandaises, nordiques, etc.), y compris les Polonaises, elles seraient évacuées soit par train, soit par les cars de la Croix-Rouge suédoise (pour les nordiques seulement), ainsi que par les colonnes de camions du CICR qui apportaient les colis de Lübeck...

« C'est en vain que j'ai cherché à obtenir de Suhrens de ne pas évacuer les Oestliche à pied, mais de les laisser au camp ou de les transporter en cars, camions ou en train. Suhrens me répondit que c'était impossible, que seules les malades – au nombre de mille cinq cents environ – resteraient au camp.

« À 9 heures le lendemain, les premières colonnes de femmes en costume rayé attendaient le départ devant la Kommandantur. Elles étaient fortement encadrées par des SS armés de fusils. Toute nouvelle discussion devenait inutile. Je me rendis néanmoins chez le commandant du camp, qui me reçut de nouveau très poliment. Il me parla du bon esprit qui régnait chez ses femmes (*"meine Frauen"*, disait-il en parlant des déportées) et se plut à me montrer des lettres de reconnaissance *(sic)* que les détenues lui avaient adressées. Pendant que je discutais avec lui, apparut une femme SS à qui Suhrens posa une question qui m'échappa. La SS lui répondit : *"Die Akten sind doch vernichtet."* [1] Comme je m'étais tourné

1. Les archives ont été détruites.

du côté de la fenêtre, j'ai très bien pu observer sur la vitre le signe que lui fit Suhrens. Il me la présenta alors et, me prenant à témoin, lui posa des questions relatives à une évacuation d'un Kommando de l'est de Berlin, sauf erreur, qui avait eu lieu quelques jours auparavant. À l'en croire, cette évacuation avait été parfaite à tous points de vue. Les femmes avaient été *"menschlich behandelt"* [1], disait-elle. Toujours selon ses dires, les femmes qui avaient montré quelque peine à marcher avaient eu la possibilité de monter sur les charrettes qui suivaient les colonnes et on n'avait enregistré *"keine Verluste"* [2]. Suhrens levait les bras, triomphant, et me disait : *"Sehen Sie ! Sehen Sie !"* [3] »

« Le [4] 24 avril, presque toutes celles qui devaient être évacuées sont parties. Les prisonnières de guerre envoyées on ne sait où. Liouba est avec elles. J'arrive à placer Nina Fiodorovna et une de ses amies parmi le personnel médical. Elles sont faibles et risquent d'être abattues en cours de route. »

« 25 avril [5]. Le deuxième transport des malades françaises est parti pour la Suède.

« 27 avril. On raconte qu'un transport de Polonaises par la Croix-Rouge a été bombardé ; il y aurait dix-huit morts. Ce n'est pas étonnant puisque les Allemands utilisent les emblèmes de la Croix-Rouge pour leurs transports de troupes. »

« Les [6] 27 et 28 avril, les politiques allemandes parmi les quatre mille détenues doivent quitter le camp. Rosa Thaelmann nous fait ses adieux. Je lui propose de rester, lui promettant de bien la cacher jusqu'à l'arrivée de l'Armée rouge. Rosa est faible. Elle ne peut marcher longtemps. Elle ne veut pas se séparer de ses amies. Je

1. Traitées avec humanité.
2. Aucune perte.
3. Vous voyez bien.
4. Antonina Nikiforova, déjà citée.
5. Marie-Claude Vaillant-Couturier, déjà citée.
6. Antonina Nikiforova, déjà citée.

n'insiste pas. Nous nous serrons les mains, nous nous souhaitons mutuellement bonne chance. La plupart des SS sont partis. Le front approche. On entend des explosions lointaines. Des unités allemandes passent sans cesse, elles tirent. Nous sommes obligées de nous cacher. Nous ne sortons que pour chercher la nourriture. Ayant trouvé un magasin plein de colis de la Croix-Rouge, nous les partageons entre les blocks. Une équipe de Polonaises et de Tchèques travaille à la cuisine, elles utilisent les réserves des SS pour préparer la nourriture.

« Le 29 avril, les explosions deviennent plus fortes, on reconnaît les mitrailleuses ; derrière le mur, des flammes s'élèvent.

« Plusieurs femmes courent, prises de panique, dans la Lagerstrasse. L'une d'entre elles lève les bras au ciel, ses cheveux sont en désordre, elle s'agenouille au milieu de la rue. Elle prie à voix haute.

« Le matin du 30 avril 1945, deux éclaireurs russes sont dans la Lagerstrasse. Toutes celles qui peuvent courir accourent. Bientôt toute l'unité est là.

« On embrasse les soldats de l'Armée rouge, on leur fourre des paquets de cigarettes : ils se défendent.

« – Suffit, voyons ! Vous êtes folles ! Suffit de nous embrasser ! Elles ont perdu la tête...

« Nous pleurons, nous les entourons, nous les regardons. Tout poussiéreux dans leurs capotes, ils nous semblent les êtres les plus chers et les meilleurs du monde. À peine sont-ils partis qu'une immense banderole rouge, préparée longtemps à l'avance, flotte au-dessus des portes, annonçant à tous que la liberté si longtemps attendue est là. »

« 30 avril[1]. Quel délice de se réveiller sans Aufseherin, sans sirènes et sans coups de sifflets ! Avant de partir, le commandant a dit de faire une grande fosse pour enterrer les mortes (puisque le crématoire ne fonctionne

1. Marie-Claude Vaillant-Couturier, déjà citée.

plus), de reboucher la fosse proprement et de mettre une croix dessus. *"Damit es anständig aussieht."* [1] C'est à mourir de rire d'entendre ça de sa bouche, quand on pense qu'il y a huit jours on a encore gazé.

« À 11 h 30, les avant-postes russes sont arrivés. En voyant le premier cycliste de l'Armée rouge, j'ai eu les yeux emplis de larmes, de larmes de joie cette fois. Je me suis souvenue des larmes de rage que m'avait arrachées la vue du premier motocycliste allemand, place de l'Opéra, en juin 1940.

« Après, d'autres troupes d'infanterie sont arrivées avec des autos. Tout le camp est à moitié fou. On a bien du mal à obtenir des infirmières qu'elles restent à leur poste ; tout le monde veut sortir les voir, leur parler. Et pourtant, il faut que le travail continue. L'eau reste le problème vital.

« Nous avons été au camp des hommes, où nous avons trouvé un spectacle déchirant : ils sont huit cents dont quatre cents morts et mourants, couchés pêle-mêle, et le reste ne vaut guère mieux. Beaucoup de Français. Ils sont sans eau depuis huit jours, meurent de soif et de faim. C'est simplement atroce. Ils n'ont plus l'air d'hommes, mais de fantômes hagards ; la souffrance les a rendus fous. Personne, personne ne pourra se représenter cela, on ne pourra pas nous croire. Nous allons faire notre possible pour leur venir en aide. Mais nous manquons tellement de personnel... »

Au Revier, une jeune partisane yougoslave dit à Marie-Claude Vaillant-Couturier :

– Pour moi, c'est fini, jamais je ne reverrai les miens, mon village, nos montagnes. C'est trop loin. Mais je t'en supplie, va me chercher un soldat soviétique, que je le voie. Je t'en supplie. Je pourrai mourir tranquille après. Je saurai que c'est vrai. Que nous sommes libres maintenant.

Marie-Claude se précipite sur la Lagerstrasse. Elle explique à une communiste allemande le souhait de la

1. Pour que cela ait un aspect convenable.

jeune malade, de toutes les malades. La déportée allemande – c'est probablement la dernière du camp – parle russe.

– Suis-moi à la cuisine. Nos libérateurs sont affamés, ils n'ont rien mangé depuis hier matin.

Six Soviétiques assis à même le sol mangent du cake et des barres de chocolat tandis que sur les fourneaux cuisent des pommes de terre.

– Ce sont les réserves que nous avions cachées, au cas...

– Il vous reste du chocolat ? demande l'Allemande.

– Oui ! Un peu.

– Combien ?

– Deux cartons.

– Va les chercher.

Dix minutes plus tard, les six soldats soviétiques distribuent les dernières tablettes de chocolat aux malades du Revier.

La jeune Yougoslave chantonne entre ses lèvres, le visage mouillé de larmes, les mains jointes. Un soldat dans le couloir esquisse trois pas de danse, jette son calot en l'air.

« Le [1] matin du 1er mai, nous nous réveillons libres. La nature a l'air de se réjouir avec nous, le soleil brille tout joyeux dans le ciel sans nuages.

« Nous nous mettons au travail avec courage, non pas au son de la sirène, mais de notre propre volonté et par sentiment du devoir. Il est tôt. Deux Tchèques viennent nous demander si elles peuvent installer leur drapeau national sur le toit de leur block.

« – Bien sûr ! C'est une fête nationale aujourd'hui. Mais où prendrez-vous le tissu ?

« – Il y a beaucoup de matériel dans les ateliers des SS, nous y sommes allées, répondent les Tchèques.

« Marie-Claude et Janka ont disparu mystérieusement.

1. Antonina Nikiforova, déjà citée.

Elles rentrent au bout d'une heure, des paquets sous le bras. Marie-Claude porte un fichu bleu marine sur la tête.

« Les Polonaises cousent leur drapeau. Marie-Claude, faisant des efforts pour assembler des morceaux d'étoffe, regarde, hésitante, alentour. Je comprends qu'elle ne sait pas coudre.

« – Demande à Kazimira Kazimirovna, elle ne refusera pas.

« Deux à trois heures après, différents drapeaux flottent au-dessus des baraques, celles qui sont là les contemplent, les yeux brillants de larmes.

« – Tu ne trouves pas que le drapeau français est le plus beau ? me demande Marie-Claude, confuse.

« – Il est très, très beau ! dis-je, ne voulant pas lui faire de peine, mais je ne peux détacher mes regards de notre drapeau rouge flottant sous le soleil printanier.

« Notre camp se transforme peu à peu en un immense hôpital. Plus de deux mille malades ont besoin d'être soignées. Celles qui sont restées et celles qui sont rentrées à Ravensbrück tendent leurs dernières forces pour permettre aux malades de revoir leur patrie.

« La guerre continue. Le commandement soviétique a cependant fait appeler un chirurgien pour Simone. Il refuse de l'opérer avant de lui faire une transfusion de sang, tellement elle est faible. C'est Marie-Claude, pâle, épuisée mais pleine d'énergie, qui donne à Simone une part de son sang.

« Lorsque les politiques allemandes déjà libérées viennent au camp pour nous aider, j'apprends qu'elles ont caché Rosa Thaelmann à Fürstenberg, sous la protection des Russes. Il arrive qu'une ancienne déportée apprenne des nouvelles de sa famille. Un jour, un groupe d'officiers russes vient visiter le camp.

« – Pendant la guerre nous avions à l'académie un professeur tchèque : Nejedly, dit un officier à Zdenka.

« Zdenka l'attrape par le bras.

« – Nejedly ! Vivant ? Mais c'est mon père !

« De joie, elle s'affale sur une chaise. »

« 1er mai[1]. Cet après-midi, je suis partie chercher des matelas pour les malades dans les maisons des SS. Je suis toute seule et c'est merveilleux, pour la première fois depuis tant d'années, d'être seule. Je regarde le lac et le ciel et je suis ivre de liberté. Les maisons des SS ont l'aspect d'appartements perquisitionnés, tout est sens dessus dessous et j'éprouve un certain plaisir à la vue de ce spectacle. Ce sont les hommes du camp à côté qui ont tout bouleversé. Ils cherchaient des vivres et des vêtements. Tout à l'heure, en entrant dans une chambre, j'ai trouvé un de ces spectres noirs couché tout habillé dans un lit, la tête sur un gros oreiller de plumes, couvert jusqu'au cou d'un couvre-pied de satin rose. Je comprends si bien la béatitude qu'il doit ressentir à être couché douillettement et au chaud, après tant d'années de misère.

« Pour la première fois, j'ai une envie folle de rentrer en France et de retrouver ceux que j'aime. Peut-être parce que maintenant je sais que le retour est certain, qu'il est tout proche.

« 2 mai. Nous avons été à pied à Fürstenberg. C'est drôle comme on prend vite l'habitude de la liberté ! Cela semble tout naturel après trois ans et demi de pouvoir marcher devant soi, à la cadence qui vous plaît, et d'aller où l'on veut.

« Le commandant soviétique de Fürstenberg, après nous avoir interrogées sur les malades et l'organisation du camp, nous a envoyé une commission médicale, des provisions et des médicaments.

« En rentrant de Fürstenberg, Heidi et moi nous nous sommes arrêtées dans la maison du commandant, où il y avait un piano. Cela m'a fait une telle joie d'entendre à nouveau de la musique ; toutes ces choses dont on a été privé si longtemps reviennent. On sent monter en soi une vague de désirs inassouvis. Nous avons terminé par de vieilles chansons françaises et par... *La Marseillaise*, sur le piano du commandant ! Je m'endors avec un sen-

1. Marie-Claude Vaillant-Couturier, déjà citée.

timent de plénitude que je ne peux exprimer, tellement il est fort. »

Marie-Claude Vaillant-Couturier restera à Ravensbrück jusqu'au 23 juin. Elle sera rapatriée avec la dernière malade française. Antonina Nikiforova ne retrouvera son Leningrad qu'en août. Quand Marie-Claude est partie, Antonina a écrit dans son carnet :

« Marie-Claude a emporté un morceau de mon cœur. Mais il me semble parfois qu'un morceau de son grand cœur courageux est resté avec moi. »

*Petit-Koenigsberg* *5 février 1945*

# PARTIR OU RESTER ?

En Poméranie, le Petit-Koenigsberg est un Kommando disciplinaire de Ravensbrück. Les Françaises le découvrent le 17 octobre 1944.

« Notre [1] travail au plateau – c'est ainsi que s'appelle ce chantier – a pour but d'agrandir le terrain. Il faut d'abord niveler le sol ; armées de pics et de pelles, nous démolissons les talus et chargeons des wagons qu'une locomotive emmène à l'autre bout du champ. À midi, un chariot traîné par un vieux cheval nous apporte dans des tonneaux de l'eau tiède baptisée soupe. »

« Nous [2] tracions une route à travers la forêt, elle devait rejoindre le camp d'aviation. Cette route servait à évacuer des avions et, à intervalles réguliers, on y construisait de grands hangars. Ils étaient soigneusement camouflés parmi les arbres, de façon à ne pas être découverts par les bombardiers ennemis. Le pays était montagneux et il fallait que la route fût plane, ce qui forçait à retirer de la terre aux endroits élevés pour la verser dans les parties basses. Le premier travail pour la cons-

1. Manuscrit inédit Éliane Guiz-Dardaigne et Denise Marin-Rougé.
2. Témoignage Virginie Albert-Lake, Archives du comité d'Histoire de la Seconde Guerre mondiale.

truction de cette route était effectué par des ouvriers volontaires, des paysans russes, des familles entières d'hommes, femmes et enfants, qui abattaient les arbres et les enlevaient à l'aide d'attelages de chevaux. Nous les voyions tous les jours, ils nous dévisageaient. Ils avaient l'air bien portant et ils étaient chaudement vêtus ; chaque soir, ils rentraient à leur foyer. Nous n'étions pas de la même espèce. »

« Quand [1] la neige recouvrait abondamment les pistes, on nous forçait à la piétiner pour la tasser, pendant des heures. Des heures. On distribuait la soupe dans un bas-côté : interdiction de la manger sur place, nous devions grimper un monticule, et comme la terre était argileuse, nous glissions, il ne restait pas grand-chose dans notre gamelle. »

« Après [2], les jours se mêlent... nous piochons toujours, il fait de plus en plus froid, le pain de huit cents grammes, divisé au début en quatre, doit faire six parts, puis huit. Il y a eu Noël, avec une journée de repos... Nous avons prié...

« Et puis janvier, janvier 1945, le bruit du canon, d'abord très lointain, puis proche, les femmes abattues sur la route, au retour du travail, parce qu'elles avaient quitté la colonne pour ramasser une betterave dans un champ, celles qui s'évanouissaient d'épuisement et que nous ramenions au camp en les portant sur le dos. (Denise m'a ramenée ainsi plusieurs fois.) Mais le rocher avait été enlevé, le sol nivelé, cela faisait un très beau terrain d'aviation, plus grand que l'autre, avec des alvéoles pour dissimuler les appareils. Tout était presque terminé, comme notre vie.

« Le 31 janvier, les Allemands s'en vont sous les rafa-

1. Manuscrit inédit Germaine Hommel.
2. Manuscrit inédit Éliane Guiz-Dardaigne et Denise Marin-Rougé, déjà citées.

les de neige. Dans les baraques, personne ne dort ; on écoute les bombardements... Il y a des explosions très proches, la centrale électrique saute et nous nous trouvons dans l'obscurité.

« 1er février : les soldats de la Wehrmacht arrivent ; ils veulent nous emmener, mais, voyant notre état lamentable, ils n'insistent pas et reprennent leur route.

« Pour la première fois, nous entrons dans les casernes habitées jusque-là par les SS et les aviateurs. Ils ont dû partir très vite ; dans les réfectoires, les tables sont encore servies, les assiettes à moitié pleines : boulettes de viande et petits pois, je m'en souviens. Nous dévorons tout ce que nous trouvons, des légumes crus, des conserves, du pain, de la confiture... Nous enfonçons des portes... Il y a des montagnes d'œufs que nous écrasons... des piles de bocaux d'asperges... des sacs de nouilles...

« Les hangars sont incendiés, la piste creusée de grands trous, sans doute les bombes qu'ils ont fait sauter avant de partir et qui expliquent les explosions de la nuit. Plus d'avions, sauf les carcasses noircies de ceux qui n'ont pas pu décoller.

« 2 février : organisation, ravitaillement. On récupère quelques vêtements, des chaussures, des rideaux, pour remplacer nos tenues à croix et nos galoches. Il n'y a plus d'eau dans les blocks ; on va en chercher assez loin. Un broc d'eau de puits, c'est pour boire, un broc d'une eau trouble puisée dans un trou où gisent quelques cadavres de soldats. Bientôt, les deux brocs sont mélangés et nous buvons indifféremment dans l'un ou dans l'autre... Quelle importance cela a-t-il pour nous ?

« La promenade d'hier n'a pas réussi à mes pieds, et ce matin je reste assise sur la paillasse, drapée dans un rideau rouge et blanc qui me fait ressembler à un vieux Chinois. On m'a apporté une glace et quand je me suis vue, j'ai fait comme les chats, j'ai retourné la glace pour voir ce qu'il y avait de l'autre côté, incapable de croire que cette tête décharnée, ridée et jaunâtre, ces yeux fixes, c'était moi...

« Denise m'a rapporté de la caserne un grand seau de confit d'oie, et je mange, je mange, avec mes doigts, de la viande, de la graisse... Je devais être d'une constitution particulièrement solide à l'époque, car malgré les excès de ces premiers jours, je n'ai jamais eu le moindre malaise.

« La nuit est tombée ; quelqu'un se souvient que c'est aujourd'hui la Chandeleur. Nous allons faire des crêpes. Mes camarades ont trouvé de la farine, des œufs, de la margarine... Nous sommes toutes groupées autour du vieux poêle qui n'a jamais tant ronflé, avec comme éclairage des bougies roses rapportées de là-haut. C'est Francine qui officie.

« Je revois cette scène : ces femmes squelettiques, crasseuses, avec encore dans les yeux toute l'angoisse, l'horreur de ces dernières semaines, et qui, déjà, essaient de réapprendre à sourire. Et puis, il y a autre chose, il y a un homme parmi nous, un prisonnier de guerre français, évadé d'un Kommando voisin, qui s'est réfugié ici avec deux camarades ; ceux-ci sont au block 8, et André, c'est tout ce que nous savons de lui, est chez nous. On l'a fait manger, on l'a questionné, mais il sait peu de choses...

« Francine a fait sauter une première tournée de crêpes ; chacune a savouré la sienne, notre camarade PG aussi, en faisant un vœu, le même pour tous, sans doute.

« Et alors, tout se précipite : Annie, la Blockowa de notre block 11, entre en courant, livide, et hurle : “Où est le prisonnier français ? Il faut qu'il parte, tout de suite, tout de suite !” Le jeune homme sort de l'ombre, inquiet. Nous essayons de le retenir : pourquoi doit-il partir ? Que se passe-t-il ? André hésite. Annie le prend par le bras : “Monsieur, je vous en supplie, si vous étiez mon frère ou mon mari, je vous le dirais : partez, partez tout de suite ; je ne peux rien vous dire, mais partez, partez !”

« Cela semble très grave. Après quelques hésitations, le garçon nous dit au revoir, sort du block et disparaît dans la nuit.

« Alors Annie, très vite : “Rangez tout, restez calmes, les SS sont dans le camp ; ils ont trouvé les deux prisonniers du block 8 et les ont tués, tués tous les deux.”

« Nous avons à peine le temps de réaliser qu'un officier

SS suivi de deux soldats entre dans la chambre, revolver au poing. Les soldats renversent les marmites près du poêle, regardent sous les lits, retournent les paillasses... Personne ne bouge, nous sommes transformées en statues. Francine, qui a gardé sa poêle à la main, offre machinalement une crêpe au SS qui jette tout à terre, furieusement. Ils s'en vont et nous restons là, pensant aux deux morts, à celui qui est parti... Non, nous ne sommes pas encore libres.

« 3 février : sans arrêt, des escadres d'avions de bombardement passent au-dessus du camp, volant vers l'ouest, le canon se rapproche... De notre chambre, personne n'est sorti ce matin ; nous attendons, assises autour du poêle sur lequel mijote une énorme marmite de haricots. Une femme guette près de la fenêtre ; elle se retourne et hurle : “Les voilà, ils reviennent !”

« Ce sont des SS encore, des hommes casqués, armés, couverts de boue, qui doivent reculer en combattant depuis plusieurs jours, avec sur leur visage creusé toute la haine du désespoir. Ils entrent dans les blocks, hurlant des ordres, se faisant comprendre à coups de crosse : il faut partir, les suivre, marcher derrière leurs camions, tout de suite. *“Schnell, schnell !”* Il faut retourner à Ravensbrück, sinon ils vont nous faire sauter.

« Denise m'interroge :

« – Qu'est-ce qu'on fait ?

« Je n'hésite pas :

« – On reste. Crever pour crever, autant rester ici.

« J'explique :

« – De toute façon, moi, je ne peux pas marcher ; les Russes ne sont pas loin ; on a une chance de s'en sortir...

« – Et s'ils font sauter le block ?

« – On verra bien...

« Et les femmes de notre chambre décident de rester avec nous.

« Je ne sais pas qui m'a inspirée ce jour-là, mais je sais que rien au monde ne m'aurait fait sortir du camp.

« Et nous les avons toutes vues partir, en rangs, cinq par cinq, courbant la tête sous les rafales de neige, toutes, toutes. Yvonne Baratte au beau visage grave, Nanouk au dévouement inlassable, Etty rescapée de la grotte de la Luire au Vercors... Elles sont parties à pied, derrière les camions des SS. Nanouk n'est pas allée bien loin, nous avons retrouvé son corps à l'entrée du camp, deux balles dans la tête... Les autres... mortes ou abattues sur la route, et, pour celles qui ont tenu jusqu'à Ravensbrück, la longue agonie sous la tente.

« Dans notre chambre, nous nous cachons sous les châlits, dans les coins sombres ; un soldat entre, vocifère, ne voit personne et jette en ressortant une grenade incendiaire sur la baraque. La charpente prend feu, mais il fait moins 30° et il neige, l'incendie ne s'étend pas. Nous nous sommes mis des chiffons mouillés sur le nez pour nous protéger de la fumée. Un long moment passe ; ils ont dû partir... Nous ramassons quelques vivres et sortons. Sur la neige, les malades sont allongées, grelottant de froid, de souffrance... Le Revier a brûlé lui aussi. La doctoresse polonaise qui est restée avec nous regroupe tout le monde au block 13. Plusieurs fois encore, le camp est envahi par des groupes de soldats allemands en retraite ; ne voyant que des malades, ils repartent.

« Mais, vers la fin de l'après-midi, je suis retournée avec Denise essayer de récupérer quelques affaires dans les ruines du block 11. Nous ramassons des planches... Dehors, tout près, trois coups de feu ; presque en même temps, un SS, un officier, immense dans son long manteau de cuir gris, entre dans la pièce en hurlant. Il nous voit, hurle encore davantage, nous bouscule et nous pousse hors du block. Trois de nos camarades sont là, étendues dans la neige, mortes, tuées d'une balle dans la tête.

« Le SS me tient par un bras, lève son revolver. Je regarde Denise, et Denise regarde le SS. Et Dieu était dans ses yeux, car, devant ce regard que je n'oublierai jamais, le SS a baissé son arme, haussé les épaules, et il est reparti, nous laissant toutes les deux, debout, devant trois cadavres...

« Nous sommes rentrées au block... Personne n'a beaucoup dormi cette nuit-là. Koenigsberg brûlait, des flammèches arrivaient jusqu'à nous, la canonnade se rapprochait.

« Le lendemain, nous sommes restées enfermées, sans faire de feu, sans le moindre bruit, pour dissimuler notre présence aux troupes allemandes que nous apercevions sur la route. Nous avons mangé des conserves et des confitures, serrées les unes contre les autres pour nous réchauffer, et la dernière nuit a commencé.

« Le 5 février 1945, vers 9 heures du matin, les premiers soldats de l'Armée rouge sont arrivés. Le capitaine qui les commandait a écrit son nom dans le carnet à couverture jaune où je griffonnais depuis trois jours. C'était en caractères cyrilliques et je n'ai pas compris. Mais j'ai rapporté en France le petit carnet [1]. »

Dans son carnet, Marie-Claude Vaillant-Couturier note en date du 23 mars 1945 :

« Il est arrivé dans la journée, du Petit-Koenigsberg, des malades dans un état indescriptible. Une de celles qui travaillent aux douches pour les arrivantes a entendu Treite, le médecin-chef SS, dire : "Qu'est-ce que nous allons faire de toute cette merde ?" et Winkelmann lui a répondu : "Ne t'en fais pas, je m'en charge, elles auront dès ce soir un bon lit bien chaud." Bien entendu, elles ne sont pas même entrées dans le camp, le camion pour les gaz est venu les chercher devant les douches. »

1. Note d'Éliane Guiz-Dardaigne : « Les survivantes sont rentrées en France par Odessa. Denise et moi, après avoir été soignées à l'arrière du front, nous avons suivi l'état-major du maréchal Koniev, dont nous étions les hôtes d'honneur, et sommes arrivées à Berlin le 2 mai 1945. »

*Beendorf* *10 avril-2 mai 1945*

# « NOUS ALLONS ÊTRE ÉVACUÉES ? – NON ! IL N'Y A PLUS DE TRAINS. »

En Saxe, dans les mines de sel de Beendorf, à six et huit cents mètres de profondeur, les déportées, debout à leur établi, percent, ajustent, polissent, emboîtent. Les composants qu'elles fabriquent sont destinés à l'industrie aéronautique. Chaque pièce, avant montage, doit être nettoyée à l'essence synthétique et huilée. Celui qui a eu l'idée d'« enterrer » cette usine dans des filons de sel est un fou et un imbécile. Les ouvrières n'ont qu'à tendre la main vers la paroi de leur galerie, passer délicatement les doigts sur les cristaux brillants, revenir à leurs petits bouts de métal... Dans moins de huit jours ces précieux assemblages, attaqués par le chlorure de sodium, seront inutilisables.

« Les [1] Alliés avançaient rapidement.

« L'ordre est venu de nous évacuer.

« C'est en grande partie dans ce dernier transport, véritable convoi d'extermination, que sont mortes beaucoup de nos camarades. Du 10 avril au 2 mai, par une chaleur atroce, sans vivres, sans air, sans eau, nous avons été évacuées dans des wagons à bestiaux.

« Depuis quelques jours l'avance des Alliés sur Magdebourg et Brunswick précipitait les ordres et les contrordres au sujet de notre évacuation. La veille de notre dé-

1. Manuscrit inédit Élisabeth Goupille.

part, on arrêta le travail à midi. Au sortir de la mine, les travailleurs allemands et étrangers, les femmes, les enfants, tout endimanchés, nous regardèrent défiler curieusement comme s'ils ne nous avaient jamais remarquées.

« Un soleil radieux donnait l'impression de préparatifs pour une grande fête ou mieux pour un départ en vacances. Soldats, Aufseherinnen allaient et venaient valises à la main ou sacs au dos. Des autos, des camions circulaient bondés de fuyards ou simplement d'objets hétéroclites. Dans notre block, radio-bobards de minute en minute annonçait :

« – Ils ne sont plus qu'à huit kilomètres...

« – Non, dix !

« Le Blockführer, du bout du bâton, nous compta tel un marchand de bestiaux. Puis, ayant fait vider tous les casiers et les armoires du magasin d'habillement, il nous obligea à nous charger d'énormes ballots de vieux linges et de vieux vêtements. "Il ne tombera rien entre les mains de l'ennemi", dit-il *(sic)*. Puis, cinq par cinq, dûment encadrées, nous avons quitté le camp en direction de la gare. Lugubre défilé, grotesque et pitoyable cortège de ces trois mille femmes que l'on embarquait précipitamment afin de les conduire au grand camp de Neuengamme, près de Hambourg. Et le bruit du canon se rapprochait toujours. Derrière nos bourreaux, nous avions aperçu quelques tanks qui manœuvraient dans la campagne. Le soleil était radieux, demain ils seraient là. Quelle fête... Mais le convoi, après une nuit d'attente sur une voie de garage, s'ébranla lentement. Les Alliés arrivaient...

« Le voyage commençait. Durant les premiers douze jours, neuf cents sur trois mille devaient mourir. »

« Nous [1] étions accroupies et si serrées qu'il fallait éviter de se lever pour pouvoir se rasseoir. Le train fantôme

1. Manuscrit inédit Georgette Froitier.

erra douze jours et douze nuits pendant lesquels nous ne reçûmes ni eau ni ravitaillement. Les nuits étaient un véritable cauchemar. Les femmes roulaient les unes sur les autres, se battaient, tuaient même pour une place. Certaines étaient armées de lames tranchantes confectionnées à l'usine et n'hésitaient pas à s'en servir. Pour faire cesser les hurlements qui s'élevaient de cette foule en folie, les SS tiraient dans les wagons. »

« Je[1] vois encore cette forêt de sapins tout noirs, les rails d'acier luisant qui se perdent à l'horizon, des lointains teintés de rose et de blanc annonçant l'aurore d'une belle journée et j'entends encore, poignants et déchirants, des cris, des hurlements, des coups de feu. En silence, j'ai cherché la main de maman. Je l'ai serrée bien fort. Le calme s'est rétabli et le train est reparti. Nous laissions de nouveaux cadavres ensanglantés sur le ballast.

« Tout autour de nous, certains jours, la bataille faisait rage, apportant l'espoir. Un espoir insensé qui nous donnait la force. Demain ils seraient là. Nous voulions vivre. Nous voulions rentrer. Et toujours, à l'instant où les Alliés allaient nous atteindre, le train repartait, sans but déterminé, à l'aventure, simplement pour que nous ne soyons pas délivrées.

« Depuis quelque temps déjà, notre commandant, nos Aufseherinnen, nos Posten avaient été remplacés par des soldats de la Wehrmacht. Je crois que nos gardiens habituels ne tenaient pas à être avec nous à l'heure de la libération. Ce doit être la raison pour laquelle on nous emmena à Oschsenzoll, dans la banlieue de Hambourg, afin de nous grouper et de nous trier. Un jour enfin, le 2 mai, nous avons été remises à la Croix-Rouge danoise. Certes, au moment de partir, le bruit circulait que nous allions être rapatriées, mais il en avait si souvent été

1. Élisabeth Goupille, déjà citée.

question, depuis même notre arrivée à Ravensbrück, que nous n'y croyions plus beaucoup. Toutefois la tenue des Allemands à notre égard avait changé brusquement. Ils allèrent même jusqu'à nous aider à monter dans les wagons, qu'ils avaient garnis d'un peu de paille.

« Vers 3 heures de l'après-midi, le convoi s'arrêta presque en pleine campagne et des civils vinrent nous apporter la certitude de notre libération. D'un seul coup la souffrance s'atténua. Il y eut une véritable explosion de joie, soupirs de blessés que l'on vient de soulager ; elle fut suivie immédiatement d'un silence peuplé du souvenir de ceux et de celles qui ne connaîtraient pas cet instant unique.

« Nous n'avons fait que traverser le Danemark car on craignait que les Allemands ne veuillent encore nous reprendre. Aussi, la Croix-Rouge se hâta de nous faire gagner la Suède. Notre bateau aborda dans l'après-midi du 3. La foule était massée sur les quais. Les hymnes français et suédois éclataient de toutes parts. Pour nous allaient commencer deux mois enchanteurs pendant lesquels nous allions réapprendre à vivre, à être heureux.

« Pourtant, jusqu'au 16 juin, nous avons attendu des nouvelles de tous les nôtres. Nombreuses étaient les camarades qui avaient déjà reçu des nouvelles, alors que ma mère et moi nous n'avions rien. Enfin un télégramme nous a appris que le miracle était accompli. Sûr, tous, père, frères, tante, tous étaient vivants. Tous seraient là pour nous recevoir.

« Bien douce encore fut la minute où, au Bourget, le 2 juillet 1945, nous avons touché le sol de France. Quelques aviateurs vinrent nous accueillir. C'était un dimanche, des autobus nous emmenèrent à Ivry. De toutes nos forces nous chantions *La Marseillaise*. Cette *Marseillaise* que, si longtemps, il avait fallu chanter tout bas...

« Et depuis, voyez-vous, il y a trois chants que j'entends avec une émotion particulière : *Ô terre de détresse*, que murmuraient là-bas ceux qui souffraient, *Ce n'est qu'un au revoir*, chanté par ceux qui partaient vers quelque destination inconnue, et *La Marseillaise* telle que l'ont chantée bien haut ceux qui partaient à la mort, telle que l'ont chanté de toute leur joie ceux et celles qui, comme nous, allaient revivre[1]. »

1. Manuscrit inédit Mme Louis Janvier : « Je fus affectée au *Valencia*, cinéma transformé en hôpital d'une centaine de lits. Nous y reçûmes la visite des souverains suédois, puis, quelques jours plus tard, on nous envoya à Bras, jolie station climatique dans les sapins, au bord de la mer, à une vingtaine de kilomètres au-delà de Göteborg. J'y passai un mois couchée, sans pouvoir marcher, tant j'avais les jambes enflées jusqu'aux genoux. C'était, me disait-on, de l'œdème ; j'avais aussi des plaques d'avitaminose sur tout le corps. Le régime était simple : rien que du lait. On augmentait chaque jour la quantité ; d'un litre par jour, au début, on arriva à nous en donner cinq litres. Puis, petit à petit, on nous donna des laitages épais, et enfin une nourriture normale avec beaucoup de poisson frais, et avec toujours du lait comme boisson. Un jour enfin, je pus marcher, car mes jambes étaient désenflées ; le moral aussi était meilleur, car j'avais appris que mon mari vivait et que mon fils, déporté comme moi, avait pu s'évader et rentrer chez nous. Je n'eus plus alors qu'un désir : revenir en France. Entre-temps, les Suédois faisaient leur enquête sur chacune de nous, tant en Suède qu'en France, surtout en France. Quelques prisonnières liaient des relations et avouaient ne pas désirer rentrer dans leur pays, préférant se fixer en Suède et y trouver un emploi (c'était bien sûr celles qui avaient quelque chose à se reprocher et qui craignaient des représailles). Elles furent séparées de nous et réunies dans un camp surveillé. Ce fut le 2 juillet 1945 que je pris à Malmö l'avion du matin qui me déposa avec dix-sept compagnes à l'aérodrome d'Orly, vers 16 heures. »

Manuscrit inédit Francine Dirksen : « Tous ces médecins suédois ont été admirables. On pourrait dire maternels. C'est vrai que nous étions pareilles aux nouveau-nés. Nous devions apprendre à vivre, à aimer. Le 5 juillet, j'atterrissais au Bourget. Je crois qu'il m'arrivera un jour d'oublier Beendorf et ses cristaux de sel bleuté. Je le veux. Mais je n'oublierai jamais mes amis suédois. »

*Markleeberg* *13 avril-25 mai 1945*

# LA BOUÉE DE SAUVETAGE

« Sacramento », l'Oberscharführer qui dirige près de Leipzig le camp disciplinaire de Markleeberg, réservé aux juives hongroises, n'a qu'une passion : l'élevage des canards. Pour les nourrir, les soigner, les promener le long des barbelés, il a donné le titre et le brassard d'« inspectrice » à un professeur de philosophie qui exerçait autrefois à Békéscsaba. Les premières Françaises évacuées du Kommando d'Abteroda l'appelleront évidemment « Coin-Coin » jusqu'au jour où une enseignante de la région nantaise découvrira que la dévouée servante des canards de Sacramento a publié six ou sept ouvrages sur Proudhon et Marx. Un second convoi d'Abteroda débarque le 25 février 1945. C'est un dimanche. Les déportées ne seront pas tondues.

« L'aspect[1] des Hongroises est significatif de la vie de ce camp. Nous avons relativement bonne mine, mais elles qui sont ici depuis huit mois, qui ont pourtant un travail moins dur à l'usine, à l'abri, sont décharnées, jaunes, lamentables. Certaines sont de belles filles au profil caractéristique, avec de beaux yeux et des cheveux superbes. Ayant toutes été rasées à leur arrivée, elles ont

1. Manuscrit inédit Germaine Huard, arrêtée pour résistance le 13 mai 1944, déportée à Ravensbrück, puis Muna, Torgau-sur-Elbe, Abteroda, Markleeberg.

maintenant une chevelure ondulée ou bouclée, qui a suffisamment repoussé pour faire envie à bien des femmes. Certaines rousses sont vraiment splendides. Une partie de ces Hongroises est différente des autres : ce sont de véritables romanichelles. Elles sont d'une saleté repoussante et leurs blocks ont une odeur inimaginable. Elles volent tout ce qui leur tombe sous la main, font commerce même de nos parts de soupe ou de saucisson qu'elles viennent nous revendre après nous les avoir volées. Elles fabriquent à l'usine de petits riens en cuivre qu'elles viennent échanger contre du pain. Elles sont insinuantes, on en chasse une, deux minutes après elles viennent à cinq ou dix. Rien ne les lasse, rien n'a de prise sur elles. Cette promiscuité est pénible. Les deux Blockowas qui s'occupent de nous, Suzanne et Martha, tout en étant éduquées et ayant un physique agréable, sont bien de leur race et donnent l'impression de nous mépriser profondément. Il sera toujours impossible de leur réclamer un bidon de soupe manquant ou quelques parts de pain disparues. Jamais nous n'avons notre compte. Notre Kapo, une Hollandaise, défend mollement nos intérêts. La "Jument hollandaise", comme son physique l'a fait surnommer, n'éprouve aucune sympathie pour les Françaises et ne fait rien pour nous. Un peu d'énergie aurait pourtant suffi pour obtenir, non pas un supplément, mais strictement notre part déjà bien insuffisante.

« Vendredi 13 avril 1945. Le matin, nous travaillons comme d'habitude. Notre Kommando cette semaine épluche les oignons dans la réserve. L'atmosphère est gaie. Annie (notre Kapo) et Yoto (l'Italienne) sont très agitées et s'enhardissent, malgré la sentinelle qui tourne le dos, à faire comme-ci, comme-ça, avec un seau de confiture, qui disparaît entièrement.

« À 15 h 30, appel. Des avions passent sans arrêt, le canon se rapproche de plus en plus et un orage est imminent. L'Oberscharführer nous dit qu'en raison des circonstances il doit quitter le camp avec la troupe et nous confie à la direction de l'usine qui pourvoira à notre nourriture. Appel à la discipline, bonne tenue, propreté... Nous n'en croyons pas nos oreilles. Arrivée de l'ingénieur de l'usine, qui commence un speech dans le même sens. Au bout de cinq minutes, paraît un Posten appelant l'Oberscharführer au téléphone. Sacramento part et revient en disant : "Vous partez toutes, le camp doit être vidé dans une heure." Stupeur catastrophée. Le vent souffle, l'orage passe heureusement sans trop de pluie ; nous rentrons "dîner" et faire nos colis. On nous distribue un quart de pain (trois cents grammes), un demi-rond de saucisson, un dé de margarine.

« Queue aux manteaux. Beaucoup de peine à retrouver le mien, encore plus sale et chiffonné qu'avant. Nous emportons notre gamelle, notre cuiller, notre quart, mais devons laisser notre couverture. Nous n'avons pas eu de douche depuis trois semaines, notre linge est sale et nos souliers en bien mauvais état. Rangement de la chambrée. Je laisse un mot sur le bois de mon lit à l'adresse des Alliés qui entreront ici.

« Appel à 19 heures environ. Les Hongroises sont déjà en rang, cinq par cinq. Nous nous alignons. Énervement des Allemands, longueur pour nous compter.

« Vers 21 heures, départ dans une nuit d'encre. À l'avant de la colonne un gros camion poussé par trente femmes porte les malades, ensuite trois chariots (toujours poussés par nous) pour les bagages des Aufseherinnen et des Posten. Les Hongroises marchent devant, les Françaises derrière ; une autre voiture de malades ferme la marche.

« Nous quittons le camp, lamentables. Avance lente, mortellement lente, nous butons à chaque pas sur nos voisines de devant. Nous sommes encadrées par les Posten armés, les Aufseherinnen, le commandant du camp une cravache à la main marche en avant avec sa femme et son chien. Nous contournons Leipzig.

« Nous traversons des bois. Toute la nuit, marche interminable, lente, avec des arrêts brusques, mais pas de repos. Après Leipzig, c'est une plaine ventée, glaciale. Au petit jour le sommeil s'ajoute à la fatigue ; nous avons l'impression d'être ivres. Nous devons nous donner le bras pour nous soutenir mutuellement. »

Elles marcheront quinze jours encore, longeront l'Elbe... s'évaderont à deux de la colonne. Elles baptiseront la cabane dans laquelle elles se terreront la « bouée de sauvetage ».

***

Le lendemain de l'armistice du 8 mai, Germaine Huard note :

« C'est bien la première fois que je respire librement depuis ces douze mois. Je suis faible, mais inondée de joie. Je suis ressuscitée. Les réfugiés allemands défilent sans arrêt. Beaucoup de troupes désarmées, crevées... Elles sont sales, en loques, certains hommes marchent en sandales ou même sur leurs chaussettes. Dans l'autre sens, c'est le défilé de l'armée russe, qui comprend beaucoup de femmes. À la vérité ces troupes sont un peu hétéroclites comme costume et matériel. Je m'attendais à un meilleur aspect, tout de même. Il y a des types d'hommes très différents. Les uns sont très jeunes, presque des enfants, beaux, blonds, des géants ; d'autres, vieux, cosaques ou Mongols, ont des têtes extraordinaires. Les femmes sont toutes jeunes. La plupart sont juchées sur des chars. Aux croisements, elles descendent et font la police de la route.

Ils ont un matériel roulant qui grince, cogne, s'arrête, repart avec un bruit de ferraille.

« Les uniformes militaires sont à la hauteur du reste, variés à l'infini et guère propres. Mais qu'importe si cette armée ne paie pas de mine ! Ce sont nos libérateurs et c'est merveilleux de voir les Allemands aplatis devant eux, serviles et froussards. La réputation des Russes est vite établie dans le pays. Ils sèment la terreur, font beaucoup de réquisitions et surtout s'approprient tout ce qui leur plaît, en particulier les montres et les femmes.

« Croisons dans les rues des prisonniers américains,

harassés et affamés. Ils sont d'une maigreur invraisemblable et ne tiennent pas debout.

« Jeudi 10 mai : Ascension. Lever à 6 heures après une nuit agitée, malaises, un peu fiévreuse. Messe à 7 heures et demie avec Mme M., Kaky et V. Notre première messe, émouvante dans sa simplicité. Dix personnes le jour de l'Ascension. Les femmes allemandes sont en cheveux, il n'y a qu'un seul homme. Je prends sur un banc un missel allemand qui a la tradution latine à côté et je suis ma messe en latin. Mais c'est à peine si je puis lire tant je pleure d'émotion.

« Des officiers du Festüng viennent nous faire visite. Ce sont eux maintenant qui ont pris en main l'organisation et la discipline de leur oflag. Ils montent la garde et tous les jours un pavillon allié différent sera hissé à côté du pavillon français. Les officiers n'arrivent pas les mains vides. Ils ont pensé nous faire plaisir en apportant livres, savon, thé, café, lait condensé prélevés sur leurs colis. Ils ont pour nous toutes les délicatesses. Ils sont touchants. Chacun nous demande des détails sur notre vie. Plusieurs ont les larmes aux yeux, tous sont émus. Ils pensent à leur femme, à leurs sœurs. Un lieutenant israélite nous dit qu'il n'aurait jamais pu imaginer chose pareille. Un général à deux étoiles ajoute : “Un homme a toujours de la pitié pour des femmes et des enfants. J'en ai pour les femmes et les enfants allemands, qui ne sont pas responsables de la guerre ; mais, à partir de maintenant, je veux chasser de mon cœur cette pitié.”

« Toute la journée nous voyons défiler des Français, officiers des plus brillants de notre armée. Nous sommes émerveillées de leur allure, de leur chic, nous ne nous lassons pas d'admirer leur magnifique tenue alors que nous les supposions en loques ou à peu près. Comme nous leur faisons part de notre étonnement, ils nous confient que chacun a précisement gardé son plus bel uniforme pour l'heure de la libération.

« Vendredi 11 mai. Lever à 8 heures. V. va réquisitionner une maison. Nous nous installerons ce soir seulement, quand le bon de réquisition sera arrivé. Visites habituelles d'officiers, dont le médecin-commandant Adam, venu déjà, et le fidèle lieutenant-colonel Hermann, un officier de la Légion extrêmement distingué. Ils apportent des livres, médicaments, colis Croix-Rouge, documents politiques de leur camp. Au "dessert", arrivée de quelques officiers qui terminent le repas avec nous, puis à 15 h 15 paraît un camion d'où sortent deux lieutenants : "Vite, vite, mon général, retour au camp, vous avez deux heures pour préparer deux musettes et partir." Le pauvre général, qui avait un morceau de tarte dans la bouche, est tout ahuri. Il nous quitte en hâte, se demandant s'il ne s'agit pas d'une plaisanterie. Quelques minutes après paraissent, tout essoufflés, quatre jeunes officiers : "Vite, vite, mesdames, préparez-vous, tout le monde part, vous embarquez avec les généraux." Larmes de joie. Un capitaine, tout à l'heure un peu raide et guère causant, devient tout pâle et pleure encore plus que moi, sans penser à cacher ses larmes. Il bégaie : "Je vais les revoir, je vais rentrer."

« Chaleur accablante. Disons au revoir aux requis et prisonniers qui restent. Montons dans les camions, et fouette cocher ! Vue splendide. Arrivée au Festüng. Quelle impression de voir en haut, tout en haut de la muraille, flotter nos couleurs, avec cet officier qui monte la garde drapé dans sa grande cape rouge. Les généraux sont prêts. On nous présente le général Loiseau, le général Bouret, le général Melier, etc., mais nous ne savons que regarder, étourdies par la nouveauté et le bruit. Nous prenons contact avec la mission américaine venue nous chercher. Dans la première voiture, un haut-parleur lançant, hurlant des airs de jazz nous fait une drôle d'impression. Ces Américains ont des allures ! Ils sont vautrés par terre, les jambes en l'air, se souciant de nous comme d'une guigne. Nous écarquillons les yeux : ainsi, ce sont des Américains, ces énormes gaillards, avec leur casque rond, curieux.

« Le médecin-commandant Adam s'agite, il nous présente au chef de la mission, un Français américanisé, genre cow-boy. Il est plein de tics et son casque ne tient pas une minute en place sur sa tête. Il est “sport” et même grossier. Il nous dit à peu près ceci : “Oui, oui, ça va, vous êtes du convoi du 15 août qui devait être arrêté avant la frontière après entente avec la Croix-Rouge suédoise, mais la Croix-Rouge française n'a pas été fichue de se dém..., elle envoyait les dépêches par la SNCF”, et il nous tourne le dos.

« Pendant les quelques minutes d'attente, les généraux, plus courtois, nous expliquent que les Américains craignaient que les Russes ne fassent un mauvais parti aux prisonniers de guerre. Deux Russes, ivres, ont abattu deux prisonniers de guerre français ; du reste, ils ne connaissaient pas l'uniforme français. Dès le lendemain de la libération, des aviateurs anglais sont arrivés au Festüng et ont enlevé les deux seuls aviateurs qui se trouvaient à l'oflag. Aujourd'hui, c'est l'armée américaine qui s'est dépêchée d'obtenir des Russes une autorisation avant que l'occupation russe ne soit organisée.

« À 15 h 45, arrivée des camions de la Croix-Rouge américaine et d'autres voitures. Les généraux hollandais s'installent, suivis de leurs ordonnances, qui portent les bagages. Ils ont beaucoup de chic et d'allure dans leur uniforme vert pâle à large bande rouge vif sur la couture du pantalon. Cette haie d'étoiles et de feuilles de chêne est impressionnante, mais certains officiers sont vieux, s'appuyant sur leur canne. Nous ne partons définitivement que vers 17 h 30. Il y a une quarantaine de voitures de la Croix-Rouge, escortées de motos de la Military Police. À l'avant une auto mitrailleuse, à l'arrière aussi. Au-dessus de nous, volent des avions. Si bien gardées, nous ne risquons pas d'être enlevées par les Russes ! La confiance règne ! Chaleur accablante, nous dégoulinons.

« Vers 23 heures, arrêt. Nous sommes à Limbach devant un hôtel. On nous ouvre la porte, nous descendons. Sommes éblouies par la lumière. Un officier américain nous reçoit et nous dirige vers le lavabo. C'est difficile de se faire une beauté avec les moyens dont nous disposons. On peut, tout au moins, se laver la figure et les mains. On nous fait ensuite pénétrer dans une grande salle. Dans le fond, une estrade, avec un brillant orchestre qui joue des airs entraînants. Au milieu, des petites tables éblouissantes, sous l'éclairage, de leurs nappes blanches et de leurs cristaux. Chacune porte une abondance de petits ustensiles dont nous avons oublié l'usage, cigarettes, allumettes, café, crèmes, whisky. Circulant parmi les tables, tous nos généraux.

« C'est un spectacle des Mille et Une Nuits. Nous sommes fascinées. Après cinq années d'oppression allemande, revoir tout d'un coup, dans un salon plein de lumières, tant d'officiers français, tant de galons, de décorations ; sentir qu'on se trouve au milieu de ce que la France a de plus précieux, des hommes âgés déjà qui, depuis leur jeunesse, ont lutté, souffert, travaillé chacun dans son coin pour qu'elle soit forte, grande, libre surtout. Comme on se sent petit, mais fier d'être là ! Mais voici qu'on nous installe à une table et que les généraux se précipitent pour nous servir, nous versant eau fraîche et café au lait. Puis, se dirigeant vers le buffet, ils apportent pour chacune une splendide assiette garnie : betteraves en salade, pommes de terre sautées, une boulette de viande hachée, haricots mange-tout, deux tartines de pain plus blanc que neige, l'une avec du beurre, l'autre avec des confitures, et une énorme part de gâteau onctueux et crémeux !

« Dimanche 13 mai. Visite d'Abel, le déporté politique. Il sait bien des choses : l'occupation russe est une razzia, ils prennent tout, pillent les fermes sans réquisitionner. L'occupation américaine, plus lente, plus méthodique, sera encore plus sévère. Par exemple, les tickets d'alimentations sont plus nombreux, mais ont moins de valeur. Un bourgmestre est sommé de donner un bon de réquisition pour du pain, il répond qu'il n'en a pas : “Dans ce cas, voulez-vous doubler la quantité de pain que je vous demande”, dit l'Américain, très correct. Et le bourgmestre, qui n'avait pas de pain, donne aussitôt un bon de réquisition pour le double de pain qu'on trouve immédiatement. Abel est un communiste, je crois, on ne peut pas très bien le définir, mais c'est un gentil garçon sympathique. Il se dépense beaucoup, il a une auto et circule aux environs pour repêcher les internées civiles qui sont restées cachées jusqu'à la libération.

« Mardi 15 mai. À la fin du déjeuner, Abel arrive pour nous dire que nous partons par avion et que toutes nos affaires doivent être prêtes dans vingt minutes.

« Arrivons à l'hôtel *Hirsch*, où a lieu le rendez-vous. Les politiques sont dans un coin, les prisonniers de guerre dans un autre, nous nous mettons dans un troisième et attendons les ordres : “Pas d'avion, pas de départ, retour à la maison.” Déception cruelle. Au moment de rentrer, arrive une auto pilotée par Abel avec six femmes dedans. Congratulations. Elles vont s'installer dans une autre maison réquisitionnée.

« Samedi 19 mai. Pluie d'orage. Il fait moins chaud. Hélas, nous apprenons à l'hôtel *Hirsch* que le départ est remis à mardi ou mercredi. Nous avons l'impression d'être abandonnées. La Croix-Rouge américaine, qui s'occupe de nous, n'a même pas nos noms. Les Américains nous appellent “civils en déplacement”. Nous aurions pu partir il y a huit jours avec les généraux. Nous devrions être en France.

« Lundi 21 mai. Par la fenêtre, les nôtres viennent nous dire de patienter, nous allons sortir. Le camion va partir et toutes nos affaires ont été apportées. Nous sommes profondément découragées par la façon inconcevable dont on nous traite. Nous nous demandons ce qui nous attend en France.

« Paul Colette, l'assassin manqué de Laval, est ici. C'est un type roux, complètement “crevé”, la colonne vertébrale toute déviée, pas hâbleur le moins du monde. Il espère ne pas être reconnu en rentrant en France et a le désir de se reposer. Il ne tient pas à passer pour un héros.

« Il paraît que beaucoup de prisonniers français se marient avant de rentrer en France pour pouvoir ramener des Allemandes avec eux. À la fin de l'après-midi, je vais à l'hôtel *Hirsch* voir si je ne trouve pas un petit sac de souvenirs que j'ai égaré. J'y rencontre Margot et Jacqueline, deux de nos camarades laissées à Torgau. Elles nous racontent des choses effroyables sur leur convoi. Presque toutes sont mortes, parmi elles la pauvre petite Anne.

« Jeudi 24 mai. À 11 heures : "Vite ! Vite ! À l'hôtel *Hirsch*, on part." Nous courons là-bas. Cette fois c'est bien le vrai départ. Nous embarquons dans des camions découverts, non bâchés. Départ à midi trente avec des femmes et des enfants belges.

« Les camions américains filent vite. À 3 h 30, arrivée à Iéna. On nous arrête devant des casernes et nous descendons sous la pluie et dans la boue. Montons au quatrième étage de la caserne « France » et trouvons une pièce où nous nous installons avec Marcelle, Jeannette, Mme L. Au lit de bonne heure, après avoir admiré un superbe coucher de soleil.

« Vendredi 25 mai. Des camions viennent nous prendre et nous conduisent à la gare d'Iéna, à deux ou trois kilomètres, où nous arrivons vers 9 heures. Sommes très flattées de voir que ce wagon USA – mais à bestiaux – porte la mention *35 political prisoners*. Pour la première fois, voici une inscription qui nous concerne. »

Le voyage de retour paraîtra interminable à Germaine Huard. Le train n'arrivera à Paris que le 30 mai.

« Je m'attends à ne trouver personne sur le quai. Ma

famille ne peut deviner que je débarque à 2 heures du matin... Mais voici qu'apparaît soudain un groupe dont la vue me fait battre le cœur : Paul, papa, maman, Michel, Élisabeth... Le cauchemar est terminé. Je les ai retrouvés. »

*Schlieben* *21 avril 1945*

# « J'AIME LE RUSSKY, LE YANKEE, J'AIME MÊME LE TOMMY, MAIS CELUI QUI MIEUX ME PLAÎT C'EST LE SOLDAT FRANÇAIS. »

« Le[1] petit camp de Schlieben (Saxe) où j'avais été envoyée de Ravensbrück, en Kommando, le 17 novembre 1944, comportait seulement deux cents détenues déportées, en majorité françaises. Nous travaillions dans une fabrique de cartouches destinées aux Panzer. Inutile de souligner que le zèle n'était pas excessif et que le sabotage fonctionnait à plein. »

« Il[2] nous arriva de ne pouvoir changer de linge pendant trois mois. Nous lavions nos chemises et nos robes en cachette, à nos risques et périls, car c'était sévèrement interdit, de crainte d'abîmer les tissus ersatz.

« Nos SS devenaient de plus en plus nerveux ; en plus des bombardements quotidiens sur Berlin et Leipzig, on entendait, très lointain, le canon russe. Le problème, pour nous, était de savoir comment la délivrance nous atteindrait, en admettant qu'on nous laisse vivre jusque-là. L'usine ne recevait presque plus de matières premières et sa raison d'être diminuait de jour en jour. Au

1. Manuscrit inédit Raymonde Drassy.
2. Témoignage Élisabeth Will, *Témoignages strasbourgeois*, publication de l'université des Lettres de l'université de Strasbourg, Les Belles-Lettres, Paris, 1954. (Voir du même auteur, *Kommandos de femmes*, éd. France-Empire.)

début de mars, toutes les mesures furent prises pour nous évacuer dans la région de Leipzig, où un semblant d'industrie subsistait sous les bombardements. Une partie des hommes furent évacués, puis l'avance américaine sur Leipzig modifia les projets ; l'usine de Schlieben resta sur place. La libération de Buchenwald rendit notre commandant indépendant ; son ménage marchait fort mal et la “Blonde” passait ses nerfs sur notre dos. Nous vivions suspendues aux nouvelles : il s'agissait de savoir qui arriverait les premiers, des Russes ou des Américains. Vers la mi-avril, brusquement, les hommes furent embarqués pour une destination inconnue : évacuation ou convoi noir, je ne sais. Nous devions les suivre deux jours plus tard, quand les Russes firent un bond en avant. Leurs avions survolaient l'usine à basse altitude, mitraillant tout ce qui bougeait. L'alerte était perpétuelle. Il restait un étroit chemin libre vers la Tchécoslovaquie. Le directeur réussit à persuader le commandant de l'emprunter en toute hâte s'il voulait sauver sa peau. Le dimanche 15 avril, les SS empilaient leurs trésors sur deux camions et s'enfuyaient, après nous avoir terrorisées jusqu'à la dernière seconde. Le directeur et ses deux adjoints s'étaient fait transmettre les pouvoirs dans toutes les règles. Nous connûmes alors cette chose extraordinaire : une vie sans terreur ; la nourriture, sans être surabondante, redevint excellente. Le Meister et la vieille surveillante s'occupèrent spécialement de nous, firent ouvrir les magasins d'habillement. On vit qu'il y avait en abondance du linge de rechange et du savon, et qu'on nous avait donc laissées croupir volontairement dans la crasse.

« Le 21 avril, il fut évident que les Russes seraient là dans la nuit. Le directeur disposait de trois camions, il proposa alors de nous mener vers les Américains, que l'on supposait être de l'autre côté de l'Elbe, derrière Torgau. Mais, à 14 heures, la Wehrmacht réquisitionna les camions. Restait une dernière solution : faire à pied les trente kilomètres qui nous séparaient apparemment des Américains. Seules trente Françaises et vingt gitanes se risquèrent à tenter le coup. Le directeur nous donna deux charrettes à chevaux, l'une portant les bagages, l'autre huit jours de vivres ; en guise d'escorte, nous eûmes les dix derniers SS qui restaient à Schlieben : c'étaient en réalité des vieux de la Wehrmacht, versés dans la Waffen SS, qui désiraient se terrer de l'autre côté de l'Elbe. Les adieux à l'usine furent presque émouvants. Quand le Meister vint dans notre chambre, le visage défait, nous lui offrîmes de l'emmener. Il alla vers la fenêtre et se mit à pleurer. Puis il me dit : “Je ne pleure pas sur mon sort ni sur votre bonté, mais sur la honte de mon peuple. Je resterai ici et partageai sa destinée.” Notre petite colonne partit à la nuit tombante. Marcher, quasiment libres, sous les cerisiers en fleur, quelle ivresse ! Au premier bivouac sous les bois, nous entendîmes le tocsin : les Russes entraient dans Schlieben.

« Par des camarades qui m'ont écrit plus tard, j'appris la fin de la petite ville. Il n'y eut aucune résistance, un char russe défonça l'enceinte du camp, puis les soldats dirent aux prisonnières : “Vous êtes libres, allez vous nourrir et vous vêtir sur le dos des habitants.” Elles sortirent en troupe et ce fut le pillage organisé. Elles trouvèrent le médecin suicidé avec sa femme et ses six petits enfants ; beaucoup d'habitants avaient choisi la même solution. De l'un des sous-directeurs, les Russes firent le maire du pays ; j'ignore ce que sont devenus les autres Allemands de l'usine. Au bout de quelques jours, la situation devint intenable pour les femmes et elles durent entreprendre, par leurs propres moyens, de gagner le secteur américain. »

« Quelques [1] heures avant l'arrivée des Russes qui délivrèrent notre camp, le 21 avril 1945, un officier allemand, tout vêtu de noir, se présenta l'arme au poing pour nous demander... de le protéger contre les Russes ! Notre rôle était plutôt délicat, car nous pouvions tout craindre de cet homme armé, en cas de refus, et nous avions franchement peur. Nous parlementâmes durant

1. Manuscrit inédit Raymonde Drassy, déjà citée.

de longs instants et finîmes par le convaincre de nous remettre son arme. Les Russes, dès leur arrivée, furent avertis de cette présence insolite, et l'officier allemand fut fait prisonnier.

« Un groupe de soldats et de sous-officiers russes occupa notre camp pendant plus d'une semaine, et soudain, dans l'après-midi du 28 avril, ils nous intimèrent l'ordre de partir dans les dix minutes et de rejoindre les Américains.

« Nous partîmes donc sur la route, en direction de l'ouest, par petits groupes. Les villages ayant été désertés par les civils allemands, nous trouvâmes à nous abriter la nuit dans les maisons abandonnées. Les difficultés que nous éprouvions à marcher sur des routes défoncées, dans l'état de délabrement où nous nous trouvions, ne nous permettaient pas d'avancer bien vite. Nous eûmes la chance de découvrir un maigre cheval attelé à un chariot, abandonnés sur le bord de la route, et nous pûmes chacune charger notre léger barda, qui nous semblait trop lourd auparavant.

« Nous parvînmes à Herzberg et pûmes découvrir un abri dans une maison vide. Nous décidâmes d'y rester deux nuits pour nous reposer. Nous étions alors huit camarades du même groupe. Le lendemain, nous nous aperçûmes que notre cheval et le chariot avaient mystérieusement disparu et comme la petite ville était occupée par les Russes, nous allâmes nous plaindre à un colonel qui parvint à nous faire restituer notre bien. Pour le remercier de son amabilité, nous l'invitâmes à déjeuner (très modestement) dans la maison où nous nous étions abritées et où nous avions pu trouver un peu de ravitaillement. Il apporta de la vodka et nous dûmes boire cul sec avec lui et un de ses officiers, ce qui eut pas mal d'effet sur nous qui n'avions pas absorbé une goutte d'alcool ni de vin depuis longtemps. Le repas fut donc très gai, et nous étions loin d'imaginer ce qui allait se produire...

« En effet, le soir même, alors que nous nous apprêtions à nous coucher (sans lumière) le colonel revint avec son garde du corps. Ce dernier nous fit comprendre que son supérieur exigeait que l'une de nous vienne le retrouver dans une chambre au premier étage... Consternation générale. Pendant que nous demandions à réfléchir, pour gagner du temps, nous entendions au-dessus de nos têtes le colonel arpenter la chambre avec ses bottes, d'une manière de plus en plus saccadée et impatiente... C'était lugubre, impressionnant, dans cette obscurité. Nous ne savions comment nous en tirer. Nous avions beau arguer de notre mauvais état physique, de nos souffrances et de nos privations pendant de longs mois, et suggérer de s'adresser plutôt à des Allemandes restées dans la ville, rien n'y faisait, il fallait s'exécuter... Nous fûmes sauvées de justesse par une patrouille russe chargée de veiller à ce qu'aucun homme, soldat ou officier, ne soit hors de son cantonnement après le couvre-feu, qui découvrit nos deux lascars et les fit sortir. Nous barricadâmes aussitôt la porte avec des meubles entassés. Nos hommes revinrent à la charge peu après le passage de la patrouille, mais ne purent forcer notre barrage. Nous étions enfin délivrées de leur présence...

« Nous nous hâtâmes de quitter Herzberg de bonne heure le lendemain et, par étapes, nous arrivâmes le 1er mai dans une petite ville. Notre groupe s'était accru de quelques prisonniers rencontrés sur les routes, et nous fîmes “popote” avec eux jusqu'à notre rapatriement. Nous nous arrêtâmes dans un immeuble complètement désert, et dans chaque appartement nous pûmes découvrir de quoi composer une table bien garnie pour quinze personnes, avec linge fin, cristaux, porcelaine fine, fleurs diverses et surtout muguet trouvés dans le jardin attenant. Quel festival inattendu !

« Nous marchâmes plus de deux semaines vers l'ouest, à la recherche des Américains, mais comme ceux-ci avaient reçu l'ordre de repasser l'Elbe d'est en ouest, il nous était très difficile de les rejoindre puisqu'ils reculaient au fur et à mesure de notre avance. Le passage de l'Elbe pour les civils étant provisoirement interdit par les Russes, nous dûmes attendre leur autorisation pour franchir le fleuve. Quelque part, sur l'autre rive, nous apprîmes la signature de l'armistice. Cette nouvelle, que nous avions si ardemment désirée puisqu'elle signifiait pour nous la liberté et la fin de nos angoisses, nous a laissées étrangement indifférentes et presque sans réaction : notre sensibilité s'était émoussée.

« Peu de temps après, nous croisâmes un camion de la Croix-Rouge. Quand nous eûmes expliqué notre cas au médecin qui l'occupait, il nous fit monter à bord pour nous transporter dans un camp américain qui regroupait les prisonniers et déportés alliés. Trois jours après, nous quittâmes ce camp (qui n'avait rien de la discipline concentrationnaire) par le train pour nous rendre à l'aérodrome de Kothen.

« Nous crûmes à un canular en apprenant que nous allions être rapatriées par avion. Nous scrutâmes le ciel pendant trois jours, commençant à douter de la véracité de cette nouvelle, lorsqu'un matin nous entendîmes un fracas épouvantable : vingt-cinq avions américains vrombissaient au-dessus de nos têtes et atterrirent sur le terrain de Kothen. Quelques instants après, nous nous envolions vers la France... Après trois heures trente de vol, nous survolions Paris et atterrissions au Bourget, pleurant à chaudes larmes quand on nous rendit les honneurs.

« Nos facultés d'émotion étaient revenues. »

*
**

« Le [1] camp de Schlieben était situé entre les lignes américaines et russes. Les Allemands attendaient les Américains avec impatience, mais lorsqu'ils apprirent que les Russes approchaient à grands pas, les SS d'abord, les autres ensuite se carapatèrent en vitesse. L'équipe, ne voulant pas suivre les Allemands, est restée au camp en même temps qu'un groupe de gitanes spé-

1. Manuscrit et témoignage inédits de la déportée luxembourgeoise Odette Laroque (l'une des cinquante et une femmes de l'équipe Croquette). Voir la plaquette souvenir de l'Amicale des concentrationnaires et prisonnières politiques luxembourgeoises, imprimerie Bourg-Bourger, Luxembourg, 25 mars 1965.

cialistes dans l'art de l'Organisierung. La cuisine des SS offrait des réserves de ravitaillement permettant, l'art culinaire français aidant, de préparer une tambouille judicieusement dosée et quelque peu raffinée.

« Finalement ils sont arrivés. Qui ? Les cosaques du Don, à cheval, coiffés de leur bonnet de fourrure. Ils ont coupé (symboliquement, car c'était fait depuis longtemps) les barbelés, et la question du rapatriement s'est posée, à nous, pas aux Russes, qui avaient d'autres chats – les Allemands – à fouetter. Nous désirions vivement rejoindre la zone américaine, mais à mesure que la guerre progressait, les Américains se retiraient et les Russes avançaient. Sans laissez-passer, les Américains ne nous acceptaient pas, et les Russes se souciaient fort peu de nous délivrer un tel papier. C'est dans une mairie allemande que Croquette a tapé le texte de notre faux sauf-conduit, signé par un vague Oberbürgermeister. Le GI (nous ne savions pas que les soldats américains s'appelaient ainsi), perché sur une passerelle démolie et dominant la Mulde (rivière près de Würzen), persuadé que ce chiffon allemand était un authentique document russe, nous a fait signe de passer. Il a photographié ces séduisantes femmes françaises, tondues et déguenillées, drapeau tricolore en tête, et nous a appris que nous étions le 8 mai 1945. Quoi, le 8 mai 1945 ? Mais *Armistice Day*.

« Nous avons fait encore quelque dix kilomètres pour arriver dans un camp de prisonniers de guerre français : hourrah, vive la France ! Mais nous n'avions pas le droit de rester dans ce camp ; un camion américain, conduit par un nègre jovial et casqué, nous a menées vers un camp, où nous sommes restées une huitaine de jours.

« Et comme, en France, tout se termine par des chansons, voici la dernière sur l'air de *Yankee Doodle* :

*Les Russkys, les Yankees m'ont délivrée des griffes teutones,*
*J'attends impatiemment que l'heure du départ sonne.*

*J'aime le Russky, le Yankee,*
*J'aime même le Tommy,*
*Mais celui qui mieux me plaît*
*C'est le soldat – français.*

« Un camp près de Leipzig, mai 1945.
« Odette Laroque, Luxembourg. »

*Neubrandeburg* *27 avril 1945*

# LÉONE

« Neubrandeburg[1] était un bled, mais on voyait la plaine, à l'infini, par-delà la clôture des barbelés. On arrivait sur un grand terrain dénommé place d'appel, à gauche les cuisines, à droite les baraques noires. On nous avait mises dans le block 15. Ensuite, nous avons été transférées au block des Françaises, le 3. Il était plus loin, au fond, derrière les cuisines. Il comprenait un petit réfectoire, tout petit, mais qui ne servait à rien, la Blockowa ne voulant pas que l'on s'en serve pour ne pas donner de mal à la Stubowa, la fameuse Georgette, une fille des rues qui était pour nous une véritable panthère et qui volait tous les colis de celles qui en recevaient.

« Il y avait un seul dortoir, immense, mais très obscur, plein de châlits en bois comme à Ravensbrück, de trois étages, très sales, et des poux à discrétion. L'installation sanitaire consistait en deux baraques qui se trouvaient assez loin. Dans l'une, des robinets et une douche qui fonctionnait une fois par semaine. Il fallait passer dessous à vingt-cinq ou trente à la fois. Nous nous poussions, nous bousculions et nous frottions les unes contre les autres, avec tout le pus qui dégoulinait sur les voisines plus ou moins atteintes et cela répugnait aux moins atteintes.

1. Manuscrit inédit Léone Bodin.

« L'autre baraque, un banc de béton percé de douze trous, six de chaque côté, servait de W-C. Chez les Boches, pas de pudeur. Nous nous accroupissions les unes à côté des autres sur six trous et les unes derrière les autres sur les six autres trous. Les douze étaient toujours occupés. Aucune pudeur, cela aurait été impossible de faire autrement.

« Entre le block 3 et les miradors, un terrain avec un tas de décombres. Puis à côté, plus près du block 3, se dressait une autre baraque qui se séparait en trois parties. L'une était l'étuve et l'épouillage, la deuxième fut au début le cachot et dans la troisième il y avait du charbon pour les blocks des Aufseherinnen. Dans ce cachot on enfermait les pauvres folles.

« Un jour, on m'a emmenée pour aller en chercher une et la conduire à Ravensbrück. Elle ne voulait pas sortir. L'homme qui était venu pour la prendre m'avait demandé de la persuader de venir avec moi car on avait remarqué qu'avant de tomber folle, elle était souvent avec moi. Elle ne parlait pas le français, elle recherchait ma compagnie et m'appelait “Mutti” ou “Mamouchka”. Il paraît que cela veut dire maman, ou quelque chose de ce genre. C'était une jeune Russe. Elle était en pleine crise et ne me reconnaissait pas. Elle s'agrippait à la paroi et avait décloué toutes les planches. Je me suis toujours demandé où elle puisait toute cette force. L'homme, voyant qu'il n'arrivait pas à la faire lâcher, lui a écrasé les doigts avec un marteau. Il tapait à grands coups et à tour de bras. Mes cheveux se dressaient sur ma tête. J'ai failli m'évanouir. Il m'a giflée en me disant que j'étais une poule mouillée. Puis la pauvre petite Russe, si jolie avant de devenir folle, est devenue si noire à force de se rouler dans le charbon, si sale, qu'elle était méconnaissable. Elle avait les doigts en bouillie et ne pouvait plus s'agripper. Ils l'ont embarquée à Ravensbrück, à la chambre à gaz.

« Au-delà des miradors, à l'est et au sud, la plaine jusqu'à l'horizon et, face au portail du camp, une ligne de coteaux. En haut du premier coteau, un bois de sapins utre côté une église rouge et des maisons faites t de maçonnerie, le style de Mecklembourg. re le camp et la ville, il y avait une usine d'aviation. La plus grande partie des prisonnières de notre camp travaillaient à l'usine.

« Vers la fin de l'hiver 1944-1945, nous devions construire des fortifications autour de la ville de Neubrandeburg, des blockhaus, des chicanes de béton antichars. C'était très pénible comme travail. Il pleuvait, faisait froid. C'est à ce moment que mon cœur a flanché. On m'a ramenée au block. Le Meister a dit quelque chose à une Aufseherin et elle m'a conduite au block 3. Elle a parlé à la Blockowa, Mme Korewa, qui m'a dit "Va te coucher." Mme Korewa n'était pas méchante. Je suis restée quatre jours et je suis repartie de mon plein gré car je savais que c'était la fin de la semaine et que, s'il passait une Aufseherin, je serais battue ou envoyée au bunker, au Revier et peut-être à Ravensbrück. J'avais très peu de forces, mais je suis repartie. Je ne pouvais plus soulever de fardeau, mon cœur s'arrêtait, mes jambes pliaient sous moi. Le Meister s'en est aperçu et m'a dit : "Pourquoi es-tu revenue ?" J'ai expliqué tant bien que mal que l'Aufseherin viendrait me battre. A-t-il compris ou non ? Mais il a dit : "Toi pas *arbeit* beaucoup, toi rester ici." Je suis restée une semaine planquée, bricolant à de petits travaux.

« Il y avait dans notre groupe une camarade de Tours, Marie-France, qui avait été tellement battue qu'elle avait un trou dans la nuque. Je lui faisais des pansements. J'accomplissais aussi sa part de travail et je lui donnais ce que je trouvais de plus consistant dans ma soupe. À la pause de midi, je ramassais des pissenlits, les partageais avec elle. Elle a réussi à s'en tirer parce qu'elle venait au travail. Elle n'a pas oublié que c'est grâce à moi qu'elle a revu Tours. Quand elle s'évanouissait, je la traînais derrière un tas de terre pour que les Aufseherinnen ne la voient pas.

« La Schoup était la Blockowa du block 3. C'était une grande femme qui avait l'air d'une girafe pour ne pas employer un mot qui lui conviendrait mieux, de grande vache. Elle faisait bien un mètre soixante-quinze. Elle avait les fesses aussi larges qu'un beau percheron bien gros comme l'on en rencontre dans l'Aisne : des chevaux bien traités et bien nourris. Elle me faisait toujours penser à eux, avec ses grosses fesses rebondies. Elle aussi, comme ces chevaux, était bien nourrie. Avec sa Georgette, la Stubowa (chef de chambre), sa chère petite amie, elles volaient dans les colis que les familles envoyaient aux leurs en se privant tant. Il y a une grande différence entre la Schoup et un percheron, la bête est plus humaine que ne l'était cette femme. La Georgette, une fille un peu moins grande, mais elle aussi très grasse et aussi cruelle, était volontaire pour le travail en Allemagne. J'ai eu une fois un colis d'un kilo (quelle ironie !). Elles ne m'avaient laissé dedans, ces deux garces, que le papier d'une barre de chocolat et cinq petits œufs de Pâques, le tout accompagné des papiers qui emballaient les aliments.

« Ces deux ordures étaient bien habillées, d'une robe comme la nôtre, bien sûr, à rayures bleu et gris, mais neuves, bien à leur taille, assez courtes. Elles avaient un *Kapfluche*, que nous les Françaises appelions coiffe-tout, qui couvrait un peu la tête. Le leur était toujours bien blanc et bien repassé. Je me suis toujours demandé comment elles pouvaient se procurer un fer à repasser. Elles étaient impeccablement habillées et très chaudement. Lainages à discrétion, bien chaussées. Elles nous battaient à longueur de journée chaque fois qu'elles nous rencontraient dans le camp.

« La Schoup m'avait prise en haine pendant une période parce que, tous les jours avec une Belge, l'on nous prenait en camion et on nous emmenait à un endroit où l'on construisait un camp et une usine sous terre. C'était une usine pour les V2. Cet endroit était très joli à l'époque où j'y suis allée. Il y avait du muguet, d'autres fleurs inconnues en Touraine et des châtaignes, mais ces châtaignes étaient toutes petites, plus petites que des noisettes des bois. La saison des châtaignes était passée, elles n'étaient plus bonnes, elles étaient pourries. La Schoup voulait absolument que je lui dise ce qui se passait là-bas, s'il y avait des femmes qui fumaient, si je pouvais lui procurer du tabac. Je lui ai répondu qu'il n'y avait personne là-bas qui fumait et qu'elle se faisait une idée très fausse. Elle croyait que nous étions en contact avec des civils.

« Mais il n'y avait avec nous que notre Meister et une Aufseherin que nous appelions la “Gitane”. Elle n'était pas méchante, elle ne nous battait jamais. Un jour, elle a demandé pourquoi j'avais été arrêtée. Le Meister lui a dit “politique”, comme toutes les Françaises. Elle nous a indiqué qu'on lui avait dit que nous étions toutes des meurtrières ou des voleuses. Le Meister lui a répondu que l'on racontait beaucoup de mensonges en soulignant que les Français étaient des personnes très civilisées. Elle a dit que j'étais vieille, que j'avais l'air bien gentil et que cela l'étonnait beaucoup que je sois une criminelle. Elle m'a donné la crêpe qu'elle était en train de manger et pendant les quinze jours où j'ai travaillé avec elle, elle m'a regardée avec des yeux attendris. J'étais heureuse le jour. Mais la Schoup et la Blockowa se vengeaient le soir. Elles me refusaient ma soupe, me disaient : “Retire-toi de là, tu sens la *Scheise* (la m...).” Tous les matins, elles venaient à mon lit me faire lever avec des gifles, des injures, presque une heure avant le signal officiel. Il me fallait attendre l'ouverture du block avec une Polonaise très brutale. Je devais porter les tinettes où toute la nuit nous nous étions vidées à cause de leur soupe de betteraves fourragères. Les tinettes débordaient et se répandaient sur nous. Elles contenaient cinquante litres. Alors comment, avec si peu de forces, ne pas les répandre sur nous ? Nos robes et nos chaussures étaient souillées. Aussitôt après on m'envoyait chercher le café, lui aussi dans des bidons de cinquante litres, et plusieurs fois de suite.

« Un jour, la Schoup a été raccompagnée avec tous les honneurs jusqu'à la porte du camp. Il y avait un grand jeune homme qui l'attendait avec une superbe auto. Il paraît que ce jeune homme était son fils. Elle était bien habillée, en civil, toujours courtement vêtue pour montrer ses piliers mal faits. Nous avons toutes pensé qu'elle n'était pas une prisonnière mais un “mouton” qui racontait tout aux SS.

« À l'appel, nous étions environ deux mille cinq cents sur le terrain. Au dortoir, nous étions dans les trois cent cinquante à quatre cents.

« Dès que le temps le permettait, je cherchais mes amies, Sissy, Lily et Anne, mais, n'étant pas aussi instruite qu'elles trois, je craignais toujours d'être ennuyeuse, je n'osais pas m'imposer, mais Sissy et Lily venaient souvent d'elles-mêmes me chercher dans mon coin.

« Le Meister arrivait à m'exaspérer. À longueur de journée, il chantait sur un air de mazurka : “Gratte-moi la puce que j'ai dans le dos, un peu plus bas, un peu plus haut, gratte-moi la puce”, tout cela parce qu'il était hanté à l'idée qu'il pourrait attraper de la vermine à notre contact.

« De toutes mes compagnes, pas une n'a été pour moi plus gentille que mes petites Sissy et Lily. Pourquoi leur étais-je si sympathique ? Je ne pouvais parler littérature, ni de bien des choses, n'étant allée que très peu à l'école. Je n'ai reçu aucune instruction ; le peu que je sais, je l'ai appris seule. Sissy avait comme amies intimes Lily et Anne, qui étaient aussi des intellectuelles. Mais elles ne faisaient pas de différence pour venir avec moi. C'est peut-être pour cela que je les ai tant aimées toutes les trois. C'est si bon de sentir que, malgré le manque d'instruction, il y a quand même des êtres qui vous aiment et recherchent votre amitié...

« Un matin, on nous a crié : “Appel !”, *“Schnell, schnell, scheise de schweine de françouze !”* On nous a fait ranger comme pour un départ à l'usine et nous sommes parties sur la route. On nous a fait marcher toute la nuit. Le lendemain on nous a donné à chacune une ration de pain comme nourriture pour la journée, grosse comme trois biscottes réunies, et nous sommes reparties sur la grande route. Cette route montait. De temps en temps, une Aufseherin lançait des *"Schnell"*, mais sans grand empressement et sans conviction.

« Dans l'une des autres colonnes en marche vers l'ouest, j'ai vu Sissy. J'ai crié : "Sissy, ma Sissy !" Elle m'a vue, a crié elle aussi : "Léone, ma petite Léone, tu vas bien ? – Oui, mais je suis très lasse." Nous nous sommes souri. Je n'ai pas osé aller vers elle car il y avait une Aufseherin près de moi. Je me retournais toujours pour voir si sa colonne allait nous suivre. J'aurais bien voulu qu'elle soit avec moi. Le soir, il pleuvait toujours, nous avancions très lentement, beaucoup étaient tombées. Les SS et les Aufseherinnen ne nous battaient plus.

« L'horizon était en feu, le canon tonnait très fort et tout près. Les troupes allemandes nous ont dépassées. Elles battaient en retraite. Elles se sauvaient vers les Américains, tandis que le canon de l'armée russe faisait un fracas qui cassait les oreilles. Les soldats, les civils fuyaient, poussant devant eux des chariots pleins de ballots et de vieillards. La panique ! C'était l'exode. Les officiers se sauvaient dans des voitures. J'ai dit à quelques-unes de mes camarades, les plus proches de moi : "Si nous faisions comme eux ?"

« Nous avons eu de la chance. Nous nous sommes glissées dans le fossé et avons rampé dans un champ de luzerne. Des SS sont passés près de nous et nous ont dit : "Vous n'avez pas vu des prisonnières se sauver par ici ?" Une de nous qui parlait allemand a répondu : "Si, elles sont parties par là" et, quand ils ont eu le dos tourné, nous nous sommes enfuies. Nous avons été reprises trois fois. Nous prétendions que nous avions perdu la colonne Korewa. Affolés qu'ils étaient, ils nous disaient : "La colonne Korewa est par là", et nous faisions semblant de partir du côté indiqué mais nous repartions d'un autre côté. Enfin, nous nous sommes couchées dans un pré. Nous nous sommes endormies sous une pluie très fine. Nous nous sommes réveillées, par habitude du camp, de très bonne heure. Il ne pleuvait plus, mais nous étions toutes mouillées. Nous nous sommes alors aperçues qu'il y avait un petit bois, pas très loin de là, et nous nous y sommes cachées. Comme nous avions volé dans la voiture du camp qui servait à faire le transport des vidanges quelques paquets de margarine, nous aurions voulu en manger, mais de la margarine seule, c'était trop écœurant. Celle qui parlait allemand a dit :

« – Je vais essayer de voir si je ne peux pas échanger de la margarine contre des pommes de terre dans la ferme, là-bas.

« Elle est revenue avec des pommes de terre et deux allumettes.

« Pendant ce temps, une fille de rien, qui était volontaire en Allemagne et qui nous avait suivies, a disparu. Peut-être une heure après sa disparition, nous avons eu la visite d'un soldat allemand. Il nous a demandé ce que nous faisions là. Nous lui avons dit que nous nous étions perdues, que nous avions trouvé des pommes de terre et que nous les mangions. Nous devions changer de tactique. À neuf, nous étions trop repérables. Nous avons décidé que nous partirions par deux.

Gaby et moi, nous avons marché dans la campagne. Nous avons dormi dans une grange abandonnée où il y avait des civils, des soldats français, un peu de tout. Puis, le matin, nous sommes reparties. Nous n'avons plus trouvé de village, mais un petit hameau où nous avons demandé tant bien que mal si nous étions sur la bonne route. Les personnes nous ont dit que oui, mais qu'il ne fallait pas y aller, que la forêt était très longue. Nous étions au début de l'après-midi à l'entrée de la forêt. Il y avait des gens qui mangeaient. Je suis allée leur proposer de nous échanger du pain contre de la margarine. Ils ont accepté, puis nous ont permis d'allumer notre feu au leur. Nous avons fait cuire trois pommes de terre que nous avions trouvées sur le bord de la route, nous les avons mangées avec de la margarine et nous sommes reparties.

« Nous avons passé la journée suivante à marcher.

Harassées de fatigue, nous avons marché toute la nuit et le lendemain jusqu'à 11 heures. Nous avons enfin vu des soldats, des soldats français qui s'étaient engagés dans la milice. Tous en tenue de campagne. Une colonne de Français, des miliciens, quelle honte ! Avec les armes sur l'épaule et la baïonnette au canon. Ils avaient volé dans un pré un joli petit poney que nous aurions bien voulu pour nous porter à tour de rôle, tellement nous n'en pouvions plus. Nous leur avons demandé l'heure et à combien nous étions d'un patelin. Ils nous ont dit à cinq kilomètres environ et il est 11 heures et demie. Nous nous sommes assises à la lisière du bois pour les laisser filer.

« Les soldats défilaient toujours. Nous avons finalement marché près d'eux. Je les ai questionnés sur leur régiment. Ils nous ont répondu : "Nous sommes engagés dans la milice." Je leur ai dit : "Vous n'avez pas honte ? – Eh bien, et vous, que faites-vous par ici ? – Nous, nous sommes des prisonnières, des déportées de la Résistance. Pendant que vous, vous serviez les Boches, nous, nous les combattions." Gaby, qui ne réfléchissait pas, dit : "Nous nous sommes évadées, nous venons de Neubrandeburg. Auriez-vous quelque chose à nous donner à manger ? – Oui, au village que vous voyez là-bas, nous avons la popote, nous vous en donnerons." J'ai tiré Gaby en arrière, je lui ai fait comprendre qu'elle avait eu tort de leur avouer que nous étions évadées, qu'ils allaient nous faire ramasser. Elle m'a rétorqué : "Mais non, ils vont nous donner à manger, ce sont des Français." J'ai dit : "Va avec eux si ça t'intéresse, mais moi je n'irai pas. Je ne veux pas de la soupe des miliciens." Pour moi, ils étaient nos ennemis.

« Enfin, la colonne des miliciens se terminait. Nous approchions du pays. Nous commencions à passer devant des maisons quand nous vîmes un prisonnier de guerre belge. Je lui ai demandé des allumettes en lui expliquant qu'il y avait plusieurs jours que nous n'avions rien mangé que de la luzerne et du trèfle. Il me répondit qu'il n'avait rien : "Mais vous avez là-bas, tout près de la gare, un Kommando de prisonniers français. Ce sont vos compatriotes, vous n'avez qu'à aller les voir."

« Ils nous ont reçues à bras ouverts, nous ont donné à manger : du poisson, de la viande, des biscuits, du lait. Ensuite, ils nous ont bourrées de gâteaux, de bonbons, de chocolat et nous ont dit : "Il faut vous en aller, vous pourriez être tuées. Ici nous sommes dans la gare et nous craignons d'être bombardés cette nuit. Nous n'avons pas d'allumettes à vous donner, c'est extrêmement difficile d'en avoir ici mais, à deux kilomètres, il y a un autre Kommando. Arrêtez-vous, on vous donnera quelque chose. Et à huit kilomètres, il y en a un autre. »

« Nous ne nous sommes pas arrêtées au premier puisque nous n'avions plus faim mais, au deuxième, nous avons demandé où coucher. Quand les prisonniers nous ont vues, ils se sont écriés : "Encore !" Un autre a dit très haut : "Envoie-les chier. Nous en avons marre de toutes ces femelles. C'est pire que des poux, nous ne pouvons plus nous en débarrasser." Cela ne nous donnait plus envie d'avancer. Nous voulions faire demi-tour, mais l'un s'est avancé et nous a interrogées sur ce que nous voulions. Nous avons répondu une grange ou un grenier. Ils ne nous ont pas laissé le temps d'achever. Ils se sont précipités vers nous en criant : "Des Françaises ! Ce sont des Françaises ! Les premières Françaises à qui nous parlons depuis cinq ans."

« Ils nous ont invitées à entrer, nous ont demandé si nous avions faim. Non, leur ai-je dit, nous voulons dormir. Ils ont répondu : "Si cela ne vous gêne pas de passer la nuit avec vingt-huit hommes, nous vous mettrons avec nous !" J'ai hésité, puis : "Messieurs, je pense bien que vous êtes assez corrects pour que l'on ait confiance en vous."

« Après le dîner, nous nous sommes couchées sur notre botte de paille, les hommes sont allés se coucher eux aussi. Mais j'ai payé cher ce que j'avais mangé. J'ai eu une crise de foie et j'ai couru toute la nuit. J'étais si malade le matin que j'étais incapable de me tenir debout.

Un des Français est allé à bicyclette me chercher une tisane dans une pharmacie. Je l'ai bue et j'ai été tout de suite d'aplomb.

« Le matin, les soldats nous ont dit : "Vous ne pouvez pas partir. Nous nous y opposons. Vous allez vous trouver entre deux feux : les Américains sont à vingt-sept kilomètres et les Russes à cinq ou six." Le fait est que ça commençait à taper dur. Nous sommes donc restées et, toute la nuit suivante, nous l'avons passée dans la tranchée. Les obus nous passaient au-dessus de la tête. Il s'est mis aussi à pleuvoir. On aurait dit que l'eau tombait d'une cascade. La tranchée était pleine. Nous avions de l'eau jusque sous les bras, et pas moyen de sortir de là, nous aurions été tuées. Les obus tombaient tout autour de nous, à sept ou dix mètres. Le matin, quand tout s'est arrêté et qu'il a fait jour, on voyait des trous d'obus partout. Nous sommes rentrées au cantonnement des prisonniers. Ils ont fait chauffer de l'eau, sont allés chercher des vêtements chez les Boches, ont vidé une petite chambre, nous ont donné des bassines et nous nous sommes lavées de la tête aux pieds. J'ai laissé là ma robe de bagnarde. Je l'ai bien regrettée par la suite. J'aurais dû la faire bouillir et la rapporter pour la montrer au pays aux personnes qui auraient désiré la voir.

« Quelques heures après, un officier russe est venu, m'a parlé en allemand. Je lui ai répondu en français.

« Il m'a dit : "Vous êtes françaises, que faites-vous ici ?" Je lui ai expliqué. Il parlait parfaitement le français, comme s'il avait toujours vécu en France. Il a ajouté : "Mesdames, ne quittez pas les soldats français, car mes troupes sont des troupes de choc et nous ne pouvons pas répondre de ce qui pourrait se passer. Ce sont des hommes qui vont à la mort tous les jours. Nous ne pouvons pas les punir, il vaut mieux éviter le pire."

« Une heure après, le même officier est revenu et nous a emmenées toutes les deux dans une maison boche. Il a ouvert les armoires, nous a dit : "Mesdames, prenez ce dont vous avez besoin. Ne vous gênez pas. Il y a assez longtemps que vous êtes privées, ils peuvent payer tout ce qu'il vous faut, servez-vous." La première chose que j'ai prise, ce fut une chemise de femme, toute neuve, et je l'ai déchirée bien au carré. Il m'a demandé pourquoi je prenais une chemise pour la déchirer. Je lui ai expliqué que ma camarade et moi n'avions pas de mouchoirs de poche. Il a ri et a attrapé des mouchoirs sur la planche au-dessus, nous en a donné deux douzaines. Nous l'avons remercié. Il fallait voir la tête des femmes boches ! Ensuite, il nous a emmenées dans la salle à manger, nous a offert des bocaux de prunes à l'eau-de-vie. Je n'en ai pas voulu. Gaby en a mangé tellement qu'elle est allée se coucher car la tête lui tournait. Il nous a remis aussi des gâteaux, des petites cuillers en argent, des fourchettes à fruits également en argent, des serviettes de table. Il nous a raccompagnées chez nos soldats, nous disant toujours de ne pas nous écarter d'eux. Le soir il est revenu et nous a dit, ainsi qu'aux prisonniers de guerre français, que le lendemain matin il faudrait nous tenir sur la route à 7 heures, qu'il formerait une colonne pour nous remettre aux Américains, car il ne pouvait nous garder. Il n'y avait pas de Croix-Rouge en Russie. Sinon, il serait obligé de nous mettre dans des camps de concentration à Odessa, où l'on nous retiendrait longtemps avant d'avoir le temps de s'occuper de nous, alors qu'avec les Américains nous serions rapatriées en France par avion.

« Le lendemain matin, j'ai demandé à un soldat français de m'atteler un superbe cheval, qui avait une croupe comme notre Blockowa. Ils l'ont attelé à une charrette, et nous voilà parties à attendre la colonne sur la route.

« La colonne arrivait. Quelle joie... Mes trois petites Sissy, Lily et Anne ! Je les ai fait monter dans la charrette. Nous avions à peine parcouru cinq kilomètres que voilà un Russe, un superbe cosaque, qui nous arrête et dételle mon beau percheron tout pommelé. Je lui dis qu'il est à moi et il me répond qu'il ne comprend pas. Il me fait voir son cheval, "pour toi", et il enfourche le mien. Mon beau cheval ! Le sien avait l'air d'une bique qui ne tenait plus debout ! Les os lui perçaient la peau.

Il était noir et laid (cela n'était pas sa faute, la pauvre bête). Il est allé jusqu'à l'Elbe, mon canasson, où nous devions rejoindre les Américains. À un moment, il a plu si fort qu'il a fallu nous mettre à l'abri. Quand je suis revenue, la pauvre bête était morte. Je n'étais pas contente du tout du beau cosaque. Enfin, lui, c'était pour la victoire et moi c'était un caprice.

« Nous sommes passées dans une forêt d'une longueur de deux kilomètres au moins, juste avant d'arriver à l'Elbe. Il y avait, sur toute l'étendue de ces deux kilomètres, des cadavres de déportés, des hommes que les SS avaient abattus, tout le long des berges, de chaque côté de la route et plein les fossés. Je ne peux pas évaluer la quantité. Je voulais les relever tous pour voir si mon mari n'était pas parmi ces victimes. Les soldats russes me faisaient signe de ne pas m'arrêter, criaient qu'il y avait des SS dans les bois. Les prisonniers de guerre français, qui ne nous avaient pas lâchées, sont venus me chercher : “Si vous restez, vous allez vous faire tuer, vous aussi. Votre mari n'est pas obligatoirement dans cette région. Il y a tant et tant de camps dans cette maudite Allemagne !”

« Nous sommes restées quelques jours dans une ville, Schwerin. Gaby a rencontré un soldat de Lyon et je ne l'ai plus revue. Elle a dû le suivre puisqu'il était de chez elle. Moi aussi j'ai rencontré un soldat qui était de Bréhémont, qui se trouve à une quinzaine de kilomètres de Cinq-Mars. C'était un parent de ma cousine. Il est rentré bien avant moi car on a rapatrié les militaires avant les déportés. Il y avait deux jours que nous étions à Schwerin quand on nous a fait savoir que nous devions rejoindre la caserne Adolf Hitler (hasard et ironie !). Nous y sommes allées. Pendant ce temps, a été signé l'armistice. Nous sommes restées dix-huit jours à la caserne. Rien à manger que ce que les prisonniers de guerre nous donnaient. On nous a fourni un costume, une veste et une jupe en fibre de bois. Ensuite, on nous a emmenées dans le camp d'aviation de Haguenau, où on nous a gardées plusieurs jours.

« Il n'y avait pas d'avions libres pour nous ramener. Nous avions avec nous une petite jeune fille de seize ou dix-sept ans qui est morte. Nous l'avons laissée à Haguenau.

« Nous sommes parties avec une couverture, notre gamelle, mes douze mouchoirs, mes six petites cuillers à café turc et mes six fourchettes à fruits. Cela ne pesait pas lourd. On nous a fait monter dans des camions. Nous avons été transférées dans un autre camp d'aviation. On nous a désinfectées avec une espèce de poudre DTT et fait coucher sans nourriture. Là, nous étions avec les Anglais. Et il n'y avait toujours pas d'avions pour nous raccompagner. Puis nous sommes parties dans un autre camp, et toujours pas d'avions pour nous. Là, on nous a donné du pain, fait avec je ne sais quoi. Il sentait la pâtée que l'on donne aux poules. Une pâtée qui n'aurait pas été consommée et qui aurait traîné plusieurs jours dans le poulailler. C'était infect (nous n'avons pas été reçues par les Américains et les Anglais avec la même courtoisie ni le même empressement que par les Russes). Dans ce camp, j'ai dormi avec une camarade dans une cabane à lapins et le matin les lapins m'ont éveillée.

« On nous a fait marcher assez longtemps. Il y avait des femmes et des hommes. Tous les hommes étaient dans le même état que nous, mais c'étaient des hommes et leur misère nous frappait. Je crois qu'ils étaient encore plus décharnés et plus pitoyables que nous. Sur leurs visages creux, hérissés de barbe, il y avait un sourire d'extase. C'était pour eux, comme pour nous, le moment où les rêves se réalisaient. Le train était en marche, nous étions couchés pêle-mêle, hommes, femmes, tous nous pouvions nous loger et nous reposer. Le train s'est arrêté dans un autre camp où il n'y avait que des tentes. On nous a servi quelque chose de chaud et nous nous sommes chauffés à de grands feux qui avaient été allumés pour nous sécher. Là, on m'a volé ma couverture.

« On nous a fait remonter dans un autre train. Cette fois, un train de voyageurs, mais il était tout défoncé. Il fallait bien faire attention à ne pas passer à travers les trous. Il avait dû être bombardé. Nous étions assises sur des banquettes et l'on nous ramenait vers la France. Je n'ai jamais vu des sourires plus heureux. Le train traversait la Hollande et la Belgique. À Bruxelles, on nous a donné de la nourriture. Il y avait du chocolat, je savais que le chocolat belge était bien bon, mais je refusais toute nourriture à cause de ma dysenterie. À Hazebrouck, on nous a retirées du train, mises dans un car et emmenées dans une salle de restaurant. On nous a distribué du pot-au-feu. Je n'ai pas voulu en manger, toujours en raison de ma dysenterie. J'ai accepté des biscuits et, heureusement, j'avais du sucre que j'avais échangé contre des cigarettes. J'en ai mangé beaucoup. On nous a ensuite conduites dans un séminaire pour la nuit. Il y avait des châlits d'une saleté repoussante. J'ai compris qu'il y était déjà passé bien des déportés, rapatriés avant nous, avec de la dysenterie... Impossible d'approcher des W-C.

« Le matin, on nous a emmenés dans une pièce où l'on nous a fait déshabiller pour passer dans une salle de douches. L'eau était chaude, bonne. Des garçons de seize à dix-huit ans nous ont ensuite reçues, toutes nues, on nous a fait une piqûre, nous sommes repassées dans une autre pièce où d'autres garçons nous donnaient un petit sac avec des papiers. Enfin, dans une autre chambre, nous nous sommes habillées. Nous avons passé à la police un interrogatoire très serré, devant un officier très dur. Je ne pouvais pas comprendre que la guerre était finie et qu'il fallait dire la vérité. L'officier m'intimidait. J'ai commencé par répondre à côté des questions qu'il me posait, comme à la police de Langeais ou de Tours quand on m'a arrêtée. J'ai dit : "Je ne sais pas pourquoi on m'a arrêtée", puis j'ai pensé : mais ce ne sont plus les Allemands. Alors, j'ai dit : "Eh bien, oui, j'ai fait de la résistance." L'officier m'a demandé pourquoi je ne l'avais pas dit tout de suite. J'ai répondu : "Par habitude de ne rien avouer aux Boches. J'ai été assez battue comme ça." Il s'est adouci, on m'a refait des papiers et il m'a demandé ce que j'avais fait comme résistance. J'ai dit que j'avais travaillé comme agent de liaison et au transport d'armes, que je transportais personnellement des armes au maquis, que je passais des hommes à Bléré-la-Croix et dans la forêt d'Amboise, que j'avais participé au sabotage des lignes téléphoniques entre Azay-le-Rideau et la forêt de Chinon, qui servaient à l'armée allemande installée dans cette forêt, que j'avais facilité la traversée de la ligne de démarcation, que j'avais fourni des terrains d'atterrissage, que j'avais fait des signaux aux avions, détruit deux camions militaires allemands qui stationnaient en forêt de Villandry, en y mettant le feu, que mon mari avait dans son secteur quarante hommes sous sa direction...

« Après la police, nous eûmes droit aux cartes d'identité provisoires et aux tickets de train. Puis on nous a prévenues qu'à 12 heures nous avions un train. Quelqu'un m'a dit : “Si on va à la banque, on nous donne mille francs en échange de la monnaie que l'on peut avoir.” J'ai fait remarquer que je n'avais que quelques marks. “Cela ne fait rien, m'a-t-on répondu, on donne mille francs à tous ceux qui apportent quelque chose. Beaucoup ou peu. Tout le monde a droit à mille francs.” J'y suis allée timidement en pensant que l'on allait me mettre dehors avec le pied quelque part. Non, pas du tout, on m'a donné mille francs.

« À la gare de Tours, il y avait ma sœur Berthe Mommousseau. Un boy-scout a pris mon paquet, m'a emmenée au *Grand Hôtel*. Un monsieur est venu aussitôt me chercher. Nous sommes montés en voiture.

« Je n'étais pas sitôt rentrée chez maman que le monde accourait me voir. Certaines personnes venaient par amitié et sympathie, mais d'autres disaient : “Venez voir, une déportée. Vous n'avez jamais vu une déportée ? Alors, venez avec moi chez Mme Mommousseau. Je vais vous en montrer une.” J'entends encore cela, comme si j'avais été un monstre que l'on montre dans les foires. Et ces personnes ne me connaissaient pas, pas plus que je ne les connaissais.

« Il y avait deux enterrements ce jour-là. Ceux qui revenaient du cimetière sont entrés et m'ont donné une poignée de main ou m'ont embrassée. Je me souviens, j'étais tout près de la porte, cela me donnait l'impression de serrer les mains des gens, à la sortie d'un cimetière, justement. Quand le deuxième enterrement est passé, les gens du premier défilaient toujours. J'ai peut-être vu plus de cinq cents personnes ce jour-là. »

**Dans leurs écrits**, leurs témoignages, la grande majorité des déportées, comme Léone Bodin, veulent ignorer les viols commis par leurs libérateurs de l'Armée rouge. Un dernier drame en conclusion de ceux qu'elles avaient vécus dans les camps. Le commandement soviétique en fut tout de suite conscient et si, semble-t-il, il ne fit aucune recommandation particulière concernant la population civile allemande, il menaça du peloton d'exécution ceux qui violeraient des femmes d'une autre nationalité qu'allemande, et en particulier les déportées. Il y eut même, en mai et juin 1945, dans certains centres d'accueil de la zone russe, où étaient regroupés avant leur rapatriement travailleurs libres, prisonniers de guerre et déportées, des sortes de « commissaires psychologiques », médecins femmes pour la plupart, tentant de persuader ceux et celles qui allaient retrouver leur patrie que les viols étaient les moins graves des malheurs de la guerre. H. R., qui avait vu trois de ses amies plus jeunes qu'elle bousculées et forcées à plusieurs reprises, s'étonna auprès d'un général soviétique.

– Que voulez-vous, lui répondit-il, nos hommes ont affronté la mort depuis tant d'années ! Pour eux tout ce qui est allemand ou sur le territoire de l'Allemagne est considéré comme prise de guerre. Vous ne raconterez pas ces choses, cela ternirait notre victoire... D'ailleurs, les Américains aussi violent les femmes...

Micheline Maurel la première, dix ans après la libération, dans sans doute le plus grand livre écrit par une femme sur sa déportation [1], aborda avec courage le problème. Elle s'était évadée de la colonne d'évacuation de Neubrandeburg avec d'autres déportées. Elles s'étaient réfugiées dans une grange. Et cette grange est devenue, un instant, le centre de la guerre. Des balles trouaient les murs. Micheline, épuisée, anéantie, s'est endormie sous la mitraille.

« Mes [2] premières heures de liberté, je les ai passées dans le sommeil, le meilleur et le plus profond que j'aie jamais dormi. Quand la porte de la grange s'est ouverte sur le grand jour et que Michelle et Mitzy m'ont crié de venir manger, un camion russe était depuis longtemps dans la cour de la ferme. Michelle avait été déjà violée une fois par un grand gaillard joyeux et cordial, qui était reparti tout de suite à travers la campagne, tandis que les balles des mitrailleuses cassaient des branches autour de lui. C'était le 1er mai 1945. Il faisait un temps merveilleux. La cour embaumait les lilas. »

Les Russes ont offert aux déportées un saladier de miel. Pour elles, ils ont tué des poulets. Puis Michelle et Renée se sont dirigées à pied vers la petite ville de Waren, où, dans une maison, elles avaient oublié leurs carnets de recettes de cuisine. Leur bien le plus précieux.

« À Waren, qui brûlait encore, elles avaient, dans les maisons mises au pillage, été violées plusieurs fois par les Russes. Le dernier les avait finalement fait sortir par une fenêtre, avec des gestes éloquents, pour leur éviter la fatigue de passer encore sous les hommes d'une nouvelle compagnie qui entrait justement dans la maison (...).

« Le deuxième jour, une compagnie de cosaques est arrivée à la ferme. Ils étaient comme sur les images. Superbes, coiffés de hauts bonnets d'astrakan, vêtus de

1. *Un camp très ordinaire*, éd. de Minuit.
2. Micheline Maurel, déjà citée.

longues redingotes à taille fine, chaussés de bottes à grands éperons, et montant des chevaux magnifiques, sur lesquels ils virevoltaient dans la cour. Ils nous ont apporté un gramophone et ont mis de la musique de danse. Ils nous ont offert de la vodka dans de grandes tasses : la vodka nous a guéries du mal au ventre pour deux jours.

« Je n'ai pas été violée grâce à mes ulcères et parce que je pouvais affirmer en russe que c'était contagieux. Mais Michelle n'avait pas d'ulcères. Je pouvais bien parler pour la défendre. Il ne s'agissait pas vraiment de la défendre : les Russes n'avaient aucune mauvaise intention, aucune hostilité envers nous. Bien au contraire, une immense cordialité, une affection débordante à manifester tout de suite :

« – Françaises ? Toi française, moi russe, c'est la même chose ! Tu es ma sœur, couche-toi là !

« Et vas-y donc ! Un bon rire fraternel... Il sautait d'un bond sur ses pieds. Il remettait son fusil à l'épaule, il repartait à travers champs, et se retournait dans un geste d'adieu qui montrait ses dents blanches. »

Fanny Marette s'est aussi évadée de la colonne d'évacuation de Neubrandeburg. Comme beaucoup d'autres déportées, pour ne pas dire la plupart, précipitées dans la folie de ce maelström des derniers jours, elle a été secourue, prise en charge, nourrie, cachée, protégée par des prisonniers de guerre. Les officiers soviétiques, d'ailleurs, demandaient aux prisonniers de guerre de veiller sur les déportées. Une nuit, à l'extérieur de leur abri, deux femmes, des travailleuses françaises volontaires, sont violées. Le lendemain elles vont se plaindre auprès d'un officier. Il donne l'ordre que l'on rassemble ses hommes à midi.

« À [1] midi, nous sommes donc tous réunis au lieu indiqué. L'officier est là, devant une cinquantaine de soldats

1. Fanny Marette, *J'étais le numéro 47 177*, éd. Robert Laffont, 1954.

russes alignés. Ces hommes sont bien différents de leur chef.

« Les deux travailleuses libres, arrivant avec un petit air prétentieux, paraissent flattées d'être mises en vedette pour une cérémonie dont on ignore la suite.

« Pour se faire comprendre des deux Françaises, l'officier se fait aider par quelques-uns des nôtres sachant quelques mots de russe. Il est commandé aux deux femmes de passer devant les soldats pour reconnaître ceux qui les ont violées. Les deux hommes sont vite reconnus.

« L'officier fait alors reculer tout le monde ; ordonne aux deux soldats de sortir du rang. Il les fait mettre sur le côté, face à lui, et les deux femmes derrière lui, face aux soldats.

« Les hommes sont au garde-à-vous.

« L'officier très calme prend son revolver, vise le premier homme et tire ; le Russe s'écroule. Le second à côté n'a pas bronché. L'officier dirige alors son revolver sur lui ; l'homme tombe à son tour...

« Les deux femmes éclatent en sanglots.

« L'exécution a été rapide.

« Les spectateurs sont restés immobiles et muets. Peut-être ne sont-ils que blessés ?

« Non ; ce sont deux cadavres que l'on relève.

« Lorsque les deux femmes nous rejoignent, nous leur tournons le dos... »

« Mes [1] amies m'ont raconté qu'un de leurs violeurs avait été fusillé sans jugement. Elles étaient bouleversées, honteuses, furieuses. Elles répétaient sans cesse : "Ce n'était rien ! Ça n'avait pas d'importance..." La plus révoltée était une juive hongroise de dix-sept ou dix-huit ans avec un visage d'enfant. Sa maigreur lui donnait des yeux immenses. Je pense qu'elle était vierge. Elle n'a pas pleuré longtemps. La joie, le bonheur d'être libre l'a emporté. Mais je sais que ce viol la marquera toute sa vie durant, autant, peut-être plus que sa déportation. Il

1. Témoignage inédit H. R.

fallait bien se faire une raison. C'était ainsi. À la réflexion, quand on pense à ce que nous avons subi, ces viols le jour de la libération passaient au second plan. Peut-être même certaines y ont trouvé du plaisir et ne se sont défendues que du bout des lèvres. À l'époque, le viol était une pratique plus courante que de nos jours, surtout dans les campagnes. Les violeurs, rarement dénoncés, rarement traînés devant les tribunaux. Je n'en ai jamais voulu aux Russes. D'eux, je ne veux garder le souvenir que de l'enthousiasme qu'ils nous ont apporté en nous rendant à la vie. Chaque homme, comme chaque femme a ses faiblesses. C'était un autre temps. La mort pouvait nous tomber dessus à chaque seconde. Un temps d'horreur et de misère. Personne ne peut se substituer à nous pour juger. »

*Holleischen* *5 mai 1945*

# « DES HOMMES VÊTUS DE KAKI, COMME LES SOLDATS FRANÇAIS »

Dans les Sudètes, près d'une forêt de pins sylvestres, le petit camp de Holleischen. Ravensbrück a loué onze cent vingt femmes à la firme Skoda.

« Quelle [1] race de crétins ! Nous, presque toutes des résistantes, nous faire fabriquer des munitions ! Je suis installée devant une table et, devant moi, un godet rempli de laque. On aurait cru du rouge à ongles. Le contremaître m'a bien expliqué :

« – Prendre la balle qui arrive sur un plateau. Mettre très peu de laque sur le pas-de-vis. Visser fort. Serrer avec la clé spéciale.

« Quel abruti ! J'étais à une place de choix. Il avait même ajouté :

« – Si vous mettez une seule goutte de laque dans la poudre, la balle éclate et le tireur *kaputt.* »

« Les [2] fronts américain et russe se resserraient autour de nous. Nous en étions à nous demander lesquels allaient nous délivrer. Nos gardiennes effrayées, à genoux, imploraient déjà notre clémence. Mais leurs

1. Manuscrit inédit Marie Fontaine.
2. Manuscrit inédit M. Pourtier.

supplications nous laissaient insensibles. Elles souhaitaient que les Russes n'arrivent pas les premiers. »

« Les[1] gardiens étaient nerveux. Imprévisibles. En allant au travail, pour marquer le pas, nous avions pris l'habitude de chanter en cadence. Les chansons traditionnelles du folklore. Un jour : défense de chanter ! Nous décrétons alors que nous sifflerons. Et le mot d'ordre court les rangs. Alors nous avons vu cette chose unique dans les annales. Nous sifflons. Toutes. Même probablement celles qui n'ont jamais sifflé de leur vie. Nous sifflons *Nous irons sécher notre linge sur la ligne Siegfried*. Nos gardes stupéfaits ne savent que dire. Alors ils font *La ! La ! La !* en scandant comme nous la chanson. Ma voisine dit : "Mon Dieu, ce qu'ils peuvent être cons ! Heureusement que bientôt tout ça sera fini. Ils sont blancs de trouille." »

« Feu[2] d'artifice gigantesque : un train composé de wagons recouverts de croix rouges, mais en réalité bourré de munitions, touché par un bombardement, explose. Les bâtiments dans lesquels nous sommes enfermées tremblent, basculent, se redressent. Plus une tuile, plus une vitre. Pas une déportée blessée. Peu de temps après, il fallait que les prisonnières aillent chercher la soupe à Holleischen – deux kilomètres aller, deux kilomètres retour. Il fallait des volontaires (à cause des avions). Trente femmes se présentent, dont Mme Jean Michelin et moi. Départ. Arrivées à la cuisine de Holleischen, alerte ! Une centaine d'avions dans le ciel. Débandade, affolement. Fuite à droite... à gauche... où on pouvait. J'ai suivi la course de deux soldats allemands. C'est pour moi le souvenir le plus crucial de ma captivité : les avions semaient la destruction, la mort. Les hautes cheminées de l'usine s'écroulaient comme châteaux de cartes. Blocs de ciment qui volent dans les

1. Manuscrit inédit Marie Fontaine, déjà citée.
2. Manuscrit inédit Henriette Picard.

airs. Une vague disparaît, une autre la remplace. Je dois mieux m'abriter. Je saute de cinq mètres de haut et j'aperçois une robe rayée cachée sous un wagonnet. Je cours vers elle. C'est Marinette ! Elle a dix-huit ans. Je l'entraîne de force pour nous éloigner de cet enfer. Des Français, qui transportent un grand blessé, nous demandent de fuir. Il faut passer la route proche, dévaler le talus, traverser l'immense pré vert pour essayer de gagner l'abri des saules, le long de la rivière, à l'autre bout.

« Marinette n'en pouvait plus. Je ne voulais pas la laisser seule. Nous deux au milieu de cette immensité verte, à découvert ! Pauvres silhouettes ! Des avions passent au-dessus de nous, nous mitraillent. Plat ventre, nez dans la terre. Les balles sifflent à nos oreilles, frappent autour de nos têtes, de nos corps. Pas une ne nous touche. La main de Dieu ! Marinette ne peut plus se lever. Je suis trop faible pour la traîner (entre deux vagues). Encore dix à quinze mètres. Deux ou trois civils rampent le long des saules. Alors – souvenir inoubliable – de ces saules, deux civils allemands bondissent, se précipitent sur nous. Le plus jeune enlève Marinette et en trois bonds l'emporte vers les saules. L'autre, plus âgé, me saisit, m'entraîne. Ils nous jettent à plat ventre. Une vague arrive et mitraille. Les deux hommes nous font un rempart de leurs corps. Les balles giclent dans les saules, dans l'eau proche. Personne n'est touché. Nous continuons, comme tous les autres, à ramper. Nous arrivons enfin à l'abri civil de la ville. Une heure plus tard, à la fin de l'alerte, nous "admirons" la dévastation. Il n'y a plus ni usine ni route... le chaos indescriptible. Mais dans tout cela que sont devenues mes autres camarades ? Mme Michelin ? Le retour au camp est douloureux, angoissant pour moi. En entrant dans la cour... une prisonnière, seule, au milieu, visage angoissé. Mme Michelin !... Nous bondissons l'une vers l'autre. »

« 5 mai 1945 [1]. Impossible de sortir du camp : le bombardement de la nuit a compromis la stabilité du pont sur lequel il faut passer pour aller au village (...).

« Est-ce possible ?... Est-ce vraiment possible ? Nous avons attendu des mois... Nous avons tenu pendant des mois... Nous avons espéré, serré les dents, surnagé avec peine, et voilà... Regardons toutes, c'est la fin, rapide, simple, si différente du dénouement tant de fois imaginé, défait, reconstruit.

« Des hommes vêtus de kaki, comme les soldats français, portant un brassard blanc et rouge, escaladent les murs, sortent de tous les côtés. Des bureaux, du poste de garde, de la cantine des SS dans la fumée des coups de feu... Le commandant se rend, les bras levés. L'Oberaufseherin, en blouson SS et sans jupe, court dans tous les sens, cheveux hirsutes, affolée. Les Aufseherinnen sortent de leur bâtiment, les mains en l'air, tremblantes, troupe démoralisée et ne comprenant rien à cette soudaine défaite.

« Dans un coin de la cour, un soldat de la garnison est étendu sur le sol.

« Peu à peu, les nouvelles prisonnières se rassemblent. Ordres clamés en polonais. Dans la cour où surgissent nos camarades du block 3, enfin délivrées, s'exécutent de sombres règlements de comptes. La policière du camp n'a plus de cheveux : on les lui a arrachés par poignées. Annie Grafft, le "Taureau" sont rudement malmenées. La petite Emmi Zimmermann n'a rien à craindre, ainsi qu'Annie Frischt, estimée de toutes. Elle doit se réjouir, car pour nous elle avait redouté le pire !

« Le portail s'ouvre. La petite troupe de nos gardiennes s'éloigne. Notre captivité s'achève. La leur commence.

« Par ce coup de main audacieux des partisans tchèques et polonais qui tenaient le maquis dans les montagnes, nous voici libérées, alors que notre camp devait être dynamité. Nous venons de vivre notre heure de chance. L'effrayante évacuation sur les routes, l'inhu-

1. Témoignage Catherine Roux, *Triangle rouge*, éd. France-Empire, 1969.

maine évacuation aux exécutions sommaires qui – nous le saurons plus tard – jonchera de cadavres les chemins de la retraite, nous sera épargnée. »

Les Américains entreront à Holleischen le lendemain.

« Ils[1] étaient bons, ahurissants... Simples au point d'avoir proposé d'eux-mêmes les brosses à dents dont nous manquions depuis plus d'un an. Sans rudesse, ils nous épargnaient les galanteries qu'un Français – atavisme de coq – eût cru devoir à la beauté d'Ariane. Enfin leur sympathie se rapprochait d'une pitié qu'ils n'extériorisaient pas, crainte de nous offenser. »

Deux semaines plus tard les déportées françaises de Holleischen seront rapatriées. Le témoignage de Marie-Jeanne Bouteille se termine par cette phrase :

« Quand la voiture nous déposa devant notre porche, j'ouvris moi-même la porte de la maison. »

Celui de Catherine Roux :

« Et puis les années ont passé. Par habitude, la mort a continué son œuvre dans nos rangs. Finalement, dernier carré français des concentrationnaires, un petit groupe de survivantes a tout de même réussi à vieillir. »

1. Témoignage Marie-Jeanne Bouteille, *Carrefour en Bohême*, Éditions de l'auteur, imprimerie Wallon, Vichy, 1948.

*Zwodau* *7 mai 1945*

# – VIVE LA FRANCE ! VIVE L'AMÉRIQUE ! – JE SUIS CANADIEN. – VIVE LE CANADA !

Zwodau, perché sur une colline des Sudètes à trente kilomètres de Karlsbad. Ce Kommando créé au printemps 1944 compte trois mille femmes. Leur travail : fabriquer dans les ateliers Siemens des pièces mécaniques de précision pour les V1, V2, chasseurs et bombardiers de la Luftwaffe. Début avril 1945 elles ne dépendent plus de leur camp mère de Ravensbrück, mais de Flossenburg.

Brigitte Friang, la « miraculée » de Zwodau[1] – au cours de son arrestation mouvementée, le 21 mars 1944, une balle de neuf millimètres l'a traversée de part en part, de la hanche au ventre –, espère toujours sur sa paillasse que sa blessure va enfin se cicatriser. Médecins, infirmières, déportées... personne ne comprend comment ce petit bout de femme a pu survivre à onze mois de prison et de camp. La déportée responsable du Revier est confiante : « Dans quelques jours nous serons libres. Ils préparent une colonne d'évacuation. Un tiers du camp. Il faut faire de la place pour celles qui arrivent des camps de Silésie. Les malades restent à Zwodau. »

« La doctoresse[2] a caché ses trois protégées, une Autrichienne, une Allemande et moi, dans une toute petite

1. Voir *Les Médecins de l'impossible*, France-Empire.
2. Témoignage inédit Brigitte Friang.

chambre du Revier. Je ne sais ce qu'elle raconte sur la maladie bizarre et extrêmement contagieuse qui nous terrasse. Le fait est que jamais une commission n'osera se risquer chez nous. Nous profitons d'un régime alimentaire spécial. J'ai même le droit de me promener dans le camp, une heure le matin, depuis que, grâce aux piqûres de calcium et au repos, je renais.

« Malheureusement cette belle résurrection sera entravée. Le 16 avril 1945, mon numéro est appelé. Je dois me joindre à un convoi qui part pour Dachau. Il se passe quelque chose d'anormal. Aucune prisonnière de l'infirmerie ne doit figurer sur les listes. Mon ami autrichienne, qui est liée avec la hiérarchie prisonnière du camp, saute par la fenêtre pour aller s'entremettre. Elle revient désolée. Le chef de camp ne peut rien pour moi. Mon numéro a été spécialement désigné par la "direction clandestine du camp" pour remplacer celui de l'une de leurs amies politiques. Brigitte Friang est gaulliste ; celles qui établissent les listes, communistes. Brigitte Friang marchera. Et à l'étonnement général elle marche. Et plutôt bien. »

« Le [1] chemin est boueux. Il faut regarder ses pieds, ne pas trébucher, ne pas perdre son rang. Des coteaux. Des chemins creux. La première Française tombe. En dépit de l'antipathie qu'elle a réussi à soulever, nous la portons, à tour de rôle, jusqu'à l'étape. Cet effort supplémentaire ne m'est guère bénéfique. J'ai l'impression que le haut de ma cuisse et que mon ventre sont en feu. »

Le soir, l'étape est prévue à Neurolav. Un Kommando « paisible » où les déportées travaillent dans une faïencerie. Celles de Zwodau resteront dans ce camp jusqu'aux premières heures du 20 avril. Une longue attente angoissée :

– Ils ne savent pas que faire de nous !

– Avec tous ces bombardements plus aucun train ne roule.

– Ils ne vont tout de même pas nous forcer à marcher jusqu'à Dachau !

1. Brigitte Friang, *Regarde-toi qui meurs*, Robert Laffont, 1970.

– C'est à combien de kilomètres, Dachau ?
– Au moins quatre cents.
– Quatre cents kilomètres !

20 avril 1945. Camp de Zwodau. Inactivité pour celles qui sont restées. Les ateliers n'ont plus de pièces détachées.

« Volontaires ! Volontaires ! » Un train de déportées évacuées de Silésie est en gare. Les SS cherchent vingt-cinq volontaires. Sans doute pour trimballer les bagages des accompagnateurs. Ils ne les trouvent évidemment pas. Alors ils les désignent.

« Menacée[1] d'être conduite devant le Kommandoführer, je suis obligée de céder. Avec les autres "volontaires", je sors en courant du block. Les SS, furieux d'avoir attendu, hurlent et frappent. Le froid est vif, le sol est couvert d'une épaisseur de neige ; on nous met en rangs, et nous partons encadrées de soldats armés et d'Aufseherinnen qui ne cessent de nous harceler. Je marche très difficilement et je "botte" ; finalement je trouve plus agréable de marcher pieds nus.

« La gare est à trois kilomètres du camp. Nous passons par les champs, évitant ainsi la traversée de la ville.

« De loin, nous distinguons deux wagons, un wagon à bestiaux, un wagon de voyageurs. Sur le quai, un groupe sombre autour duquel s'agitent et crient des soldats. Ce sont les prisonnières annoncées. Lorsque nous arrivons sur le quai, nous nous arrêtons, muettes d'horreur. Nous venions chercher du pain, ce sont des cadavres qu'il nous faudra transporter au camp. Des six cents femmes du convoi, il ne reste que deux cents mourantes, semble-t-il. Les autres sont mortes, brûlées vives dans leurs wagons plombés au cours d'un bombardement. Celles qui sont groupées sur le quai ont encore la force de marcher et rentreront au camp par leurs propres moyens ; elles sont déjà en rangs et s'ébranlent, enca-

1. Témoignage Thérèse Grospiron, Cahiers du Rhône. Voir également *Kommandos de femmes*, France-Empire.

drées de soldats qui les brutalisent à la moindre défaillance. Trois ou quatre d'entre nous les accompagnent pour aider les plus faibles.

« Sur la neige gisent des mourantes, presque nues ; toutes demandent à boire. L'une d'entre elles, jeune encore, nue jusqu'à la taille, est étendue les bras en croix. Elle a le visage couvert de sang, de poussière, les yeux démesurément ouverts. Deux camarades essaient de la soulever mais elle retombe sans forces. Elles décident de la porter jusqu'au camp. Avec trois Françaises, je m'approche du wagon à bestiaux. Une odeur affreuse y règne. Sur les planches gisent des corps inertes. Nous descendons tous les cadavres, que nous jetons sur une charrette. Plusieurs se présentent aussitôt pour la tirer jusqu'au camp. Il est moins pénible de traîner des cadavres que de porter des mourantes couvertes de vermine et repoussantes de saleté...

« Nous sommes dix-huit pour emmener une trentaine de femmes. Parmi nous, des droit commun allemandes refusent de prendre plus d'une prisonnière à la fois, et encore le font-elles avec dégoût, redoutant les poux qui grouillent sur leurs haillons et leurs lambeaux de couverture. Peu à peu le transport s'organise mais de nombreuses malheureuses restent couchées dans la neige, incapables de faire un effort ; nous sommes trop peu pour les prendre.

« Les SS, qui riaient lorsque nous avons vidé les wagons, se sont calmés et nous regardent avec indifférence. Je reste la dernière avec l'une de mes amies ; nous décidons d'essayer d'en sauver le plus possible. Le commandant du convoi et trois soldats nous surveillent toutes les deux. C. ne peut s'empêcher de pleurer, bouleversée par ces horreurs ; elle n'a que vingt ans ! Nous portons les plus faibles sur une distance de cent mètres, marchant très lentement et les encourageant. Mais elles ne comprennent pas le français – ce sont presque toutes des Hongroises ou des Tchèques. Nous les posons dans la neige et retournons en arrière en prendre une autre...

« Les survivantes de ce transport sont emmenées en camion l'avant-veille de notre évacuation. On les fait sortir du block avec trois enfants qui viennent d'arriver. Celles qui ne peuvent marcher sont traînées par terre sur des couvertures et jetées comme des sacs dans le camion. Dans la soirée le camion revient vite et nous entendons de nombreux coups de feu dans le bois près du camp. C'était le 20 avril. Le surlendemain nous partions à pied pour Dachau. »

*20 avril 1945, colonne Friang*

On les a rassemblées la veille, à 20 heures, sur la place d'appel.

– En rangs par cinq !

À minuit elles sont toujours là à attendre. Un vent glacial souffle. Comme les bœufs musqués du Grand Nord, elles se serrent l'une contre l'autre, dos sous le vent, tête inclinée, rentrée dans les épaules. Quand celles du milieu se seront réchauffées, elles prendront leur tour à l'extérieur. Cette « manœuvre » introduite dans tous les camps par les Ukrainiens a un nom : le calorifère.

La colonne s'ébranle à 3 heures du matin.

« Marche[1] hallucinante dans la nuit, au pas accéléré. Nous aboutirons à une gare au-dessus de Karlsbad. Longtemps dans le lointain, nous apercevons les lueurs rougeoyantes des incendies allumés par le raid d'avant-hier. Nous sommes trop fatiguées pour que cette vision nous réchauffe encore. Je finis par m'endormir. À chaque arrêt, à chaque ralentissement du rythme de la marche, je me réveille en heurtant le rang précédent. Je tente de garder mes paupières ouvertes. Elles sont d'un poids insoutenable. Je me rendors en marchant. Dans mon enfance, ma mère me racontait souvent comment son frère avait fait la retraite de Charleroi, en août 1914, en dormant, avec son bataillon de chasseurs alpins. Je ne croyais pas à cette légende des Diables bleus. Je sais

1. Brigitte Friang, déjà citée.

maintenant que l'on dort très confortablement en marchant. »

Elles embarquent à cent, cent dix, cent vingt par wagon. Dans celui de Brigitte Friang elles sont cent cinq. Un SS et une gardienne font de la place. Ils cesseront leurs coups de crosse quand les déportées se seront écartées pour laisser libre, au milieu du wagon, un espace aussi large que la large porte coulissante.

Le train cahote quelques kilomètres, s'arrête. Les bombardiers ont fait leur travail ; un peu plus loin, les voies sont coupées.

« Par[1] l'imposte du wagon, nous apercevons la route, en contrebas des voies. D'interminables convois de femmes en rayures bleu et gris se succèdent, par rangs de cinq, mornes comme la mort. Je compte cinq cents, quinze cents, deux mille. C'est trop fatigant. J'abandonne mes calculs. Les colonnes passent toujours.

« Un convoi pénètre sur le terre-plein de la gare. Ce sont des hommes. Ils sont dans un état pitoyable. La colonne stoppe face à nos wagons. Les hommes se laissent tomber sur le talus. Avec avidité, nous essayons de découvrir des F sur les triangles rouges. Nous en discernons plusieurs. Durant un de leurs appels, avant que les Kapos n'arrivent, Solange L., à la jolie voix claire, chante des chansons de France. Les Français ont entendu. Certains pleurent. Derrière nos barreaux, nous frémissons de rage impuissante. De honte, aussi... Nous scrutons ces masques déformés par la souffrance. Tout à coup, un cri, dans notre wagon. Une grande fille du Massif central vient de reconnaître un garçon de chez elle. Elle demande aux SS et, très curieusement, obtient la permission de lui parler. Quelques minutes durant, sous l'œil vigilant de deux gardiens et sous les regards attendris de centaines d'hommes et de femmes, notre camarade peut embrasser le jeune garçon... »

Cette première colonne de Zwodau attendra, immobilisée trois jours dans ses wagons, l'ordre d'un nouveau départ.

1. Brigitte Friang, déjà citée.

*21 avril, camp de Zwodau*

Les Américains sont à Eger... à trente kilomètres. Soupe épaisse : farine, pommes de terre écrasées, un carré de margarine, pain et confitures. Régal. Les cuisines doivent savoir que le « reste » du camp sera lancé demain sur les routes.

*22 avril, camp de Zwodau*

Une Hongroise a appris par un Meister que les Russes sont à quarante kilomètres. Le Meister rit :

– Qui aurait cru que les Russes et les Américains s'étaient donné rendez-vous à Zwodau ? Les Russes vont libérer la partie droite du camp, les Américains le côté gauche...

Les SS, les gardiennes chargent des chariots.

– Ils ne vont tout de même pas nous faire partir maintenant !

– Rassemblement !

– En rangs par cinq !

Elles attendent.

– Rentrez dans les blocks. N'importe quel block.

Elles attendent une heure.

– Tout le monde dehors.

Le Kommandoführer ouvre la marche. Prudent, l'Ober chevauche sa vieille bicyclette.

« Les[1] soupes de farine que nous mangeons depuis deux jours nous ont donné la diarrhée. Tous les cinquante mètres, la colonne dépasse une femme accroupie au bord de la route ; et nous montons, nous montons toujours : lentement...

« La nuit tombe, nous arrivons grelottantes, affamées, à Lauterbach. Nous emplissons la rue principale. Sur le pas d'une porte, des prisonniers de guerre nous sourient... Il y a un Français...

1. Ce témoignage a été publié en 1946 aux éditions Fasquelle sous la signature de Marc Le Guillerme (*Hors la vie*, Journal d'une déportée).

« Il nous fait signe que nous sommes encerclés, c'est pour cela que nous entendons le canon de plusieurs côtés. »

« Notre[1] cortège impressionne tout le village. Après une heure d'attente, nous apprenons qu'il n'y a pas de place pour nous dans les granges. Nous devons reprendre la route, trempées, fatiguées. Nous marchons pendant deux kilomètres et voyons là-bas le bout de la colonne qui se dirige vers une grange. Notre tour viendra-t-il ? Oui... nous serons soixante dans la nôtre. À l'aurore, trois Françaises s'en vont discrètement. Les autres n'ont pu suivre ; l'éveil a été donné. Dehors la neige tombe. Bientôt, nous devrons nous mettre dans les rangs. Je frémis à l'idée de rester des heures sous cette tempête. »

*22 avril, colonne Friang*

Une rumeur court de wagon en wagon :
– Nous partons ce soir. À pied.
Une Russe vole ses chaussures à Brigitte Friang.

*23 avril, seconde colonne de Zwodau*

Les SS sont désemparés. Ils hésitent. Palabrent. Lancent enfin les douze cents femmes sur la route. Le vacarme des canons, des mitrailleuses, des armes individuelles est assourdissant. La Wehrmacht abandonne ses casemates, ses tranchées, ses fossés antichars qui ceinturent Marienbad. L'Ober et un officier qui retraite confèrent en faisant de grands gestes. L'Ober monte dans la voiture de l'officier.

1. Témoignage Marie-Antoinette A., *Les Françaises à Ravensbrück*, par l'Amicale de Ravensbrück et l'Association des déportées et internées de la Résistance, Gallimard, 1965.

« Peu[1] à peu, les rangs se disloquent, nous entrons sous les arbres... Est-ce le moment de s'éloigner ? J'aperçois Pierrette, la Marseillaise, qui gagne du terrain à petite allure, comme par inadvertance ; quand elle aura disparu, j'en ferai autant. Je commence à m'enfoncer dans le bois...

« – Halte !

« Ça y est, repérée ! Non, pas moi, Pierrette... Un SS la ramène en vociférant et en la poussant de la crosse. Pierrette, l'air candide, explique :

« – Hé bé, voilà bien des histoires ! Je cherchais un petit coin, té. »

« Vers[2] 4 heures, l'Ober revient et nous sommes heureuses d'apprendre que nous sommes encerclées de toutes parts, impossible d'aller plus loin. Nous rebroussons chemin et nous coucherons dans les mêmes granges que la nuit précédente. Il fait très froid dans ces granges. En plus tout est mouillé sur nous. Nous nous couchons sur la paille, trempées et sans manger. Je m'enroule dans ma couverture avec ma voisine, afin de me réchauffer, mais en vain. Le lendemain matin, réveil à 6 heures. Nous prenons la route, la marche est plus rapide. Nous redescendons la montagne. De nouveau, nous atteignons Falkenau. Nos rangs se reforment, et c'est Zwodau que l'on voit. Le camp a été saccagé. Il y a appel pour voir les manquantes : vingt se sont évadées. »

*23 avril-6 mai, colonne Friang*

Jours de détresse. Deux semaines. Quinze jours au-delà de l'enfer. Marche à l'aveuglette. Sans espoir. Sans plus d'espoir. Avec la pluie, la neige, le vent. Et la boue. Et la mort qui n'hésite pas à faucher les plus faibles. Brigitte Friang tentera trois fois de s'évader. Trois fois

1. Marc Le Guillerme, déjà cité.
2. Marie-Antoinette A., déjà citée.

elle sera reprise, remise à sa place dans la colonne. Un jour, et un autre jour. Quinze jours interminables. Deux fois, trois fois les prisonniers de guerre leur lanceront du pain, des pommes de terre. Au passage. Les SS laissent faire mais, dans les villages traversés, ils interdisent aux femmes, aux enfants de donner à manger aux déportées.

*23 avril-6 mai, camp de Zwodau*

Les blocks ont été pillés par les paysans des environs. Des fenêtres ont même été démontées.

Les soixante-cinq gardiens sont toujours aussi nerveux, mais la peur au ventre tempère leur brutalité. Mathilde Fritz note sur son carnet : « comédie cynique ». Les Françaises restent entre elles. Deux appels par jour. Désignation des corvées : Kommando cimetière, Kommando charbon. La boule de pain est partagée en quatorze. Avec la complicité de deux Posten, cinquante Allemandes s'évadent en franchissant l'enceinte qui n'est plus électrifiée et dont plusieurs lignes de barbelés ont été récupérées par on ne sait qui. Les Posten tirent en l'air pour donner le change. Le 5 mai un avion mitraille la voie de chemin de fer qui longe le camp. Le 6, l'Ober fait hisser un drapeau blanc sur le mirador, à droite de l'entrée du camp.

*7 mai, colonne Friang*

Étape de vingt-cinq kilomètres. Brigitte, Danielle et Jacqueline profitent d'une pause pour se glisser dans une déclivité du terrain... Des gosses jouent dans un champ. Ils crient ! Les gardiens accourent.

– *Halt.*

*7 mai, camp de Zwodau*

Aujourd'hui le pain est partagé en seize. Aux barbelés, des prisonniers de guerre disent :

– Nous revenons de Falkenau, nous avons vu les premiers chars américains... Ils avancent sans tirer. Les Allemands se rendent.

– Retournez à Falkenau. Dites-leur de venir nous libérer...

Les prisonniers de guerre promettent, s'en vont.

Une gardienne exige une corvée pour passer à la brosse tous les planchers des blocks.

– Va te faire foutre !

Midi. Soupe claire.

« Je [1] savoure ma pitance par petites cuillerées, recroquevillée sur mon lit pour digérer moins vite...

« – Les voilà, les voilà ! Ils sont là !

« Mamine et Marguerite Roiseaux, nos doyennes, ont saisi le drapeau préparé depuis plusieurs jours... Nous nous ruons vers la porte... Je trébuche sur les ficelles de mes chaussures que je n'ai pas pris le temps de lacer... Nous courons vers l'entrée du camp : une voiture bizarre est arrêtée, juste devant, et deux grands Américains, casqués, debout, les jambes écartées, regardent, immobiles, deux cents Françaises entourant leur drapeau.

« – Allons, enfants de la patrie...

« Nous chantons à pleine gorge, quelques mots, nous nous taisons, brusquement enrouées d'un sanglot ; mais le chant de délivrance continue sans faiblir, les voix déficientes remplacées par celles qui s'étaient tues l'instant d'avant. Les SS, devant leurs baraques, sont ébahis... Le Kommandoführer nous fait signe de rentrer :

« – Hou ! Hou ! Hou !

« – Un tank, un tank, regardez...

« Nous franchissons les barbelés, nous entourons les quatre Américains, avides de les toucher, d'embrasser leurs joues qui piquent :

1. Marc Le Guillerme, déjà cité.

« – Excusez-nous, nous n'avons pas pu nous raser, nous arrivons.

« – Il parle français, il parle français...

« – Vive la France ! Vive l'Amérique ! Merci ! Merci !

« – Je suis canadien...

« – Un Canadien, un Canadien...

« Plus petit que les autres, il passe de mains en mains, serré, embrassé, étouffé...

« Et les autres, le grand, là !

« Nouvel assaut... Nous rions, nous pleurons...

« Morpion II s'accroche au bras du géant ; je me précipite :

« – *Oh ! She is a German... Bad woman !*

« Le géant se secoue, dégoûté, chasse la SS, qui me lance un regard de reproche étonné.

« Pendant ce temps, les Polonaises et les Russes pillent la cuisine, se battent pour des seaux de confiture dont elles se barbouillent. Les Américains doivent les séparer. Ils essaient de nous faire rentrer au camp, nous cédons à leur pression amicale, mais nous revenons aussitôt, c'est plus fort que notre bonne volonté, que le désir de leur être agréable.

« Une autre voiture.

« – Un lieutenant français...

« Embrassades, nouvelles ruées...

« – Allons, allons, soyez sages, soyez gentilles, nous vous demandons de rentrer dans vos baraques, nous irons avec vous.

« – Promis ? Alors, nous rentrons... Rentrons, les Françaises, on nous le demande ! Obéissez, quoi, ce n'est pas un ordre...

« Le sergent français, chauffeur du lieutenant, domine nos voix :

« – Rentrez, N... de D... !

« Éclat de rire général.

« – C'est français, ça, au moins ! On rentre, on rentre...

« Pour plus de sûreté, nous enlevons le Canadien, nous l'emportons en triomphe sur nos épaules...

« Des tanks arrivent encore... puis un autre lieutenant français...

« – On va vivre ! »

« Ils [1] nous entourent de toute leur bienveillance. Nous leur cueillons des fleurs. Il n'y a que celles des pissenlits, mais ça ne fait rien ! »

*8 mai, colonne Friang*

Brigitte, Jacqueline, Danielle ont entendu les cris du rassemblement. Elles se sont un peu plus tassées au fin fond de leur caverne creusée pendant la nuit dans l'amoncellement de bottes de paille. Un gardien a sondé la réserve. Le bout de la tige de fer a écrasé le nez de Brigitte. Elle n'a pas crié.

Et le silence.

« Ce [2] moment, nous l'avons attendu avec tant d'angoisse, tant de ferveur, nous l'avons rêvé sous tant d'aspects différents, nous l'avons porté, lové en nous, comme un enfant vivant de nous, mais dont nous vivions plus encore, que, de tout notre être aux aguets, nous nous écoutions le vivre.

« Aucun printemps de notre vie ne sera éveillé par un soleil aussi transparent, jamais l'herbe naissante ne retrouvera un vert aussi fragile, nulle ligne d'arbres ne dessinera courbe plus apaisante.

« Le premier pas de Lazare hors de son sépulcre ne l'a pas plus étonné que ne nous ont stupéfiées nos premiers pas dans le silence...

« ... 21 mai 1945. À la maison, ce jour est fêté comme un anniversaire de naissance. Mais lorsque je me suis retrouvée devant l'entrée de l'appartement, j'ai été prise

1. Marie-Antoinette A., déjà citée.
2. Brigitte Friang, déjà citée.

de panique. Le bruit de la sonnette n'allait-il pas me réveiller ? Me réveiller de mon rêve ? De mon rêve de liberté ? Pourtant, mes pas avaient tinté, solitaires, sous la masse sombre des larges feuilles déjà déployées des marronniers de l'avenue Henri-Martin. Pourtant il y avait cette odeur familière de cire d'abeille, le moelleux du tapis de laine rouge de l'escalier aux tringles de cuivre brillantes, qui sentaient le Mirror. Mais ne les avais-je pas senties vingt fois, au camp, ces odeurs, et n'allais-je pas, une fois encore, me réveiller en entendant crier, au cœur de la nuit allemande, le lancinant *Aufstehen bett mahren* ?

« Je me suis giflée. Ça ne m'a pas réveillée. Et j'ai vite sonné, de peur que le rêve ne se déchirât. Les trois coups traditionnels des enfants rentrant de classe. »

# COMME LA TERRE PROMISE

Le 19 juin 1945 le Dr Hans Arnoldsson quitte Malmö pour Lübeck. Le gouvernement suédois, à qui les Alliés ont demandé de prendre en charge le rapatriement d'« au moins » dix mille déportés malades et convalescents et mille enfants, a choisi ce médecin, « héros national » depuis qu'il a arraché dans les dernières semaines de guerre tous les déportés scandinaves aux commandants de Mauthausen, Dachau, Ravensbrück (et des milliers de déportés d'autres nationalités), pour diriger le Swedish Transit Hospital. Arnoldsson et une « petite armée » de médecins et d'infirmières ne mettront que quatre jours à transformer les immenses casernes Cambrai de la Schwart Aver Allee en centre d'accueil, d'hébergement, de traitement. Le plus vaste hôpital sans doute jamais improvisé. Les installations de chauffage central sont détruites. Arnoldsson réquisitionne les chalumeaux oxydriques des chantiers de construction navale, fait transporter dans les salles des casernes des plaques de blindage destinées aux U-Boot de l'amiral Dönitz. Les plaques chauffées accumuleront la chaleur, la réverbéreront dans les dortoirs.

Arnoldsson remue ciel et terre pour obtenir les meilleurs aliments, les médicaments les plus rares. Cet homme est partout en même temps, ne dormant que deux fois deux heures par vingt-quatre heures, mobilisant le Royal Army Medical Corps britannique, les fonctionnaires de l'UNRRA (United Nations Relief and Rehabilitation Administration), et bien évidemment des dizaines de médecins allemands et plus de cinq cents infirmiers, infirmières, aides-soignants. Arnoldsson, que vénèrent les onze mille quatre cent soixante-treize déportés de vingt nations accueillis dans ses services. Arnoldsson, qui, au matin de chaque prise de service, frappait du poing sur son bureau en disant : « J'exige, vous entendez, j'exige qu'il n'y ait pas un seul mort aujourd'hui. Faites ce que vous avez à faire. » Celles et ceux qui arrivaient étaient bien souvent mourants. L'équipe Arnoldsson accomplit le miracle. En trente-deux jours, l'hôpital Cambrai n'enregistrera que soixante-quatre décès. Soixante-quatre morts sur onze mille quatre cent soixante-treize déportés enregistrés.

« L'enterrement [1] des morts entra bientôt dans nos attributions, ce qui nous permit d'assister à un événement historique : la première cérémonie funéraire juive depuis l'avènement d'Hitler. Elle eut lieu dans le cimetière juif de Moisling, aux portes de Lübeck, un Judenfriedhof entouré de murs et ombragé d'arbres séculaires, avec des armoiries du XIVe et du XVe siècles, et qui, par extraordinaire, n'avait pas été trop dévasté par les nazis. Avant de quitter Lübeck, nous eûmes la satisfaction de voir des Allemands travailler fiévreusement à remettre en état ce lieu laissé en friche depuis douze ans, à redresser les pierres tombales et à dégager les portes et les fenêtres murées de la synagogue. Tous nos morts de confession juive reposent là côte à côte avec les vieilles familles de marchands hanséatiques.

« Notre travail avançait avec régularité et rapidité, non sans offrir de temps à autre des incidents dignes d'être retenus. Nous reçûmes un jour un homme qui nous parut craintif et bizarre. Il était arrivé avec un convoi de Bergen Belsen et se tenait à l'écart dans le préau, comme s'il tenait à ne pas être enregistré. À la fin il resta seul,

1. Rapport Hans Arnoldsson au gouvernement suédois, 1945, Archives de la Croix-Rouge suédoise.

taciturne et renfermé, au milieu de ses nombreux paquets. Comme nous voulions l'entraîner vers le bureau, il se dégagea en disant qu'il voulait retourner à Bergen, où il avait laissé sa femme et ses enfants. On lui expliqua qu'il ne pouvait repartir immédiatement, qu'il devait passer la nuit et prendre le bain obligatoire. Il y consentit mais refusa de laisser désinfecter ses bagages. Malgré ses protestations, nous nous saisîmes de ses colis et il nous fut aisé de comprendre pourquoi il les surveillait si jalousement. En plus d'un revolver et de ses munitions, ils ne contenaient pas moins de trois kilos d'or dentaire. Il raconta diverses histoires au sujet de la provenance du métal, mais en réalité il avait dû être simplement un auxiliaire des Allemands et il avait eu ainsi l'occasion de s'approprier l'or avant la crémation des cadavres. Les Anglais se chargèrent de lui. Quelques jours plus tard, on découvrit un autre trésor. Une juive d'âge moyen avait dans ses bagages une quantité de bagues, de bijoux divers, de lingots et de pièces d'or dont pas mal de roubles. Elle raconta qu'elle était la dernière survivante d'une famille de quatre-vingts personnes. Chaque membre de sa famille, quand il apprenait que son tour était venu, remettait ses bijoux à son parent le plus proche, et c'est ainsi que le tout avait peu à peu abouti à elle. Elle tenait les lingots de son frère, qui était joaillier. Ses dires furent confirmées par ses compagnons.

« Il se présenta aussi un grand nombre de personnages curieux. Les Anglais examinaient les listes avec le plus grand soin pour éviter que quelque Allemand ne se glisse dans les transports. On en pinça deux à la dernière minute, et plusieurs restèrent longtemps en observation à notre hôpital. L'un d'eux avait des crises de folie furieuse et il était même dangereux d'entrer dans sa chambre dans ces moments-là. Les Anglais déclarèrent qu'ils avaient de bonnes raisons pour croire qu'il avait appartenu aux SS de Belsen et qu'il simulait la folie pour s'en tirer. En dehors de ces rares cas particuliers, la "clientèle" du Swedish Transit Hospital était assez variée. Il y avait des intellectuels, professeurs et médecins, des hommes et des femmes de la bourgeoisie, des ouvriers et des paysans. Pour une fois le fossé était comblé [1], qui sépare ces classes et qui est plus profond dans leur pays que dans le nôtre. Ils étaient tous aussi pauvres, aussi misérables, aussi déracinés. Mais ils avaient tous une chose en commun : le rêve de la Suède, qui était pour eux comme une Terre promise. Ils étaient convaincus qu'ils n'auraient qu'à y être pour que toutes leurs difficultés se trouvent aplanies. C'était une joie de voir la confiance qu'ils mettaient en la Suède et c'était une joie plus grande encore d'être suédois. »

Fin juillet Hans Arnoldsson quitta Lübeck avec le dernier bateau-hôpital, le *Prinz Carl*. Trente « sujets » norvégiens étaient du voyage. C'étaient des bébés, des enfants dont le plus âgé n'avait pas quatre ans. Ils étaient les fils et les filles de soldats allemands et de Norvégiennes.

1. Dans ce rapport, repris dans le livre de souvenirs qu'il écrira, *Natt och Dimma*, Hans Arnoldsson semble oublier que les déportés étaient déjà « mélangés » dans les camps.

*Ravensbrück*
*Évacuation des hommes*

# « IL Y AURA DES FLEURS COULEUR DE L'AVENIR. IL Y AURA DES FLEURS LORSQUE VOUS REVIENDREZ. »

Alors que les premières déportées de Ravensbrück « libérées » par la Croix-Rouge ont quitté le camp, le 14 avril 1945 trois trains s'immobilisent sur la voie de garage des ateliers ruinés de Siemens, à une centaine de mètres des blocks 30, 31, 32. Des plates-formes et des wagons à bestiaux descendront trois mille hommes. Ils étaient quatre mille six cents en partant le 7 de Wattenstedt, un Kommando dépendant de Neuengamme. Une semaine de voyage : seize cents morts.

« Les [1] baraques dans lesquelles on nous loge et qui viennent certainement d'être évacuées de leur population féminine sont presque propres et avenantes. Beaucoup de paillasses sont dotées de cache-couverture en toile à carreaux blanc et bleu ; des guirlandes et des fleurs de papier, dont certaines aux couleurs françaises, tombent du plafond ou sont accrochées aux murs en certains points. Nous n'avons jamais vu pareille élégance. »

Cette évacuation du Kommando de Wattenstedt vers Ravensbrück est à ma connaissance la seule qui impliqua le départ des malades, des agonisants et des morts.

1. Témoignage Dr Georges Salan, *Prisons de France et bagnes allemands*, imprimerie L'Ouvrière, Nîmes, 1946.

« Imagine-t-on [1] ce que cela peut être d'entasser à la hâte, sur des camions, dans la nuit, sous les coups et les injures des SS, qui trouvent toujours que cela ne va pas assez vite, des centaines et des centaines de malheureux, plus malades les uns que les autres, tuberculeux, dysentériques, phlegmoneux, amputés, agonisants, tous geignant, pleurant et hurlant, de les jeter sur les plates-formes, puis de les empiler les uns sur les autres comme des bêtes équarries ? Nous les emportons tous, y compris les morts, que l'on mélange aux vivants. Je me demande quelle folie s'est emparée des SS et quel inconvénient ils pourraient trouver à abandonner dans le camp d'abord les cadavres encore chauds des malheureux qui viennent de rendre l'âme, ensuite les agonisants et les grabataires dont de toute évidence il ne sera plus jamais possible de tirer le moindre profit ? Je ne vois qu'une explication à un tel acharnement dans la bestialité et la sauvagerie : ne pas laisser aux mains des Alliées, qui avancent, des preuves aussi terriblement éloquentes de la barbarie nazie.

« Les camions remplis, nous roulons en pleine obscurité vers la gare toute proche. Sur une voie de garage stationne un train de marchandises, fait de wagons découverts, type tombereau, dans lesquels s'entassent déjà les hommes valides. Nous répartissons entre tous ces wagons notre chargement de moribonds, réservant les morts pour le wagon de queue. Il y a au milieu du train un wagon sanitaire qui ne se différencie en rien des autres, mais qui tire son nom du fait que le médecin polonais Moritz s'y est installé, en compagnie de Mops, le Kapo de l'infirmerie, un Allemand vert, dont le surnom (Mops signifie bouledogue) est outrageusement justifié par ses aboiements continuels. Quelques infirmiers polonais, qui jouissent de la confiance de leur compatriote, complètent le personnel, ainsi que deux ou trois aides-infirmiers français qui feront preuve, tout au cours de cet épouvantable voyage, d'un magnifique dévoue-

1. Dr Georges Salan, déjà cité.

ment. Les Drs Montel et Lucas-Fontaine, Wachtel, l'infirmier hollandais et son collègue britannique se logent avec moi, comme ils le peuvent, dans un tombereau voisin, au milieu des cinquante malheureux qui l'encombrent déjà. Le grand voyage va commencer...

« Le train dans lequel j'étais (il en avait fallu trois pour évacuer Wattenstedt) comptait à l'origine quatorze cents voyageurs. Nous en laissâmes trois cent cinquante en cours de route. Dans les tombereaux les corps étaient étroitement tassés les uns contre les autres et dans beaucoup d'entre eux, même, les occupants se trouvaient dans l'impossibilité absolue de s'allonger pour prendre un peu de repos et délasser leur corps si terriblement courbaturé. Dans mon wagon, les morts servaient d'oreiller aux mourants. J'ai encore dans les yeux la vision d'un jeune Polonais dont les jambes étendues reposaient sur la poitrine du cadavre d'un juif, tandis que ses chaussures en écrasaient le visage.

« Tous ces hommes étaient dans un état de saleté indescriptible. La poussière de charbon, qui tombait continuellement du ciel, recouvrait tout d'une épaisse couche gluante. Ce qui faisait l'ignominie de la situation, c'est que ces malheureux étaient presque tous diarrhéiques. Or inutile de dire qu'il n'y avait pas de W-C. Il n'y avait pas davantage de tinettes... Pourtant, ce qu'il y avait de plus ignoble, ce n'était pas le cloaque dans lequel nous végétions, mais quelques-uns des hommes qui nous entouraient et qui auraient délibérément sacrifié l'humanité entière pour leur propre conservation. Ceux-là s'allongeaient de toute leur longueur, alors qu'il n'y avait de place pour personne, et écrasaient les moribonds et les cadavres, volaient le pain des mourants et dépouillaient les morts. Ah, vraiment, la lutte "pour la vie nue", comme disent les Allemands (*fürs nackle Leben*), dévoile le cœur des hommes et les découvre jusqu'à l'âme !

« Lorsque le train faisait halte aux abords d'une gare, le personnel sanitaire procédait à la corvée des morts. Les portes des wagons étaient ouvertes et les plus valides

des détenus étaient priés de jeter à terre les malheureux décédés depuis le dernier arrêt. Les cadavres qui tombaient ainsi d'une hauteur d'un mètre et demi environ rendaient, en atteignant le sol, un bruit dur s'ils percutaient de la tête, mou s'ils frappaient des fesses, mais ce bruit était toujours accompagné et suivi d'un clapotis liquide dans le ventre qui se prolongeait quelques instants. Les infirmiers arrivaient alors et, comme ils ne disposaient que d'un seul brancard pour assurer le transport de tous ces corps, les morts étaient tirés jusqu'au wagon de queue par les jambes ou par les bras et tout au long du train balayaient le ballast en se déchirant aux pierres et en s'accrochant aux traverses.

« Lorsque le wagon mortuaire fut plein, nous dûmes creuser des fosses communes aux abords de certaines gares.

« L'épouvantable fut qu'une fois la couche inférieure mise en place, il fallut piétiner les cadavres pour disposer les couches supérieures. C'était vraiment atroce et, quelque précaution que l'on prît, force nous était d'écraser en marchant nos camarades morts. Mais on ne nous apportait pas que des morts et j'en fis la remarque épouvantée. On venait de me jeter un homme qui respirait encore. Ah ! certes, il n'était guère plus vivant que les malheureux allongés là, mais enfin il respirait et je me mis en devoir avec mon camarade de le repasser à l'équipe qui nous approvisionnait. Mais le SS "Fernandel" bondit en hurlant jusqu'aux camarades qui l'avaient déjà tiré hors du trou et d'un coup de pied nous le renvoya.

« Lorsque la fosse fut comblée, nous y avions enfermé cinquante-cinq hommes et une femme. Avant de quitter les lieux, Fernandel mit le feu au tas de vêtements. Quant aux matricules, il les emporta dans ses poches.

« Le train roulait toujours sans que nous puissions savoir si ce voyage aurait une fin.

« Arrivés à Oranienburg, nous sommes persuadés que l'on va nous débarquer dans la localité voisine de Sachsenhausen, où se trouve un grand camp de concentration dans lequel la firme Heinkel recrute nombre de bagnards pour la construction de ses appareils. Mais nous dépassons la petite gare qui dessert le camp et nous roulons toujours plus au nord pour arriver enfin au matin du 14 avril à Ravensbrück, où nous descendons[1]. »

Le Dr Georges Salan restera à Ravensbrück jusqu'au 28 avril. Deux semaines « incertaines » marquées par le remplacement des SS allemands par des Croates, l'enrôlement pour le front des Kapos les plus compromis, la distribution de colis de la Croix-Rouge préparés par les mormons de l'Utah.

« Du coup l'odeur des Camel embaume les allées du camp et c'est vraiment d'un comique ridicule et pitoyable que de voir cette armée de mendiants et de romanichels, arborant à la bouche, à longueur de journée, des Raleigh, des Old Gold ou des Chesterfield. »

Déjà trois groupes importants de déportés ont quitté à pied Ravensbrück. Et parmi eux tous les juifs. Quel sera le destin de ces hommes précipités dans le chaos de la débâcle ? Georges Salan n'imagine pas qu'il puisse quitter ses malades mais Moritz, le médecin qui dirige le Revier, en décide autrement :

1. Dans un autre train de l'évacuation de Wattenstedt se trouvaient Jean Dombras et les déportés du Kommando Hermann Goering de Brünswick. Leur odyssée est comparable à celle de Georges Salan. Les morts du wagon Dombras ont été empilés contre une paroi. La septième nuit, le train est mitraillé par des chasseurs américains. Dombras et son ami Albert ont le réflexe de faire tomber sur eux la pile de cadavres. Ils poursuivront le voyage en aménageant leur « casemate humaine ».

« Quoi que l'on puisse penser, un homme qui passe par de telles péripéties arrive au bout de son rouleau, devient instinctif comme une bête. Nous sommes au milieu de cadavres et d'agonisants qui semblent vouloir partir tout doucement, sans faire trop de bruit, pour ne pas déranger les vivants. Eh bien ! Cela nous devient indifférent. Nous ne pensons qu'à sauver notre peau. Le reste importe peu. Pourvu que nous revenions en France, le monde entier peut crouler. » (Témoignage Jean Dombras, *L'Odyssée du 31 127*, éd. de l'auteur, imprimerie Sodiep, Béziers, sans date).

Le train de Jean Dombras sera brûlé par les convoyeurs, avec ses cadavres, à l'instant même où les survivants se mettront en marche pour Ravensbrück.

– Les derniers valides sont sur le départ : nous n'avons plus besoin de vous ici.

Cap à l'ouest ! Routes, chemins, sentiers encombrés, embouteillés. Tout ce qui reste de l'Allemagne, dans sa hantise d'être soumise par les « valeureux combattants de l'Armée rouge », se précipite à la rencontre des Anglo-Américains. Il faudrait multiplier par cent, par mille, l'exode français de 1940 pour avoir une idée de ces derniers jours de l'Allemagne. Les SS croates de la colonne Salan sont tout aussi affolés, angoissés que les civils qui les dépassent, qui les croisent. Des files innombrables, où l'on reconnaît des prisonniers de guerre, des STO, d'autres déportés, d'autres camps, d'autres Kommandos. Une cohue indescriptible, braillante quand un véhicule en panne barre la route, ou qu'un attelage de bœufs ou de chevaux épuisés s'écroule. Jusqu'au milieu de cette première nuit des explosions en rafales accompagnent les marcheurs. La Wehrmacht fait sauter ses dépôts de munitions avant, elle aussi, de retraiter vers l'ouest sans se soucier de rameuter ses unités débandées, les groupes épars, tels ces Waffen SS français qui ont perdu leur officier de liaison ou les déserteurs. Seuls aux croisements les gendarmes allemands tentent de démêler la confusion.

Au matin, des essaims de chasseurs soviétiques accentuent les peurs. Mais ils passent et repasseront mitrailleuses muettes.

Et la colonne, comme toutes celles des évacués des camps, sème ses morts. Après avoir dépassé Malchow, on la bouscule dans les fossés pour laisser place à un convoi militaire. Son commandant s'étonne auprès de l'officier SS croate :

– Qui sont ces hommes ?

– Des détenus d'un camp de concentration.

– Au moment où nous sommes, à l'heure où l'Allemagne est dans le plus grand péril, pensez-vous que des soldats n'aient pas autre chose à faire qu'à encadrer des terroristes ?

– J'ai ordre de mes supérieurs de les accompagner et de marcher vers l'ouest.

L'officier de la Wehrmacht s'avance vers ses hommes.

– Quels sont les volontaires parmi vous pour fusiller ces bandits ?

Aucun homme ne leva la main. L'officier les remit en marche. Voulait-il sonder la combativité, la détermination de ses troupes ? Aurait-il fait exécuter les déportés ?

Quelques kilomètres plus loin, Georges Salan et son ami Hermann s'évadent. Hermann se laisse tomber sur le bord de la route. Salan le médecin se précipite pour lui donner des soins comme il l'a déjà fait des dizaines de fois pour d'autres déportés incapables de poursuivre.

– Allons ! Pressons, crie le Kapo.

– Il ne peut plus marcher !

– Laisse-le crever ! Et toi, viens !

Le Kapo n'a pas ralenti l'allure. Il ne se retourne pas, persuadé que ses ordres, pour quelques jours encore, peut-être pour quelques heures, ne peuvent être transgressés.

Hermann se redresse, saute le talus avec Salan. Derrière, un champ étroit, un bois de saules où ils vont s'enfuir, se terrer, dormir jusqu'au matin.

– Tu crois que nous pouvons y aller ?

Ils sont incapables de prendre une décision.

– On ne pourra pas faire cent pas sans rencontrer quelqu'un. Il y a des gendarmes à chaque carrefour.

De la lisière du bois, ils aperçoivent à moins d'un kilomètre un vaste bâtiment...

– Il semble abandonné. On trouvera peut-être quelque chose à manger...

Ils avancent courbés, prêts à s'aplatir à la moindre alerte. La bâtisse est une écurie, assez grande pour abriter deux cents ou trois cents vaches. La partie centrale est occupée par une montagne de paille.

– Ils auraient pu nous laisser au moins une vache !

Ils creusent la paille, ouvrent un couloir, aménagent une cave en tassant, repoussant les gerbes.

Des mitrailleuses, deux, peut-être trois, se mettent à hurler.

– Mais ils sont...

– À l'abri des murs de notre écurie. Embusqués. Ils tirent sur quoi ?

Des obus de canon répondent à la question de Salan. Des obus qui ont pour cible « leur » écurie. La toiture se découpe en lambeaux, le mur le plus proche de la route s'écroule sous des salves, tous les autres murs, le sommet du pailler sont percés.

– C'est bien notre chance !

– Plus bas ! Plus bas ! Creusons la paille.

– S'il y a une étincelle, on flambe comme une torche. On n'a pas vu les Allemands. De derrière, ils tenaient la route en enfilade. Maintenant ils balaient, et des canons ou des chars russes répondent...

Ainsi les Russes sont là. Salan et Hermann pensent qu'ils vont mourir sous le feu de leurs libérateurs.

« Tout [1] à coup, nous entendîmes distinctement les soldats russes monter à l'assaut en chantant, et immédiatement après, sans qu'apparemment il y ait eu de bagarre à l'intérieur même de l'écurie, voici que tout près de nous des soldats s'interpellent en russe. *"Idi Siouda ! Idi Siouda !"* (Viens ici ! Viens ici ! ) criait l'un d'eux à l'un de ses camarades ; et le crépitement des coups de fusil reprit, mais en sens inverse cette fois, tandis que le canon se taisait. Il était évident que les Allemands vaincus avaient cédé la place aux Russes victorieux. "Est-ce que nous nous montrons ? soufflai-je à Hermann. – Attendons", me répondit-il.

« J'étais de son avis ; il me paraissait imprudent de sortir de notre paille au milieu de soldats excités par le combat. Peut-être, surpris, tireraient-ils sur nous, avant d'avoir compris à qui ils avaient affaire. Mieux valait attendre. Ce qui d'ailleurs ne fut pas très long car, peu après, tout bruit de fusillade cessa et le silence remplit à nouveau l'écurie. C'est alors que nous nous hasardâmes à sortir doucement la tête de la paille. Nous traversâmes prudemment l'écurie pour gagner l'extrémité opposée à celle par laquelle nous y étions entrés. Et nous

1. Dr George Salan, déjà cité.

restâmes sur le pas du portail grand ouvert à repérer les lieux.

« Il doit être près de midi, il fait une magnifique journée. Le ciel est bleu, le soleil déjà chaud. En face de nous se dessine une longue allée bordée d'arbres séculaires. Au bout de l'allée se devine un grand bâtiment à l'allure d'un château de Junker. Il n'y a pas âme qui vive dans les environs, tout est silence. Mais voilà que, venant du château en descendant l'allée centrale, s'approchent de nous deux soldats que nous distinguons encore mal. Nous nous cachons, dans le cas où ce seraient tout de même deux soldats allemands. Mais non, ce sont bien des Russes, nous les reconnaissons à leurs bonnets de fourrure, des Russes qui d'ailleurs sont des Mongols et s'avancent lentement vers nous, le fusil porté horizontalement sur l'épaule, le canon en avant, tenu dans la main. Nous allons à leur rencontre et les abordons en leur criant les quelques mots franco-russes que nous croyons connaître : *"Frantzouz, Bolchéviks, partisans."* Ils nous regardent, amusés et cordiaux, sans une ombre de défiance. Sans doute ont-ils déjà eu l'occasion de voir au long des routes, couchés dans les fossés, nombre de cadavres en tenue rayée et réalisent-ils immédiatement qui nous sommes. Nous leur indiquons que nous voudrions prendre contact avec un officier et ils nous font signe d'attendre. Puis ils nous laissent là et s'en vont lentement vers la route, indifférents et dignes. Nous décidons alors d'aller vers le château, lorsque nous sommes rejoints par une calèche conduite par un cocher et dans laquelle se trouve un capitaine russe. Celui-ci parle un peu d'allemand ; nous allons pouvoir nous faire comprendre. Nous lui expliquons en quelques mots de quoi il retourne, et lui laissons entendre que nous mangerions volontiers. Il nous répond très cordialement que le château est à notre disposition avec toutes ses provisions et insiste pour que nous allions à la garde-robe changer de vêtements. Nous n'avons pas la mauvaise grâce de nous faire prier et, quelques minutes après, nous gravissons les marches du perron qui conduit à la demeure du hobereau prussien.

« En haut du perron s'ouvre un vestibule, vaste pièce ronde qui, comme tous les vestibules de châteaux paysans que nous visiterons par la suite dans le voisinage, a ses murs ornés de bois de cerfs de tout âge. Du fond du vestibule part un bel escalier qui conduit à l'étage. Nous l'empruntons et, cherchant la garde-robe, traversons un dédale de pièces, toutes richement meublées, pour arriver tout à coup à la porte d'un grand salon où retentissent des coups de feu. Ce sont deux jeunes soldats russes qui, nous tournant le dos, sont trop occupés à descendre à coups de fusil les petites ampoules d'un immense lustre en cristal pour s'apercevoir de notre présence. Nous finissons cependant par attirer leur attention. Ils se retournent alors, soupçonneux, et le revolver au poing tâtent nos vêtements, craignant sans doute que nous ne soyons des Allemands déguisés en bagnards et désireux de faire un mauvais coup. Mais ils se rassurent vite et reprennent leur jeu de massacre. Chaque fois qu'éclate une petite lampe, l'un d'eux nous prend à témoin et, le visage épanoui, nous dit : *"Karacho, karacho."* Nous les laissons là pour poursuivre nos investigations qui sont rapidement couronnées de succès, car nous voici dans la chambre à coucher du général Schlussius. Nous sommes en effet chez le général Schlussius : nous avons trouvé, en bas, dans le vestibule, des documents qui nous l'ont appris. Nous ne savons où se trouve pour l'instant cet officier prussien, ni s'il rentrera jamais dans ses domaines, ce qui, au demeurant, me paraît fort douteux. Si cependant c'était le cas, il serait inutile qu'il cherche dans sa belle armoire à glace les chemises de soie, les culottes de golf, la veste imperméable ou les gants fourrés que je lui ai empruntés, et pas davantage les magnifiques caleçons doublés de peau de Suède, le complet berlinois, le manteau de cuir et le chapeau tyrolien qu'Hermann s'attribua. Il y trouvera en revanche notre linge pouilleux et nos pantalons crasseux, et ainsi tout est bien : car nous avons rendu aux Allemands ce qu'ils nous avaient prêté et leur avons repris ce qu'ils nous avaient volé. La morale internationale a tout à gagner dans cette affaire.

« Une fois habillés, nous nous mettons en quête de nourriture. En bas, dans les cuisines, se trouvent de nombreuses conserves entre lesquelles nous n'avons que l'embarras du choix. Hermann, qui est gourmand et affamé, goûte à tout. Pour moi, je me contente de vin de groseille, de sirop de groseille et de confiture de groseille. C'est un peu monotone mais cela me change tout de même agréablement des pelures de rutabaga.

« L'après-midi est assez avancé lorsque nous quittons les communs pour aller dans la cour assister à l'arrivée des services d'arrière-garde de l'Armée rouge qui viennent occuper le château. Une cuisine roulante est déjà installée près de la pompe et un cuisinier à faciès de Kirghiz est en train de dépecer un porc qu'il vient d'abattre. Deux femmes en tenue militaire, des médailles sautillant sur leur poitrine, descendent de cheval et se dirigent vers le perron pour visiter le château. Un chariot, traîné par un cheval et marqué de la croix rouge, transporte un blessé couché sur de la paille. Çà et là soldats et officiers vont et viennent. Nous regardons ce spectacle mouvant inédit pour nos yeux et nous promenons à travers les groupes sans que quiconque s'intéresse à nous. C'est à peine si, de temps à autre, un homme nous interpelle pour nous demander, nous prenant sans doute pour des gens du lieu, où trouver de quoi boire.

« Sur le soir, nous nous inquiétons de notre dîner et sommes assez heureux d'être bien accueillis par le cuisinier de la roulante auquel nous faisons comprendre l'intérêt que nous portons à ses marmites. Il remplit notre gamelle d'une soupe de viande, et nous allons chercher un refuge pour la nuit, car nous sommes encore épuisés par l'effort de ces derniers jours. Nous nous installons dans la lingerie qui avoisine les cuisines du sous-sol, où nous nous dressons un lit confortable en disposant sur une longue table à repasser tout le linge à ravauder qui encombre la pièce. Nous ne tardons guère à sombrer dans le sommeil d'où ne parviendra pas à nous tirer la promenade continuelle des soldats que nous sentons confusément entrer et sortir toute la nuit, à la recherche d'on ne sait quoi.

« Le lendemain, dès le réveil, nous nous inquiétons de rentrer en France. Le calendrier nazi du général Schlussius marque jeudi 3 mai 1945. »

Il faudra encore vingt jours au Dr Georges Salan pour rejoindre Paris, mais, comme disent les villageois de Pritzwalk, « *und das schlimmste ist vorbel* » (et le pire est maintenant passé). Peut-être, mais que cette nouvelle dernière marche toujours vers l'ouest est épuisante, et que ces Américains qui regroupent tous les « vagabonds » dans d'immenses centres d'accueil entourés de barbelés sont tâtillons, soupçonneux et prêts à ouvrir le feu sur quiconque pille ne serait-ce qu'une salade de potager...

L'Elbe franchie sur un pont de bateaux.

Camions à Lünebourg.

Wagons de marchandises où déjà ont pris place les déportés de Lorraine de Ravensbrück.

Au *Lutétia*, Salan reçoit une plaquette de poèmes d'Aragon. Il lit au hasard quelques vers :

*Lorsque vous reviendrez car il faut revenir*
*Il y aura des fleurs tant que vous en voudrez*
*Il y aura des fleurs couleur de l'avenir*
*Il y aura des fleurs lorsque vous reviendrez.*

*
**

Jean Dombras n'a pas quitté Ravensbrück. Le Dr Moritz l'a gardé avec les mourants, les malades graves.

« Ce [1] matin je crois rêver. Devant la fenêtre, un “rayé”, au milieu de la cour, avec un homme en uniforme, portant une casquette à visière. Un autre rayé s'avance, puis un autre. C'est seulement quelques heures plus tard que je réagis, quand les Russes viennent frapper à la fenêtre

1. Témoignage Jean Dombras, déjà cité.

de ma chambre. Je lève le bras pour leur faire comprendre que je suis vivant. Tout de suite, un soldat saute de lit en lit et vient me voir, c'est le premier sourire de sympathie que je viens de voir depuis longtemps. Ce n'est plus : *"Ja, ja"*, mais *"Da, da"*. Je préfère, et de beaucoup. Ces quelques mots, ce sourire me donnent de l'espoir, la force de vouloir vivre, survivre. Le soldat reparti, je vois entrer, dans le camp, plusieurs soldats derrière une roulante tirée par des chevaux. Une quarantaine de détenus les entourent. Le même soldat m'apporte une gamelle de soupe. Elle sent bon. Je ne peux avaler que le bouillon, le reste ne passe pas.

« Des civils arrivent avec des pelles et des brouettes. Comme mon block est le premier, ils commencent par celui-ci. Ce sont des Allemands de soixante-cinq à soixante-dix ans qui n'ont pas été appelés sous les drapeaux. Ils commencent le déblaiement. Dès qu'ils voient les cadavres enterrés dans cette boue, je lis, sur leur visage une telle surprise que je suis persuadé qu'ils ignoraient ces horreurs. Le soldat revient me chercher. Il me soulève comme une plume. Me voici dans un chariot à sièges avec une dizaine de détenus. Après trois kilomètres, nous arrivons devant un baraquement qui, moitié briques, moitié planches, bien ajustées, peint en bleu clair, ressemble plutôt à une villa qu'à un block. Nous voilà, enfin, libérés. Un major russe s'occupe de nous. Je demande à boire. On me donne un litre de lait aigre.

« – Pourquoi du lait aigre ? dis-je à l'infirmière.

« – C'est un médicament contre la diarrhée, me répond-elle dans un français teinté d'accent russe.

« C'est tout ce que je veux savoir... Sur mon lit, bien douillet, je me prélasse comme quelqu'un qui fait la grasse matinée. Sur ma fiche de maladie, on peut lire : 31 127, température 39° – 1 mètre 85 – poids 34 kilos. Mais ce poids augmente presque d'un kilogramme par jour. On me fait des piqûres et, pendant quelques jours, je suis au lait aigre. Bientôt je commence à faire un peu de marche, au-dehors. Le paysage est nouveau, pour moi. Vierge de fils électrifiés et de poteaux ; quelques arbres m'offrent leur ombre. On entend le murmure de l'eau à une cinquantaine de mètres. Je m'approche. Me voilà au bord d'un large canal où nagent des poissons. Quand nous étions dans les camps nous voyions des lièvres gros comme des chiens. Dans ce canal, que de poissons ! Cela est dû à ce que, en Allemagne, la chasse et la pêche sont interdites. Elles ne sont ouvertes que pour les gros bonnets, évidemment...

« Un matin j'entends quelques explosions du côté du canal. Je m'y rends. Je vois une barque, en amont, avec deux soldats russes. Ils jettent des grenades dans l'eau et prennent leurs épuisettes. C'est la pêche miraculeuse des gros poissons qui remontent à la surface, ventre en l'air. Certainement pour varier le menu de la troupe. Comme un tas de petits poissons morts flottent au ras de la rive, je retourne au camp chercher un sac de pommes de terre vide. Je rapporte ainsi deux gamelles pleines, une friture ! Je les fais cuire à l'infirmerie. J'en donne une aux gars de ma chambre, et j'apporte l'autre à Gaby et à son copain. Nous aussi, nous savons varier le menu, même sans assiettes. Nous mangeons le tout, à même la gamelle. Il ne faut pas demander le Pérou, comme nous disons à Montpellier ! J'ignore si les poissons y sont pour quelque chose, mais ils vont de mieux en mieux. Je vais aussi faire un tour aux immondices où Charlie continue ses fouilles. Il doit avoir trouvé, dans le tas, les deux valises fermées avec une corde, pour y mettre le contenu de ses trouvailles :

« – Je travaille pour Philips, à Paris, me dit-il. J'ai recueilli pour une fortune de lentilles d'appareils photographiques.

« Quelques jours après, on nous apprend que nous partons chez nous. Mais Gaby est encore trop faible pour faire partie du convoi. Aussitôt je demande à voir le chef du camp. L'infirmière me fait signe. Je comprends qu'il doit avoir son bureau à l'infirmerie. Je bondis car je veux ramener mon copain. Je me trouve devant une femme, Mme Vaillant-Couturier. Je lui explique la situation.

Elle me dit qu'il y a quelques kilomètres à parcourir à pied.

« – Je me débrouillerai, lui dis-je. »

Et Jean Dombras se « débrouillera » auprès d'un chauffeur de camion. Il sera chez lui le 20 juin 1945.

*28 mars-29 avril 1945*

# LES CAMPS DE LA VALLÉE DU NECKAR

Les premiers déportés libérés de la planète Dachau seront ceux des Kommandos les plus éloignés du camp mère. À trois cent cinquante kilomètres au nord-ouest de Munich, au fond d'une mine de gypse, deux mille cinq cents hommes creusent les halls qui abriteront une usine de construction aéronautique. Ces camps de la vallée du Neckar – Neckarelz et Neckagerath – comptent une majorité de Français, survivants pour la plupart du « Train de la mort » parti de Compiègne le 2 juillet 1944.

La colonne de valides devait se mettre en marche le 28 mars : direction Dachau.

« Partir[1] par la route ne souriait à personne... Un camarade, Lanz, de Marseille, me déclara alors tout net qu'il ne partirait pas à pied et qu'il fallait que je m'arrange pour l'empêcher de partir. Le jour même, Lanz tombe dans les escaliers. Il hurle de douleur, ne peut se relever ; le malheureux a la jambe cassée. Je l'examine, il n'a absolument rien. Je le calme et le fais transporter sur une civière à l'infirmerie. Je l'appareille d'un grand plâtre partant de la plante du pied et remontant au-dessus du genou, et, le lendemain, le convoi partait sans Lanz. »

Évacuation comparable à celle des autres camps et

1. Témoignage Dr Philippe Bent.

Kommandos. Les traînards sont achevés... À Ulm, un train attend la colonne. À Dachau les survivants s'entassent dans trois blocks dont les châlits sont occupés par des typhiques. Combien vivront encore le 29 avril, jour de la libération de Dachau ?

De ce premier convoi des camps du Neckar, dix, peut-être quinze déportés réussirent à s'évader. Six, repris, furent fusillés. Le nombre des morts de la marche n'a jamais été établi. Le seul pour lequel un certificat de décès fut rédigé par l'état civil de la mairie de Neuenstadt, le Grenoblois Jacques Lutz, était un mort-vivant. Son extraordinaire aventure est, je pense, unique dans l'histoire concentrationnaire.

« Lutz [1], comme beaucoup d'autres, était tombé épuisé et terrassé par une crise d'urémie. Chargé dans une charrette traînée par des camarades, il fut déposé pour être enterré au premier village rencontré. »

Jean-Pierre Bermes [2] était gendarme à Neuenstadt. Il a rédigé un rapport sur cette journée du 28 mars.

« Un convoi se composant de deux mille cinq cents prisonniers sous la garde de trois cents soldats SS fit halte dans une forêt non loin de Neuenstadt. Le soir, le convoi se remit en marche et passa vers 19 h 30 sous l'arche de la grande porte de la ville. Je me trouvais près de cette porte. Un véhicule remorqué par des prisonniers s'arrêta devant moi. Un officier s'approcha pour me demander si j'étais agent de police. Sur ma réponse affirmative il me dit : “Tenez, voilà un mort, tâchez de le transporter tout de suite au cimetière.” Il fit jeter cet homme mort revêtu d'un habit de prisonnier dans le fossé au bord de la route.

« Après le passage de la colonne, je regardai le mort de plus près. Il portait un vêtement rayé sur lequel était le numéro 22 455, mais il n'avait pas de papier d'identité

1. Manuscrit inédit André Méchin.
2. « Je suis agent de la gendarmerie luxembourgeoise. Le 19 septembre 1943, je fus contraint par les Allemands à quitter le grand-duché de Luxembourg et à me rendre en Allemagne, à Neuenstadt-Am-Kocher, en Wurtemberg, où je dus faire le service de gendarmerie jusqu'au 27 avril 1945. »

sur lui. À en juger par son visage, il devait s'agir d'un méridional. En examinant son corps pour constater s'il ne portait pas de tatouage, ou un autre signe particulier, d'après lequel on aurait pu conclure sur son origine, je fus frappé par le fait que les mains du soi-disant mort étaient encore chaudes, quoique aucun autre signe de vie ne pût encore être constaté. Après une heure, ses mains avaient toujours la même chaleur. J'eus des scrupules. En peu de temps une foule de badauds arriva, les uns montraient de la pitié pour lui, d'autres disaient qu'il fallait lui donner tout simplement une balle dans la tête. À Neuenstadt, il y a un petit hôpital, lequel, comme partout, était comble. On ne voulait pas recevoir l'homme en question puisqu'il s'agissait d'un prisonnier de camp de concentration. Finalement je réussis malgré tout à persuader la directrice de l'hôpital de m'autoriser à l'y emmener sous ma responsabilité personnelle. Le fossoyeur, son aide et moi, nous nous occupions du transport à l'hôpital qui se trouve à l'autre extrémité de la ville. Le transport fut effectué à l'aide d'un petit chariot à main. L'homme tomba une fois du chariot en cours de route. À notre arrivée devant l'hôpital, la directrice sortait. Elle éclaira à l'aide d'une lampe de poche électrique les yeux de l'homme et nous affirma qu'il aurait à vivre tout au plus un quart d'heure. On le coucha sur un matelas à même le sol d'une petite chambre, au rez-de-chaussée. La femme médecin de la ville, la seule exerçant à Neuenstadt, n'était pas là. Je partis. Lors de ma visite le lendemain de bonne heure, l'état de santé du patient semblait s'être amélioré quelque peu. L'homme semblait respirer. Je suppliai la directrice de consulter la femme médecin le plus tôt possible. Elle me promit de le faire aussitôt. Je devais m'éloigner. Le front s'approchait à grande allure. La ville de Neuenstadt fut, dans la suite, attaquée à plusieurs reprises par des avions et incendiée pour ainsi dire à quatre-vingt-dix pour cent. Je n'avais plus pensé au prisonnier. Le vendredi 15 avril ce fut l'entrée des Américains à Neuenstadt.

« Deux jours après, devant la porte de la ville, il y avait un prisonnier de guerre français que je connaissais. C'était le chauffeur de la femme médecin. Son nom : commandant de La Rochebrochard. Il avait à son côté un médecin en civil : “Connaissez-vous ce monsieur ?” me demanda le commandant. J'ai regardé l'homme, il m'a semblé que son visage ne m'était pas inconnu. Alors le commandant : “C'est le prisonnier que l'on croyait mort. Celui que vous avez amené à l'hôpital. Le médecin lui a rendu visite, l'a soigné. J'étais avec elle. Quand il a parlé, je me suis aperçu que c'était un Français. Le médecin l'a emmené chez elle, caché et soigné jusqu'à l'arrivée des Américains. Elle a préparé le certificat de décès qui a été enregistré à la mairie. Il est officier français et son nom est Lutz. Si vous l'aviez transporté au cimetière...”

« M. Lutz me serra la main et ne cessa de me remercier pour lui avoir, comme il disait, sauvé la vie. »

« Ce qu'a[1] oublié de dire dans son rapport le gendarme Bermes, c'est qu'un Oberstfeldwebel, après mon déchargement à ses pieds dans le fossé, s'est approché de moi pour me tirer une balle. Il avait dégainé quand il fut hélé par un officier dont la voiture s'était arrêtée à hauteur du rassemblement des badauds. Le sous-officier quitta le “mort” pour se présenter à l'officier et rengaina. Puis il oublia d'achever le “mort”. Ce sous-officier fut arrêté plus tard et j'appris cela de sa propre bouche au tribunal international de Rastadt où je fus convoqué comme témoin. Ce sous-officier bavarois s'appelait Lutz, comme moi. N'est-ce pas cocasse ?

« La femme médecin était le Dr Hartmann. Avec un rare courage et un absolu désintéressement, elle m'a sauvé la vie. »

1. Manuscrit inédit Jacques Lutz.

*
**

Les invalides, les malades, les convalescents des camps du Neckar, mais aussi tous ceux qui avaient été protégés par un « certificat médical » de complaisance furent évacués deux jours après le départ de la colonne Lutz.

« On [1] considérait comme valides tous ceux qui n'étaient pas à l'infirmerie. Pendant toute la journée, j'essayai de faire intervenir le médecin français du Revier pour être compris parmi ceux qui ne devaient pas partir. Tous mes efforts furent vains et je me résignai à m'équiper de deux couvertures et d'un bâton comme mes camarades. J'étais convaincu qu'avant la fin de la première étape je serais abandonné dans un fossé, probablement avec une balle dans la nuque. Heureusement, environ une heure avant le départ, le Dr Leccia vint me prévenir qu'il avait réussi à me faire garder au camp ainsi que d'autres camarades. Pendant la journée, les magasins du camp avaient été vidés et nous nous aperçûmes qu'ils contenaient beaucoup de vêtements chauds qu'on s'était bien gardé de nous distribuer pendant l'hiver. Les plus valides purent ainsi se procurer des chaussettes, et il y avait tellement de ceintures abdominales en flanelle que tous ceux qui en voulaient purent en avoir. On nous distribua même quelques cigarettes. J'arrivai à échanger les miennes avec un Polonais qui me donna sa paire de chaussettes. Tous ceux qui étaient désignés pour rester furent groupés à part et nous assistâmes silencieux dans la nuit au départ de nos malheureux camarades. J'ai su par la suite que beaucoup n'étaient pas arrivés. »

« J'amenai [2] un capitaine russe, auquel j'avais amputé le bras, deux amputés de la cuisse, un amputé de jambe

1. Manuscrit inédit André Méchin, déjà cité.
2. Dr Philippe Bent, déjà cité.

opéré de la veille, des fractures, dont une du bassin. Le train se composait de wagons à charbon et de wagons à bestiaux pour nos gardiens. Les malades, les fiévreux, les agonisants, les blessés, les opérés furent allongés sans paille sur le plancher. Et nous partons. Nous passons par Mosbach. Du train, nous voyons défiler, en désordre, des soldats allemands à pied, et nous sommes frappés de ne voir ni tanks ni canons. À une trentaine de kilomètres de Neckarelz, notre train s'arrête dans un tunnel. Nous apprenons que, de l'autre côté du tunnel, la voie ferrée a été bombardée et que nous ne pouvons pas passer. Nous restons toute la journée dans le tunnel. Soudain, nous entendons des appels au secours, des hurlements, des cris de douleur venant d'un wagon accroché immédiatement avant le nôtre. De quoi s'agit-il ? Il fait noir et il n'est pas indiqué de descendre sur la voie... Le Kapo Peluche, de Neckarelz, pendeur officiel, était en train d'expier ses forfaits. Le "Gorille", ainsi l'avait-on surnommé à cause de sa beauté physique, était monté dans un wagon composé de ses anciennes victimes, des Russes qui avaient tous plus ou moins subi ses sévices. Les anciennes victimes lui tombèrent dessus à bras raccourcis et, en fin de compte, l'étranglèrent.

« Les avions descendent, s'aperçoivent de notre costume rayé et comprennent aux signes que nous leur faisons que nous ne sommes pas des combattants. Ils s'éloignent. Le Feldwebel de Neckagerath, Wagner, fait les cent pas le long du convoi, son pistolet à la main, prêt à tirer sur quiconque descendrait. Sur notre droite, les Allemands font sauter deux ponts. Nous voyons nos gardiens descendre précipitamment du train, ils s'égaillent. Wagner, avant de partir, confie le commandement du convoi à l'Oberkapo Henny, de Strasbourg, et au D^r^ Vogel. Notre train fait marche arrière et s'arrête à cinq cents mètres seulement de la gare, en bordure d'un pré. Nous ne voyons plus de soldats allemands. Nous attendons, puis, prudemment, nous descendons de nos wagons de charbon et transportons les grands malades et nos opérés à l'abri de la pluie, dans les wagons à bestiaux des SS. Nous nous emparons des draps de lit[1] que nos gardiens avaient emportés ; avec ces draps, nous formons, au milieu du pré, un très visible SOS. Un petit avion de surveillance, le "mouchard", se rend compte de notre situation et, par des mouvements d'inclinaison d'aile, il nous signifie qu'il a compris. Notre situation va être signalée aux autorités américaines.

« Sommes-nous définitivement sauvés ? Hélas ! À quelques heures de la délivrance, il s'en est fallu de peu que nous ne soyons tous tués.

« Le dimanche matin, nous voyons s'avancer des SS qu'accompagnent le curé d'Osterburken, le bourgmestre et une infirmière de la Croix-Rouge allemande. Les SS expliquent à ces personnalités que nous sommes un convoi composé de détenus dangereux, des *Banditen*. Ils ajoutent que beaucoup de nous sont des malades éminemment contagieux, atteints de typhus exanthématique, et qu'ils ont reçu l'ordre formel de nous liquider au lance-flammes. Tout le matériel nécessaire est là, à pied d'œuvre. Ce colloque est entendu par Méchin, Mazic, Père et Georges Serre. Mais le curé et le bourgmestre s'opposent formellement à ce que cet ordre soit exécuté. Ils font ressortir que, dans la conjoncture actuelle, un tel acte de barbarie est absolument inutile ; que cette sauvagerie risquerait d'attirer sur la population civile d'Osterburken d'effroyables représailles de la part des Américains. »

« Nous[2] ne dûmes la vie qu'à l'intervention du bourg-

1. Témoignage Marcel Fonfrède, décembre 1994 : « Nous eûmes l'idée de déployer sur la prairie qui surplombait la tranchée de la voie les draps alignés en forme de croix de Lorraine avec un immense V. Le message fut bien compris de l'avion mouchard car deux chasseurs arrivèrent peu après, survolant le train à basse altitude en battant des ailes. Nous étions reconnus. »
2. Manuscrit inédit André Méchin, déjà cité.

mestre et du curé du village, qui firent remarquer que les Américains arriveraient d'ici peu et qu'ils ne manqueraient pas d'exercer des représailles. Les SS se laissèrent convaincre et firent refouler le train à un kilomètre environ du village. La machine fut décrochée et on nous abandonna avec l'ordre de ne pas dépasser un petit ruisseau qui se trouvait à environ deux cents mètres du chemin de fer. Nous étions virtuellement gardés par des soldats de la Wehrmacht, qui occupaient des nids de mitrailleuses à proximité de notre convoi. Un Polonais qui dépassa la limite prescrite fut immédiatement abattu sans sommation. Dès que nous fûmes à moitié libres, nous nous occupâmes, avec l'aide des soldats de la Wehrmacht, à piller les wagons qui étaient fermés. Ils contenaient une provision de linge et de chaussures que nous nous distribuâmes. Je pus ainsi récolter une paire de brodequins en toile qui étaient des souliers de repos de l'armée italienne et qui remplacèrent avantageusement mes chaussures, qui n'avaient de chaussures que le nom. Nous trouvâmes également des étoffes blanches que nous disposâmes tout autour du train pour signaler notre présence aux aviateurs.

« Un médecin allemand, détenu comme nous, put se rendre jusqu'au village pour traiter de la question de la nourriture avec la Croix-Rouge allemande. Il fut entendu que nous pourrions deux fois par jour aller chercher avec un lorry un demi-litre de soupe par détenu. Les SS nous ayant abandonnés sans vivres, c'était la seule nourriture dont nous pouvions disposer. Heureusement, quelques camarades purent s'échapper et aller piller un wagon qui se trouvait en gare d'Osterburken. Ils ramenèrent ainsi des fromages, quelques conserves et l'un d'eux trouva même une boîte de crayons de couleur qu'il prit pour sa petite fille. Pendant notre demi-liberté, nous vivions complètement détachés du monde. Les camarades à peu près valides ramassaient du pissenlit et le faisaient cuire. Tous les matins nous allions tranquillement faire notre toilette au ruisseau qui marquait la limite que nous ne devions pas dépasser. Pendant cette période, dix-huit de nos camarades moururent et nous fîmes une courte cérémonie pour les enterrer à peu près décemment. »

« Dans[1] les wagons la situation est de plus en plus grave. Beaucoup de mourants. Des morts qu'on enterre sommairement dans les champs qui bordent la voie...

« Je me sens de plus en plus mal... Je m'endors. J'ai la fièvre. Je suis tuberculeux depuis plusieurs mois... et depuis quelques jours l'œdème du côté droit a commencé à monter... La jambe droite, gonflée, puis le bras droit. Mon voisin dans le fond du wagon me signale que c'est maintenant le côté droit de ma figure qui est atteint. Je m'endors, je ne sens plus rien. J'attends... »

« Les fourgons[2] pillés et nos camarades morts nous permirent d'avoir un peu plus de place, et je me rappelle même qu'avec quelques camarades j'ai attendu pour m'installer dans un autre wagon tombereau qu'un camarade ait fini de mourir pour pouvoir l'évacuer.

« Nous passâmes ainsi trois jours entre les lignes, abandonnés à nous-mêmes, nous attendant toujours à voir arriver les Américains. Enfin, le mardi 3 avril, nos camarades recevant de la soupe nous dirent qu'ils les avaient vus. Nous étions tellement prostrés que je n'entendis aucun cri de joie, je crois que nous aurions accueilli de la même façon la nouvelle que les SS étaient revenus.

« Le lendemain matin, nous gagnâmes le village et les Américains nous installèrent dans l'école. Pour soigner les plus malades, on réquisitionna un hôtel d'où on évacua sans pitié les occupants. Au bout de deux jours, je fus dirigé avec une vingtaine de mes camarades français et une vingtaine de Russes et de Polonais sur le camp

1. Témoignage Raoul Leprettre, *Le Déporté*, mars 1985.
2. André Méchin, déjà cité.

de Mosbach, où j'avais travaillé au début de ma captivité. Les Américains y rassemblaient tous les étrangers qu'ils trouvaient dans la région : prisonniers de guerre, ouvriers du STO, ouvriers volontaires, etc.

« Je passai près de quinze jours dans ce camp où nous étions environ trois mille de toutes nationalités : Français, Belges, Hollandais, Russes, Polonais, Italiens, Tchécoslovaques. Il y avait même quelques femmes et des enfants. Étant seul officier de l'armée française, je fus chargé de m'occuper des huit cents Français ; le ravitaillement était convenable, et les déportés reprirent peu à peu goût à la vie. Les plus malades furent installés dans un hôtel de Mosbach transformé en hôpital. Au fur et à mesure que les Américains purent disposer de moyens de transport, ils commencèrent l'évacuation des Français.

« Je partis avec le dernier convoi le dimanche 16 avril et arrivai dans la journée à Hochenheim. Nous y restâmes jusqu'au mercredi. C'était un camp de rapatriement français où passaient les prisonniers et déportés revenant d'Allemagne. Étant donné leur état de santé, les déportés furent logés chez l'habitant et, pour la première fois depuis onze mois, je couchai dans des draps ! Le 18 avril nous fûmes dirigés en camion sur Strasbourg. On comprendra facilement notre émotion lorsque nous passâmes la frontière à Wissembourg.

« Le stand des expositions de Strasbourg était transformé en camp de rapatriement. Dès le matin du jeudi 19, je pus remplir assez rapidement les diverses formalités qui nous étaient imposées, et en fin de matinée je pris place dans un avion qui me déposa au Bourget avec quelques déportés.

« Un détachement de l'aviation militaire nous présenta les armes au débarquement et c'est les yeux pleins de larmes que nous entrâmes dans l'aérogare du Bourget. Après un court repos dans un hôtel de la place Clichy réservé aux déportés, je montai dans le train le soir même et regagnai Tarbes le vendredi 20 avril. Sur le quai de la gare, je fus obligé d'arrêter ma femme, ma belle-fille et mon second fils, qui passaient à côté de moi sans me reconnaître bien que j'eusse beaucoup changé depuis trois semaines, et mes premiers mots furent pour leur dire combien j'avais été protégé ! »

*28 avril 1945*

# ÉVACUATION D'HERSBRÜCK VERS DACHAU

« Hersbrück[1] : un bagne inconnu. Jamais dans les nombreux livres ou journaux que j'ai pu lire depuis la fin de la guerre, je n'ai entendu parler de ce camp. La raison en est simple : lorsque le camp fut évacué, tous les bâtiments furent rasés, nous n'étions que quelques Français et seulement une poignée d'entre nous revinrent en France. Le camp se trouvait à quelques kilomètres de Nuremberg, dans le fond d'une petite vallée. Quand nous arrivâmes, il était en construction et il n'existait à vrai dire que trois ou quatre blocks, dont l'un, à étage, pouvait loger au moins quatre cents hommes. Ceux qui vivaient déjà là étaient dans un état de misère incroyable... À leurs yeux nous devions représenter une fortune avec nos vêtements rayés relativement neufs et nos claquettes en bon état. Certains d'entre nous avaient même réussi à récupérer des chaussures. Mais ils ne les gardèrent pas longtemps car à peine étions-nous installés que nous nous faisions dépouiller de nos affaires par les déportés polonais et russes. Des Français sont morts des coups reçus par eux, comme si les Allemands ne nous suffisaient pas.

1. Témoignage et manuscrit inédit Gilbert Delescot. Arrêté pour résistance, déporté le 2 juillet 1944 par le « Train de la mort » ; Dachau, Allach, Hersbrück.

« Après différents chantiers de terrasse, je suis affecté avec deux Français (un Parisien et un Breton que j'appelais les deux petits Louis à cause de leurs prénoms) au Kommando Zement Beton Maschine. Notre travail consistait à décharger des wagons de sacs de ciment que l'on portait sur une cinquantaine de mètres pour les déposer sur des bennes téléphériques qui les montaient à deux cent cinquante ou trois cents mètres plus haut, où une usine souterraine était en construction. Les Kommandos qui y travaillaient n'étaient pas mieux que le nôtre. Nous ne pouvions pas nous voir et communiquer, mais nous apprîmes au camp que notre ancien Kapo et ses deux amis s'y trouvaient. En haut comme en bas, deux équipes se succédaient de douze heures en douze heures. Nous étions une semaine de jour, une semaine de nuit. Le travail était si dur qu'il fallait reformer les Kommandos presque tous les jours. Sur une quarantaine d'hommes il arrivait souvent que plus de la moitié meurent sur les chantiers...

« Un jour un avion allié vint en rase-mottes mitrailler les miradors du camp. Presque toutes les sentinelles furent tuées. Les alertes succédant aux alertes, le travail cessa presque complètement jusqu'au jour où les Boches nous firent évacuer le camp. Tous les hommes valides devaient prendre la route en formation de deux ou trois cents. À pied, nous devions rallier le camp de Dachau. Nous partîmes avec pour tout ravitaillement une petite noix de margarine sur un morceau de pain.

« Au soir de la quatrième journée de marche, nous arrivâmes en vue d'un grand hangar dans lequel il y avait du foin. De nouveaux gardes, qui n'étaient pas allemands, nous permirent de nous y installer. Aussitôt les plus valides se mirent à grimper au premier étage, qui ne tarda pas à être surchargé. Pendant ce temps les autres s'installaient au mieux en bas. Étant en fin de colonne, j'arrivais dans les derniers, quand tout à coup il y eut un fracas épouvantable. Le plancher du premier venait de céder sous le poids. On entendit des hurlements et de cet enchevêtrement on retira une cinquantaine de tués et de blessés.

« Ceux qui étaient encore valides reprirent la route le lendemain matin avec un autre convoi qui nous suivait. Étant trop faible pour repartir, je m'allongeai avec les blessés. Nos nouveaux gardes ne tuaient plus personne, sachant très bien ce qui leur serait arrivé, mais les rescapés qui avaient repris la route avec l'autre convoi se firent bombarder à deux kilomètres de là sur une route cachée par les arbres alors qu'ils se trouvaient mêlés avec les troupes en retraite. Cette fois encore une grande partie des déportés fut tuée. Parmi eux, l'un des deux petits Louis qui travaillait avec moi au Kommando Kepel, et notre salaud de Blockälteste qui nous faisait des discours tous les soirs. Je restai quatre jours sur le terrain avec les blessés. Nous ne mangions que les pissenlits et, comme la pâture était limitée par un cours d'eau, nous ne risquions pas de crever de soif !

« La veille de notre libération, un convoi d'une centaine d'hommes resta avec nous. Ils étaient comme nous : complètement épuisés et affamés. Un peu avant midi, un garde apporta une gamelle de soupe pour son chien. Aussitôt tout le monde se mit autour du chien en le regardant avec envie, et surtout avec l'espoir qu'il en laisserait un peu. Ce qui d'ailleurs se produisit. Les plus proches se jetèrent dessus mais le soldat envoya son chien sur nous, et ce fut moi qu'il attrapa. Lorsque je fus à terre, le chien se mit en devoir de me mordre furieusement de la cheville jusqu'à l'épaule car je m'étais couché sur le côté. Quand son maître le rappela j'étais en sang... Un an après la libération, je portais encore les marques des crocs, que bien des gens ont pu voir.

« La chance a voulu que ce même soir les chars américains nous délivrent. Je dénonçai aux autorités américaines le soldat qui m'avait fait mordre par son chien. Ils le prirent et l'emmenèrent pour le parquer avec les soldats qui s'étaient rendus coupables de cruautés envers les déportés. Je vis passer une Jeep. Sur le capot se trouvait un soldat allemand assis les deux jambes devant le radiateur, un œil arraché qui pendait au bout de son nerf sur la joue, un pistolet-mitrailleur dans le dos. Les Américains lui demandaient de les conduire dans les différents repaires où ses camarades se cachaient et où ils résistaient encore. Puis ils se rendirent au pays voisin du nom de Schlaesem. Ils installèrent les tables d'école sur une place où ils mirent le feu. Après avoir placé des matelas par terre dans les classes, ils envoyèrent leur petit camion de la Croix-Rouge nous prendre pour nous installer là en attendant de nous donner les premiers soins en même temps que la nourriture. Ceux qui ne surent pas freiner leur appétit moururent dans la nuit d'indigestion. Il y en eut pas mal... Pour ma part, j'avais pensé à mon père et à ce qu'il m'avait raconté concernant sa libération en 1918. Lui aussi avait connu les privations, et nombre d'entre ses camarades étaient morts d'avoir trop mangé. Ce détail m'avait frappé et je préférai me restreindre.

« Je me rendis compte que l'on me transportait dans une ambulance américaine, je n'entendais déjà plus très bien, la notion des choses m'apparaissait confuse, comme estompée, je devenais de plus en plus indifférent à tout ce qui se passait autour de moi. J'avais l'impression que ma langue était paralysée. J'ai dû donner mon identité avec beaucoup de mal, au prix d'un effort considérable, mais je retombai dans l'inconscience totale jusqu'au jour où je revins à moi. J'étais à l'hôpital de Mayence. Il avait dû s'écouler une douzaine de jours. »

*29 avril 1945*

# DACHAU

Les marais du nord-ouest de Munich – *Dachauer Moos* – inspirèrent au XIXe siècle de nombreux peintres. Brumes, désolation, neige tardive, printemps éblouissant ont été fixés par les pinceaux de Dills, Taschner, Spitzwerg, Leibl, Hardler, petits maîtres de l'« école de Dachau ». Le Barbizon bavarois dont le château flamboyant domine la petite ville aux rues étroites se serait satisfait de cette seule reconnaissance esthétique. Le national-socialisme en décida autrement. Il créa le Schutzhäflager Dachau autour des constructions délabrées d'une ancienne poudrerie qui reçut ses premiers hôtes le 23 mars 1933, des politiques « ennemis du Reich » tous allemands : communistes, sociaux-démocrates, conservateurs, monarchistes. Les autres « catégories » traditionnelles d'internés suivront : criminels, asociaux, juifs, tsiganes, Sectateurs de la Bible et, après l'entrée en guerre de l'Europe, l'Europe entière sera représentée à Dachau qui en douze ans d'existence enregistrera deux cent vingt-huit mille trois cents détenus. Les trois quarts iront fonder cent soixante-cinq Kommandos extérieurs. La holding industrielle Dachau, inscrite dans le plan d'autosuffisance souhaitée par Himmler, s'occupa d'abord des besoins des camps : menuiserie du mobilier de tous les KZ créés ou à venir et des éléments préfabriqués des baraquements, manufactures de plomberie, d'électricité, de porcelaine, ateliers de confection. Avec la guerre se constituèrent d'autres entreprises spécialisées dans l'armement. Et Dachau ressembla à l'ensemble des grands KZ avec cependant une particularité : les prêtres et pasteurs éparpillés dans l'ensemble des cités concentrationnaires seront ramenés à Dachau. (Plus de deux mille sept cents immatriculations et seulement mille quatre cent soixante-dix-huit « portés présents » le 15 février 1945.) Victimes avec les tsiganes des expérimentations médicales, prêtres, pasteurs et religieux échappèrent dans la dernière année de leur déportation aux Kommandos les plus durs. Le « plantage » fut leur spécialité. Les jardins de Dachau produisaient des plantes exotiques et médicinales pour les laboratoires pharmaceutiques mais aussi des épices. 50 % du poivre consommé en Allemagne pendant l'année 1944 provenaient du Kommando plantage de Dachau.

Comme à Oranienburg et Buchenwald, la résistance clandestine fut mise en œuvre par les communistes allemands. Ses premiers dirigeants découverts, torturés, assassinés, d'autres membres du Parti assuraient la relève. Chaque nation eut son comité. Les Français se groupèrent autour d'Edmond Michelet, qui appela ses amis les « intellectuels délirants » et leur recommanda de « s'entendre, même s'il vous en coûte » avec les communistes. Les déportés qui avaient appartenu aux services secrets, des Britanniques, des Français, des Belges, deux Polonais, un Américain formèrent un groupe indépendant qui se procura des armes.

Pat O'Leary avait ordonné au déporté américain de séduire une employée de l'administration SS. Il y parvint en l'assurant de sa protection après la libération. Elle déroba quatre revolvers et surtout transmit à son amant des copies de télégrammes reçus à la Kommandantur. Il est regrettable, les originaux ayant été détruits par les SS, que les doubles n'aient pas été conservés et publiés après la guerre. Ils nous auraient éclairés sur les intentions des hauts responsables de la police de Sécurité concernant la « liquidation » de Dachau. La solution finale serait-elle appliquée à l'ensemble des détenus de l'« archipel » des KZ ? Hitler (ou Bormann) en a-t-il donné l'ordre ? Nous ne disposons que des auditions du procès de Nuremberg pour essayer de répondre à ces questions.

Le général von Eberstein, commandant en chef de la SS et de la police, entendu comme témoin de Kaltenbrunner, déclara qu'en mars 1945 le Gauleiter Geisler, commissaire à la Défense du Reich, lui demanda de prendre contact avec le commandant de Dachau et de lui ordonner de fusiller les trente mille détenus. C'est impossible, lui répondit Eberstein, matériellement impossible. Alors Geisler aurait ajouté : « Il n'y a qu'à faire bombarder le camp par la Luftwaffe ou empoisonner la soupe des prisonniers. » Un autre témoin, le Gaustabsleiter Gerles, affirma qu'en avril le même Geisler préparait le plan de bombardement de Dachau (opération Nuage A1) et diverses possibilités d'empoisonner la nourriture du camp (opération Nuage de feu) ; les déportés aryens ne toucheraient pas cette « soupe spéciale ». Un médecin convoqué, le D$^{r}$ Harfeld, devait fournir le poison quand il en recevrait l'ordre. L'ordre ne vint jamais. Eberstein demanda par télétype à Himmler ce qu'il convenait de faire, « tout le monde donnant des ordres contradictoires ». Himmler répondit que les camps et leurs détenus devaient être remis aux Alliés. Le général Berger, ayant reçu les pleins pouvoirs pour la Bavière, fit la même réponse à Eberstein.

Comme à Bergen-Belsen, le typhus, début 1945, arriva à Dachau avec les évacués des camps de l'Est et des Balkans.

« Les blocks [1] virent en une nuit leur contingent tripler, quadrupler, sextupler. Les foules s'entassèrent dans les baraques, dans les étroits corridors des blocks. Plus

1. Communication Joseph Joos.

question de repos, de sommeil, et la vermine pullulait ! Le jour où le malheureux Kapo responsable de la désinfection, Jakob Koch, nous cria, hors d'haleine : "Venez voir ! Des milliards de vermine ! Les vêtements déposés par les nouveaux arrivants bougent tout seuls ! Je ne crois pas pouvoir en venir à bout. Nous péririons tous !", nous en sûmes assez ! Jakob ne laissa plus aucune trêve au médecin-chef ; il fit rapport sur rapport : "Docteur, ça ne va plus ; la quarantaine ne sert plus à rien ; nos moyens de désinfection sont insuffisants et les blocks grouillent de vermine. Il y a trop de monde, nous ne pouvons plus nous remuer. » Le médecin-chef entendit et... ne fit rien. Des jours, des semaines passèrent, des centaines de malades délirèrent. Des hommes sains, qui avaient résisté à des années de camp, du personnel de valeur furent emportés en quelques jours. Alors, mais trop tard, on accumula les mesures insensées qui ne peuvent plus sauver, mais précipitent la fin. »

« Nous [1] étions couverts de poux et de puces. Beaucoup n'avaient plus de matelas et couchaient nus sur des planches. Comme on ne pouvait plus se lever, les besoins étaient satisfaits sur place. Des lits supérieurs les ordures tombaient sur les lits en dessous. Quand un malade était trop souillé, on le traînait, à la demande de ses camarades, au lavabo où on le nettoyait avec des brosses dures, puis on le rejetait sur les planches. C'est ainsi que Camille, le procureur général de l'armée, est mort peu après ce traitement. Le pêcheur Michel Schulz, âgé de quarante-quatre ans, demeura trois semaines nu, sans aucun soin. Comme on le croyait mort, on le jeta sur le monceau de cadavres ; au prix d'une suprême énergie, il réussit à regagner son lit. Le 5 janvier 1945, nous avons dû revenir du bain au block – environ quatre cents mètres – par un froid rigoureux, vêtus seulement d'une

1. Témoignage Paul Ferrier, cité par Mgr Jean Neühausler, évêque auxiliaire de Munich, *Comment était-ce à Dachau ?*, Verlag Sanstalt, Munich, 1960.

mince chemise et d'un caleçon court. Plusieurs d'entre nous s'effondrèrent en route et moururent (David, de Nantes). Nous sommes restés trois jours sans vêtements et sans couvertures. Quand ils revenaient de la désinfection, ils étaient emplis de vermine. À l'occasion de cette désinfection, Cherpittel, de Belfort, soixante-trois ans, reçut du responsable Zepp (ou Sepp ?) de violents coups de bâton sur la tête et mourut quelques heures après. »

« J'ai[1] fait partie du Kommando de désinfection Krematorium à partir du 15 avril jusqu'à l'arrivée des Américains. Pendant cette période, il y eut de nombreuses exécutions dans l'enclos du crématoire. Chaque fois le Kapo venait nous donner l'ordre de descendre à la cave qui se trouve sous la salle d'attente et le vestiaire du personnel. Il venait ensuite nous en faire sortir lorsque les exécutions étaient terminées. De la cave nous entendions distinctement les coups de feu.

« Fin avril 1944, lors d'une exécution de treize détenus, j'ai vérifié les vêtements des malheureux camarades. Parmi le tas, j'ai retrouvé ceux d'un camarade français portant le numéro matricule 135 086 et, dans une poche, j'ai découvert un papier portant le même numéro et le nom de Bienvenue, block 12, chambre 2. Je me suis renseigné à cette chambre et j'ai appris qu'effectivement, ce matin-là, un camarade nommé Bienvenue avait été appelé dans un service du camp et que le soir le secrétariat du block avait reçu un avis de décès.

« Dans la semaine qui précéda l'arrivée des Américains, il est venu un transport de Buchenwald. Le voyage avait duré vingt-deux jours, presque sans nourriture. À l'arrivée de Dachau, nous avons retiré des wagons mille deux cents à mille trois cents cadavres qui ont été apportés au crématoire. Parmi des cadavres, certains montraient des traces de blessures par balle. Ils avaient été

1. Audition, au camp même de Dachau après la libération, du déporté Pierre Beault (Agen, France) par le commissaire divisionnaire de la Sûreté nationale Émile Julliard.

tués en cours de route. J'ai remarqué le cadavre de quatre femmes. L'une d'elles avait été tuée par arme à feu. »

« Vers [1] le 25 avril des ambulances venant de l'infirmerie de notre camp ont amené, vers 16 et 17 heures, un certain nombre de camarades qui ont été mis à mort par un procédé autre que la fusillade ou la pendaison, car leurs cadavres ne portaient aucune trace. Le lendemain matin, j'ai vu sept ou huit corps, mais je ne puis déterminer le nombre exact de ces assassinats, car vraisemblablement plusieurs des victimes avaient été incinérées au cours de la nuit. »

Le 16 avril quatre à cinq cents soldats de la SS et de la Wehrmacht, en uniforme, affichant pour beaucoup d'impressionnantes brochettes de décorations, mais sales, boueux, barbe épaisse, fripés, attendent en file devant les douches. Un infirmier allemand leur distribue du savon, des serviettes. Il apprend d'eux qu'ils sont considérés comme des déserteurs. Ils se sont avancés dans les lignes américaines, ont été encerlés, faits prisonniers... et puis un bataillon allemand appuyé par trois blindés contre-attaque. Les Américains ont reculé, abandonnant leurs prisonniers. Il y avait un camion chargé de policiers de la Gestapo avec le bataillon. Les quatre ou cinq cents ont été parqués dans la cour d'une ferme. Et d'autres SS sont venus les chercher. Ils ont marché neuf jours avant d'atteindre Dachau. En sortant de la douche, ils sont conduits dans l'enceinte des crématoires et abattus. Aucun n'a essayé de se révolter. Le lendemain commence l'exécution des déportés NN. Le Dr Ragot, dans son témoignage, écrit : « À partir de ce moment, j'avoue avoir connu la peur, une frousse qui durait du moment où j'ouvrais les yeux jusqu'à l'après-midi. Je m'attendais à chaque instant à voir apparaître un SS venant me chercher et, quand j'en apercevais un dans

1. Déposition Max Delaite (auditions du commissaire Julliard).

les parages, je tremblais... Nous sommes restés peu de NN, onze, je crois. Miracle ! »

« 19 avril[1]. L'appel du matin n'a pas lieu. Quelques camarades sont menés au bureau du chef du rapport, puis conduits vers la chambre crématoire, où une balle dans la nuque les envoie dans l'autre monde. La mort dans l'âme, nous comptons les coups. À l'aube, notre général Delestraint avait communié de la main de Mgr Piguet. Le noble vieillard, âgé de soixante-six ans, était notre compagnon d'infortune depuis le mois de septembre 1944. Il n'avait cessé de nous réconforter dans les situations les plus pénibles. Vers 11 heures, l'officier SS Ruppert le conduit au bureau des chefs du rapport, et de là au four crématoire. En chemin, un bandit SS lui tire à bout portant une balle dans la nuque. L'abbé Seelig nous rapporta le lendemain qu'en tête de la liste des morts on avait marqué la phrase : "Charles Delestraint décédé." Le père français Fily dit secrètement au block 8 une messe pour le repos de l'âme du général lâchement assassiné. Le Kapo de la chambre crématoire, Erwin Mahl, fit la déposition suivante le 9 décembre 1945, lors du procès contre les assassins SS à Dachau : "Trenkle avait assené au général, cheminant vers le four crématoire, des coups de poing en pleine figure avec une telle violence sauvage qu'il lui enfonça plusieurs dents. Puis l'Oberscharführer Bongartz abattit le général d'une balle dans la nuque. Erwin Mahl reçut l'ordre de brûler immédiatement le cadavre avec les habits et tout ce qu'ils contenaient." »

Le 21, l'infirmier René, « qui était peu causant », offre au Dr André Ragot un magnifique steak large comme deux mains, trois doigts d'épaisseur.

1. Témoignage abbé François Goldschmitt, *Alsaciens et Lorrains à Dachau*, imprimerie Marcel Pierron, Sarreguemines, 1945-46.

« Devant[1] semblable aubaine, sans même songer à lui en demander la provenance, je me mis en devoir de la griller. Roche, Grandjean, René et moi-même nous sommes régalés ! Peu après on découvrit que les Russes chargés de creuser les fosses communes rapportaient de la viande au camp, viande qu'ils troquaient naturellement contre du tabac et dont la provenance n'était que trop évidente ! Avons-nous mangé une fesse de Grec, de Tchèque ou de Norvégien, ou peut-être même de Français ? Je n'en saurai jamais rien. »

22 avril. « Il faut[2] qu'il se passe quelque chose. Nous devons au moins essayer d'entreprendre... Dans la situation actuelle, nous pouvons tout risquer... D'heure en heure, l'atmosphère du camp passe d'un optimisme extrême au plus noir pessimisme... La situation se présente maintenant ainsi : d'un côté les autorités du camp, les responsables de tous niveaux et les effectifs de la SS, en tout quatre mille hommes, armés jusqu'aux dents, en possession d'explosifs et de gaz asphyxiants, tenaillés à la fois par la haine et la peur. De l'autre côté, trente-cinq mille hommes, dont dix mille sont malades et cinq mille peu sûrs, parqués ensemble, affaiblis par la faim et la peur, dépouillés de tout, sans autre moyen de défense que leur masse. Et entre ces deux groupes une poignée de gens, sans rien pour se battre non plus, armés d'expérience et de courage, animés par la volonté de se mesurer avec le démon. »

25 avril. « Une pluie[3] froide tombe d'un ciel couvert de nuages sombres. Quelques minutes après 8 heures, un ordre passe par tout le camp : "Plier bagages immé-

1. Dr André Ragot, *NN*, éd. Cooped, 1948.
2. Journal du déporté belge Arthur Haulot (l'un des membres influents du comité international de résistance) et de l'Albanais Ali Kuci, cité par Hermann Langbein, *La Résistance dans les camps de concentration nationaux-socialistes*, Fayard, 1981.
3. François Goldschmitt, déjà cité.

diatement ! Tous les détenus quitteront le camp vers midi." Quelle émotion ! Windgasse prétend déjà savoir qu'on ira à pied jusqu'à Innsbruck. Au bureau on me confirme la nouvelle. Je retourne ficeler mon paquet. Mes provisions dureront bien trois jours, mais je sens que mes forces physiques ne suffiront tout au plus que pour une marche d'une seule heure. »

26 avril. L'Eichmüller est depuis le début d'avril le plus discipliné des Kommandos affectés au service intérieur du camp. Le Kommando Eichmüller est chargé des vidanges de Dachau : W-C, égouts, canalisations. Comment se fait-il que les parias qui le composent aient été remplacés par des Allemands, anciens détenus, communistes et « proéminents » pour la plupart ? Renversement incompréhensible des positions acquises.

Le 26 avril, les « vidangeurs » reçoivent pour mission de brûler les cartonnages des colis Croix-Rouge qui traînent dans les casernements SS. Sous la conduite d'un Rottenführer énergique et criard, les dix-huit ou vingt déportés édifient une véritable montagne de boîtes vides qu'ils aplatissent, ficellent. Deux chariots à ridelles font un premier voyage « hors les murs » en direction de la décharge. Hautes flammes. Fumée noire. Retour du Kommando qui lance sur les chariots les dernières mille feuilles de cartonnages. « Gauche ! Gauche ! » Le Kommando, conduit par le Rottenführer, passe la porte. Jamais le Kommando ne rentrera à Dachau. Le Rottenführer Pfeiffer et ses « proéminents » vidangeurs se sont évadés.

Le 27, Jean Briquet, premier-lieutenant genevois, délégué du CICR, que nous avons suivi dans ses ravitaillements des colonnes évacuées de Buchenwald, se présente à la garde de Dachau. Le commandant Weiter est absent mais l'un de ses adjoints, « adjudant du commandant », le reçoit.

– Vous installer à l'intérieur du camp ! Pas question pour le moment. Revenez demain.

– Mais vous lancez ces hommes squelettiques, même les moribonds, entre les combattants.

– Tous ne partent pas. Voici les listes des détenus qui resteront à Dachau. Il y a au total quinze mille neuf cent trente-six Britanniques, Belges, Français, Hollandais, Américains et Polonais. Les autres, Allemands, Russes, Italiens, slaves sont évacués selon les instructions du général Berger commandant les armées du sud de l'Allemagne... Demain. Revenez demain. Le camp vous sera ouvert et on vous communiquera les listes définitives des détenus restants. Nous désirons que la Croix-Rouge remette le camp aux Américains.

Briquet remonte sur la route d'Uffing des colonnes sans fin de déportés. L'une d'elles s'étire sur dix à onze kilomètres. Le long des fossés, des cadavres. Des hommes, des femmes. À Uffing, Briquet persuade le Dr Roland Marti de l'urgence de ravitailler les évacués. Que quelqu'un d'autre le remplace, demain, à Dachau. Marti accède à la demande du « bouillant » délégué.

– Vous aurez sept camions de colis.

– Mais il y en a quatorze de chargés.

– J'en garde sept pour Victor Maurer, qui se rendra à Dachau. Les colis lui faciliteront la tâche...

« Le[1] samedi 28 avril, les SS sont toujours là ; nous savons que la dernière grande bataille a eu lieu à Nuremberg et que les Américains ont dû franchir le Danube ; nous ne savons pas s'ils ont atteint Augsbourg. Il n'y a plus de journaux. Le calme de la matinée nous semble étrange.

« Nous savons aussi que les Français avancent au sud, en Forêt-Noire ; nous avons au cœur l'espoir de les voir arriver les premiers au camp, afin de montrer à ces peuples hostiles qu'il y a une armée de compatriotes qui se battent bravement, afin de garder bien haut notre pres-

1. Dr André Ragot, déjà cité.

tige et d'effacer l'impression produite par notre défaite de 1940.

« Je rencontre Eddek et je lui explique, afin qu'il le répète à ses compatriotes, qu'il y a une armée américaine, une armée anglaise et aussi une armée française, et que nous, Français, nous n'oublierons pas que lorsqu'il s'agissait d'entasser des détenus dans un block de quarantaine, pour y avaler de la soupe à l'eau claire, lorsqu'il s'agissait d'envoyer des détenus faire de la terrasse, lorsqu'il était question d'un mauvais Kommando où l'on crevait, ses compatriotes du Bureau politique savaient bien choisir des Français avant tous les autres !

« L'après-midi, enfin, des avions mitraillent en piqué la route qui est au sud et sur laquelle... mais oui... on entend des chars rouler... On en oublie de respirer... Il y a même une alerte aux chars, signalée à la sirène qui, depuis quelques jours, rugit du matin au soir : *"Alarm, gross alarm."*

Une centaine de prêtres allemands prient dans la chapelle :

– Alarme ! Les avions !

Les prêtres blêmissent. L'un d'eux, livide, donne l'absolution générale.

Deux pères français, dans le fond de la chapelle, éclatent de rire.

« Dans[1] le courant de l'après-midi, un fracas formidable fait trembler tout le camp. Les êtres immondes lancent-ils des bombes sur nos baraques ? Un frisson me parcourt. Dans le cantonnement des SS, des colonnes de fumée montent vers le ciel. Une maison vole en l'air. Elle contenait des documents importants. Près de l'hôpital également, un tas d'archives flambe. Toute la documentation écrite n'existe plus. Mais une cartothèque avec cent cinquante-cinq mille fiches a été oubliée. Elle

1. François Goldschmitt, déjà cité.

est aujourd'hui encore à la disposition de ceux qui veulent l'étudier. »

Avec ses sept camions, Victor Maurer longe l'enceinte électrifiée. Des gardes âgés se précipitent vers le convoi. Le délégué demande que l'on remette une vingtaine de cartons aux sept ou huit SS.

– Vous savez, dit l'un d'eux, je n'ai pas mangé de chocolat depuis 1941. Il y a du chocolat ?

– Quatre tablettes dans chaque colis. Le commandant est chez lui ?

– Non ! Mais je vais téléphoner au lieutenant Otto.

Et le vieux SS court vers le poste de garde, un paquet sous chaque bras, mousqueton à l'épaule.

Maurer et le lieutenant Otto parlementent près d'une heure et le délégué obtient l'impossible. Il pénétrera dans le camp, remettra lui-même le contenu des camions aux hommes de confiance désignés par chaque communauté nationale. L'invraisemblable s'accomplit : la double porte du porche est décadenassée, la chaîne retirée, le CICR acclamé par une cinquantaine de pyjamas rayés. Il neige sur Dachau.

« Vers [1] 7 heures du soir, des autobus et des autocars rentrent au camp, ils portent tous la croix rouge. Les SS ont pris la fuite avec leur croix gammée. Et la croix du Christ fait son entrée au camp. N'est-ce pas un bon présage ? »

« En fait [2], une sorte d'armistice s'est établie entre les SS et les prisonniers. Ces derniers ne respectent plus la moindre discipline à l'égard de leurs gardiens. Nos agents de liaison sont à leurs postes comme jamais

1. Abbé Georges Hénocque, *Les Antres de la bête*, G. Durassié et Cie, Paris, 1947.
2. Journal Arthur Haulot, Ali Kuci, déjà cité.

encore. Qu'est-ce qui se cache derrière ce calme apparent de la Kommandantur ? Vers 23 heures, l'un de nos émissaires les plus sûrs nous annonce que les derniers groupes de soldats sont partis... Nous diffusons une double directive : remplir d'eau tous les récipients disponibles et, en cas d'explosion (le bruit courait qu'on se préparait à faire sauter les bâtiments), garder son sang-froid à tout prix, enfin, quoi qu'il puisse se passer pendant la nuit ou le lendemain, maintenir une discipline de fer. Quinze hommes se sont rassemblés dans le block 24, observant un silence absolu. Presque tous ont participé aux actions secrètes des dernières semaines ; seul le délégué des Russes, malade, ne peut assister à la réunion. Il s'agit désormais de faire en sorte que, si les SS sont réellement partis, la vie continue sans trouble et que l'ordre soit maintenu jusqu'à l'arrivée des Alliés. À l'heure actuelle, la population du camp s'élève à trente-deux mille hommes dont les deux tiers sont malades, épuisés et parfois moribonds. Nous avons au maximum, et en les répartissant avec un soin extrême, des vivres pour vingt-quatre heures. Sous la présidence du commandant O'Leary, nous nous sommes constitués en comité et nous nous considérons à partir de cet instant comme la seule autorité légitime du camp. »

« Cette nuit[1] personne ne dort, on écoute le bruit des mitrailleuses. Au block où je me trouve, les Polonais discutent entre eux à voix basse. On se prépare à entendre une explosion formidable : celle du four crématoire qui a été miné. Mais rien ne se produit. »

*
**

Dimanche 29 avril. Il fait encore nuit quand l'abbé Goldschmitt entre dans la chapelle pour servir la première messe basse. C'est là qu'un prêtre polonais lui

1. René Fraysse, *De Francfort à Dachau*, éd. Sol, Annonay, 1946.

apprend qu'à la porte se tiennent trois SS qui ont pour mission de transmettre le camp aux mains des ennemis. C'est du moins ce que prétend le chef des deux cent cinquante SS restés au camp.

Nuit encore noire quand Victor Maurer s'habille. Il a dormi dans la caserne SS. À peine deux heures. Paquetage sur le dos, les derniers gardes et administratifs abandonnent les lieux. Otto est au mess. Il part lui aussi.

– Le lieutenant Wickert prend le commandement. Il a sous ses ordres cent trente hommes. Dans deux ou trois heures il vous remettra la responsabilité du camp et nous rejoindra...

Maurer est abasourdi :

– Nous devons préciser les modalités.

– Que voulez-vous préciser ? Des drapeaux blancs ont été hissés partout. C'est suffisant. Je vais vous présenter le lieutenant Wickert.

« Les SS [1] sont toujours dans les miradors, d'où pendent caleçons et chemises blanches. De temps à autre, dans des parages plus ou moins lointains, le tac-tac des mitrailleuses... Deux “mouchards” sont dans le ciel... L'émotion nous serre la gorge... nous ne pouvons plus avaler la moindre nourriture, les nerfs sont tendus et à fleur de peau... mais nous n'avons pas été évacués ! »

Le lieutenant Otto disparu, Maurer et le lieutenant Wickert s'installent dans un bureau de la Kommandantur. Wickert n'a qu'un désir : quitter immédiatement Dachau avec ses hommes :

– Je suis un soldat, par un gardien de prison...

– Parce que vous êtes un soldat, vous ne pouvez abandonner le camp avant l'arrivée des Américains. Les déportés, des milliers, plusieurs dizaines de milliers de prisonniers vont s'enfuir. Autour du camp il y a des civils. Que va-t-il se passer ? C'est facile à imaginer. L'épidémie va galoper hors du camp... Vous partirez

1. Dr André Ragot, déjà cité.

quand j'aurai rencontré les hommes de confiance des déportés...

– Comment voulez-vous qu'on les trouve ? Il n'y a plus d'organisation.

– Il faut, si vous êtes toujours décidé à partir, que les détenus empêchent leurs camarades de sortir, de piller. Donc je dois rencontrer ceux qui ont de l'autorité sur eux.

Les deux hommes s'enlisent. Wickert est nerveux, effrayé.

– J'ai une proposition à vous faire. Jusqu'à l'arrivée des Américains, vos hommes des miradors empêcheront les prisonniers de s'approcher des barbelés et, au nom du CICR, je vous garantis que vous pourrez gagner votre ligne de front.

Wickert accepte.

À 13 heures, Maurer noue une serviette blanche à un bâton et sort de Dachau. Un sous-officier brandissant un autre drapeau blanc l'accompagne [1].

« Nous [2] ne savons plus qui sont ces SS qui nous gardent. Tous les anciens SS sont partis ces deux ou trois derniers jours. Les "nouveaux" sont de vieux pépères, pour la plupart, et des blancs-becs qui ont dû être arrogants par le passé. Le petit groupe du comité internationale sait que le camp a été remis au déporté doyen Oskar Müller, qui, lui, sait ou croit que deux ou trois déportés allemands évadés ont pris contact avec les Américains : eux savent donc que le camp se rend sans combattre. Un garçon de la Croix-Rouge est garant de ces accords de la dernière minute. Il n'y a que nous, les sans grade, pour croire encore que les SS nous gardent. Nuance, ils

1. Maurer a-t-il rencontré les éclaireurs américains ? Les documents de la Croix-Rouge, le journal de marche de la 42e division d'infanterie américaine ne précisent pas ce point. Il est probable que Maurer sorti du camp a progressé en voiture. Il a dû prendre la route de Munich alors que les éléments de la 42e venaient d'Augsbourg. Les Américains qu'il a pu rencontrer n'étaient pas concernés par la libération du camp.

2. Témoignage inédit Dr Roche.

ne nous gardent pas, ils nous empêchent de nous sauver et de semer la panique dans la campagne, dans la ville de Dachau. »

« Ordre[1] fut donné à tous les déportés de rester dans leurs baraques. J'étais, avec Teitgen et Bernarros, à la chambre des colis, où nous avions installé nos pénates. La veille, j'avais eu une forte crise d'aérophagie. C'était fréquent ! Trois ou quatre par jour, avec syncope. Un médecin (il se disait tel, du moins) tchèque voulut m'arracher un ongle pour me faire revenir à moi. Il exagérait ! La veille, le Dr Suire me soigna comme il put ; je l'entendais très bien dire : "Son cœur fout le camp !" Non, heureusement, il était bien accroché. Le canon approchait. On avait l'impression qu'il tirait tout près de nous. Je sortis de la baraque. Homme de confiance des Français, je pensais pouvoir circuler librement. La place d'appel, immense, était vide. Nos derniers gardiens fuyaient. Quelques-uns cependant étaient montés dans les miradors, mitraillette en main. Et cependant les drapeaux blancs avaient été accrochés sur les promenoirs de vigie. »

« Le[2] comité international se rassemble au complet pour la première fois dans la bibliothèque située dans la première Stube du block 2, allée de gauche, celle qui est ainsi le plus près du Jourhaus. J'ai été admis dans l'aréopage sans difficulté pour remplacer le général Delestraint. Léo, le Schreiber du 24, m'a tenu au courant des pourparlers qui ont précédé la constitution de ce concile. C'est le général russe qui s'était opposé à ce qu'il se réunît jusqu'ici, pour des raisons de prudence que j'approuve. Il y a là entre autres Patrick O'Leary, qui représente la Grande-Bretagne (bien qu'il parle curieu-

1. Manuscrit inédit père Armand Fily.
2. Edmond Michelet, *Rue de la Liberté*, éd. du Seuil, 1955.

sement l'anglais), « Pat », qui m'a soigné pendant le typhus avec une générosité opiniâtre ; le grand Arthur, mon Pfleger belge ; Vincent Parra, qui représente les Rouges d'Espagne ; le marquis Pallavicini, qui est hongrois malgré son nom ; Melodia, qui est italien ; Juranic, qui a fini par se faire accepter des Yougoslaves titistes et des autres ; le médecin tchèque Blaha ; l'étonnant Albanais Ali Kuci ; le général soviétique Michaïlow, qui a réussi le tour de force de passer inaperçu depuis plus d'un an ; Oskar Müller enfin, vieux communiste allemand à la tête carrée qui témoigna toujours aux Français une amitié loyale ; un chic camarade.

« Nous siégeons en permanence. Une première proclamation est rédigée, qui invite les camarades au calme. On leur demande de rester dans leurs blocks en attendant de nouvelles instructions. L'immense place d'appel est vide. Seuls quelques derniers SS entêtés sont à leur poste dans les miradors. De notre observatoire, nous surveillons le portail d'entrée.

« Il semble que l'Oberführer du camp ait implicitement transmis ses pouvoirs à Oskar Müller cette nuit. Les SS nous ont ainsi abandonnés à nous-mêmes, tirant derrière eux la grille qui ouvre le camp, allant à la rencontre des troupes américaines. Vers midi le drapeau blanc est hissé sur le toit de leur bâtiment, situé de l'autre côté du canal d'enceinte. Devant la porte, mais à l'intérieur, deux fantômes nus, recouverts par conséquent du drap de circonstance, gesticulent, supplient les derniers SS de les emmener avec eux. Ce sont deux Allemands, un ancien Lagerältester et le Kapo des chiens policiers, repérés depuis longtemps par les vieux. Ils sèchent de frayeur à la pensée des comptes qu'ils vont avoir à rendre tout à l'heure.

« Pour éviter qu'ils ne s'enfuient, les anciens du camp leur ont retiré leurs vêtements. L'attente est longue. Les deux fantômes vont, viennent, hurlent, pleurent sur le fond de l'immense scène vide. Les bruits de canon se rapprochent, le crépitement des mitrailleuses se fait entendre. »

Appelons-le « Joseph » pour préserver son souhait d'anonymat. Officier de renseignements du 2e Bureau, agent du BCRA du colonel Passy, il a été arrêté par les Allemands parce qu'il cachait des réfractaires au STO. Les nazis n'ont jamais découvert sa véritable action dans la Résistance. À Dachau, il fut un « proéminent » proche des responsables nationaux et internationaux de l'organisation clandestine.

« Raconter, décrire les deux ou trois heures de notre libération est impossible. Chacun n'a vu que ce qui se passait à quelques mètres de lui. Et ce ne fut pas joli. Nos morts, la joie, le délire n'excusent pas tout. Passe encore pour les salauds... Je pense à certains Kapos, aux délateurs. Ce qui leur est arrivé n'est que justice. Mais les autres, nos gardiens de la dernière heure qui n'étaient même pas des gardiens, des SS, mais de pauvres bougres réquisitionnés par la Volkssturm... Si les miradors étaient encore occupés le 29, c'était, nous l'apprendrons plus tard, à la demande de la Croix-Rouge. Car le camp s'était bel et bien rendu la veille. Les Américains étaient prévenus. Par quel moyen ? Tout simplement par la Croix-Rouge et non comme l'écriront des politiques allemands par l'un des évadés du Kommando vidange. Si vous avez lu les récits publiés par des déportés de Dachau, vous serez surpris de constater l'embarras de tous pour décrire la libération, même si entre les lignes on peut comprendre ce qui s'est passé. Près de moi il y avait un tout petit homme en battle-dress. La moitié de sa tête disparaissait à l'intérieur d'un casque lourd, bosselé. Il était blanc comme un linge, des poches noires sous les yeux, deux musettes à grenades dans le dos. Il criait comme un enragé, plutôt comme un fou : "Tuez-les ! Tuez-les !" Derrière lui, deux GI ont descendu deux gardiens qui levaient les bras. L'autre hurlait toujours. "Tuez-les ! Tuez-les tous !" Vous connaissez la phrase la plus célèbre de la croisade des Albigeois, prononcée pendant le massacre de Béziers : "Tuez-les tous, Dieu reconnaîtra les siens." C'est ce qui se passait à Dachau. Tous coupables. Tous coupables, ces hommes qui dès le passage de la porte du premier Américain avaient annoncé la reddition de la place... Oui, j'ai vu et entendu ça... Un peu plus tard, un officier, je pense qu'il était commandant ou colonel, a tiré des coups de feu en l'air pour écarter les déportés qui l'entouraient. Il courait de l'un à l'autre de ses soldats. Il criait lui aussi, j'ai ses mots enfoncés dans mon crâne : "Cessez-le-feu ! Cessez-le-feu ! Ils sont prisonniers. Ils se sont rendus, vous entendez. Vous passerez en cour martiale !" »

Chargé par le général Linden, commandant la 42e division d'infanterie, de prendre Dachau, qui n'était plus défendu que par la Volkssturm (l'information lui sera confirmée deux fois par son PC au cours de la progression), le lieutenant-colonel L. resta bloqué une grande partie de la matinée dans la ville basse de Dachau. Les Allemands en se retirant avaient fait sauter le pont sur l'Amper. Il fallait au génie trois heures pour aménager un passage obligatoire. À 14 heures, le colonel L. put faire traverser ses cinq blindés légers de reconnaissance. Il recommanda à ses commandants de compagnie de se déployer largement. Le colonel L. craignait la présence de mitrailleuses dans les sept ou huit maisons isolées qui se trouvaient en terrain découvert, avant le grand périmètre du camp. Le PC lui apprit que les trois ponts de Munich qu'il fallait emprunter étaient intacts. Des reconnaissances pourraient être lancées sur ces routes en direction de Dachau par la division voisine de la 42e, mais le général Linden était formel : « Ces détachements ont reçu mission d'éviter le camp de Dachau. »

Le lieutenant-colonel n'était pas à une heure près. Afin d'éviter toute surprise, l'ensemble du grand périmètre serait fouillé, ce qui impliquait que ses blindés et les compagnies visitent les cités résidentielles SS et sillonnent les rues, les allées bordées de plusieurs dizaines de bâtiments : casernes, ateliers, hangars...

Vers 15 heures, les premiers rapports parviennent à L., installé dans un profond canapé d'une villa SS. Sous la semelle de ses Rangers, un épais tapis d'Orient, sur la table une nappe bordée de dentelle, un grand bouquet.

« Tous bâtiments libérés. Aucun ennemi dans le périmètre. » L. sort de la villa. Il va ordonner de progresser vers le Jourhaus, la porte principale du camp de déportés, qui est entourée d'un cercle jaune sur son plan, quand un blindé l'appelle.

– Vous devez nous rejoindre.

– Qu'est-ce qui se passe ?

– Vous devez voir de vos yeux.

L. s'énerve :

– Vous avez vu quoi ?

– Un train. Un train spécial. Comme vous n'en avez jamais vu. C'est à l'est de la porte principale, la voie de chemin de fer près de la route. Il y a une arche de pierre surmontée d'un grand aigle à croix gammée.

– Nous arrivons.

L. et la section du lieutenant P. longent une plantation de jeunes arbres, débouchent sur une route goudronnée. Un train, portes ouvertes, au moins quarante wagons, est à l'arrêt sur la voie parallèle à la route. Le sous-officier est incapable de prononcer une phrase, il est recroquevillé au sol, pantelant, secoué de hoquets. Il pleure. Il pleure depuis près de dix minutes.

– Reprenez-vous !

Le sous-officier lève un bras, désigne le train.

– Allez voir les wagons... Pas d'ennemi.

L. et P. montent sur le ballast. Alors seulement ils sentent l'odeur pestilentielle : pourriture, excréments.

Dans le premier wagon il n'y a que des tas de vêtements, des guenilles repoussantes et du fumier de paille. Le wagon suivant, et tous les autres wagons, wagons couverts, wagons plates-formes, sont remplis de cadavres. Le lieutenant P., dix fois, vingt fois dira : « Les salauds. Les salauds. »

– Il faut s'assurer qu'ils sont tous morts. On va bien trouver quelqu'un de vivant.

Le lieutenant-colonel appelle par radio ses compagnies.

– Rassemblement autour de moi.

Il donne sa position, remonte sur son visage le foulard à pois blancs noué à son cou.

– On va compter ces pauvres gars. Je veux savoir combien il y en a.

Les GI grimpent dans les wagons, déplacent des corps. Il leur faudra près d'une heure pour établir le bilan.

– Aucun vivant. Deux mille trois cent sept morts, avec quatre-vingt-huit femmes et vingt et un enfants...

Dix minutes plus tard, le lieutenant-colonel et ses sections se déploient pour avancer en direction de la porte principale du camp. Il est 17 h 25.

« Le jour[1] de la libération, nous avons mis cinq minutes à percevoir complètement la grandeur de l'événement...

« À 17 h 25, les trois premiers Américains franchissent la grille. Subitement, nous devenons à demi étrangers à ce monde. Parmi les premiers, nous courons vers eux, nous applaudissons, nous crions, nous entendons les coups de fusil, nous nous mettons à plat ventre pour éviter les rafales, nous voyons un camarade tomber, nous voyons des camarades pleurer, nous regardons des drapeaux hissés sur le bâtiment d'entrée ; tout cela nous paraît normal.

« Enfin, brusquement, le voile tombe. Non, nous sommes restés accessibles aux grandes choses. À notre tour, nous pleurons. »

« Alors[2], c'est une véritable folie. On s'élance : "Vive l'Amérique ! Vivent les Américains ! Vive la France !" On se cogne les uns dans les autres, on rit, on pleure, on s'embrasse. Nous nous serrons les mains de toute la vigueur qui nous reste.

« Des clameurs de toutes sortes retentissent et dans toutes les langues. C'est une cacophonie indescriptible. Les muets que nous sommes devenus, contraints depuis tant de mois, sous peine de mort au silence, laissent éclater une joie frénétique, galvanisés par la délivrance. Il semble que chacun recouvre miraculeusement les forces qu'il a perdues. Certains de ces lamentables squelettes se sentent capables... de danser ! »

1. Pierre Suire, *Il fut un temps*, imprimerie Soulisse-Martin, Niort, 1946.
2. Abbé Georges Hénocque, déjà cité.

« En un clin d'œil[1] ce fut la sortie des baraques et la ruée vers les sauveurs. Qui ne pleurait à ce moment-là ? Certes nous n'avons pas trouvé beaucoup d'émotion ni d'enthousiasme chez les Américains ; ils nous regardaient en mâchant leur chewing-gum et cherchaient plutôt à ne pas avoir trop de contacts avec les pouilleux que nous étions. »

« L'espace[2] d'un moment, le visage crispé du type à la mitraillette s'est franchement détendu. Il venait de comprendre que les clameurs assourdissantes qui montaient vers lui ressemblaient à une ovation...

« Un garçon un peu chancelant se laissait bousculer au cinquième ou sixième rang et, malgré ses efforts pour crier, un son ridicule sortait de sa bouche.

« J'étais ce spectateur émerveillé et quasi muet...

« Un demi-dieu habillé en guerrier venait de libérer le camp de Dachau. »

« J'ai vu[3], chose atroce, trois détenus, dont la joie était trop grande, se précipiter sur le réseau de fils électrifiés. Ils pensaient que le courant était coupé. Ils s'élançaient vers la liberté, mais tombèrent foudroyés. Pauvres camarades, c'était fini. »

« Je vois[4] encore les premiers combattants arriver près des barbelés et entrer dans le camp.

« Près de nous se trouvait un mirador dans lequel une dizaine de gardiens s'étaient réfugiés. Les Américains, horrifiés par le spectacle que nous leur offrions, ont fait descendre les Allemands de leur perchoir et les ont abattus sans hésiter.

« Une poursuite s'est alors instaurée, une véritable chasse à l'homme pour s'emparer des gardiens et Kapos qui essayaient de se cacher. Les Russes se sont transfor-

1. Père Armand Fily, déjà cité.
2. Jacques Songy, déjà cité.
3. Manuscrit inédit Étienne Monneret.
4. Georges Villiers, *Témoignages*, éd. France-Empire, 1978.

més en justiciers, traînant leurs victimes dans le camp avant de les achever. »

« Les Américains[1] investissent le camp. Vers les 17 heures, ils pénètrent dans l'enceinte où nous sommes internés. Au diable la consigne ! Nous nous précipitons pour jouir d'un coup d'œil de la chasse aux SS abattus comme des lapins dans leurs terriers... Il ne sera fait grâce à aucun : un SS, dit-on, aurait tiré d'un mirador. Les prisonniers eux-mêmes se chargent d'exterminer leurs suppôts, chefs de block, de police, Kapos et autres, qui se sont fait remarquer par leur cruauté envers leurs compagnons. »

« Une joie[2] délirante s'empare de tous les détenus. Tous se précipitent vers l'entrée du camp, je reste moi-même près des rations de pain, car j'accueille cette nouvelle avec scepticisme et pourtant, oui, c'est bien un Américain que des camarades portent sur leurs épaules malgré leur faiblesse.

« D'autres soldats pénètrent dans le camp ; ils sont stupéfiés des horreurs qui s'étalent sous leurs yeux, de véritables cadavres vivants leur tendent les bras dans un geste de remerciement. Tous ces hommes au visage décharné, aux vêtements déchirés, tous ces survivants restent ébahis... Devant eux, la porte est ouverte vers la liberté...

« Soudain, un vent de folie souffle ; il est impossible de décrire les scènes qui se déroulent, les SS sont massacrés par les détenus, d'autres par les Américains. Très peu survivront, nous sommes vengés et maintenant ce sont des chants, des cris, des pleurs. »

« En un clin[3] d'œil, portes et fenêtres volèrent en éclats, les barbelés furent arrachés. En un instant nous étions tous dehors, hurlant, criant, pleurant. Ceux qui, quelques minutes auparavant, geignaient encore sur leur

1. Abbé Charles Mauroy.
2. Jean Migeat, *Dachau matricule 77 164*, imprimerie C. Gaillard, La Flèche, 1945.
3. Manuscrit inédit Albert Charpentier.

grabat essayaient maintenant de se lever pour saluer leurs sauveurs et profiter des premières bouffées d'air libre.

« La troupe était à peine arrivée que déjà claquaient au vent nos drapeaux fabriqués clandestinement pour ce jour mémorable. Tous, nous sommes fous de joie ; mais nous lisons la consternation sur le visage de nos libérateurs. Le tragique spectacle du bagne puant se révèle à leurs yeux.

« La réaction ne tarde pas. Les maisons des SS voisines du camp sont visitées et fouillées par les soldats, tandis que les SS des miradors, une quarantaine au total, descendent penauds de leur perchoir, les bras en l'air.

« Ils sont aussitôt alignés sur un rang avec d'autres Boches récupérés dans divers bâtiments du camp. Nous regardons et tout à coup c'est un immense cri qui sort des poitrines des trente mille victimes, un seul cri modulé dans toutes les langues : “À mort ! À mort !”

« Le bruit de la mitraillette que nous connaissions trop bien se fit entendre aussitôt et nos tortionnaires payèrent sur-le-champ leurs abominables crimes. Beaucoup trop, hélas, ont pris la fuite avant l'arrivée des Alliés, et font partie, n'en doutons pas, de ces bons Allemands qu'il faut ménager parce qu'ils ne savaient pas.

« Certains s'étonneront peut-être de cette justice expéditive. Je leur dirai qu'il eût fallu que tous les SS et les membres de la Gestapo subissent sur place et immédiatement ce châtiment, le seul qu'ils méritaient. Ces brutes-là se sont chargées de trop de crimes pour qu'on ait la moindre pitié à leur égard. Les soldats alliés qui arrivèrent les premiers à Dachau le comprirent bien, et la vue seule du camp suffit à exiger réparation et justice. Nous savons gré à nos libérateurs de l'avoir compris et d'avoir exécuté devant nous, sans délai, quelques-uns de nos bourreaux. »

« Un [1] ami me dit que les sept SS du mirador de l'angle nord-est ont été tués par un détenu qui a arraché une mitraillette des mains d'un Américain ! Je m'y précipite et, contemplant le tas des corps, j'en avise deux qui respirent ; je les tourne, les retourne... Pas de blessures apparentes... Je les relève... Ils sont indemnes... mais le visage gris de peur !

« Je les emmène en suivant le chemin de ronde extérieur, en les protégeant tant bien que mal des détenus qui sont rares dans ce coin-là et ne peuvent s'empêcher de leur botter le c... Ils me disent qu'ils ont des enfants et qu'ils ne sont SS que depuis quatre jours. C'est exact, les vrais gardiens SS de Dachau se sont enfuis, laissant ceux-là dans les miradors – remplis de cigares et de bouteilles de champagne !

« Je remets mes deux prisonniers aux Américains ; ils vont en rejoindre une trentaine d'autres, le long du mur de l'allée qui part du camp. Deux officiers SS sont là, sur le pont, arrogants encore ! Un autre, reconnaissable à son pantalon, mais qui porte une veste blanche, sans ceinturon, essaie de causer avec les soldats qui, certainement, le prennent pour un détenu !

« Je les informe de leur erreur, alors ils précipitent le Boche dans la rivière, en le tirant par les cheveux, parce qu'il résiste !

« Quelque trois cents SS sont fusillés sans délai, tant les soldats sont indignés en visitant le camp. L'un d'eux est suffoqué quand je lui dis que, depuis bientôt deux ans, je n'ai aucune nouvelle des miens, ni eux de moi ! Il me hisse sur sa Jeep, me tient par le cou et son camarade prend des photos.

« Pat s'est présenté au commandant américain ; il prend le commandement du camp. Masarian, l'infâme Lagerälteste, est amené. Pat dit à l'Américain qu'il mérite la mort ; celui-ci lui tend son revolver, que Pat refuse. Alors Masarian tente de s'enfuir, mais il est tout de suite abattu. Le tour du chef des Polizei sera pour

1. Dr André Ragot, déjà cité.

demain. L'épuration commence. Les chefs de block assassins, les Kapos brutaux remplissent le bunker. »

« Après [1] quelques minutes d'un enthousiasme délirant, monstrueux, colossal, la chasse aux SS s'organise. Je rencontre un petit groupe de Polonais, mitraillette au poing, malmenant un SS, mains en l'air. Ses papiers sont jetés à terre... Sur une photo, je vois une femme avec des enfants.

« – Moi pas SS ! répète le malheureux.

« Je ne peux m'interposer : je ne fais pas le poids. Je tourne les talons. Une rafale de mitraillette crépite. Il est étendu raide...

« Je m'éloigne, triste... triste, dans la joie indescriptible qui submerge le camp ; je n'ai pas le réflexe de tracer sur lui le signe de pardon.

« C'est la loi du plus fort qui continue de sévir. »

« De l'autre [2] côté du fossé qui sépare notre camp du cantonnement de SS, à une distance de dix mètres à peine, huit soldats SS lèvent leurs bras au ciel, ils portent le fusil en bandoulière. Derrière eux quelques soldats américains, leur mitraillette à la main. Un camarade traverse le fossé en courant, malgré les signes des libérateurs qui lui disent de retourner. Notre codétenu cependant se précipite sur l'un des SS et le saisit à la gorge. Je ne puis pas voir exactement la scène, mais j'entends soudain un coup de feu. Mon camarade a dû sans doute toucher au fusil du SS et le coup est parti. Ma respiration est coupée. Une mitraillette crache du feu. Les SS s'affaissent à terre, raides morts. Pendant deux jours les cadavres resteront là, à la même place. Près du portail qui donne accès à la plantation, je vois le soir huit autres cadavres de soldats SS. Ce sont les seuls nazis qui, autant que je sache, ont été tués ici. Notre

1. Manuscrit inédit Maurice Tauziède.
2. François Goldschmitt, déjà cité.

camp passe aux mains des “ennemis” sans le moindre combat. De-ci de-là on entend encore un coup de feu. Ce ne sont que des menaces en l'air.

« Ce tumulte du camp m'énerve finalement. Je recherche la solitude, pour goûter tout seul l'immensité de mon bonheur, pour pleurer tout mon bonheur devant le tabernacle. Me voici agenouillé sur le plancher de la chapelle, je cherche des paroles d'action de grâce, mais je n'en trouve point... Je ne fais que pleurer... pleurer sans cesse. Des larmes, de chaudes larmes sont ma première prière de reconnaissance. “Te Deum... Grand Dieu, nous Te louons !” »

« La libération [1] me trouve à l'état de moribond. Aussi ne me reste-t-il de ce jour aucun souvenir précis, si ce n'est, vaguement, un uniforme de l'armée de nos libérateurs se penchant sur moi. Je n'eus même pas cet enthousiasme, cette joie que j'aurais dû éprouver. Cette joie demandait de la force pour l'exprimer, et je n'avais plus cette force. »

« Il n'y [2] a plus que huit SS survivants au camp... Plusieurs cadavres flottent à la surface d'un cours d'eau qui longe le camp. Nous ramassons des pierres pour les bombarder, tant nous haïssons ce qu'ils ont été. Nous aurions préféré nous venger sur un survivant. Nous n'en avons pas eu la possibilité. »

Dans son premier rapport au PC de la division, le lieutenant-colonel L. fait état de cent vingt et un SS morts. Ont-ils tous été abattus, fusillés, par ses hommes ? Aucun témoignage ne mentionne l'utilisation des armes dont disposaient certains groupes de déportés : officiers britanniques (cinq pistolets, deux revolvers), soviétiques

1. Louis Poncet, *Le Déporté*, janvier 1990.
2. Manuscrit inédit Yves Pouceriguen.

(quinze pistolets et fusils), polonais (au moins trois revolvers et des grenades). Les déportés ont-ils tiré ? Quant aux gardiens des miradors, le témoin que nous appelons Joseph affirme qu'ils ont « rafalé » plusieurs fois en l'air, ou au sol largement, en avant des déportés qui voulaient atteindre les barbelés. C'est à ce moment qu'un Polonais s'est électrocuté. Tous ceux qui ont vu son corps ont été persuadés qu'il avait été abattu par un mirador. Quand les Américains ont passé le Jourhaus, derrière eux, donc en dehors du camp, des mitraillettes tiraient. Probablement les compagnies 2 et 3 du lieutenant-colonel L.

La grille du Jourhaus franchie, le lieutenant-colonel L. a-t-il reçu la reddition du camp ? Ses hommes, dont le lieutenant P., se sont avancés vers la place d'appel. L. est resté avec un groupe de déportés. Parmi eux les représentants du comité international clandestin, Nikolaï Michaïlow, Vincent Parra, Georg Pallavicini, Patrick O'Leary et le doyen des déportés, Oskar Müller. Dans *L'Histoire de Pat O'Leary*, Vincent Brome écrit :

« Revolver [1] au poing, quelques hommes du comité se frayèrent un chemin jusqu'à leurs libérateurs. Simultanément, le lieutenant SS s'avança. Joignant les talons, la main tendue, il vint se présenter : *"Heil Hitler !"* et voulut prononcer une déclaration officielle. Un aboiement général couvrit sa voix (...). L'officier ordonna à l'Allemand :

« – Montez ici !

« Le SS grimpa sur une Jeep. L'Américain fit un signe à Pat :

« – Vous feriez mieux de venir avec nous, mon garçon...

« O'Leary voulut expliquer que sa présence était indispensable pour maintenir l'ordre dans le camp, mais l'autre insista :

« – Montez donc !

« Le major américain avait le sens de la justice immanente. En route, il raconta à Pat qu'il venait de la gare de Dachau, où il avait découvert des wagons chargés de

1. Le Livre contemporain, Amiot-Dumont, 1957.

cadavres nus, entassés dans leurs propres ordures. On retrouva le corps de l'officier SS à cinq cents mètres de là, une balle dans la tête. »

Ellipse parfaite. Patrick O'Leary n'a pas jugé utile d'en dire plus.

Pour la plupart des déportés ayant publié un témoignage, le premier soldat américain entrant à Dachau était une femme, correspondante de guerre :

« C'est [1] une femme belge du service de presse qui la première pénétrera dans le camp, un revolver à chaque main, suivie immédiatement de l'infanterie américaine. »

« Mgr Cegjelka [2] et moi, nous nous précipitâmes comme les autres, dans un tumulte de cris et de rafales de mitraillettes tirées par on ne sait qui.

« La Jeep était pilotée par un chauffeur juif allemand qui, détenu à Dachau avant la guerre, avait réussi à s'enfuir, puis à gagner l'Amérique, et s'était engagé dans l'armée en se jurant d'être le premier à revenir ici, pour y faire entrer les Alliés. Derrière lui se tenait assis un soldat d'origine polonaise. Et, à côté de lui, l'Américain le plus typiquement Far West qu'on pût imaginer : bardé de cartouchières et de pistolets. Mâchant du chewing-gum, il tirait des coups de feu en l'air pour saluer notre libération.

« Le vénérable Mgr Cegjelka se jette à son cou et l'embrasse très fort sur ses deux joues, qui étaient très sales. L'Américain prend un chiffon, essuie la poussière mêlée de cambouis qui recouvrait son visage, sort de sa poche revolver un étui de cuir, l'ouvre, en sort un bâton de rouge et un miroir, puis, à notre stupéfaction, se fait un magnifique *make-up* : il s'agissait de Margaret Hig-

1. René Fraysse, déjà cité.
2. Mgr Jules Jost.

gins, la fameuse et intrépide journaliste ! Le pauvre Mgr Cegjelka ne savait plus où se mettre... »

« Les[1] tout premiers qui pénètrent dans le camp sont deux Belges : Paul Lévy, le reporter de la BBC, et Mme Bonnecompagnie. Paul Lévy nous rend visite au block des prêtres et, avec bonté, se laisse interviewer. Il nous adresse un petit discours et accepte nos messages pour nos familles. C'est ainsi que la radio a pu, grâce à lui, donner de nos nouvelles. »

« Sous[2] la voûte du Jourhaus, mais à l'intérieur du camp de détention, une drôle de voiture basse sur roues et sans toit s'était arrêtée. Nous apprîmes vite que ce véhicule s'appelait "Jeep". Quatre personnages en uniforme américain avaient sauté à terre et ne savaient comment résister au raz de marée humain qui se précipitait sur eux : un Noir très grand, le conducteur du véhicule, deux Blancs et... une femme. Elle avait enlevé sa casquette, nous voyions ses boucles châtaines coupées court. Alors que le Noir et la femme, adossés à la Jeep, serraient les mains de la foule aux mille bras tout en cherchant à éviter les accolades, l'un des Blancs courut vers l'entrée du Jourhaus. Quelques instants plus tard, il apparut sur le balcon qu'ornait une grille de fer forgé. Personne, de mémoire de Häftling, n'était venu s'adresser de là-haut au peuple méprisé et humilié des détenus. D'un grand geste, ample et amical, l'homme commanda le silence : "*Let's pray, brethren,* s'écria-t-il. *Let us thank the Lord for this day of delivery. Once more He has guided Israel, His people, out of Pharao's Egypt.*" Parmi ceux qui l'écoutaient avec stupéfaction, bien peu étaient capables de comprendre l'anglais et peu nombreux étaient, aussi, ceux qui, dans l'enfer, n'avaient cessé de croire au ciel. Cette prière inattendue me fit venir les larmes aux yeux, elle était incongrue et merveilleuse, trop belle pour être vraie. Tout était trop beau : ma certitude intérieure ne m'avait pas trompé ; j'avais survécu, alors qu'au départ, quand l'agent de la Gestapo avait pénétré dans l'atelier

1. Abbé Charles Mauroy, déjà cité.
2. Joseph Rovan, *Contes de Dachau*, Julliard, 1987 ; Seuil, 1993.

de François, mes chances étaient à peu près égales à zéro. Je regardai alors le quatrième Américain, resté près de la Jeep avec la femme et le Noir, et je vis – sans doute possible – qu'il était juif. Je ressentis alors une sorte d'hilarité intérieure : les symboles arrivaient vraiment trop nombreux, comme dans les tragédies classiques. La femme était une journaliste, la fameuse correspondante de guerre Margaret Higgins. »

« La tragédie [1] est achevée. Avant l'opérette qui va suivre, voici une séance de cinéma. Le premier soldat américain qui nous apparaît, un énorme revolver dans chacune des deux mains, est une caricature de Stürmer : le sémite intégral, lèvres épaisses, nez en banane, cheveux crépus. Après avoir fait sauter la serrure, il vient en courant vers nous. Personne ne trouve à redire à cette sorte de réparation morale. Après tout, les juifs avaient bien droit à cette préséance symbolique. L'homme se présente : Samuel Kahn. Le coup est régulier.

« Derrière lui, débouche aussitôt un second GI. Lui aussi se précipite vers notre groupe. Cette fois, en regardant de près, on s'aperçoit que ce soldat est une *girl* blonde. Minois gracieux. Maquillage discret. Ce qui l'intéresse avant tout, c'est de connaître les noms des "personnalités importantes" qui se trouvent dans le camp, pour les câbler illico à son journal. Elle nous passe sa carte de visite : Margaret Higgins, du *New York Times* ou du *Washington Post*, je ne me souviens plus au juste.

« Trente secondes encore. Voici le troisième libérateur. Celui-ci n'est pas armé. Il se présente à son tour : c'est un aumônier militaire. D'une voix émue, il nous invite à remercier la providence de nous avoir conservés jusqu'à ce jour, de nous avoir arrachés aux griffes du dragon. Puis il invite les premiers camarades accourus à se rassembler sur la grand-place pour s'associer à la prière d'action de grâce qu'il va monter réciter là-haut. Il désigne du doigt la tour sinistre et se dirige vers cette chaire

1. Edmond Michelet, déjà cité.

inattendue. On le voit bientôt apparaître sur le belvédère du mirador. D'un geste large, il fait un signe de bénédiction sur la foule hurlante qui vient de déboucher des blocks. Mais des sifflements de balles se font entendre ; on s'étale sur le sol. Ce n'est qu'après une dernière escarmouche avec les SS fanatiques que la bannière étoilée est hissée au mât où flottait hier encore l'étendard rouge à croix gammée. Imperturbable sur son perchoir, sous son casque bosselé, l'aumônier achève la récitation du Notre-Père.

« C'est dans cette séquence de western que nous fut rendue la liberté. »

Blonde aux cheveux longs, américaine ?

Cheveux courts, châtains, belge ?

Margaret Higgins ou Louise Bonnecompagnie ?

S'il faut trancher, disons Margaret Higgins. L'envoyée spéciale belge ne sera à Dachau que vers 23 heures, ce 29 avril.

L'histoire de cette Jeep dépasse l'anecdote. La Jeep n'appartient pas au détachement d'infanterie et de blindés de la 42e commandée par le lieutenant-colonel L. La Jeep vient de Munich. La journaliste a persuadé un général de l'état-major Patton de la conduire à Dachau. Samuel Kahn, qui a juré qu'il serait le premier à pénétrer dans Dachau, insiste. Il connaît le camp, ses approches. Le général américain voit le bénéfice « médiatique » qu'il tirera de cette opération. Quand la Jeep franchit le Jourhaus, le lieutenant-colonel L. est en discussion avec le comité international clandestin et sa première compagnie noyée par les vagues de déportés qui ondoient sur l'Appel Platz. La journaliste dit qu'elle n'a pas une seconde à perdre, qu'il y a des personnalités importantes dans le camp, qu'elle doit les rencontrer immédiatement. Des personnalités ! Quelles personnalités ! Le chancelier Schuschnigg, Léon Blum... et des généraux allemands qui ont voulu tuer Hitler. Ça, c'est une histoire ! Ça, c'est une bonne histoire ! L. n'écoute plus, même s'il entend revenir sans cesse, dans ce torrent de paroles, les mots *story, people*. Une histoire – les gens –, mais l'Histoire la vraie, elle l'a autour d'elle. Les *people*, ce sont ces milliers d'hommes qui crient leur joie, ces milliers d'hommes qui pourrissent dans les wagons, de l'autre côté des barbelés... La fureur de L. est à son comble.

– Qui vous a donné l'autorisation d'entrer dans le camp ? Mes ordres, les ordres du général Linden sont formels, personne d'autre que mon unité dans le camp avant l'arrivée du général Linden.

– Je suis le général...

Le passager de la Jeep se présente. Dit et redit le nom de la grande journaliste, l'importance pour l'Histoire de sa rencontre avec le chancelier Schuschnigg, Léon Blum, les Allemands qui... L. ne le laisse pas achever.

– Demi-tour ! Vous allez faire demi-tour ! Revenir d'où vous êtes partis ! Sur-le-champ.

– Bien, dit le général intrus, je prends le commandement de votre unité, le commandement du camp.

L. porte les mains à son ceinturon. Il hurle :

– Vous allez disparaître... Tout de suite. Je...

Le général et la journaliste remontent dans la Jeep, s'ouvrent difficilement un passage vers le Jourhaus. Deux minutes après leur départ, il est 17 h 50, la fusillade éclate le long des barbelés, dans les rues des blocks. L. court. Quand il arrive près du lieutenant P., l'irréparable (« Tuez-les tous ») est accompli. Cent vingt et un gardiens exécutés...

– Je vous traînerai en cour martiale.

Une gifle ! Qui a giflé qui ?

Déjà, des Jeep, deux blindés pénètrent dans le camp. Peut-être des éléments de cette autre division qui clamera plus tard qu'elle a délivré Dachau, peut-être d'autres compagnies de la 42$^{e}$ en appui du détachement avancé du lieutenant-colonel L.

La « république libre » de Dachau durera six semaines. Les bons Américains sont intraitables : devant les risques de propagation du typhus, ils remettent en place des barbelés d'isolation. Chaque comité national désigne des déportés qui « s'évaderont » et, de retour dans leur pays, tenteront de mobiliser les gouvernements pour accélérer le retour. Les « intellectuels délirants » de Michelet et Rovan tirent au sort les trois Français qui assiégeront à Paris les bureaux de Frenay, le ministre des Prisonniers et Déportés. Les noms de Teitgen, Gosselin et Fily sortent du chapeau. Ils quittent Dachau à la barbe des Américains dans des voitures d'officiers de la division Leclerc. Leclerc, qui fut le « visiteur » le plus applaudi de Dachau. Pour les remercier de cet accueil « inoubliable », ses GMC appportèrent le lendemain aux Français sept mille bouteilles des meilleurs vins français. Afin de ne pas être en reste, les Américains distribuèrent quatre cent mille boîtes de conserve et mille cinq cents bouteilles de bourbon. Pendant ces quarante-cinq jours de la « république libre », près de mille cinq cents déportés mourront libres.

Et le lieutenant-colonel L. ?

Il rédigea rapport sur rapport. La cour martiale qu'il exigeait pour juger le lieutenant P. et l'un de ses adjoints ne fut jamais constituée. L'état-major de Patton avait d'autres priorités, et puis, dans les dossiers des « libérateurs » de Dachau, il y avait cette histoire de gifle donnée par un gradé à un autre gradé. Chez Patton le mot « gifle » était interdit. Le grand général, le plus prestigieux après Eisenhower, avait autrefois, il y avait si longtemps que la « faute » était presque oubliée, du côté de la Sicile, giflé un GI dépressif qu'il traita de « simulateur ». Les journaux insistèrent sur l'incident, les familles des *boys* s'insurgèrent. Patton relevé de son commandement avait bien failli terminer la guerre en pantoufles, chez lui, à San Gabriel en Californie.

*30 avril 1945*

# ALLACH

Au cœur du réduit bavarois, Allach, succursale de Dachau, prévue pour accueillir trois mille cinq cents déportés, en comptait plus de quatorze mille en mars 1945, dont six cents femmes, en majorité des tsiganes évacuées de Ravensbrück et d'Auschwitz. Marcel-G. Rivière est l'un des rares déportés français à avoir tenu un journal.

« En juin[1] 1944, la majorité des détenus était constituée de déportés soviétiques, allemands et polonais. Les déportés soviétiques étaient pour la plupart des droit commun amenés des prisons d'Ukraine, Kiev et Kharkov, en nombre très supérieur aux véritables résistants et aux officiers subalternes de l'Armée rouge coupables de tentatives d'évasion ou considérés comme éléments de subversion dans les oflags. Les détenus allemands – droit commun et politiques – occupaient en principe les postes de responsabilité intérieure ; en moins grand nombre, figuraient les résistants polonais et c'est seulement par dizaines que l'on comptait les déportés belges, luxembourgeois, hollandais, yougoslaves, tchécoslovaques, résistants capturés dans les villes ou les maquis.

1. Ces notes lui ont permis de rédiger ce témoignage en partie inédit. Une première version a été publiée en 1965, à Lyon, par le journal *Le Progrès*.

« À la fin du mois de juin 1944, des contingents de déportés français et de républicains espagnols arrêtés en France allaient grossir l'effectif des détenus d'Allach... D'autres allaient suivre dans le courant du mois de juillet : quelques rescapés du « Train de la mort » et, au début du mois de septembre, des NN évacués du camp tristement célèbre du Struthof, près de Schirmeck, en Alsace. Quelques personnalités jugées par les SS indignes de la qualification de notables et du sort parfois adouci qui s'y attachait figuraient parmi les nouveaux arrivants. Notamment des préfets dont l'absence d'empressement à l'égard des autorités occupantes – pour ne pas en dire plus – avait paru suspecte : Ernst, nommé IGAME à Rennes après sa libération ; Pierre Lecène, qui fut préfet de l'Ain ; Coldefy, qui fut préfet de Savoie ; Grimaud, qui fut préfet de la Haute-Marne... On notait également l'arrivée d'un chirurgien connu, le Dr Laffitte, chirurgien-chef des hôpitaux de Niort, du populaire radio-reporter sportif Georges Briquet, d'un champion de France de boxe, Moïse Bouquillon, d'un international de rugby, Olivier... Et, formant une communauté dont la solidarité sans faille devait prendre valeur d'exemple, un grand nombre d'Eyssois, anciens détenus de la célèbre prison d'Eysses arrêtés pour résistance. »

« Dans [1] la première quinzaine de mars, j'étais employé au Katastrophe Kommando... Inlassablement, nous devions reconstituer, rail à rail, les voies de chemin de fer détruites. Nous devions pénétrer dans la neige jusqu'à mi-ventre et fouiller autour de nous, à mains nues, pour repérer les rails enfouis. Que d'accidents ! Pieds écrasés, mains coupées... Une nuit, je ressentis une douleur étrange dans mon pied gauche, c'était comme si on me chatouillait avec des aiguilles. J'avais hâte d'entendre siffler le réveil. Debout, je me rendis compte que je ne pouvais plus poser le pied par terre : il était

1. Manuscrit inédit Jean Kerjean.

dur comme fer. On me porta au Revier. Henri Laffitte m'examina et demanda à son infirmier de me passer les sangles. Je refusai. Le chirurgien me regarda : "On va t'arranger ça au poil." Je me cramponnai. Il m'arracha un ongle. Je n'ai rien senti. Je vis le docteur sourire : "Tu as de la veine, le sang coule." Il me renvoya au travail après m'avoir pansé, m'expliquant que le Revier était dangereux pour les "inutiles" et qu'il valait mieux me faire soigner en cachette après le retour des Kommandos. C'est ce qu'il fit. Pendant huit jours, il s'occupa de moi comme si j'étais son fils. Je lui dois la vie. Il m'a guéri mais aussi donné le courage de continuer à lutter... il m'a donc sauvé deux fois. »

« Pour[1] la première fois, au début de 1945, des colis transmis par la Croix-Rouge aux déportés français et belges furent reçus en Allemagne. Munich était assez proche de la frontière suisse. Dachau et Allach étant près de Munich, ces colis envoyés à tous les camps d'Allemagne s'accumulèrent à Munich et commencèrent à nous être distribués. Ils contenaient, outre des aliments directement consommables – biscuits, fromages, chocolat, sardines – des aliments à cuire (pâtes, haricots). Or les déportés n'avaient aucune possibilité de faire la cuisine. L'organisation clandestine des Français du camp décida d'en faire bénéficier l'ensemble des déportés de toutes nationalités, mais à condition que des mesures très strictes soient prises pour empêcher le moindre "coulage", le moindre vol au profit de Kapos ou d'autres "proéminents". Il fut décidé de proposer à la direction du camp de réaliser, sous la surveillance d'hommes de confiance désignés par les déportés, dans chaque block, la collecte des aliments à cuire ; les hommes de confiance devaient ensuite, en un circuit ininterrompu et sans failles, surveiller le stockage, la cuisson et la répartition des soupes supplémentaires ainsi préparées. Ce système détruisait toute l'organisation interne du camp de concentration,

1. Manuscrit inédit Dr Henri Chrétien.

basée sur le *Führer Prinzip*, l'autorité venant d'en haut, alors que l'autorité des hommes de confiance venait démocratiquement d'en bas. Mais il fallait faire admettre ces propositions révolutionnaires aux autorités du camp. Les chirurgiens Laffitte et Jacques, à qui l'art du bistouri avait valu l'estime des SS, furent choisis comme négociateurs. En 1943, on les aurait pendus. Leurs propositions furent acceptées par les autorités intérieures du camp et les SS. Ainsi se créa à Allach une situation exceptionnelle, l'atmosphère du camp se trouvant entièrement transformée. »

Le Dr Henri Laffitte a même réussi l'exploit d'établir le contact avec ses amis restés à Dachau et les représentants clandestins des intérêts français. C'est un Kapo autrichien qui a préparé l'opportunité :

– Je veux bien sûr aller à Dachau, mais je n'ai nullement l'intention de disparaître... pendant le voyage.

– Tu es fou. Il te faudra simplement accompagner un convoi. Des cas de typhus ont été signalés parmi les juifs de Kaufering. Le médecin-chef de Dachau a demandé que l'on apporte des cadavres au médecin légiste Blaha. Viens voir Garoli.

Le commandant d'Allach accepte la proposition du Kapo. Devant la porte barbelée, un âne efflanqué fouille de ses dents noires une touffe d'herbe. Il est attelé à une charrette légère.

– Monte.

– Mais il n'y a pas de place pour moi.

– Monte ! Installe-toi sur les cercueils.

Le médecin, à califourchon sur une caisse, pousse du pied une planche pour fermer une autre « boîte ». Les corps, encastrés les uns dans les autres, remplissent trois cercueils. Peut-être huit corps, peut-être plus. Ils sont si maigres...

– Allons-y !

Le SS, mitraillette braquée, suit à pied la charrette. Clopin-clopant, l'équipage flâne tout au long des neuf kilomètres de route. Un air de vacances, de liberté. Narines dilatées, yeux ivres du monde retrouvé. L'oubli. Neuf kilomètres d'oubli.

Le Kapo du Revier de Dachau hurle :

– Ne bouge pas. Surtout ne bouge pas d'ici.

Il attend. Tous ses amis, le plus discrètement possible, viennent l'embrasser, l'interroger.

– Alors, raconte...

Il attend. L'appel du soir se termine. Le Kapo accourt, essoufflé.

– Il y a une drôle d'histoire. Tu vas grimper chez les SS. Là-haut.

– Pourquoi ?

– Ils t'ont cherché toute la soirée à Allach. Ils avaient oublié qu'ils t'avaient envoyé ici. Notre médecin-chef, le commandant Intermayer, veut te voir.

Garde-à-vous. Intermayer entre dans son bureau.

– Qui vous a désigné pour venir ici ?

– Le Kapo du Revier.

– Et d'où tenait-il cet ordre ?

– Probablement du commandant en chef du camp.

– Mais l'avez-vous vu, le commandant ?

– Oui ! Je l'ai vu ce matin.

– Il est donc au courant que vous êtes venu ?

– Oui, bien sûr.

Intermayer sort. Il réapparaît cinq minutes plus tard.

– Mais dites-moi, vous êtes infirmier là-bas. À quel titre ?

– Je suis médecin.

– Ah ! Vous êtes médecin. Quelle spécialité ?

– Chirurgien.

– Ah ! Vous êtes chirurgien. Où avez-vous fait vos études ?

– À Paris.

Il hésite, se lève, tourne autour du déporté.

– Au fond, pourquoi êtes-vous dans un camp ?

– La Gestapo m'a envoyé ici.

– Ce n'est pas ça que je vous demande. Pourquoi la Gestapo vous a-t-elle arrêté ?

– Parce que je n'ai pas dénoncé des gens que j'opérais.

Nouveau silence, puis Intermayer rugit :
– Foutez-moi le camp !

« Le 22 avril [1], nous apprenons que Nuremberg est aux mains des Alliés. C'est dimanche et le bruit circule, sans grand fondement, qu'aucun Kommando extérieur ne reprendra le travail le lendemain. Le lendemain, rien n'est pourtant changé aux habitudes.

« La voix du canon se rapproche de jour en jour...

« Le 23 avril, la direction du camp demande au service médical d'établir la liste de tous les détenus "capables d'effectuer une marche militaire" (*taglich*, quotidiennement, trente à quarante kilomètres). Les médecins invoquent l'impossibilité de faire un tel choix. Le médecin SS les presse et déclare qu'il opérera lui-même la sélection. Les médecins détenus cèdent mais, avec le Dr Laffitte, ils s'emploieront à gagner du temps. En fait, sur sept cents détenus, quarante seulement sont déclarés aptes. Et ce sont tous des volontaires, espérant trouver dans un nouveau repli une possibilité d'évasion. Un lourd problème se pose alors à la conscience des médecins et des responsables – encore clandestins – du camp : vaut-il mieux être en marche ou risquer, en restant sur place, l'extermination totale au lance-flammes ? Horrible choix !

« Les événements semblent se précipiter... Il semble que la direction SS ait décidé de passer outre. Elle fait demander d'extrême urgence à tous les chefs de block les hommes capables d'entreprendre cette "marche militaire". Plus aucun doute, l'évacuation du camp est maintenant imminente ! On ne sait évidemment rien sur le lieu prévu.

« D'un commun accord, Doize et moi-même proposons aux autres comités de retarder le départ à tout prix. Par tous les moyens, même les plus dangereux. L'ensemble des comités adopte notre point de vue. La consigne est maintenant donnée à tous les détenus, passant de

1. Témoignage Marcel-G. Rivière, déjà cité.

bouche à oreille d'un baraquement à l'autre : faire durer, saboter, maquiller les listes, exagérer le nombre des invalides... Tout le personnel du camp semble disposé à observer la consigne. Même certains SS, qui commencent à prendre peur des proches lendemains. Des listes sont pourtant dressées, mais leur transmission traîne. Et aucun départ ne semble encore décidé. Échapperons-nous à l'évacuation ? Nous recommençons à espérer.

« Le 24 avril, aucun Kommando extérieur de travail n'a quitté le camp.

« Plus précise encore, la voix du canon...

« Le 25 avril – un mercredi –, nouvelle alerte ! À 22 heures, en pleine nuit, une note urgente est apportée aux chefs de block : fournir immédiatement la liste des détenus n'appartenant pas aux nations suivantes : France, Pologne, Italie, Hollande, Belgique, Luxembourg, Yougoslavie et Tchécoslovaquie. Ce sont, nous n'en doutons pas, les Soviétiques, non adhérents à la convention de la Croix-Rouge, qui sont visés. Les comités n'hésitent pas ; la solidarité doit jouer. Il faut rendre impossible tout départ en rendant impossible toute identification de nationalité des détenus. Des coups de main sont prévus contre les fichiers. Les Schreiber doivent retarder l'établissement des listes et ne devront en aucune façon réagir contre les tentatives de cambriolage des fichiers. À vrai dire, aucune action ne sera vraiment tentée et seule la passivité de la plupart des secrétaires de baraquement permettra encore de gagner quelques heures. Pourtant l'un d'eux, le seul Schreiber français du camp, Jean Stortz, accepte d'être victime d'une agression concertée, par un petit Kommando qui le dépouillera de son fichier, immédiatement détruit. »

Laffitte, Prat, Jacques et Chrétien décident de provoquer des poussées de fièvre, « contrôlables », chez les valides.

« L'infirmier SS[1] responsable de la surveillance du

1. Témoignage inédit Dr Henri Chrétien.

Revier devait signer les papiers exemptant de l'évacuation les déportés malades. Il était nouveau dans le camp, et s'était montré dès le début très amical avec les médecins et infirmiers déportés. Retournement de dernière heure ou bonne volonté ? Il accepta de signer ces papiers pour tous ceux que nous lui présenterions. Toutefois, il fallait se prémunir – lui et nous – contre un contrôle éventuel du médecin SS. Nous décidâmes d'injecter aux déportés de l'Est déclarés malades sur les feuilles signées par l'infirmier SS des médicaments qui leur donneraient une poussée fébrile contrôlable deux ou trois heures après, au moment du départ. Ce fut un spectacle étonnant que cette salle de consultation de l'infirmerie d'Allach, où un SS signait sur une table des papiers attestant qu'un déporté avait plus de 38° de fièvre tandis que les médecins injectaient à chacun des intéressés de l'huile soufrée, du lait, du Propidon, afin qu'en cas de contrôle, trois heures plus tard, le déporté ait effectivement de la fièvre. »

« À la nuit [1], un sous-officier SS demande discrètement à parler au Schreiber français, Jean Stortz, qui, Alsacien d'origine, parle et entend parfaitement l'allemand. Il vient apporter spontanément, contre promesse d'une large indulgence dans les jours à venir, des renseignements sur l'ordre de la marche d'évacuation. Stortz me fait appeler et c'est ainsi que j'apprends que toutes les heures une colonne de trois cents détenus quittera le camp et que pour chacune de ces colonnes il est prévu une garde de six fusils mitrailleurs. Le renseignement est précieux, certes, mais nous jouons l'indifférence. L'homme n'est-il pas un provocateur ? Un peu avant midi, les comités nationaux rappellent les consignes établies en commun : opposer la force d'inertie à la volonté des Allemands.

« Dans l'après-midi, vers 17 heures, les SS décident un rassemblement général de tous les détenus. Gros émoi... Mais la consigne est observée. On se rassemble avec un minimum de hâte, certains feignent des malai-

1. Témoignage Marcel-G. Rivière, déjà cité.

ses, d'autres oublient intentionnellement des effets indispensables. La confusion est grande.

« Malgré tout, le rassemblement sera opéré. Mais avec un regard considérable. Il fait grand nuit lorsqu'il s'achève. Les SS semblent timorés, maintenant. L'appel des Russes traîne en longueur. À la faveur de l'obscurité, plusieurs d'entre eux réussissent à quitter les rangs et à revenir dans les blocks où tous les autres détenus ont été renvoyés. Les détenus allemands droit commun, promus policiers en la circonstance, ne peuvent faire observer les ordres. À minuit, pourtant, les colonnes de Soviétiques s'ébranlent et quittent le camp. Incomplètes, certes, et s'amenuisant assez vite, car, dès les portes franchies, des détenus réussissent à s'enfuir dans la campagne et dans les bois...

« On apprendra quelques jours plus tard que sur les deux mille Soviétiques évacués d'Allach, une partie a péri d'épuisement : d'autres ont été abattus par les SS. Après quarante heures de marche presque ininterrompue, ils avaient rejoint douze mille autres Soviétiques évacués de Dachau. Et après trois jours de marche, il ne restait plus, sur un total de quatorze mille, qu'une dizaine de milliers ! On apprendra aussi qu'en cours de route plusieurs sentinelles ont été tuées par les Russes et que d'autres, craignant d'être écrasées sous le nombre en dépit de leurs armes, se sont enfuies.

« Dans la soirée, le président du comité international clandestin, le Dr Laffitte, accompagné du délégué communiste belge, le professeur Bob Claessens, rend une visite dans les blocks. Ils informent que l'arrivée des troupes alliées est maintenant imminente. Ils font appel au calme et à la discipline. Les SS n'attendent-ils pas l'incident qui justifierait des représailles de dernière heure ? Nous sommes décidés à éviter tout incident, mais résolus aussi à vendre chèrement notre peau.

« Nous avons rassemblé en plusieurs endroits tout ce qui peut nous servir d'armes. De pauvres armes : bâtons, pieux, pierres... Les Français se sont, pour la plupart, constitués en petits Kommandos dans lesquels ont été incorporés quelques-uns des Soviétiques rescapés et des républicains espagnols – des Eyssois – que nous avons considérés comme faisant partie de notre communauté. De ces derniers, nous connaissons l'extraordinaire courage. Nous l'avons apprécié lors de la révolte d'Eysses, il y a un an.

« Et l'heure est maintenant à la fois à l'attente tranquille et au courage résolu.

« 28 avril. Surprise... Dans la nuit, la plupart des SS ont abandonné leurs baraquements. Il ne reste plus que quelques sentinelles, sous les ordres d'un seul sous-officier... Peu avant midi, ces derniers quittent discrètement le camp. On voit certains d'entre eux revêtir des costumes civils dans les miradors, puis, abandonnant leurs armes, prendre la fuite à travers champs.

« Nous sommes maintenant seuls. Nous recommandons pourtant une extrême prudence. Ce départ précipité n'est-il pas une feinte ? Des fusils-mitrailleurs n'ont-ils pas été, pendant la nuit, discrètement installés dans les petits blockhaus disséminés tout autour du camp ? Toute tentative de sortie ne sera-t-elle pas stoppée sur place, par un tir d'armes lourdes ? Nous prenons la décision d'interdire l'approche des clôtures et consignons pratiquement les détenus dans les blocks. Seuls les responsables et les chargés de corvées sont autorisés à circuler dans le camp.

« Nous sommes enfin seuls... Le camp nous appartient. Aussitôt un comité de direction est mis en place. Le D^r^ Laffitte étant retenu par ses obligations de médecin-chef du Revier, c'est le professeur belge Bob Claessens qui est unanimement porté à la présidence de ce comité. Le service d'ordre, dont on devine l'importance primordiale en de telles circonstances, est confié à un communiste roumain, Sarlac, que secondera le capitaine français Nommallier.

« À midi, nous allons un peu déchanter. L'ancien Lagerältester allemand, connu sous le nom de Ferdinand, vient nous informer qu'il a été chargé par les SS de prendre en main toutes les responsabilités du camp. Tout manquement à la discipline appellera des représailles de la part des SS qui, nous dit-il, sont restés à proximité et avec qui il peut maintenir des liaisons. Il ajoute qu'il a décidé de confier la garde des miradors à des détenus allemands.

« Réuni au complet, le comité international oppose un "non" formel aux prétentions de Ferdinand. Bob Claessens lui fait savoir, sur un ton très ferme, que les détenus ne sauraient tolérer que seuls leurs camarades allemands soient préposés à la garde du camp. Quelques communistes allemands s'associent sans réserve à notre protestation. Finalement, Ferdinand cède et admet le principe de doubler les "sentinelles-détenus" allemands par des détenus d'autres nationalités.

« Mais dans l'après-midi, nous voyons revenir, en armes, quelques SS qui vont reprendre leur place dans les miradors et au poste de garde. Ferdinand les a-t-il prévenus ? Ces SS se montreront toutefois fort peu agressifs. Ils bavardent avec les détenus et quelques-uns arrachent ostensiblement leurs sinistres écussons, affirmant qu'à la nuit tombante ils s'enfuiront en abandonnant leurs armes.

« Les SS ont tenu parole. Au matin du 29 avril, il n'en reste plus un dans le camp... Avant midi, pour nous signaler aux troupes alliées, que nous espérons voir arriver d'un moment à l'autre, nous hissons des drapeaux au faîte des miradors. Notre joie est vive. Toutefois mêlée d'inquiétude devant les difficiles problèmes qui se posent à nous. Notre maigre stock de vivres nous permettra-t-il de tenir jusqu'au bout, dans le cas d'une vive et longue résistance des Allemands devant Munich, résistance qui nous placerait dans un véritable *no man's land* ? Nous évaluons notre stock. En maintenant le très sévère rationnement actuel – quotidiennement deux litres de soupe claire et deux cents grammes de pain – nous pourrons tenir sept jours. Mais il faudra monter bonne garde autour des dépôts. La faim est si mauvaise conseillère, et ici tous ont faim. Depuis des mois...

« Dans les blocks, c'est une extraordinaire agitation. On décore comme on peut. Chaque communauté prépare ses drapeaux. Ceux qui seront agités bien fort et bien haut lorsque les troupes alliées arriveront...

« Nous sommes depuis plusieurs jours totalement coupés de Dachau et de toute information. Le "Mort-Express" n'assure plus, depuis plus d'une semaine, son macabre trafic, entre notre camp et le crématoire. On ne sait plus où mettre les cadavres... Les charniers se multiplient dans le camp et ne cessent de grossir.

« Mais où sont les Alliés ? Avancent-ils ? Quand seront-ils là ? Les canons vont nous répondre. Les canons américains. Nous sommes à leur portée. Vers 20 heures, des obus d'artillerie légère pleuvent sur le camp. Des baraquements sont touchés. Dans une des allées, un israélite est décapité par un éclat. Dans le camp des femmes, on compte plusieurs victimes. Au total, trois morts et vingt-cinq blessés, que les médecins détenus vont opérer avec des moyens de fortune. »

« Une [1] batterie de canons antiaériens allemande ayant tiré sur les blindés américains arrivés à Dachau, l'artillerie américaine riposta et, comme nous l'avions prévu, un certain nombre d'obus tombèrent sur un camp annexe de déportés juifs, le plus près des batteries de DCA. Il y eut des morts et des blessés. C'est ainsi que j'assistai à la scène suivante : le Dr Laffitte, assisté d'un infirmier russe, extrayait les éclats d'un blessé juif lorsque, de nouveau, l'artillerie américaine tira une salve. Laffitte leva seulement la tête et dit tranquillement : "S'ils décalent de cent mètres au nord, c'est pour nous." Et tout aussi tranquillement il incisa autour de la plaie de pénétration d'un éclat. »

« Nous [2] aurons quelques jours plus tard l'explication de ce bombardement. C'est en réglant leur tir pour réduire au silence des pièces allemandes installées à proximité du camp (à moins de cinq cents mètres), près

1. Manuscrit inédit Dr Henri Chrétien, déjà cité.
2. Témoignage Marcel-G. Rivière, déjà cité.

de Feldmoching, que les Américains ont atteint nos baraquements.

« Après quelques salves, les pièces allemandes sont détruites. Les déportés d'Allach viennent de vivre leur dernier danger. Du moins le pensent-ils. Car sévit maintenant le typhus et bientôt ce sera la dysenterie. Le comité international siège maintenant sans désemparer, malgré le sommeil et la fatigue. Au comité national, des commissions sont formées. Doize s'occupera des questions du ravitaillement de la communauté française maintenant regroupée dans les mêmes blocks ; le Grenoblois Leroy, des enquêtes. Je suis moi-même chargé des questions d'information, du recensement des vivants et des morts, et, afin que soient accélérées, le moment venu, les opérations de rapatriement, de l'établissement par régions des listes des détenus français.

« Les morts sont plus nombreux que les vivants... Nous arriverons à les identifier par le petit bout de carton glissé entre les doigts de pied, immédiatement après le décès, et portant leur numéro matricule. Mais, dans les charniers, un grand nombre de ces “petits bouts de carton” se sont égarés. Et de nombreux morts resteront inconnus...

« Le 30 avril, les commissions du comité international sont au travail. Le Dr Laffitte a la lourde responsabilité de parer à l'extension de l'épidémie de typhus. Sans vaccin. Sans remède. Sans aucune possibilité d'hygiène. Il créera des blocks de quarantaine – les blocks 22 et 23 – où seront rassemblés les contagieux et les grands malades.

« Dans les blocks, les détenus passent le temps. Ici, entouré de ses amis préfets, Pierre Lecène récite des vers : José-Maria de Heredia, Anna de Noailles, Leconte de Lisle... Là, Georges Briquet parle avec un rugbyman catalan, Roques, de l'avenir du sport français... Plus loin, un excellent baryton, un Lyonnais de la Croix-Rouge, Dussoye, donne un petit festival de chansons de captivité qu'il a apprises lorsqu'il était au camp de prisonniers dont il s'est évadé pour reprendre en France le combat dans la Résistance.

« Dans un autre baraquement, des détenus allemands chantent en chœur, dans leur langue maternelle, le tout premier et émouvant chant concentrationnaire des Marais, composé par les détenus allemands qui construisirent leur premier camp : Dachau.

« 30 avril. À l'exception des hommes de corvée – la corvée de cadavres ne chôme guère – les détenus font la grasse matinée. Que d'heures de sommeil à récupérer ! On a pourtant mal dormi cette nuit, dans l'attente d'un lendemain dont on redoute et espère tant... Mais voilà des hommes qui, comme des fous, courent dans le camp... Ils montrent du doigt un grouillement kaki : des soldats mi-courbés, mi-rampant, sous le pont du chemin de fer proche... Se redressant, sortant de l'ombre, déployés en tirailleurs, au pas de gymnastique, le groupe accourt vers le camp. Un corps franc américain...

« Un seul cri : “Les voilà !... Les voilà !...” C'est la ruée hors des blocks. On rit, on pleure, on s'embrasse. On embrasse les libérateurs, on les entoure à les en étouffer. Chacun veut les toucher pour se persuader qu'il ne vit pas un rêve ! Des gosses presque, qui se regardent, abasourdis, et ouvrent de grands yeux étonnés sur ces tas immobiles d'hommes : les tas de cadavres. Peu après arrivent des officiers sur des Jeep, véhicules pour nous encore inconnus. Ils avancent difficilement au milieu de cette foule en liesse d'hommes amaigris, au visage ravagé par la faim et la joie. Des drapeaux s'agitent, sortis d'on ne sait où, cachés on ne sait depuis quand... Notre drapeau tricolore domine.

« Dans les blocks des grands malades, des détenus tentent de se lever. La plupart retombent, inertes, quelques-uns achevés par la joie. Lorsque, atterrés, rendus muets par l'effroyable spectacle, quelques officiers américains pénètrent dans ces blocks, ils trouvent un hallucinant garde-à-vous de squelettes vivants. Sur les paillasses, il en est qui pleurent, leurs maigres épaules secouées de sanglots. Ils pleurent sur cette liberté depuis si longtemps espérée et à laquelle ils n'abordent aujourd'hui que pour mourir...

« Quelle heure est-il ? On ne le sait même pas... C'est le matin, un matin de soleil et de printemps.

« C'est ce même matin qu'écrasé de peur, un monstre, Adolf Hitler, s'est, près de son égérie Eva Braun et de ses compagnons de crime, donné la mort dans l'ombre de son bunker... »

« Ne[1] jamais plus employer l'expression "être sauvé" depuis cette minute ! Car c'est trop lourd. Il y a trop de sens à revivre ainsi, ou mieux, à cesser d'être mort.

« Des mesures sanitaires très sévères furent décidées par les autorités américaines.

« Le 1er mai, quelques camarades réussirent cependant à sortir du camp et à s'emparer de nourriture dans les fermes du voisinage.

« On signalait la gloutonnerie d'un détenu qui avait mangé un canard cru, n'ayant pas eu le moyen ou la patience de le faire cuire. Les estomacs sous-alimentés supportèrent mal ces mangeailles excessives ; les voraces furent malades. Près d'une trentaine qui avaient dû entrer à l'infirmerie moururent d'avoir cédé à l'insatiable avidité qui les avait, pour ainsi dire, dépassés ; aucun Français, à ma connaissance. Je dois ajouter que ce ne sont peut-être pas seulement les abominables indigestions qui les ont ainsi précipités dans la mort, puisque nous étions tous en équilibre entre la survie et la disparition.

« Dès le 2 mai, le camp était refermé. Nous étions inquiets à nouveau. D'une inquiétude paisible, d'une angoisse tranquille, mais quelle pénible déception ! Des Français débrouillards prétextèrent des corvées imaginaires pour sortir : besoin d'aller rechercher des livres à l'usine – où il n'y avait jamais eu de bibliothèque –, obligation de reprendre des vêtements dans le village, nécessité de se rendre au camp de Dachau. Certains inventèrent un brassard qui étonna les gardes américains et purent ainsi s'évader, mais à l'aube du troisième

1. Manuscrit inédit Pierre Lecène.

jour, une sentinelle alliée ayant trois fois intimé l'ordre à des évadés de rejoindre le camp fit feu et en blessa deux.

« Nous renonçâmes à tenter de nous enfuir pour regagner la France. Nous étions libres et enfermés. Je réussis à fléchir le Dr Martineau, qui était venu de Paris, pour qu'on nous apporte des médicaments. Il ne voulut pas abandonner le fils du professeur Lecène.

« Couchés et cachés sous les bancs d'une voiture ambulance, nous quittâmes le camp d'Allach à cinq, le dimanche 6 mai au matin. À Dachau nous étions dix. Nous fûmes désinfectés, mais cette fois-ci gentiment, et nous reçûmes des vêtements civils. Nous n'étions, d'ailleurs, guère mieux habillés. Je me souviens d'avoir reçu des chaussures noires très pointues, une superbe casquette beige et une chemise fleurie.

« La voiture nous conduisit à travers les ruines d'Augsbourg, d'Ulm jusqu'à Tübingen, où nous fûmes conviés à une table d'état-major. Premières fourchettes et premiers couteaux retrouvés ; des serviettes blanches ; du vin rouge brillant dans les petits verres.

« Stuttgart-Karlsruhe, traversée du Rhin sur un immense pont de bateaux, et enfin Strasbourg le 7 au soir. Le 8 mai, à Strasbourg, jour de la victoire. La voix de De Gaulle au-dessus de la foule de la place Kléber.

« Nous pleurions de ne pouvoir plus rien penser. Quelle récompense, même si elle fut éphémère ! Mais quelle douleur aussi, que tant ne l'aient pas reçue...

« 9 mai, Nancy-Vitry-le-François-Paris. J'avais tout retrouvé. Dès lors mes souvenirs perdent pour autrui leur intérêt. »

# NEUENGAMME

À trente kilomètres de Hambourg, sur la route qui mène à Berlin, Neuengamme, le plus au nord des grands camps de l'Allemagne nationale-socialiste. De lui (treize mille quatre cent cinquante présents en février-mars 1945) dépendront cinquante-huit Kommandos (quatre-vingt-sept mille détenus). Neuengamme fut « inauguré » en décembre 1938 par un détachement de « constructeurs » venu d'Oranienburg.

L'implantation géographique du camp central et de ses satellites aurait dû leur épargner l'évacuation. Les éléments les plus influents de l'organisation clandestine de résistance, communistes allemands et officiers soviétiques, ne parvinrent jamais à établir un accord sur les actions à entreprendre en dehors des deux « classiques » que sont dans l'univers concentrationnaire la solidarité et le sabotage. Les anciens combattants de l'Armée rouge, bien que ne disposant que de trois pistolets et vingt et une grenades, mais de plus de cent couteaux et poignards, étaient favorables à une prise d'assaut des garages SS, dont la garde dépassait rarement huit à dix hommes. Ils estimaient que 30 % des attaquants auraient une chance d'atteindre les lignes britanniques, à condition qu'elles ne soient pas éloignées de plus de cinquante kilomètres. Comme dans les autres camps, les communistes allemands préconisaient la « temporisation ». L'important n'était-il pas de préserver le plus grand nombre de cadres communistes dans la perspective de l'après-guerre ? D'ailleurs, le commandant Max Pauly avait confié au doyen des prisonniers que Neuengamme était un camp « protégé » où allaient être rassemblés tous les détenus nordiques en vue de leur libération par la Croix-Rouge suédoise et plusieurs milliers d'autres privilégiés, également « livrés au comte Bernadotte contre des médicaments ».

Début mars les premiers Danois et Norvégiens en provenance de Dachau et d'Oranienburg s'installèrent à Neuengamme.

Bernadotte fut autorisé à leur rendre visite le 29 mars.

« J'avais[1] connu en Amérique Odd Nansen, le célèbre jeune architecte, fils de Fridjtof Nansen ; nous y avions travaillé ensemble en 1940 et étions devenus bons amis. Et maintenant, il se tenait devant moi... En arrivant, il avait dû enlever son bonnet devant le chef. Il avait pris la position particulière exigée de tout prisonnier en présence d'un commandant allemand. À la vue de cette manifestation de la "discipline" germanique, je sentais mon sang bouillonner dans mes veines. Odd Nansen était un patriote norvégien qui avait tout risqué et qui, comme tant d'autres, avait échoué dans un camp allemand. Ils étaient là, tous ces hommes de la Résistance norvégienne, dont nous avions réussi à obtenir la liste complète. »

Pauly laisse Bernadotte s'entretenir librement avec les Scandinaves ; des médecins norvégiens, déportés, établissent les listes des produits pharmaceutiques et alimentaires de première nécessité. Neuf jours plus tard ils recevront leur commande et deux baraques préfabriquées dans lesquelles ils s'installeront.

« Quand[2] je quittai les lieux, Norvégiens et Danois s'étaient rassemblés le long des grillages électrifiés entourant le camp. "Au revoir !" leur criai-je, et je vis

1. Comte F. Bernadotte, *La Fin*, déjà cité.
2. Comte F. Bernadotte, déjà cité.

que la joie brillait de nouveau dans leurs yeux. Mais à ce moment j'aperçus devant moi les prisonniers jusqu'alors entrevus dans l'autre partie du camp et pour lesquels je ne pouvais rien faire. Il y avait là des milliers de malheureuses créatures, des loques humaines qui, pareilles à des cadavres vivants, erraient de-ci de-là, apathiques, anéanties, incapables de revenir quelques jours à une vie normale. »

Avril fut pour tous, SS et déportés, le mois des incertitudes et des improvisations. Devant l'afflux d'évacués des Kommandos extérieurs, les rations sont diminuées de moitié, puis, vers le 15, à nouveau de moitié.

« Chacun[1] veut vivre et réalise que la moindre défaillance, la plus furtive seconde d'inattention lui sera fatale. Dans les travées des baraques archi-combles, les couvertures pendent lamentablement à tous les étages au milieu d'un brouillard de poussière que dégagent les pailles éventrées. La famine n'a jamais été aussi terrible. Il ne s'agit plus d'une organisation systématique d'extermination lente mais maintenant d'une pénurie totale des transports et de l'épuisement des réserves alimentaires.

« Le nombre des détenus atteints par le typhus a beaucoup augmenté. L'invasion des poux porteurs du microbe croît dans des conditions terribles et tous se grattent. Une véritable hantise de cette maladie s'empare de tout le camp. Certains, ayant remarqué que depuis une semaine les SS sont enduits de poudre désinfectante, s'imaginent que nos gardiens attendent que nous soyons tous morts...

« Bien que très affaiblis, nous vivons dans une atmosphère de folle surexcitation. Plusieurs certifient avoir vu Himmler en personne circuler dans le camp. Il s'agit bien d'un bel uniforme mais, en réalité, c'est celui du prince Bernadotte de Suède. »

1. Louis Maury, *Quand la haine élève ses temples*, imprimerie Gutenberg, Louviers, 1946.

« Méphisto [1], ce lanceur de défis universel, est en train de mourir au-dessus de moi. Sa maigreur est effrayante ; il est devenu un “musulman” du dernier degré, à moins de trente kilos. Il ne s'alimente pratiquement plus, ne parle jamais car il n'en a pas la force et végète dans une sorte de coma quasi permanent. Un râle régulier sort de ses lèvres. Soudain, un soir, ce râle fait place à un gémissement discret, puis reprend, crépite, s'arrête, repart. Je comprends qu'il va mourir. Alors me vient l'idée saugrenue qu'il faut l'assister pour le passage. Je m'agrippe au châlit et me hisse à sa hauteur, ma tête proche de la sienne.

« C'est fou ce que ce gars a changé depuis Compiègne, où il jouait les imprécateurs... Ce n'est plus qu'un déchet non identifiable autrement que par ses innombrables tatouages. Je le contemple un instant et, doucement, lui demande s'il croit en Dieu. Il me fait, du regard, un signe affirmatif. Je lui demande s'il est baptisé. Réponse négative. Veut-il l'être ? Réponse positive. Alors je le baptise avec un peu de “crache” que je mets au bout de mon pouce car je n'ai pas d'eau. Mais quelle importance ? Au nom du Père, du Fils et du Saint-Esprit, le voilà chrétien. Enfin, je le crois. Ou bien alors, Dieu n'est pas juste ! Mais je suis sûr qu'il se trouve en bonne place à la droite du Père, lui dont les sarcasmes d'antan couvraient la terre et le ciel.

« Ainsi passa Méphisto. »

Le 19 avril arrivent à Neuengamme des « transports secrets ». La Gestapo de Hambourg préfère confier aux tueurs expérimentés du camp les exécutions groupées de ses derniers condamnés. L'un d'eux, qui a réussi à dissimuler un poinçon dans le col de son pardessus, frappe au ventre le SS Schutzhaftführer Thumann, les autres gardiens anéantissent le transport à la grenade. Ce même jour Pauly reçoit l'ordre d'exécuter les cobayes et les infirmiers de la section spéciale.

1. Manuscrit inédit Roger Joly.

« Section spéciale[1]. C'était une baraque de bois semblable aux autres, située à côté de l'infirmerie. Les détenus ignoraient absolument ce qui s'y passait. Moi-même, avant de rentrer au laboratoire, je n'avais jamais prêté plus d'attention à cette baraque qu'à ses voisines. Or, chaque matin, un infirmier hollandais apportait dix échantillons d'urine à analyser et, chaque semaine, vingt prises de sang passaient également au laboratoire. Intrigué, j'y fus conduit par le professeur Florence, malgré l'isolement absolu qui pesait sur ce service, isolement qui devait être maintenu par les consignes les plus sévères. Et voici ce que je vis.

« Il y avait là une vingtaine d'enfants, garçons et filles, de nationalités différentes mais tous de race juive, âgés de quatre à quatorze ans. On les laissait libres de jouer toute la journée, mais ils ne sortaient jamais, sauf dans la petite cour qui se trouvait devant leur porte. Il était défendu de leur apprendre à lire, à écrire. Mais, en revanche, ils étaient logés très convenablement et fort bien nourris. Cela de façon qu'on ne puisse pas imputer un affaiblissement à de mauvaises conditions d'existence. Car ces enfants qu'on mesurait, qu'on pesait régulièrement, pour lesquels le laboratoire travaillait chaque jour, ces enfants servaient de cobayes. Ce qu'on leur faisait, je n'en sais rien. Je n'avais pas à le savoir. Et au surplus, je n'aurais pas accepté de participer à n'importe quoi. Mais ce que je sais, c'est qu'à intervalles réguliers un professeur du nom d'Esmayer venait de Berlin. Les enfants étaient alors examinés par lui. Certains subissaient des prélèvements chirurgicaux que le professeur emmenait à Berlin aux fins d'analyse. Ce que je sais aussi, c'est que le professeur Florence m'a dit avoir senti le paroxysme de la haine qu'il portait à l'Allemagne lorsqu'il avait vu insuffler des bacilles tuberculeux dans les poumons de certaines fillettes, ou encore au spectacle des garçonnets auxquels on avait fait avaler des doses

1. Henri Joannon, *Remember*, Imprimerie moderne, Auriac, 1946. Ce témoignage m'a été confirmé par lettre.

massives de médicaments sulfamidés pour en étudier les effets à loisir. »

Tous les autres déportés que j'ai interrogés n'ont pu m'en dire plus. Bien sûr, j'ai appris que certains enfants « portaient en permanence des tubages qui sortaient du nez et de la bouche », que les deux médecins français, Florence et Quenouille, sabotaient les expériences en « tuant les bacilles avant de les injecter ». J'ai appris également que furent « essayés » des vaccins antidiphtériques et qu'une expérience à grande échelle fut montée pour « tester l'eau empoisonnée par des gaz ou des maladies » ; mais qui ordonna ces recherches ? Qui les conduisait ? Florence et Quenouille gardèrent le secret pour ne pas compromettre les chances de survie des enfants.

Au procès de Hambourg, où furent jugés les principaux responsables de Neuengamme, le médecin SS Trzebinski déclara à la barre :

– Je considérai immédiatement cet ordre comme une catastrophe pour la fin de ma carrière et je refusai d'exécuter les enfants et leurs « soigneurs » en disant que je n'avais pas le matériel nécessaire. Le commandant Pauly était furieux. « Comment, me dit-il, j'apprends que vous êtes trop lâche pour tuer ces enfants ? » J'ai répondu : « Qui est plus lâche, moi ou celui qui m'a transmis l'ordre ? » Pauly criait : « C'est Hoess qui a envoyé l'ordre. C'est un ordre formel. Vous devez les tuer vite, n'importe comment. Je m'en fous. Ce soir vous procéderez à l'exécution à Bullenhuserdamm (une école de Hambourg). »

– Pourquoi n'avez-vous pas refusé ? demanda le procureur du procès de Hambourg.

– Si j'avais refusé, d'autres qui n'étaient pas médecins auraient accompli l'exécution, avec peut-être des raffinements de cruauté. Si je ne pouvais sauver les enfants, je pouvais au moins adoucir leurs derniers instants. La mort sans souffrance est la mort par piqûre mais il était impossible de leur injecter du poison car leurs artères étaient trop petites. On leur a dit qu'ils partaient en voyage, qu'ils n'étaient plus malades, qu'ils n'auraient plus à être soignés dans un hôpital, que les infirmiers, les six Russes qui s'occupaient habituellement d'eux, et les deux professeurs français Quenouille et Florence les accompagnaient.

De deux camions bâchés, les SS firent d'abord descendre les six Russes, les infirmiers et les professeurs français. Ils seront pendus dans la cave de la chaudière du chauffage central. Ensuite les enfants furent conduits dans un vaste abri antiaérien de l'école.

– Je leur ai dit qu'avant de poursuivre le voyage on devait les vacciner contre le typhus. Qu'ils ne devaient pas s'inquiéter, que ça ne faisait pas mal. Ils descendirent dans l'abri en serrant contre eux leurs jouets en peluche. Ils s'assirent sur des bancs.

Les vingt enfants ont de cinq à douze ans. Ils parlent de leur voyage, s'amusent même avec un modèle réduit d'avion en bois. Un SS, Framm, dit au Dr Trzebinski : « C'est le moment ! »

– Framm devait pendre les enfants. Il me murmura qu'il n'y avait plus rien à faire pour les sauver. Pour adoucir leur mort, j'avais décidé de les piquer à la morphine. C'est ce que j'ai fait. Les enfants roulés dans des couvertures se sont endormis. Ce que je vais vous raconter maintenant est monstrueux et effrayant, mais pourtant je dois le dire. Framm a porté dix des petits corps endormis dans une autre partie de la cave. Il y avait une corde à nœud qui pendait d'un crochet. Framm a passé le cou du premier enfant dans le nœud coulant et s'est accroché à lui avec tout le poids de son corps afin de hâter la mort. Je ne pouvais supporter ce spectacle, je suis sorti.

Dix minutes plus tard, Framm le rappelle. Des enfants se sont réveillés. « La dose de morphine était trop faible. » Trzebinski fait une seconde injection.

– Si Pauly avait voulu sauver les enfants, il aurait pu le faire. À cette époque personne des services de l'Inspection des camps ne serait venu vérifier sur place. Quant à moi, si je m'étais suicidé, Pauly en aurait profité pour affirmer qu'il ignorait tout et que j'étais le seul coupable.

Les malades des Revier, les « proéminents » et les Scandinaves sont les premiers à quitter Neuengamme. Les Kapos réclament des volontaires pour nettoyer leurs blocks. Le camp entier, ou à peu près, se porte volontaire. Maurice Choquet, un Jurassien de dix-huit ans, a la chance d'être retenu, la chance encore d'être envoyé au baraquement danois. Un éblouissement. Sur les deux tables, les paillasses des châlits, un peu partout contre les cloisons, des piles, des tas, des monceaux, des tumulus de victuailles, pains entiers, biscuits, confitures, saucissons, pâtes, riz, chocolat, conserves.

– Chargez les brouettes ! Tout ça aux cuisines !

Les Kapos s'emplissent les poches.

Choquet dit :

– Je m'occupe des cartons vides.

Les cartons vides ! Ce Français est stupide.

Choquet déchire, empile, noue des ficelles. À deux mètres de lui, un carton presque plein de boîtes de conserve. Il le complète de saucissons, de sucre en poudre, de barres de pâtes de fruits qui traînent à portée de main. Carton ficelé. Il le coiffe des cartons vides découpés. Glisse ses mains sous le carton plein, soulève le tout. À la porte le Kapo dit : « *Ja ! Gutt !*

Choquet est riche comme jamais il ne l'a été.

Louis Maury et son ami Roland Malraux, le frère d'André Malraux, sont de la seconde colonne d'évacués. Marche lente. Les gardiens, de vieux soldats de la Wehrmacht. Ces messieurs de la SS partent en camion.

Un train de wagons à bestiaux stationne sur la voie n° 1 de la gare du camp.

À soixante-dix par wagon c'est presque confortable ! Ils attendront vingt-huit heures l'arrivée de leur « complément d'effectif » : huit cents déportés d'un Kommando extérieur qui traînent depuis sept jours sur les voies bombardées.

Ainsi, après l'évacuation des cinq mille vingt-trois Scandinaves, des malades et des « proéminents », huit colonnes de déportés « ordinaires », du 18 au 26 avril, quitteront Neuengamme. Toutes ont pour destination finale le port de Lübeck. Trois effectueront complètement le voyage par le train, cinq à pied et en wagons à bestiaux.

Dans le port de Lübeck plusieurs cargos attendent au mouillage les déportés : l'*Athen*, le *Thielbeck*, l'*Helmenhorst*, le *Deutschland*. Deux au moins de ces navires, l'*Athen* et le *Thielbeck*, doivent effectuer des navettes, au gré des arrivées, avec le paquebot transatlantique *Cap Arcona*, en mer, au large de Neustadt, une vingtaine de milles au nord.

C'est à Hambourg que la décision a été prise d'embarquer les déportés sur des navires transformés en KZ flottants. Deux hommes partagent cette responsabilité : le gouverneur du Reich Karl Kaufman, commissaire à la Défense, administrateur général de la Marine, et le général SS comte Bassewitz-Behr, chef de la police de Sécurité de Hambourg et donc de la Gestapo. Au cours de trois conférences réunissant une vingtaine de participants, ils ont conclu qu'en attendant l'ordre d'Himmler concernant le « destin » des déportés de Neuengamme (abandon aux Anglais, remise à la Croix-Rouge suédoise, liquidation générale à l'exception des déportés allemands) la sécurité des populations civiles implique l'isolement des évacués. Le *Cap Arcona* est le plus grand paquebot (27 571 tonnes) dont dispose Kaufman. Il a servi de caserne aux sous-mariniers de Dönitz avant de convoyer des réfugiés de Dantzig à Kiel ou Copenhague ; son commandant s'appelle Heinrich Bertram. Kaufman estime que le *Cap Arcona* pourra engouffrer huit à neuf mille hommes ; les autres se répartissant sur des cargos ou « en désespoir de cause » dans les cabines du *Deutschland* (21 046 tonnes) réservé aux évacués d'autres camps que Neuengamme. Kaufman se défendra de toute responsabilité quand il sera entendu en avril 1946 au procès de Hambourg.

Défense : – Qui a donné l'ordre de transférer les prisonniers sur les bateaux ?

Kaufman : – Je ne puis le dire, mais Bassewitz-Behr essayait de récupérer ces bateaux.

Défense : – Ces bateaux devaient-ils rester dans la baie de Lübeck ou transporter les détenus en Suède ?

Kaufman : – Si l'intention avait été de les laisser dans la baie de Lübeck, je n'aurais pas participé à leur recherche.

Défense : – Vous affirmez donc, premièrement, que vous avez procuré ces bateaux et, deuxièmement, que vous l'avez fait dans l'hypothèse où ils réussiraient à acheminer les prisonniers vers la Suède ?

Kaufman : – Oui, naturellement.

Défense : – Savez-vous ou saviez-vous que selon les ordres d'un officier supérieur SS aucun prisonnier d'un KZ ne devait tomber aux mains des Alliés ?

Kaufman : – Non.

Le général SS Bassewitz-Behr, dans ce même procès où le commandant du camp, Pauly, fut condamné à mort, assuma pleinement ses décisions.

Défense : – Quels ordres avez-vous donnés ?

Bassewitz-Behr : – Lors de la dernière conférence, il fut convenu qu'il n'était pas opportun de laisser les détenus dans le camp. Ce n'était pas conciliable avec la sécurité des habitants de Hambourg. La commission de défense proposa de les transférer sur des navires.

Défense : – Qui a donné l'ordre de ce transfert ?

Bassewitz-Behr : – Ce fut moi.

Défense : – Existait-il, à votre connaissance, un ordre précisant qu'aucun détenu d'un KZ ne devait, sous aucune condition, tomber aux mains de l'ennemi ?

Bassewitz-Behr : – Oui.

Défense : – De qui émanait cet ordre ?

Bassewitz-Behr : – D'Himmler.

Défense : – Que disait-il ?

Bassewitz-Behr : – Qu'aucun détenu ne devait tomber aux mains de l'ennemi.

Défense : – S'il n'y avait eu aucune possibilité d'évacuation, que devait-il advenir d'eux ?

Bassewitz-Behr : – Conformément à cet ordre, ils devaient être tués.

*Helmenhorst*

« Nous[1] gravissons l'échelle de coupée et accédons au pont. Une écoutille est ouverte, vers laquelle nous sommes poussés. Une étroite échelle de fer plonge à pic dans les flancs du navire. C'est ici que commence la phase la plus abjecte de ce temps maudit. Nous sommes à Lübeck, ce 24 avril 1945.

« La plupart des malades ne peuvent utiliser seuls l'échelle de fer aux étroits barreaux. Il faut donc les prendre un par un. Le personnel sanitaire s'y emploie. Descendre, remonter, redescendre ; c'est long... Les SS s'impatientent. L'un d'eux précipite un malheureux dans le trou béant ; il s'écrase sept ou huit mètres plus bas, blessant des camarades.

« Car les cales ne sont pas vides ! Elles regorgent, au contraire, de moribonds et d'êtres hébétés. Et nous, les derniers arrivants, nous les retrouvons là dans les flancs de ce navire. Dans quel état ! Pour toute nourriture, une soupe par jour, trois quarts de litre d'eau tiède où baignent des choses innommables. En quelques jours, ils sont devenus des "sous-hommes" ! Ils ont marché, en longues colonnes, jusqu'à épuisement. Les traînards ont été abattus d'une balle dans la tête. Deux jours et demi de marche pour couvrir les quatre-vingts kilomètres. Jusqu'à ce rafiot ventru où ils se trouvent entassés, sans air, sans lumière, sans eau autre que l'unique "soupe" quotidienne. Pas de lavabos, pas de tinettes, rien... Le dénuement total. L'enfer ne peut être pire : le manque de place est tel qu'ils s'empilent les uns sur les autres et

1. Manuscrit inédit Roger Joly.

s'entremêlent ; à bout de forces, ils ne bougent guère. D'ailleurs pour aller où ? Les SS gardent le pont et en interdisent l'accès ; très peu auraient la force de grimper le long des barreaux de fer ; une faible lueur provient de l'écoutille... quand elle est ouverte ! La deuxième cale, elle, située à quinze mètres au-dessous du pont et bien au-dessous du niveau de flottaison est, en permanence, plongée dans les ténèbres.

« Dans cet entassement atroce, les morts servent de tapis. L'épaisseur varie. Mais tous les vivants sont étendus sur les morts dans une fraternité silencieuse. En attendant de former eux-mêmes la deuxième ou la troisième couche du tapis humain. La dysenterie règne et se propage. Tout le monde baigne dans un jus brunâtre et nauséabond qui favorise la décomposition des cadavres. L'odeur ambiante est pestilentielle. Quant aux poux, c'est, pour eux, la grande fiesta. Ils montent des morts pour se repaître des vivants. Leurs légions sont telles que beaucoup renoncent à s'épouiller. Voilà ce que nous découvrons au fond des cales de l'*Helmenhorst* et qui va devenir notre propre univers.

« Il y a là deux cargos de 10 000 tonnes à quai, le long de la Trave qui baigne Lübeck avant de se jeter dans la Baltique. L'autre bâtiment porte le nom de *Thielbeck*.

« Résignés, nous attendons notre destin. Nous ne savons pas ce qu'il sera. La faiblesse trouble nos esprits ; on ne communique guère. Je tente de me soustraire à ce monde d'horreur en gagnant le pont. Plusieurs fois je suis refoulé par le SS de garde. J'excipe de ma qualité de Pfleger ; je dis que j'ai besoin d'air un court instant, que *es stickt wie di pest, da unter* – ça pue comme la peste là-dedans. Je suis renvoyé en cale sans ménagement... Cependant, une de mes tentatives est couronnée de succès ! Aussitôt je me blottis dans un recoin du pont et prends soin de me dissimuler à la vue de quiconque viendrait à passer par là. Tout le jour se passe ainsi. Je n'ai pas eu ma soupe mais le grand air et la tranquillité valent bien ce sacrifice. Détail très important : juste à notre départ de Neuengamme les SS nous ont remis un colis de la Croix-Rouge ! Le premier et le dernier ! Événement inouï : il contient des pâtes de fruits, des boîtes de pâté, du sucre, du chocolat, du café en poudre, des cigarettes... C'est grâce à lui qu'on va pouvoir survivre aux conditions que j'ai dites. Mais il est très vite épuisé. Les Russes n'en ont pas eu (l'Union soviétique n'adhère pas, alors, à la Croix-Rouge internationale). Dans les cales de ces sinistres cargos, des bagarres éclatent au cours desquelles des Français, des Belges, des Hollandais, etc., sont tués pour quelques aliments...

« Le lendemain, je réédite mon coup. Me revoilà sur le pont, tapi dans mon recoin. J'observe alors le curieux manège d'un troisième bateau dont la coque s'orne d'un nom, *Athen*. C'est aussi un cargo. Il se range le long du *Thielbeck* et engrange plusieurs centaines d'hommes extraits de ce dernier. Puis il s'éloigne et gagne la haute mer. Il revient le lendemain et les jours suivants, effectuant le même manège. »

## *Athen*

« Nous[1] sommes près de l'hélice ; les moteurs tournent, leur bruit assourdissant fait vibrer nos tempes et jusqu'à l'ossature de nos corps décharnés. Sous l'effet de la trépidation, nos mâchoires s'entrechoquent.

« Nous naviguons depuis une heure. Beaucoup de manœuvres que nous ne pouvons comprendre. Où sommes-nous ? Où allons-nous ? Nous pensons aux mines, le moral est très bas. Les conversations s'éteignent, même chez les Belges, toujours intarissables. À des Flamands qui demandent des détails géographiques, je réponds à peine. La soif va bientôt sévir. Il faut économiser la salive.

« Comme il n'y a pas de tinette, il faut uriner sur la culotte du voisin et effectuer l'autre opération sur ses propres talons. Nous sommes presque tous diarrhéiques. Cinq cents hommes par cale... En plusieurs jours, le niveau d'excréments monte vite. Dès qu'il y a un peu de

1. Louis Maury.

houle, cette marée d'excréments monte sur les côtés jusqu'à une hauteur de deux centimètres. L'odeur d'ammoniaque est la plus forte. On s'allonge sur le côté. Tant pis pour les coudes. Les poux courent partout. On se gratte avec des mains immondes.

« Le troisième jour, les Allemands nous jettent des boules de pain que nous nous partageons selon la loi du plus fort. Les plus faibles s'en passent et, atterrés, s'accroupissent dans la fange. Des luttes individuelles s'engagent, entre détenus de nations différentes...

« Nous sommes appelés de corvée sur le pont, à cinq ou six, pour jeter les cadavres à la mer. Nous humons l'air salin, à pleins poumons. Il y a des visages éteints, les yeux vitreux, la tête renversée, la bouche ouverte. Un Sibérien jaunâtre, impassible, les saisit par les poignets moins sales, me laissant les chevilles. Nous les balançons par-dessus le bastingage. La Baltique les engloutit. Nous n'avons plus de forces. Comme il regarde à l'horizon, le Russe se fait frapper par le Posten. Je reste un instant devant une dizaine de cadavres. J'ai envie d'appeler. Appeler qui ? Pas d'avions. J'ai mal à la tête. Je voudrais me réveiller d'un cauchemar. Le Posten m'injurie :

« – Vite, vite ! *Mensch !*

« Nous nous consolons en l'injuriant en différentes langues. Nous saisissons les plus petits cadavres d'abord. Il faut économiser ses forces au maximum ; c'est la loi des bagnes nazis. On vit minute par minute, seconde par seconde.

« Notre aspect doit être grotesque : chacun de nous tire les chevilles, mais je ne puis soulever le restant. Nouvelle tentative pour faire passer la tête la plus lourde en premier en coinçant le mort entre le bord du navire et les hanches. Son ventre tout froid donne la chair de poule. Un coup de reins. Hop ! Le cadavre est sur le dessus ; il hésite, je l'empêche de retomber vers le pont. Une dernière poussée. Il disparaît. Plouf... »

*Cap Arcona*

« Lorsqu'on [1] nous fit monter sur le pont pour changer de bateau et que nous revîmes le ciel, les nuages, lorsque nous sentîmes sur nos visages le vent frais de la mer, je poussai, sans une seconde de réflexion, un cri intérieur formidable : "Sauvé ! Sauvés !" Quelle joie que celle de sentir la vie reprendre et de quitter cette fosse pleine de cadavres, où les plus "forts" eux-mêmes n'étaient plus que des squelettes à demi morts, accroupis déjà dans la prostration de l'ultime détresse !

« Après une nuit de voyage en mer, nous arrivâmes le lendemain à Neustadt-en-Holstein. Il pleuvait, il faisait froid. On nous mit d'abord dans des cabines à bord d'un paquebot de luxe géant ancré dans la baie, le *Cap Arcona*. Le soir, l'on nous fit tous ressortir des cabines, Russes et Français, et nous passâmes la nuit, grelottants de froid, sur le pont. Tard dans la matinée, nous fûmes transférés à bord d'un autre bateau, le cargo *Athen* : le *Cap Arcona* avait été réservé aux gens "bien", allemands *("Reichsdeutsche")* et polonais. »

*Athen*

« Un Russe [2] réussit à démonter la bordure du Water-ballast et à trouver de l'eau croupie mais non salée. Géorgiens et Caucasiens célèbrent cette découverte par un chœur formidable qui monte assourdissant, pénétrant au plus profond de l'âme, y laissant une trace ineffaçable de cauchemar. Ce chant passionné et triste est comme un premier défi lancé aux Allemands. Les Posten ne réagissent pas. Excellent symptôme ! Sont-ils encore à bord ? »

1. François Hochenauer, *Témoignages strasbourgeois*.
2. Louis Maury, déjà cité.

*Helmenhorst (à quai)*

« Le lendemain [1] me réserve un déchirement. L'*Athen* arrive de la haute mer et se range bord à bord le long de notre bâtiment. Il vient pomper une nouvelle cargaison humaine. La ponction se fait sur la cale avant. Cette fois, je suis requis pour aider au transfert de mes malheureux camarades. Tout à coup, entre deux allées et venues, je tombe sur Thomen ! Il a été hissé sur le pont et, s'appuyant sur ses cannes, essaie d'éviter les coups de schlague des SS qui pressent le mouvement. Aussitôt je le prends en charge. Je sais ce qui l'attend : avec sa patte en moins, jamais il ne se sortira d'un naufrage ! Je voudrais le cacher, le redescendre en cale, bref, le soustraire à un destin sans espoir. Rien à faire, les SS veillent ; il faut avancer et passer sur l'*Athen*. Le bord à bord est périlleux ; je l'installe sur mon dos. Nous voilà sur l'*Athen* ; il faut descendre en cale, impossible d'obtenir qu'il reste sur le pont. Je l'"encage" entre mes bras et le descends à la verticale. Nous stoppons à la première cale, encore vide d'occupants. Un Kapo nous enjoint de descendre dans la deuxième cale, celle du fond. Je gueule comme un putois et prétends que j'ai l'accord de l'Oberscharführer SS pour l'installer ici. Thomen appuie mes dires dans son excellent allemand. L'autre cède. J'installe Thomen dans un recoin, proche de l'échelle qui grimpe au pont. C'est la moins mauvaise place...

« Le 30 avril est le jour où tout se décide. Du moins pour quelques-uns, dont je suis. C'est aussi le jour où Hitler se suicide, assiégé dans son bunker de la chancellerie à Berlin. Mais ça, nous ne le savons pas encore. On s'en réjouira plus tard. Ce jour-là, en fin de matinée, un rayé polonais – je ne saurai jamais son nom – se trouve sur le pont de l'*Helmenhorst*. Comme Maillard, comme moi, il a pu s'extraire des cales empuanties. Du haut du bastingage, il aperçoit, tout en bas sur le quai, une voiture à l'arrêt qui porte les insignes de la Croix-Rouge. Quelqu'un est à son bord ; au volant. Immédiatement le

1. Manuscrit inédit Roger Joly, déjà cité.

rayé mesure tout le parti qu'il peut tirer de cette présence. Dans l'intérêt de tous. Il possède un bout de crayon – de quoi le faire pendre ; il lui faut un morceau de papier pour écrire un message ; il le trouve. Il griffonne à la hâte ce qui suit : "Ici, c'est un enfer. Les cales sont pleines de cadavres ; typhus, dysenterie, tuberculose sévissent. Rien à manger. Nous allons tous mourir rapidement si vous ne venez pas à notre secours. À l'aide. Vite !"

« Une boîte d'allumettes traîne sur le pont, jetée par un SS ou un marin. Il glisse son message dans la boîte vide ; jette un coup d'œil rapide autour de lui pour s'assurer de n'être pas vu et, penché sur le bastingage, lance son message vers l'homme d'en bas. Celui-ci voit le spectre rayé lui lancer un objet. Le message tourbillonne dans le vent et vient choir devant la voiture. Le conducteur en sort, ramasse la boîte d'allumettes, l'ouvre, lit le court message rédigé en allemand. Puis il remonte en voiture et s'en va. »

« Dans l'après-midi [1], des femmes secrétaires SS montent à bord de l'*Helmenhorst*, munies de machines à écrire. On les installe sur le pont. Ordre est donné à tous les Français, Belges et Hollandais de sortir des cales et de gagner le pont.

« Pour quoi faire ? Pourquoi ce choix ? Est-ce bon ? Est-ce mauvais ? Qu'y a-t-il derrière cet ordre ? Une libération ou une exécution collective ?

« Personne ne sait. Chacun s'interroge. La tendance finit par prévaloir que ça sera plutôt bon. Une majorité grimpe – ou plus exactement se fait hisser. Là, les groupes se forment, par nationalité. Nous défilons, un par un, devant les "souris grises" qui tapent des listes comportant :

« – nom, prénom,

« – date de naissance,

« – lieu de naissance,

1. Manuscrit inédit Roger Joly, déjà cité.

« – numéro matricule,

« – nationalité.

« Qu'on s'intéresse à nos noms nous paraît impensable ! Depuis un an nous n'avons été que des numéros matricules ; le réflexe est acquis, l'habitude du nom, perdue. Cela nous frappe : oui, c'est décidément bon signe ! Avant de regagner les cales, un officier SS nous lance : "Demain matin, tout le monde sur le pont à 8 heures. Lavé, propre ! Vous quitterez le navire à 8 h 30. *Weg !*" Nous regagnons les cales l'esprit en feu, dévoré par le fol espoir d'une libération imminente... Serait-il possible que ce calvaire finisse ainsi ?

« Tôt le matin du 1er mai 1945, les deux cent vingt sont sur le pont. Un crachin glacial donne à ces spectres une allure irréelle. À pleins seaux, l'eau de la Trave sert à la toilette de ces hommes nus, grelottants de froid. Des Français, Belges et Hollandais sont restés en enfer. Peu, mais il y en a. Mourants ou incrédules à l'égard du sort... En bas, sur le quai, des cars blancs, portant la croix rouge sur leurs flancs, attendent.

« Un officier SS donne l'ordre de quitter le navire. La colonne franchit lentement la passerelle. Des Suédois, en uniforme de la Croix-Rouge, nous invitent à monter dans les autocars. Nous nous y casons, en compagnie d'une escorte de SS armés et de quelques chiens. On roule. Dans une ville démolie. Au milieu de flots de réfugiés qui s'entremêlent : les uns fuient les Russes, à l'est ; les autres les Anglais, à l'ouest, ou les Américains, au sud. J'avoue que j'ai chaud au cœur devant cette misère : celle de 1940 était la nôtre. Celle-ci n'est qu'un juste retour des choses...

« Nous arrivons enfin dans un autre secteur du port de Lübeck. Il est calme. Les cars s'arrêtent. On nous en fait descendre. À cinquante mètres de là mouillent deux bâtiments peints en blanc, eux aussi. Sur leur coque, les couleurs suédoises. Deux noms : *Lilly Mathiesen, Magdalena* ; le drapeau suédois.

« Le doute n'est plus permis. Sur les pavés du port court une large bande jaune le long de laquelle nous lisons *Neutral Zone*. L'escorte SS s'arrête, chiens compris, juste à cette ligne. De l'autre côté de celle-ci se tient un groupe d'hommes en uniforme : ce sont des officiers de la Croix-Rouge suédoise. À leur tête, le comte Bernadotte.

« Il nous fait signe d'avancer. Nous progressons vers lui, encadrés par la haie des SS. Lorsque le dernier d'entre nous a franchi la ligne jaune, il nous dit simplement, dans un français impeccable : "Je salue en vous des hommes libres !" Et il ajoute, plus bas : "Et maintenant, montez vite à bord de ces bateaux. Car je ne sais pas ce qui pourrait encore arriver..."

« Il est 11 heures du matin, ce 1er mai 1945.

« Dans la nuit du 2 mai, vers 3 heures du matin, nous touchons le port de Trelleborg, en Suède.

« Ici, je viens de naître pour la seconde fois.

« Sur le port, une foule se presse malgré l'heure tardive. 3 heures du matin ; le *Magdalena* et le *Lilly Mathiesen* accostent. La population assiste, atterrée et silencieuse, au débarquement des spectres en rayé. La plupart sur des civières. Des femmes pleurent.

« Les malades sont conduits à l'hôpital. Les plus valides à la piscine municipale. Des filles solides nous lavent, nous décapent, nous épouillent. Nos vêtements, mis dans des sacs, sont brûlés. Puis nous sommes conduits en car jusqu'à une école aménagée pour nous recevoir. Distribution de pyjamas, d'objets de toilette. Un bon bouillon chaud, un lit.

« Un lit ! On nous installe, par groupes de dix ou douze, dans des salles de classe pourvues de lits individuels. On nous souhaite le bonsoir. Chacun s'avance vers un lit, s'arrête au bord, le contemple...

« Des draps immaculés, un oreiller ; un lit pour soi : luxe impensable ! C'est le premier vrai choc depuis Lübeck. Plus fort que l'annonce de notre libération. Celui qui fait prendre conscience de ce que sont les choses. Debout, devant son lit, silencieux, chacun s'est arrêté. L'un de nous lance soudain : "Eh bien, oui, bande de cons, c'est pour nous !" On rit. On se glisse entre les draps blancs ; on explore ce territoire oublié. Jouissance rare. On sombre dans un sommeil d'oubli. »

*Athen (de retour au port de Lübeck)*

« Le 2 mai [1], nous apprîmes la nouvelle de la mort d'Hitler, qui aurait été tué dans les combats de rue de Berlin. Mais nous avions, depuis des semaines et des mois, l'habitude des faux bruits ; personne n'y crut. Cependant, le même jour, un officier SS descendit du pont, et, en élevant la voix afin que tout le monde l'entendît bien, il donna des ordres au Kapo pour que les hommes, sans aucune exception, fussent bien traités et que personne ne manquât de rien. C'était la première fois que les SS nous faisaient une telle déclaration de tendresse. Quels égards ! Ne voilà-t-il pas qu'ils nous appelaient des hommes *("Leute")* ? Mais nous nous trouvions tous dans un tel état d'exténuation et d'abrutissement, nous étions tellement habitués, par ailleurs, aux discours mensongers, à l'hypocrisie et à la duplicité allemandes que c'est à peine si nous prêtâmes l'oreille.

« Le matin du 3 mai, nous reçûmes la visite d'un infirmier, qui venait distribuer un peu de poudre de charbon de bois pour combattre la dysenterie dont nous souffrions tous. Voulant aller vers lui, je croisai le Kapo allemand. "Que veux-tu, espèce de salopard ? *(Du Dreckschwein, du ?)* – J'ai la dysenterie, je voudrais demander un peu de charbon." Pour toute réponse, il me donna une gifle si violente que je dus faire un effort pour ne pas tomber. C'est à peine si je pesais encore quarante kilos. "Voilà le meilleur remède", ajouta-t-il avec un ricanement, en m'enjoignant de regagner immédiatement ma place.

« À midi, comme d'habitude, on distribua un peu de soupe. Une demi-heure après, l'on vit des hommes, comme par un mouvement spontané, monter par les échelles en fer jusque sur le pont. Nous suivîmes, les uns après les autres, sans espoir d'une amélioration quelconque, car l'habitude de la souffrance, la faiblesse et la maladie avaient fini, depuis longtemps, par nous plonger dans une sorte de perpétuel état d'inconscience. Rien ne

1. François Hochenauer, déjà cité.

pouvait plus nous étonner. Nous nous attendions au pire. Un mouvement se dessinait-il ? L'on suivait sans demander pourquoi.

« Mais quelle surprise en arrivant sur le pont ! Plus un seul soldat, plus un SS. Nos camarades russes étaient en train de défoncer les tonneaux de rutabagas en conserve, d'ouvrir à coups de couteau les sacs de farine entassés qui devaient assurer notre subsistance. Nous fîmes de même, machinalement. À qui mieux mieux, nous fourrions dans nos bouches des tranches de rutabagas salés et des poignées de farine noirâtre.

« Plus la moindre trace de surveillance. Que s'était-il passé ?

« Nous regardions tout étonnés par-dessus bord, quand soudain, au tournant de la route, nous vîmes déboucher sur le quai, en courant, des soldats étranges, en uniforme kaki, comme on n'en avait pas vu depuis si longtemps ! Nous restâmes quelques secondes, hébétés et comme paralysés à cette vue ; puis un cri, un seul cri : les Anglais ! Et ce fut l'explosion, le déchaînement d'une joie touchant à la folie. On s'embrassait, on se donnait des coups formidables – comment pouvait-il nous rester tant de forces ? – sur les épaules, dans le dos. Nous embrassions nos camarades russes comme des frères, des frères de souffrance et de lutte, frères encore et surtout dans la victoire. Nous n'avions pas toujours été bons amis, certes, il s'en faut ; mais nous avions toujours été les parias, et c'est l'affreuse misère où nous avait jetés l'inhumanité sans nom de nos bourreaux allemands et polonais qui était seule responsable de nos malentendus et de nos heurts accidentels.

« Nous gagnâmes rapidement la rive en nous laissant glisser le long des amarres, et nous nous dispersâmes par petits groupes le long de la route, sans gardien, sans cordon de sentinelles, sous le ciel libre, dans la griserie d'un jour de mai ! C'était après le long cauchemar, un réveil merveilleux, incroyable ! Nous avions si longtemps attendu cette heure, dans les affres du désespoir. Et brusquement tout s'était réalisé !

« Nous allions devant nous presque titubants sous le

soleil chaud et enivrant qui nous inondait de rayons. Les milles sources de la vie innombrable jaillissaient à nouveau dans l'air, le ciel, et les prés verdoyants comme jamais encore ! Nous marchions sur la route. Bientôt, presque du même pas, ce serait le retour en France, la France bien-aimée ! »

*En mer* *3 mai 1945*

# LA TRAGÉDIE DU *CAP ARCONA*, DU *THIELBECK* ET DU *DEUTSCHLAND*

C'est Hans Arnoldsson, le médecin de la délégation de la Croix-Rouge suédoise, qui a reçu l'appel au secours plié dans une boîte d'allumettes lancé par un déporté polonais de l'*Helmenhorst*[1].

« Pour[2] bien comprendre l'enchaînement des événements, il est nécessaire de retourner quelques jours en arrière.

« Après que l'évacuation des Scandinaves de Neuengamme par les Suédois eut été terminée, il restait encore quelque dix mille prisonniers tant au camp principal que dans les annexes. Les Anglais se seraient chargés de ceux d'un Kommando extérieur. Deux mille femmes des Kommandos de Hambourg furent transportées en Suède, via le Danemark, par les soins de Franz Göring[3]. Les autres prisonniers du camp principal de Neuengamme auraient été évacués par chemin de fer vers Lübeck, entre le 20 et le 26 avril.

1. Voir manuscrit (pages précédentes) de Roger Joly.
2. Rapport du Dr Hans Arnoldsson au ministère suédois des Affaires étrangères, Archives de la Croix-Rouge suédoise, publié dans *Aux portes de l'enfer*, Paris, 1947.
3. L'un des adjoints du Brigadeführer Walter Schellenberg. Franz Göring, écrit Arnoldsson, « s'employa de toutes ses forces à combattre l'obstruction de certaines autorités. Il se mit en rapport avec la Gestapo et gagna à notre cause l'un de ses membres. Celui-ci était le Hauptsturmführer Moes, haut fonctionnaire de la Schutzhaftzentrale de Berlin. »

« Le 29 du même mois, je reçus par une lettre anonyme des nouvelles de cette évacuation. On m'y signalait qu'un navire, l'*Athen*[1], se trouvait dans le port, ayant à son bord des prisonniers qui y vivaient dans des conditions déplorables, manquant presque totalement de vivres. L'auteur de cette lettre demandait le secours de la Croix-Rouge. Je pus constater qu'il y avait à bord deux cent cinquante Français, Belges et Hollandais qui, avec les Russes, formaient un total de deux mille deux cents hommes. Nos bateaux suédois *Lilly Mathiesen* et *Magdalena* étaient alors dans le port, prêts à lever l'ancre après avoir débarqué leurs colis pour les prisonniers de guerre. Comme j'avais ainsi une possibilité de transport, j'offris aux autorités allemandes de me charger du transfert en Suède des deux cent cinquante Français, Belges et Hollandais. Ma proposition fut acceptée et je prévins par téléphone Frykman, qui se trouvait alors à Padborg. Il fut convenu que le lendemain, le 30, nous prendrions en charge les prisonniers. À 10 heures nous nous présentâmes sur le quai avec nos moyens de transport. Les détenus étaient alignés, graves et taciturnes. Ils n'avaient pas été prévenus qu'ils devaient être évacués sur la Suède et croyaient qu'il s'agissait d'un transfert comme les autres. Leur joie fut grande quand ils apprirent la vérité. Ils étaient pour la plupart en fort mauvais point et affreusement amaigris. Beaucoup portaient la classique tenue rayée, mais d'autres manquaient des vêtements les plus indispensables. Comme ils l'avaient déjà montré en diverses circonstances, les Allemands tenaient beaucoup à ce que les prisonniers eussent bon aspect, et il nous fallut attendre deux heures qu'un habillement plus convenable fût distribué à ces malheureux.

« Le chef responsable du bord, un Hauptsturmführer SS dont j'ai oublié le nom, me raconta que les conditions de vie étaient déplorables sur le bateau, qui était d'ailleurs surpeuplé à un point incroyable. Beaucoup de prisonniers étaient malades. Il y avait parmi eux des cas aigus de typhus et aucun moyen de les soigner. Il n'avait

1. En réalité l'*Helmenhorst*.

pas d'ordre indiquant ce qu'il devait faire de ces hommes et il était complètement affolé. Il nous proposa d'évacuer tous ses prisonniers vers la Suède, ce que je ne pouvais malheureusement pas accepter, car nos ressources ne nous permettaient pas de nous charger d'un tel nombre de personnes. Je lui demandai l'autorisation de me rendre à bord pour voir si nous pouvions faire quelque chose, mais il refusa, et c'est avec une pénible sensation d'impuissance que je pris congé du SS, après lui avoir conseillé d'attendre les Anglais, qui ne tarderaient pas à arriver, et de leur livrer le navire sans combat.

« Dans le même temps, je reçus la visite d'un officier allemand qui me demanda de me charger de trois cents prisonniers, également français, belges et hollandais, gravement malades, qui avaient été débarqués d'un grand navire d'évacuation, le *Cap Arcona*, et transportés dans une grange, à Süssel, à deux milles au nord de Lübeck. Le Dr Björn Heger s'y rendit avec cinq voitures de la Croix-Rouge. Un spectacle effroyable l'y attendait. En plus des trois cents malades signalés, il y avait dans la grange quantité d'autres prisonniers dans un état lamentable et qui n'avaient visiblement rien mangé depuis plusieurs jours. Heger, qui avait lui-même passé deux ans dans un camp de concentration, me confia qu'il avait vécu là les instants les plus pénibles de sa vie. Tous les prisonniers voulurent monter dans les voitures et ce désordre retarda le départ de plusieurs heures.

« Au port, nous attendions avec inquiétude le retour de Heger. Le *Lilly Mathiesen* était parti avec trois cents femmes de Ravensbrück. Le *Magdalena*, qui avait les deux cent cinquante hommes de l'*Athen*, était pressé de lever l'ancre car la nuit tombait, et il était aussi dangereux de voyager de nuit sur mer que sur terre. Au moment où le navire lâchait ses amarres, la colonne arriva enfin et les prisonniers furent embarqués. Les hommes de l'équipage ne pouvaient retenir leurs larmes à la vue de ces malheureux.

« Le 2 mai, dans l'après-midi, alors que les Anglais avaient occupé Lübeck, j'appris que l'*Athen* avait quitté le port. Il s'était joint aux autres navires de Neustadt, qui était encore aux mains des Allemands. Il y avait donc dans le port et dans la rade quatre bateaux chargés de prisonniers de Neuengamme. Dans la matinée du 3 mai, j'en avertis les autorités anglaises. Les combats se poursuivaient dans la région de Neustadt et l'activité aérienne était intense. Les navires se trouvaient exactement dans la zone dangereuse.

« Les Anglais me promirent d'examiner la question et, dans l'après-midi, je reçus la visite de deux officiers supérieurs qui me demandèrent de plus amples détails sur ces bateaux et ce qu'ils transportaient. Ils s'engagèrent à prendre des dispositions.

« Mais il était déjà trop tard pour intervenir. »

*Cap Arcona*

« Je suis [1] resté une semaine à bord du *Thielbeck*. Le bateau était bondé, et par endroits on avait même installé des doubles ponts. Nous cherchâmes des planches pour faire des sortes de lits. Nous recevions de la soupe une fois par jour et très peu de pain, comme au camp.

« Au bout d'une semaine, on nous transborda sur l'*Athen* et, de là, sur le *Cap Arcona* en rade devant Neustadt. L'*Helmenhorst* quitta Lübeck, probablement à vide. Il y avait quatre navires de prisonniers de Neuengamme devant Neustadt : le *Cap Arcona*, le *Thielbeck*, l'*Athen* et le *Deutschland*.

« Le 3 mai, à 15 h 15, je me trouvais sur le pont D, c'est-à-dire assez bas dans le navire. Nous entendîmes des détonations et des tirs de mitrailleuses, mais nous ne comprîmes pas aussitôt que le bateau avait été touché et qu'il brûlait. Une attaque aérienne venait d'avoir lieu. On pouvait apercevoir une vingtaine d'appareils, tous anglais. Les avions allèrent du *Cap Arcona* vers le *Thielbeck*, qui fut à son tour bombardé. Nous le vîmes sombrer rapidement. Un petit nombre de prisonniers se jetèrent à l'eau. Il y avait beaucoup de malades graves à

1. Témoignage Jean Witeck, Archives Croix-Rouge suédoise.

bord qui ne purent pas remonter assez vite des cales. Au bout de vingt-deux à vingt-trois minutes, le *Thielbeck* avait coulé.

« C'est alors seulement que nous réalisâmes que le *Cap Arcona* était sérieusement touché. Le navire donnait de la bande et l'électricité s'éteignit. La panique se déchaîna et beaucoup furent piétinés. Sur le pont D de nombreux prisonniers étaient apathiques et abrutis. Ils ne comprenaient pas ce qui se passait ou s'en désintéressaient.

« La fumée de l'incendie était gênante et l'on y voyait à peine. Les plus faibles étouffèrent. J'essayai de parvenir à l'escalier, mais je compris qu'il serait impossible de monter sur le pont. Avec quelques camarades, nous enfonçâmes la porte d'une cabine. On ne pouvait en ouvrir le hublot. Nous arrachâmes la porte afin de nous en servir pour le briser. Ce travail prit beaucoup de temps car nous étions tous très affaiblis. La fumée devenait plus dense et plusieurs d'entre nous durent abandonner. Je me jetai à l'eau d'une hauteur de dix ou quinze mètres et trouvai une planche qui m'aida à me soutenir. À quelque distance, un canot à moteur était en panne. Il était plein d'Allemands, qui refusèrent de me laisser monter. Je m'accrochai au bord. À l'arrière, douze ou quinze hommes se cramponnaient, tous exténués. Ils se débattaient pour sauver leur vie. Plusieurs furent repoussés et se noyèrent, mais ils furent aussitôt remplacés par d'autres. Peu à peu, je parvins à me glisser sur le bateau et, avec des planches, nous pagayâmes tant bien que mal jusqu'à terre. À une centaine de mètres du bord, le canot s'échoua sur un banc de sable et ne put être remis à flot.

« On nous ramena à terre les uns après les autres à l'aide d'un bateau de caoutchouc monté par des Allemands. Ils étaient alors sous les ordres des Anglais, qui venaient d'arriver. »

*Thielbeck*

Les avions qui survolent le *Thielbeck* doivent être nombreux car le bruit de leurs moteurs parvient aux déportés du fond de cale. Des mitrailleuses entrent en action. La DCA du navire ? Les chasseurs ? Un choc formidable ; une, puis deux explosions, des flammes, la coque déchirée, un torrent, des geysers d'eau.

Les mille deux cents hommes de la cale touchée (mille trois cents sont dans la seconde) se précipitent vers les deux échelles du pont. Hurlements, bousculades violentes, batailles...

Maurice Choquet agrippe les montants de fer de l'échelle. Un barreau, puis deux, trois. Le déporté qui est au-dessus de lui, peut-être blessé, lâche prise, tente de s'accrocher à lui. L'entraîne dans sa chute. L'eau qui a envahi la cale amortit leur chute. Choquet ne peut se relever. Comme le bas de son pantalon est noué aux chevilles – pendant les marches d'évacuation tous les déportés ont pris l'habitude de ficeler le bas du rayé –, l'eau ne peut s'échapper quand il tente de se relever. Il défait sa ceinture, se débarrasse du pantalon, de sa veste. Près de lui, Jean Delalez, le visage en sang. Il dit :

– Adieu, petit, nous sommes foutus.

Choquet ne répond pas. Il ne va pas mourir comme un rat à dix-huit ans. Vivre. Il a la rage de vivre, la force aussi de se retrouver au pied de l'échelle sans savoir comment il a pu l'atteindre, sur le pont, sans savoir comment il a pu grimper.

Déjà le *Thielbeck* s'incline.

Près de la rambarde, un SS, le pistolet en main. Il ne va pas... Le SS élève le canon à sa tempe. Presse la détente. Un SS qui se suicide, comment Choquet aurait-il pu croire l'événement possible il y a seulement cinq minutes ?

Des déportés plongent, sautent à la mer.

Choquet ne sait pas nager.

Proches, deux grands navires donnent de la bande. Ils paraissent brûler comme de l'étoupe.

« Des centaines [1] de têtes surnagent, des planches flottent sur la mer. Une barque s'éloigne, chargée de marins et de SS. Des déportés essaient de s'y accrocher : les SS les frappent sur les mains à coups de crosse ; les camarades lâchent et coulent.

« Le bateau s'incline lentement sur le côté et s'enfonce. Soudain, une barque vide passe à proximité. Je me jette dessus. D'autres déportés ont la même réaction, si bien que la barque se retourne et se retrouve la quille en l'air. Nous sommes plusieurs agrippés à cette quille, à laquelle nos doigts s'accrochent difficilement. Le gros Stubendienst du block 6 a glissé et s'est accroché à ma jambe.

« Il brame dans l'eau :

« – *Gott ! Hilf uns ! Gott ! Hilf uns !*

« Je sens que je vais lâcher prise et couler avec lui. Je me crispe à la barque et lui lance ma jambe libre dans la figure. Surpris, il lâche prise, se débat quelques minutes dans l'eau et je le vois s'enfoncer tout doucement. Je me rends compte que je ne tiendrai pas longtemps et que je suis à la merci d'une même mésaventure...

« C'est alors que je vois arriver, à proximité, une grande planche qui flotte sur l'eau. Je calcule mon élan et à l'instant où elle passe près de nous, je me jette sur elle. La barque s'éloigne et je reste seul sur ma planche, je suis plus tranquille. »

Choquet est sauvé, mais il ne le sait pas. Des chasseurs mitraillent les naufragés. Les Anglais ! Pourquoi les Anglais tirent-ils sur eux ?

Corps à la dérive.

Des champs verts, des lignes jaunes à l'horizon. Et des toits, des toits de maisons...

« Soudain [2], j'entends des cris à proximité et j'aperçois un petit bateau. Je me mets à hurler. Ils m'ont entendu et arrivent près de moi. Ils me tirent avec une sorte de

1. Témoignage Maurice Choquet, publié par Paul Kern *in Les Jours de notre mémoire*, La Pensée universelle, 1975.
2. Témoignage Maurice Choquet, déjà cité.

gaffe. Mes doigts sont crispés sur la planche et je ne peux me détacher. Les pêcheurs me hissent sur leur bateau, me descendent à l'intérieur. Je retrouve quatre déportés, deux Russes, un Allemand et un Polonais. Ils sont roulés dans des couvertures. Les Allemands me prêtent une couverture et me frictionnent. Je m'allonge près des autres et je m'endors profondément. »

« En plus[1] du *Cap Arcona* et du *Thielbeck*, le *Deutschland* fut également coulé, tandis que l'*Athen*, qui était plus à l'intérieur du port, restait indemne.

« On ne saura sans doute jamais le nombre exact des victimes de cette catastrophe. Les chiffres suivants ont été établis d'après les témoignages des survivants et les renseignements émanant du camp qui, par la suite, prit en charge ces prisonniers.

« *Cap Arcona :* six mille prisonniers à bord. Sept cent trente-neuf rescapés.

« *Thielbeck :* environ deux mille cinq cents prisonniers. Cent trente et un rescapés.

« *Athen :* environ deux mille deux cents prisonniers. Tous sauvés.

« *Deutschland :* chiffre inconnu. Tous morts.

« Ainsi, près de dix mille prisonniers de Neuengamme trouvèrent la mort en quelques instants, au moment même où la vie et la liberté leur étaient rendues après des années de tortures. »

1. Rapport Hans Arnoldsson.

# « LE FEU DANS LA MÉMOIRE... »

Pierre Seghers, en avant-propos des *Poésies d'un autre monde* d'André Migdal, écrit [1] : « Auprès de ceux qui sont allés – ou furent conduits – aux extrêmes limites de l'homme, la poésie s'est révélée comme essentielle. »

La majorité des déportés, même cinquante ans après, peuvent faire leurs les vers d'André Migdal :

*Nous sommes enfermés dans le camp*
*Depuis que nous l'avons quitté*
*Et c'est là que nous habitons*
*Avec un long cortège de fantômes.*

Cinquante ans !

André Migdal, enfoncé dans son fauteuil, est encore à Neuengamme ; est encore au fond de cale de l'*Athen*. Il a des mots à lui, et des images pour nous faire partager ses angoisses, ses peurs, les cris, les râles. Il ne revoit pas, il voit ces corps sans chair abrutis de faim et de frayeur, le pavillon à croix gammée qui flotte dans le ciel de l'*Athen*, le ballet de mort des Tempest et des Typhoon autour des trois hautes cheminées du *Cap Arcona*. L'acier déchiré, l'acier en feu.

Il faut entendre la voix d'André Migdal montant du ventre de l'*Athen*.

1. Éd. Seghers, avril 1975. André Migdal a connu la prison à seize ans et demi, la déportation à vingt ans (du 24 janvier 1941 au 3 mai 1945).

*Le bateau semblait inerte*
*Machinerie sans cœur et sans moteur*
*Le temps filtrait sa perte*
*La mer portait ses pleurs.*

*J'étais à fond de cale*
*Fondu dans le magma*
*Où s'exhalaient les râles*
*De mourants comme moi.*

*L'air était surchauffé*
*La soif nous étranglait*
*Sur la coque agrafés*
*Tous les corps s'étalaient.*

*Épuisé de fatigue*
*Souillé sur tout le corps*
*J'étais un dans la digue*
*Puante de nos morts.*

Entendre Migdal, c'est être dans l'*Athen*. C'est être chacun et tous. Chacun. Tous les assassinés. Victimes...

Victimes de qui ? Quand il y a près de dix mille morts ? Peut-être dix mille et plus, la question vaut d'être posée.

Bien sûr les avions sont britanniques, les bombes et les roquettes. Et les pilotes. Et les missions données. Et les comptes rendus d'opérations. Le soir, au retour des escadrilles, « toutes missions accomplies », ont écrit les pilotes des chasseurs. « Toutes missions accomplies », ont écrit les pilotes des bombardiers. Rien d'autre à signaler ? Rien d'autre ? Peut-être se sont-ils reposés. Peut-être, les pleins refaits, ont-ils décollé vers d'autres objectifs.

C'est tout.

Mais comment n'ont-ils pas vu sur les ponts des centaines d'hommes qui agitaient des vestes rayées, des chiffons ? Comment n'entendaient-ils pas les messages de détresse lancés par les radios des navires ? Pourquoi l'état-major (le Bomber Command) a-t-il négligé les informations précises transmises par les deux officiers supérieurs britanniques prévenus par Hans Arnoldsson de la « cargaison » des KZ flottants ? Et les drapeaux blancs ? Des déportés ont vu des pavillons blancs dans les drisses à signaux. Et dans l'eau ? Quand les survivants nageaient, s'accrochaient à des débris flottants, les mitrailleuses des chasseurs, d'au moins quatre, cinq chasseurs ont mitraillé...

Dönitz, le grand amiral Dönitz, qu'Hitler après la destitution de Goering et d'Himmler, quelques heures avant son suicide, avait désigné pour lui succéder, était à Plön dans l'Holstein, à mi-chemin de Kiel Neustadt. La dernière forteresse du nouveau pouvoir assiégée, vers qui rampaient les dignitaires éperdus, affolés, désemparés. Certains comme Himmler, avec leur unité de transmission. Celle de l'ex-Reichsführer SS restait intacte. Lui seul pouvait communiquer avec les deux peaux de chagrin du Schleswig et du « réduit » alpin de Kaltenbrunner ; lui seul disposait d'un émetteur assez puissant pour être entendu par les neufs groupements « Loup-Garou » qui opéraient à l'arrière des lignes alliées. Mais Himmler ne poursuivait plus qu'un seul objectif : être le second de Dönitz, à la rigueur « seulement » chef de la police mais surtout re-créateur d'un national-socialisme rénové qui s'intitulerait National-Samlungspartei (parti national du rassemblement).

Si Schellenberg, confirmé dans ses fonctions de négociateur avec les Scandinaves par Dönitz, aboutit rapidement, lui, Himmler, sera sauvé, car les vainqueurs reconnaîtront l'absolue nécessité de confier l'Allemagne vaincue au seul homme fort capable de la diriger, de devenir le rempart protégeant l'Europe occidentale des hordes soviétiques. Pendant ces ultimes négociations qu'Himmler suit heure par heure de son PC de Travemünde, à neuf kilomètres de Lübeck, ses plus proches collaborateurs le quittent. Le 1er mai, l'émetteur « Loup-Garou » déménage sans prévenir, à la suite de l'Obersturmbannführer Wanck, nouveau chef de la section politique des services secrets, nommé par Kaltenbrunner en remplacement de Walter Schellenberg. L'émetteur fonctionnera jusqu'au 7 mai. Wanck, pendant cette dernière semaine de guerre, va s'ingénier à monter des opérations d'intoxication qui devraient retarder la progression britannique. Il invente des divisions de la Wehrmacht repliées au nord du Schleswig, des pelotons de chars regroupés à Oldenburg, des miettes d'une armée en état de lancer une contre-offensive désespérée. Il donne des ordres à des navires, des sous-marins qui n'existent pas. Comme, dans le même temps, Dönitz souhaite faire transférer à l'ouest par la Kriegsmarine mais aussi par des cargos marchands, des paquebots ou « toute embarcation capable de flotter » les populations qui vont être soumises par l'Armée rouge, il est facile d'imaginer la perplexité des services d'écoute britanniques. Le maréchal Montgomery n'est pas homme à se laisser démonter par de telles campagnes psychologiques. L'écrasement total de l'Allemagne est son unique but : ceux qui ne capitulent pas doivent être détruits. Et les cargos, les paquebots, « toute embarcation flottante » en mouvement sont envoyés par le fond. Des dizaines et des dizaines de milliers de civils naufragés, noyés. Les navires des déportés de Lübeck et de Neustadt furent probablement victimes de cette froide détermination de Monty. Des rescapés allemands du *Cap Arcona* et du *Thielbeck*, dans les années 1946-47, affirmèrent sans preuves à l'appui que ces émetteurs radio encore aux mains de la SS et de l'Inspection des camps étaient parvenus à persuader les Britanniques que les bateaux de la baie de Lübeck étaient chargés de renforts destinés à défendre le secteur occupé par Dönitz. Responsables de la mort de milliers de déportés, les Britanniques jugeraient avec indulgence les crimes nazis du système concentrationnaire. Une thèse qui a encore aujourd'hui ses défenseurs.

Les escadrilles et les pilotes qui ont attaqué les rassemblements de bateaux dans les baies de Lübeck et de Neustadt sont connus. Ce sont des déportés survivants, allemands et français, qui eurent accès les premiers, grâce à des amitiés qu'ils n'ont pas révélées, aux documents « non communicables » du Coast Command de la RAF, de la 122e flotte aérienne tactique créée le 15 février 1943, des escadrilles 197, 198 et 263.

Le 3 mai, les pilotes des terrains de Fassberg et d'Alhorn, d'anciennes bases de la Luftwaffe, furent réveillés à 4 heures. Au briefing de 5 heures on leur rappela, sans autre précision, que des convois et des navires isolés transportant des forces combattantes tentaient de rejoindre la Norvège. L'ordre d'opération n° 7 précisait : « Les reconnaissances aériennes montrent d'importantes sorties de bateaux ennemis des ports du Schleswig-Holstein. Le but des attaques de ce jour est de détruire toute la journée ce rassemblement de navires. » À Alhorn, le capitaine Martin Scott Rumbold informa les sept autres pilotes de son escadrille de leur mission. Chacun des huit Typhoon est équipé de huit roquettes de huit cent cinquante livres. Rumbold est à vingt-trois ans un vétéran décoré de la Distinguished Flying Cross gagnée sur Hurricane et Spitfire à El Alamein, avant la Sicile, l'Italie, la Normandie. Le 3 mai ses équipiers sont Proctor, Schmith, Luck, Morgan, Coles, Hamilton et Saunders. Leur protection sera assurée par les Tempest de Fassberg. Dans cette escadrille, combat Pierre Clostermann, le « premier » pilote de la chasse française, héros aux trente-trois victoires aériennes. Le chef d'escadrille est E. D. Mackie. Les Tempest n'ont ni bombes ni roquettes, seulement des mitrailleuses. Ce 3 mai ils abattront ou détruiront au sol une vingtaine d'appareils allemands. Ont-ils vu le *Cap Arcona*, le *Deutschland*, le *Thielbeck* ? « Notre mission était de protéger les Typhoon. Nous avons nettoyé le ciel et quelques postes de DCA au sol. Puis nous avons eu d'autres objectifs : gares, voies ferrées, aiguillages, locomotives... »

Les pilotes des Typhoon, eux, ont bien vu les navires malgré le plafond bas. Après la première attaque, Rumbold écrit dans son carnet de bord : « Temps de vol une heure trente. Tir de roquettes de huit cent cinquante livres. Atterrissage sur aérodrome B 150. » Ils font le plein, sont rééquipés en roquettes. Seconde attaque sur les mêmes objectifs : « Temps de vol une heure trente. Un bel incendie se développe après l'attaque. »

Soixante-trois roquettes ont frappé le *Cap Arcona*. Soixante-trois roquettes sur soixante-quatre tirées. Une incroyable réussite pour une « regrettable erreur ».

« Nous faisions notre job... nous n'avons appris que

trente-sept ans plus tard, quand un journaliste de RDA est venu me voir. Ce jour-là j'ai pleuré... »

Martin Scott Rumbold, en 1985, n'a pas répondu à mes courriers. Ni à mes appels téléphoniques. Sa femme m'a dit : « Laissez-nous avec cette histoire. C'était la guerre, le dernier jour de guerre pour mon mari. Il ne pouvait pas savoir qui était sur ces bateaux... »

Avant guerre, en 1938, un jeune Français embarqua pour Rio de Janeiro sur le *Cap Arcona*. Une croisière inoubliable. Il s'appelait Pierre Clostermann. Plus tard il écrira un best-seller sans cesse réédité, *Le Grand Cirque*, où il est longuement question de ce 3 mai 1945 sans la moindre allusion à la tragédie de Lübeck et de Neustadt.

*
**

« Oui [1], dans l'un de mes poèmes j'ai évoqué le "feu dans la mémoire". Ce feu de la baie de Lübeck, cinquante ans après, brûle toujours. Il brûle parce que tous ceux qui ont ordonné et accompli les dernières opérations aériennes de la guerre ont cru qu'en l'arrosant des cendres de l'oubli il serait étouffé, s'éteindrait. Seule, je sais, comptait la victoire. Il fallait en terminer au plus vite. Les "bavures" comme l'on dit aujourd'hui, les "erreurs regrettables" ne sont que des éléments statistiques de peu de poids dans le bilan définitif. Je dois la vie, mes cinquante ans de survie aux Alliés. Qu'ils en soient remerciés, mais l'effacement de leur mémoire du massacre, et je crois, et je sais qu'il fut involontaire, entache leur honneur parce que jamais aucun des grands officiers du Coast Command et de ses escadrilles, aucun des grands pilotes héroïques, chez les Britanniques ou les Français, n'a exprimé le moindre regret. Jamais, en ces cinquante ans passés, l'un d'eux n'a écrit une ligne de contrition. Nous, la poignée de survivants, en France, en Russie, en Italie, en Espagne, en Allemagne et dans une douzaine d'autres pays, avons surveillé le courrier

1. Manuscrit inédit André Migdal, octobre 1994.

de nos associations, de nos amicales... Avec espoir, le même espoir qui dans le camp nous animait en attendant la libération. Les Anglais ne nous ont jamais écrit. Alors le feu de Lübeck brûlera sans consumer notre amertume. Peut-être, un jour, l'un de ces nobles vieillards osera ce que ses compagnons n'ont jamais osé, il dira ou écrira : "Pardon aux morts et aux vivants." »

*8-29 avril 1945*

# SANDBOSTEL

Deux des trois convois de malades évacués de Neuengamme le 8 avril atteindront le « camp de repos » de Bergen-Belsen, qui leur avait été assigné par l'Inspection d'Oranienburg. Des wagons-morgues, trois cent vingt-six cadavres seront débarqués à l'arrivée par une corvée polonaise. Le troisième convoi n'atteindra jamais Bergen-Belsen.

Cent par wagon. Enchevêtrement indescriptible de corps torturés... Les plaintes, les cris, les aboiements d'agonie.

Dimanche : on roule.

Lundi : plus d'eau. Dans la nuit, le train stoppe à quelques kilomètres de Bergen. Un SS crie :

– Les Anglais ont libéré Bergen !

Un sous-officier lui ordonne de se taire.

Mardi, Henri Joannon s'approche du wagon :

« Il y a de nombreux morts. Parmi eux, plusieurs Geschossene, des fusillés. Sous quel prétexte ? Je ne sais. Mais ils ont été tués à bout portant. »

Mercredi : attente. Cornu, Marot, Joannon, un Hollandais, deux Belges peuvent remplir quelques gamelles à la locomotive. Le mécanicien arrête l'écoulement dès qu'un récipient est plein. Et il attend l'arrivée d'un autre médecin pour poursuivre la vidange. Lui, ce mécanicien inconnu, oublié, comprend la détresse des mourants. Dans l'après-midi, au milieu des pins, un détachement allemand creuse une fosse. Deux cents cadavres. Morts perdus à jamais, enfouis quelque part le long de la voie de chemin de fer.

Jeudi matin : en route pour Oranienburg. Le train fou roule jusqu'à midi. Arrêt.

– Oranienburg est menacé. Demi-tour !

Des morts. Des morts, des morts.

Vendredi : huitième jour de jeûne. Nouvelle fosse commune.

Samedi : départ. Un soldat dit :

– C'est à Sandbostel que vous allez, et là vous attendrez les Américains.

Personne ne le croit. Personne ne sourit. Des morts. Des morts, des morts.

Dans le wagon du Dr Garrigou, d'Aurillac, deux Russes arrachent des planches, sautent du train, disparaissent. Un gardien demande :

– Baissez-vous que je voie où est le trou.

Ils se baissent.

– Relevez-vous !

Ils se relèvent.

Le SS tire. Recharge. Tire... Cinq morts, deux blessés. Le Belge est le plus sérieusement atteint, le bras droit déchiqueté au-dessus du coude. Henri Joannon le soigne :

« Nous lui avons fait une attelle avec des morceaux de bois ramassés le long de la voie et un pansement avec du papier.

« Vers [1] 2 heures du soir, le train s'arrêta à proximité d'une petite gare de campagne. Je suis averti, toujours par les soldats de mon wagon, que Sandbostel est un camp de prisonniers de guerre situé à environ huit kilomètres. Toute une partie de ce camp est inoccupée. C'est là que nous allons échouer. Comme seuls quelques-uns

1. Henri Joannon, *Remember*. Le Dr Marot m'a fait le même récit (manuscrit inédit).

d'entre nous sont capables de faire le chemin à pied, les autres y seront amenés dans les wagonnets d'un Decauville conduit par les prisonniers. Et alors se déroule la scène la plus atroce et aussi la plus inattendue de toute notre captivité, pourtant fertile en émotions. On a ouvert les wagons pour faire descendre nos camarades. Et c'est un effrayant spectacle de gens à demi nus, maculés de sang et d'immondices de toutes sortes, un défilé de spectres aux yeux hagards, qui se présente à nos gardiens. Tous ces gens marchent avec peine. Quelques civils qui sont là se détournent. Et pourtant cela n'est encore rien. Il y a dans les wagons ceux qui ne peuvent plus marcher du tout et que nous descendons. Et surtout il y a les morts. Il y en a à peu près sept cents que des équipes, commandées à cet effet, jettent pêle-mêle sur le ballast. Tous ces corps sont nus. Et je ne suis pas près d'oublier ces amoncellements de cadavres, de corps décharnés, dans les poses invraisemblables de leurs dernières convulsions. Tous abominablement maculés. Toutes ces figures aux yeux et à la bouche grands ouverts et figés dans un rictus d'épouvante. Non, je ne peux oublier les tombereaux qui passent et dans lesquels des slaves, sous l'étroite surveillance des SS, jettent tous ces cadavres qu'on mène à la fosse commune. Tous ces cadavres ? Pas que cela. Avec mon ami Brickman – mort du typhus un mois après –, un médecin hollandais, nous suivions tous ces morts, pour tâcher de reconnaître quelqu'un. Et voici que de ces charrettes lugubres nous retirons un, puis deux, puis trois et quatre malheureux qui n'ont pas fini de mourir. On allait les enterrer vivants. Tout ce que nous pouvons faire, c'est les porter au milieu de la cour de la gare, sur un peu de paille ; là, dans cette soirée finissante, où tout renaît, où nous-mêmes revenons à l'espérance, ils vont terminer leur agonie.

« Quant aux autres, à ceux qui tiennent encore, à tous ces blessés, à tous ces malades, à tous ces moribonds, leur sort a été fixé. *Los*, vite, dans les wagonnets Decauville. Ces wagonnets, faits pour contenir du sable, sont de forme triangulaire, la forme d'une tente renversée, de façon à pouvoir être basculés plus facilement. C'est là qu'on va entasser tous ces rescapés dont la mort n'a pas voulu. Les premiers qu'on y jette, incapables de se tenir debout, glissent au fond. On charge les autres par-dessus, sans faire attention, on empile sans souci de la douleur, de telle sorte qu'une fois complets ces wagons donnent le spectacle d'un amoncellement de corps d'où émergent çà et là des pieds, des bras, une tête. »

Le Dr Clément Marot est alors « débarqué » sans ménagement. Les médecins se regroupent.

– Là, cette baraque ?

– Elle est vide.

– Faisons le tour du camp pour voir si on peut trouver des lits, des bancs.

Le long des barbelés, les prisonniers de guerre qui occupent une partie isolée de Sandbostel s'agglutinent.

– Vous venez d'où ?

– Les salauds ! Tous ces morts. Dans quel état vous êtes !

– On leur fera payer.

– Les Toulousains, vous voulez du lait concentré ?

– Les Parisiens, par ici.

– Les Marseillais...

Chacun se retrouve. Pleure. Attrape au vol des conserves, du pain, du chocolat.

– Les médecins ? Allez chercher les toubibs, on a quelques remèdes.

Bagarres pour les « friandises », bagarres pour les médicaments. Toutes les nationalités se lancent à l'assaut des « trésors » français. Certains tuent pour dépouiller.

Marot, Cornu, assistés du pharmacien Joannon et du professeur Prenant, opèrent sur un banc leur premier client : le Belge au bras déchiqueté.

« Il s'appelait Gilboux. Il avait fait l'admiration de tous, SS compris. Jamais il ne s'était plaint. On m'avait bien donné quelques médicaments, un peu de désinfectant, mais rien pour tailler, pour scier... et je devais obligatoirement l'amputer afin d'éviter une infection ascendante. »

Clément Marot sort de sa poche une vieille lame de rasoir un peu ébréchée. Il la fixe sur une planchette :

– C'est une Gillette. Elle tiendra le coup. Ça va faire mal. On n'a pas d'anesthésique.

– Allez-y, docteur. J'ai confiance en vous.

– Prêt ?

La lame pénètre dans la chair...

Pour ligaturer, des bouts de ficelle, trouvés dans un coin du block et trempés dans le Rivanol.

Quatre jours plus tard, les prisonniers de guerre lançaient par-dessus les barbelés une scie à amputation. Clément Marot régularisa le « travail ». Gilboux est sauvé. L'équipe chirurgicale française devait réussir vingt-quatre amputations à Sandbostel et des centaines de « sauvetages » difficiles.

D'autres convois arrivaient. D'autres morts, d'autres malades, d'autres « exécutés », d'autres médecins aussi, comme Paul Lohéac.

« Cette nuit du 18 au 19 avril 1945 restera dans ma mémoire comme une nuit d'épouvante. Je me demande encore par quel miracle nous ne sommes pas morts de la main des Russes dans ce block des étrangleurs.

« Un Kapo nous pousse vers une porte entrouverte. Les coups de matraque précipitent dans l'étroite ouverture le flot tumultueux des impétrants, qui jouent du coude avec vigueur. Déjà meurtris dans la bagarre, nous progressons avec peine le long du couloir, où l'obscurité totale ne permet pas de deviner ses voisins. Pas à pas nous avançons, avec l'idée simpliste de trouver des paillasses pour étendre un peu nos membres rompus et nos corps courbaturés. Par-derrière, la poussée s'accentue. La compression devient extrême, car il est impossible d'aller plus loin. Les portes se referment avec un bruit de verrou qui supprime toute idée de fuite. D'ailleurs, l'entassement est si grand que tout mouvement en avant ou en arrière est interdit par la force des choses. Nos yeux, maintenant habitués à l'obscurité, commencent à distinguer vaguement l'architecture intérieure de la baraque. Du couloir où nous sommes, une porte ouverte donne accès à une grande salle, où de nombreux occupants, assis par terre, serrés les uns contre les autres en rangs compacts, ont pris leurs dispositions pour la nuit. Il faut se résigner à l'évidence ; le block est nu et ne compte aucun lit. Le surpeuplement est si complet qu'il est impossible de s'étendre sur le plancher. Il n'est même pas question d'entrer dans la grande salle où toutes les places disponibles sont déjà prises. Dans le couloir, où l'équilibre en position verticale est compromis par le minime espace réservé aux pieds, on ne peut même pas songer à s'asseoir. La tête me tourne, de fatigue et de fièvre, et je tomberais si mes épaules n'étaient calées par celles de mes voisins...

« Bientôt des remous se produisent, des conversations s'engagent à droite et à gauche, et les compères se rejoignent en nous bousculant brutalement. Interpellés en russe, nous ne pouvons répondre dans la même langue... Il faut bien finir par l'aveu fatal : “Franzouse.” Alors, c'est la ruée. Bousculés, renversés, sans même pouvoir tomber à terre, où il n'y a pas de place disponible, nous sommes aux mains de deux ou trois forts gaillards qui maintiennent nos bras et nous recouvrent la tête d'un veston pour étouffer les cris. Mon bagage est arraché sans peine à mes mains crispées mais sans force, et déjà les voleurs se battent pour la possession du pain mis en réserve par la diète imposée par la fièvre. Des mains fureteuses tâtent mon corps avec une hâte fébrile et dérobent en un instant le contenu des poches, y compris le chapelet, laissant simplement le thermomètre, dont la valeur marchande au camp, pour les Russes, doit être nulle. Mais le morceau de pain qui reste encore dans mon veston est l'enjeu d'une lutte sévère, et les mains concurrentes, pour arriver en premier à la conquête du précieux butin, déchirent la poche en un éclair. Ils m'abandonnent alors pantelant, haletant, hagard, mais heureux d'être encore vivant. »

Cette nuit hallucinante ne fait que commencer pour Lohéac et ses amis.

« Des cris étouffés, des appels au secours amortis sous les bâillons laissent deviner, de tous côtés, des scènes semblables où les agresseurs sont toujours les Russes et les victimes les Français. Bientôt la bagarre change de ton, et des exclamations s'élèvent en slave cette fois, répondant aux coups sourds martelés. Les voleurs se battent entre eux désormais avec une rage décuplée par la convoitise et, dans la nuit profonde, des râles se prolongent, sinistres, avec des respirations de plus en plus difficiles, sous la main des étrangleurs. Un remous violent me fait tomber. Je me trouve non point à terre, mais sur les jambes étendues d'un groupe qui a réussi à s'asseoir, le dos à la cloison. Impossible de me relever, car deux ou trois autres sont tombés sur moi, m'écrasant de leur poids. »

Les Russes s'énervent, hurlent, repoussent Lohéac en le bourrant de coups de poing.

« Jamais de ma vie je n'ai reçu une telle rossée. Le moindre geste de défense me serait fatal. La voix plaintive de Moreau s'élève soudain, m'appelant à l'aide, et un rayon de lune me permet de l'apercevoir un intant, sous quelques Russes assis sur lui. Comment pourrais-je aller à son secours quand je suis moi-même en si mauvaise posture ? Mes bourreaux frappent toujours, plus mollement, semble-t-il, car ils se fatiguent. Je cherche en vain le moyen de fuir et ma main gauche libérée à grand-peine tâte les alentours : un corps étendu contre moi, du côté opposé aux boxeurs, me paraît froid et immobile. Je repère sa main dont le pouls est absent ; aucun doute, c'est un mort. Le malheureux m'accueillera plus volontiers que les vivants et, par des mouvements lents de reptation, j'arrive à me dégager petit à petit. Quand je m'assieds sur la poitrine du mort, mon poids vide son thorax en un râle prolongé, dont la résonance sinistre me fait frissonner. Je m'étends sur lui, certain désormais qu'il ne dira plus rien. En ce moment d'accalmie, l'assoupissement me gagne car je suis au septième jour d'évolution du typhus. Le besoin normal de sommeil, après la fatigue des vingt-quatre heures précédentes, est accru de la symptomatologie propre à la maladie, dont la somnolence est la caractéristique. À aucun prix pourtant je ne veux dormir, pour parer aux dangers d'une nouvelle attaque...

« L'accalmie est de courte durée ; de nouveaux remous m'obligent petit à petit à quitter le mort dont l'hospitalité fraternelle m'a reposé un instant. J'arrive alors sur un autre groupe ; ceux-là sont mourants, et leur respiration difficile est encore aggravée par mon poids. Leurs râles étouffés montent vers moi comme un reproche et pourtant je ne puis bouger dans cet enchevêtrement de corps où l'obscurité ne permet pas de se reconnaître. Qu'ils me pardonnent cette involontaire aggravation de leurs souffrances ! Une main s'abat soudain sur moi et m'étouffe à mon tour. Un examen rapide à tâtons me permet de reconnaître un mort qui vient de perdre l'équilibre. Pour me dégager, rassemblant mes dernières forces, je relance le cadavre d'un autre côté, sans m'inquiéter de savoir s'il sera mieux accueilli ailleurs. Mes jambes, immobilisées par deux hommes étendus sur elles, deviennent douloureuses. Les heures s'écoulent avec une lenteur interminable, mais les Russes s'agitent toujours et marchent sans aucune précaution sur nos corps. D'une main je protège mon visage contre leurs gros souliers ; l'autre sur mon ventre m'aide à supporter leur poids brutal. Des cris, des bagarres, des râles marquent jusqu'à la fin cette nuit d'horreur et je salue comme une victoire les premières lueurs de l'aube.

« Quand la porte s'ouvre enfin, permettant l'évacuation de la baraque, je me dirige vers la sortie, hagard et titubant. L'équipe de nettoyage est déjà au travail et le Tod Kommando ne chôme pas. Deux hommes saisissent les morts par les poignets, les traînent à toute vitesse dans le couloir et les entassent au-dehors... Des cadavres au nombre d'une trentaine s'accumulent progressivement, bilan de la nuit tragique, mais j'ai la joie de retrouver vivants de bons camarades dont le sort m'inquiétait.

Leurs mines sont terreuses. Mais qu'importe désormais, puisque tout le monde est là. »

Oui, qu'importent les jours qui vont passer dans ce charnier de Sandbostel ! La fièvre anéantit les réflexes, la volonté et, pour Paul Lohéac et ses amis typhiques, les heures vont couler dans une dernière inconscience alors que tout à côté, là dehors, devant la porte, si loin... des déportés affamés s'acharnent sur les cadavres de la nuit, couteau au poing, dévorant à pleines dents : foie, cœur, reins... Salive et sang. Mort pour vie.

D'autres, poitrine nue, bouche sèche, tremblants mais déterminés, donnent l'assaut aux réserves de vivres des SS. Les mitrailleuses s'époumonent. Trois cents morts.

Enfin, ils sont partis. Les SS sont partis. Partis. Enfin ! La Wehrmacht laisse les prisonniers de guerre du stalag voisin s'occuper des déportés. C'est à eux que Paul Lohéac et les déportés de Sandbostel devront la guérison, la vie, la liberté. C'était le 29 avril 1945, à 16 h 04. Le premier Britannique qui pénétra dans le camp ne mesurait guère plus d'un mètre cinquante. Comme il se doit, la cigarette qu'il fumait était une Navy Cut. Il en restait neuf dans son paquet, qu'il offrit autour de lui.

– C'est presque un nain, dit un Perpignanais.

Son voisin répliqua :

– Laisse-moi le regarder. Pour moi, c'est l'homme le plus important que nous ayons jamais vu. Je vais aller le renifler. Je parie qu'il sent la lavande.

# LE CARGO *RHEINFELD*

À Sandbostel, pendant la « nuit d'épouvante » du 18 au 19 avril, près de la moitié des SS quittèrent le camp avec une dizaine de Kapos et mille deux cents déportés considérés comme valides. Leur liste matriculaire avait été établie le 17.

« Le train [1] prit la direction du nord. Le 20 avril à 10 heures, il n'avait parcouru que quelques kilomètres quand, en gare de Mulsum, il fut mitraillé à quatre reprises par l'aviation anglaise. La voie ferrée étant coupée, les survivants poursuivirent l'itinéraire vers le nord, à pied, jusqu'à Stade, sur l'Elbe, en aval de Hambourg, sans que les blessés laissés à Mulsum aient pu recevoir le moindre secours. En revanche, ceux qui avaient pu atteindre Stade y furent hébergés dans un bâtiment de la Croix-Rouge et soignés par des médecins militaires.

« Les rescapés furent ensuite embarqués sur une vedette qui accosta une péniche charbonnière, l'*Olgasiemers*. Les déportés furent poussés à fond de cale. Le bateau se dirigea vers Kiel. Dans le port ils attendirent vingt-quatre heures sans nourriture. Finalement, ils furent transférés, toujours à fond de cale, sur un autre bateau de plus grand tonnage, le *Rheinfeld*. D'autres

1. Rapport inédit Henri Storch, vice-président de l'Amicale des stalags VB, X, ABC.

navires étaient aussi chargés de déportés qui ne provenaient pas de Neuengamme. Ces bâtiments formèrent un convoi qui mit cap au nord, le long des côtes orientales du Schleswig, et accostèrent à Flensburg, dernière ville allemande avant la frontière danoise. Les déportés du *Rheinfeld* restèrent parqués à fond de cale, sans le moindre ravitaillement, pendant trois jours encore. Le nombre de morts à bord était considérable.

« Finalement, deux officiers médecins de la Kriegsmarine montèrent à bord. En découvrant les déportés, ils furent indignés et promirent de s'occuper de l'alimentation des survivants. Ils tinrent parole et un ingénieur maritime veilla à ce que les blessés et les agonisants soient débarqués. Il organisa aussi une garde de marins allemands autour du *Rheinfeld*.

« Dans la nuit du 2 au 3 mai, des SS arrivèrent sur le quai dans deux camions pour reprendre leurs victimes. Mais les marins n'hésitèrent pas à ouvrir le feu sur leurs monstrueux compatriotes et c'est ainsi que les rescapés de Sandbostel eurent la vie sauve. »

*Wobbelin* *2 mai 1945*

# MA MAISON

Il est des signes qui ne trompent pas. Si le tout-puissant Kapo Frank Wagner accepte de troquer – après deux jours de réflexion – son pyjama rayé « de fantaisie », coupé sur mesure par un tailleur juif autrefois boutiquier à Munich, contre l'uniforme vert-de-gris de l'infanterie allemande, cela veut dire que les Alliés sont proches. Par sa culture, son intelligence, sa distinction, son sens des réalités et de l'adaptation aux circonstances, Wagner domine tous les Allemands du camp, gardiens et déportés. Il est interné depuis dix ans. Il a été le premier banquier arrêté par la SS. Son courrier, surveillé dès l'arrivée au pouvoir d'Hitler, en particulier les lettres adressées à son frère, franciscain, professeur émérite de l'université de Philadelphie, révélait un antinazisme déterminé, farouche... Un grand banquier, Kapo dans un camp de concentration ! Quelle ironie ! Un Kapo brutal parfois, souvent injuste. L'habit fait le moine. Oui, si Wagner a choisi de fuir le camp, c'est par peur des représailles...

« Le [1] lundi 25 mars, premier jour de la Semaine sainte, nous apprîmes qu'"ils" ne se trouvaient plus qu'à vingt-cinq kilomètres. Mais que feraient de nous nos ennemis ?

1. Manuscrit inédit Clément Vanhoutte, membre du réseau Jade, arrêté à Tourcoing le 18 février 1944. Camps de Neuengamme, Misburg, Lerbeck-sur-Weser, Wobbelin.

« En attendant, l'évacuation de l'usine commençait. Dans d'immenses fosses hâtivement creusées dans la cour, on jetait en hâte le matériel électrique, les bidons d'essence. On chargeait sur des camions, sur des wagons, tout ce qui pouvait encore être sauvé. Pendant trois jours, nous demeurâmes au camp, jouissant d'une liberté relative. Plus d'appels ; de temps à autre, une corvée de ravitaillement rapportait la soupe. Hans, notre Lagerältester, devenait invisible. Sans doute devait-il se demander ce qu'il adviendrait de lui.

« Le Samedi saint fut marqué par une scène horrible. Il devait être 11 heures environ. Dehors, des hommes criaient.

« – Il se passe quelque chose, dis-je à mes amis, allons voir.

« Accroché à un palan qui servait à déplacer des objets lourds, un homme... non... un cadavre se balançait. Les Russes tiraient sur les câbles en riant, puis laissaient retomber le corps, tiraient encore... Les Russes cessèrent leur jeu sauvage et criminel, et le corps pantelant demeura à terre. Je m'approchai et reconnus un Polonais qui, après une malheureuse tentative d'évasion, avait dénoncé trois Russes et un Français qui l'auraient aidé. Ce qui était faux. Les “complices » se vengeaient avec, sans doute, l'accord de Hans.

« Vers le soir, Eugène Petit, un imprimeur parisien, aide-infirmier au Revier, vint nous avertir :

« – Nous partons demain.

« Ce fut la consternation. Notre espoir d'être libérés sur place s'effondrait.

« Dimanche 1er avril 1945. Il est 4 heures du matin ; tout dort dans l'unique block du camp de Lerbeck. Soudain, les gardiens font irruption dans la baraque :

« – *Aufstehen ! Raus ! Schnell !*

« En quelques minutes, la colonne se trouve rassemblée dans la cour, sous le ciel gris, bas. Nous donnera-t-on un peu de nourriture, un breuvage chaud ? Non. Il n'y a rien pour nous ce jour-là.

« Nous attendons le signal du départ. À Paul, qui se trouve près de moi, je murmure :

« – Tristes œufs de Pâques !

« La colonne se dirige vers la petite gare, toute proche. Une fois de plus, nous retrouvons “nos” wagons à bestiaux. Le train part dans un fracas de tampons entrechoqués. Adieu, Lerbeck. Nous longeons la ville de Hanovre, près de laquelle je me trouvais quelques mois auparavant, et les souvenirs du camp de Misburg s'imposent, toujours vivaces... Le soir, nous parvenons à une petite gare : Fallers-Laeben. Enfin, nous débouchons au sommet d'une colline, dans le camp de Laarberg. Tout dort... Il nous faut grimper, grimper encore. Un dernier effort sur une pente nue et, au sommet, deux baraques adossées : ce sera notre demeure pendant les six jours que nous passerons à Fallers-Laeben.

« Comme toujours, les Russes se précipitent vers les châlits, se taillant la part du lion. Je me trouve avec Paul, Maxence Tavel et Robert Bordeux. Nous décidons de nous étendre à même le sol.

« Au matin, personne ne nous dérange. Russes et Polonais ont quitté le block, se promenant çà et là, à la recherche de je ne sais quoi. Quant à nous, Français, nous formons un groupe dans un coin de la baraque. Nous éprouvons à un point inexprimable le pressentiment que tout cela marque le commencement de la fin. Maxence Tavel était en train de nous conter un épisode de la résistance savoyarde quand, soudain, quelqu'un vient nous crier :

« – Les Russes ont attaqué Hans et l'ont démoli.

« L'un de nous sort immédiatement et revient nous rendre compte : il a vu notre ancien doyen appuyé contre une baraque, respirant avec peine, haletant, tandis que, de la bouche aux dents cassées, un filet de sang coulait... Les Russes l'ont en effet attaqué.

« Le vendredi 6 avril, on nous dirigea vers l'usine Hermann Goering. D'énormes brèches prouvaient l'efficacité des bombardements alliés. Près de ces ruines, un camp de prisonniers de guerre français. Ils nous firent des signes d'amitié. Les douches de l'usine étaient intactes. On nous laissa en profiter. Je contemplai ces pauvres anatomies ravagées, déformées, épouvantables de maigreur, de fragilité. Près de moi, un restaurateur parisien qui, me disait-il, pesait cent cinq kilos avant son arrestation ne devait plus en accuser que cinquante aujourd'hui. Sur le corps décharné, la peau pendait, flasque, ressemblant à une outre dégonflée... Et celui-ci... Et cet autre... Et cet autre encore... où je pouvais pressentir les cadavres qu'ils seraient bientôt.

« Enfin, arriva le samedi 7 avril. Je fus affecté à une corvée de terrassement en dehors du camp. Notre Vorarbeiter nous indiqua, pour la forme, semblait-il, une petite butte de terre à aplanir et s'éloigna sans plus se préoccuper de nous. L'atmosphère de laisser-aller qui régnait nous permettait de prévoir un départ proche. Dans l'après-midi, les bruits de départ se firent plus insistants et l'appel de 16 heures n'eut pas lieu. La nuit était venue quand le cri "appel" retentit. Nous nous précipitâmes dans la cour. Désespérément, Paul et moi, nous nous efforcions de nous accrocher l'un à l'autre. Quelques rares lumières brillaient encore. Au loin, des colonnes avançaient sur le sentier. Des heures, il fallut attendre notre tour. Enfin, notre troupe s'ébranla. C'était de nouveau la fuite. La fuite vers l'inconnu. L'ennemi, talonné par l'avance des Alliés, s'efforçait de sauver sa cargaison d'esclaves. Comme à Lerbeck, nous laissions derrière nous un camp vide, abandonné.

« La colonne interminable se dirige vers la gare de Fallers-Laeben. Sur la chaussée goudronnée, les galoches scandent la cadence. Rangés par cinq, nous nous tenons par le bras. Une nuit sans étoiles. Je serre tout contre moi le bras de Paul. Comme si je pressentais qu'il me sera enlevé tout à l'heure. Il me semble deviner que quelques chose de formidable, d'effrayant, se prépare.

« Près des wagons, un Posten compte : il faut cent hommes dans chacun d'eux. Au moment où arrive notre tour, le gardien, pour compléter l'effectif, avise Paul et le fait monter. Je serai donc affecté au wagon suivant, et je perdrai l'appui que m'eût donné mon grand ami. En grimpant, je me précipite vers un coin où j'espère trouver un peu de tranquillité. Le wagon continue de s'emplir... La porte roule... Nous voici enfermés dans le noir... Et soudain, comme s'ils s'étaient concertés, les Russes se précipitent vers les Français. Ils hurlent :

« – *Franzözen... enc...* (affreux mot que des Français leur ont appris).

« Comme dans un étau, je sens ma gorge prise par l'étreinte de deux mains qui m'étouffent. Dans un effort surhumain, je me dégage, mais je me sens aussitôt soulevé et rejeté plus loin, au milieu d'ombres qui grognent et s'apprêtent à cogner. S'agit-il d'un complot concerté ? Je l'ignore. Mais dans tous les wagons ce sera désormais, et pour tout le temps du voyage, la chasse aux Français “maudits”, une lutte implacable et parfois mortelle. Les Russes et les Polonais appliqueront désormais leur loi. De longues heures, je demeure debout. Je dois me trouver au milieu du wagon. Une main se pose sur mon bras :

« – Monsieur Clément...

« C'est André Léger, un Parisien, un enfant, que bien souvent j'ai pu réconforter à Lerbeck. Candidement, naïvement, il venait à moi, semblant mendier un peu d'affection. Il pose sa tête sur mon épaule.

« – Monsieur Clément, c'est mon papa...

« Et ce train qui ne se décide pas à partir ! J'essaie de me glisser vers la porte. Une longue silhouette est là, appuyée à la paroi. Je reconnais l'abbé Germain Coutteret. Je lui parle. Il me répond d'une voix basse, lasse. On le sent écrasé, littéralement à bout. Le cœur qui flanchait depuis des mois n'a pu résister aux préparatifs du départ, à la longue marche, à l'épuisante station debout. J'entends, assez loin de moi, la voix d'André Léger :

« – Monsieur Clément ! Monsieur Clément !

« Puis, sans transition, je l'entends chanter, puis se plaindre, tandis que les Russes bougonnent. Je crois deviner qu'il a dû s'étendre et que les slaves s'efforcent de le faire lever, en le bourrant de coups de pied... Il se met à crier :

« – Napoléon... Je suis Napoléon ! Napoléon est mort à Sainte-Hélène.

« Est-il devenu fou ? Simule-t-il la folie pour apitoyer ses tortionnaires ? Les Russes se mettent à rire, et mon petit camarade, comprenant sans doute qu'il a gagné la partie, recommence de plus belle à crier : "Je suis Napoléon." Le train s'ébranle enfin.

« Dimanche 8 avril. Mes yeux se portent sur l'écriteau de la gare où notre train vient de stopper. Avec stupeur je lis : Fallers-Laeben. Est-ce possible ? Je n'arrive pas à réaliser comment, après tant d'heures de voyage, nous pouvons être revenus à notre point de départ. Et je pressens la formidable partie de cache-cache qui se joue entre les armées libératrices et nos bourreaux qui les fuient. De longues heures s'écoulent et, dans la nuit, le train démarre. Toute cette nuit, il me faudra la passer debout.

« Lundi 9 avril. Le train roule à peu près toute la journée, ne s'arrêtant que deux ou trois fois. Le premier arrêt permet une distribution de nourriture : une mince tranche de pain, un rond de saucisson, un morceau de margarine gros comme le pouce. C'est tout pour la journée. Et nous n'avons rien à boire. Nous n'aurons rien à boire durant les six jours que durera ce mortel voyage. Second arrêt, les portes s'ouvrent, et les déportés médecins apparaissent, demandant s'il y a des malades parmi nous. Germain se présente. Il est aussitôt admis. Je vois l'abbé se diriger vers un autre wagon qui a été transformé en infirmerie. Au moment où je me prépare à avancer, les autres se précipitent. Pris de peur, médecins et gardiens referment brutalement la porte.

« Mercredi 11 avril. Aujourd'hui, je vais enfin réussir à m'asseoir. Devant moi, autour de moi, des Russes, rien que des Russes. Le plus proche est un prisonnier de guerre, envoyé pour je ne sais quel motif dans un camp de concentration. Une conversation s'engage : il me parle de ses camarades du stalag, français pour la plupart, qui partageaient avec lui leurs colis. Arrêt dans l'après-midi. Je puis descendre, me dégourdir les jambes. Très vite, l'ordre de réintégrer notre prison est donné. À quoi riment ces arrêts, et quelle en est la raison ?

« Jeudi 12 avril. Je ne suis plus qu'une machine à souffrir. Devant moi, le Russe avec qui je m'entretenais la veille se livre à une curieuse occupation, il enlève le carré de tissu rayé qui garnissait le dos de sa veste. Veut-il s'évader ? Ses compagnons l'observent avec ironie. Soudain, l'un d'eux me tend le bout de dentier qu'il m'a enlevé pendant la nuit, dans l'espoir, sans doute, d'y trouver de l'or. Il s'offre à me le restituer en échange de cigarettes que je ne possède plus. Finalement, il me rend ce dentier brisé dont il ne pourrait rien tirer.

« À mesure que la nuit se rapproche, je sens grandir en moi la peur. L'obscurité venue, je me sens appréhendé sauvagement par les Russes, étendu sur le plancher. Mais cette fois, je suis décidé à me défendre. À tâtons, mes deux bourreaux (je suppose qu'ils doivent être deux) m'arrachent les cheveux, à faire jaillir les larmes. Ils feraient mieux de me tuer. Je sens sous ma main une galoche ; j'en assène un coup sur la main qui me martyrise, mais l'autre s'en saisit et me frappe sur l'arcade sourcilière, qui éclate. Je ne suis plus à présent qu'une masse sanglante qui rampe vers la porte en bousculant les dormeurs. Je me redresse. Je trouve la paroi. Je m'appuie à elle. Je me dis que si j'ai la force de me tenir debout je resterai vivant. Debout ! Une nuit encore.

« À l'aube, je me sens brisé, anéanti, je voudrais m'étendre... Non. M'asseoir. Seulement m'asseoir.

« Vendredi 13 avril. Nos gardiens peuvent-ils croire que ce train fantôme dans lequel ils sont, en fait, aussi prisonniers que nous peut éviter le règlement de comptes final ? Midi ne nous a apporté aucune distribution de nourriture ; le train roule toujours.

« Le dimanche 15 avril, les malades furent rassemblés le long du train désormais immobilisé. À notre gauche, le bois s'allongeait. Les sapins frissonnaient sous le vent léger. L'abbé Germain et moi nous arrangeâmes pour demeurer ensemble ; la sympathie était née presque soudainement dans une communauté de pensée, d'idéal, devinée plus que découverte. Nous franchîmes la centaine de mètres qui nous séparaient de Wobbelin. Ce camp, nouvellement construit pour recevoir des prisonniers américains, était loin d'être complètement aménagé. Les blocks s'élevaient çà et là. L'un d'entre eux, coupé en son milieu par un mur léger, nous fut assigné, et considéré comme infirmerie. Les couchettes étaient à trois étages. Ceux du fond dormaient à même le sable ; ce sable qui, bientôt, deviendra grouillant de vermine, cause première de l'effroyable épidémie de typhus qui, dans quelques jours, décimera l'effectif du camp.

« Des trains... des trains encore arrivent de toutes parts, comme si les Allemands n'avaient pour tout refuge que ce malheureux camp de Wobbelin. C'est par milliers que des malheureux débarquent. Combien, parmi eux, à bout de résistance, grossissaient l'effectif des Revier ? Un médecin fut désigné pour chaque travée. La nôtre fut desservie par le Dr Robert Naudin.

« Les malades admis au Revier, dans l'impossibilité d'occuper une couchette, étaient accroupis ou étendus dans le passage. Il fallait, pour circuler, enjamber les corps. Comme je considérais ce spectacle effroyable, une ombre adossée au mur se leva et vint à moi, avec un cri, un rugissement plutôt :

« – Monsieur Vanhoutte ! Monsieur Vanhoutte !

« J'essayai de reconnaître l'homme qui m'appelait. Ce dos courbé, ce teint terreux, ce visage impitoyablement vieilli ne me rappelaient rien tout d'abord, puis soudain :

« – Maurice... C'est donc toi, mon pauvre vieux ?

« Je reconnaissais Maurice Domergue, brigadier de police d'Antibes, mon camarade de Misburg ; et je croyais retrouver son savoureux accent méridional tandis qu'il me demandait chaque soir :

« – Qu'est-ce qu'il y a avec le *paing* aujourd'hui ?

« Cet homme de quarante ans que j'avais connu robuste, taillé en athlète quelque cinq mois plus tôt, n'était plus aujourd'hui que l'ombre de lui-même.

« Le 1er mai, les Allemands décidèrent de tenter une fois encore l'évacuation du camp. À l'exception des malades du Revier, tous les hommes furent de nouveau enfermés dans les wagons. Dans l'après-midi, les Posten nous firent sortir de l'infirmerie. À travers champs, nous gagnâmes un camp voisin, que des femmes avaient occupé jusqu'ici et qu'elles avaient quitté la veille. Pauvres femmes ! J'en avais aperçu quelques-unes, russes ou polonaises pour la plupart, venues chercher de l'eau à notre fontaine : leurs ignobles haillons, leurs cheveux tondus ras leur enlevaient tout charme, toute féminité...

« Il pouvait être à peu près midi quand nous parvint l'ordre de nous rassembler derrière la baraque, et de nous aligner. En face de nous, un sous-officier SS nous considère d'un air féroce. Sortant son revolver, il l'arme ostensiblement. Que nous veut donc cet imbécile ? Contournant le block, nous passons à la distribution du pain, étonnés que le morceau soit exceptionnellement lourd. On nous fait rentrer. Je mastique mon dernier carré de pain quand on crie dehors : "Appel ! Appel !"

« Plus de gardiens dans la cour. Nous demeurons là, ébahis, nous efforçant machinalement, par habitude, de nous aligner. Ce qui nous arrive est incompréhensible et nul de nous ne parvient à réaliser. J'aperçois Maurice Domergue, traînant un sac assez lourd.

« – Que portes-tu là, Maurice ?

« – Des rutas et des betteraves...

« Je prends un coin du sac et, ensemble, nous rentrons dans le Revier. Paul m'aborde :

« – Triste nouvelle : Fernand Thomas est mort. Il se trouvait avec des Russes, sans personne pour le protéger.

*
**

« 3 mai. En sortant du Revier, j'aperçois le drapeau hitlérien à la croix gammée qui flottait à l'entrée du camp. Quelqu'un l'a posé en guise de paillasson à la porte du Revier. C'est avec un plaisir non dissimulé que chacun se plaît à le piétiner. Je pénètre dans le Waschraum (lavabos). Sur plus de la moitié du vaste bâtiment, un amoncellement indescriptible de cadavres. Dans les poses les plus invraisemblables. C'est un spectacle d'épouvante que ces visages crispés où les yeux grands ouverts semblent fixer un au-delà terrible, ces membres tordus qui, dans leur maigreur effroyable, semblent des membres de nouveau-nés. Pauvres. Pauvres corps douloureux. Bientôt, à cet inextricable fouillis viendront s'ajouter d'autres cadavres, d'autres encore qui finiront par déborder jusque sur les marches.

« Il est impossible que l'on ne vienne pas à notre secours. Nous voyons arriver des reporters militaires américains, revêtus de leur uniforme kaki ; je me trouve à ce moment avec Paul et les médecins. Ils prennent des photos, nous offrent des biscuits, deux bouteilles de vin du Rhin. "Où sont les SS ?" demandent-ils. D'autres journalistes surviennent, des Anglais, cette fois.

« – Regardez, nous dit le Dr Paul Faure en brandissant une bouteille, il fallait avoir la délicatesse d'un Anglais pour nous offrir... du bordeaux.

« Dans l'après-midi, nous voyons venir à nous un officier des Forces françaises libres affecté à l'état-major américain, le lieutenant de Villefosse. Tout de suite il nous assure de son entier concours. Nous ne tarderons pas à nous rendre compte qu'il ne s'agit pas d'une promesse en l'air. Le soir même, arrive une camionnette allemande. Les passagers : deux uniformes gris-vert, gardés par deux soldats américains. L'un des Allemands descend et demande le commandant du camp. Paul se présente. Aussitôt, l'autre rectifie la position, claque des talons et, dans un excellent français :

« – Mon commandant, le sous-préfet vous fait demander de la part des autorités américaines quels sont vos besoins immédiats.

« Bien que nous ne soyons que huit cents à peine, Paul réclame du pain et des boîtes de conserve pour mille cinq cents personnes. Une conversation s'engage avec l'Allemand, qui nous déclare être alsacien incorporé de force dans l'armée allemande. Son français s'émaille d'une pointe d'argot, et il nous raconte que le général américain installé à Ludwiglust est allé voir le sous-préfet et l'a menacé de mort si, dans les vingt-quatre heures, le camp de Wobbelin n'était pas ravitaillé. "Pour ma part, ajoute l'Alsacien, je vous assure que j'ai eu peur en chemin : j'ai bien failli être zigouillé." Pendant ce temps, Paul a emmené l'autre Boche, le chauffeur, dans le Revier contigu au nôtre ; là, le spectacle dépasse en horreur tout ce que l'on peut imaginer. Depuis des jours, la dysenterie fait rage. La plupart des malades, n'ayant même plus la force de sortir, se sont oubliés sur place. Ils gisent là, morts, sur leurs déjections. Leurs cadavres encombrent la vaste salle. Les uns, sur leur paillasse, paraissent endormis. Quant aux autres, on les trouve sur le sable, dans des positions invraisemblables. L'odeur est suffocante. L'Allemand a d'abord un sursaut, puis ses cheveux se dressent sur sa tête. Il est là, hébété, semblant ne pas comprendre, ne pas réaliser.

« – Regardez, lui dit Paul gravement : voilà le résultat de dix ans de nazisme. Si un jour l'Allemagne souffre, vous comprendrez pourquoi.

« L'homme s'enfuit en sanglotant.

« Le lendemain, nous reçûmes de nouveau la visite du lieutenant de Villefosse. Je me trouvais dans la cour avec Paul.

« – Lieutenant, il faut d'abord que nous puissions nourrir nos malades ; puis, de toute urgence, envisager leur évacuation. Pour peu que cela continue, ce camp ne sera plus qu'un cimetière.

« – Mon commandant, en attendant que des vivres vous soient fournis, je vous ai apporté des boîtes repas de l'armée américaine. Cette nourriture est très concentrée. Je ne puis donc que vous conseiller de les répartir à raison d'une boîte pour deux hommes.

« Les boîtes contenaient en effet des repas complets : conserves d'œuf ou de viande, chocolat, poudre de café ou de limonade, et jusqu'à des cigarettes. La distribution eut lieu aussitôt. Vers la fin de la matinée, mon attention fut attirée dans l'infirmerie par un groupe qui entourait une couchette ; m'étant approché, j'eus l'immense douleur de voir à l'agonie le bon, le cher abbé Germain Coutteret. Il gisait là, le regard déjà éteint, une mousse blanchâtre aux lèvres. J'échangeai avec le chanoine Parguel, de Montpellier, un regard désespéré. Il avait offert sa vie. Il l'avait usée au service de ses frères. Combien lui doivent le réconfort moral qui leur permit de supporter leur terrible épreuve... D'autres, en plus grand nombre, reçurent de lui le viatique et le secours religieux avant d'affronter le grand passage. Il est allé au-delà de ses forces, au-delà des limites humaines. L'abbé Coutteret est mort comme un saint, un martyr, un ardent serviteur de Dieu et de la patrie. Quelques heures plus tard, un convoi funèbre quittait le Revier. Quatre déportés, jeunes scouts français, portaient la civière. Devant eux, marchait le chanoine Parguel. Le convoi s'arrêta près d'une fosse fraîchement creusée. Le corps y fut déposé, et, sur la tombe, une croix fut dressée, portant ces simples mots : "Abbé Germain Coutteret – 1945."

« Cette cérémonie funèbre ne fut pas la seule de cette journée ; partant du Revier, un cortège, conduit par Paul, suivi des médecins, se rendit au Waschraum pour un dernier hommage, une dernière prière collective pour tous les morts qui y étaient amoncelés. Le chanoine Parguel officiait, revêtu d'une étole salie, crasseuse (où donc avait-il pu se la procurer ?)... Ce fut quelque chose de bouleversant que ces prières funèbres auxquelles, d'un même cœur, tous ces vivants s'unissaient.

« Peu à peu, le camp s'animait de nouveau. Par groupes, les déportés qui avaient, dans l'ivresse de leur liberté soudain recouvrée, quitté le camp la veille devaient le réintégrer : refoulés de partout, aussi bien par les Américains que par les Russes, ils ne trouvaient d'autre issue que ce triste retour. Il était dangereux, on le conçoit, de laisser se former des bandes affamées et ivres de vengeance. Quels excès n'eussent-elles pas commis ! Vers le soir, Paul vint à moi :

« – Savez-vous, Clément, ce qu'a dit la commission médicale américaine ? Que le camp, une fois désinfecté, pouvait être parfaitement habitable, et qu'il n'y avait pas lieu d'envisager notre transfert.

« Il ajouta comme pour lui-même :

« – Ils ne se rendent donc pas compte de l'effet désastreux d'une pareille mesure sur le moral des déportés ?

« Au matin du vendredi 4 mai, commença le transfert des malades vers Ludwiglust, dans des camions de l'armée américaine. Les malades avaient reçu une boîte de conserve et un pain pour cinq hommes. Ce qu'il eût fallu, c'était une alimentation légère aidant à la rééducation progressive, mais comment l'obtenir ? L'ingestion de cette nourriture lourde eut pour résultat d'aggraver l'épidémie de dysenterie qui devait faire tant de ravages.

« Les déportés russes avaient perdu leur faconde. Ils comprenaient que quelque chose avait vraiment changé. La direction du camp était assumée par les Français. Désormais, ils devaient se montrer plus soumis. Il restait un block non encore alimenté, que Paul me désigna ; c'était le bâtiment où, par ordre des Allemands, les juifs avaient été rassemblés. Je me dirigeai donc vers eux, muni du ravitaillement qui devait leur revenir. En pénétrant dans la baraque, ce que j'y vis me laissa figé sur place : une quinzaine d'hommes... mais faut-il appeler "hommes" ces demi-cadavres vautrés sur le sable ? Pourtant, à mon appel, quelques-uns des cadavres se dressèrent et, titubants, vinrent à moi, les yeux hagards de bêtes traquées. Il y eut chez eux, à la vue de la nourriture, comme un éclair et c'est avec des mines d'hallucinés qu'ils tendirent leurs mains. La condamnation de l'implacable régime hitlérien, je l'avais là, sous les yeux.

« Le transfert des malades s'opéra sans à-coups. Les camionnettes faisaient leur navette incessante entre Wobbelin et Ludwiglust, distant de quatre kilomètres. Pourtant, le Revier, semblable au tonneau des Danaïdes, se retrouvait plus plein après chaque départ. Non seulement les travées avaient toujours le même nombre d'occupants, mais l'on trouvait, étendues sur le sable et enveloppées dans leurs couvertures, des formes de plus en plus nombreuses, « resquille » des bien portants qui, pour quitter plus tôt le camp maudit, venaient se mêler aux malades. C'était la plus hideuse cour des miracles que l'on pût trouver. Et quand revenaient les camionnettes vides, c'étaient des scènes affreuses où le tragique se mêlait à la comédie. Des dizaines d'hommes, couchés à terre, grimaçaient, tendaient les bras, exhalaient des plaintes indistinctes. Comment discerner le vrai du faux ? Les soldats américains s'efforçaient de garder leur sang-froid, aidant les uns, portant les autres.

« À Ludwiglust, tout était à organiser, à installer. Ce fut Paul qui s'en chargea avec l'aide d'un déporté hollandais, ancien capitaine au long cours, que j'avais connu à Lerbeck ; ce fut un Français qui fut chargé de la cuisine, et nous pûmes ainsi bénéficier d'une nourriture meilleure que celle que nous avions connue jusqu'ici.

« Très rapidement, les services médicaux furent mis en place. Il était temps. À peine notre caserne avait-elle reçu son effectif de deux cent cinquante malades qu'une épouvantable épidémie de dysenterie se déclara, et nul parmi nous n'en fut exempt. Toutes les deux heures, des prisonniers allemands ou italiens devaient laver à grande eau le carrelage souillé. Chaque matin, une charrette que traînait une rossinante étique venait prendre son chargement de cadavres. Cette fois, ce n'était plus pour un hideux enfouissement. Chaque corps était enveloppé dans un linceul blanc, et un cimetière avait été érigé sur la place même de Ludwiglust. Ce fut là que les dernières victimes reçurent une sépulture honorable. Il fallait pourtant que la population allemande prît conscience du forfait inexpiable commis en son nom par les dirigeants nazis. L'état-major américain organisa une cérémonie expiatoire au camp de Wobbelin. Toutes les autorités civiles allemandes durent y assister, ainsi que le personnel de la Croix-Rouge, devant le Waschraum où ils furent conduits, et qui contenait toujours le fouillis inextricable de cadavres amoncelés. Les Allemands ne purent retenir leurs larmes. Qu'y avait-il dans ces larmes, qui ne pouvaient pas ne pas être sincères ? De la pitié, sans doute. Et aussi une honte secrète devant les conséquences tragiquement logiques d'un régime inhumain ?

« Le 12 mai fut un jour heureux ; nous pûmes, ce jour-là, adresser un message à nos familles. Malgré son laconisme, puisqu'il ne pouvait dépasser dix lignes, nous savions que ce message irait rassurer les nôtres, leur procurer enfin la joie dans l'attente du retour.

« Gare de Tourcoing. Les premières personnes que j'aperçois à ma descente de wagon sont deux de mes sœurs, puis la municipalité au grand complet, des groupements de résistance, et plus loin une fanfare alignée autour de son drapeau. Cette fois, je réalise pleinement l'élan immense de sympathie qui a poussé vers cette gare la population de ma ville. Je me sens éperdu, dépassé. Je m'avance sur le quai et gagne la salle des pas perdus, qui est littéralement comble. Des cris : “Le voilà !”, une chorale entonne un chant. La foule se rue et il faut improviser un service d'ordre, sous peine de me voir étouffé. Dans les yeux de tous ceux qui sont là, il y a des larmes qu'on ne cherche pas à dissimuler. Tout cela est trop fort. Trop beau. Pour moi, tout cela ? La place de la Gare est noire de monde. Des mains amies se tendent, qu'il faut serrer en hâte. On me pousse dans une camionnette. Précédé de la fanfare, un cortège s'organise, une courte réception au centre d'accueil de la rue Carnot, où l'on m'oblige à me montrer à la fenêtre. Apercevant cette foule immense venue de tous les coins de la ville, j'éprouve de nouveau une contraction au cœur. Comment peut-on supporter une telle joie sans mourir ? De nouveau, le cortège s'ébranle. Dans la rue de Gand, pavoisée, les habitants stationnent sur le pas de leur porte. Une fillette a ce geste touchant de déposer une gerbe de fleurs sur le capot de la voiture. Nous voici enfin dans la rue Ingres. Jamais je n'y ai vu une telle profusion de drapeaux ni une telle affluence. Une petite fille lit une adresse, et l'on m'oblige à monter sur une chaise. Que dire à tous ces braves gens qui sont là ? Quelques mots très brefs : “Merci à tous... Vive la France qui ne mourra jamais.” La porte de la maison s'ouvre. En retrouvant d'emblée les objets familiers, j'oublie instantanément tout ce triomphe, un cri m'échappe : “Ma maison ! Ma maison !” »

*Flöha* *14 avril-7 mai 1945*

# « QUAND IL EST MORT, LE POÈTE... »

Un jeudi de mars 1944, Robert Desnos commença à écrire vers 11 heures. Comme lui, des dizaines de déportés s'étaient adossés aux planches goudronnées des blocks du camp de Compiègne-Royallieu. Aucun nuage ne voilait le soleil. Enfin le premier jour du printemps !

*Et craie et silex et silex et craie*
*Sol de Compiègne !*

Ces vers, il les scandait depuis une semaine en arpentant la place d'armes.

*... Sol de Compiègne,*
*Pareil à tous les sols du monde,*
*Sol de Compiègne !*
*Un jour nous secouerons notre poussière*
*Sur ta poussière*
*Et nous partirons en chantant*
*Une voix :*
*Nous partirons en chantant*
*En chantant vers nos amours*
*La vie est brève et bref le temps*
*Autre voix :*
*Rien n'est plus beau que nos amours*
*Autre voix :*
*Nous laisserons notre poussière*

*Dans la poussière de Compiègne*
*Et nous emporterons nos amours*
*Nos amours qu'il nous en souvienne*
*Chœur :*
*Qu'il nous en souvienne...*

D'une poche, Desnos sortit une bouchée au chocolat enveloppée de papier argenté. L'avant-dernière des vingt-quatre envoyées avec d'autres « nourritures plus habituelles en temps de guerre » par Madeleine Renaud et Jean-Louis Barrault.

À présent, il écrivait à Youki, son amour.

« Cette lettre parviendra-t-elle à temps pour ton anniversaire ? J'aurais voulu t'offrir dix mille cigarettes blondes, douze robes de grand couturier, l'appartement de la rue de Seine, une automobile, la petite maison de la forêt de Compiègne, celle de Belle-Isle et un petit bouquet de quatre sous. En mon absence, achète toutes les fleurs. Je te les rembourserai. Le reste, je te le promets pour plus tard... »

Le soir il retrouva autour d'une bonne grande purée de rutabagas les « incollables » et son ami Jean Baumel, secrétaire général de la mairie de Montpellier.

« Robert Desnos[1] portait à Compiègne de grosses lunettes noires confortablement installées sur son long nez pointu. Elles s'associaient fort bien à son teint brun, à ses gros souliers noirs et à sa vaste pèlerine, noire aussi. Arrêté par la Gestapo, il avait été transféré à Compiègne le 20 mars. Les policiers allemands ne l'avaient pas épargné. Desnos se révéla à nous, aux séances des "incollables", destinées à faire passer le temps, qu'animait Maurice Bourdet ; il nous fit aussi des causeries poétiques et nous tint des conversations ardentes et agressives. N'avait-il pas décrété, bien avant Compiègne, que la conversation était d'"utilité surhumaine" ! Si je connaissais quelques-uns de ses poèmes, j'avais ignoré, jusque-là, qu'il était l'auteur, sous le nom de Valentin

1. Jean Baumel, éd. CGC, Montpellier, 1974.

Gillois, du célèbre poème clandestin : *Le Veilleur du Pont-au-Change.* »

Le 26 avril 1944, Desnos, Baumel et mille sept cent cinquante voyageurs montèrent dans les wagons « à bestiaux » de Paris-Dépôt. À Buchenwald l'administration n'a pas été prévenue de l'arrivée du convoi. Aucun block de quarantaine n'est disponible. Le train d'« aryens » est refoulé. Quatre jours plus tard, arrivée sur la rampe d'Auschwitz. Il faudra plus d'une semaine au commandant Hoess pour régler le cas épineux de ce train imprévu qui repart le 12 mai. Destination Buchenwald, qui, le 25, enverra les indésirables à Flossenburg, qui, le 2 juin, les répartira dans ses Kommandos extérieurs. Deux cents, dont Desnos et Baumel, sont affectés à Flöha.

– C'est en Saxe. À moins de trente kilomètres de la frontière tchécoslovaque.

– Je suis fatigué, Jean, fatigué de cette valse hésitation. Crois-tu que nous soyons enfin arrivés ?

– ...

– Flöha, ce pourrait être un joli nom de femme. Flöha, c'est un joli nom de femme. Il me semble qu'il y avait une grande courtisane romaine qui s'appelait Flöha.

– Non, Flora.

La Tullfabrick – « ça, c'est moins poétique que Flöha » – usine les fuselages des avions Messerschmitt 109. Les huit cents déportés sont logés dans les bâtiments mêmes de leurs ateliers. Froid, faim, épuisement. Chacun à son poste de travail apprend l'« art sacré » du sabotage. Baumel et Desnos, au rivetage, percent des trous d'un diamètre légèrement supérieur aux cotes portés sur leurs plans. Le rivet en place dissimule le trou aux contrôleurs. Quand l'avion volera, sa carlingue et ses ailes vibreront comme une guimbarde.

« C'est [1] dans cet enfer de Flöha que j'ai pu mieux connaître Robert Desnos. Les trop rares moments que j'ai pu passer avec lui furent ceux de la conversation enrichissante, réconfortante, et de la paix de l'esprit. Ce sur-

1. Témoignage Jean Baumel, déjà cité.

réaliste violent, négatif dans l'action, était devenu, sous l'influence des faits, un personnage constructif, orienté vers un système de compréhension éclectique du monde. Lui, l'agité, le chargé d'électricité, admettait désormais des solutions multiples et parfois opposées afin de bâtir un monde nouveau les lendemains de victoire. Pourquoi ne pas souligner, afin de mieux comprendre le poète, qu'il s'est rapproché de la spiritualité à Flöha ? Certes, toute démonstration religieuse était punie de pendaison dans les camps de concentration, mais la prière appartenait au monde invisible, et Desnos se lia d'une amitié profonde à l'un de nos camarades, Rodel, qui, lui, égrenait devant nous un chapelet de sa fabrication. Georges-Emmanuel Clancier avait noté cette pensée d'avant-guerre de Desnos : “Je ne crois pas en Dieu, mais j'ai le sens de l'infini, nul n'a l'esprit plus religieux que moi. Je me heurte sans cesse aux questions insolubles.” (*De Rimbaud au surréalisme,* Panorama critique, éd. Seghers.) Il n'est certes pas possible d'avoir la certitude qu'un être humain “est” en Dieu, mais Desnos ne se prêtait pas à une mascarade lorsqu'il conversait gravement avec Rodel, et l'on peut admettre que la simplification, au bord du néant, de problèmes théoriques compliqués, “insolubles” auparavant, a pu entraîner une rapide évolution de ses sentiments vis-à-vis du Dieu de son enfance. Le combat clandestin lui avait donné le sens de l'efficacité, du concret. Son esprit n'a-t-il pas franchi, à Flöha, une nouvelle étape et ne l'a-t-il pas amené à comprendre et à admettre, avec son sens de l'infini, déjà acquis, la rédemption des hommes ? Un problème difficile à résoudre à l'état normal s'est, sans doute, simplifié dans ce micromonde concentrationnaire où nous comptions notre survie par heures, parfois par minutes, et où nous raisonnions en dehors des normes communes. Desnos aimait le merveilleux, l'amour, et il cherchait l'infini, ne serait-il pas logique, normal qu'il ait retrouvé dans la souffrance une paix spirituelle ?

« Ce poète si sensible, si compliqué aussi, n'écartait pas la colère. Il fut courageux comme les simples et sa fière nature s'illustra dans notre Kommando par un acte qui força l'admiration de tous, Français ou non. Notre camarade Henri Pfihl (matricule 10 077) en a porté le premier un témoignage très fidèle, il ne convient pas d'en changer un mot...

« Voici comment cela se passa. Un jour à midi, sur un coup de sifflet, nous arrêtons le travail à toute vitesse, comme d'habitude, nous grimpons à l'étage qui séparait l'usine du dortoir réfectoire, etc. Le temps pressait car nous n'avions qu'un quart d'heure pour manger. Le Tchèque Anton, qui procédait à la distribution, prenait un tyrannique plaisir à faire durer le service alors que nous attendions tous à la queue, gamelle à la main, de quoi ne pas tout à fait crever de faim. Ce fut bientôt le tour de Desnos et à ce moment Anton céda la place à Willy, au "môme" Willy, comme nous l'appelions – petit tsigane boche de seize ans, élevé à la dignité de favori par la volonté du chef de camp. Le poète estimant, sans doute, qu'il n'avait pas sa ration lui fit gentiment un signe avec un sourire et l'air de dire : ajoute encore un peu, quoi ! "*Raus*", fait l'autre, qui, voyant que Desnos marque un temps d'arrêt, lui envoie à toute volée une gifle qu'on qualifia entre nous de "maison" car le gosse était vigoureux – très bien nourri, évidemment ! La réaction fut immédiate et étonnante. Desnos, qui tenait toujours sa gamelle d'orge brûlante, l'expédia en pleine figure du môme Willy, qui s'enfuit en hurlant de douleur. Pauvre Desnos, qui trouvait "intolérable" que ce gosse l'eût giflé, tu n'avais pas encore réalisé que tu n'étais qu'un numéro dans ton habit rayé et qu'il fallait faire abstraction de ta personnalité et refouler tes sentiments...

« Bondir ainsi sous l'outrage, quelle audace ! Ce geste fut jugé puéril par nous sur le moment : nous étions durs. Le favori pansé, l'Oberkapo arriva aussitôt. Secoué par une rage sadique, il jeta d'une poussée à terre le poète, dont les lunettes volèrent, et à coups de pied en plein visage, à coups de poing, la brute assomma l'imprudent. Le Kapo Kuche (cuisinier), autre bandit assoiffé de sang, compléta la séance et s'acharna sur la victime qu'il martela de coups. Desnos se traînait à terre. La tête couverte de sang, tragique, lamentable, car terriblement myope, il ne voyait plus sans ses verres. Nous assistions impuissants à ce drame. Le poète rampa jusqu'au lavabo et lava son visage boursouflé et meurtri, une entaille profonde au front devait lui laisser une cicatrice par la suite. Il refusa d'aller se faire soigner et ne descendit pas l'après-midi au travail (les Boches ne voulaient pas que les ouvriers de l'usine voient ce spectacle qui les aurait peut-être éclairés – s'ils ne l'étaient déjà). Le soir nous apprenions que Desnos avait reçu vingt-cinq coups de schlague sur les fesses, sans pousser une plainte. Nous le vîmes debout, il ne put s'asseoir ni se coucher sur le dos pendant plusieurs jours et porta les traces de son supplice longtemps. Il se traîna, ne pouvant plus marcher à petits pas, fut chargé de toutes les corvées les plus pénibles, et endura toutes ses brimades avec un courage magnifique.

« Desnos gagna d'un seul coup notre admiration et même celle des Russes.

« Il possédait d'immenses qualités de cœur et les exprimait par son optimisme permanent, et aussi, grâce à d'autres moyens, par l'explication de recettes de cuisine, ou par la lecture des lignes de la main. Il est sans doute difficile d'admettre pour le non-initié l'importance primordiale que revêtaient dans les camps de concentration les recettes de cuisine ou de pâtisserie... Mais, lorsque nous avions digéré un canard théorique aux oranges ou un excellent cassoulet abstrait, nous avions moins faim, c'est un fait. Nous apprenions donc par cœur, faute de pouvoir les noter sur du papier, d'innombrables recettes, et Desnos, qui en connaissait un nombre impressionnant, était devenu un champion dans le genre. Certains de nos camarades, les plus affamés, donnaient l'impression de vivre uniquement pour les collectionner. Ne valait-il pas mieux mourir saturé de ces recettes ou continuer à vivre dans l'espoir de les utiliser un jour ? Desnos, fin connaisseur du subconscient, comprenait qu'il était indispensable de se servir de ce procédé d'autodéfense. Il lisait les lignes de la main en fonction de cette même utilité, pour redonner leur courage à ceux qui pouvaient l'avoir perdu. André Verdet, auteur de *La Nuit n'est pas la nuit*, a fort justement relevé ce fait pour Auschwitz, mais Desnos continua à se livrer à cette pratique à Flöha. Un soir, ce fut un cas parmi tant d'autres, sans doute, un soir de cafard, il prit ma main dans la sienne, c'était déjà beaucoup de sentir cette chaleur affectueuse d'une main, et il me dit tellement de "certitudes" agréables pour mon avenir, sur un ton si sûr, si persuasif qu'il devenait impossible de ne pas y croire. Avec quelle émotion je me souviens, aujourd'hui, de cette naïve tentative de renflouement et, lorsque je relis certains vers de son beau poème : *Les Quatre Sans Cou*, je crois retrouver sa main chaude et vivante dans la mienne. »

Le 14 avril, les déportés de Flöha furent jetés sur les routes encore gelées. Marche sans fin, inutile, criminelle. Les trois premiers hommes abattus le furent à seulement vingt-huit kilomètres du camp. Le lendemain la sollicitude de l'Oberscharführer Brendel en étonna plus d'un : « Les éclopés nous ralentissent trop ! Nous n'arriverons jamais. » À la ferme d'Heinzebank il réquisitionna une charrette et deux chevaux ; un kilomètre plus loin une remorque que l'on accrocha tant bien que mal à la charrette : vingt-huit rayés se crurent sauvés. À la sortie de Marienberg, Brendel réussit l'exploit de rejoindre la colonne à bord d'un camion. Il rayonnait. « Laissez les chevaux ! Accrochez la remorque ! » Bousculade de malades, d'épuisés. Desnos et Baumel ne font aucune tentative d'approche des véhicules. S'ils avaient pu imaginer que leur exode durerait encore trois semaines...

– Combien sont montés ?

– Cinquante-sept. Vingt-trois Français et trente-quatre Russes.

– Veinards.

Le camion démarre, disparaît. Avant d'arriver au village de Teitzenheiz il quitte la vieille route Leipzig-

Prague. Les cahots du chemin forestier secouent, déséquilibrent les malades. « Moins vite ! Moins vite ! » Leurs cris sont entendus. Le camion ralentit, stoppe. De la cabine avant descendent le chauffeur et deux hommes, du camion les trois convoyeurs, qui s'étaient réservé un bon quart de la plate-forme.

– Vous pouvez descendre. Pas plus loin que les arbres !

L'aveugle soulève le paralytique.

Les cinq SS arment leurs cinq PM. Les « veinards » sont hachés par les rafales.

Ils errent dans le pays des Sudètes, cabotant de chemin en sentier. Ils mangent des racines, de jeunes pousses, des bourgeons.

Desnos titube en fin de colonne. Il s'aide d'un bâton. Il y a longtemps qu'il s'est débarrassé de ses derniers trésors : embrouillamini de bouts de ficelle et de fil de fer si précieux pour attacher aux pieds les socques de bois, chiffons sales, quart en métal... Il n'a conservé qu'une boîte plate en bois, sanglée à sa taille. Elle contient de minuscules morceaux de papier ; poèmes, notes, recettes de cuisine mises en vers, en chansons : « La complainte du lièvre royal aux trois oignons... »

– Tu dois avancer, sauter les rangs.

Ils l'aident à retrouver dans la colonne une place moins périlleuse. Ils le soutiennent. Il rit. Se moque de leur dégaine. De leur peau triste, jaune et grise. De leurs yeux perdus dans de sombres cavernes. De leurs poils au menton.

Baumel à son tour est avalé par les vaillants, les automates et les traîne-misère boiteux, mourants... Un SS en perçant sa cuisse d'un coup de baïonnette lui fait gagner cinq à six mètres. Molinier et Holzer se saisissent de lui.

– Tes bras sur nos épaules. Comme ça ! Oui. Appuie-toi !

Il s'appuie. Soulève un pied, jette la jambe en avant.

Près de la ferme de Blasny, meurent Thury, Dupuis,

Mareuil, Julmin et beaucoup d'autres... Tant et tant jusqu'au matin de ce 7 mai où les gardiens abandonnent la colonne sous les murs de la citadelle de Theresienstadt. Depuis la veille le drapeau de la Croix-Rouge flotte sur la ville « trompe-l'œil » que Goebbels, Himmler, Ribbentrop et Frank aimaient faire visiter à tous ceux qui s'indignaient du sort que l'Allemagne réservait aux juifs. « Regardez ! Regardez comment nous traitons les juifs ! Vous voulez voir les écoles, l'hôpital, les aires de jeu, le théâtre ?... »

Ignoble trompe-l'œil qui ne trompa personne.

La colonne Baumel rejoint dans les casernes SS abandonnées les évacués d'autres camps. Robert Desnos est transporté par ses amis à l'infirmerie. Il délire...

– Typhus, dit le médecin tchèque.

– Robert, tu es sauvé. Tu es en de bonnes mains. Vous savez, c'est Robert Desnos, un écrivain français, un grand Français, un poète aussi.

Un étudiant en médecine, Joseph Stuna, parle français.

– Nous allons le guérir.

Stuna et l'infirmière Alena Tesarova crurent avoir gagné le 27 ou 28 mai. Leur malade s'était assis, il écrivait. Sans doute un poème composé pendant la longue marche. Le plus beau, le plus pathétique cri d'amour jamais lancé par un déporté : le dernier chant du poète.

*J'ai rêvé tellement de toi,*
*J'ai tellement marché, tellement parlé,*
*Tellement aimé ton ombre,*
*Qu'il ne me reste plus rien de toi,*
*Il me reste d'être l'ombre parmi les ombres*
*D'être cent fois plus ombre que l'ombre*
*D'être l'ombre qui viendra et reviendra*
*Dans ta vie ensoleillée.*

Robert Desnos est mort dans la nuit du 7 au 8 juin 1945, un mois après sa libération sous les remparts de Theresienstadt. La veille, délirant, il murmura plusieurs fois le nom d'un autre écrivain, Saint-Exupéry. Il semblait vouloir lui parler d'un chasseur qu'il avait construit de ses mains, un Messerschmitt 109. Comment, par qui Desnos connaissait-il la disparition de Saint-Exupéry dans le ciel de France, le 31 juillet 1944 ? Saint-Exupéry, peut-être abattu par un Messerschmitt...

# MAUTHAUSEN

Forteresse... À la fois blockhaus et acropole. Granit et béton dominant le Danube. Étranges éperons coiffés de chapeaux chinois : barbelés et porcelaines traçant un infranchissable réseau électrique de protection. Oui ! La plus formidable citadelle élevée sur notre terre depuis le Moyen Age. Mauthausen. Mauthausen en Autriche. Mauthausen aux cent cinquante-cinq mille morts.

Dans le ventre de la colline, l'homme a ouvert une carrière. Le fond du cratère est relié à la lèvre du volcan par un escalier de cent quatre-vingt-six marches, taillé dans la falaise : calvaire quotidiennement renouvelé dont chaque station a été marquée par la sueur et le sang de milliers de morts. Mauthausen, c'est avant tout cela : les « 186 marches », le Grand Escalier qu'il faut gravir chargé de grosses pierres, dans la bousculade du pas de course, sous les coups de crosse ou de gummi, tous les jours, par tous les temps, avec sa faim, avec sa soif, avec sa peur, que l'on soit trop jeune ou trop vieux, agonisant ou convalescent. Mais Mauthausen, camp d'extermination par le travail (le camp mère répartit son trop-plein en soixante-douze Kommandos), c'est aussi le camp « spécial » réservé à certaines catégories de déportés : républicains espagnols, Tchécoslovaques après l'attentat contre Heydrich, prisonniers de guerre soviétiques, Français NN, etc.

Curieusement, les numéros matricules 1 et 2 n'ont pas été attribués. Il n'y a jamais de « premier » prisonnier dans les camps de concentration. J'avais déjà noté cette particularité en compulsant d'autres registres matriculaires. Pourquoi ? Peut-être tout simplement pour ne pas « favoriser » à l'intérieur de cette super-caste des pionniers un, deux ou trois déportés ; peut-être aussi pour laisser un doute sur la disparition (putative) de ces « héros »... car cela ne fait aucun doute : les dix, vingt ou même cinquante « premiers numéros » d'un camp sont considérés par leurs codétenus comme des êtres exceptionnels – véritables miraculés – qui ont su passer à travers toutes les bassesses, toutes les épreuves, tous les crimes, toutes les purges, et dont la chance extraordinaire provoque le respect, l'admiration des SS eux-mêmes.

Qui saura qui était ce Wilhelm Baier, né le 13 mai 1882, pêcheur de profession, et condamné en 1920 à trente ans de réclusion pour crime de sang ? Ou ce Joseph Wboblowski, né en 1907, boulanger ? Baier, numéro matricule 3 ; et Wboblowski, 4. Les suivants, Baum, Bartel, Bartosch – deux épiciers et un mécanicien de locomotive – sont également des droit commun. Le numéro 7, Alois Brasda, blanchisseur, est le premier politique de Mauthausen. Les matricules 9 et 10, les frères Hold, seront assassinés le lendemain de leur arrivée au camp, probablement sur les marches de la carrière.

Livres rouges. Morts très rapidement, les trois Polonais et les trente-quatre Allemands droit commun qui suivent [1]. Et ce n'est que la première page. Sur la deuxième, au milieu du long obituaire – droit commun allemands et polonais – apparaît la catégorie d'internés chère à Himmler, les SCH [2], les détenus par mesure de protection. Le fonctionnaire Kurt Khunert et le serrurier Johann Werber qui ont précédé à Mauthausen un large millier de SCH seront dispensés d'une heure de carrière

1. Koukic, Marosiniak, Kniezniewski, Ricpel, Antl, Artner, Beck, Auer, Baar, Behrendt, Bacher, Bochmeier, Rickett, Bubusc, Justig, Mastyszik, Stuckler, Baudisch, Hatesand, Strich, Trautner, Bauerle, etc.
2. Schutzhäftlinge.

par jour pour participer à des stages d'initiation politique, entendre des conférences données par des fonctionnaires du parti, animer des rencontres ou des discussions. Quelques rares convertis par ces véritables commissaires politiques recouvreront la liberté... mais devront régulièrement suivre, en camp ou en prison, des cours pour prouver que le lavage de cerveau a été efficace.

Chaque page, ou presque, de ce volume réservé à l'« inauguration » comporte une découverte.

Page 3 : Herman Schleifer, matricule 84, premier AZB de Mauthausen. Ces AZB [1] condamnés aux travaux forcés par ordre du Reich seront, pour la plupart, exécutés à la carrière.

Page 4 : Georg Bautler, matricule 130, appartenant à la catégorie 175 [2], c'est-à-dire « homosexuels pervers », affligés du triangle rose. Certaines personnalités de cette grande famille des 175 que le Reich considère comme récupérables recevront régulièrement la visite de commissions médicales, d'autres subiront des expériences médicales [3].

Page 7 : Johan Horvath, manœuvre, premier tsigane ; Dimitri Fédérov, mécanicien, premier Soviétique.

Page 10 : Franz Braeuchle, matricule 337, premier Bifo. Les Bifo, Sectateurs de la Bible ou Témoins de Jéhovah qui refusent de porter les armes, seront pratiquement exterminés dans tous les camps de concentration ; aucun n'abjurera.

Ainsi, de page en page, se constitue le camp, cette « Europe à Mauthausen ». Matricule 436 : Lazar Miron, premier Roumain ; matricule 584 : Istean Balogh, premier Hongrois ; matricule 601 : Vaclau Masoch, premier Tchécoslovaque ; page 81, matricule 2732 : Magenauer Ottekar, premier NAL. Les NAL sont en général des condamnés à mort que l'on doit obligatoirement « conserver » en vie au camp jusqu'à ce que l'instruction de leur

1. Arbeit-Zwang-Gemeinde.
2. Homo-Para 175. Condamnés par l'article 175 du Code pénal.
3. Voir *Les Médecins maudits*.

procès soit terminée. Paradoxe du système : de véritables condamnés à mort seront ainsi « protégés », beaucoup jusqu'à la libération, car leurs dossiers sont noyés dans l'amoncellement des « cas en cours » que la bureaucratie poussiéreuse n'a pas le temps de traiter, ou simplement égarés.

Il faut attendre le matricule 3058, celui du maçon Cristobal Bautissa-Bernal, pour découvrir le premier Espagnol de Mauthausen ; le matricule 9553, Raymond Nias, serrurier, le premier Belge. Et page 287, matricules 9481, 82, 83, 84, les premiers politiques français : Robert Chartier (né en 1911), ouvrier ; Louis Manuby (1910), agriculteur ; Fernand Brasile (1912), maçon ; Louis Cottillard (1912), chauffeur. Viendront ensuite des juifs de onze nationalités, et des Hollandais, et des Norvégiens, et des Suédois, et des Italiens, et des Luxembourgeois, et des Yougoslaves, etc.

Le dernier volume s'arrête au numéro 120 400, matricule attribué à un juif français, Majleck Fenenbaum, et le dernier mort du registre est un agriculteur français du nom de Xavier Tabac, matricule 120 388.

Les républicains espagnols déportés à Mauthausen seront les premiers à s'organiser en comité de résistance. La solidarité du groupe, son adaptation courageuse, son esprit de « survie » en font un « monde à part » dont déportés et SS reconnaîtront la réalité et l'efficacité. Les « bases administratives et politiques » de cette unité ont été lancées le 21 juin 1941. Ce jour-là, tout le camp a été vidé et rassemblé dans la grande cour des garages. Des milliers d'hommes nus ont attendu toute la journée que les spécialistes de la désinfection exterminent poux et lentes des blocks et des vêtements.

« Ce [1] rassemblement du 21 juin 1941 fut une aubaine à cause de sa durée même. Il nous fallait en effet de

1. Témoignage Manuel Razola et Mariano Constante, Archives Amicale de Mauthausen, *in Triangle Bleu*, éd. Gallimard, 1969 et *Les 186 Marches*, France-Empire.

longs et complets échanges de vues pour faire le point sur notre situation et pour arrêter les décisions nécessaires. Il fut ainsi décidé de nommer une direction politique qui centraliserait et dirigerait toutes nos activités. »

Avec l'arrivée des grands convois de 1943 naît le comité français de résistance.

***

Le 16 mars 1945, le médecin suédois Hans Arnoldsson et une infirmière, sœur Birgit, se présentent à la porte de Mauthausen. Ils viennent « délivrer » cinquante-quatre déportés scandinaves du camp. Ils sont les premiers étrangers à découvrir de si près la citadelle.

« Je[1] me présentai et l'on me fit savoir que le commandant me recevrait dans un instant. Je devais attendre devant la grande entrée. C'était justement l'heure où les prisonniers qui travaillaient hors du camp revenaient après la journée faite. Ils arrivaient par petits groupes, sous le commandement de leurs Kapos. Affamés, rendus de fatigue, ils rentraient "chez eux", troupeau désespéré marchant lourdement dans cette sombre soirée de mars. Je vis également arriver une charrette de choux-raves puants et répugnants, mais qui étaient sans doute bien assez bons pour les détenus. Cette charrette, qui, cependant, ne devait pas être lourde, était tirée par une cinquantaine de prisonniers qui parvenaient à peine à la monter jusqu'au camp. Les uns étaient attelés par des cordes de différentes longueurs, les autres poussaient en marchant sur les côtés, ou par-derrière. Ces malheureux pouvaient à peine se traîner eux-mêmes. Ils avançaient pas à pas dans de grandes chaussures trop lourdes pour qu'ils puissent les soulever. Ils ressemblaient à des automates, tenant maladroitement les cordes ou cherchant un appui de leurs mains impuissantes.

« Nous fûmes reçus, sœur Birgit et moi, par le com-

1. Rapport Hans Arnoldsson, déjà cité.

mandant Ziereis, un homme d'environ quarante-cinq ans. Il nous accueillit avec affabilité dans son bureau qui, en comparaison avec ceux des autres camps, était d'une élégance sobre, avec des panneaux de bois précieux et d'authentiques tapis d'Orient. Au mur étaient accrochés les portraits obligatoires d'Hitler, d'Himmler. Assistaient à notre entrevue, outre les deux aides de camp du commandant et le médecin-chef, les trois agents de la Gestapo qui contrôlaient notre détachement. Depuis une semaine, le commandant était averti de notre visite et de son but. Il est à signaler que, dès qu'il fut prévenu, les Scandinaves du camp reçurent une meilleure nourriture. On leur avait également donné un travail moins dur afin qu'ils puissent se présenter aux Suédois en meilleure condition.

« Au moment de nous livrer nos cinquante-quatre prisonniers, le commandant nous déclara que nous devrions nous contenter d'en recevoir cinquante et un, les trois autres n'étant pas transportables pour raison de maladie. D'après le médecin-chef, l'un d'eux était atteint de typhus exanthématique, le second de tuberculose. Quant au troisième, il ne put me fournir de diagnostic.

« Je demandai à voir les malades, bien que je susse que ma requête ne serait pas prise en considération. Il me fut en effet répondu que personne n'était autorisé à pénétrer dans le camp. Je demandai alors à consulter le registre de l'infirmerie, faisant valoir ma qualité de médecin et responsable du détachement. Après une longue discussion, le médecin-chef demanda une heure pour lui permettre de faire des recherches ; il revint enfin et nous apprit que nous pourrions emmener nos trois malades. Il prétendit avoir été mal renseigné. C'était par erreur que l'on avait parlé de typhus. Quant aux deux autres, je pouvais les emmener si je prenais la responsabilité de leur transport.

« L'atmosphère se détendit après cette transaction et le commandant nous invita à dîner à son mess avec nos chauffeurs. Ce mess était pour le moins aussi luxueux que son bureau. Il n'y avait vraiment rien à reprendre : les mets étaient recherchés ; on nous servit deux vins et, avec le café, un cognac de marque. Malgré la bonne chère, nous étions mal à l'aise, pas autrement enchantés de dîner en cette compagnie, et nous eussions préféré consommer à l'air libre ce que nous avions apporté. Mais notre mission exigeait que nous fassions contre mauvaise fortune bon cœur. Si quelque étranger avait pu nous voir, il eût certainement pensé que nous formions un curieux tableau : des Suédois portant sur leurs uniformes les insignes pacifiques et humanitaires de la Croix-Rouge, levant leur verre contenant un cognac probablement volé, en compagnie d'un commandant inhumain et de ses non moins sanguinaires complices. Mais que pouvions-nous faire ? Nos Scandinaves n'étaient pas encore embarqués dans nos voitures. Ils étaient encore à la merci du commandant et un caprice de sa part pouvait tout faire échouer.

« Nous cherchions, sœur Birgit et moi, à mettre la conversation sur les conditions de vie dans le camp, mais le commandant esquivait adroitement nos questions. Nous essayâmes également de lui faire donner des détails sur l'état sanitaire des détenus, mais nous ne pûmes en obtenir que des réponses évasives. Le seul renseignement positif qu'il nous donna fut qu'il disposait de sept médecins et qu'il y en avait en outre quelques-uns parmi les prisonniers. Comme pourcentage de malades, il nous donna le chiffre de 6 %, mais, comme je l'appris par la suite, 60 % eût été plus près de la vérité. Nous comprîmes rapidement qu'il était inutile de chercher à savoir quelque chose et la conversation roula sur des banalités. L'issue de la guerre et les sujets d'actualité étaient naturellement exclus.

« Il nous fallut passer la nuit dans le bâtiment et je partageai la chambre d'un des aides de camp, un homme taciturne et fermé qui n'était là que depuis une quinzaine de jours et qui esquivait toutes mes questions en me répondant qu'il ne savait rien.

« Je ne dormis guère cette nuit-là. D'une part cette

atmosphère n'invitait guère au sommeil et, d'autre part, un garde faisait les cent pas devant ma fenêtre. Ajoutez à cela que les aboiements incessants des chiens auraient suffi à me tenir éveillé. À 5 heures, le camp se réveilla à la vie. Ce n'étaient que cris et commandements. Les prisonniers étaient chassés de leur “couche” et envoyés au travail dans la carrière.

« Il avait été convenu que nous effectuerions l'embarquement à 6 heures du matin, mais il fut retardé d'une heure. Vers 7 heures, on ouvrit les portes de la forteresse et il en sortit un groupe dont nous n'oublierons pas facilement l'aspect. Des hommes se traînaient, pâles et exténués, les uns soutenus par leurs camarades, d'autres portés sur des civières. Nous fûmes profondément émus en les voyant se découvrir et rester quelques instants immobiles pour rendre hommage à leurs camarades morts.

« Après avoir constaté que nos cinquante-quatre prisonniers étaient bien là, nous pûmes enfin reprendre notre route pour notre longue randonnée jusqu'à Neuengamme. Pour plus de sûreté, je demandai au commandant s'il n'y avait pas d'autres Scandinaves dans le camp, il me répondit qu'il me les avait tous remis.

« Cependant, profitant plus tard d'un moment d'inattention d'un des hommes de la Gestapo, l'un de nos prisonniers nous apprit qu'il restait encore onze Norvégiens que les Allemands avaient voulu nous cacher et, d'autre part, seize femmes norvégiennes récemment arrivées de Ravensbrück. Il me fournit avec exactitude les dates et les noms... Il ne nous était malheureusement pas possible de faire quelque chose pour le moment en faveur des oubliés, mais nous nous proposâmes de revenir à la première occasion. »

Quelques jours plus tard, Hans Arnoldsson était de retour à Mauthausen. Ziereis, « malgré tous ses efforts », n'avait pu retrouver les onze Norvégiens « oubliés ». En revanche :

« La joie des seize femmes quand elles nous virent est indescriptible. Elles avaient perdu tout espoir et, avant de nous être remises, elles ignoraient encore ce qui les attendait. À la grande fureur de ces messieurs, je les saluai en suédois. Ils m'intimèrent l'ordre de parler allemand. Ils n'admettaient pas que je les appelasse "mesdames", ce qui, à leur idée, était insultant envers l'Allemagne. Ils eurent le cynisme d'ajouter que si autrefois elles avaient été des dames, il était impossible qu'elles le redevinssent jamais après quelques mois passés dans un camp de concentration. Nous ne continuâmes pas moins à appeler nos prisonnières "mesdames" et nous nous amusions chaque fois des mines indignées de ces messieurs de la Gestapo.

« Au crépuscule, comme nous allions quitter le camp, une colonne d'évacuation arriva d'un Kommando extérieur et je retournai auprès du commandant pour demander si elle ne comprendrait pas quelques-uns de nos Norvégiens manquants. Ce n'était malheureusement pas le cas.

« Cette colonne d'évacuation est ce que j'ai vu de plus horrifiant. Près d'un millier de malheureux, vacillants de fatigue, se traînaient péniblement le long de la côte qui mène au fort, pieds nus, loqueteux, sales, affamés, exténués par des semaines de marche forcée. Ceux qui avaient encore quelques forces soutenaient ou portaient leurs camarades les plus faibles. Le long de la route, gisaient côte à côte ceux qui étaient tombés. La plupart avaient passé les bornes de la souffrance humaine. Certains suivaient avec des yeux brûlants notre autocar tandis que nous descendions lentement la côte, silencieux et navrés jusqu'au plus profond de l'âme de ne pouvoir les secourir. Des gardes marchaient sur les côtés de la colonne, cherchant à force de coups et de menaces à faire avancer ceux qui pouvaient encore bouger. Notre présence semblait ne les gêner en rien. Nous avons pu voir un des gardes frapper un homme dont les mains étaient liées derrière le dos.

« Ce fut la dernière image que j'emportai de Mauthausen et de son horreur obsédante, comme un paraphe cruel au bas de l'histoire de ce camp de la terreur sur les riants rivages de la Donau. »

Les Kommandos extérieurs de Mauthausen « menacés d'être libérés » par les Alliés préparent leurs plans d'évacuation. Près de Vienne, le Kommando de Mödling. Un Kommando où un médecin français lutte avec acharnement pour soulager, sauver ses amis. Le Revier qu'il dirige abrite cent vingt malades. Ce soir-là, il est 7 heures, les SS font irruption dans la salle où il nettoie des plaies [1] :

– Donnez-nous la liste des malades qui ne peuvent pas marcher.

Le médecin français hésite :

– Je vais voir, revenez dans une heure.

Nous sommes le 31 mars 1945, veille de Pâques. Les blindés soviétiques arrivent à vingt kilomètres du camp. Les SS sont aux abois. Le travail [2] a été interrompu dans l'après-midi. Plus de ravitaillement.

« Je pense que l'évacuation du camp est imminente. Du point de vue médical, quatre-vingts de mes cent vingt malades sont inaptes à la marche. À 20 heures, le Kapo du Revier me transmet l'ordre du Rapportführer d'avoir à ramener l'effectif de cent vingt à quarante en faisant disparaître les quatre-vingts invalides. Je refuse, en accord avec mes deux assistants : un médecin russe et un médecin polonais.

« Les SS n'ont pas le temps de discuter. Ils se rabattent sur un infirmier allemand, déporté de droit commun.

« – Toi, tu vas le faire.

« Il accepte.

« Nous, médecins, après une nouvelle violente discussion avec les SS, sommes mis dans l'obligation d'assister aux exécutions, relever les numéros, constater les décès et transporter les cadavres dans une fosse commune qu'on commence déjà à creuser. L'exécution devait être

1. Le Dr H. J., compagnon de réseau du Dr Guy Lemordant, a tenu, dès son retour de déportation, à ce que le récit de cette nuit hallucinante soit publié. Il savait que Lemordant préparait une thèse. Il lui a adressé son texte, mais la thèse était déjà imprimée. Pour respecter la volonté du Dr H. J. (« la publicité de ces faits me semble nécessaire »), Guy Lemordant m'a communiqué ce manuscrit inédit. H. J. devait mourir des séquelles de sa déportation.

2. Le Kommando participe à la fabrication des avions Heinkel.

faite individuellement par injection intracardiaque d'essence. »

À 21 heures, la séance commence. Le Dr H. J., pour éviter que le Kapo ne désigne arbitrairement ses victimes, se résigne à choisir ceux qui, manifestement, sont à l'agonie. Les SS se montreront plus conciliants si leur ordre reçoit un début d'exécution. Ils ont bien laissé entendre que le personnel de l'infirmerie et tous les malades, tous les malades sans exception, les cent vingt, seraient exécutés si l'infirmier allemand n'arrivait pas à ses fins.

« Le premier est porté dans la salle de pansements. Dépouillé de sa chemise, il est allongé sur la table. Puis l'infirmier remplit une seringue avec dix centimètres cubes d'essence, y adapte une longue aiguille et injecte, dans la région de projection cardiaque. La première piqûre est manifestement intrapulmonaire. Le sang ne vient pas dans la seringue. Le malade est très agité, anxieux, mais la piqûre elle-même semble peu douloureuse.

« À la troisième tentative, un peu de sang vient dans la seringue ; l'infirmier pousse alors l'injection. Le malade présente aussitôt des symptômes d'asphyxie aiguë. Il se débat violemment. Le Kapo lui recouvre la tête d'un tablier de caoutchouc. Après cinq minutes environ, les symptômes de mort apparente se manifestent. Lorsque la résolution musculaire semble totale, le cadavre est jeté sur une civière et je dois le porter avec mes assistants vers la fosse commune. Les malades suivants sont alors amenés un par un. Certains réalisent d'emblée ce qui va arriver, ils poussent des cris, se débattent. Maintenus sur la table, ils sont étranglés par le Kapo. D'autres, qui eux aussi ont deviné, sont calmes et résignés. Beaucoup, inconscients, supposent qu'il s'agit de soins avant le départ ou d'un tri qui leur permettra d'être évacués par camion.

« Vers la quatrième ou cinquième exécution, jusqu'alors résolu à ne participer en aucune façon, sinon par ma présence obligatoire, à ces exécutions, je prends le parti d'indiquer à l'infirmier à quel endroit et sous quel angle il convient de faire l'injection pour obtenir qu'elle soit réellement intracardiaque, abrégeant ainsi les abominables souffrances du malade. Cette initiative est approuvée par le Kapo, mais d'un tout autre point de vue. En effet, chaque exécution ayant duré au total cinq à six minutes en moyenne, et l'ensemble des exécutions devant être terminé à minuit, il était impossible, pensait-il, de continuer à perdre pour chaque supplicié un temps aussi précieux. »

Le débat était assez difficile à résoudre pour le Dr H. J., qui hésitait entre le refus de participer au meurtre et le souci d'abréger les souffrances de ses malades dont la mort était inévitable de toute façon.

« En moyenne, une fois sur trois, l'injection fut intracardiaque. On observait alors une grande inspiration suivie d'une syncope immédiate avec perte de toute sensibilité, mais le contrôle des battements cardiaques et du pouls montrait que ceux-ci persistaient quatre ou cinq minutes. Bien plus, on vint à un moment prévenir qu'un des premiers suppliciés, considéré comme mort et jeté dans la fosse, s'était relevé et déambulait nu dans la nuit. Il fut achevé d'une rafale. On décida alors d'augmenter la dose d'essence et de la porter à vingt centimètres cubes, malgré les protestations du Kapo, qui ne disposait que de cinq litres d'essence au total [1].

« Vers 23 heures, une vingtaine de malades avaient été exécutés. On apporta une bouteille de schnaps et des cigarettes. Tous les assistants burent de larges rasades. Peu après, un SS pénétra dans la salle ; en apprenant qu'il restait encore soixante “condamnés”, il se rua sur le groupe, hurlant de colère.

« – Le camp doit être évacué à 4 heures du matin. Si tout n'est pas fini, vous serez tous fusillés. »

Le Dr H. J. s'avança vers les SS.

– Une erreur a été commise dans le relevé du nombre

1. Dans l'ensemble, la durée qui s'écoulait entre l'injection et la mort semble extrêmement variable et indépendante de la résistance physique apparente du malade. Pour une dose égale d'essence intrapulmonaire, les réactions individuelles et la durée de l'agonie étaient imprévisibles. Aussi, très souvent le Kapo achevait le malade par strangulation, à la main.

des invalides. Certains tuberculeux, des blessés des membres supérieurs peuvent facilement marcher.

Le marchandage et les palabres se prolongèrent de longues, d'interminables minutes. Excédés, les gardiens proposèrent de limiter l'assassinat à cinquante malades. Le médecin français venait de sauver trente déportés.

– Mais attention, ajouta le Rapportführer en claquant la porte du Revier, si à 4 heures vous n'avez pas terminé...

La sélection se poursuivit.

« Jusque vers la quarantième exécution, le choix des suppliciés fut relativement facile : cachectiques, tuberculeux avérés, phlegmons de la cuisse, œdèmes importants des membres inférieurs, dysenterie aiguë, etc., mais il fallut en arriver à des moins malades. La discussion s'engagea alors entre les médecins. Chacun d'entre nous voulait épargner ceux de sa nationalité. On s'accorda pour prélever parmi les tuberculeux valides un pourcentage de Russes, Polonais, Français proportionnel au total de l'effectif. Cette nuit-là, trois Français sur les cinquante "retenus" furent piqués : deux tuberculeux et un phlegmon de la cuisse. Pour le premier d'entre eux, je décidai de faire moi-même une injection intraveineuse d'une ampoule d'Évipan. Ainsi fut obtenue une syncope immédiate qui entraîna peut-être la mort, étant donné la rapidité avec laquelle fut poussé le liquide. L'infirmier y ajouta cependant l'injection d'essence habituelle. »

L'un des deux tuberculeux mourut avec un courage qui fit l'admiration de tous, criant dans un dernier souffle :

– Vengez-moi. Vive la France.

H. J. éclata en sanglots et s'effondra. Il n'assista pas à l'exécution du troisième Français.

« C'était un jeune tuberculeux de dix-huit ans pour lequel je ne disposais malheureusement plus d'Évipan... Je prévoyais pour lui de terribles réactions. Le dernier qui s'allongea sur la table de pansements était lui aussi très jeune. Italien, il avait eu la malchance de se fracturer la cheville quelques heures auparavant. En dehors de sa cheville, il était parfaitement sain. Il fut le quarante-neuvième et dernier, car nous pûmes faire compter pour cinquantième le cadavre d'un détenu abattu d'une balle par le Rapportführer dans l'après-midi. »

À 4 heures du matin, le personnel sanitaire épuisé, halluciné, essaya en vain de trouver le sommeil. Une heure après, le camp était évacué.

Les déportés partirent alors en longues colonnes sur les routes pour une marche forcée de sept jours. Tout au long de ces deux cent dix kilomètres, les gardiens s'acharnèrent sur les traînards épuisés. 20 % de l'effectif roulèrent dans le fossé.

Maurice Billotte [1] et plusieurs de ses camarades étaient équipés de pelles et de pioches. Ils devaient retirer les morts des bas-côtés et les enterrer. Évidemment les premiers « éliminés » sont les survivants de l'infirmerie.

Mauthausen, 20 avril : Jean-Maurice Rubli, délégué du Comité international de la Croix-Rouge, attend dans le bureau de Franz Ziereis. Le commandant de Mauthausen pousse la porte. Il est suivi de huit SS armés de pistolets-mitrailleurs. Ziereis dégaine, pose son revolver sur la table.

– De quoi voulez-vous discuter ?

Six heures de conférence pour aboutir à la promesse de libération de « sept cent cinquante femmes occidentales » et de soixante-sept hommes dont le commandant dressera seul la liste.

Au dîner, le convoyeur Max Linder, un chauffeur de taxi zurichois, refuse de manger autre chose que du pain... Le serveur a placé devant Ziereis une côtelette de porc alors que l'on tranche pour les délégués un rôti.

1. Maurice Billotte, déporté à Mödling, a publié ses *Souvenirs du bagne* dans le journal de l'Amicale de Mauthausen en février 1948. Il a creusé les fosses communes avant la « sélection » du Revier et il a vu les cadavres nus jetés dans les fosses. Il décrit l'incident de la « résurrection » et ajoute qu'un SS ayant refusé d'abattre cet homme a été tué par un autre SS et poussé dans la tranchée sur les corps des malades assassinés.

« Si les SS voulaient nous empoisonner ? » pense Max Linder...

« Je[1] travaillais alors au Wäschelager, dont les baraques étaient situées entre le camp central et la carrière. Au début d'avril, quelques déportées venues de Ravensbrück avaient été versées dans ce Kommando. Le samedi 21 avril, dans l'après-midi, l'une de ces camarades qui avaient été appelées au camp central redescendit en nous annonçant une incroyable nouvelle : elle avait vu plusieurs camions de la Croix-Rouge internationale qui stationnaient aux environs de la Kommandantur. Dans l'état de tension nerveuse où nous étions, sachant que les Alliés s'approchaient chaque jour de nous, mais que le commandant Ziereis avait reçu d'Himmler l'ordre de ne nous laisser en aucun cas tomber vivants entre les mains des libérateurs, cette nouvelle nous plongea dans la stupéfaction. Je me rappelle que mon premier réflexe fut toutefois celui de la méfiance : ces camions blancs, peints d'une croix rouge, n'étaient-ils pas un leurre employé par les SS pour nous conduire sans résistance vers un lieu d'extermination ? Je fis part de ce soupçon à mes camarades de Kommando et les incitai à demeurer vigilants.

« Le soir venu, en rentrant au camp central, je vis de mes propres yeux les camions et notai que l'on devinait, sous une fraîche couche de peinture blanche, l'inscription en français : “ministère des Prisonniers”. Quelques instants plus tard, j'apprenais par un des responsables du comité international de résistance du camp que les conducteurs des camions étaient effectivement des prisonniers de guerre alliés. Déjà, dans l'après-midi, on avait alerté toutes les femmes françaises, belges, néerlandaises arrivées de Ravensbrück le mois précédent : elles devaient être emmenées le soir même par le convoi de la Croix-Rouge ; on avait aussi désigné soixante-douze prisonniers hommes, des mêmes nationalités,

1. Témoignage Michel de Bouard, Amicale de Mauthausen.

pour occuper les places demeurant disponibles dans les camions.

« Nous assistâmes, vers 19 heures, au rassemblement de ces camarades, inutile de dire qu'ils partirent chargés de messages. À l'un d'eux, le conducteur d'un des camions avait pu glisser à mi-voix : “Nous devons revenir après ce premier convoi.”

« Le dimanche 22, on ne parla dans le camp que de cet événement inouï. Comme plusieurs responsables de l'organisation de résistance intérieure étaient partis la veille, il fallut reconstituer les cadres ainsi démembrés. Il fallut pourvoir aussi, dans certains Kommandos, aux vides laissés par les départs. Le lundi 23, je fus désigné pour travailler au Schreibstube, en remplacement d'un compatriote, le Toulousain B. Le Schreibstube, avec Pany, Marsakel et Juan Diego, était le levier de l'organisation internationale de résistance. Le lundi soir donc, j'allai me présenter à Kunes Pany, Lagerschreiber n° 1 ; il m'indiqua ce que j'aurais à faire à partir du lendemain matin.

« Puis sonna l'heure du couvre-feu et nous rentrâmes dans les blocks. Mais, après 10 heures du soir, alors que nous étions déjà couchés, le Schreiber du block 10 où je logeais alluma les lumières et commença d'appeler les noms : c'étaient tous des Français, des Belges, des Luxembourgeois, des Néerlandais. Au même moment, la même opération se faisait dans tous les blocks numérotés de 1 à 15. Seuls étaient exceptés de l'appel les hommes qui travaillaient à un Kommando de nuit ; ils étaient particulièrement nombreux dans le block 15, où se trouvaient réunis les travailleurs de l'usine Messerschmitt de la carrière qui suivaient le régime des 2 x 12.

« On ne nous donna pas la raison de cet appel, mais nous devinâmes immédiatement qu'il s'agissait d'une libération. De fait, on nous conduisit à l'Effektenkammer, où quelques-uns rentrèrent en possession des objets précieux qu'on leur avait confisqués à leur arrivée ; on me remit un sachet contenant mon alliance. Puis, à la Häftlingsbekleidungskammer, on nous donna des vêtements civils non pourvus du fameux panneau rayé blanc et bleu. Bachmayer assistait à cette distribution ; je me rappelle avoir rencontré le regard, toujours dur, glacial, de ses yeux gris-bleu, mais qui trahissait peut-être, cette nuit-là, un peu de désarroi. »

Charles Steffen, l'envoyé du CICR, est arrivé à Mauthausen dans la soirée du 23 avril, alors que le colonel Rubli franchit la frontière suisse. Charles Steffen attend depuis plus de deux heures que Ziereis veuille bien le recevoir et lui accorder la libération de cent quatre-vingt-trois déportés dont le nom figure sur sa liste. Les camions de la Croix-Rouge débordent de colis.

– À minuit tout sera déchargé, dit Ziereis, et vous pourrez embarquer les prisonniers.

– Puis-je pénétrer dans le camp pour assurer la distribution ?

Ziereis s'étrangle de colère. Steffen insiste.

– Les accords prévoient que le délégué de la Croix-Rouge non seulement doit distribuer les colis, mais encore s'installer dans le camp jusqu'à la libération.

Ziereis hausse les épaules.

« L'attente [1] du départ nous parut longue, interminable. Les camions s'ébranlèrent un peu avant le lever du jour. On avait donné à chacun de nous l'équivalent de trois rations quotidiennes de pain et de “saucisson” ; mais nous n'avions guère envie d'y toucher ; notre espoir et notre joie n'étaient pas exempts d'anxiété.

« Nous passâmes non loin de Linz. De temps en temps, le convoi faisait halte ; les quelques SS qui nous escortaient (c'étaient en réalité des hommes de la Volkssturm déguisés en SS) n'exerçaient sur nous qu'une surveillance sommaire, se bornant à nous interdire de nous éloigner des camions. Dans l'après-midi du mardi 24, on nous arrêta dans un village de Bavière, dont je ne me rappelle plus le nom. Aucune explication ne fut donnée de cette halte ; mais nous nous inquiétâmes vite de sa durée insolite. Le SS qui dirigeait le convoi paraissait

1. Michel de Bouard, déjà cité.

nerveux ; nous le vîmes se diriger à plusieurs reprises vers un poste téléphonique. Allait-on nous ramener vers l'est ? Mais après trois heures d'attente, les camions se remirent en route dans le bon sens.

« Le mercredi, l'itinéraire suivi fut incohérent. On entendait par moments le bruit des canons ; nous ne devions pas être très loin du front. Le soir, nous arrivâmes à Lindau, sur le lac de Constance. La ville était sens dessus dessous. Je revois la foule assiégeant les magasins, particulièrement les boulangeries. Une heure plus tard, nous franchissions la frontière helvétique à Sankt Margrethen. Les SS de l'escorte furent alors remplacés par des militaires suisses. À peine entrés en Suisse, nous reçûmes de la population, à chaque arrêt, des fruits, du chocolat, des cigarettes. La nuit était tombée lorsque nous arrivâmes à Saint-Gall. On avait préparé pour nous recevoir des locaux d'un collège technique, transformé en centre d'accueil sous la direction d'un officier du service de Santé. Nous y retrouvâmes nos camarades du premier convoi, qui avaient quitté Mauthausen le dimanche soir. Ils nous apprirent entre autres choses qu'à l'heure même où notre convoi avait été stoppé en Bavière, la veille, le leur avait été aussi arrêté et pris à partie par des membres de la Jeunesse hitlérienne de Lindau, qui avaient voulu les contraindre à rebrousser chemin alors qu'ils atteignaient la frontière. La résistance des déportés, aidée par l'attitude ferme des autorités helvétiques, avait fait avorter cette tentative.

« Nous devions rester à Saint-Gall jusqu'au 2 mai, entourés de beaucoup de soins et soumis à un régime alimentaire d'une austérité qui, sur le moment, nous déçut, mais qui était savamment calculée et nous fut certainement salutaire. Si notre impatience s'accentuait, elle était désormais exempte d'inquiétude ; nos familles avaient été très vite prévenues de notre retour prochain et plusieurs d'entre nous reçurent même des nouvelles de chez eux avant d'avoir quitté la Suisse. »

Émile Valley, pour défendre les intérêts des Français au sein du comité international de résistance (de nombreux Français sont encore dans les colonnes d'évacuation des Kommandos), et le Dr Jean Benech, pour soigner ses malades, restent volontairement au camp alors que « leur place est retenue » dans les autocars de la Croix-Rouge.

« Nous[1] vîmes aussi arriver les échappés nazis de Vienne, fuyant devant la poussée des Russes. Ce fut ahurissant : les somptueuses voitures SS défilaient, occupées par les femmes des nazis, couvertes de douillets manteaux de fourrure. Il ne nous parvenait que des récits transmis de bouche en bouche.

« Les médecins français furent avisés sur un mot d'ordre semi-clandestin de se réunir à la baraque 6. À mon grand étonnement, au milieu de tout ce désarroi, il fut annoncé que les médecins français, par les soins de la Croix-Rouge, allaient être emmenés en Suisse. À la réunion, je ne laissai, après information, personne prendre la parole et je dis simplement :

« – Je suis le plus vieux, de plus je suis toujours inspecteur de la Santé, représentant le ministre de la Santé ; je resterai pour assurer les soins des malades du Revier, votre devoir est de gagner la Suisse.

« Le lendemain matin, mes camarades rejoignaient le grand camp. Je restai à l'Isolierblock avec un jeune étudiant en médecine lyonnais, Michel. »

*
**

Louis Haefliger, jusqu'à ce mois d'avril 1945, a été un homme sans ambition, petit employé de banque à Zurich. La Croix-Rouge lui offre le moyen de se réaliser. Grand, sec, l'œil noir à l'abri de lunettes sans élégance, il avoue ne trop rien comprendre aux subtilités de la diplomatie, de la politique ou même de l'art militaire. Ce qu'il sait, en partant pour Mauthausen, à la tête de dix-neuf camions blancs, frappés de la croix rouge, c'est qu'il doit réussir là où ses camarades de Genève ont échoué.

1. Témoignage Dr Jean Benech, Archives Amicale française de Mauthausen.

« – Ça ne doit tout de même pas être sorcier de pénétrer et de s'installer dans un camp de concentration ! Surtout en ces jours de débâcle. »

Louis Haefliger n'a rien d'un héros, mais il étonne déjà ses camarades par sa farouche détermination... Bien sûr, il utilise à tort et à travers le sésame « Croix-Rouge », bien sûr, son autorité toute neuve est un peu trop ostentatoire. Qu'importe, c'est un « battant » qui roule vers Mauthausen.

« Le [1] convoi se dirige vers Linz – qui vient d'être sévèrement bombardé – et parcourt les rues éventrées par les bombes. Les chauffeurs canadiens et suisses doivent faire de l'acrobatie. Nous passons la nuit à Sankt Georgen, à environ dix-huit kilomètres de Linz. Le lendemain matin, la colonne se dirige vers Mauthausen. Le lieutenant Hoppeler nous attend à mi-chemin et prend le commandement de la colonne. Dès l'entrée dans le camp, il fait décharger les colis ; pendant ce temps, nous nous rendons auprès du commandant du camp, Ziereis, qui a le grade de Standartenführer. C'est un homme d'une quarantaine d'années, d'aspect énergique mais inquiétant ; la commissure de ses lèvres est agitée d'un léger tremblement. Des officiers SS apparaissent. Nous lui expliquons qu'aux termes des accords du président du CICR avec le chef responsable des camps de concentration, Kaltenbrunner, un délégué du CICR doit pouvoir pénétrer dans le camp et distribuer lui-même les colis ; il doit rester dans le camp jusqu'à sa libération définitive. Ziereis prétend ne rien savoir de ces accords. Il déclare que ma présence est indésirable au camp. Il se plaint du manque de confiance du CICR au sujet de la répartition des vivres par la direction du camp. Vu l'impossibilité de remplir ma mission, le chef de colonne est d'avis que je retourne en Suisse. Je m'y refuse de la façon la plus catégorique, décidé à remplir ma tâche à tout prix et à pénétrer dans le camp. J'insiste pour qu'on me laisse entrer et pour que je puisse loger dans le camp. Ziereis

1. Rapport Louis Haefliger, éd. CICR, Genève, 1946-1947.

se déclare prêt à envoyer un télégramme à Kaltenbrunner dont la teneur serait la suivante :

« "Le CICR, dont le représentant se trouve ici, demande qu'un délégué suisse puisse pénétrer dans le camp pour y distribuer des colis. La présence de ce délégué, demandée par le CICR, n'est pas indispensable. Répondez télégraphiquement si le délégué doit être autorisé ou non à pénétrer dans le camp."

« Ce télégramme me fournissait un prétexte pour rester dans les environs du camp et j'en exprimai à Ziereis ma ferme volonté : je viendrais chercher la réponse au télégramme, même si je devais parcourir chaque jour à pied les dix kilomètres qui séparent Sankt Georgen de Mauthausen. Ma méfiance à l'égard des SS ne faisait qu'augmenter.

« La colonne reprit le chemin de la Suisse, emmenant un certain nombre de ressortissants des puissances de l'Ouest et je restai seul à Sankt Georgen. Durant trois jours, j'attendis la réponse au télégramme et demeurai dans le voisinage du camp maudit où les détenus, à leur entrée, étaient accueillis par ces mots ironiques des sous-officiers SS et des employés : "Demain, vous ne vivrez plus..." Malgré tout, je persiste dans ma volonté de pénétrer dans ce camp, pleinement conscient de la responsabilité que j'assume à l'égard de ma famille. Les personnes qui connaissent Ziereis cherchent en vain à me faire renoncer à ma décision en me disant que c'est tenter Dieu, que c'est un suicide...

« Le troisième jour, emportant tous mes effets, je me rendis en voiture au camp où, forçant la consigne, je me fis immédiatement introduire auprès de Ziereis. Je lui déclarai fermement que, ne comptant plus sur la réponse de Kaltenbrunner, je demandais l'autorisation d'entrer. Ziereis me désigna alors comme quartier la chambre de l'Obersturmführer Reiner que j'aurais à partager avec lui : le délégué du CICR dormirait côte à côte avec un SS dont la casquette s'ornait d'une tête de mort ! Pour les détenus, que je sentais terrorisés autour de moi, j'acceptai cette torture !

« Les jours suivants, j'eus des pourparlers avec Ziereis

sur la situation exacte qui prévalait au camp : manque de pain, de vêtements, de souliers, effroyable pénurie de linge. Le camp de Mauthausen était surpeuplé ; ceux de Gusen I et II pleins à craquer. Les malades étaient à cinq dans d'étroits lits de camp ; il y avait soixante mille êtres humains – hommes, femmes, enfants. Ziereis ne savait plus où donner de la tête... Il accélère tant qu'il peut l'œuvre de destruction. La cheminée du crématoire fume jour et nuit. Depuis des jours, les détenus n'ont pas reçu de pain. L'état sanitaire est tombé au plus bas. Ils meurent de faim. Ziereis lui-même feint de s'en émouvoir. Il affecte de s'apitoyer, cet homme avec qui je dois prendre mes repas, ce monstre qui, un jour, fit conduire un camion chargé de cadavres devant la fenêtre de sa femme, en se vantant de son œuvre !

« Je propose de me rendre à Linz auprès du Gauleiter Eigruber pour tenter d'obtenir sans délai de la farine. Linz est alors sous le feu des Américains. Je pars néanmoins, je prends comme chauffeur mon voisin de lit, le SS Obersturmführer Reiner. Je veux l'éprouver, tenter de le gagner à ma cause. Ziereis me rend attentif aux risques de l'expédition...

« Nous arrivons à 10 heures du soir auprès du Gauleiter Eigruber et du chef de l'Économie paysanne. La misère qui règne ici est indescriptible. Ma demande de farine pour Mauthausen et Gusen est rejetée. Mais on m'indique que près de Mauthausen un bac s'est échoué avec quelques wagons de blé. Je suis autorisé à récupérer ce blé. Mais j'ai encore quelque chose à obtenir d'Eigruber ; je désire communiquer avec Genève... J'obtiens d'envoyer un télégramme à Genève, du télégraphe de Linz, installé dans une cave où je suis l'unique civil. Je réclame de Genève l'envoi de pain, de vêtements, de linge, de souliers. Le télégramme est parti, mais est-il arrivé ? Dès mon retour à Mauthausen, je discute avec le chirurgien Podlaha de la gravité de la situation. Il me décrit son impuissance à l'égard de la direction du camp. On ne lui donne aucun moyen pour assurer aux détenus un traitement humain ; depuis des semaines ils n'ont pu être lavés ni désinfectés. Ils errent, vêtus de lambeaux innommables. Je réussis à organiser une conférence entre le chirurgien Podlaha, Ziereis et moi-même. Sur ma proposition, Ziereis donne l'ordre que les détenus prennent un bain et soient désinfectés immédiatement ; pendant ce temps, les vêtements qu'ils portent seront lavés.

« Je demande en outre à Ziereis de mettre à ma disposition quarante charrettes à chevaux pour rentrer des pommes de terre, plus ou moins avariées, au camp, mais qui permettront aux détenus de se mettre au moins quelque chose sous la dent.

« Je reproche vivement à Ziereis la façon dont les colis déchargés ont été répartis avant mon entrée au camp. Une partie seulement en a été distribuée aux détenus et plusieurs colis avaient été vidés de leur contenu le plus précieux : lait condensé, chocolat, biscuits, beurre... »

« Dans[1] la matinée du 29 avril 1945, nous arrivions au camp. Nous venions de Steyr. Le retour au camp central c'est, d'abord, comme lors de notre arrivée, le passage obligatoire aux douches ; c'est aussi le premier contact avec l'organisation clandestine du camp. Notre camarade espagnol, Jean Pages, Friseur du block 3, chargé de la liaison, est présent à notre arrivée. Il me fait part de sa surprise de me voir car, sur le registre du camp, je figurais parmi les morts. Tout en me rasant, il me dit que tous les Français, Belges, Luxembourgeois du camp central capables de supporter le voyage ont été rapatriés par la Croix-Rouge française, qu'il y a eu déjà trois convois, le dernier étant parti la veille.

« Je revois encore ce brave camarade Pages, les yeux brillants de joie, me dire : "Tu sais, ils sont foutus, c'est la fin." Avant de me quitter, il me dit aussi qu'il reste au Revier des Français qui, très malades, n'ont pu être évacués, mais qu'un Français du camp central est resté volontairement pour s'en occuper et qu'il sera prévenu

1. Témoignage Fernand Alby, Archives Amicale française de Mauthausen.

de notre arrivée. Nous quittons les douches (à poil comme d'habitude) pour rejoindre les blocks de quarantaine où nous trouvons des Français venant de Gusen et d'autres Kommandos. Première constatation : nous sommes traités par les autorités du block avec beaucoup plus d'égards que les fois précédentes.

« Prévenu par Pages, Émile Valley (car c'était lui le volontaire) vient vers nous. Il nous confirme le départ de tous les Français, nous dit que nous avons été ramenés à Mauthausen pour être également rapatriés ; il insiste sur l'urgence de constituer un comité français de libération, ainsi qu'un appareil militaire. Valley nous quitte après que nous l'avons mis au courant de notre situation. Il ne tarde pas à revenir pour nous demander de prendre les deux panières du block et de désigner huit camarades parmi les plus costauds. Nous partons, "Mimile" en tête, vers un block où nous attend un sous-officier de la Wehrmacht qui nous remet, pour chacun des nouveaux arrivés, un colis déposé par la Croix-Rouge. Pour la première fois, depuis le début de notre déportation, nous recevions un colis et il nous était remis intégralement, c'est-à-dire sans que les SS et les chefs de block aient prélevé quoi que ce soit. Avec le recul du temps, cela peut sembler un fait sans importance, pourtant cela a été très salutaire pour notre moral car, partis de Steyr pour être libérés, nous nous retrouvions, à nouveau, à Mauthausen... Notre préoccupation première fut la recherche de l'aide pour nos plus grands malades. Il y avait parmi nous plusieurs médecins et tous se mirent à la disposition du comité.

« Nous étions environ mille deux cents Français dont l'état de santé était, en général, catastrophique ; la dysenterie faisait des ravages. Émile Valley put nous procurer quelques médicaments et, en particulier, du charbon récupéré dans les masques à gaz.

« Pour les groupes armés, plusieurs centaines de camarades acceptent de faire partie des troupes de choc ; quarante, parmi les plus valides, sous le commandement du colonel Thozet, sont mis à la disposition du major Pirogow (soviétique), chef de la défense du camp. »

Louis Haefliger comprend qu'il n'est pas « loin d'avoir la situation en main ». Il me fallait, dira-t-il à son retour à Genève, « donner un ou deux coups d'accélérateur ».

« Durant[1] la nuit du 2 au 3 mai, j'engageai mon voisin de lit, Reiner, à me révéler les ordres donnés en vue de détruire les camps de Gusen I et II et de Mauthausen. Reiner – un ancien employé de banque – se confia à moi sans me cacher qu'au cas où ses confidences seraient connues, nous serions bons tous les deux pour une balle dans la nuque.

« Je lui ordonnai de mander, le 3 mai, le commandant de l'usine d'avions de Gusen auprès de Ziereis. Au cours de l'entretien qui eut lieu, je demandai à Ziereis, en présence de Reiner, d'annuler immédiatement l'ordre de faire sauter l'usine d'avions. Ziereis refusa en déclarant que ce n'était pas lui qui avait donné cet ordre et qu'il ne lui appartenait pas d'annuler les ordres supérieurs. Je fis appel à son grade, à ses sentiments d'humanité. Le commandant de l'usine d'avions expliqua que le plan prévu consistait, au cas où les Américains ou les Russes approcheraient, à rassembler, par le signal d'alerte, dans la nuit du 5 au 6 mai, les détenus de Gusen I et II, soit environ quarante mille êtres humains, dans les ateliers de l'usine souterraine d'une superficie de cinquante mille mètres carrés, ainsi que les habitants de Gusen et Sankt Georgen. L'éclatement de vingt-quatre tonnes et demie de dynamite disposées à l'avance dans les couloirs ferait alors sauter l'usine avec détenus et habitants. J'obtins pourtant que Ziereis retirât, au moins verbalement, l'ordre de faire sauter l'usine et s'engageât à faire suivre cette annulation aux commandants de l'usine. Il pensait que cette annulation verbale, en ma présence, était suffisante.

« J'étais plein de méfiance à l'égard des SS et pénétré

1. Rapport Louis Haefliger, déjà cité.

de plus en plus de ma responsabilité à l'égard des détenus. Je demandai à Ziereis la permission de me rendre à l'atelier des tailleurs du camp. Il m'y accompagna lui-même et me demanda ce que je désirais. “Un drapeau suisse”, répondis-je. Ce n'était pas à proprement parler mon dessein, mais il me fallait absolument un grand drapeau blanc que je me proposais de faire hisser le samedi suivant. Ziereis me quitta en me priant de revenir rapidement à la Kommandantur. J'expliquai alors à l'ouvrier qu'outre le drapeau suisse il me fallait un grand drapeau blanc, tous deux d'une dimension de trois mètres sur trois.

« Je me rendis ensuite au garage et je donnai l'ordre aux détenus hongrois qui y travaillaient de peindre en blanc la voiture Opel que Ziereis avait mise à ma disposition, et cela au plus tard pour le samedi matin suivant. Je mis l'un des ouvriers, qui était mon ami, dans la confidence et je m'entendis avec lui sur la façon dont les choses devraient se passer au camp.

« Je retournai ensuite à la Kommandantur où, me trouvant seul avec Ziereis, je lui fis part des dispositions que j'avais prises pour améliorer la situation sanitaire du camp. J'eus alors tout à coup devant moi un autre homme, faible et tremblant, vieilli et découragé. Il me demanda ce qu'il devait faire. Il se leva, se mit à jouer avec des pistolets. Je suivais ses mouvements avec plus de curiosité que de crainte. Mon calme l'impressionna. Soudain, il me dit : “Le séjour au camp ne doit pas être agréable pour vous, je mets ma maison à votre disposition ; elle est en dehors du camp, où il se joue des scènes un peu insolites pour un novice. J'ai pris la décision de gagner le front russe, avec une partie des troupes de garde, pour combattre contre les Russes. Il restera plus de deux mille hommes pour la garde des camps, ce qui est suffisant.”

« Ziereis me conduisit à la serrurerie où il donna l'ordre qu'on fasse pour moi un double de la clé de sa maison. Une heure plus tard, il me conduisit en voiture avec Reiner à sa maison. Il nous la vit visiter avec un calme effrayant : la chambre d'enfants, le salon, la salle de chasse, les trophées d'armes ; autour de la maison : la basse-cour, les ruches, la piscine... Mais j'aimais mieux vivre avec les détenus que dans la confortable villa de ce monstre. Je prends néanmoins la clé qu'il me tend. Si mon séjour au camp doit se prolonger, je pourrai y installer un home d'enfants. Ziereis nous quitte. Nous rentrons à pied au camp, Reiner et moi.

« Il y a de l'agitation ; des mitrailleuses de renfort sont amenées aux postes de garde ; des caisses de grenades à main sont distribuées ici et là ; des soldats SS construisent de nouveaux nids de mitrailleuses. On renforce partout la défense. Le camp est en fermentation. Moi qui croyais à une remise pacifique du camp aux Russes ou aux Américains ! Je suis inquiet. »

Dans la nuit, le capitaine Kern, de la Schutzpolizei de Vienne, remplace le commandant Ziereis et ce sont des policiers viennois qui occupent, désormais, les postes de garde. Deux membres du comité international, le Dr Durmeyer et Hans Marsalek, obtiennent du nouveau responsable de Mauthausen qu'aucun garde ne pénètre dans le camp.

« 5 mai 1945 [1]. J'ai été réveillé par un lointain roulement d'orage. Un violent feu d'artillerie couvre la région de Linz. La situation me paraît de plus en plus inquiétante. Le sort de soixante mille êtres humains est en jeu. Leur destin doit se décider aujourd'hui. Mon destin est lié au leur. Il faut que j'agisse coûte que coûte... Je me tourne vers Reiner : “Reiner, venez-vous avec moi tout de suite dans la zone de combat américaine ?” Reiner, à qui j'ai fait enlever l'insigne à tête de mort de sa casquette, est d'accord. Je remets à l'homme de confiance du camp le drapeau suisse et le drapeau blanc. Il est convenu que dès qu'il verra venir ma voiture peinte en blanc, il abaissera le pavillon à croix gammée et hissera le drapeau blanc. Il est surpris de ma décision ; il me supplie de mettre tout en œuvre pour libérer le camp. Nous partons, Reiner et moi. À Sankt Georgen, je me rends auprès du bourgmestre et lui expose mon plan. Je

1. Rapport Louis Haefliger, déjà cité.

lui demande de laisser ouverte la défense antitank. Je demande aux autorités, si elles veulent que leur commune soit comprise dans les opérations de libération, que toutes les armes soient abandonnées et que l'engagement soit pris que, au cas où je réussirais à atteindre les lignes américaines, aucun coup de feu ne serait tiré. Ce n'est que si ces conditions sont assurées que je pourrai continuer ma route au-delà de Sankt Georgen vers la zone de combat et intercéder pour la libération des communes. Ces garanties me sont absolument nécessaires pour poursuivre mon entreprise. Les autorités approuvent chaleureusement notre plan et nous souhaitent plein succès. Nous continuons notre route et roulons vers Gallneukirchen pour rejoindre la grande route de Budweiss et gagner Urfahr où nous supposons que se trouvent les Américains. Plus vite que prévu, nous nous trouvons devant le front. J'aperçois de loin un gros tank pourvu d'un canon lourd. J'arrête la voiture et prends un bâton auquel j'attache un linge blanc pour parer à toute éventualité. J'engage Reiner à laisser son pistolet dans la voiture. Nous avançons prudemment. Je prie aussi le chauffeur, un lieutenant de la police des pompiers de Vienne, de nous accompagner également désarmé.

« Je n'aperçois aucun soldat. On voit seulement les bouches des canons se mouvoir vers la gauche ou la droite. J'ordonne à mes compagnons de s'arrêter et je m'avance seul vers les canons, mon pavillon blanc à la main, espérant voir enfin les hommes qui épient derrière les meurtrières venir au-devant de moi. Des trappes s'ouvrent et de jeunes hommes armés surgissent. Ils s'étonnent de me voir et de m'entendre leur demander, en mauvais anglais, de me mettre en rapport avec leur commandant. L'un d'eux, qui sait l'allemand, traduit ma demande qui est transmise au commandant de la 2e division qui opère devant Linz. Ma demande est nette : l'avant-garde des tanks, composée de deux ou trois tanks lourds et d'autant de tanks légers avec leur équipage d'une trentaine de soldats américains, et en outre cinq cents soldats doivent aussitôt venir assumer la garde du camp et désarmer les quelque cinq cents SS qui s'y trouvent encore, ainsi que les membres de la Volkssturm et les troupes de renfort de la police viennoise. Je donne la garantie au commandant américain qu'aucune résistance n'est à craindre de la part de la population civile. Le commandant me donne son assentiment par radio, en m'avertissant que je suis responsable de la vie de chaque Américain. Mes deux compagnons doivent prendre place dans un tank ; un Américain s'installe à côté de moi dans l'Opel, et nous roulons de nouveau vers Sankt Georgen, suivis des autres tanks. Une joyeuse surprise nous accueille dans cette commune. Les autorités et la population nous comblent de remerciements et les Américains sont reçus comme des libérateurs. Notre arrivée cause la même joie à Gusen. Au camp de Gusen II, je me rends chez le commandant et obtiens sa parole qu'aucun coup de feu ne sera tiré et que l'ordre sera maintenu. Mais il faut d'urgence se rendre à Mauthausen où les SS, suivant des messages qui me parviennent, intensifient les travaux de défense. Nous passons encore cependant par l'usine d'avions de Gusen où je montre aux Américains les ateliers souterrains et les couloirs chargés de mines. Nous nous dirigeons vers Mauthausen. Je constate avec satisfaction que le système de défense antitank est resté ouvert. J'ai eu raison de faire confiance à la population. Nous gravissons la grande route en lacets qui mène au fort et déjà l'on aperçoit la tour du crématoire. Le dernier lacet est franchi et comme j'arrive devant la Kommandantur, le pavillon a croix gammée est abaissé et le drapeau blanc est hissé. Mais la révolte gronde au camp. Les détenus montent sur les toits. Que va-t-il arriver ? Il s'agit maintenant de désarmer les SS. Nous sommes soutenus par des milliers de détenus. Les SS sont trop peu nombreux pour offrir une résistance. Le plan a réussi. Les détenus désignés d'avance prennent les armes des SS et les relaient à leurs postes. Des détenus armés gardent leurs bourreaux désarmés. Les coups de crosse pleuvent sur les anciens maîtres du camp. Les détenus sortent des baraques en criant, en hurlant et nous portent sur leurs épaules ; nous ne pouvons nous défendre de leurs embrassements – l'un d'eux s'assied sur le capot de ma voiture et le caresse. À l'heure de midi, le 5 mai 1945, tous les SS étaient désarmés, de même que les soldats de la Volkssturm et les troupes de renfort du corps des pompiers de Vienne. Le chaos régnait dans le camp. Les détenus envahissaient les cuisines, pillaient la Kommandantur. Les hommes s'affublaient de plusieurs paires de pantalons, se disputaient les boîtes de conserve. C'était un va-et-vient inimaginable. Subitement libérés, ces détenus se comportaient comme une horde de sauvages. Il fallut du temps pour ramener un peu de calme dans le camp. Je songeai à mes propres effets. Dans ma chambre, tout avait disparu : malle, vêtements, linge. Mais le temps presse : il faut encore libérer les camps de Gusen I et II. Je m'y rends, suivi des tanks américains. Le désarmement s'y effectue encore plus rapidement qu'à Mauthausen. Les hommes déposent leurs armes en tas ; deux bidons de benzine sont répandus et une allumette y met le feu. Un cortège de plus de deux mille détenus se forme dans la rue, mais pas un coup de feu n'est tiré. Les frères d'armes américains me secouent les deux mains et me demandent d'aller avec eux à Gallneukirchen. Cependant, un détenu tente de franchir les barbelés. Un Américain tire un coup de revolver dans sa direction pour l'effrayer. Ce coup de feu est le signal d'une panique générale ; c'est la ruée vers les barbelés. Les Américains tentent en vain d'arrêter l'exode du camp comme ils ont pu le faire à Mauthausen. La garde composée de détenus est trop faible. Se sentant libres, les captifs se ruent à travers champs vers les villages et les fermes pour se procurer des vivres et des vêtements. Il y eut des jours et des nuits de terreur. Mais les camps de Gusen et de Mauthausen sont libérés ; la plus grande usine d'avions d'Autriche n'a pas sauté, des machines pour une valeur de dix à vingt millions de francs ont été sauvées ; les communes de Sankt Georgen, Gusen et Mauthausen ont été épargnées par la guerre. Le problème que je m'étais posé est résolu : les camps n'ont pas été anéantis, soixante mille êtres humains sont libérés, alors que les Américains ne sont pas encore entrés dans Linz, où les combats font rage... »

*
**

Le Dr Jean Benech est probablement le premier déporté de Mauthausen à avoir vu la petite voiture blanche de Louis Haefliger.

« Vers[1] le milieu de la journée, alors que nous observions vers le Danube, vers Linz, les éclatements des obus, nous fûmes surpris d'entendre un roulement bien caractéristique, celui des chenilles. J'étais alors avec un officier de la Légion étrangère, Polonais d'origine, homme de grande valeur ; je m'excuse de ne plus me rappeler son nom. Nous nous sommes regardés et, j'avoue, j'ai eu peur. La bataille de Linz allait-elle se continuer sur les hauteurs de Mauthausen ? Et, chose inouïe, valable seulement par l'état d'inanition et de petit délire mental, je me rappelle que je citai les vers de José-Maria de Heredia :

*Hannibal écoutait pensif et triomphant*
*Le piétinement sourd des légions en marche.*

« Et cet officier français d'origine polonaise eut un bon sourire. Et tout à coup nous vîmes sur la route qui contournait le Revier pour monter au grand camp une voiture blanche – du même aspect que celle du camarade suisse qui était venu chercher les femmes de Ravensbrück et les ramener en Suisse.

« Cette voiture montait lentemant, à l'avant était accroché un immense drapeau blanc et derrière suivaient deux voitures-chenilles américaines avec mitrailleuses, canons et tout le personnel servant.

« Ce fut la ruée des infirmes et des malades vers les barbelés, certains se traînant à quatre pattes vers eux, alors que les gardiens des miradors apprêtaient leurs armes. La minute fut tragique. Dix minutes après, les gardes-chiourme descendaient des miradors sous les

1. Manuscrit inédit Jean Benech.

huées. Quelques-uns subirent le sort qu'ils avaient mérité, d'autres furent conduits au bunker.

« Hélas ! deux heures après, les autos mitrailleuses américaines repartaient, laissant le camp livré à lui-même et sous la menace du retour des SS qui étaient rassemblés dans l'île du Danube, à Mauthausen, sous les ordres de Bachmayer, commandant du camp.

« En accord avec le comité international de résistance du camp, des malades valides du Revier furent armés pour se protéger contre un retour offensif des SS échappés, et d'une population environnante douteuse. Certains franchirent les barbelés très vite pour chercher à manger dans les fermes avoisinantes à cinq cents ou six cents mètres du Revier, et tenues par les familles SS qui avaient fui. Il n'y avait plus rien malgré les recherches faites par nos camarades espagnols, les plus anciens internés, survivants des Brigades internationales. La situation était tragique même pour des gens habitués à ne rien manger, l'eau manquait totalement. Les morts, sortis des baraques, s'entassaient les uns sur les autres. Ils séchaient au soleil. Un peu de peau sur beaucoup d'os ! Il n'était plus possible de maintenir le moindre semblant de propreté.

« La joie de la libération ne permettait même plus la protection des malades.

« C'était magnifique et affreux. »

« Un [1] tank américain, armé de canons et de mitrailleuses, apparaît à la porte d'entrée, suivi de deux autos-chenilles ; les policiers viennois descendent des miradors : nous sommes libres ! Tous ceux qui étaient informés des intentions de Bachmayer sont soulagés, nous l'avons échappé belle !

« Une immense clameur s'élève ; la place d'appel est noire de monde ; on applaudit les soldats ; tout le monde veut toucher le tank ; on s'embrasse, on court ; certains

1. Témoignage Fernand Alby, déjà cité.

d'entre nous vont vers les camarades qui sont restés dans les blocks en raison de leur faiblesse.

« Sur le fronton, au-dessus du portail d'entrée, nous voyons se déployer une immense banderole confectionnée clandestinement par nos camarades espagnols, prouvant, s'il en était besoin, la puissance de l'organisation clandestine. Cette banderole, écrite en espagnol, salue la victoire des Alliés, nos libérateurs. En même temps sont hissés, des deux côtés du fronton, des drapeaux de toutes les nations, confectionnés eux aussi clandestinement. Le comité international invite un représentant de chaque nationalité à prendre la parole du haut du porche de la porte d'entrée.

« Nous cherchons le père Jacques, mais il est de ceux qui, gravement malades, ne peuvent venir sur la place d'appel (évacué par la Croix-Rouge quelques jours après notre libération, il mourra dans un hôpital de Linz). On cherche "Mimile" : il est introuvable car il s'occupe de tout et est partout à la fois. Alors, des caramades me demandent de représenter le comité français et me voilà grimpé sur le porche où chacun intervient. Lorsque c'est mon tour, je demande aux Français de rester bien groupés autour de leur comité de résistance et de défense. Je remercie les Alliés de nous avoir libérés et je termine en criant : "Vive la liberté ! Vive la France !"

« Alors, j'entends s'élever *La Marseillaise*, d'abord comme un murmure, puis bien vite le ton monte et le refrain est repris par tous : c'est formidable ! Nous étions d'un seul coup remis à notre place. La Résistance française était peu connue dans le camp ; certains, mal informés, nous reprochaient la capitulation, la collaboration ; des Espagnols nous reprochaient aussi la façon dont ils avaient été accueillis à leur arrivée en France. Il ne s'agissait là, bien entendu, que d'une minorité car la majorité de nos camarades n'ont jamais confondu les responsabilités du gouvernement et celles du peuple de France. »

« Je[1] vis une sentinelle, un Autrichien, perchée au sommet d'un mirador démonter sa mitrailleuse et descendre lentement. Il ne semblait pas inquiet. Je le suivis, nous sortîmes du camp, il passa devant une chenille américaine et jeta son arme. D'autres soldats allemands passaient, se débarrassaient de leur fusil et de leurs cartouches et partaient rejoindre un groupe de prisonniers gardé par deux Américains. Je ne décelais aucune émotion sur ces visages de brutes résignées. Des Russes, Français, Espagnols, Polonais, montés au sommet de la grande porte, hissaient des drapeaux et tendaient des calicots saluant les libérateurs ; des groupes se formaient et chantaient leur hymne national. Un jeune voleur gitan, chef de block, monta planter notre drapeau sur notre baraque et entonna *La Marseillaise.* Nous le fîmes descendre malgré les protestations de la racaille.

« La justice des déportés passa sur le camp de la mort. Il y eut des exécutions d'assassins. Le cadavre du sadique Lagerführer de Gusen fut promené dans une calèche traînée par deux chevaux. »

« Soudain[2] de grands cris retentirent vers la place d'appel et vers la grande porte d'entrée, toujours fermée. Depuis la veille, les SS avaient été remplacés dans les miradors par de vieux territoriaux et gardes municipaux de Vienne. Cela avait été d'un grand réconfort à notre réveil, et annonçait des événements importants à venir. Effectivement, à 13 heures, cinq autos mitrailleuses américaines s'arrêtèrent devant le porche tragique, surmonté de l'aigle nazi. Les quelques hommes valides (je n'en étais pas) qui réussirent à monter sur les toits des bâtiments longeant le mur de clôture nous confirmèrent que cinq véhicules à étoile blanche étaient stationnés devant le camp. Les mots sont impuissants pour expliquer cet après-midi du 5 mai 1945, et ce que nous ressentîmes. Seul le mot de résurrection situe à peu près

1. Témoignage inédit Marcel Billon, Archives Amicale de Mauthausen.
2. Manuscrit inédit Maurice Lambert.

notre état ; lorsque, les portes ouvertes, enfin, vers 15 heures, les cinq tanks légers américains firent leur entrée sur la place d'appel, d'immenses cris inhumains jaillirent des vingt mille poitrines décharnées, pendant de longues minutes. Pour quelques-uns ce furent leurs dernières paroles car l'émotion avait été trop forte et les nerfs lâchaient... Mais nos malheurs n'étaient pas encore terminés, ou tout au moins nos désillusions. La première fut de taille. Depuis 13 heures, sachant les Américains à la porte du camp, nous avions commencé notre épuration. Elle était assez simple. Par dix, quinze ou quelquefois vingt, nous nous rendions aux blocks 6 et 7 (je crois) où s'étaient réfugiées toutes les canailles allemandes du camp, hier encore Kapos, chefs de block, chefs de chambre, etc., en un mot tous ceux qui, depuis des années, étaient responsables de cent cinquante mille morts de toutes nationalités, recensés après la libération dans le camp de Mauthausen et ses nombreux Kommandos répartis à travers l'Autriche. Chaque brute allemande, retrouvée dans un de ces deux blocks, était amenée sur la place d'appel. Ils allaient disparaître dans des conditions inhumaines, comme ils avaient fait mourir nos camarades. Notre seule arme était nos sabots, mais je dois dire que le nombre suppléa largement, avec notre rage, à notre armement rudimentaire. Chaque minute de nouveaux groupes de déportés, avec au milieu un ancien bourreau, arrivait sur la place d'appel. Le monstre était assommé et allongé, et chacun, qui les sabots aux pieds, qui un sabot à la main, lui sautait sur tout le corps et sur le visage, ou frappait jusqu'à ce que les entrailles sortent et que la tête ne fût plus qu'une horrible masse de chair informe, aplatie... Combien de cadavres sur la place d'appel vers 14 heures ? Cinquante, soixante, peut-être plus ! C'était un vrai carnage. Je pense, et je suis persuadé, que si les Américains ne nous avaient pas empêchés, tous y seraient passés avant la nuit. Mais certains de ces bandits réussirent avec la complicité des vieux gardes dans les miradors à s'infiltrer à travers les barbelés et à alerter le commandant américain qui aussitôt fit entrer sa petite troupe dans le camp avec ses cinq autos mitrailleuses. »

« Les[1] Belges, réunis aux Français dans le block de quarantaine n° 17, venaient de prendre, après le matraquage habituel, journalier, leur maigre repas. À cette date, l'ordinaire consistait le matin en un quart de malt, le midi en une soupe claire, et, pour le soir, un pain d'un kilo pour dix-huit hommes, généralement sans le moindre supplément. Malgré ce régime d'affamés, le moral était excellent.

« Il était aux environs de midi. J'étais à l'extérieur du block, torse nu, en train de faire mon “contrôle de poux journalier”. Tout à coup, une exclamation fuse : “Les Américains... les Américains entrent dans le camp !” Mes voisins et moi nous nous regardons indécis, sceptiques, hagards même. N'est-ce pas encore un de ces “tuyaux” de radio-barbelés, comme nous en avons déjà tant connu ? Vu notre état de faiblesse, faut-il que nous risquions encore une course inutile au-delà des murs électrifiés de notre quarantaine ? Mais bientôt, tout se met à bouger dans nos blocks. Les hommes, semblant mus par d'invisibles ressorts, se dressent et... c'est la ruée vers la porte de sortie de la quarantaine, non sans avoir bousculé le cerbère, armé de son éternelle trique, qui nous défend la sortie du block, après avoir malmené assez fort quatre de nos camarades qui transportaient les cadavres de deux des nôtres vers le four crématoire. Comment cela a-t-il pu se réaliser alors qu'il y a quelques minutes encore nous risquions, à chaque instant, la mort violente par le fait des nazis ? Cela, c'est le secret de l'organisation des prisonniers.

« Au centre du balcon de la poterne d'entrée, entre les deux miradors où nous avions si souvent vu se mettre les mitrailleuses en batterie à l'occasion des appels... un soldat casqué, et en kaki... puis un second, et en civil...

1. Témoignage major Lavry, ancien chef de cabinet du ministre de la Guerre belge, Archives Amicale de Mauthausen.

Anglais ? Américains ? Et ce civil ? Au bas, des SS, des Volkssturm s'arrachent les boutons, les pattes d'épaules. Ils sont mêlés, tous penauds, au milieu des prisonniers qui exultent et qui ne pensent même pas à se venger sur-le-champ des sévices qu'hier encore ils infligeaient, pleins de cynisme à tous les nôtres. Est-ce un rêve ou une réalité ? Est-ce bien le rouleau irrésistible des nations démocratiques qui vient d'enfoncer un coin dans le lourd portail de Mauthausen ? Je ne sais que penser. Je questionne, je m'enquiers, je me fais rabrouer. On me répond en allemand, en français, en tchèque. "Voyez. Ils sont là ! Nous sommes libres." On s'embrasse à la ronde... Nous cessons d'être les perpétuels fiancés de la mort, nous allons vivre. Je retrouve à mes côtés deux instituteurs de mes amis : un Sarthois et un Vendéen, Adelet et Bossy, qui furent mes deux meilleurs compagnons de captivité. Le premier s'essuie les yeux sur mon épaule et me crie, en pleurant de plus belle : "Jean, c'est fini !" Charles Bossy, qui me serre ensuite dans ses bras, s'écrie : "Jean, c'est le 5 mai aujourd'hui. Il y a deux ans que vous êtes dans cet enfer, et c'est aujourd'hui le jour de la délivrance !"

« Le grand porche d'entrée s'ouvre sous la pression irrésistible des prisonniers assoiffés de liberté et heureux d'acclamer ces soldats servant sous la bannière étoilée qui, en un tournemain, et avec cinq blindés, viennent d'en délivrer vingt mille [1]. »

« Le [2] comité international avait pris la décision d'exécuter les éléments les plus criminels des SS ou des droit commun. Les Américains ne partageaient pas toujours cette opinion et c'est ainsi que quelques tanks américains ont pénétré à l'intérieur du camp afin d'empêcher que

1. En 1955 paraissait en Union soviétique le premier récit publié par un ancien déporté de Mauthausen, Iouri Pilar. Son titre : *Rien que la vérité*. L'ouvrage fut tiré à plusieurs millions d'exemplaires. Pour Iouri Pilar, les blindés qui pénétrèrent dans Mauthausen étaient soviétiques. Ils étaient commandés par un certain Ivan Mikhaïlovitch.

2. Manuel Razola et Mariano Constante, déjà cités.

les Soviétiques ou les Yougoslaves ne puissent exécuter certains de leurs bourreaux. Ils arrivèrent à les enfermer dans des baraques gardées par une sentinelle. Cette situation a duré jusqu'au rapatriement total de ces déportés.

« Dans la nuit du 5 au 6 mai, nous avons fait justice aux Kapos Marion, du Baukommando, Chony, de la carrière ; Pezan et cinq autres dont les noms m'échappent. D'autres ont été exécutés en raison de leurs innombrables crimes : le chef de baraque 13 surnommé "Lalanda" ; un capitaine des sections d'assaut d'Hitler, le chef de la Gestapo Rude, le capitaine SS Diethelm, l'Unterscharführer Voska, le Rapportführer Goffler, ainsi que Thomas, l'assassin de Gusen.

« Le commandant Ziereis, reconnu comme il circulait en civil, a été fait prisonnier et conduit au camp où son interrogatoire a été fait par Marsalek et Boix. Il n'a pas eu d'attitude courageuse, ergotant et pleurnichant, soutenant qu'il n'était pas responsable et qu'il ne faisait qu'exécuter les ordres de son gouvernement. Il fut exécuté par un militaire américain d'origine cubaine, qui prit sur lui de faire justice et enleva ainsi aux autorités américaines toute possibilité d'intervenir contre des déportés. »

« L'AMI (Appareil militaire international des déportés) [1] occupe immédiatement tous les dépôts d'armes et de munitions, l'armurerie, les garages, les magasins à vivres, la centrale téléphonique et tous les points essentiels. Simultanément, il établit une ligne de protection autour du camp ainsi qu'une ligne de surveillance et un service de patrouilles pour empêcher la sortie d'éléments incontrôlés, maintenir l'ordre et faciliter l'encadrement des hommes armés. Tous les moyens de transport sont réquisitionnés et des détachements sont envoyés au village de Mauthausen pour contrôler les routes, occuper

1. Rapport espagnol sur l'organisation militaire internationale de Mauthausen.

les PTT, le pont sur le Danube et l'embarcadère. Le poste de TSF, dont l'utilisation avait été prévue, est malheureusement inutilisable.

« À la tombée du jour, la sécurité du camp est effective. Le dispositif de défense comporte quinze mitrailleuses lourdes, douze FM, quelques dizaines de Panzerfäuste (bazookas), quatre-vingts mitraillettes, des pistolets, quelques milliers de grenades et plus de trois mille fusils. Ces armes sont portées par trois mille cinq cents braves, disciplinés, bien encadrés, qui savent s'en servir avec intelligence et sang-froid, et prêts à mourir plutôt que de se rendre. Les SS peuvent venir, ils seront bien reçus.

« Il y a encore quelques petits groupes d'incontrôlés qui s'occupent plutôt d'organiser un pillage qu'il est momentanément impossible d'éviter, mais ils ne constituent pas un danger pour le maintien de l'ordre. D'ailleurs, au cours de la nuit, ils seront désarmés et internés au camp. Les Soviétiques, qui ne plaisantent pas avec la discipline, fusillent trois des leurs qui se sont indignement enivrés et ont commis des méfaits dans les fermes voisines.

« Le PC reçoit, au cours de la nuit, des informations sur les premiers engagements au village de Mauthausen. Des éléments nazis et des SS isolés tirent de l'intérieur des maisons et blessent quelques-uns des nôtres. En même temps, venant de l'autre rive, des SS approchent et demandent le passage pour les troupes du commandant Bachmayer, croyant sans doute qu'ils ont affaire à la milice locale. Quelques rafales balaient le pont et bientôt un feu nourri part de l'autre bord.

« Il pleut. La nuit est extraordinairement noire. On installe des postes avancés. Des patrouilles fouillent le terrain ; quelques éléments SS plus ou moins bien camouflés sont pris. Le commandement réagit énergiquement contre les fausses nouvelles. Notamment contre celle de l'arrivée des SS de Gusen. Une patrouille envoyée en reconnaissance établit qu'il s'agit des policiers de Vienne qui ont, au contraire, évacué ce camp en ayant appris la libération de Mauthausen.

« Un civil est arrêté pendant qu'il raconte qu'une division SS venant de Tchécoslovaquie se dirige sur le camp. Conduit au PC, il avoue que des fuyards de la Wehrmacht lui ont dit effectivement que ces forces arrivaient, mais en direction de Linz. Il s'était hâté de répandre la nouvelle qu'ils se dirigeaient sur nous, dans l'espoir de nous voir déguerpir, car les fermiers des alentours, bien travaillés par la propagande nazie, ont grand-peur des bandits bolcheviks que nous sommes à leurs yeux.

« Les détachements du village sont renforcés ; les fortifications qui dominent les abords du village et du Danube sont solidement occupées. Quatre mitrailleuses, trois FM et quelques Panzerfäuste tiennent sous leur feu le pont, la route d'Enns qui aboutit à l'embarcadère et les bords du fleuve. Une nouvelle tentative de franchissement du pont est repoussée, l'ennemi subit de lourdes pertes. Plusieurs maisons occupées par les SS et autres nazis sont cernées et prises d'assaut. Les prisonniers sont dirigés vers le PC. Leur compte est réglé ; ils n'assassineront plus. Après cette opération de nettoyage, les détachements soviétiques et espagnols qui défendent le pont et le détachement tchèque qui tient l'embarcadère sont plus à l'aise ; leur arrière n'est plus menacé que par quelques tireurs ennemis dont les coups de feu se font de plus en plus rares et s'éteindront au cours de la nuit. Nous capturons un bateau chargé de vivres et des camions transportant au camp son chargement, qui nous sera très utile dans les jours suivants.

« Des équipes rétablissent la liaison téléphonique avec Gusen, où, faute d'une organisation disciplinée comme l'AMI, quelque vingt mille hommes se trouvent en plein désordre. Les dépôts de vivres ont été pillés. Les Polonais, qui sont la majorité, et quelques Kapos particulièrement détestés ont pris des armes abandonnées par les gardiens et terrorisent le camp. Des bagarres ont éclaté qui ont fait des morts et des blessés.

« Le commandant Miguel demande au téléphone les chefs polonais et leur tient un langage énergique ; ils doivent constituer immédiatement une organisation internationale du camp, partager les armes et assurer l'ordre. C'est à cette condition expresse seulement que des expéditions de vivres suivront la première, déjà partie. Quant à la terreur, ils sont sommés de la faire cesser et seront tenus pour personnellement responsables de la mort des camarades, de quelque nationalité que ce soit. Cela mit un terme aux excès. Mais il était trop tard pour enrayer le désordre. Les camions de vivres sont assaillis avant d'être déchargés ; toute autre expédition est suspendue.

« Dans la matinée, la presque totalité des Soviétiques, des Tchèques, des Espagnols, des Français et des Yougoslaves quittent Gusen et viennent se mettre sous la protection de Mauthausen.

« Vers minuit, le commandant Lavin et deux officiers autrichiens sont envoyés à Linz, avec mission d'établir la liaison avec les forces américaines, établir un rapport sur la situation au camp et faire connaître les positions que nous occupons sur le Danube et dans le secteur de Mauthausen.

« À 1 heure du matin, le 6 mai, un détachement, parti de Gusen, rencontre des postes avancés américains à quelques kilomètres au nord-ouest de Sankt Georgen, c'est-à-dire à vingt kilomètres environ du camp. Les Alliés ne poursuivront leur avance que le jour. Il est souhaitable qu'ils ne tardent pas. Le commandement prévoit qu'avec le jour les combats pour le pont vont devenir violents, et les munitions peuvent nous faire défaut. Il reste la suprême ressource de le faire sauter ; des charges ont été posées par les SS il y a quelques jours. Mais Miguel ne s'y résoudrait qu'à la dernière extrémité, car il voudrait pour l'AMI l'honneur de le rendre intact aux Alliés. C'est la seule voie qui traverse le Danube entre Linz et Krems, c'est-à-dire sur cent trente-cinq kilomètres environ. De là son importance stratégique et son utilité ultérieure.

« Le 6 mai à l'aube, quelques responsables de l'organisation espagnole vont visiter nos positions sur le Danube, point névralgique de la défense du camp. Leur voiture est mitraillée ; un occupant est tué, quatre autres sont blessés. Seul Montero est indemne et sa présence au village, où il restera jusqu'à la fin des opérations, renforce la solidité de notre dispositif. Courageux, infatigable, il est partout, donnant des instructions pour le meilleur emplacement des armes automatiques qui, la nuit, avaient été placées près du pont, à des endroits trop découverts. Avec Espi, le jeune chef du détachement qui soutint les premières attaques, il se trouve toujours aux points essentiels menacés, dirigeant le tir, et exaltant, par son prestige et son courage, le moral et l'enthousiasme des combattants.

« Avec le jour, de fortes concentrations ennemies sont observées dans le triangle Enns-Sankt Valentin-Sankt Pantaleon, sur la rive droite. On les identifie, ce sont les anciennes garnisons de Mauthausen et de Gusen, du fait qu'elles n'ont pas d'artillerie ni de chars – heureusement pour nous. Mais on ne s'explique pas leur acharnement à vouloir traverser le fleuve. Ces criminels sont trop lâches pour se porter à la rencontre des Russes qu'ils prétendaient combattre. Sans doute cherchent-ils à se camoufler avec leurs familles qui se trouvent de ce côté-ci.

« Le Truppen-Revier (infirmerie SS) est transformé en hôpital de campagne où nos blessés sont l'objet de soins attentifs de la part des docteurs et des infirmiers affectés à cette tâche d'honneur.

« La matinée avance. Par toutes les routes venant de l'est et du nord-est arrivent des fuyards de la Wehrmacht. Ils se rendent et se laissent désarmer. Un petit détachement avancé fait ainsi toute une compagnie prisonnière. À midi, plus de sept cents prisonniers allemands sont en notre pouvoir, dont beaucoup de contingents de milice et des unités du “Front de travail” employées aux fortifications. Nous nous voyons obligés de les remettre en liberté ou de les diriger vers Linz, où se trouvent les Américains. Nous ne pouvons pas nous permettre le luxe de les nourrir.

« Des centaines de nouveaux combattants de l'AMI entrent en ligne. Malheureusement, nos troupes n'ont pas beaucoup de munitions et c'est bien cela qui préoccupe le commandement. Des ordres sont donnés pour que les troupes de protection qui entourent le camp ne gardent que les dotations strictement nécessaires ; le reste sera dirigé vers nos positions du Danube.

« Au début de l'après-midi, le commandant Lavin, qui avait été envoyé à Linz avec deux officiers autrichiens pour établir la liaison avec les Alliés, revient irrité et rend compte de sa mission. Une garde américaine les avait arrêtés et désarmés, malgré leurs explications, se refusant à déranger l'officier qui dormait. Ils furent enfermés dans une chambre et n'ont pu parler aux chefs qu'à 9 heures du matin. Les Américains ne sont pas en mesure de préciser à quelle heure ils seront à Mauthausen, mais ils arriveront le plus rapidement possible et veulent que le pont soit préservé.

« Vers 4 heures de l'après-midi, après qu'un nouvel assaut contre le pont eut été repoussé, la situation se trouvant assurée, on procède à un élargissement des organes de direction de l'AMI et à la création de comités nationaux où toutes les tendances sont représentées. L'état-major, sous les ordres du major soviétique Pirogow, est réorganisé. Y figurent maintenant le colonel autrichien Codré et un autre officier qui ne faisait pas partie de l'AMI. Le commandant Miguel a transmis le haut commandement au colonel Codré.

« Chaque état-major national se réorganise et les appareils militaires vont se transformer en unités régulières nationales, englobant la quasi-totalité des hommes valides en une petite armée solidement encadrée et disciplinée.

« À 5 heures de l'après-midi, de nouveaux détachements partent pour effectuer la relève des forces du village et des positions avancées. Celles-ci sont citées à l'ordre du jour pour avoir soutenu, vingt-quatre heures durant, tous les assauts SS au cours d'une nuit particulièrement dure et en dépit du manque de ravitaillement. Sont cités aussi quelques cas individuels : Suner et les autres mécaniciens qui, aux garages, se sont surpassés, réparant les voitures et travaillant sans arrêt pour maintenir les transports et communications à la disposition du commandement.

« À 18 h 30, les avant-gardes américaines atteignent le camp et, peu après, occupent le village.

« À cet instant, la situation est la suivante : désespérée pour l'ennemi de l'autre côté du fleuve, battant en retraite sous la pression des Russes à l'est et au sud-est, et des Alliés à l'ouest et sud-ouest. Au nord, le Danube et nos positions que des groupes attaquent encore avec le vain espoir de percer. La tâche est finie, les troupes américaines assurent la protection. À 19 heures, l'ordre général de repli est donné pour toutes les forces qui se trouvent sur les bords du Danube, les routes et le village. Ensuite pour toutes les autres.

« Les déportés remettent les armes aux Américains et rentrent au camp qui vibre d'enthousiasme et d'allégresse.

« Le 7 mai, nous avons la satisfaction infinie d'assister aux derniers combats. En face de nous, dans la plaine au-delà du Danube, le quadrilatère de quelques kilomètres encore occupé par les SS se rétrécit implacablement. Pas d'échappée possible ; les bourreaux doivent se rendre ou mourir. De toute façon, ils expieront leurs crimes. Les armées soviétique et américaine ont fait leur jonction sur le champ de bataille. Le surlendemain, un soldat de cavalerie russe, mitraillette au poing, monte la garde sur la rive droite, un Américain sur la rive gauche. »

*
**

« Tout [1] le monde s'était imaginé, peut-être un peu naïvement, qu'à peine serions-nous libérés, ce serait l'abondance. On comptait beaucoup sur l'arrivée massive du ravitaillement américain. Nos libérateurs n'avaient rien à notre usage et c'était bien normal, mais les convois de l'intendance ne tarderaient certainement plus et les diverses Croix-Rouges arriveraient, elles aussi.

« La déception fut grande, rien ne vint. Il fallait s'alimenter uniquement avec les moyens du bord. Le comité

1. Manuscrit inédit général Pierre de Froment.

international s'employait de son mieux à nourrir cette population de quinze mille hommes affamés, en procédant à des réquisitions dans le pays et à l'exploitation méthodique des magasins du camp encore abondamment pourvus en divers produits. Le pain, en revanche, faisait totalement défaut ; aussi ne mangeait-on que des soupes à base de féculents, margarine ersatz et viande de conserve. Ce n'était peut-être pas très indiqué pour des organismes sous-alimentés depuis si longtemps et si fragiles mais cela calmait tout de même la faim.

« Quelques jours plus tard, dans l'après-midi, la colère des ex-détenus contre leurs bourreaux de tous les instants, les "caïds", éclatait. Dans tout le camp c'était une véritable chasse à l'homme. Ceux qui avaient brutalisé sans pitié durant des mois et des années, qui étaient responsables de la mort de tant des nôtres, se voyaient bousculés et frappés de tous les côtés. Ils criaient grâce mais rien n'arrêtait la foule déchaînée, telle une meute à l'hallali. Les Russes et les Espagnols étaient les plus acharnés, mais personne, malgré l'horreur du spectacle, ne pouvait éprouver le moindre sentiment de pitié pour de tels bandits. Tous les dirigeants allemands du block 23 furent ainsi exécutés et bien d'autres parmi lesquels bon nombre de nos anciens "maîtres" de Schwechat, Floridsdorff ou Mödling ; tous y seraient passés, je crois, si les Américains n'avaient arrêté la séance.

« Dans la même soirée, toutes les nationalités se trouvaient regroupées et une série de blocks attribuée à chacune d'elles. Les Français avaient la chance de se voir octroyer trois baraques du camp libre. On s'y installait aussitôt, on était entre compatriotes, il y avait des lits (un pour deux hommes), des couvertures. On pouvait dormir et se reposer toute la journée. Les forces revenaient un peu. Je retrouvai là mon camarade René Aubertin, avec lequel j'avais combattu en 1940 ainsi que dans la clandestinité ; il avait été arrêté quatorze mois avant que je ne tombe moi-même.

« Le jour de la fête de l'Ascension, dans un des blocks français, un camarade prêtre célébrait le saint sacrifice de la messe. La messe à Mauthausen ! Dans ces lieux où avaient régné la haine, la terreur et la mort, le Christ s'immolait une fois de plus, renouvelant son message d'amour, nous invitant tous à la concorde, promettant inlassablement la paix aux hommes de bonne volonté.

« Au Revier du camp, la situation n'était pas aussi brillante. On y mourait toujours en masse, à tel point que l'on avait dû renoncer à donner aux défunts une sépulture décente avec mises en cercueil et tombes individuelles. Sur les douze cents Français qui restaient à Mauthausen le 5 mai, douze à quinze s'éteignaient encore chaque jour plus d'une semaine après la libération. À ce moment, le Revier était dans un état épouvantable. Plus de cinq cents cadavres gisaient entre les blocks, se décomposant au soleil. Dans la plupart des bâtiments, il n'y avait pas d'eau et le sol devant l'entrée était recouvert d'une épaisse couche d'excréments, atteignant parfois cinquante centimètres. Dans chaque case, sur de la paille de bois pourrie, dans un air pestilentiel, agonisaient quatre ou cinq moribonds. Il n'y avait ni médicament ni pansement et, depuis quelques semaines, la ration alimentaire n'y était plus que la moitié environ de celle du camp. Des volontaires se dévouaient pour remédier à cet état de choses. Des résultats avaient rapidement couronné leurs efforts mais les médicaments manquaient toujours.

« Puis le temps commença à sembler terriblement long. Nous étions libres, certes. On reprenait du poids et des forces, on n'était plus maltraité. Mais nous vivions toujours au milieu des poux, dans ces blocks honnis, vêtus de l'infâme habit rayé. Nos yeux ne se reposaient que sur ces horizons habituels, témoins de tant d'horreurs, de tant de souffrances. Il nous fallait quitter au plus tôt ces lieux, savoir quelque chose de la France, oublier.

« Différentes délégations des Croix-Rouges étrangères étaient venues visiter leurs nationaux. La française continuait à briller par son absence. Jusqu'au bout, elle nous ignora. Quelques officiers des unités françaises qui avaient combattu jusqu'à proximité étaient venus rapidement au camp pour y chercher souvent des traces de l'un des leurs dont on était sans nouvelle depuis des années. Ils avaient emporté des paquets de lettres et un résumé de nos doléances. Un jour enfin, nous eûmes la visite d'un commandant délégué spécialement pour s'occuper de notre rapatriement. Je me trouvais sur l'esplanade, devant le portail, à son arrivée. Il sauta de sa Jeep et regarda autour de lui, ne voyant personne à qui s'adresser. Je m'approchai et me présentai. Il était de tradition autrefois, dans l'armée française, de se serrer la main en pareil cas. Probablement, cela n'était plus de mise ou bien ce monsieur considérait-il qu'un bagnard pouilleux n'était pas digne de cette marque de sympathie. Je ne recueillis que cette phrase jetée de très haut : “On va s'arranger pour ne pas vous laisser moisir ici.” Et l'imposant officier supérieur quitta vite le foyer de contagion physique et morale que je devais représenter à ses yeux. D'où venait-il ? Des vaillants combattants des Forces françaises libres ou des anciens fidèles de Pétain qui avaient fini par comprendre ? Je l'ignore. J'eus simplement l'impression qu'il ne réalisait pas que dans ce camp croupissaient des hommes qui n'avaient jamais voulu s'avouer vaincus et qui avaient travaillé de toutes leurs forces afin de préparer la voie des armées de la victoire. Sur le moment, je n'eus pas les réflexes nécessaires pour le lui faire observer, c'est chose faite aujourd'hui.

« Les jours passaient et rien ne venait. On avait pu faire envoyer plusieurs courriers ainsi qu'une liste des survivants destinée à la radiodiffusion nationale, mais nous demeurions toujours dans l'incertitude quant à nos familles et aux conditions de notre rapatriement. La mission du commandant ne semblait avoir donné aucun résultat, on ne parlait plus de départ. Au Revier, il n'y avait toujours pas de médicaments mais les Américains avaient commencé l'installation d'hôpitaux tant au camp que dans la région, sur lesquels les grands malades étaient évacués les uns après les autres.

« Le 15 mai enfin, un sous-lieutenant féminin des services auxiliaires de l'armée française arrivait. Elle était gracieuse et semblait décidée. Elle nous donna des paroles d'espoir. La situation, nous expliqua-t-elle, n'était pas facile car tout dépendait du commandement américain dans ce secteur où huit jours plus tôt on se battait toujours, encore infesté de SS armés et dont le réseau de communications était entièrement détruit. Elle nous promettait toutefois de remuer ciel et terre pour nous soulager et hâter notre retour.

« Le lendemain matin, tout le camp se rassemblait pour assister au départ des Russes. Ils étaient les premiers à être évacués. Ils défilèrent en colonne par cinq sur l'Appel Platz et partirent à pied, péniblement. Avec leur sens très précis des réalités, ils avaient réussi à se constituer, tant au Lager que dans la région, un important butin. Ils étaient presque tous habillés et chaussés de neuf, portaient d'énormes valises, des sacs, des couvertures, des instruments de musique, des objets invraisemblables... poussaient des bicyclettes, des motos, etc. Nous échangeâmes de fraternelles salutations et ils disparurent à nos yeux.

« À leur tour, après de radicales séances de désinfection au DTT, les Français avaient le bonheur d'embarquer, le même jour, au cours de l'après-midi, à bord de camions américains. Joyeux, ils quittaient enfin les lieux du cauchemar... Avec le recul, je me rends compte maintenant qu'évacuer Mauthausen à partir du 16 mai alors que l'on s'était battu officiellement dans la région jusqu'au 8, et réellement plus tard encore, constituait presque un tour de force.

« La promenade semblait magnifique. On passait devant les coquettes villas des SS, puis on suivait le Danube, on longeait les baraquements du terrible Gusen. On traversait des villages pavoisés aux couleurs nationales autrichiennes (jusqu'à quel point y avait-on relégué réellement et sincèrement la croix gammée ? Il était permis de se le demander). Finalement, les véhicules débouchaient dans les rues de Linz. Au centre de la ville, qui semblait épargné, le convoi stoppait et stationnait longuement. Notre charmante protectrice de la veille, toute souriante, ses jolis cheveux blonds débordant sous le calot kaki, venait nous saluer et nous prévenir qu'elle espérait obtenir notre transport en avion pour le lendemain. Nous l'aurions embrassée si nous avions osé... mais nous manquions totalement d'attraits, cela va sans dire.

« Puis les camions repartaient et, marchant un peu à l'aveuglette, en quête d'un gîte pour la nuit, nous déposaient au crépuscule à la sucrerie d'Enns. Il y avait là des prisonniners de guerre, en attente de rapatriement, et, à proximité, des jeunes gens d'un groupement de jeunesse. Ces derniers, jouissant dès avant la capitulation d'une certaine liberté en Allemagne, avaient pris le commandement dans le pays. Ils s'étaient installés dans les services municipaux et avaient réquisitionné tous les magasins et les dépôts d'alimentation. Aussi pouvaient-ils, sans désordre, assurer la subsistance de tous les prisonniers libérés du secteur et même de la population civile qui venait, deux fois par jour, chercher ses rations à une vaste cuisine populaire.

« Gâtés à souhait par les uns et les autres, nous n'arrivions pas à nous rassasier de toutes les bonnes choses que l'on nous prodiguait et dont nous avions totalement perdu le goût : pain blanc, sucre, chocolat, confitures, pruneaux, raisins secs, charcuterie... Jusqu'à du lait et des œufs sans oublier les cigarettes américaines. Après une bonne nuit, occupée en grande partie à manger, les camions revenaient et nous embarquions à nouveau. La route suivie, elle aussi, était belle. On y remarquait par endroits le passage de la guerre. En plusieurs points, dans les prairies, des prisonniers boches étaient parqués, nous vîmes même un camp de SS. Chacun son tour, nous exultions ! *"Prima ! Prima ! Das ist Hitlerarbeit !"* hurlions-nous en accompagnant nos cris de quelques-unes des injures dont on nous avait abreuvés des années durant.

« Dans le véhicule où j'étais, je retrouvai mon ami

Jacques Deligny. C'était mon radio sous l'Occupation. Nous avions rendez-vous le lendemain de mon arrestation, je crois, à La Ville d'Aulnay, petit bar situé près de la gare du Nord. Il m'avait attendu en vain. Avisé de ma chute, il avait offert ses services à un autre réseau. Il était tombé à son tour neuf ou dix mois plus tard. Je ne le savais naturellement pas.

« Finalement, après avoir traversé à nouveau une partie de la ville et avoir contemplé le spectacle inimaginable de ce qu'avait été l'immense gare, nous débouchions, sous un soleil magnifique, sur l'aérodrome de Linz.

« Il fallut y attendre deux pleines journées, d'autant plus que l'on avait dû procéder à un tri parmi nous. Un certain nombre se trouvant trop faibles pour supporter le voyage avaient été évacués sur un hôpital. L'attente était longue et pénible, mais le ravitaillement, bien que peu adapté à la fragilité de nos organismes, se trouvait abondant. Quelques camarades, fatigués par les excès d'Enns, ne pouvaient plus rien avaler, en particulier Ducroix et Christoffel, avec lesquels je me trouvais. Je réussissais le tour de force de consommer nos trois rations.

« Le 19 mai au matin enfin, répartis dès la veille en groupes de trente pour former les passagers d'un avion, nous gagnions les parages des pistes d'envol. Peu après, le ciel s'emplissait du fracas des forteresses volantes qui venaient se poser devant nous. Les équipages américains nous faisaient bon accueil. Après les recommandations d'usage, on embarquait et, un par un, les grands oiseaux s'envolaient vers la France. Personnellement, j'avais pris place dans l'appareil n° 3. Il s'élevait légèrement et, progressivement, prenait de la hauteur. Au-dessous de nous, le paysage défilait, la joie et l'émotion nous rendaient silencieux.

« Puis, tout à coup, une longue flamme sortit de l'un des quatre moteurs. Le pilote en coupa l'allumage, vira doucement et, après dix minutes de vol, nous reprenions contact avec la piste du terrain.

« Tous nos camarades étaient partis... Nous seuls restions là, à trente, isolés sur ce pays inhospitalier dont décidément la terre collait un peu trop aux pieds. La réparation menaçait d'être longue, l'espoir de voir la France ce jour s'évanouissait.

« Enfin, vers 4 heures de l'après-midi, alors que nous n'espérions plus rien, un Dakota se posa à l'autre bout du terrain. Nous avions priorité sur tous les autres postulants au départ, prisonniers de guerre des oflag et stalag XVII A, requis du STO. À 16 h 30 à peine, nous survolions le territoire de feu le grand Reich. Le temps n'était pas favorable. Beaucoup de brume et même plusieurs orages. On distinguait à peu près le paysage malgré tout. Après un certain temps de vol, un immense serpent argenté se dessina sur le sol, coupant le pays du sud au nord. J'avertis mes compagnons. Une intense émotion nous étreignit... Le Rhin... La France.

« Nous étions en France, libres, vainqueurs. Comme je comprends cette paix profonde qui s'installait, en franchissant la frontière du pays maudit, au cœur de certains hommes ou de certaines femmes qui, ayant lutté jusque-là, se laissaient soudain aller, tendant les bras à la mort, le visage illuminé de bonheur et l'âme en repos. Libres, la victoire en eux-mêmes, ayant vu ce pour quoi ils avaient tout accepté, tout donné, ils prononçaient, joyeux, leur *Nunc dimittis* et s'éteignaient.

« La fin du voyage avait été sans histoire. On scrutait le sol, cherchant à reconnaître villes et villages, cours d'eau et forêts. On voyait que la guerre était passée là. Il y avait des destructions et des trous d'obus sur la crête des Vosges, il y avait les gares et les triages désespérément vides de machines et de wagons... Tout cela respirait la souffrance et la pauvreté. Qu'importait, cela pouvait s'allier à la grandeur. C'était la France, la France qui avait su briser ses chaînes, c'était la Vie.

« Un peu avant 8 heures, l'appareil s'était posé au Bourget. À la gare aérienne, un piquet de garde avait rendu les honneurs à ces revenants puis l'on s'était arrêté quelques instants au centre d'accueil avant de partir en autobus pour le *Lutétia*.

« Ce voyage à travers Paris délivré, assis dans le véhicule de la STCRP, j'en garderai toute ma vie la mémoire. Paris, à mes yeux, n'avait jamais été si beau. En nous voyant, les hommes agitaient les mains, les femmes criaient et pleuraient, les filles étaient belles et souriaient. Tous, à chaque arrêt, nous tendaient des vivres, des fruits, du vin, du tabac. Exténués mais exaltés, nous regardions avidement.

« Au *Lutétia*, le rideau tombe sur le drame. C'est l'aboutissement de la course, le poteau qu'il s'agissait d'atteindre. Plus d'un millier de bagnards l'occupent, aidés, servis par de jolies femmes et de charmantes jeunes filles aux curieuses coiffures tout en hauteur. Elles s'affairent la nuit entière auprès des misérables hères que nous sommes. Un par un, il nous faut passer au contrôle militaire, faire établir la carte, nous présenter au médecin, percevoir le bon de transport, les vivres, un peu d'argent, etc. C'est très dur mais nécessaire, cette attente. Des indésirables profitent des convois de rapatriés pour s'y glisser, on le sait, aussi exigeons-nous un rigoureux filtrage. Chaque jour quelques salauds sont ainsi arrêtés : miliciens, SS, agents de la Gestapo...

« Les plus malades sont couchés sur des brancards ou bien dans des chambres. Quelques jours plus tôt, une jeune fille s'était penchée sur l'un d'entre eux, véritable loque humaine. “N'ayez plus peur, grand-père, c'est fini. Vous voilà libre maintenant. On vous soignera bien. Plus personne ne vous fera du mal.” Elle n'avait pas reconnu... Mais les yeux qui vivaient encore dans ce masque décharné, presque irréel, les deux yeux, eux, avaient reconnu... Les oreilles avaient perçu le timbre de la voix aimée et jamais oubliée...

« – Jacqueline, ma petite Jacqueline !

« – Oh, papa !

« Mon ami Ernest G. et sa fille étaient dans les bras l'un de l'autre.

« Dans les couloirs et halls de l'établissement, d'immenses panneaux s'offrent partout aux regards des rapatriés. Ils portent des centaines et des milliers de photographies de “recherchés” avec une notice sur chacun d'eux. Hélas, la plupart ne sont plus qu'un peu de cendre jetée au vent... Mais le souvenir de leur sacrifice restera toujours vivant en nous.

« Le 20 mai 1945, jour de la Pentecôte, jour de l'Esprit, en fin de matinée, sous un soleil radieux, je quitte l'hôtel *Lutétia*, faisant sur le boulevard Raspail mes premiers pas dans la liberté retrouvée. »

# KOMMANDOS DE GUSEN

Gusen I et II, tout en dépendant de Mauthausen, sont considérés par l'administration centrale d'Oranienburg comme des camps à part entière dès septembre 1944. S'il est vrai que de tous les camps d'extermination par le travail, Mauthausen fut le plus dur, le plus criminel, à Gusen I et Gusen II on mourait deux fois plus rapidement qu'à Mauthausen. Trente-sept mille morts pour le seul Gusen I, dont l'effectif ne dépassa jamais dix mille « présents ». À Gusen II, les déportés creusèrent vingt-quatre kilomètres de galeries et de halls de montage souterrains pour abriter les ateliers de montage du Messerschmitt 262, le chasseur à réaction qui prenait la relève du 109, construit déjà à trente mille sept cent trente-quatre exemplaires...

« La direction [1] effective de l'administration de Gusen était aux mains des Polonais, les plus anciens du camp et les plus nombreux après les Russes. Les Polonais avaient participé à la construction du camp dès 1940 et connu les premières années d'extermination pure et simple. D'une habileté incroyable pour disputer les postes de commandement aux Allemands, ils détenaient les places de la Politische Abteilung et de Blockschreiber, ce qui leur permettait de venir en aide à leurs compatriotes

1. Témoignage Louis Deblé.

en les faisant accepter dans les Kommandos les moins meurtriers. Leur orgueil incommensurable et leur chauvinisme étroit les faisaient détester de tous les autres détenus. La majorité d'entre eux portaient le triangle rouge, mais en fait peu avaient participé effectivement à la Résistance polonaise, les Allemands les ayant déportés dès 1940 comme éléments d'une race inférieure à leurs yeux. La plupart appartenaient à la classe aristocratique terrienne ou aux milieux intellectuels des grandes villes ; beaucoup de prêtres parmi eux et très peu d'ouvriers. Un des traits les plus effarants de leur caractère était leur érudition remarquable ; tel Vorarbeiter capable de disserter sur Voltaire et Pascal poussait à la production comme s'il travaillait pour son propre compte, n'hésitant pas à frapper s'il le fallait. Tel autre professeur d'Histoire affirmait sans rire que la Pologne aurait dû s'étendre de Berlin à Kiev (ville authentiquement polonaise). Pour tous, la Pologne était le nombril du monde ; les Russes, des sauvages ; et les Français, des êtres efféminés et lâches.

« Quatre cent cinquante Espagnols environ leur disputaient âprement les meilleures places de la cuisine et du Revier, et la lutte entre les deux nationalités prit parfois un caractère virulent. Si elle ne dégénéra jamais en guerre ouverte, c'est parce qu'ils avaient besoin les uns des autres, mais tout les séparait : les Polonais étaient catholiques, grands admirateurs de Salazar et de Franco, les Espagnols étaient d'anciens combattants républicains de la guerre civile. Internés en France dans les camps de Gurs, Argelès et autres, enrôlés dans les compagnies de travail dans les Alpes ou derrière la ligne Maginot, ils avaient été faits prisonniers en juin 1940 par les Allemands. Après six mois de stalag, on les libéra pour les expédier à Mauthausen et Kommandos annexes. Sur près de dix mille au début de 1941, mille cinq cents à peine vivaient encore en 1943. »

« Le 25 avril 1945 [1], vers les 5 heures de l'après-midi, le médecin-chef vint signifier aux médecins de ce block d'avoir à évacuer assez rapidement les faibles, les chiasseux, les incurables, les blessés gravement aux jambes, les ulcéreux, sur le block 31. Voyant la stupéfaction des docteurs, un Polonais et un Russe du nom de Michel, et des infirmiers, je demandai ce qui se passait. La réponse fut : "Sauvez-vous du Revier, il va se passer des choses graves. Que tous ceux qui veulent sortir et qui le peuvent soient sortants demain matin." Alors, l'on vit sortir des divers blocks les éclopés, les malades, se dirigeant vers le 31 avec des couvertures. À 9 h 10, tous les hommes du block furent envoyés aux douches sous une pluie torrentielle. C'est alors qu'arrivèrent quatre SS, qui obstruèrent les fenêtres, montèrent sur le toit, bouchèrent les cheminées avec couvertures et paille, et sur un coup de sifflet, vers 9 h 40, les hommes qui étaient aux douches revinrent en courant, toujours sous la pluie, et matraqués pour aller plus vite par les SS et les Polonais. Les derniers à peine entrés, un homme vit ses camarades déjà étendus, comprit et refusa de rentrer. Il fut abattu d'un coup de revolver à bout portant par un SS. D'autres essayèrent également de se sauver par les fenêtres. On entendit sept coups de fusil. À 10 h 15, la voiture du Krema commença le transport des morts, bientôt suivie d'une deuxième ; il passa trente-huit voitures de douze morts. D'autres morts restant encore furent transportés plus tard. Au petit jour, les Polonais de service lavèrent à grande eau le perron pour faire disparaître le sang ; tout était dans un désordre extraordinaire. Deux de nos camarades étaient parmi les morts ; Bottos, de Grenoble, et Doucet, de la Vendée.

« Je fus témoin oculaire de ceci, et d'autres ont pu, avec moi, compter les voitures. »

*
**

1. Déposition de Marius Colin (témoins Grillon, Falgos, Étival et Selles) le 11 mai 1945, devant le Comité international de Mauthausen.

*Gusen II*

« Le[1] dimanche 22 avril, vers 17 heures, une commission passe dans tous les blocks. Il y a le Lagerführer Schultz, le SS italien de l'infirmerie, le Blockführer et le docteur de l'infirmerie du camp de Gusen II, Philipp, si je me souviens bien. On fait aligner et se déshabiller les prisonniers dits "de la Réserve" et, parmi eux, un tri est fait. On me fait ranger à part avec quelques autres tout aussi épuisés que moi. Je suis le seul Français du block 3 à être désigné. Nous devons abandonner nos pauvres hardes et l'on nous inscrit sur la poitrine, au crayon ainsi qu'on le fait aux morts partant au crématoire, notre numéro matricule.

« La même scène se passe dans tous les blocks à l'exception du block 16, où nous serons tous dirigés, nus et immatriculés pour la mort. Dans ce block, au fur et à mesure de notre arrivée, nous sommes empilés à quatre par paillasse, dans les lits à trois étages où les plus faibles ont bien du mal à se hisser. Pas de couvertures, celles-ci sont entassées dans un espace libre au milieu du block et il est défendu d'y toucher. Et c'est une première nuit d'épouvante qui commence. Plusieurs fois l'on nous fait lever tous et, à grands coups de bâton et de gummi, on nous entasse d'un côté du block pour nous compter et vérifier notre matricule avant de nous laisser regagner notre place.

« L'appel du soir, nous devons y assister, dehors par tous les temps, toujours nus, assis le derrière dans la boue ou la neige, empilés l'un dans les jambes de l'autre, dix par dix. Nous avons dû rester ainsi parfois bien longtemps et toujours pour quelques-uns cet appel fut mortel. La nourriture a consisté en un quart de litre de soupe claire, qui nous fut distribuée tous les deux jours, à raison d'une gamelle par lit. Chacun des prisonniers avalait quelques cuillerées avant de la laisser à un autre qui avalait le même nombre de cuillerées et faisait passer ainsi de suite jusqu'à épuisement du contenu. Cinquante

1. Manuscrit inédit Roger Duchamp.

grammes de pain, soit le pain infect en vingt-quatre parts. Encore le moindre bruit fut-il prétexte maintes fois à la suppression totale de nourriture dans tel ou tel coin du block.

« Voisinaient, au block 16, sur les mêmes paillasses, des détenus de toutes nationalités, d'où première difficulté pour obtenir le silence. Ensuite, ces détenus étaient soit dysentériques, atteints de gangrène, de cachexie, plaies multiples, abcès, tuberculose et tous ces maux provoquaient des gémissements et des plaintes ininterrompues, d'où deuxième difficulté pour obtenir le silence.

« Notre block était un block de lamentations et ces lamentations obsédant sans doute le chef de block et ses sous-ordres, Stubendienst, Schreiber, Friseur, il en résultait pour nous, et particulièrement la nuit, des tueries aveugles. Et je n'exagère pas en disant que du 22 avril au 27 avril 1945, deux cent cinquante à trois cents détenus furent exécutés. C'est un chiffre minimum que je maintiendrai envers et contre tout.

« Le procédé courant d'extermination fut celui-ci : au hasard, à l'occasion d'un bruit ou d'un déplacement nocturne aux W-C (tonneaux rangés à l'extérieur du block), le chef de block et ses sous-ordres précipitaient par terre les détenus avant de les assommer à coups de bâton. L'achèvement se faisait de la manière suivante : le détenu étant par terre, assommé, le bâton lui était posé sur le cou et les tortionnaires montaient un pied dessus, de chaque côté, jusqu'au dernier soupir. Le corps était ensuite tiré dehors et empilé sur le tas derrière le block.

« Je signale ici un incident qui ne peut être passé sous silence : un détenu, russe je crois, qui avait été désigné pour quitter son lit et être tué sur place, refusa de sortir de l'allée et, se cramponnant aux montants du lit, résista un moment aux efforts de ce bandit qui le tirait et le frappait en vain. Ce que voyant, le bandit se saisit d'un seau d'eau bouillante déposé sur le poêle et en lança le contenu sur le détenu qui, immédiatement, lâcha prise et fut sauvagement tué aussitôt sous nos yeux. Le jeudi soir, à la tombée de la nuit, on rassembla les juifs présents au block et on les avertit qu'ils partiraient le vendredi matin, 27, pour le travail. De fait, ils partirent le lendemain matin pour une destination inconnue. J'ai appris plus tard, par le Dr Bloch, médecin juif du Revier block 13, que tous ces juifs avaient été emmenés à Ebensee. Le vendredi 27 avril 1945, au soir, on appelle les Français, Belges et Hollandais et l'on nous informe que nous allons recevoir un colis de la Croix-Rouge. On nous renvoie au lit. Dix minutes plus tard, on nous appelle à nouveau pour nous apprendre la stupéfiante nouvelle, sur laquelle nous ne comptions plus, à savoir notre rapatriement par la Croix-Rouge de Genève.

« À partir de cet instant, nous avons droit à quelques égards. Nous allons aux douches, et obtenons la permission de coucher notre dernière nuit du block 16, du 27 au 28 avril 1945, à deux par lit avec une ou deux couvertures. Nous étions quatorze ou quinze rescapés, je ne me souviens plus exactement, étant donné l'état dans lequel nous étions. Le 28 avril au matin, on nous donna une paire de claquettes, un pantalon, une veste et un béret. Nous reçûmes un morceau de pain, de la saucisse et un peu de café avant de rejoindre les autres Français du camp pour partir vers Gusen et Mauthausen ensuite.

« Notre cauchemar était fini. »

« Le[1] 25 avril, à l'appel du matin, les Français sont mis à l'écart. Ils ne partent pas au travail. Nous apprenons que des camions de la Croix-Rouge sont arrivés à Gusen I et que nous allons être libérés. C'était vrai, mais pas pour tous. L'Obermeister Wolfrau, un civil allemand affecté à la Rodt, s'opposa au rapatriement des Français travaillant à l'usine souterraine de Sankt Georgen, et quatorze Français, dont je faisais partie, restèrent au camp. On nous distribua un colis. Un moment de détresse s'empara de nous et nous reprîmes le chemin des tunnels. La discipline était moins dure. Nous sentions qu'un malaise planait et que nos bourreaux ne savaient plus de quel côté il fallait se placer.

1. Manuscrit inédit Maurice Petit.

« Le 3 mai, j'étais de nuit, personne pour nous commander. L'Obermeister Holzmann se fabriquait une remorque pour fuir en emportant du matériel. Notre civil Jaegar avait disparu ! Nous avons passé la nuit sans contrainte. Il faut signaler qu'en neuf mois, dans les quatorze kilomètres de tunnels équipés en machines, il est sorti plus de onze cents carlingues d'avions Messerschmitt. Quelques instants avant l'arrêt du travail, un Meister civil vint près de moi et me souffla : "*Du franzose*, bientôt libre... retour Paris !" et il s'en alla.

« À 6 heures, les cris de *Antreten* résonnèrent. Je fus surpris de ne pas rencontrer l'équipe montante que l'on croisait quand nous sortions. Nous ne retournions plus à Sankt Georgen. L'appel se fit rapidement, embarqués sans coups, et nous voilà revenus au camp. Nos accompagnateurs avaient changé : ce n'étaient plus des SS, mais des anciens de la Wehrmacht, aidés par des pompiers de Vienne. Nous sommes entrés directement dans nos baraques sans appel. Nous avons touché notre ration : un pain pour vingt-quatre hommes, et quel pain ! La moitié était moisie car, depuis une quinzaine de jours, il n'y avait plus d'arrivage. Dans le block je retrouvai mes copains, André et Marco, et tous trois nous nous sommes promis de ne pas nous séparer jusqu'à la fin. Kapos et chefs de block devenaient sociables. Ils ne frappaient plus, cherchant même à nous parler, allant jusqu'à offrir des cigarettes. Que ne fait-on pas pour se faire pardonner !

« Nous sommes restés deux jours dans les blocks, avec interdiction de sortir. Plus d'appels. Il y avait trois ou quatre alertes par jour. La DCA allemande ne tirait plus. De temps en temps, nous voyions passer sur la route qui surplombait le camp des convois qui ressemblaient étrangement à ceux qui ont sillonné nos routes de France en 1940. Eux aussi connaissaient la débâcle.

« Dans la nuit du 4 au 5 mai, nous entendions distinctement le bruit des canons. Le 5 mai au matin, nous reçûmes cette eau sale, baptisée café. Nous cherchions vainement à savoir ce qui se passait. Par les fenêtres, on apercevait toujours quelques soldats allemands qui fuyaient avec armes et bagages.

« À midi, une soupe d'herbes pour deux. Vers 3 heures, on nous fit sortir devant les baraques pour procéder à un appel. C'est à ce moment que j'ai remarqué que les chefs de block et les Kapos avaient retiré leur numéro matricule, et les carrés de tissu cousus dans le dos qui les désignaient comme bagnards. La plupart avaient des tenues civiles correctes. J'en fis part à André, qui était à côté de moi, je lui dis : "Serrons-nous les coudes, c'est la fin !" L'appel venait de se terminer, quand apparurent, traversant le pont de chemin de fer et s'engageant sur la route, deux autos mitrailleuses qu'accompagnait une voiture blanche [1], munie de haut-parleurs. Après une salve de mitrailleuse, ordre fut donné par haut-parleur, aux soldats allemands, de se rendre avec leurs armes, et de se ranger par trois sur la route... Tous les soldats qui nous gardaient se rendirent sans difficulté. La colonne s'éloigna, escortée par les voitures.

« Ce moment de stupeur passé, qui permit à certains de nos tortionnaires de fuir à travers champs, ce fut le déchaînement. Les uns se ruèrent sur les palissades en bordure de la route et les renversèrent. Quant aux autres, ils envahirent les baraques SS et commencèrent le pillage. Dans le camp, c'était la chasse aux bourreaux d'hier, à coups de tabouret, de planche. Tout ce qui tombait sous la main, qui pouvait servir d'arme, était bon. Bientôt ce ne furent que cris, que râles. Malheureusement, les grands chefs responsables avaient fui. Les allées du camp étaient bientôt jonchées de cadavres, pour la plupart nus. Nos propres baraques pillées, brisées, nous ignorions où coucher la nuit prochaine, car nous étions littéralement abandonnés à nous-mêmes.

« Déjà, des petits groupes s'en allaient par les chemins. Certains Français décidèrent de rejoindre Gusen I et

1. Il s'agit de l'Opel de Louis Haefliger, le représentant de la Croix-Rouge qui a réussi à prendre contact avec une petite unité américaine et à persuader l'officier commandant de détacher quelques blindés pour libérer les camps de Mauthausen et de Gusen (voir chapitre Mauthausen).

Mauthausen. D'accord avec André et Marco, nous avons préféré rester là pour la nuit, demain nous aviserions.

« Des Russes avaient envahi le silo à pommes de terre, allumant des feux avec le bois de nos lits et des palissades. Je réussis à ramasser environ la valeur de cinq kilos de pommes de terre et, tous les trois, nous en avons fait cuire. Une petite pluie fine s'est mise à tomber. Et le camp ressemblait à un village ayant subi un bombardement avec tous ces feux qui brûlaient.

« Toute la nuit, nous nous sommes réfugiés dans un coin de baraque, après avoir tout de même trouvé des couvertures, et nous avons passé notre première nuit de liberté. Peu de monde était resté. La plus grande partie des survivants avait préféré s'éparpiller dans la campagne...

« Le 6 mai, au matin, en sortant du block avec André, du haut de ces marches qui accédaient à la baraque, j'aperçus une désolation complète. Ce camp surpeuplé était à l'abandon : des tabourets cassés, des gamelles, des planches, des paillasses éventrées et des morts... Encore des morts gisant dans toutes les positions... Nous partîmes vers les baraques servant de réserve aux vêtements civils, ceux que l'on nous volait lors de notre arrivée.

« Là encore, le pillage ; nous marchions littéralement sur un tapis de vêtements, chaussures, chapeaux, portefeuilles ; les photos des êtres chers laissés au pays sortaient pêle-mêle dans ce fouillis inextricable d'effets de toutes sortes. Au bout d'une heure, nous nous trouvions une nouvelle fois déguisés. À notre retour, nous retrouvâmes les quelques Français qui étaient réunis dans la chambre d'un chef de block pour tenir conseil. Certains maintenaient que le mieux était de rejoindre Mauthausen, d'autres de gagner Linz, où l'on pensait trouver du secours. Nous n'étions pas toujours d'accord.

« Nous mangeâmes une espèce de purée de patates et, vers midi, je partis avec Wackherr et Marco pour rejoindre Linz. Cela représentait dix-huit kilomètres à pied ; pour nous, c'était énorme, mais nous étions capables de tout. Donc, nous quittions définitivement ce qui restait du camp. Partout des cadavres... Nous prîmes la route... Elle représentait pour nous la liberté ; pourtant, que de fois, pendant notre calvaire, nous l'avions empruntée pour nous rendre du camp à Sankt Georgen...

« À 2 heures, à l'église de Sankt Georgen, nous avions rendez-vous avec ceux qui optaient pour Linz. Comme nous étions en avance, nous nous reposâmes. Les civils nous regardaient, ils semblaient atterrés par notre maigreur et notre accoutrement ; pourtant, ils ne pouvaient pas ignorer nos souffrances. L'usine souterraine était en bordure du village de Sankt Georgen. Nous travaillions et étions battus à mort à la vue de tous.

« À l'heure fixée, aucun de nos camarades ne nous avait rejoints. Nous reprîmes notre route vers Linz.

« Nous avions marché des heures et nous approchions de Linz.

« À la traversée d'un petit village, dont le nom m'échappe, j'aperçois un sous-officier, arrêté avec son vélo, parlant français à un civil. Que c'était bon d'entendre notre langue ! Je m'approche de lui et dis :

« – Pardon, sergent, pour aller à Linz ?

« – Qu'allez-vous faire à Linz ?

« – Chercher un refuge et du secours.

« – Qui êtes-vous et d'où sortez-vous ?

« – Français, déportés de Mauthausen-Gusen.

« – Je suis belge et prisonnier de guerre, mais vous n'entrerez pas à Linz, les Américains ne laissent passer personne.

« – Alors, qu'allons-nous devenir ?

« Il réfléchit, tire son calepin et inscrit quelques mots, me tend la feuille et me dit :

« – Vous êtes trois, bien, allez au camp de prisonniers de guerre ; comme vous, nous venons d'être libérés. Vous trouverez à manger mais je ne sais si vous pourrez coucher. Au revoir, bonne chance.

« Et nous voilà partis.

« Il nous devança avec sa bicyclette. Quand nous arrivâmes à la porte du camp de prisonniers, on nous réserva un accueil qu'il n'est pas possible de décrire. Nous fûmes véritablement portés en triomphe. Le capitaine-major, le chef du camp, tous étaient là aux petits soins.

« En moins de temps qu'il ne faut pour l'écrire, une table fut dressée, couverte de victuailles, des lits montés avec des draps ! L'officier qui dirigeait le camp nous fit déshabiller, envoyer aux douches et habiller de neuf avec du linge pris à l'intendance de la région. L'ordre fut donné que tous les déportés français se dirigeant sur Linz soient envoyés au camp, et l'on installa plusieurs baraquements en vue de leur arrivée, car nous étions les premiers.

« Le soir, nombreux furent les camarades prisonniers venant aux nouvelles sur notre vie de déporté. Et quelle fraternité !

« Dès le lendemain, le coin des déportés de Gusen s'organisait. Tous les Français trouvés sur les routes étaient dirigés sur ce camp et, comme nous devenions nombreux, je fus désigné à la répartition des vivres pour les camarades déportés. Nous sommes restés là jusqu'au 21 mai, date à laquelle les camions sont venus nous chercher et nous emmener à l'aérodrome de Linz. »

# LOIBL-PASS

Les sommets des Karawanken s'élèvent à plus de deux mille cinq cents mètres. « Ces montagnes, écrit Élisée Reclus, étonnent surtout par la forme pyramidale de leurs cimes et par les teintes roses et violettes de leurs roches, produisant un effet magique aux rayons du soleil. » Deux Kommandos de Mauthausen, l'un sur le versant autrichien, l'autre du côté yougoslave, défrichèrent à mille cinq cents mètres d'altitude l'emplacement de leurs blocks avant de percer le « Tunnel » long de près de deux kilomètres, large de douze mètres, haut de dix, destiné à doubler la route stratégique nº 333 conduisant au col de Loibl et qui, huit mois par an, était rendue impraticable par l'accumulation des neiges.

« Le samedi 5 mai 1945 [1], réveil à l'aube. Travail au tunnel. Retour à midi. Pas de travail après la soupe de midi. À 16 heures, rassemblement, y compris des malades valides. Pas d'alignement. Pas de comptage des hommes. Le commandant du camp, Winkler, se présente devant nous sans son revolver. Il réunit les interprètes et appelle l'attention sur ce qu'il va nous dire : la guerre est terminée. Nous sommes dès maintenant des hommes libres, mais nous devons rester quelques jours au camp, jusqu'à ce qu'une organisation alliée nous prenne en

1. Manuscrit inédit Jean Gesland (notes sur la libération du Loibl-Pass).

charge. Il nous recommande une bonne tenue et une discipline volontaire. Nous pressentions un événement quelconque depuis quelques jours, du fait que nos bourreaux tortionnaires, les chefs de block, avaient abandonné leur tenue Häftling pour l'uniforme des SS et étaient soumis chaque matin à un entraînement intensif de marche et de tir. Aussi avions-nous constitué un comité de gestion du camp. Il comprenait notamment : Pasquier, Loirat, Gaudin, Charlet, Theeten, Yanouch, Balsan, etc. Aussitôt que le commandant eut terminé sa harangue, les membres du comité quittèrent les rangs et se placèrent sur l'estrade, à son côté. Pasquier lui fit traduire l'intention du comité de prendre en main la gestion du camp après s'être fait approuver par l'ensemble des camarades. Pasquier explique en français (que chaque interprète traduit à tour de rôle) les raisons de la constitution de ce comité, ses buts et moyens, et demande la ratification immédiate, aussitôt accordée. Il fait appel à la raison de chacun pour la bonne tenue et la propreté du camp, la discipline librement consentie, et propose quelques minutes de silence en hommage à la mémoire de nos malheureux camarades morts en captivité, et au président Roosevelt pour son action en faveur de la paix. Puis il exige du commandant une substantielle amélioration de la nourriture pour commencer.

« Dimanche 6 mai 1945. Réveil à 8 heures (au lieu de 4 h 30). Liberté totale dans le camp. Aucun incident notable, si ce n'est que, dans la nuit, la garde volontaire a pris des camarades volant des denrées au magasin, qu'elle leur a fait aussitôt restituer au collectif. Pour regrettable que ce soit, ce vol, après l'appel à la discipline, n'est pas surprenant après tant de mois de sous-alimentation. Nous ne travaillons plus évidemment, et ne travaillerons plus. Le tunnel en restera là... Nous avons tout loisir, enfin, de contempler le magnifique panorama dans lequel, depuis si longtemps, nous vivons une existence de souffrances et de tortures, de bêtes affamées. Si tout nous semble encore tellement plus beau maintenant que nous sommes à peu près sûrs de sauver notre vie, nous ne pouvons pas ne pas éprouver une peine profonde pour les pauvres gens qui, depuis plusieurs jours, s'égrènent au fond de la vallée en un interminable exode, au long de la seule route qui conduise au col. Primitivement composé presque exclusivement de militaires en déroute, le long serpent s'augmente progressivement d'éléments civils, Serbes, Allemands, Slovènes armés jusqu'aux dents, bousculant tout sur leur passage, courant, hurlant, marchant à reculons pour tirer sans fin sur un adversaire invisible... Ce sont les groupements réactionnaires et collaborateurs, Oustachis, blanc-gardistes, mikhaélovistes, etc., fuyant en protégeant leur retraite devant les républicains yougoslaves. Au soir, nous nous apercevons que nos tortionnaires, qui depuis hier ne pénètrent plus dans le camp, préparent leur départ, lequel, d'après ce qui se dit, doit avoir lieu dans la nuit. La soupe aux deux repas a été sensiblement améliorée, mais le commandant du camp s'est refusé à donner les rations demandées par le comité, sous prétexte qu'il doit faire face aux provisions de route de ses troupes.

« Je ressens une légère douleur au mollet gauche. Yanouch diagnostique une trombophlébite et m'ordonne le lit dans l'immobilité la plus complète.

« Lundi 7 mai 1945. Réveil à 7 heures. Vers midi, les camarades de Neumarkt remontent, harassés d'avoir eu à faire les douze kilomètres de route avec les interminables convois de l'exode. Les SS et les policiers sont toujours là et toujours prêts à partir. Nos tortionnaires de chefs de block, déguisés en SS, vont et viennent, désœuvrés, heureux de se sentir à l'abri des vengeances de l'autre côté des barbelés. Ils se désennuient en tirant au fusil et au revolver dans la montagne, ajoutant à la tristesse infinie de cet exode interminable qui ne cesse ni la nuit ni le jour. Je retrouve Morin, qui a à peine le temps de me dire bonjour. Le bruit du départ immédiat s'est répandu subitement... Affolement général. On court au paquetage, à la distribution des vivres, on pille le magasin aux chaussures, on déchire les draps pour confectionner des balluchons, on s'énerve. "On va à Klagenfurt, à Udine, à Trieste." Personne ne sait exactement, mais chacun prétend savoir. Le commandant assiste, impassible et impénétrable, à cet affolement qu'il aurait bien vite réprimé, à coups de schlague, en d'autres temps. Enfin les SS se groupent à la porte du camp. Ils sont armés mais, paraît-il, sans cartouches. Les déportés sont groupés par nationalités, et le départ s'effectue au chant des hymnes nationaux. La colonne des bagnards "libérés", précédée et fermée par des groupes de SS, s'insère non sans difficulté dans l'immense et incessant serpent des fuyards. Seul Jean Mesmer vient me dire au revoir en courant. Et les quelques infirmes que nous sommes restent abandonnés à eux-mêmes, avec, hors des barbelés, les quelques SS qui restent, toujours en instance de départ.

« Au Revier, l'équipe Joseph, Roland, Michel est partie sans la moindre hésitation, abandonnant les malades aux soins de Yanouch et de Roger, d'ailleurs volontaires. Nous sommes une vingtaine : Français, Polonais, Allemands et Yougoslaves. Ces derniers, qui ont été placés au camp par les Oustachis, n'ont pu suivre la colonne des valides par crainte d'être tués par ceux-ci au cours de leur retraite devant les républicains. Alors, ils s'habillent en civil et partent, par petits groupes, isolés, en évitant les blanc-gardistes en retraite. Nous sommes donc les maîtres du camp et commençons à nous organiser à l'intérieur du baraquement du Revier. Roland Lecontre, heureusement, est à peu près valide, et comme il est cuisinier de métier, il se charge de la cuisine. Gaudin et moi, immobilisés sur nos paillasses, ne pouvons rien faire.

« Mardi 8 mai 1945 [1]. Pas de réveil officiel naturelle-

1. Ce 8 mai 1945, la colonne des déportés valides du Loibl-Pass sera libérée par les partisans.

« (Le 8 mai), notre lugubre convoi rencontra sur la route un camion de ravitaillement en panne. Malgré nos gardiens, nous nous jetâmes dessus et, en un instant, il fut pillé. Pendant cet incident comique, l'un des SS, désespérant de nous voir obtempérer à ses ordres, tirait des coups de revolver par terre, sans pour cela oser tirer dans notre tas, car nous étions trop nombreux et nous aurions pu nous jeter sur lui. C'est vers ce moment-là que les partisans yougoslaves sortirent d'un bois voisin, vêtus d'uniformes verts hétéroclites, avec l'étoile rouge sur le front. On se serait cru dans une

ment mais chacun se lève de bonne heure. Vers 9 heures, les SS partent enfin, commandant en tête. Nous voici enfin soulagés... même de leur vue. Quatre anciens déportés allemands, affublés malgré eux de l'uniforme SS, ont pris la fuite peu avant le départ de ceux-ci. Aussitôt après la fuite des SS, le pillage commence. Ce sont les fuyards qui profitent des longs arrêts forcés de la colonne pour s'égailler vers le camp. Et tout y passe. Tous nos camarades valides se précipitent sur la cuisine et, en de nombreux voyages, rapportent des quantités considérables de vivres de toutes sortes. Nous avons grandement la subsistance assurée pour longtemps, bien que les innombrables pillards plient sous le poids des charges qu'ils emportent ; et cela durera toute la journée et le lendemain, sans interruption ni de jour ni de nuit. Et le commandant prétendait ne pas pouvoir améliorer la nourriture ces derniers jours !

« La route est jalonnée de voitures de toutes sortes, abandonnées souvent avec leur chargement de caisses de munitions, de fusils brisés, de casques, de mobilier, de literie, d'ustensiles hétéroclites.

« Mercredi 9 mai 1945. Toujours le même spectacle ininterrompu : l'exode et le pillage sans fin. Nous passons une journée tranquille au milieu de ce brouhaha qui monte toujours de la vallée sans que la montagne, dans sa majesté, semble seulement s'en apercevoir. Cependant, nous remarquons l'agressivité des hommes qui montent jusqu'au camp pour piller. Certains entrent au Revier sous un prétexte quelconque : demander à boire ou à manger, quelque chose à emporter, d'autres nous interpellent au travers des barbelés. Ils nous parlent des bandits de partisans qu'il faut exterminer parce qu'ils sont la cause de toutes ces misères, ils ont fait

scène de film soviétique. Les SS furent désarmés et emmenés. Les communistes rejoignirent les rangs de l'armée de Tito. Quant à moi, je pris la tête de la colonne de tous les autres Français, au nombre de soixante environ... Nous marchâmes par la Rosenbach (vallée des roses), vers la gare de Rosenbach. Sur notre route, nous vîmes un nuage de poussière s'avancer vers nous. C'était une colonne de chars de cavalerie, éléments avancés de la 8e armée britannique, qui avait franchi la veille le col de Taruis. » (Témoignage Louis Balsan.)

massacrer beaucoup de Yougoslaves. Ils se tournent vers le sud en braquant leur revolver dans un geste de menace et de vengeance. On les sent pleins de haine et de rage, leurs yeux brûlent de colère. Je vois une femme bottée et nue sous une blouse noire qui s'écarte et ne laisse plus rien deviner à mesure qu'elle saute de rocher en rocher, revolver au poing comme une sauvage. Puis c'est un jeune garçon, de douze ans tout au plus, qui surgit dans le Revier, un revolver dans chaque main, le doigt sur la détente ; ses yeux sont exorbités, hagards, pleins de haine. Il marche sur moi, qui suis couché nu au soleil, et braque son revolver dans ma direction. Je suis seul et je sens un frisson de terreur me parcourir. J'ai le sentiment que je vais être tué par ce gosse au moment où, après tant d'années de misère, de souffrances et de désespoir, je suis sur le point de revoir ceux que j'aime. Heureusement, Yanouch, toujours Yanouch, l'a vu et surgit derrière lui. Il lui enserre les deux bras et l'empêche de tirer. La pensée nous vient de le désarmer et de le corriger comme il le mérite mais nous craignons de provoquer de terribles représailles de ceux de sa bande, surexcités contre nous qui sommes sans défense. Et Yanouch se contente de l'éloigner après lui avoir expliqué ce que nous sommes et ce que nous faisons là. Le crépitement des mitrailleuses, des fusils, des revolvers, le sifflement des fusées, des obus va toujours croissant. La montagne se couvre de fumées, l'odeur de poudre se répand partout. C'est un combat de sauvages contre un ennemi invisible. Partout des incendies s'allument et irradient la montagne, et toujours l'incessant serpent de l'exode qui allonge lentement ses anneaux dans un mouvement saccadé d'arrêts brusques et de départs épuisants. Les véhicules militaires sont de plus en plus nombreux : camions blindés, chars d'assaut, canons antichars. Au Revier, nous ne sommes plus que quelques-uns. La plupart de nos camarades allemands et polonais ont fait leur sac et se sont joints à la colonne d'exode, allant, eux aussi, vers l'inconnu. Nous ne sommes plus que quelques Français et deux Polonais mourants. Yanouch est descendu à Neumarkt dès mardi. Il a pu faire téléphoner à l'hôpital pour demander qu'on vienne nous chercher. Réponse : peu de places et peu de vivres, et surtout pas d'essence. On va tâcher de s'en procurer et, en cas de réussite, venir nous chercher dès que le dégagement de la route permettra d'y circuler. Il rentre le soir, exténué par ces quelque trente kilomètres en montagne et à contre-courant des fuyards. Il était en Häftling et, de ce fait, un officier allemand lui a demandé toutes sortes d'explications ridicules, comme si les Allemands étaient encore les maîtres. Il a essayé en route d'obtenir des voitures de la Croix-Rouge qu'il a rencontrées qu'elles nous prennent au camp, mais sans succès. Il est retourné à Neumarkt aujourd'hui, voyant qu'aucun secours ne nous venait de l'hôpital, malgré la promesse faite ; mais cette fois, il a enfilé de vieilles loques civiles abandonnées pour ne plus se faire interpeller. Il rentre le soir, épuisé. L'hôpital a pu se procurer l'essence nécessaire, mais toute circulation est toujours impossible sur cette seule et unique route de la gorge, toujours encombrée par l'exode interminable et pitoyable. Et les derniers camarades valides des jambes s'en vont à leur tour à l'aventure. Nos vœux les accompagnent.

« Jeudi 10 mai 1945. Nos camarades ne sont pas revenus ; ils ont donc dû réussir à franchir le tunnel. Ils doivent être maintenant avec les Anglais ou les Américains. Peut-être aurons-nous la joie d'apercevoir leurs ambulances dans la soirée ou demain matin... En attendant, toujours ce lamentable défilé, toujours le pillage de nos baraques, toujours ces tirs de fusils, de mitrailleuses, de canons, dans toutes les directions. Nous nous apercevons tout à coup que le block 5 est en flammes. La vallée se couvre d'une épaisse fumée noire qui monte en vrille et ternit le soleil couchant. Dix minutes ont suffi pour anéantir ce lieu de tant et tant de mois de souffrances, que nous avons laissé brûler sans tenter d'en sauver quoi que ce soit. Nous craignons que le tir n'atteigne les autres blocks et surtout celui dans lequel nous nous sommes réfugiés. Nous nous préparons à le fuir à tout moment. Yanouch nous assigne à chacun une tâche et éventre les barbelés les plus proches pour nous livrer passage. Mais la question des deux Polonais mourants le préoccupe : il ne voudrait pas les abandonner, et cependant fuir avec eux est impossible puisque nous sommes tous impotents et ne pouvons déjà pas nous traîner nous-mêmes. Il craint pour moi l'embolie si je fais le moindre effort. Nous nous étendons sur nos paillasses tout habillés et ne pouvons dormir.

« Vendredi 11 mai 1945. Toujours le défilé, toujours la canonnade. Dès le début de l'après-midi le feu dévore le block 1 et nous apercevons un homme qui place au pied de la cuisine une fusée incendiaire. Roger court l'enlever avant qu'elle n'éclate mais il est vu d'un blanc-gardiste qui le menace de son revolver en hurlant que les partisans sont des sauvages qu'il faut exterminer et qu'ils le seront tous sans exception (c'est Yanouch qui nous traduit). Quelques heures après, une nouvelle fusée incendiaire est découverte au même endroit. La volonté des blanc-gardistes d'incendier tout le camp ne peut plus faire de doute et nous risquons d'être grillés dans notre block. Nous n'avons toujours pas résolu la question du départ à cause des deux mourants qui sont parfaitement conscients du danger et qui pleurent, s'énervent, priant qu'on ne les abandonne pas. La nuit tombe et le crépuscule augmente notre angoisse. Le tir nous environne. Un obus vient d'emporter la toiture de l'un des blocks des policiers. À peine sommes-nous de nouveau étendus sur nos paillasses qu'une lueur formidable déchire la nuit. C'est le poste de garde qui flambe avec toutes ses munitions. Les cartouches, grenades, obus éclatent et projettent leur mitraille autour de nous et sur l'inépuisable ruban des fuyards qui se dispersent précipitamment de tous les côtés, courant souvent au-devant de la mort qu'ils voulaient éviter. Ce sont des explosions formidables qui nous couchent à plat ventre. Nous voulons gagner les rochers proches par les ouvertures que Yanouch a pratiquées dans les barbelés, mais il est déjà trop tard pour s'exposer, et les deux Polonais nous surveillent, pleins d'anxiété. Nous sommes à plat ventre sous les lits depuis déjà longtemps sans que les explosions s'apaisent. Des éclats trouent la toiture de notre block, les vitres sont brisées. Une lueur et une explosion formidables encore déchirent la nuit ; le block en a été secoué, les portes et les fenêtres arrachées. Le bruit vient de la route. Je me risque à regarder. C'est un camion de munitions qui explose à son tour. Une immense flamme monte au ciel, les explosions se succèdent en crépitant, là, tout près de nous. La chaleur est suffocante et la mitraille brûlante retombe sur la toiture, traverse les cloisons. Fuir ? Il est trop tard. Les quelques mètres seulement qui nous séparent des rochers sont impossibles à franchir, et puis... il y a toujours les deux Polonais... Je regarde le foyer qui s'apaise. Plus âme qui vive nulle part aux environs. À travers les flammes qui diminuent peu à peu se dessinent dans l'ombre les carcasses des caissons de voitures, les cadavres des chevaux éventrés. Une nouvelle explosion me rejette à plat ventre sous un lit (ce que c'est que l'instinct...) et toujours cette terrible canonnade qui ne s'arrête pas. Rien à faire qu'attendre le jour si la chance veut que nous le revoyions. Les explosions s'espacent, puis se raréfient. Le calme est à peu près rétabli quand le jour se lève.

« Samedi 12 mai 1945. Nous regardons le spectacle inoubliable de ce ravage. Tout est noir, fumant, se consumant lentement, jusqu'à plus de cent mètres du camion qui a explosé. Ce ne sont que débris, carcasses, fers tordus ; personne n'ose approcher, et cependant peu à peu le long serpent interminable de l'exode se reforme, en contournant le foyer dangereux. Les gens passent à proximité de notre block. Ils nous regardent, comme surpris de voir là des vivants après ce carnage. Toute la vallée n'est que fumée. Nous sortons de sous nos lits.

« Depuis un moment, la canonnade a cessé. En profiterons-nous pour fuir dans les rochers avant qu'elle ne reprenne ? Je suis de cet avis avec quelques autres camarades. Yanouch aussi, mais il veut, lui, rester avec les deux mourants qui ont toute leur connaissance, tenant une main à chacun d'eux. Nous tentons de le persuader de se mettre à l'abri avec nous, en faisant ressortir que, puisque de son propre avis de médecin ils n'en ont plus que pour quelques heures tout au plus, il est déraisonnable de sa part de s'exposer inutilement, d'autant plus que, démuni de tout, il ne peut absolument rien faire, même pas soulager leur agonie. Il reste inébranlable, nous expliquant qu'en ce moment il n'est plus le médecin impuissant à les soulager, mais l'homme, le camarade dont la seule présence leur rend l'agonie plus douce. Il leur parle dans leur langue avec tendresse. Il sent que sa présence les réconforte ; la faible pression de leurs mains sur les siennes, c'est comme s'ils tenaient celles des gens qu'ils aiment là-bas, bien loin, dans leur village. Brave Yanouch ! Nous resterons donc tous avec toi. Vers 11 heures, fusillade et canonnade recommencent. Nous apercevons dans la nuit les feux des blanc-gardistes qui tirent de la "décharge". Ils arrosent sans arrêt le débouché de la route et nous sommes en pleine trajectoire. Qu'ils tirent un peu court et tout est pour nous. Rien d'autre à faire que de se remettre à plat ventre et de jeter un coup d'œil de temps en temps. Ils tirent, tirent toujours sans arrêt et sans que l'ennemi toujours invisible leur réponde. Le serpent des fuyards s'est dispersé, la route est redevenue déserte. Il semble qu'ils en profitent pour intensifier le tir. Les coups de feu partent de toutes les directions. Quelques mitrailleuses doivent être à quelques mètres seulement de nous, leur crépitement sec nous déchire les oreilles. Si, par malheur, les partisans se mettaient à leur répondre, nous n'en sortirions certainement pas vivants. Depuis combien de temps, et pour combien de temps sommes-nous encore sous les lits ? Quelle heure peut-il être ? Peut-être 15 heures ? La fusillade ralentit peu à peu ; depuis un moment elle ne donne plus que par saccades ; on dirait quelques fous qui s'amusent à tirer sans raison. Nous nous risquons vers notre observatoire et apercevons les derniers groupes de blanc-gardistes qui quittent la "décharge" en file indienne. Ils se dirigent, fusils et mitraillettes braqués, en se retournant à chaque pas, vers le tunnel. Partout où portent les regards, ce ne sont que foyers d'incendie dans la montagne. Peu à peu le calme revient. Il semble que les royalistes soient définitivement partis. Ils ont voulu couvrir la retraite des leurs jusqu'au dernier convoi et interdire tout passage aux poursuivants par ces feux de barrage. Nous commençons à respirer. Mais n'allons-nous pas être maintenant la cible des partisans ? Ne vont-ils pas tirer à leur tour sur les quelques baraques qui restent, dans la pensée que des royalistes peuvent s'y être cachés ?

« L'un des Polonais, le plus vieux, semble maintenant dans le coma. Yanouch voudrait que nous partions avec l'autre. Il pense que nous rencontrerons en cours de route des partisans qui nous porteront secours. Il nous en coûte de le laisser seul avec le mourant. Yanouch n'a plus aucun doute sur sa fin puisqu'il cherche un morceau de fer quelconque qui pourrait lui servir à creuser la tombe. Dans ces conditions, nous lui suggérons de l'achever. Nous sentons en lui un drame de conscience, non pas qu'il songe une seule minute à adopter notre suggestion, mais il sait que nous ne voulons pas partir sans lui et que ne pas profiter de cet instant d'accalmie inespéré, c'est peut-être, dans quelques instants, nous exposer tous au danger. Il finit par décider que nous devons partir avec le plus jeune des deux Polonais, que nous porterons tant bien que mal sur une paillasse, et qu'il nous rejoindra dans très peu de temps, après qu'il aura enseveli, Dieu sait comment, le mourant. Je découvre une paillasse pour utiliser la toile comme brancard. J'y suis occupé depuis un moment quand Gaudin nous signale une charrette à chevaux qui sort du tunnel et se dirige vers Neumarkt. C'est le salut inattendu. En quelques secondes nous sommes prêts ; nous défonçons les barbelés pour couper au plus court. Yanouch a pris sa décision : il restera avec le mourant et Roger. Nous courons après la charrette et la rejoignons. Elle est conduite par deux jeunes garçons et un vieillard yougoslaves qui ne nous comprennent pas mais nous acceptent sans difficulté. Nous y hissons le jeune Polonais, sur le visage duquel l'espoir est revenu. Nous donnons quelques vivres aux conducteurs et nous nous mettons en route accompagnés de quelques balles de mitrailleuse qu'un fou attardé s'amuse à tirer sur nous ; mais le détour de la route nous met bientôt hors de sa portée. Nous nous sentons pénétrés d'un profond soulagement. Mais je ne puis m'empêcher de penser à Yanouch qui, lui, court toujours le même danger. Je suis maintenant sauvé et il pourrait l'être comme moi, sans son infini dévouement. La charrette descend lentement, les roues arrière bloquées par de gros rondins. Nous sommes ballottés d'un côté puis de l'autre de la route, au gré des obstacles de toutes sortes qui la jonchent. Le temps est beau, tout est maintenant calme, frais, reposant. Je me demande ce qui se passe dans la maison lointaine vers laquelle m'achemine lentement cet attelage délabré. Combien d'étapes encore et d'obstacles à franchir et de longues journées à errer avant de revoir enfin la France ? On tire devant nous des fusées éclairantes, leur clarté déchire la nuit. Bientôt une voix gutturale, que je ne comprends pas, nous ordonne impérativement d'arrêter. Trois silhouettes d'hommes s'approchent de nous, revolvers braqués. Ce sont les premiers partisans que nous rencontrons. Ils interrogent nos conducteurs, mais ceux-ci ne les comprennent pas plus que nous et les explications en petit-nègre sont laborieuses. Ils nous laissent enfin continuer notre route. Un peu plus loin, ce sont des hommes qui surgissent tout à coup sur notre côté ; c'est un poste de partisans ; il est si bien dissimulé dans les rochers qu'il est impossible de le découvrir : même interrogatoire, mêmes difficultés que tout à l'heure avec nos conducteurs. Plus loin encore, nouvel arrêt, cette fois à l'orée de Sainte-Anna, dont nous apercevons les toits en silhouette sur le ciel. Mais cette fois on nous oblige à descendre de voiture et l'on nous guide à l'intérieur d'une maison occupée par les partisans.

« Des hommes et des femmes armés, l'air résolu, les uns en civil, les autres vêtus de pièces d'uniformes disparates ; des officiers sans galons dont l'autorité se devine dans leur comportement et sur leur visage énergique. On s'étonne de notre cortège, on nous questionne : qui sommes-nous, amis ou ennemis ? Que faisons-nous sur cette route en pleine nuit et en tel équipage ? D'où venons-nous ? Où allons-nous ? Quelques-uns parlent le polonais que deux des nôtres comprennent à peu près. Arrive enfin un homme jeune, à la figure intelligente, qui s'adresse à nous en plusieurs langues, dont quelques mots de français.

« J'essaie avec beaucoup de peine de lui faire comprendre que nous sommes des prisonniers politiques libérés, abandonnés parce que nous étions malades, que nous cherchons à rejoindre Trzic pour nous y faire hospitaliser. Il me fait comprendre que nous repartirons dans quelques instants et nous fait donner du café chaud. Je regarde les allées et venues de ces hommes et femmes qui viennent de livrer un dur combat victorieux et poursuivent prudemment l'ennemi dont ils veulent débarrasser leur patrie... C'est le premier contingent que je vois d'une armée du peuple ; ma surprise est si grande que j'ai peine à croire ce que je vois. Je me sens plein d'admiration pour ces combattants de la liberté. Nous reprenons notre route et avançons difficilement au milieu des débris de toutes sortes qui témoignent de l'acharnement féroce avec lequel les adversaires se sont combattus. Cadavres d'hommes et de femmes, de chevaux, voitures renversées, éventrées, munitions, armes, canons, camions rongés par l'incendie, paperasses, vivres, linge, chaussures, cigarettes répandus comme si on les avait semés, bicyclettes, machines à écrire... bétail et chevaux vivants par miracle, errant de tous côtés. Quel carnage ! Il nous faut à tout moment dégager le passage de la charrette. Nous sommes certainement les premiers, sur cette unique route de la vallée, à circuler après le combat.

« Les cahots répétés ne font pas l'affaire de notre petit Polonais, qui crache le sang. Il a froid malgré la douceur de cette belle nuit. Entre deux crachements il demande Yanouch et je lui fais croire que notre ami sera là demain ; son visage s'éclaire. Et tout au long du chemin, ce sera la même chose ; son espoir, sa seule pensée, sa dernière joie : revoir Yanouch. Nous atteignons les premières maisons de Trzic ; elles sont en flammes. On nous enjoint de finir la nuit dans un poste de partisans.

« Dimanche 13 mai 1945. Nous nous dégourdissons les jambes devant la maison et cherchons une fontaine pour faire un brin de toilette ; chacun s'ébroue d'un petit filet d'eau fraîche. Je me sens envahi à la fois d'une grande joie de retrouver la nature et la liberté et d'une grande peine que je ne m'explique pas. Je voudrais converser, parler, demander, questionner, mais comment faire entre gens qui ne se comprennent pas ? J'entre de nouveau dans le poste pour voir où en est notre petit Polonais. Il suffoque sur sa paillasse. Avec un camarade, nous le sortons pour l'étendre au bord de la route ; sa figure se ranime et il réclame toujours Yanouch. Quelques femmes, matinales, s'approchent. Elles s'étonnent de notre présence, voient le Polonais et aussitôt disparaissent pour revenir, bien vite, les mains pleines de ce qu'elles ont pu trouver chez elles : pain, gâteaux, lait, qu'elles nous distribuent de tout leur cœur. Elles forment un petit groupe autour du Polonais, qu'elles essaient de faire manger et boire. Il tend les mains, le regard avide, mais ne peut absorber qu'un peu de lait.

« Le jour est maintenant tout à fait levé et voilà que j'aperçois Yanouch, qui descend à pied de la montagne. Il paraît bien fatigué ; nous nous précipitons vers lui et l'assaillons de questions. Le plus âgé des Polonais est mort peu après notre départ. Il l'a enseveli de son mieux, presque à fleur de terre. Il est fourbu mais son premier soin est de s'informer du jeune Polonais. Dès que celui-ci l'aperçoit, la vie revient sur son visage. Il est cependant mal en point, il a été trop gourmand des douceurs que les femmes lui ont données. Yanouch exige que les gens s'écartent du malade et le laissent reposer. Mais le bruit de la présence de notre groupe s'est répandu dans le village en fête qui, malgré l'heure matinale, danse dans les rues au son des accordéons et des orchestres improvisés. Tout le monde est à la joie, et c'est en chantant et dansant que des groupes compacts sont montés du centre du village jusqu'au poste de garde et nous entraînent. Le brancard du petit Polonais est aussitôt saisi par des volontaires et nous nous trouvons entourés par tous, qui nous font un cortège et nous mènent en musique vers le centre. C'est une joie exubérante qui nous étourdit quelque peu.

« Nous arrivons bientôt devant un immeuble qui semble être un hôtel dont les blanc-gardistes avaient fait leur poste de commandement. Les porteurs y pénètrent avec le brancard, et nous à la suite. Nous sommes dans une salle de café ; banquettes de moleskine rouge, tables de brasserie. On nous fait asseoir dans un brouhaha indescriptible auquel nous ne comprenons rien ; on nous donne des paquets de cigarettes, on apporte des verres, des carafes d'eau, des couteaux, des fourchettes, toutes choses que nous ne connaissons plus depuis des années. Les plus proches de nos suiveurs nous mettent eux-mêmes les cigarettes dans la bouche, nous donnent du feu, nous versent de l'eau et nous font boire. Je suis ravi et touché de tant d'empressement, mais fumer et boire de l'eau fraîche à cette heure matinale et à jeun... Je préférerais manger quelque chose. Mais voici du pain, et du pain blanc ! Des années que nous n'en avons pas eu ! Les choses surgissent on ne sait d'où : des assiettes (quel luxe !) avec de gros biftecks et des pommes frites, et l'on nous fait comprendre, par gestes, qu'il faut manger, que nous en aurons d'autres, autant que nous voudrons. Nous sommes saisis de joie et d'attendrissement devant tant de gentillesse spontanée de la part de gens qui, eux-mêmes, ont tant souffert et sont visiblement heureux de nous donner ce qu'ils ont pu cacher et soustraire à leurs bourreaux. Nous mangeons de bon appétit ; je suis même obligé de ralentir la cadence car à peine une assiette est-elle vide qu'une autre surgit.

« Parmi nous se sont assis des paysans, des paysannes, des enfants. Ils nous regardent manger, nous versent à boire, nous touchent aux bras, aux épaules. Leurs mains, leurs yeux nous disent ce que nos langages ne savent exprimer, et nous les comprenons si bien ! Mais j'entends du français dans tout ce bruit. Je m'informe. C'est un homme qui vient d'arriver : yeux bleus, figure énergique, visage rayonnant, il est déjà accaparé par tous quand, dans la bousculade, je parviens près de lui. Il nous dit qu'il revient d'accompagner Yanouch, le petit Polonais et nos plus impotents à l'hôpital, et que Yanouch nous rejoindra bientôt. Il y a à peine deux heures que nous l'avons retrouvé et le voilà déjà reparti avec ses malades, sans même avoir pris le temps de se restaurer. C'est que, pour lui, chaque minute compte dans son désir, dans son besoin de sauver une vie, de soulager une souffrance, et puisque, à quelques kilomètres, il y a un hôpital, c'est immédiatement, sans perdre une minute, qu'il recrute des porteurs bénévoles pour y conduire ses malades. Je ne peux m'empêcher, dans cette joie délirante de tous ces gens qui m'entourent, de songer à ce jeune médecin tchèque qui aurait pu, comme son confrère le Polonais J., comme son aide-infirmier français R., quitter le camp avec la colonne des valides. Sans doute serait-il aujourd'hui à Prague, dans sa famille, entouré de sa femme, de sa mère, de ses enfants qu'il a tellement hâte de revoir.

« Yanouch est de retour parmi nous. Tranquillisé, il consent enfin à manger un peu, et c'est de bon appétit qu'il fait honneur au steak pommes frites. Mais chacun voudrait qu'il traduise ce que tous ces braves gens nous expriment. C'est impossible. Nous nous attardons à fumer des cigarettes dans ce brouhaha joyeux. Nous entendons du dehors la musique et les chants des danseurs. Il fait beau. Quelqu'un s'est emparé de la chaise de l'un de nous et l'a placée devant la maison, au soleil, sur le trottoir qui borde la chaussée. Aussitôt tout le monde en fait autant et nous nous trouvons alignés contre le mur, assis face au soleil qui nous réchauffe, à contempler cette joie exubérante de toute la population d'un village libéré, envahissant la chaussée où toute circulation est impossible. Les Yougoslaves sont de fameux danseurs. Tout le monde danse, jeunes ou vieux, les musiciens comme les autres, jouant qui du violon, qui de l'accordéon ou de quelque autre instrument, tout en dansant. Rien n'est organisé, c'est du spontané. On dirait que rien ne compte plus que les chants et les danses au gré de chacun tant la joie est grande. Les femmes, les hommes, les enfants, tout le monde veut nous faire danser. Je regrette de ne pas savoir. Pour la première fois, j'entends le *Chant des Partisans* dont je ne peux comprendre les paroles, mais dont la musique me saisit d'un sentiment que je ne m'explique pas ; c'est une sorte de fierté, d'orgueil, tellement elle traduit bien cette impression que nous avions dans nos malheurs de dominer nos tortionnaires du moment.

« Et les danses et les chants continuent et se poursuivront jour et nuit pendant plusieurs jours. Beaucoup de couples qui passent près de nous se séparent, nous adressent des compliments, des encouragements que nous ne comprenons pas mais qui nous font du bien. Je vois quelques camarades, parmi ceux d'entre nous qui dansent, qui s'en vont tirés par le bras de leurs partenaires ; quelques moments d'absence et ils réapparaissent méconnaissables, complètement transformés : gauches et empruntés dans leurs habits civils. C'est encore ce jeune ingénieur [1] qui a pris l'initiative de nous faire donner des habits.

« Yanouch, que j'ai perdu dans la foule des danseurs, vient vers moi, tout riant et reluisant, rasé de frais et vêtu d'un costume sport avec knickerbockers, bien chaussé, cravaté, métamorphosé. Je ne l'avais jamais vu autrement qu'en bagnard. Il me présente à deux fortes femmes qui semblent être allemandes et sœurs, et m'explique qu'elles demandent que je les suive. Ce que je fais avec empressement. Elles me tiennent chacune par une main pour ne pas me perdre dans la foule des danseurs. Les gens que nous croisons s'en amusent : on dirait qu'elles viennent de m'arrêter. Après une assez longue marche au cours de laquelle elles n'ont pas cessé de me parler en allemand sans que je les comprenne, elles m'introduisent dans une coquette petite maison où, avec force gestes, elles me font comprendre que je dois les

1. C'est Janko Tisler qui a organisé la réception des déportés libérés.

attendre dans l'entrée. Depuis si longtemps que je n'ai vu autre chose que des cellules de prison ou des baraquements de bagnards, j'examine tout avec curiosité et m'émerveille de la propreté.

« Elles réapparaissent bientôt, les bras chargés de linge et de vêtements, et m'entraînent à proximité dans une petite maison où il faut descendre des marches. Là se trouvent d'autres personnes occupées à quelques travaux de ménage, qui abandonnent aussitôt ce qu'elles font pour se précipiter vers moi, bras ouverts, mains tendues, avec force éclats de rire et de voix que je comprends être des souhaits de bienvenue. Mes deux Allemandes donnent leurs paquets à une jeune fille qui m'entraîne dans une arrière-salle où elle me montre une grande bassine pleine d'eau claire, des brocs pleins, du savon, une brosse à ongles, une brosse à dents toute neuve, gants de toilette et serviettes. Elle désigne une fenêtre au pied de laquelle passe une rivière à fort courant et me fait comprendre par gestes que je peux me déshabiller tout entier, jeter mes hardes dans la rivière et revêtir tout ce que les Allemandes ont apporté. Elle se retire dans la première pièce et referme la porte pour que je fasse tranquillement ma toilette.

« J'ai l'impression de vivre un rêve depuis ce matin : manger à sa faim, se laver, se vêtir, tant de choses simples et ordinaires de la vie de chaque jour que nous avions oubliées depuis des années... à tel point que je me sens tout gauche et ne sais par où commencer. J'examine les paquets posés près de moi : des chaussures, des chaussettes, un caleçon, une chemise neuve et épaisse, une cravate neuve, une casquette, neuve également, et un costume sport gris en parfait état. Ces femmes ont visiblement donné ce qu'elles ont trouvé de meilleur et je suis touché de tant de sollicitude. Je me déshabille, jette mes hardes dans la rivière, je les regarde sans regret s'en aller, emportées par le courant, et je procède à une toilette consciencieuse. Je m'habille et ne me reconnais pas moi-même. Ainsi nanti, je reviens dans la première pièce où attendent les personnes de la maison. C'est un éclat de rire général : les femmes tournent autour de moi, me palpent aux épaules, me font tendre les bras ; le costume est évidemment un peu grand et je comprends à leur mimique qu'elles vont m'en procurer un autre ; elles me font signe de m'asseoir pendant que deux femmes sortent en courant puis reviennent, en effet, avec un autre costume qu'elles placent devant moi. Je rentre me changer dans mon cabinet de toilette et reviens aussitôt, à la satisfaction générale.

« Et la fête continue. On crie, on chante, on danse, les camarades s'égaillent dans le village. Chacun a son logement assuré tant les gens ont mis d'empressement à nous accaparer. Je suis logé avec Yanouch dans une jolie petite chambre à deux lits, dans la maison des deux Allemandes. Yanouch m'explique que ce sont deux sœurs dont les maris, antinazis, ont été déportés et dont elles sont sans nouvelles. Nous devions prendre nos repas chez elles mais les voisins se sont insurgés ; dès lors qu'elles ont le privilège de nous loger, d'autres doivent avoir celui de nous nourrir. Nous déjeunerons chez celui-ci et dînerons chez cet autre ; le petit déjeuner encore ailleurs pour que tout le monde en ait. Le soir même, nous dînons chez le médecin du village, qui, ayant appris la présence d'un confrère déporté libéré, veut l'accaparer ; mais les dispositions sont prises, nous ne pouvons revenir sur nos différentes invitations.

« Durant les quelques jours nécessaires à l'aboutissement des démarches pour notre évacuation, nous vivons dans une véritable euphorie. Pour le déjeuner, c'est une boulangerie où l'on me sert force gâteaux. La boutique borde la route et l'arrière de la maison donne sur un très grand jardin, traversé par la rivière. La patronne a installé une chaise longue sous les ombrages auprès de laquelle elle a placé quelques livres français. Elle me fait comprendre que je dois me reposer là et, chaque jour, vers 5 heures, elle m'apporte, toute souriante, un plateau avec le thé, le lait et les brioches. Partout où nous allons nous sommes l'objet de ces délicates attentions. Quel dommage de ne pouvoir s'exprimer ! Ainsi, chacun de nous, où qu'il soit, est traité comme un pacha jusqu'au dimanche, jour où Yanouch nous informe enfin que le lendemain matin, lundi 21 mai, un car nous emmènera à Klagenfurt, où nous trouverons les autorités anglaises qui se chargeront de notre rapatriement. »

# MELK

Un monde différent. Melk est différent.

Et non seulement différent des autres Kommandos du « Neuvième Cercle » de Mauthausen, mais encore de l'ensemble des camps de concentration parce qu'il est le seul cas d'une métropole concentrationnaire dont la hiérarchie prisonnière – postes clés administratifs ou de « sous-surveillance », et pourquoi pas également « planqués » – est presque exclusivement française. Cette « réalisation » est peut-être la plus belle victoire remportée par les comités nationaux et internationaux clandestins de Mauthausen, qui ont décidé, puisque les premiers groupes d'affectés au nouveau Kommando étaient français, qu'il était normal qu'ils soient dirigés et donc protégés par d'autres Français. Et les « secrétaires » de Mauthausen n'ont pas oublié les consignes en rédigeant les listes de déportés.

« Le [1] Kommando de Melk tient une place particulière dans l'histoire de Mauthausen. Les conditions générales de vie, ou plus précisément de survie, étaient les mêmes que dans les autres Kommandos, travaux exténuants, manque de nourriture, brutalité des SS, manque de som-

1. Manuscrit inédit Raymond Hallery.

meil, de soins, etc. Pourtant, les conditions d'existence des Français qui y séjournèrent furent telles que le pourcentage des morts est relativement plus faible qu'ailleurs.

« Deux facteurs essentiels en sont la cause.

« D'abord, ce Kommando fut créé fin avril 1944 – le premier convoi qui commença par construire le camp autour des casernes SS existantes était de cinq cents déportés, presque tous français, à l'exception de quelques dizaines d'Espagnols et d'Allemands, ces derniers destinés à constituer l'encadrement mais comprenant un certain nombre de "politiques". La composition de ce convoi avait été déterminée par l'organisation clandestine du camp central. De ce fait, de nombreux Français purent accéder à des postes dans l'administration du camp et dans les services généraux. C'est ainsi qu'André Ulmann, dit Antonin Pichon, fut Lagerschreiber pendant toute la durée du camp ; d'autres furent chefs de block, Kapos. À l'infirmerie, aux cuisines, à la désinfection, dans les services d'entretien, les Français étaient nombreux. Cette situation était favorable pour tous ceux qui occupaient de tels postes, mais également pour l'ensemble des Français. Le rôle d'André Ulmann fut déterminant. Lui et son adjoint André Fougerousse ne reculèrent jamais devant leurs responsabilités pour sauver le maximum de déportés en général, mais surtout les Français, les Espagnols, les Belges. Ils le firent avec intelligence, sans pour autant échapper aux coups des SS, mais abréger un appel, empêcher des réveils pour "contrôle des poux", affecter à tel ou tel poste ou Kommando moins dur, c'était sauver des camarades.

« Ensuite, les Français arrivés les premiers à Melk n'étaient pas des isolés. Parmi eux, on trouvait des résistants arrêtés depuis longtemps et ayant séjourné, ensemble, dans divers prisons et camps de France occupée. C'était le cas d'environ soixante-quinze militants communistes passés par la "prison universelle" de Blois, avec parmi eux Auguste Havez qui, en liaison avec André Ulmann, joua un rôle décisif dans la sauvegarde des vies françaises. Disposant d'une organisation clandestine efficace, les déportés communistes ne se bornèrent pas à organiser la solidarité entre eux, mais ils l'élargirent à tous les ressortissants français. Ils contribuèrent d'une façon décisive à créer un organisme clandestin.

« Par ailleurs, en dehors des communistes, d'autres groupes existaient ; certes, ils n'avaient pas l'organisation des premiers, mais formaient des ensembles homogènes. C'est ainsi qu'il y avait quelques dizaines de résistants catholiques rassemblés autour de l'abbé Jean Varnoux. On comptait également un groupe d'une dizaine d'officiers résistants et aussi un groupe de résistants de la région de Grenoble, Annecy, Lyon, passé par le fort de Montluc, où il s'était soudé. Enfin, il faut ajouter que nous avions passé ensemble plusieurs semaines au camp de Compiègne, ce qui nous avait donné le temps de nous connaître.

« Les camarades "isolés" se trouvèrent pris en charge par l'un ou l'autre groupe. La solidarité prit très vite un caractère général sans se limiter aux groupes organisés. C'est ainsi que les communistes, contrairement à l'idée que certains ont tenté de répandre, n'aidèrent pas que les leurs, mais tous ceux qu'ils pouvaient. Le fait de recevoir une cuillerée de sucre en poudre ou de confiture, vingt-cinq grammes de margarine ou deux pommes de terre avait son importance, mais comptait peut-être moins que l'idée que l'on n'était pas tout à fait abandonné. Il est peut-être utile de citer deux exemples personnels.

« J'ai été affecté à un Kommando, à Amstetten, d'une quarantaine de déportés, tous Français, avec un Kapo français, où nous bénéficiions d'avantages multiples : pas d'appels, voyage d'une heure matin et soir en wagons voyageurs assis, travail relativement peu pénible et une ration supplémentaire à midi donnée par l'entreprise, consistant en général en une dizaine de pommes de terre. Sur ma proposition, chacun prélevait deux ou trois pommes de terre, distribuées le soir à des Français séjournant à l'infirmerie. En soi, cela peut paraître normal, mais il faut réaliser ce que cela exigeait comme volonté. Sentir des pommes de terre dans sa poche quand la faim tiraille l'estomac ! Et pourtant, pendant des mois, quelques dizaines de camarades, communistes ou non, eurent cette volonté.

« Dans ce Kommando, j'eus un accident de travail qui m'obligea à entrer à l'infirmerie, début août 1944, pour l'amputation d'un doigt – amputation réalisée à l'aide d'outils forgés dans le camp – qui n'entraîna aucune complication. Elle me donna l'occasion de voir comment les malades mouraient de dysenterie par dizaines, chaque semaine, car aucun médicament ne leur était donné. En recherchant avec les médecins français, que dirigeait Guy Lemordant, le moyen de les sauver, on trouva qu'une amélioration pouvait être obtenue, si au lieu de distribuer à chacun sa ration de pain, on faisait griller ce pain. Après vingt-quatre heures de réflexion, je décidai de me transformer en grilleur de pain. En accord avec les camarades infirmiers et médecins, on ne distribua pas les rations du matin aux quelque cinquante dysentériques (ils furent jusqu'à cent cinquante, six mois plus tard). Je m'en allais, après avoir coupé les rations en tranches, griller ce pain aux cuisines du camp. Si étrange que cela puisse paraître, à partir de ce jour-là (vers le 15 août 1944), je vécus clandestinement dans le camp, en ce sens qu'avec la complicité des médecins je ne figurais ni sur la liste des malades ni sur celle du personnel de l'infirmerie, et que je n'étais affecté à aucun Kommando. Le SS de l'infirmerie ignorait mon existence, ainsi que la distribution des rations de pain grillé aux malades [1].

« Le SS des cuisines ne me demanda jamais rien. Il trouva même que ce n'était pas bien de griller le pain sur la fonte des fourneaux, me fit faire une grille spéciale et m'attribua un fourneau.

1. « Lorsque je fus appelé à témoigner au procès de ce SS nommé Musikan, en même temps que des infirmiers et médecins du camp, Musikan déclara ne pas me reconnaître et tenta de récuser mon témoignage. J'expliquai alors en détail, et à son grand étonnement, comment j'ai vécu huit mois à l'infirmerie sans jamais me trouver face à lui. »

« La caisse servant à transporter le pain constituait un moyen idéal pour sortir clandestinement de la nourriture. Cette possibilité fut mise très vite à profit. Henri Macau, chef cuisinier, dérobait dans la réserve des SS, à laquelle il avait accès pratiquement chaque jour, de un à cinq kilos de margarine que je sortais.

« En huit mois, c'est sans doute près d'une tonne de margarine et de sucre qui fut soustraite aux SS et distribuée. Peu avant l'évacuation du camp, on me prit. Après que le SS des cuisines m'eut promis de me faire pendre, la sanction fut ramenée à vingt-cinq coups de schlague qu'il m'appliqua lui-même.

« Le collectif français était uni, il formait une véritable famille, à chacun l'adversité semblait moins dure à surmonter, d'autant que, pour l'immense majorité, nous étions des résistants conscients. Le mineur du Nord, le prêtre, l'officier, le métallo, le professeur ou le commissaire de police discutaient ensemble, luttaient ensemble. Une véritable fraternité régnait. Elle a été maintenue au sein de l'amicale parce qu'elle était authentique. Au-delà des divergences de croyance, des conceptions politiques diverses, des liens se sont créés parce que la devise "tous pour un, un pour tous" prenait tout son sens. Une anecdote donnera un aperçu de la confiance qui régna. L'abbé Varnoux, qui avait réussi à se procurer du vin de messe, disait la messe le dimanche matin [1], pour quelques fidèles sûrs, dans une "chambrée" à la porte de laquelle les communistes montaient la garde en cas de ronde de SS, et après, assis sur les mêmes châlits, se réunissaient les membres du triangle de direction de l'organisation communiste, et alors l'abbé Varnoux faisait le guet. Considérant que le moral jouait un rôle décisif et connaissant les effets néfastes qu'avaient les informations fantaisistes, nous avions créé une sorte de journal parlé qui se diffusait de bouche à oreille, chaque soir, en partant d'informations contrôlées par recoupements. Très rapidement, ces informations "officielles",

1. La vie religieuse de Melk et des autres camps de concentration est présentée dans *Les Sorciers du ciel* (*Déportation I*, France-Empire).

qui partaient de chez André Ulmann et Auguste Havez touchaient tous les Français par le système des groupes de trois en vigueur dans la Résistance. Il est évident que tout cela était moins simple dans la pratique car il fallait prendre des précautions contre une dénonciation toujours possible.

« Au début, il fut assez difficile de faire admettre ces informations contrôlées. Nombreux étaient ceux qui, affaiblis, préféraient "rêver" sur l'avance des troupes soviétiques à l'est et des troupes alliées à l'ouest. Et puis l'évidence s'imposa et les "nouvelles" étaient attendues et reçues avec confiance.

« L'organisation de la résistance était très poussée à Melk. Membre de la direction clandestine de l'organisation du Parti communiste, j'ai eu à connaître d'autres organisations existantes : celle du "Front national", qui regroupait des catholiques et des officiers français, des sans parti, au côté des communistes ; l'organisation internationale, émanation des organisations des différentes nationalités (soviétique, polonaise, espagnole, allemande et autrichienne, française) ; l'organisation militaire. La France y était représentée par le colonel Ané (à l'époque capitaine). Par l'intermédiaire d'André Ulmann, le contact existait avec le comité international de Mauthausen.

« Il est évident que nombreux étaient ceux qui se doutaient bien de l'existence d'une organisation, mais certains ont vécu là-bas pendant treize mois sans s'en rendre compte. »

« Vers avril 1945 [1], l'aviation alliée pilonnait sans cesse villes, voies de communication, lâchant des bombes un peu partout, en raids de terreur pour finir de démoraliser les populations. Un village, une ferme isolée devenaient des objectifs. Un Kommando spécial avait été constitué pour aller déblayer les ruines, rétablir si possible un embryon de circulation.

1. Manuscrit inédit lieutenant-colonel Robert Monin.

« La gare d'Amstetten, gare de triage à une vingtaine de kilomètres de Melk, en direction de Linz, fut écrasée sous un terrible bombardement. Du camp, l'on voyait les avions passant et repassant, piquant, et les chapelets de bombes s'abattant. On aurait dit des colonnes reliant les avions au sol. Tout vibrait et tremblait autour de nous. Les camarades travaillant dans une scierie à Amstetten, et ceux envoyés pour le déblaiement nous racontèrent le spectacle affreux qu'ils avaient découvert. Des wagons éventrés, empilés les uns sur les autres sur plusieurs hauteurs, des trous énormes, les bâtiments rasés, mais le plus horrible : dans la cour de la gare un énorme abri enterré dans lequel s'étaient empilés de nombreux voyageurs surpris par l'alerte. Le secteur avait été arrosé de bombes incendiaires au phosphore, dont plusieurs explosèrent sur l'abri. La chaleur développée par le phosphore atteignant plus de mille degrés, ils avaient été étouffés et cuits dans cette gigantesque marmite. Malgré la haine qui nous animait tous envers nos bourreaux, les camarades, même les plus endurcis, sont revenus très émus et pleins de pitié. Mais ils n'avaient pas pour autant omis de remplir leurs camions de sacs de haricots destinés au front de l'Est, trouvés dans les wagons éventrés. Ces haricots firent une soupe encore meilleure que la soupe aux carottes et aux pois du Gros, mais comme ils voyageaient certainement depuis longtemps, et qu'ils avaient souffert de l'humidité, ils étaient germés et la soupe déclencha chez ceux qui en mangèrent (c'est-à-dire tous) une crise d'entérite et de diarrhée. Sans gravité, heureusement.

« Une autre fois, le Kommando revint de déblayer une importante exploitation agricole, complètement détruite. En arrivant, ils déchargèrent aux cuisines des quartiers sanguinolents de viande dans lesquels on reconnaissait facilement des morceaux de vache, de mouton, de chèvre ou de chien, mais aussi des morceaux qui ont été baptisés porc, mais j'ai bien l'impression, sinon la certitude, que c'étaient sans doute quelques morceaux de porc mais aussi de fermier, de fermière et de personnel de la ferme. Heureux de cette manne, les camarades avaient tout ramassé avec soin, ne laissant rien. Ce fut, en définitive, un excellent bouillon gras, très apprécié, mais que personnellement je n'ai pas eu le courage de goûter. Je n'ai fait part de mes soupçons à quelques camarades que longtemps après, ne voulant pas, par cette révélation, gâter leur digestion ni le plaisir évident qu'ils avaient eu à déguster ce bouillon avec les morceaux de viande qu'il contenait.

« En principe, nous ne sortions jamais, vivant entre les lieux de notre travail et notre block attenant. Nos appels n'avaient lieu qu'une seule fois par jour, le soir, dans les cuisines et ils étaient passés par Willy. Ils duraient au maximum dix minutes, car il fallait nous remettre au travail. La soupe devait être prête à l'heure. Malgré ces avantages, notre emploi était exténuant et nous ne pouvions pas nous permettre la moindre flânerie car nos camarades n'auraient pas eu, cuit et chaud à point, l'ersatz de soupe que nous fabriquions et qu'ils attendaient évidemment. Nous étions pris environ quinze à seize heures par jour. La nuit, le café ; le jour : deux soupes, celle de midi et celle du soir. À peine une préparation terminée, il fallait aussitôt se mettre à la suivante. Un seul d'entre nous, à tour de rôle, s'occupait du café, distribué vers 4 heures du matin. Il en avait pour toute la nuit et, immédiatement après, il se mettait à préparer les feux pour la soupe de midi. C'est-à-dire que, pendant vingt-quatre heures, il n'était pas question pour lui du moindre repos. Entre les fournées, il fallait éteindre et vider les feux pour permettre le nettoyage des autoclaves ; ce qui ne pouvait se faire que s'ils étaient froids.

« Il fallait donc rallumer les feux trois fois par vingt-quatre heures et nous n'avions ni bois ni papier. On resquillait tout ce que l'on trouvait. Pour le papier, on éventrait des sacs de ciment dont on répandait le contenu par terre. Pour le bois, c'étaient des manches d'outils, des bois de coffrage ; à défaut, des brouettes étaient démolies et coupées en menu bois, mais pour faire nos bûchettes, nous ne disposions pas de hache !

On allumait d'abord un seul feu, puis, celui-ci bien parti, on prélevait quelques charbons enflammés qui permettaient de démarrer le foyer suivant ; et ainsi de suite pour une trentaine de marmites. Il fallait sans cesse courir de la soute à charbon aux feux pour alimenter ceux-ci en combustible et nous ne disposions que d'un seau pour cela. Le charbon était d'une qualité infecte (quand ce n'était pas de la mauvaise tourbe). Les foyers se remplissaient de blocs de scories énormes qu'il fallait sans arrêt casser et extraire, et, par-dessus le marché, une suie grasse et collante colmatait les cheminées qui ne tiraient pas. Enfin, c'était un travail pénible qu'il fallait toujours faire en courant. Quant aux avantages alimentaires, je certifie sur l'honneur que nous ne bénéficiions pas de quantités, ni de qualités supérieures à celles qu'avaient nos camarades du dehors. À la libération, je ne pesais plus que trente-neuf kilos, pour un mètre soixante-douze. J'avais perdu pendant mon séjour là-bas dans les quarante kilos. Les camarades étaient dans mon cas.

« Un jour (tant d'années après, mes amis en rient encore), arrive un civil allemand qui fait décharger, avec des précautions infinies, un gros autoclave d'un modèle jamais vu, destiné, paraît-il, aux troupes du front. Matériel étudié et très perfectionné, permettant de chauffer très vite, avec le minimum de combustible. Le civil était l'inventeur et il venait mettre au point l'appareil dans nos cuisines. Un enquiquineur de première grandeur, râlant sans cesse, jamais content. Je ne vois d'ailleurs pas du tout comment, sur le front, dans des conditions précaires, les utilisateurs futurs auraient pu réussir à installer, avec tant de soins, de fils à plomb, etc., cet instrument dont le volume et le poids étaient excessifs. Mais le génie allemand n'en était pas à cela près ! Enfin, l'autoclave est en place et, sous la haute surveillance du gars, on remplit d'eau la chemise entourant la marmite et la marmite elle-même. On allume. Sans être vu, je glisse un petit morceau de bois, à peine plus gros qu'une allumette, mais suffisant pour bloquer la soupape de sûreté. La pression monte tellement, et tellement vite, que le tout explose dans un nuage de vapeur. Le fond de l'autoclave, arrachant au passage le couvercle, vole en l'air avec une telle force qu'il fend, sous la violence du choc, le plafond en ciment armé servant de piste de roulement aux véhicules du premier étage du garage. Après cet incident, l'inventeur disparut. Le matériel est resté sur place, déchiqueté, jusqu'à la fin de Melk. Les soldats du front n'ont pas eu d'autoclave amélioré.

« Nous savions, par notre poste radio donnant les nouvelles de la BBC, que le front russe des Balkans, après avoir été longtemps calme au profit des autres fronts, où d'importantes offensives se développaient, venait enfin de s'animer. Vers la mi-février 1945, on apprit la chute de Budapest, puis l'avance russe qui, en mars, bordait le lac Balaton et atteignait la frontière autrichienne. Enfin, ce fut l'offensive en direction de l'ouest, le long du Danube. Le 10 avril, la chute de Vienne et la poussée en direction de Melk et Linz. Depuis le début avril, il y avait de l'agitation et de l'énervement chez les SS. Une fourmilière dans laquelle on aurait donné un coup de pied. Les soldats de la Wehrmacht, qui, de plus en plus nombreux, constituaient la garde du camp, avaient au contraire l'air plutôt satisfait. Les SS brûlaient beaucoup de papiers dont on voyait voltiger les morceaux calcinés ; mais le travail continuait comme par le passé.

« Un jour, au début d'avril, ils évacuent le Revier, entassant les malades incapables de marcher dans des charrettes. On apprit plus tard qu'ils avaient été empilés dans des chalands et remorqués ainsi dans des conditions inhumaines à Mauthausen. Ceux jugés capables de se déplacer seuls ont été conduits également à Mauthausen, à pied, jalonnant la route de cadavres. Restaient au camp les "valides". Le 15 avril, vers 15 heures, on voit arriver des chantiers de l'usine, dans un désordre inouï, au galop, les détenus mélangés aux SS et Posten qui, de la voix et du gummi, accéléraient le train. Tous s'engouffrent dans le camp. Rassemblement immédiat de tout le monde, sans exception, sur l'Appell Platz.

« Là, dans une pagaille indescriptible, sans appel préalable, sans aucun contrôle, toujours au pas de course, direction la gare de Melk où un train, composé de vieux wagons de marchandises, est sous pression avec une locomotive minable, laissant échapper sa vapeur par tous les joints. Sans délai, on est poussé dans les wagons, lorsque arrivent des avions qui s'amusent à faire des piqués sur le train dans des vrombissements effrayants de moteurs. Heureusement, ils ne lâchent ni bombes ni rafales de mitrailleuses. Fuite éperdue des SS et des Posten. Quant à nous, chacun s'abrite où il peut. Pour ma part, étant devant deux châteaux d'eau, je me glisse dans la fosse contenant les vannes dont je ramène la plaque, laissant juste une petite fente pour voir et entendre ce qui se passe. Les avions s'en vont, nos gardiens reviennent et encore plus vite, pressés de partir, font réintégrer les wagons à leurs prisonniers, sans contrôle de l'effectif. Je ne bouge pas de mon trou pour attendre, enfin libre, l'arrivée des Russes qui ne sauraient tarder si l'on en juge par la hâte des Allemands à détaler. Hélas ! les camarades, ne me voyant pas, se mettent à m'appeler à tue-tête, me croyant blessé dans quelque coin. Je fus bien obligé de reparaître, craignant que leurs appels signalent ma disparition. Furieux, je quitte mon trou et me hisse dans le wagon en face. Dans ce wagon, une trentaine d'hommes, dont le brave père Combanaire qui me dit que j'avais tort de vouloir rester là, que ça sentait la fin, qu'on allait vers l'ouest, qu'il n'y en avait plus que pour quelques jours à prendre patience...

« Avec nous pour nous garder, deux braves vieux réservistes de la Volkssturm, d'au moins soixante à soixante-cinq ans, inoffensifs et imprudents. Ils font fermer les portes d'un côté "pour éviter les courants d'air" et s'installent assis sur le plancher, les jambes pendantes à l'extérieur, leur vieux Mauser en travers des genoux. Nous tous, debout derrière eux, dans l'obscurité du wagon, c'était d'une inconscience ! Je me voyais déjà, lorsque la nuit serait venue, les prendre sous les aisselles et les expédier dehors. Mais soudain, dans le wagon, des cris, des bousculades : c'était l'un des "mignons" du Kapo tailleur, vêtu comme un prince, égaré au milieu de nous (deux Français ; le reste : des Russes) à qui les Russes, qui venaient de le découvrir, étaient en train de régler son compte. Il appelle au secours les Posten, qui déclarent ne pas vouloir se mêler de nos affaires et laissent faire. En tout cas, moi, dans ce règlement, j'ai hérité d'un beau chapeau tyrolien avec un magnifique ruban dans lequel était plantée une plume de faisan. Le train roulait doucement. La nuit venait. On passe au milieu des décombres de la gare d'Amstetten. La région devenait vallonnée, coupée de bois de sapins noirs qui cloisonnaient des prairies. J'estime que c'est le moment, il fait suffisamment sombre et le terrain me paraît favorable.

« Au dernier moment, j'ai hésité à balancer dehors ces deux pauvres vieux ; je me suis discrètement glissé dehors, par l'autre porte, me recevant au sol sans difficulté, le train allant au pas, entouré des volutes noires de la fumée de la locomotive poussive. Le train disparu, je prends la direction sud pour m'éloigner du Danube et chercher dans les montagnettes pas très éloignées un camouflage adapté à ma situation de promeneur irrégulier. La campagne résonnait de bruits divers, dont ceux reconnaissables du roulement des convois. Chose normale, me suis-je dit, ils font monter des troupes au-devant des Russes. Donc, pas de doute, il fallait que je m'éloigne le plus possible des grands axes longeant le fleuve.

« Il n'y avait pas de lune. Il faisait très noir. Seules de nombreuses étoiles brillaient dans le ciel. Peu à peu, dans la nuit, ma vue s'adapte et j'arrive à distinguer les obstacles sur ma route. Mais je n'étais pas seul dans la campagne, j'entendais tout autour des voix allemandes et la résonance caractéristique des travaux de terrassement. J'ai tout de suite compris que j'étais tombé au milieu de troupes travaillant un peu partout à édifier des lignes de fortifications de campagne et certainement aussi à installer des champs de mines où je risquais de me faire sauter si j'avais la malchance de les traverser.

Il fallait qu'au plus vite je me sorte de là. Donc, avec une extrême prudence, les oreilles aux aguets, le plus silencieusement possible, choisissant mon chemin, j'avançais pas à pas. Cette première nuit fut pénible et plusieurs fois j'ai eu peur d'être repéré. Mais la providence était de mon côté.

« Avant le jour, je me cachai au flanc d'un ravin, dans un buisson d'épines noires très touffu, qui me dissimulait parfaitement. Il faisait très beau, j'ai dormi toute la journée. La nuit revenue, j'ai repris ma route en me dirigeant vers l'ouest. À ma droite, la grande plaine du Danube, à ma gauche la ligne de hautes collines. J'ai marché avec la même prudence que la nuit précédente. Et ainsi une journée et une nuit encore. Mais je mourais de faim, et je n'osais pas m'approcher des habitations où j'aurais pu trouver quelque nourriture. Je craignais d'y rencontrer des humains ou de mettre des chiens en éveil.

« Au matin du troisième jour, la cachette était à proximité d'un hameau et d'une route. Je fus tiré de mon sommeil par le bruit d'une voiture sur la route en contrebas. L'événement méritait que je m'y intéresse car rien ne passait sur cette route depuis que j'étais là. Quel ne fut pas mon étonnement de découvrir, dans une carriole à deux roues tractée par un gros cheval de labour, rouan, aux paturons ornés de grosses touffes de poils et trottant lentement et lourdement, Pichon qui, au camp, servait de secrétaire... La voiture était lourdement chargée de bagages divers. Pichon tenait les rênes ; près de lui, sur le siège, dormait un vieux Posten, le fusil entre les jambes. J'ai appris plus tard qu'il avait été chargé de rapporter des documents de Melk ; il allait ainsi vers un nouveau camp, celui d'Ebensee. Plus que la route, déserte, je surveillais les trois maisons du hameau qui semblaient inoccupées. Dans la prairie, à mi-chemin du hameau, il y avait une grosse meule de paille dans laquelle des volailles allaient et venaient.

« La nuit venue, je vais explorer la meule, non pour y attraper une poule que je n'aurais pu faire cuire et qui, à coup sûr, aurait alerté le voisinage par ses cris, mais dans l'espoir d'y trouver des œufs. Effectivement, je découvre un nid avec beaucoup d'œufs. Je n'aurais jamais cru que des œufs couvés ou pourris puissent être aussi répugnants et immangeables. J'ai repris ma route, le ventre creux. La nuit était déjà assez avancée lorsque j'ai eu la plus belle frousse de ma vie. Avançant dans le plus grand silence le long d'une haie, j'entends tout à coup, à quelques mètres de moi, un bruit de branches froissées et comme des pas. Je me plaque au sol, n'en menant pas large, jusqu'au moment où le souffle caractéristique des naseaux d'un bovin me fait comprendre à qui j'ai affaire... Des vaches ! Quelle aubaine ! Je traverse la haie et je distingue les silhouettes de plusieurs vaches. Prudemment, j'accoste la plus proche, la caresse. Elle paraissait pacifique. (Je vérifiai bien que j'avais affaire à une vache en constatant qu'elle avait des pis.) Je décrochai la cuvette qui me servait de gamelle et que j'avais gardée et me disposai à la traire. Chose extrêmement difficile quand on ne sait pas s'y prendre. Ce que j'ai pu recevoir comme coups de queue ! J'ai failli renoncer. Je devais lui faire mal, ce qui la rendait nerveuse et méchante et, en outre, l'incitait à avancer. Il m'était difficile de la suivre à genoux en essayant d'obtenir du lait... Enfin, j'ai réussi. Il y a un certain mouvement d'appel à faire avant de tirer sur le pis, et le lait arrive en un jet puissant. Je me suis gavé. Je n'avais jamais fait un repas aussi substantiel et aussi bon.

« La nuit suivante, j'ai fait beaucoup de chemin. Je n'entendais rien. J'avais l'impression d'être seul dans la campagne. Le petit jour me surprit au milieu d'une vaste plaine, sans aucun abri susceptible de me recevoir. Heureusement, il y avait une ancienne position de DCA complètement dévastée et retournée par un bombardement. Des trous de bombe énormes, les canons avec les roues en l'air, des véhicules pour m'y cacher. Mon choix était bon car j'étais dans un fourgon contenant des sacs de paquetage. Fouillant dedans, j'ai eu la chance de trouver trois boules de pain rassis et moisi, un saucisson et quelques autres bricoles comestibles. De quoi faire un festin ! Une musette, également récupérée, enfourna mon trésor.

« Au nord passait une voie ferrée. Il y avait aussi plusieurs routes et tout près de moi un carrefour avec un panneau sur lequel je suis arrivé à déchiffrer : Steyr, Enns, Linz. Je voyais aussi à très courte distance une localité qui s'appelait quelque chose comme Grossaming. Je savais donc approximativement où j'étais et je savais aussi que le torrent qui traversait Steyr était l'Enns qui coulait sud-nord et que je devais obligatoirement traverser. J'étais inquiet, me demandant où et comment trouver un pont en dehors d'une localité. Mais une fois encore, j'eus de la chance car, longeant le torrent vers l'amont, j'ai trouvé en pleine campagne un pont en bois, typiquement autrichien, avec son toit. Le jour venu, je me cache au bord d'une petite route sur laquelle je vois arriver et défiler devant moi un très long convoi de réfugiés. Sortant ostensiblement de mon buisson, comme si je m'y étais dissimulé pour une raison physiologique naturelle, je me joins à la colonne. Jeune encore, alors que tous les hommes jusqu'à soixante-cinq ans étaient mobilisés, je risquais d'attirer l'attention, bien que n'ayant pas belle mine. J'étais, à l'exception de mon beau chapeau, misérablement vêtu et, pour faire mieux, je me suis mis à marcher en traînant péniblement derrière moi une jambe raide. Dans la foule, personne ne s'est occupé de moi. Repérant soigneusement où, dans leur carriole, mes compagnons de route avaient placé leurs victuailles, j'ai mis la nuit suivante en pratique la méthode du “comme ci, comme ça”. Je dois reconnaître que j'étais virtuose, car j'ai, sans aucune bavure, bien regarni ma musette.

« Cela alla ainsi jusqu'au lendemain, au moment où le convoi s'arrêta. On appelait en tête les responsables par localités. Allant voir ce qui se passait, je fus atterré. Nous étions arrivés au bord d'une très large et profonde vallée, encaissée, au fond de laquelle il y avait un gigantesque barrage avec une usine électrique. En amont, un lac immense, en aval, sous la chute, des eaux bouillonnantes. Il fallait traverser le pont. À l'entrée, une chicane avec des Feldgendarmes demandant que les responsables reconnaissent au passage leurs concitoyens. J'étais cuit ! Tristement, je regagnai le maquis d'où je vis le convoi franchir le pont et disparaître.

« Inutile d'envisager de traverser la vallée à la nage. Bon nageur, je ne me sentais pourtant pas capable, dans mon état de faiblesse, de traverser ce grand lac, ni d'affronter les tourbillons écumants du torrent. L'eau provenant de la fonte des neiges devait être glaciale. Inutile et imprudent de chercher un passage vers l'aval, dans cette plaine où devaient se trouver beaucoup de troupes. Vers l'amont, combien de kilomètres à faire pour arriver au bout de cet immense réservoir d'eau ? Dans ma cachette, je ruminai ces problèmes et à la nuit tombée, ne sachant que faire ni où aller, je restai tapi dans mon fourré. J'avais quelques provisions qui me permettaient de tenir un temps et j'espérais voir partir, rapidement, les gendarmes du contrôle sur le pont ! Je fus réveillé dans la nuit par un piétinement et des cris. C'était un convoi de quelques centaines de déportés venant de l'est. Avec eux je pourrais traverser le pont. Je me glissai donc dans la colonne après m'être débarrassé de mon beau chapeau trop repérable. Comme, depuis des semaines, j'avais réussi à éviter la tonte des cheveux à Melk, j'avais une chevelure normale. Dans le convoi, il était absolument indispensable que je retrouve une autre coiffure. Ce fut facile de troquer une Mütze crasseuse contre un peu de nourriture. Cette casquette était pleine de poux qu'évidemment j'ai aussitôt récupérés.

« Sans difficulté on traverse le pont, mais au-delà, impossibilité de quitter la colonne, le jour étant levé et la garde renforcée par des chiens. On a marché ainsi et j'avais toujours l'espoir de m'échapper à la première occasion. Je souhaitais avidement la venue d'avions dispersant nos gardiens. Hélas ! rien ne vint. Et ainsi l'on arriva subitement devant l'entrée d'un camp où nous pénétrâmes. C'était Ebensee, où les camarades, venus par le train, étaient depuis plusieurs jours. Ce qu'ils ont pu me mettre en boîte !

« Avoir connu de telles émotions, de telles fatigues, avoir couru de tels risques, etc., pour en arriver au même point qu'eux...

« Qu'importe ! La promenade, l'air de liberté que j'avais respiré valaient bien tout cela ! »

# EBENSEE

Des chalets, du gazon, des balustrades rustiques, du vert tendre partout, un lac, des falaises, une couronne de sapins... Un « centre aéré » aux allées bien tracées. Et la piscine, vous avez vu la piscine ? Une vraie ! En dur ! En ciment ! Avec plongeoir et eau claire.

Dans les falaises qui dominent le camp, des gueules béantes ouvertes sur ce décor d'auberge du Cheval blanc. Les tunnels ? Pic. Pioche. Barre à mine. Wagonnet. Sueur. Poussière. Sang. Ici ils seront, un jour, dix-huit mille déportés. Sur ces dix-huit mille, neuf mille six cent vingt-six mourront en six mois dans les tunnels et près de huit mille iront à l'infirmerie. Mais neuf mille et huit mille... Il n'y a que mille survivants. Non ! Dix-huit mille. Ils ont comblé les vides. Ebensee, comme tous les Kommandos, est un camp « accordéon ».

« J'ai [1] dû arriver à Ebensee vers le 20-22 avril 1945. Je fus affecté au sinistre block 7, commandé par les assassins polonais, où grâce à C., j'ai obtenu la paix. Rapidement, je réussis à m'incorporer à l'équipe des camarades que j'avais à Melk et, avec eux, je suis allé travailler aux tunnels. En même temps, je trouvai une place dans leur block.

1. Manuscrit inédit lieutenant-colonel Robert Monin, déjà cité.

« Le travail à Ebensee ? L'ordre nous était donné de charger, au fond d'un tunnel, long de plusieurs centaines de mètres, les décombres provoqués par l'explosion de mines. Travail pénible, dans l'eau tombant des voûtes, la boue et la poussière des explosions. Les décombres étaient faits de morceaux de roches de toutes les tailles, qu'il fallait soulever pour les placer dans les bennes, en piétinant dans une boue presque liquide.

« Aussi, en moins de quarante-huit heures, nous avons trouvé la méthode pour ne rien faire. Les wagonnets étaient tous déraillés et enchevêtrés, et il y avait des courts-circuits provoqués, plongeant les tunnels dans le noir absolu et empêchant de procéder au relèvement des wagonnets. Puis un autre travail nous fut demandé dans une partie moins profonde du tunnel, où les parois étaient déjà prêtes à recevoir un revêtement de béton. Il s'agissait de monter le long des parois des murettes faites de grosses pierres empilées les unes sur les autres. À l'arrivée au travail, un trait tracé sur le rocher, indiquant la hauteur que nous devions atteindre en fin de travail. Évidemment, avec l'ardeur que nous y mettions, nous étions le soir très loin au-dessous du repère tracé. C'étaient alors les hurlements et les menaces des Kapos que nous n'avions pas vus de toute la journée.

« Le lendemain, revenant au travail au même endroit, avec la même mission, on constate que l'équipe qui nous avait remplacés a trouvé plus simple de prendre les pierres de notre murette pour édifier la sienne, le long de la paroi en face. C'était beaucoup moins pénible ainsi que de déterrer à mains nues, et sortir de la boue les blocs de rochers. À notre tour, nous avons remis, en riant bien, notre mur à sa première place. Et ainsi, pendant les deux ou trois jours où ce travail s'est poursuivi, la même navette s'est renouvelée. Vers le 27-28 avril, nous allions toujours aux tunnels, mais nous n'y travaillions plus ; l'on ne voyait plus ni Kapos ni SS. Ils devenaient prudents.

« Nous rentrions dans le tunnel et nous nous installions à quelque distance de l'entrée, dans une partie déjà presque terminée, en tout cas beaucoup plus sèche et saine que le fond. De notre emplacement, on pouvait voir et surveiller dans la pénombre les silhouettes dangereuses qui auraient pu venir troubler notre quiétude. On les aurait vues nettement se profiler en ombres chinoises dans l'ouverture, très claire, du tunnel. Mais plus personne ne venait.

« Nous étions un petit groupe, d'une bonne douzaine, dont M. Combanaire, cuisinier de renom, Pierre Troadec, maître d'hôtel à bord du paquebot *Normandie*, Lucien Biret, lui aussi ancien maître d'hôtel d'un grand restaurant nantais et devenu restaurateur de classe, un jeune dont j'ai oublié le nom, pâtissier, Quentin Miglioretti et Étienne Martin, de Châteaubriant, et quelques autres encore. Le ravitaillement à Ebensee était, comme la nourriture distribuée, pratiquement inexistant, et le peu qu'il pouvait y avoir était volé par certains qui s'étaient organisés en bandes. En outre, le camp était surpeuplé, tous les camps évacués s'étant, en majorité, repliés sur lui. Sa situation dans les montagnes encore enneigées du Salzkammergut, dans une vallée encaissée et profonde, était la plus susceptible d'échapper aux libérateurs qui approchaient. La mortalité était effrayante ; on a cité le chiffre moyen de sept à huit cents morts quotidiens. Le crématoire, faute de combustible, était éteint, les fosses communes étaient archipleines et des tas de cadavres étaient empilés le long des allées du camp, tels des stères de bois dans une allée forestière. Le ventre creux, nous coulions des heures tranquilles à évoquer les souvenirs des jours heureux – des bons repas dégustés ou des futurs repas à faire. L'un rêvait de bifteck (gros comme ça !), de frites, d'un camembert à point, de saucisson, de gros vin rouge, l'autre d'omelettes, de potée, de laitages ; d'autres encore, au goût plus raffiné (mais ils étaient de loin la minorité), de homards, langoustes, gibiers, gigots... Mais je ne peux passer sous silence la cérémonie qui se déroulait chaque jour. À un moment donné, Troadec disait :

« – Messieurs, je vous propose le menu du jour.

« Et il énumérait des plats aux noms extraordinaires. Combanaire alors les cuisinait devant nous, émerveillés.

On le voyait, tenant une casserole imaginaire, tournant avec des gestes professionnels les sauces, assaisonnant, faisant sauter et tourner les morceaux, en même temps qu'il donnait toutes les explications pour réussir la recette.

« Je puis affirmer que l'on sentait réellement le parfum de cette cuisine de rêve. Ensuite, le maître d'hôtel (Troadec ou Biret) intervenait en annonçant :

« – Avec ce plat, je propose : tel vin de telle année.

« Et l'on suivait tous ses gestes lorsqu'il faisait le simulacre de prendre avec précaution la bouteille, de la déboucher, de la humer et de verser dans nos verres, avec des précautions infinies, le précieux liquide... Et non seulement l'on en sentait le bouquet, mais aussi l'on en voyait, à travers le cristal de nos verres, la robe et la transparence ! De tels moments sont inoubliables, et je puis bien l'avouer, même si l'on ne me croit pas, je n'ai jamais fait depuis d'aussi savoureux repas ! »

« Une[1] scène que je n'oublierai jamais : deux infirmiers amenaient au chef de block trois malheureux qui, atteints d'un relâchement des intestins et pris de court, avaient souillé leur chemise et apparemment leur paillasse. L'Allemand se jeta férocement sur le premier et le saisit à la gorge.

« – Cochon ! Triple cochon ! Comment as-tu fait cela ?

« – *Ich habe die Scheiserei*, répondit l'autre.

« – *Ach ! Du hast die Scheiserei*... Eh bien, je vais te la faire passer !

« Et tenant toujours par le cou sa victime chancelante, il la secoua à cinq ou six reprises, d'avant en arrière, d'arrière en avant, tout en la conduisant perfidement à proximité d'un pilier de la baraque. Là, il lui imprima une dernière secousse et l'abandonna... Le malheureux, mal assuré sur ses jambes, tomba à la renverse et sa tête vint buter contre le socle en ciment du poteau, avec un

1. Maurice Delfieu, *Récits d'un revenant*, publication de l'*Indicateur universel des PTT*, Paris, 1947.

bruit mat que j'entendrai longtemps. Tout était parfaitement calculé : l'homme était mort sur le coup, étendu et les bras en croix, comme au théâtre.

« Pendant que les infirmiers récupéraient la chemise et portaient le cadavre sur le tas, le bourreau procéda de la même manière à l'égard du deuxième malade. Mais il dut s'y prendre à deux reprises pour lui casser la tête, le malheureux ayant eu, la première fois, l'impertinence de tomber de travers.

« J'étais resté debout, figé sur place, n'osant ni avancer ni reculer. Quand vint le tour du troisième, je fermai les yeux. C'était un malade dépourvu de chemise. Il était tout barbouillé d'ordures et le chef ne sut par où le prendre.

« – *Zum Waschraum !* cria-t-il.

« Sans doute le pauvre diable eut-il la vie sauve. La dysenterie l'aura doucement emporté un peu plus tard... Le bourreau se tourna vers moi.

« – Compris ? me dit-il en français.

« Il cligna de l'œil et sourit.

« Je lui rendis son sourire, lâchement.

« Dans le courant de la nuit, je comptai dix-sept morts. Le matin, au réveil, il y en avait quarante-trois.

« – Ça a été une faible journée, me dit un ancien. »

« Dans[1] ces derniers jours du camp, j'ai failli être la victime d'une aventure dont Jarry et Courteline n'eussent point désavoué le scénario. Quand l'Oberkapo distribua aux quatre médecins et au pharmacien d'Ebensee un “bon pour un verre de schnaps” en récompense des services rendus, nous crûmes à une plaisanterie, jusqu'au jour où nous fûmes officiellement convoqués chez l'Unterscharführer Kreindl. L'homme, impassible, était assis à son bureau, fixant les yeux – qu'il ne daigna pas lever sur nous – sur un volumineux registre. À côté du registre, une bouteille étiquetée *Echt Spanische Cognac*,

1. Manuscrit inédit *(Pile ou face)* Pr Gilbert Dreyfus, arrêté et déporté sous le nom de Gilbert Debrise, qu'il conserva jusqu'à la libération.

et un verre, un seul verre de la taille d'un dé à coudre. Nous nous mîmes au garde-à-vous tandis qu'il procédait à l'appel de nos noms. Puis nous défilâmes en rang d'oignons, notre bon à la main. Au commandement de : "*Trinken Sie*" (buvez), nous dûmes vider le verre que Kreindl remplissait aussitôt à l'intention du suivant, pour émarger sur le registre où, en regard de notre signature, furent inscrites l'heure, la minute et la seconde où nous avons bu... Je fus appelé le quatrième et sus qu'il était 18 heures 13 minutes et 7 secondes à la montre du sous-officier. Je craignais que, sevrés d'alcool depuis si longtemps, nos organismes dénutris et nos estomacs atrophiés supportassent mal deux centimètres cubes de cognac. Crainte superflue. Ce cognac était si dépourvu de saveur que je susurrai à l'oreille de François Wetterwald, ultime dégustateur :

« – N'aie pas peur, ce n'est que de l'eau !

« Cinq claquements de talons, et la comédie prenait fin. Mais quand nous nous trouvâmes réunis dans notre dortoir, je me payai la tête de mes acolytes qui, impressionnés sans doute par la pompe de la cérémonie, ne s'étaient aperçus de rien. Il s'ensuivit de bruyants éclats de rire qui attirèrent l'attention de Kreindl, déambulant dans les couloirs. Il ouvrit brusquement la porte et, d'un signe de l'index, convoqua Aloïs, le pharmacien. Nous perçûmes des paroles peu amènes et les bribes d'un dialogue véhément. Aloïs revint décomposé. Menacé des pires sanctions (il craignait surtout qu'on ne lui arrachât ses dents en or, et sa mâchoire supérieure était totalement aurifiée), il n'avait pas hésité à me "donner".

« – C'est Debrise qui a déclenché notre hilarité, Herr Unterscharführer, en osant prétendre que vous nous aviez fait boire de l'eau.

« Ne pouvant accepter qu'un détenu se permît d'émettre une opinion personnelle, ni que les générosités du Reich fussent tournées en dérision, Kreindl avait chargé Aloïs de me prévenir que j'allais voir ce que j'allais voir, après que son enquête m'eut confondu... En attendant, le personnel médical se trouvait dans de beaux draps. La fureur succédant à la terreur, Aloïs me décocha une kyrielle d'injures où Debrise, les Français et la France, fourrés dans le même sac, en prenaient pour leur grade... Rien ne transpira de ce qui s'ourdissait en coulisse, et le visage de Kreindl restait impénétrablement crispé... Quelque quinze à vingt jours plus tard, nous fûmes, après l'appel du soir, reconvoqués *ex abrupto* dans son bureau et, calquée sur la précédente, se déroula avec la rigueur d'un rite une nouvelle cérémonie de dégustation : registre, bouteille de cognac espagnol, verre miniature, garde-à-vous, rang d'oignons, remise du bon, signature, minutage. Mais cette fois m'échut l'honneur d'être appelé le premier. Je bus. C'était un breuvage alcoolisé. Kreindl me regardait droit dans les yeux :

« – Avez-vous une remarque à formuler ?

« Ce fut de sa part la seule allusion au drame. Je répondis simplement :

« – *Kein Wasser* (ce n'est pas de l'eau).

« Kreindl ne laissa pas filtrer le moindre sourire. Nous devions apprendre par la suite – tout finit par se savoir dans un camp de concentration – que l'épicier d'Ebensee, convaincu d'escroquerie, purgeait sa peine à la prison municipale. Je l'avais échappé belle...

« L'Unterscharführer Kreindl était taillé tout d'une pièce : c'était l'image même de la cruauté froide et résolue. Je ne le vis s'échauffer qu'une fois, et, par malchance, servant de prétexte à cet échauffement, j'en fus également la victime ; j'en porte encore les stigmates.

« Kreindl possédait une remarquable maîtrise de soi ; et, sauf pendant son intermède de folie furieuse, je ne l'ai jamais entendu hausser le ton. Sur son visage de glace aux traits tendus, jamais l'ébauche d'un sourire. Il jouait parfaitement, intégralement, imperturbablement son rôle de tortionnaire dépourvu de toute nuance d'humanité. La distinction naturelle de ce modeste artisan – il tenait un salon de coiffure à Linz – était étonnante : toujours propre, élégant, cosmétiqué, raffiné, toujours ganté de peau. Et que de tact dans le mouvement discret, à peine un geste, de son index gauche ganté qui désignait, sans appel, un homme pour la mort ! Sa politesse était exquise. Lors de ses tournées dans les salles du

Revier, il nous posait des questions pertinentes à propos des patients, s'intéressait à nos explications médicales, nous écoutait avec une déférente attention : on croyait avoir marqué un point, avoir provisoirement sauvé un camarade... Kreindl nous remerciait puis, "pile ou face", faisait décrire à son index gauche ganté de peau un arc de cercle de trente degrés : le malade était condamné.

« Nazi convaincu, obtus, courageux sans doute, ce vulgaire sergent – mais un sergent SS exige plus de respect et impose plus d'effroi qu'un général américain – continua jusqu'au bout à ponctuer chacune de ses phrases du traditionnel *Heil Hitler !* Il fut le dernier et le seul. La débâcle terminale ne modifia en rien son comportement ; elle eut pour seule conséquence d'accentuer sa pâleur crayeuse, de décomposer progressivement la régularité architecturale d'un visage demeuré impassible. Alors seulement, ce sinistre robot, en souffrant dans sa chair de l'effondrement du régime, dévoila son apparentement à l'espèce humaine.

« Nanti d'un brassard de la Croix-Rouge que nous ne lui connaissions pas, il pénétra dans le Revier de son pas mesuré, le samedi 5 mai sur le coup de 10 heures. C'était pour donner l'ordre au personnel de brûler les archives, documents, graphiques, feuilles de température.

« Depuis lors, personne de nous ne l'a plus revu. Il fut pendu par les soins de la justice américaine au printemps 1946. Pile ou face : eût-il passé en jugement six mois plus tard, avec une deuxième fournée de criminels de Mauthausen, qu'il eût immanquablement, comme ses vingt-trois acolytes, été acquitté.

« Avril 1945. Venues de l'est et de l'ouest, les masses alliées s'infiltrent en terre allemande. C'est la curée, un hallali qui décuple la férocité du monstre pris au piège. Tandis que Buchenwald et Dachau ne sont plus que des souvenirs, chez nous on meurt à un rythme accéléré. Pour chaque homme, c'est un "pile ou face" chaque jour réitéré.

« – Combien de cadavres cette nuit ?

« – Trois cent soixante-quatorze, monsieur l'Unterscharführer.

« – Bien.

« Et ce "bien" résume dans la bouche de Kreindl l'oraison funèbre de trois cent soixante-quatorze résistants.

« On discute pour savoir, des Russes ou des Américains, lesquels arriveront les premiers. On se demande surtout qui sortira vainqueur de cette course de vitesse entre les Alliés et les pourvoyeurs de la mort ; une famine vertigineusement croissante, l'affolement des SS qui massacrent à tour de bras, la chute du thermomètre à moins 20 °.

« Le bruit court que le Kommando de Melk est évacué ; c'est à Melk que furent affectés, en quasi-totalité, mes camarades de Compiègne et de quarantaine... Les portes d'Ebensee s'ouvrent au troupeau des émigrants de Melk. Je les guette, avec quelle ardeur ! Je guette les visages amis, ce seront autant de rayons de soleil dans ce crépuscule pourri. Voici R., voici P., voici le grand A. J'oublie ceux qui manquent à l'appel, pour me jeter dans les bras des présents. Je n'ignore pas qu'il est interdit de parler pendant les heures de travail et de s'approcher d'un homme non encore dépouillé. Que m'importe ! Parmi ceux qui ont participé à la razzia sur les magasins lors de l'abandon de leur camp, certains tiennent dans leur paume crispée de petits paquets de sucre ou de biscuits, véritable viatique dans cet univers de famine. Ils savent qu'on va les leur ravir. Par les fenêtres du Revier, j'agrippe ces paquets pour les mettre en lieu sûr. L'infirmier SU – un jeune traître de l'armée Vlassov – m'a vu. Il signale mon forfait à Herrmann. Herrmann court prévenir Otto. Kreindl est enfin alerté.

« – Cette fois, je vous tiens !

« Il vocifère. J'arbore la mine étonnée d'un conscrit sans reproche. Il s'indigne :

« – Voici près d'un an que vous nous jouez la comédie de ne pas comprendre l'allemand quand ça vous arrange. *Verstehen Sie ?*

« – Je ne comprends pas.

« Il écume, et je reçois un premier coup de poing en pleine figure.

« – *Verstehen Sie ?*

« – Je ne comprends pas.

« – Et maintenant ?

« Un doublé m'a atteint au nez et à la mâchoire. Je saigne et l'odeur de mon sang se marie à celle du fameux gant de peau que je n'avais jamais flairé d'aussi près, mais je répète machinalement :

« – Je ne comprends pas.

« – Cette fois, vous allez comprendre...

« Mes lunettes, que j'avais sauvées depuis les Baumettes, dont je ne me défaisais ni sous la douche ni la nuit, ont virevolté et je perçois le glissement de leurs branches sur les lattes de bois.

« – Comme ça, je pense que vous comprenez.

« Aveuglé, chloroformé, les oreilles bourdonnantes, je balbutie :

« – Pourquoi crier si fort ? Tant que vous crierez, je ne pourrai rien comprendre...

« Les coups se multiplient, me martèlent – c'en est presque voluptueux – et je m'effondre.

« Quand je me suis relevé, brisé, Kreindl avait disparu ; mais on m'a expliqué avec ménagement qu'il m'avait condamné à vingt-cinq coups de schlague sur les fesses, vidé du Revier et promu travailleur au tunnel.

« Il y avait une dizaine de malades français dans la salle où je venais de me faire knock-outer. J'ai été leur serrer la main. Ils me regardaient, consternés. Rompant un silence de fin du monde, l'un d'entre eux m'a confié :

« – Sans nul doute, c'est terrible pour nous. Si tu n'es plus là, qu'est-ce que nous allons devenir ? Sans toi, nous sommes perdus.

« En treize mois de vie concentrationnaire, je n'avais éprouvé autant d'émotion ni de fierté.

« Travailleur au tunnel, c'était la mort à coup sûr – à moins que, “pile ou face”, l'arrivée des tanks libérateurs ne la devançât... J'ai fait à François Wetterwald mes dernières recommandations avec prière de transmettre un message aux miens.

« Sur mon lit, j'ai trouvé trois caleçons destinés à me rembourrer les fesses et à amortir les coups de schlague – une touchante attention de la part de compatriotes anonymes qui m'avaient sacrifié un vêtement précieux afin que je souffre un peu moins.

« Je ne reçus pas mes vingt-cinq coups. Je ne fus point expédié au tunnel. Je ne sais, je ne saurai jamais pourquoi, ni quel ange tutélaire tirait ce jour-là les ficelles de mon "pile ou face". »

*
**

« La [1] fin de la guerre approchait. Le comité international est alerté et des consignes très sévères de vigilance et de préparation au combat, si cela devient nécessaire, sont communiquées à tous les groupes constitués. Appel est fait, sous la forme clandestine naturellement, au renforcement des groupes par l'appoint de forces nouvelles, ce qui sera réalisé. À quelques jours de la libération, un sous-officier allemand de la garde (non SS) du camp informe le comité international des grandes lignes du plan d'extermination totale des détenus prévu par le commandement SS du camp.

« Ce plan consistait à conduire, sous le prétexte de les abriter d'un bombardement possible, tous les déportés du camp, y compris les malades, dans un tunnel. Ils devaient y être ensevelis vivants ainsi que l'ont confirmé les explosifs trouvés plus tard à l'entrée du tunnel. L'organisation de résistance, informée du plan SS, a pu alerter à temps ses groupes et transmettre la nouvelle à tous les déportés, ce qui a permis d'aboutir, sur la place d'appel, au refus collectif et massif de partir au tunnel. Les SS, déconcertés par la puissance de cette manifes-

1. Rapport inédit sur les Français à Ebensee, Archives Amicale Mauthausen.

tation à laquelle ils ne s'attendaient pas, ont alors quitté le camp, lequel pratiquement s'est trouvé libéré. »

« À[1] la veille de la libération, un des mots d'ordre du comité national français de résistance était de retarder, par tous les moyens, le rassemblement des déportés sur la place d'appel. Pour cela, avec quelques camarades, nous sommes passés, dès les premières heures, dans tous les blocks où se trouvaient des Français que nous connaissions en exposant tous les arguments connus sur la situation du moment : les Américains arrivent, les SS sont aux abois, certains se sont déjà enfuis, les policiers du camp n'ont plus d'autorité, il ne faut écouter que nos policiers à nous, dotés du brassard blanc. Le chef du camp entend nous entraîner dans l'usine souterraine, nous devons l'empêcher de réaliser son plan. Pour cela nous aurons l'aide extérieure de militaires regroupés par Joseph Poltrum. Si le rassemblement se fait comme à l'hôpital, le Lagerführer se croira encore capable de réaliser l'extermination ; il doit être convaincu par notre attitude qu'il n'a plus la situation en main.

« Ces multiples discussions n'ont pas été inutiles puisque le rassemblement a été très lent... et il s'est passé ce qu'on n'avait jamais imaginé possible dans un camp de la mort. Le Lagerführer demandant leur avis aux détenus : "Voulez-vous ou non aller à l'abri dans l'usine ?" Et la masse des survivants criant son opposition. Et les dernières menaces des SS pour tenter de sauver la face, et surtout pour pouvoir s'enfuir, et préparer leur défense ultérieure. »

« 6 mai[2]. Pratiquement le camp se trouvait libéré depuis la veille. La résistance clandestine et le refus collectif de partir dans un tunnel avaient empêché les SS d'accomplir leur plan d'extermination, visant à nous

1. Témoignage André Laithier, Amicale française de Mauthausen.
2. Témoignage Jean Laffitte, Archives Amicale française de Mauthausen.

ensevelir tous au sein de la montagne. Ils avaient fui, laissant seulement en place, pour la garde des miradors, de vieux soldats de la Wehrmacht dont nous savions qu'ils ne tireraient plus...

« Midi. Rassemblés dans le block 19, les membres du comité national français tiennent leur première réunion d'hommes libres. Elle sera courte. À peine le temps pour moi de présenter les membres qui composent le comité.

« La parole à André Ulmann (Pichon) pour donner lecture d'un projet de manifeste... Et là-bas, vers l'Appell Platz, une rumeur qui grandit et semble monter jusqu'au ciel.

« – Ils arrivent... Ils arrivent ! viennent nous dire des gars, tout essoufflés.

« – Qui, ils ?

« – Les Américains. On a vu deux chenillettes qui montaient la côte... Les sentinelles foutent le camp comme des rats.

« Depuis le matin, nous avions donné le mot d'ordre : dès l'approche des premières voitures, rassemblement des Français devant le block 19. Et voilà maintenant nos Français qui viennent de partout. Ceux qui peuvent encore courir et ceux qui se traînent... Les impatients qui veulent partir tout de suite et les malades qui s'arrachent des lits en criant : “Attendez-nous !” Au moins cinq cents pauvres types, la plupart déguenillés et tous faméliques, à se bousculer et à s'interpeller... Certains qui rient, d'autres qui pleurent...

« Ulmann et Simon crient :

« – Les officiers ! Où sont les officiers ?

« Quatre hommes sortent des rangs.

« – Vous qui avez l'habitude, faites-les mettre par cinq.

« – Pas cinq, dit-on autour de nous, c'est la formation allemande.

« – Alors par quatre.

« J'entends la voix d'Ané qui, déjà, s'éloigne vers l'arrière.

« – Allons, vite, vite... Alignez-vous. Couvrez.

« Et voici le miracle. Plus personne ne parle. En un

instant, les hommes reculent, s'alignent, étendent le bras pour prendre la distance...

« Derrière nous, la colonne s'allonge jusqu'au Revier. L'officier de tête s'approche, fait le salut militaire.

« – Tout est en ordre. On y va ?

« Mais dix s'écrient en même temps :

« – Le père Henri ! Nom de Dieu, où est passé le père Henri ?

« Quelques minutes avant, le père Henri m'avait dit :

« – Tu as pensé au drapeau ?

« – Quel drapeau ?

« – Le nôtre, pardi. J'ai pu en peindre un sur une vieille toile.

« – Magnifique. Où est-il ?

« – Camouflé depuis trois jours sous le plancher du block.

« – Vite, cours le chercher...

« Et le père Henri qui ne revenait pas ! Enfin le voici qui sort du block 20, tenant roulé sur un bâton un morceau d'étoffe dont l'extrémité semble teintée de sang.

« – Devant nous, père Henri. Devant. À trois pas.

« Lentement, Henri Koch déploie le drapeau tricolore, le lève à bout de bras... Nous nous décoiffons d'un même geste. L'officier commande :

« – Pour les Français... Garde-à-vous !

« Nous nous redressons, les bras collés au corps. Plus de dos courbés ni de têtes baissées. Sous la tenue rayée du bagnard et dominant la plainte des ventres vides, il y a maintenant des hommes qui regardent droit devant eux.

« – Repos ! Alignez-vous ! Couvrez.

« La colonne s'étire encore un peu plus et les mouvements s'accomplissent sans un mot, avec une précision de soldat tout comme pour une prise d'armes.

« – Garde-à-vous !

« Sur le chemin de la place d'appel, il semble que la foule en délire s'apprête à nous ouvrir les bras. Chez nous, c'est le silence, les gorges qui se serrent dans l'attente de quelque chose de grand.

« – En avant... marche !

« Et nous partons ensemble, au pas cadencé.

« – Une, deux ! Une, deux !

« Les yeux nous piquent et nos cœurs battent aussi fort qu'à l'approche d'une femme aimée. Devant nous, avec le drapeau de la patrie retrouvée, la liberté sourit. »

« Le[1] sang doit couler. Ne sens-tu pas que c'est nécessaire ? Immense soulagement, après toute cette sauvagerie. Il faut se venger. C'est bon, la vengeance et, puisque les SS nous ont échappé, payons-nous du moins sur leurs valets.

« En place, donc, pour le spectacle ; il sera fructueux. Il en vaut la peine ; et pour te mettre dans l'ambiance, tu n'as qu'à réfléchir, oh ! une toute petite minute, à tout ce que tu as enduré ces derniers mois, et à tout ce que tu as vu. Pas besoin de répétition.

« Première entrée de ballet : les pantins rouges. Quelques chefs de block imprévoyants, attaqués par surprise et saignés négligemment ; sang dégoulinant sur les vêtements, sur nos vêtements, ceux qu'ils nous ont volés. Voyons un peu ce que peut faire un bon couteau, manié avec énergie. Messire Otto le sait maintenant.

« Deuxième entrée : la danse du tomahawk. Que les matraques entrent en danse. C'est infaillible ; que les cervelles sautent contre les parois de bois, magnifiques fioritures ! Et si tu es un raffiné, vraiment un raffiné, un connaisseur, il n'est pas besoin de bâton ; les talons suffisent, bien appliqués sur le crâne. Tiens, comme cela, sur Paul Friedl, le chien entre les chiens.

« Troisième entrée : les jeux d'eau. Réunion autour du bassin de la place d'appel. On verra bien qui fera le plus beau plongeon. Celui-ci ? Essayons donc avec cet autre-là. Tiens, il nage ; allons, messieurs, qui veut une pierre ? C'est le tir, à la fête de Neuilly, montrez votre adresse et faites voir ce que vous savez faire. Tiens, il coule. Non ! Si ! Mains crispées et bulles.

« Finale : embrasement général. Je n'avais encore

1. Dr François Wetterwald, déjà cité.

jamais vu le crématoire. Alors, c'est là-dedans qu'on a failli aller. Celui-ci n'est pas encore tout à fait mort, cela va te réveiller. Ah ! Le tsigane, eh bien ! qu'en dis-tu ? Ah ! non, ne sors pas du four, attrape un bon coup de barre de fer, mais pas sur la tête, il faut que tu savoures bien...

« On tue un peu partout, ce soir. Vous ne pouvez pas lire, cela vous fait horreur ? Nous, on ne vous en veut pas, vous ne pouvez pas savoir.

« Moi, n'est-ce pas, je ne suis pas un sanguinaire. Et peut-être, après tout, ai-je moins souffert que les autres. Alors, je ne sais pas trop que faire.

« Je connais tous ces hommes que l'on supprime, ce soir. Je sais leurs crimes. Ils ont égorgé, pendu, assommé, envoyé au fil électrique, noyé. Je sais bien tout cela. Mais l'atmosphère, ce soir, n'est guère différente des autres jours et je voudrais la paix, enfin la paix, et le silence. Les machines se sont tues, là-bas, aux tunnels. Il n'y a plus que de vagues rumeurs dans le camp. Mais là, tout près, un incendie ravage les baraques des SS.

« Que faire ? Ils ont raison, c'est sûr. Il faut bien laisser s'échapper comme par une soupape le trop-plein des impatiences, des souffrances, des haines refoulées. Et l'on pourrait tout juste leur en vouloir, s'il s'agissait d'hommes normaux. Le plus grand crime des SS a été justement de tuer dans ces hommes tout ce qu'il y avait de spécifiquement humain. Le sang est bon à voir couler pour les hommes primitifs.

« J'ai erré du côté des fosses ; ces fosses que nous sommes peu à connaître, celles où l'on a enfoui par milliers de kilos les cendres des corps brûlés au crématoire. Justement il y en a une d'ouverte, au bord de la route qui conduit au bâtiment du four. Elle bée, là. Elle contient les restes de huit cents camarades, au moins, et cela ne fait pas beaucoup de volume... Débris informes, comme de petits cailloux d'os, où l'œil du médecin reconnaît de-ci, de-là, une tête de fémur, un bout de côte.

« Innocemment, les malades se serviront de cette fosse comme d'une feuillée, dans les jours qui suivront ; et, par ordre des Américains, on la refermera bien vite, après y avoir entassé tous les détritus du voisinage.

« Je n'ai rien dit. Cela a-t-il une telle importance, les formes dont on entoure la mort ?

« Voyez-vous, moi non plus, je ne suis plus tout à fait un homme civilisé. »

*
**

« Le[1] premier dimanche de notre liberté, en compagnie de l'abbé Varnoux et de quelques camarades, on décide d'aller assister à la messe au bourg d'Ebensee. Nous sommes refoulés par des gendarmes autrichiens, sur le pont franchissant la Traun. Nous avons compris pourquoi, peu après. Des Russes et des Polonais, d'autres peut-être aussi, lâchés dans la nature, s'étaient livrés à des meurtres, viols, pillages, tuerie de bétail dans les champs, etc., à tel point que les Américains avaient armé des civils autrichiens, organisés en milices, pour se défendre. Puis, dans une rafle gigantesque, ils ont ramassé tous les Russes et les Polonais qu'ils bouclèrent sous bonne garde dans un autre camp, jusqu'à ce que des soldats russes viennent en prendre livraison. J'ai vu passer le convoi dans lequel nos anciens compagnons de déportation, solidement gardés, faisaient triste mine.

« Donc, refoulés du pont-route, on fait un détour par le pont du chemin de fer et l'on arrive à l'église, bondée ; uniquement des femmes, des enfants et quelques très rares hommes, tous mutilés. Très discrètement, nous nous glissons au fond d'une chapelle latérale où nous restons groupés et debout. Visiblement, l'assistance, malgré notre discrétion extrême, était très gênée de notre présence, car elle ne pouvait ignorer les crimes qui avaient été commis dans le camp, aux portes du bourg. L'odeur du crématoire, rabattue par les vents descendant des montagnes et de la vallée, ne pouvait pas ne pas le leur rappeler à chaque instant des jours et des

1. Manuscrit inédit lieutenant-colonel Robert Monin, déjà cité.

nuits. Cette gêne était-elle due à de la honte ou à la crainte que notre présence pouvait inspirer ?

« Pour nous extraire un peu de l'atmosphère et de la vue du camp, avec quelques amis, dont M. Combanaire, nous allons, un après-midi nous promener sur les bords du lac, nous amusant comme des enfants à faire des ricochets sur l'eau. Il faisait chaud et, éprouvant le besoin de boire, nous entrons dans une grande propriété. Dans la cour, derrière la maison, une table était dressée avec des reliefs d'un plantureux repas. Quelques matrones, deux hommes encore jeunes, élégants, bien portants, qui puaient, à distance, les ex-seigneurs du régime hitlérien. Poliment nous demandons où l'on pourrait trouver à boire ; nous ne sollicitons rien d'autre que de l'eau. La manière hargneuse dont une pompe nous fut désignée par l'un des hommes, le geste, le regard haineux, cela a suffi pour nous rendre unanimement et instantanément agressifs et méchants.

« M. Combanaire, beau vieillard aux cheveux blancs, s'approche de la table et, relevant un coin de la nappe, nous crie :

« – Il y a une étiquette, ça vient des magasins du Louvre ; la vaisselle, c'est du Limoges. Il n'y a pas de raison qu'on ne ramène pas le tout en France, où ça a été volé.

« Et, en attrapant le coin de la nappe, il s'éloigne en jetant tout par terre, vaisselle et verrerie.

« Nos bâtons se préparent à entrer dans la danse pour calmer la colère de nos “hôtes”, lorsqu'on voit arriver un groupe de Russes, attirés par les cris des femmes. Ils ont rapidement mis tout le monde à la raison. Mais une grosse femme blonde hurle. Pour la faire taire, on l'attrape, on la déculotte ; elle est soigneusement et énergiquement fouettée, puis on lui enduit le postérieur avec de la marmelade récupérée au milieu du désastre. Le procédé n'ayant pas eu, bien au contraire, le résultat de la faire taire, on la balance dans le lac, au bout de la pelouse. Elle ne peut se noyer, étant au milieu des joncs, dans un maximum d'un mètre d'eau. Mais la tasse qu'elle a bue la calme immédiatement. Il faut la voir, la bouche grande ouverte, cherchant à reprendre son souffle. Ce que nous pouvons rire !

« Un matin, je vois arriver C. qui me dit :

« – On va à la pêche !

« – Où et avec quoi ?

« – Ne t'inquiète pas. La Traun reçoit, à trois kilomètres d'ici, un petit torrent dans lequel j'ai vu des ombles chevaliers de plusieurs kilos. On va les attraper à l'asticot piégé.

« Il avait récupéré dans les tunnels des bâtonnets d'explosifs, des détonateurs et quelques mètres d'un bon cordon spécial permettant de déclencher l'explosion sous l'eau. L'asticot piégé, c'était ça. On va donc sur les lieux. Il était expert dans le maniement des explosifs ; j'ai admiré sa dextérité. Il lance son “asticot piégé” dans un trou ; trente secondes après, l'explosion a lieu. Nous nous étions reculés d'une vingtaine de mètres ; un énorme geyser s'élève du torrent, le sol tremble et le bruit se répercute en écho dans les montagnes. Une dizaine de gros poissons apparaissent le ventre en l'air, mais, comme ils sont emportés par le courant violent, nous ne pouvons en attraper qu'un seul. Au bout du troisième essai, toujours aussi bruyant, alors qu'il venait de préparer un quatrième pétard, on vit arriver, courant et criant, un garde-forestier. C. me dit : “Tu vas voir que l'asticot piégé a aussi de l'effet sur les emmerdeurs.” Et il lance son engin auquel pend la mèche crépitante dans la direction du garde. Sans insister, celui-ci fait demi-tour et détale à toutes jambes. Conclusion : l'omble chevalier est un excellent poisson, s'apparentant au saumon. Il est délicieux même seulement bouilli, sans assaisonnement.

« Cinq ou six jours après la libération, je me chauffais au soleil, assis sur le petit mur, lorsque je vis apparaître, gonflé, un cadavre remontant à la surface. C'était un civil, ingénieur, paraît-il, que je n'avais jamais rencontré. Il était haï par les anciens d'Ebensee pour sa méchanceté. Il a commis l'erreur de revenir aux tunnels pour récupérer dans son bureau du matériel lui appartenant. C'était de sa part une imprudence et une folie.

Il a terminé son séjour à Ebensee au fond du bassin. Il avait une magnifique paire de chaussures et un beau gilet de peau de lapin, avec de grosses manches tricotées. Comme j'étais nu-pieds ou à peu près, et que, mal vêtu, j'avais froid, j'attire le cadavre au bord et je récupère le gilet et les chaussures, avec lesquels je suis revenu chez moi. Un inconvénient cependant : je chausse du 41 et les souliers sont au moins du 45. Avec ça, au moins, je tiens debout !

« Nous trouvions le temps long à attendre ainsi notre rapatriement ; d'autant plus que, déjà, vers le 20 avril, nous avions appris que la Croix-Rouge commençait à rapatrier nos camarades, les femmes d'abord, puis les détenus de Mauthausen. Pour nous, toujours rien. Étions-nous oubliés ? Le moral était atteint. Cependant, les distractions ne manquaient pas. D'abord la construction, à coups de bulldozers, en vingt-quatre heures, d'un immense hôpital, sous tentes, dans lequel beaucoup de malades étaient soignés. Enfin, les Américains, horrifiés de constater les atrocités dont nous avions été les victimes, firent ouvrir les fosses communes, déterrer les cadavres qui furent lavés, enveloppés dans des draps fournis par la population locale et enterrés dans des tombes individuelles, dans un cimetière créé à cette occasion. Ce furent les Autrichiens nazis du coin que l'on chargea de ce travail : hommes et femmes, en "costume du dimanche". Ils ont travaillé ainsi de longs jours... sous la surveillance de quelques rescapés juifs survivants. Bien que cela leur fût interdit, le gummi s'est remis à fonctionner énergiquement et ils n'avaient pas une seconde de répit dans le travail. Comme nous il n'y avait pas si longtemps ! Les cadavres installés sur des voitures étaient transportés à travers la ville vers le nouveau cimetière.

« Enfin le jour du départ arriva. Rassemblés, on nous chargea dans des GMC américains à six roues, conduits par des chauffeurs militaires allemands prisonniers. Le temps était magnifique. On traversait une campagne splendide, avec des arbres en fleurs, mais aussi beaucoup de villes et villages en ruine, écrasés sous les bombes, calcinés par les incendies. On traverse Passau et l'on arrive, de nuit, à Ratisbonne. Au clair de lune, nous traversons la ville entre les hautes façades de maisons dont on voyait à travers les ouvertures béantes des portes et des fenêtres qu'il ne restait plus rien derrière que le vide et des ruines. C'était impressionnant et d'une tristesse lugubre.

« On nous logea dans une caserne bondée de réfugiés de toutes nationalités, sans manger, les cuisines étant fermées ; nous trouvâmes difficilement de la place pour nous étendre par terre. Le lendemain, conduits par des Noirs américains qui roulaient à une vitesse folle, nous arrivâmes à Nuremberg et fûmes logés dans la magnifique caserne SS où jadis se déroulaient les cérémonies fastueuses et bruyantes d'Hitler. Hors de la ville, elle était miraculeusement intacte. Les camions qui nous avaient amenés repartirent, et l'on nous avisa que, pour le moment, il n'y avait aucun moyen de transport disponible pour nous. Quelle déception ! Pour passer le temps, on décide d'aller visiter la ville ou ce qu'il en restait. À quelques-uns, on arrive sur une grande place, où il y avait les ruines d'un très grand bâtiment dans lequel nous reconnaissons la gare ; pendu à la façade, un grand calicot portait, en lettres gothiques gigantesques, l'inscription dont la traduction était : “Toutes les roues tournent pour la Victoire.”

« Au milieu de la place, un trou, au-dessus duquel était installé un gros treuil, avec une très grande roue servant à sa manœuvre. La densité des civils était presque nulle, la ville semblait déserte. Mais nous amusant autour du treuil, nous voyons arriver trois hommes dans la force de l'âge, bien vêtus, bien nourris et qui sentaient le nazi à plein nez. Passant près de nous, ils nous lancent des regards qui n'avaient rien d'amical. On les attelle à la roue du treuil et, à coups de pied dans les fesses, on les oblige à tourner, et vivement, en criant : *Heil Hitler !* Deux autres personnes, qui n'avaient pas l'air d'apprécier la manœuvre, y furent également attelées. Enfin, dans une ville déserte, morte, nous avions trouvé une bonne et réjouissante distraction.

« Arrive alors sur la place un véhicule américain, un Commandcar dans lequel se trouvaient plusieurs militaires, certainement officiers, mais vêtus de tenues de combat sans insignes visibles. La voiture s'arrête, un des officiers vient voir ce qui se passe. Nous lui expliquons qui nous sommes, d'où nous venons, notre hâte de rentrer chez nous, notre déception de nous voir immobilisés ici... et indiquons que, pour nous distraire et occuper nos loisirs forcés, nous étions bien décidés à trouver des distractions, ne serait-ce que dans le genre de celle qu'ils avaient sous les yeux. Et comme nos victimes ralentissaient leur mouvement et ne criaient plus *Heil Hitler !*, quelques bons coups de pied ranimèrent leur zèle, au grand amusement des passagers de la voiture.

« Un des officiers, plus âgé que les autres, mis au courant, riait aux larmes en déclarant : "Ces Français sont inouïs, comme ils ont de l'humour !" Puis il nous apprend qu'il est le général commandant le secteur et que, connaissant notre problème, il va s'occuper de le résoudre. Il nous conseille de regagner la caserne et de patienter. Pas longtemps, dit-il.

« En effet, dans la soirée, des camions nous enlèvent et nous conduisent à Würzburg, dans une ancienne caserne où l'on nous attend. Nous y passons la nuit. Le lendemain matin, on nous embarque dans des wagons (une dizaine par wagon) dans une épaisseur d'un mètre de paille fraîche.

« Et nous partons, heureux, confortablement installés et à l'aise, mais à très petite vitesse, avec des pauses interminables dues à la vétusté de la voie unique, aux trains devant nous qui sont arrêtés, à ceux qu'il faut laisser nous croiser, et à la fragilité des ouvrages d'art en ruine.

« Il s'est passé bien des événements, dans ce voyage de trois jours, qu'il serait trop long d'évoquer. On traverse le Rhin à Mayence, sur un pont de bois digne d'un western, puis l'on arrive enfin en France à Thionville.

« Notre train s'arrête avant la gare, à hauteur du faubourg de Basse-Yutz. Nous n'oublierons pas l'accueil des braves Lorraines qui sont venues le long du train nous apporter des fruits, des boissons et qui pleuraient en voyant notre état.

« La locomotive est décrochée du train ; je me renseigne et apprends que l'arrêt sera long, le convoi devant continuer jusqu'à Longuyon où seront effectuées les opérations sanitaires, administratives, etc., avant la dispersion dans nos régions respectives. Comme j'avais été en garnison de 1934 à 1938 à Thionville, où j'avais laissé beaucoup d'amis, je décide de m'avancer jusqu'à la gare et de m'y renseigner sur le sort advenu à mes anciennes relations.

« Sur le quai, je reconnais un très vieil ami : l'abbé Germain, ancien vicaire, que j'avais retrouvé à Grenoble en 1940-1942. Il ne me reconnaît absolument pas, sauf à ma voix, dit-il ; il lui était impossible d'identifier qui j'étais. Je me nomme : il tombe dans mes bras, me dit qu'il est l'aumônier du centre d'accueil et de démobilisation de Thionville. Il me donne de bonnes nouvelles de ma famille, avec qui il était resté en relation, et me dit que pour moi, ce soir-là, le voyage est terminé, que je serai immédiatement démobilisé sur place.

« Je lui indiquai que j'étais avec des camarades du même pays que je ne pouvais abandonner. Il les envoie chercher et c'est ainsi que Quentin Miglioretti, Étienne Martin, Pierre Troadec et moi nous avons été réintégrés dans la société française à Thionville. Un télégramme fut immédiatement envoyé pour avertir et rassurer nos familles. Puis, à la caserne Jeanne d'Arc, nous subissons immédiatement toutes les opérations imposées. Munis de nos papiers d'identité, de notre feuille de route, de cartes d'alimentation, nous redevenons des hommes comme les autres, avec, en plus, en poche un magnifique billet de mille francs. Ce billet a une histoire que je vais raconter. Aussitôt en sa possession, je sors en ville, entre dans un magasin, et demande à acheter des mouchoirs. Notre apparence indiquait tout de suite qui nous étions et d'où nous venions. Aussi la brave négociante me donne trois mouchoirs et refuse de se faire payer. Puis, j'entre chez un coiffeur pour me faire couper les cheveux ; sans que j'en demande plus, il me rase et, d'autorité, me fait un shampooing, me frictionne, me noie de parfum... et je suis sorti avec, toujours en poche, mon billet intact. "J'aurais honte, me dit le coiffeur devant mon insistance à le payer, de prendre l'argent d'un déporté." De retour à la caserne, j'ai été admiré et longuement reniflé par les camarades qui se sont copieusement moqués de mon "élégance".

« J'invite l'abbé et les amis à souper en ville où j'avais retenu une table à l'hôtel *Métropole*, le plus luxueux. Je me rappelle, entre autres choses délicieuses, une entrecôte grillée, des œufs sur le plat, un délicieux munster et le petit vin des coteaux de la Moselle... Et là encore je n'ai pu payer (j'ai l'impression, bien qu'il ne l'ait jamais reconnu, que l'abbé était discrètement passé à la caisse avant moi).

« C'était extrêmement vexant et j'en souffrais, je n'avais pas l'impression d'être redevenu un homme comme avant ; j'avais bien un mouchoir et n'étais plus, de ce fait, obligé de me moucher entre mes doigts, comme nous le faisions tous depuis des mois ; j'étais pomponné, je sentais bon – trop – mais avoir de l'argent et ne pouvoir le dépenser à sa guise, c'était vraiment agaçant et j'avais le besoin d'éprouver le plaisir de m'offrir ce que je désirais, comme tout le monde, en payant.

« Après une bonne nuit, on nous embarque, en première classe, dans un train allant à Nancy. Arrêt en gare de Metz – beaucoup de voyageurs et quelques soldats allemands, prisonniers chargés de balayer les quais. Ils n'en faisaient pas lourd, appuyés sur leur balai, ou assis sur des brouettes. On ne pouvait facilement oublier que certains de leurs compatriotes revêtus du même uniforme s'étaient montrés, à notre égard, aussi brutaux que les SS. Aussi avons-nous décidé de jouer, à notre tour, aux Kapos. Sans cogner mais en hurlant des *"Schnell, fissa, Schweinhund"*, etc., nous les avons mis au travail. Ils s'y sont attelés sans hésiter, avec ardeur, sous les applaudissements des voyageurs témoins de la scène. Cette crainte que nous inspirions aux Allemands rencontrés depuis la libération m'intriguait ; je demandai à un vieux monsieur s'il pouvait m'en dire la cause.

« – C'est simple, me répondit-il, les Allemands connaissent tous, quoi qu'ils en disent, l'existence des Konzentrationslager et les crimes qui y furent commis. Vous portez encore soit la veste, le pantalon ou la Mütze rayés des camps ; votre maigreur squelettique vous désigne également et vous avez tous des yeux effrayants au fond de vos orbites dans vos figures émaciées. Alors, vous faites peur, d'autant plus peur que l'on commence à apprendre les règlements de comptes auxquels vous vous êtes livrés à la libération. Et tous les Allemands ont peur de vous car ils se sentent solidaires des crimes de leur race. Voilà l'explication.

« À Nancy, on nous installe dans deux compartiments de première classe de l'express de Paris. À peine le train parti, le maître d'hôtel du wagon-restaurant vient nous dire : “Les voyageurs qui déjeunent se sont cotisés et vous attendent au wagon-restaurant.” Nous venions de déjeuner avant de prendre le train ; nous désirions rester tranquilles et dormir. Rien à faire, il a fallu y aller.

« Jusqu'à l'arrivée à Paris, c'est inimaginable ce que nous avons pu ingurgiter comme victuailles et comme vins bouchés, cognac... Après un régime à l'eau du Danube comme boisson pendant des mois, une telle quantité d'alcool aurait dû nous assommer. Il n'en fut absolument rien et, en descendant du wagon-restaurant, sur le quai de la gare de l'Est, à Paris, nous étions aussi calmes et solides que si nous n'avions consommé que du lait.

« Guidés par des infirmières de la Croix-Rouge, nous échappons, par une porte dérobée, à une musique militaire et à une foule énorme attendant l'arrivée de trains de prisonniers. En taxi, l'on nous conduit à l'hôtel *Lutétia*, où, en priorité, on nous passe au dépouillage. Puis nous passons une excellente nuit. Notre train pour Rennes quittait la gare Montparnasse seulement le lendemain soir, vers 22 heures.

« La matinée se passe à différentes opérations complétant celle de Thionville (j'ai bien failli avoir un deuxième billet de mille francs). Dans le hall de l'hôtel, j'ai pu renseigner et tranquilliser certaines familles en leur apportant les premières nouvelles de celui qu'elles attendaient. Ce fut le cas pour le père, la mère et la fiancée de Marc Zamansky. Mais, hélas ! Combien d'autres mauvaises nouvelles !

« Je suis parti à travers Paris pour accomplir une mission sacrée. Un camarade, mort à Melk en juillet 1944, m'avait avant de mourir donné son adresse en me demandant, si je rentrais, d'aller voir sa femme. Hélas ! Elle n'habitait plus, depuis longtemps, à cette adresse et je n'ai pu la retrouver. Circulant dans les rues de Paris (avec mon gilet de peau de lapin et ma pointure 45), j'avise une pancarte à la vitrine d'un petit café : "cidre bouché". Quelle aubaine, j'allais m'offrir ça et entamer mon beau billet.

« Je m'installe et, rapidement, je suis rejoint par une, puis deux, puis trois dames, habituées des trottoirs du quartier. Elles s'apitoient tendrement et sincèrement sur mon sort et sur celui des déportés en général ; en parlant, elles commandent d'autres bouteilles pour trinquer, disent-elles, et quand j'ai voulu régler ma commande pour partir, elles s'y sont opposées avec la dernière énergie. J'avais toujours mon billet et, un comble, il a fallu que je revienne de Mauthausen pour me faire entretenir !

« Enfin, après un voyage sans histoire, je suis arrivé chez moi. Ma famille, avertie par télégramme, m'attendait. Ni ma femme ni mes quatre enfants ne me reconnaissaient, si ce n'est à ma voix (l'aîné de mes enfants avait onze ans ; je connaissais à peine la plus jeune, née quelques semaines avant mon départ pour le front et une absence de presque cinq ans). Je pesais à peine trente-neuf kilos, je l'ai dit, mais j'ai rapidement repris du poids et des forces puisque, quatre mois après, j'étais reconnu apte à reprendre du service... Et je suis retourné en occupation en Allemagne, où je suis resté jusqu'en octobre 1951.

« Mais, pour terminer, j'en reviens à mon billet de mille francs. Une quinzaine après notre retour, mes camarades et moi (de la région de Châteaubriant, nous étions cinq seulement de retour sur plusieurs dizaines de déportés), nous sommes convoqués à Nantes pour y passer une grande visite médicale. Tout fut terminé à l'hôpital : radios, prises de sang, examens divers dans la matinée. Pour rentrer chez nous, nous n'avions pas de train avant 17 heures. Aussi nous décidons de réaliser le projet entrevu si souvent : faire un bon repas et manger les mets dont nous avions tant rêvé quelques semaines auparavant.

« Mais c'était la période de restrictions : cartes de pain, plat unique, "jours sans". Les menus affichés aux portes des restaurants ne nous convenaient nullement. Aussi j'accoste, place du Commerce, un agent réglant la circulation et je lui demande froidement qu'il nous trouve – cela devait bien exister et il devait en connaître – une boîte où nous pourrions déjeuner au marché noir. Suffoqué et scandalisé, le brave homme nous examine, hésite et nous répond :

« – À votre mine et à votre allure, je vois d'où vous venez. Eh bien ! pour vous, je vais faire quelque chose contre ma conscience.

« Et il nous indique un restaurant clandestin où nous nous rendons. En effet, tout ce qu'il y avait de plus clandestin. Pas d'enseigne, genre hôtel du XVIIIe comme il y en a des quantités à Nantes, plutôt délabré, volets fermés, maison semblant inoccupée. En insistant, on réussit à se faire ouvrir et nous exposons nos désirs. Réticences de la tenancière, très méfiante. Enfin elle nous fait descendre dans une espèce de caveau et nous sert le déjeuner de nos rêves, où rien ne manquait. Au moment de régler, elle nous déclare qu'elle nous offre le déjeuner ; qu'elle a des ennuis avec la police et le ravitaillement ; qu'elle fera appel à notre témoignage pour dire comment elle traite les déportés... En guise de remerciements, elle s'est fait copieusement eng... Nous lui avons dit notre façon de penser, de juger ses méthodes et manières... Et nous sommes partis, mais j'avais toujours en poche ce maudit billet.

« Rentré à la maison, je l'ai donné à ma femme et à mes enfants, qui, eux, ont réussi sans peine à l'entamer. »

**Peu importe le lieu.** Peu importe mon nom. Depuis une heure nous étions libres et depuis une heure je le cherchais. J'avais exploré toutes les caches possibles à l'exception des faux plafonds de trois blocks et la réserve de charbon des cuisines. Mes doigts serraient la boucle plate du crochet d'acier qui servait dans les tunnels à fendre les sacs de ciment. J'étais le capitaine Crochet à la recherche de l'Abominable. C'est moi qui lui avais donné ce surnom. Il lui allait comme un gant. Tout était abominable en lui, sa tronche de carnassier avec l'œil gauche en retard sur le droit, ses grosses mains, ses jambes arquées. La nature ne l'avait pas gâté... Inutile de dire, abominable aussi dans son « métier » quotidien de Kapo. Kapo servile, frappeur, voleur, tueur. Il s'était bien un peu « humanisé » ces dernières semaines, sentant déjà le vent du boulet ; mais moi, je ne l'avais pas oublié. Mes copains non plus, qui lui feraient sa fête, une fois l'explosion de joie du retour à la vie apaisée.

Je devais agir avant eux.

Il était assis sur le tas de charbon de la réserve. Immobile. Les mains, ses battoirs, à plat sur les cuisses. Il aurait pu bondir comme un ressort sur moi, me bousculer ou m'assommer et passer la porte. Il a dû penser que d'autres le massacreraient au passage, entre deux bouchées de pain, deux cris de « Vive la liberté ! » Il marmonnait dans sa langue que je n'ai jamais réussi à comprendre. Puis il a levé ses yeux vers moi.

Il ne me faisait pas peur.

Il a vu le crochet, mais il n'a pas bronché.

Alors je me suis mis à pleurer comme un gosse. Ce qui venait d'arriver, ce que je m'apprêtais à commettre, toutes ces émotions étaient trop grandes pour moi. Je suis sorti de la réserve à charbon. Dans mes larmes je voyais le visage de ma femme et de mon fils. Si j'avais ouvert l'Abominable comme un sac de ciment je n'aurais jamais pu les regarder dans les yeux. Plus jamais.

Alors je suis allé faire la fête de groupe en groupe. Et manger comme un goinfre tout ce que je pouvais trouver, en désordre.

Le lendemain je suis passé devant la réserve à charbon. La porte battait.

L'Abominable n'était plus sur son tas.

Le Belge du comité international m'a dit que trois Kapos s'étaient échappés par les barbelés ouverts derrière le Revier. J'ai demandé si l'Abominable était l'un des trois. Il m'a répondu : « Oui ! Mais on le retrouvera... » Je crois qu'ils ne l'ont jamais retrouvé. Dommage ? Tant mieux ? Il y a des jours où je pense : « Dommage ! » Il y a des jours où je pense : « Tant mieux ! » Aujourd'hui je pense : « Tant mieux ! » ... Demain ?

« *Frightful, yes, frightful !* Oui, vraiment effroyable. Quand le soldat dit cela à haute voix, il y en a qui essaient de lui raconter des choses. Le soldat d'abord écoute, puis les types ne s'arrêtent plus.

« Certains hochent la tête et sourient à peine en regardant le soldat, de sorte que le soldat pourrait croire qu'ils le méprisent un peu. C'est que l'ignorance du soldat apparaît, immense. Et au détenu sa propre expérience se révèle pour la première fois, comme détachée de lui, en bloc. Devant le soldat, il sent déjà surgir en lui, sous cette réserve, le sentiment qu'il est en proie désormais à une sorte de connaissance infinie, intransmissible. »

Robert ANTELME,
*L'Espèce humaine*,
Gallimard, 1957.

« C'était excitant d'imaginer que le fait de vieillir, dorénavant, à compter de ce jour d'avril fabuleux, n'allait pas me rapprocher de la mort, mais bien au contraire m'en éloigner. »

Jorge SEMPRUN,
*L'Écriture ou la vie,*
Gallimard, 1994.

# TABLE DES MATIÈRES

**Direction littéraire**
Huguette Maure
Isabelle di Natale

**Graphiste**
Pascal Vandeputte

**Attachées de presse**
Nathalie Ladurantie
Myriam Saïd-Errahmani

*Composition P.C.A.*
*Bouguenais (L.-A.)*

*Impression réalisée sur CAMERON par*
*BRODARD ET TAUPIN*
*La Flèche*

*pour le compte des Éditions Michel Lafon*
*en février 1995*

*Imprimé en France*
Dépôt légal : février 1995
N° d'impression : 1596 L-5
ISBN : 2-84098-073-8

**50-1370-1**